顧頡剛全集

顧頡剛日記

卷　一

中　華　書　局

圖書在版編目(CIP)數據

顧頡剛日記/顧頡剛著. —北京:中華書局,2011. 1
(2023. 8 重印)
(顧頡剛全集)
ISBN 978-7-101-07759-9

Ⅰ. 顧…　Ⅱ. 顧…　Ⅲ. 顧頡剛(1893~1980)-日記
Ⅳ. K825. 81

中國版本圖書館 CIP 數據核字(2010)第 229192 號

書　　　名	顧頡剛日記(全十二册)
著　　　者	顧頡剛
叢 書 名	顧頡剛全集
責任編輯	俞國林
責任印製	管　斌
出版發行	中華書局
	(北京市豐臺區太平橋西里 38 號　100073)
	http://www. zhbc. com. cn
	E-mail:zhbc@ zhbc. com. cn
印　　　刷	北京市白帆印務有限公司
版　　　次	2011 年 1 月第 1 版
	2023 年 8 月第 2 次印刷
規　　　格	開本/920×1250 毫米　1/32
	印張 283　插頁 38　字數 6500 千字
印　　　數	2001-2300 册
國際書號	ISBN 978-7-101-07759-9
定　　　價	2460. 00 元

1920 年 8 月與夫人殷履安于蘇州

1926年11月17日與廈門大學同人合影
前排左七：林文慶；三排左三：張星烺；四排右一：魯迅；
末排正中：顧頡剛

1928 年 6 月與蔣蔭樓、呂超如于廣州合影

1932 年 11 月 13 日于燕京大學鄭振鐸宅前合影
左起:俞平伯、郭紹虞、浦江清、顧頡剛、趙萬里、朱自清、
陳竹隱、鄭振鐸夫人高君箴、顧頡剛夫人殷履安、鄭振鐸

1934 年 5 月 29 日于北平成府蒋家胡同寓所与家人合影

1938 年 2 月于渭源

前排左起：楊向奎、李林漫、劉克讓；後排左起：□□□、
□□□、回永和、張嘉民、王樹民、楊小霞、李怡星、顧頡剛、
洪謹載、□□□、馮筱軒、□□□、□□□

1945年4月與大足石刻考察團于龍岡石窟前合影
前排左一：莊尚嚴，左二：何遂；左三：楊家駱；右三：
馬衡，右一：馮四知。後排左一：顧頡剛，左二：張靜秋，
右四：傅振倫；右二：雷震

1952 年 4 月與親屬攝于上海武康路寓所

後排左起：高玉華、顧湲、顧頡剛、顧德輝、張毓薀、顧行健；
中排左起：高龍書夫人、張静秋、午姑母、張又曽夫人、吳秋
白夫人、張子豊夫人；前排左起：顧潮、顧德堪、顧洪

1957年秋于青島療養院

前排左起：顧頡剛、李四光；後排左起：丁瓚、顧夫人張靜秋、李夫人許淑彬、丁夫人舒維清

1962 年 2 月于廣東從化温泉

1977 年 5 月于北京乾麵胡同寓所

1979年3月與夫人張靜秋于北京三里河寓所

一月一号，

上午将昨日禧工送来之碑版屏軸至新屋院

掛贺時半日。

下午一時至雲陶霜同到舊望宫美術畫賽會

觀览。中向最惬心者为顏文樑夫之夕陽圖廟直先

此水中真写諫目，惜粗出修本种。次为陳伽仙畫

之水仙。簡動不茍，下筆如铁。有其師吴贯歟題詩，

考氏极逍整。次为陶養擴君之山水大幅，以中國

1919 年 1 月日記

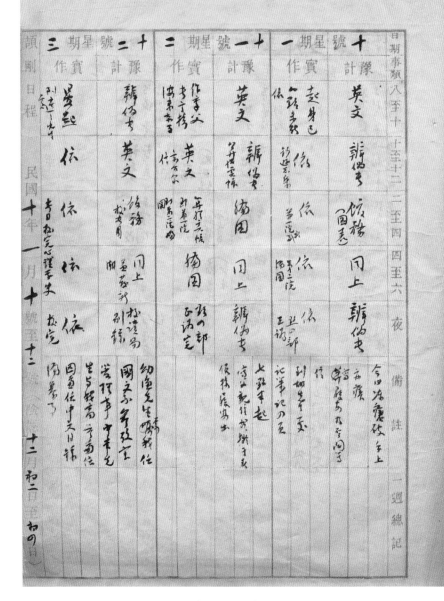

顧剛日程始頁

我今天把這一本日記寫完了。在這一年半裏，我的境遇真

是不順的很了。我的心境真是不寧的很，一

生一世的遭害，他憂之事不期而來的打擊，使我不能過做

秩序的生活。倘使我一生的境遇只容是這樣，我真是

沒書希望的了。嗚呼，悵甚！　　記訖。十，八，十。

那裏的打擊愈重，以致有些，學坐身都的不好，枕又坐

長久之計：我想立刻了臨去，還是搬家易生眠，一下

人睡覺易疲倦，悶力，耳中鳴，眠睡中常書

紅絲，鼻發燒不暢通，在文章的力帖！我的功課又

應如何，真是一个問題。八，一，二元化。

越三十年，翻覽此册，覺此廿年中尚有兩句五志大學時猶有者

室室蕓倦，待明至真操，偉復你涼，悶苦中度此少生苦！

術未運行還是不可當而五印的神山，從而在年的已老矣。

生都出世，不不能之必是應肇，解悭感事子！俗人以此為高

自當要費還一番氣力！

一九五三年一月，於同記於泥窩。

讀剛日程	2 星期 號 9		1 星期 號 8		日 星期 號 7	
	實作	預計	實作	預計	實作	預計

民國19年12月4號至9號（陰曆10月15日至20日）

1930 年 12 月日記

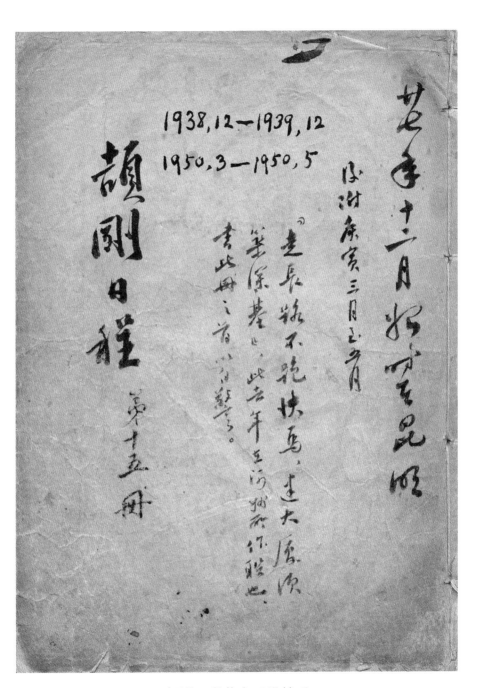

顧頡剛日程第十五冊封面

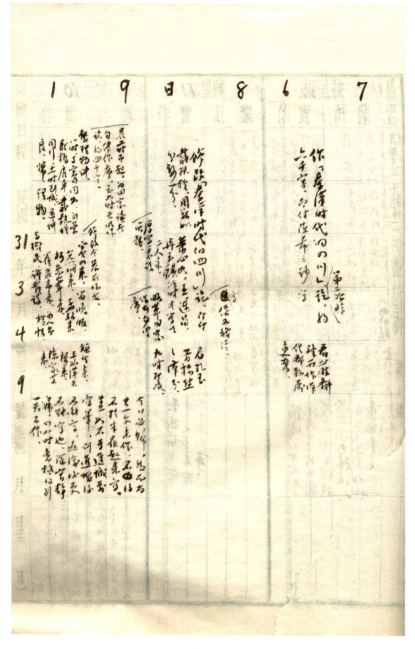

1942 年 3 月日記

字之至切事，尤在良心，循你永世則，自有愉悔，以此
十六年歲月，尚無悔也。弟曰：此事曰，覺實有一事
應當懺悔者，即對居出未能孝我，而懺
悔者。嫁汝心力，華華考身。而我以一子當我孝業，遂
不能盡心力，華華考身。彼如此，子海謝我，坐其行以我
而辭意于府間。

彼如此，子海謝我，坐其行以我
你不少，獨之憤超及懺謝于乾國。彼雲用一物，必則華多
我，我方母唯唯以送命，竟不為后代養。而不以於三物，以
博其憤來。我惟心為歲月之年，今日且不以為作惡乎，以
而執心去矣。乃以以我而各送乎！此意我豈于狗心，而為
不懺悔去也。將素考力，必為之作浮者之紀念，以減新我自
心之疚苦。
世，六十七修下記。

1943 年 9 月 末日記

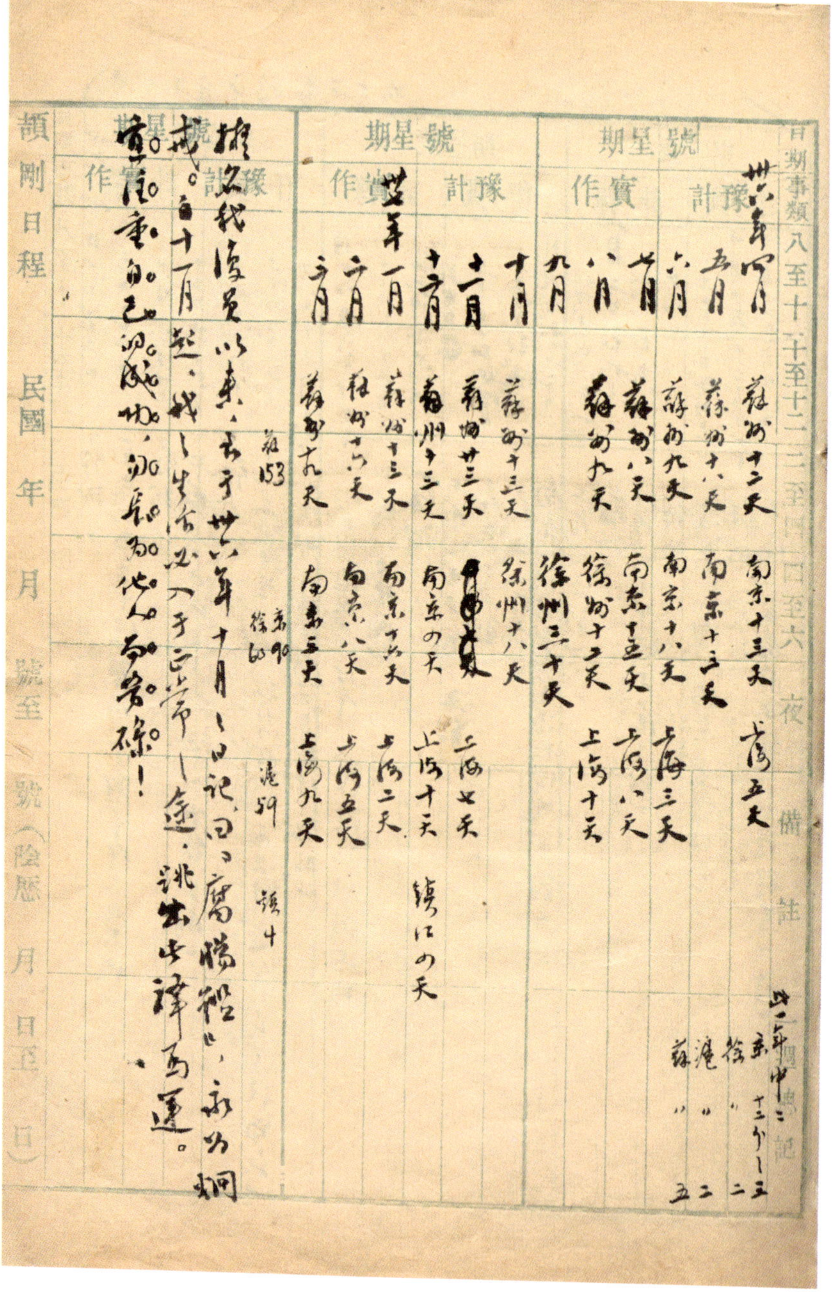

右端の見出し（縦書き）：
日期事類　八至十二　十至十二　二至□四至六　夜

表の列見出し：
號　星期 ／ 計豫　作實
號　星期 ／ 計豫　作實

左端の印刷欄：
顧剛日程　民國　年　月　號至　號（陰歷　月　日至　日）

日期事類	八至十二 十至十二 二至□四至六 夜	備註
廿五年四月	蘇州十二天　南京十三天　上海五天	
五月	蘇州十六天　南京十二天	
六月	蘇州九天　南京十八天　海三天	
七月	蘇州八天　南京十五天　上海八天	
八月	海州九天　徐州十二天　上海八天	
九月	徐州三十天　上海十三天	
十月	蘇州十三天　徐州十八天　上海七天	
十一月	揚州廿三天　南京四天　上海十天　鎮江□天	
十二月	蘇州十三天　南京八天　上海二天　鎮江□天	
廿六年一月	蘇州十三天　南京八天　上海二天	
二月	莊河十六天　南京八天　上海五天	
三月	蘇州九天　南京三天　上海九天	

左側の自筆注記（読み取りにくい箇所あり）：

據我推算，以來，去于廿六年十月……記曰，腐敗……亦以桐……在。自十一月起，我之生存以入于正常之途，逃出生天，真為僥倖也……現象也，如歷如此……尚希……

賴天助也。

顧剛日程第二十冊封裏

以不变的心应付一个对象。

不可燥急，必须慢，的来。

不要贪多，匆遽勇敢，一个以外。你如要达到「晚成」的大人的精力有限，何况你已在三十

愿，必须痛改你廿五年来的习惯。

廿四、八、九、晨。朝闿书。

颉刚日程第廿二册首页

豫計	實作	豫計	實作	豫計	實作	日期 星號 一月六	日期
						事類	
						八至十	
						十至十二	
						二至四	
						四至六	
						夜	
						備註	
						一週總記	

頡剛日程 一九五一年六月1號至3號（陰曆4月27日至29日）

1951 年 6 月日記

號　星期　　號　星期　　號　星期

一九五七·六·三〇

一九五七·六·二八·

頒剛日程　一九五七年六月28號至30號（陰歷6月1日至3日）

1957 年 6 月末日記

星期4 號15		星期3 號14		星期2 號13		日期 事類	備註
豫計	實作	豫計	實作	豫計	實作	八至十	
						十至十二	
		守正以儉看		守正以儉約二十條		十二至二	
						二至四	
						四至六	
						夜	

顧剛日程

一九五八年五月10號至15號（陰曆3月22日至27日）

1958 年 5 月日記

號星期	號星期	號星期
實作 計		

一九六二年十二月，研究「逯周彖」世佳義，五字代用情
一九六三年一月，省吾討論日人利廣東亭新玉廣州、湛江、海口，那天迴作、桷林遊、尖坡修
稽，興隆，茂名，陽江、開平，勞余，送北。二月二日，桷陽化休祭，三月七日回廣州，
十二日返京。在廣化州領導大語考證，及「世佳」。
三月廿三日起，升政协大會。廿七日于在协会工作手逝去，二月，諸友為于況十寿。六月
四月三日，作八日閉幕。會後又進修升余五天。秒子，天諧今譯摘焉。
近代史研究所派人来，

五月，蘇，史訊来訊初稿，技绪。
五月廿六日，为协力共澄科会作，中国社会党和陈思沈、沈、犯、廿八日復記。
計月，松陂，我在民间文额的图地里。
廿六日，作「戊五克候月日異說來，

廿二日，我五克候月日異說來，
此月，小萠逼壑智朴在矣大陸，屬故阆會討論。
飽月，修定世倭摆推，及六諧今譯摘焉。
以洋淳管，共記。掉手菁计研究大纲，每種文加十迤，中
有成皆，其故事，折句斯经大数、逵其大要，由宗實刹奏真逵的子，砂正、廣惶文
稿囷，翻好空沙为鞯，撐小稿子、勿字剟五木吸頭、趁行襟脇出为、将束記、闕来邦文作半。

豫等方為以時今廷二十方口、廛真五等
實例中国古书而为业、持束記、闕来邦文作半。

1965 年 6 月首日記

自今年一月三日起至六月廿五日之日記全部動亂被燒去。

六月廿六日（3，六脑一）　廿一日复出
晨，拉稀涨，无粪。眼胜不全消，卧床读
主席"正确处理人民内部矛盾"。午后未成
眠（叶日破例小睡半小时）。仍卧床，看"联际
世界史"。进修学院二人来问李一扎至西安活动
丰予不好答。新疾。服药二次，仍卧着眠，
自十时至十二时，勉就扶上床。上午9时班，又眠
五时未醒。天气热甚，津雨。

六月廿七日（4，初二）
八时由静秋伴出此京医览，诊诊录。十时就诊
取药回。血压130/90。午后未成眠，读世界史
记笔记二则。看报，读昨日报载胡青岛西宁地
区"草布的大批判好得很"。十时服药眠，十二时
醒，又眠二时醒，又眠，五时未醒。今日大便有粪，
眼胜轻消。上午雨，气候特凉。

七月廿八日（5，初三）

1968 年 6 月日記

	星期4 号18		星期3 号17		星期2 号16		日期
	实作	豫计	实作	豫计	实作	豫计	事实
		全大貢素	去平川稻穀 山海作、方筆又未			脈善下候	八至十
	5漫光發芽 看康“器”云字 涵滨浅择、 期補记日记一艮	守條甲餘信、 主次光空3	張忌住、读月未未、 籍故未 下午大一次帖、 眠二小时、			眠示时、 看口北京晚报、	十至十二
			看不日未报纸、 诸馆病			校“盐善口地理、通信口、讨光件 佃未華	十二至四
			探洗天 夜眠五女 恃寒				四至六
							夜
	今日大睛、 康殷我排力讨 淵圆津係近廷 原、康徙之简稱 也、感之固、 遠民此、其甲室 之研究、盖内、于 雨林未已、					中薪林兄未、昨日否	备注
							一周总记

最後一頁日記

顧 頡 剛 全 集

出 版 説 明

顧頡剛先生（1893—1980），名誦坤，字銘堅，號頡剛，江蘇蘇州人。中國現代著名的歷史學家、歷史地理學家、民俗學家。顧先生早年收集民間歌謠，從事民俗學研究；1920年北京大學文科中國哲學門畢業，始考辨古史傳説。1926年出版《古史辨》第一册。1927年創辦民俗學會，編輯《民俗學會叢書》，次年出版《民俗周刊》。1934年創辦《禹貢》半月刊，後成立禹貢學會。抗戰期間創辦中國邊疆學會，出版《邊疆周刊》。並先後主編或參與編輯《歌謠周刊》、《北京大學研究所國學門周刊》、《廈門大學國學研究院周刊》、《中山大學語言歷史學研究所周刊》、《燕京學報》、《責善》半月刊、《齊大國學季刊》、《文史雜誌》等學術期刊。曾任廈門、中山、燕京、北京、雲南、齊魯、中央、復旦、蘭州等大學教授，中央研究院院士，中山大學語言歷史研究所主任、北平研究院史學研究會主任、齊魯大學國學研究所主任、通俗讀物編刊社社長、中國史地圖表編纂社社長、大中國圖書局總經理等職。1954年始，任中國科學院歷史研究所研究員。先後主持《資治通鑑》和"二十四史"及《清史稿》的點校工作。

　　顧先生在學生時代，即發願獻身學術事業，此後終其一生，孜孜以求。1923 年 2 月，顧先生與錢玄同先生討論古史時提出"層累地造成的中國古史"觀，在學術界引起革命性震蕩。隨着《古史辨》的陸續出版，引起了當時學術界對古代史料真偽的考辨，形成了"古史辨派"，爲中國的史學研究開闢了新領域，促成中國史學步入新時代。圍繞着疑古學説、圍繞着"古史辨派"、圍繞着對中國古史的研究與探索，學術界産生了激烈的爭論，成爲二十世紀中國學術史上一個重要的問題和現象。

　　民俗學研究，是顧先生學術研究的另一大貢獻。顧先生倡導"要打破以聖賢爲中心的歷史，建設全民衆的歷史"，並以孟姜女故事來論證古史的演變，以考察東嶽廟諸神及妙峰山香會來探討古代神道與社祀，以歌謡來論證《詩經》是古代詩歌總集，拓展了民俗學研究的領域，奠定了中國民俗學研究的基礎。

　　歷史地理與邊疆地理的研究，更是顧先生的重要貢獻。顧先生由《尚書》的研究，進入對古代地理沿革史的討論；隨着民族危機的加深，轉而側重邊疆地理與民族演進史的探索；爲我國當代的歷史地理研究，打下了堅實基礎，並培養了一批專業人才。抗戰期間，又轉入西北、西南，實地調查，考究典籍，以所見所聞之邊疆風尚證中原古史，破舊立新，爲古史研究開闢新途徑。

顧先生治學一生，筆耕不輟，著述豐贍，發明猶多。將其一生著述進行全面整理，完整呈現，已成爲學術界的迫切需求。

早在1944年，顧先生即意識到編輯文集的必要性。這一年，顧先生在重慶應史學書局之邀，著手編輯《顧頡剛文集》；後因史學書局創辦人病逝而未果，編輯工作也暫時停頓。抗戰勝利後，顧先生復員還鄉，生活稍稍穩定，又繼續文集編輯之事。至1946年年底，完成二百二十多萬字，並希望在六十歲時，能够"出一全集，保存一生心血"。1947年，顧先生應文通書局之約，擬定編輯文集之五年計劃，包括古史與經學、歌謠與民俗、史學與游記、邊疆與民族、政治與教育、通信與自傳等，這是顧先生心中一份全面而理想的方案，可惜當時時局艱困，難以實現。

1955年，顧先生應上海人民出版社之約，整理《浪口村隨筆》。並得于鶴年等人相助，於1961年2月編定《史林雜識初編》。後因出版社分工調整，書稿轉至中華書局，於1964年出版。自1959年始，顧先生應中國科學院與中華書局之邀，整理《尚書》。1961年8月，中華書局金燦然、蕭項平向顧先生建議，除出版其《尚書今譯》和《史林雜識》外，更應將其一生著述編爲文集，由中華書局出版。考慮到顧先生體弱多病，中華書局經四年努力，特調劉起釪來京協助工作。後因"文革"爆發，文集編輯又告不果。

1978年9月，中國社會科學院請顧先生作《工作規劃》，其中就有"修訂已發表的論文和未發表的文稿，編成分類文集"

的規劃。後中華書局又重申前議，顧先生即請助手王煦華擬編《古史論文集》目錄；並於 1980 年 5、6 月間，親自編定《古史論文集》第一冊。

1980 年 12 月 25 日，顧先生逝世。之後，在中國社會科學院歷史研究所的支持下，王煦華與顧潮、顧洪三人負責顧先生遺著的收集整理工作。經過多年翻覽爬梳，鈔錄校訂，至 2005 年基本完成《顧頡剛全集》的整理工作，計分八集，五十九卷，六十二冊。兹列其總目、内容提要於下：

顧頡剛古史論文集　十二卷，十三冊

《古史論文集》是《顧頡剛全集》最爲核心的内容。其中卷一至卷四爲"層累地造成的中國古史"觀的論述和對於古史傳説及夏、商、周至春秋史實的考辨；卷五、卷六爲古代民族和疆域的探索；卷七至卷十一爲古書真僞、内容和著作時代的考訂，其中卷十（上、下）所收的《尚書大誥譯證》，是顧先生晚年最爲重要的著作；卷十二收入《現代初中教科書本國史》、《國史講話》、《當代中國史學》、《中國史學入門》四部專書。

顧頡剛民俗論文集　二卷，二冊

顧先生受五四新文化運動對大衆文化積極態度的影響，把民間的歌謠、戲劇、故事、風俗、宗教和傳統的經學、史學置於同等的地位上做研究的題材。此部分除收入《吴歌甲集》、《孟姜女故事研究集》、《妙峰山》三部專書外，還包括有關歌謠、風俗、民間文藝等的序跋與論述、探討等。

顧頡剛讀書筆記　十六卷，附篇目分類索引，十七册

顧先生治學，勤於作讀書筆記，從 1914 年起至 1980 年逝世，從未間斷。六十餘年積累了近二百册筆記，約六百萬字。這些筆記是顧先生著述的重要組成部分，内容涵蓋中國古代文化的政治、社會、經濟、宗教、思想各個層面。此次收入《全集》，在臺北聯經出版事業公司 1990 年版的基礎之上，又增加了兩卷：卷十五，顧先生早年北京大學求學時代的筆記；卷十六，《浪口村隨筆》、《史林雜識初編》及筆記拾遺。

寶樹園文存　六卷，六册

顧先生一生所寫文章，除收入《古史論文集》、《民俗論文集》以外者，均收入該部分。寶樹園原係顧氏先祖所建花園，先生蘇州故居即建於此園舊址，故以名集。其中不免"瑣屑之言"，甚至包括一些啟事、廣告、合同等。依照分類編年的原則，《文存》分爲"學術編"、"教育編"、"邊疆與民族編"、"文化編"、"政治及其他編"五編。

顧頡剛書信集　五卷，五册

顧先生交往遍天下，一生留下大量書信，此次所收約一千八百通。其中一部分是原信（包括家書七百餘通），另一部分是録副本，還有一些是底稿及爲數不多的發表於報刊者。這些書信所反映的不僅是顧先生個人的歷史，也是當時學術界、文化界衆多學者的歷史，更是當時社會、時代的真實反映。

顧頡剛日記　十一卷，附人名索引，十二册

　　顧先生日記始於 1913 年 10 月，自 1921 年起至 1980 年 12 月 17 日（去世前八天），基本不間斷。日記不僅是顧先生"生命史中最寶貴之材料"，更是近現代學術史、社會史的重要組成部分。

清代著述考　五卷，五册

　　此書是顧先生早年爲研究清代學術而作，對清代五百多位學者的著述、版本等作了輯録，並附相關的序跋及考證。其中一小部分曾經整理，陸續發表在《國立中山大學圖書館周刊》上。此次收入《全集》，將《清代著述考》原稿全部影印，另將排印的部分附於原稿之末。

顧頡剛文庫古籍書目　二卷，二册

　　《文庫古籍書目》著録中國社會科學院顧頡剛文庫内約六千部線裝書，著録方式按經、史、子、集四部，外加叢書、新學，共分六大類。並將書中各家題跋彙爲"題記編"。末附著者、書名、題記批校者四角號碼索引。

　　《顧頡剛全集》自 2005 年陸續交稿，中華書局即成立編輯組，展開工作。期間，得到了袁行霈、陳祖武、王學典諸先生的支持與關注；又有常玉芝、辛德勇、劉俐娜、陳泳超、劉宗迪、施愛東、張廷銀、張越等先生義務爲《全集》進行校對工作，不辭勞苦，謹致謝忱。

　　顧先生後三十年的學術生涯，與中華書局可謂休戚與共；

今天我們出版《顧頡剛全集》，實現了顧先生"我一生寫作，應悉交中華書局"的遺願。

顧先生一生著述宏富，除收入該《全集》者外，仍有不少遺漏，尚需進一步搜集，俟條件成熟，續出《全集》補編。由於《全集》卷帙浩繁，内容廣泛，行文各異，格式複雜，且寫作時間前後跨度逾七十年，所以整理方式不求統一，具體的整理原則請參看每集卷首《前言》。書中錯誤在所難免，敬請讀者批評指正。

中華書局編輯部

2010 年 10 月

目　　録

前言 …………………………………………………………… 1

凡例 …………………………………………………………… 9

一九一三年（民國二年）………………………………………… 1

　檀痕日載（梨雲日記）（十月）……………………………… 1

　檀痕日載第三册（十二月）………………………………… 32

一九一九年（民國八年）……………………………………… 37

　一月 ………………………………………………………… 37

　五月 ………………………………………………………… 81

　六月 ………………………………………………………… 82

一九二一年（民國十年）……………………………………… 85

　一月 ………………………………………………………… 87

　二月 ………………………………………………………… 95

　三月 ……………………………………………………… 102

　四月 ……………………………………………………… 110

　五月 ……………………………………………………… 119

　六月 ……………………………………………………… 127

七月 …………………………………………………… 136

八月 …………………………………………………… 146

九月 …………………………………………………… 156

十月 …………………………………………………… 166

十一月 ………………………………………………… 178

十二月 ………………………………………………… 187

一九二二年（民國十一年）………………………… 197

一月 …………………………………………………… 197

二月 …………………………………………………… 206

三月 …………………………………………………… 214

四月 …………………………………………………… 222

五月 …………………………………………………… 230

六月 …………………………………………………… 238

七月 …………………………………………………… 246

八月 …………………………………………………… 260

九月 …………………………………………………… 269

十月 …………………………………………………… 279

十一月 ………………………………………………… 291

十二月 ………………………………………………… 298

一九二三年（民國十二年）………………………… 309

一月 …………………………………………………… 309

二月 …………………………………………………… 320

三月 …………………………………………………… 331

四月 …………………………………………………… 344

五月 …………………………………………………… 354

六月 …………………………………………………… 364

七月 …………………………………………………… 373

八月 …………………………………………… 382

九月 …………………………………………… 391

十月 …………………………………………… 401

十一月 ………………………………………… 412

十二月 ………………………………………… 424

一九二四年（民國十三年）…………………… 439

一月 …………………………………………… 440

二月 …………………………………………… 450

三月 …………………………………………… 460

四月 …………………………………………… 471

五月 …………………………………………… 482

六月 …………………………………………… 492

七月 …………………………………………… 502

八月 …………………………………………… 514

九月 …………………………………………… 527

十月 …………………………………………… 538

十一月 ………………………………………… 548

十二月 ………………………………………… 556

一九二五年（民國十四年）…………………… 577

一月 …………………………………………… 577

二月 …………………………………………… 586

三月 …………………………………………… 594

四月 …………………………………………… 604

五月 …………………………………………… 613

六月 …………………………………………… 623

七月 …………………………………………… 637

八月 …………………………………………… 649

九月 …………………………………………………… 659

十月 …………………………………………………… 667

十一月 ………………………………………………… 677

十二月 ………………………………………………… 685

一九二六年（民國十五年） ………………………… 705

一月 …………………………………………………… 705

二月 …………………………………………………… 714

三月 …………………………………………………… 723

四月 …………………………………………………… 731

五月 …………………………………………………… 741

六月 …………………………………………………… 753

七月 …………………………………………………… 762

八月 …………………………………………………… 774

九月 …………………………………………………… 787

十月 …………………………………………………… 802

十一月 ………………………………………………… 812

十二月 ………………………………………………… 822

前　　言

　　父親顧頡剛先生一生的日記，由遺稿所示，始于1913年10月，未及三月而止，是時他就讀于北京大學預科，課餘極愛看戲，故日記册題名《檀痕日載》，多記看戲心得，日記原有三册，其中第二册已不知于何時遺失。隨之是《民國八年一月日記》上、下二册及《民國八年六月日記》一册（僅數日而止，前附上月日記一頁），是時父親因病休學在家，日記中除讀書心得外，多爲吳氏母親的葬事及續娶殷氏母親之事。

　　以後連續記載數十年而基本上不曾中斷的是《頡剛日程》，日記册的版式是父親于1920年12月自己設計的，用毛邊紙綫訂，約16開大小，每頁豎向分爲"日期"、"事類"、"八至十"、"十至十二"、"二至四"、"四至六"、"夜"、"備注"、"一周總記"九欄，橫向欄目有"　號""星期　"及"預計""實作"二行，且排三列，即每頁可記三天日記；頁左端印有"頡剛日程"四字及"　年"、"　月"、"　號至　號"及"陰曆　月　日至　日"備填，以便檢索。《頡剛日程》自1921年1月始記，由父親編號者有五十册，其册前厚而後薄，厚者可記一年餘，薄者僅記半年餘，目如下：

　　第一册：1921年1月—1922年7月

　　第二册：1922年8月—1923年12月

第三册：1924 年 1 月—1925 年 5 月

第四册：1925 年 6 月—1926 年 9 月

第五册：1926 年 10 月—1928 年 6 月（内 1927 年 5—9 月見第
　　　　九册）

第六册：1928 年 7 月—1929 年 10 月

第七册：1929 年 11 月—1931 年 2 月

第八册：1931 年 3 月—1932 年 9 月（内 1932 年 2—5 月見第九册）

第九册：1932 年 2—5 月；1927 年 5—9 月；1949 年 8 月—1950
　　　　年 2 月

第十册：1932 年 10 月—1933 年 12 月

第十一册：1934 年 1 月—1935 年 4 月

第十二册：1935 年 4 月—1936 年 8 月

第十三册：1936 年 8 月—1937 年 11 月

第十四册：1937 年 12 月—1938 年 11 月；1950 年 6—9 月

第十五册：1938 年 12 月—1939 年 12 月；1950 年 3—5 月

第十六册：1940 年 1 月—1941 年 3 月

第十七册：1941 年 4 月—1942 年 7 月

第十八册：1942 年 8 月—1943 年 10 月

第十九册：1943 年 11 月—1945 年 1 月

第二十册：1945 年 2—12 月

第廿一册：1946 年 1 月—1947 年 3 月

第廿二册：1947 年 4 月—1948 年 3 月

第廿三册：1948 年 4 月—1949 年 7 月

第廿四册：1950 年 10 月—1951 年 5 月

第廿五册：1951 年 6 月—1952 年 1 月

第廿六册：1952 年 2—8 月

第廿七册：1952 年 9 月—1953 年 2 月

第廿八册：1953 年 3—10 月

第廿九册：1953 年 11 月—1954 年 6 月

第三十册：1954 年 7 月—1955 年 1 月

第卅一册：1955 年 2—9 月

第卅二册：1955 年 9 月—1956 年 5 月

第卅三册：1956 年 5—12 月

第卅四册：1957 年 1—7 月

第卅五册：1957 年 8 月—1958 年 2 月

第卅六册：1958 年 2—9 月

第卅七册：1958 年 10 月—1959 年 4 月

第卅八册：1959 年 5 月—1960 年 1 月

第卅九册：1960 年 1—8 月

第四十册：1960 年 9 月—1961 年 4 月

第四十一册：1961 年 5—11 月

第四十二册：1961 年 12 月—1962 年 6 月

第四十三册：1962 年 7 月—1963 年 2 月

第四十四册：1963 年 3—10 月

第四十五册：1963 年 11 月—1964 年 7 月

第四十六册：1964 年 8 月—1965 年 2 月

第四十七册：1965 年 3—11 月

第四十八册：1965 年 11 月—1966 年 8 月

第四十九册：1966 年 9 月—1967 年 5 月

第　五　十　册：1967 年 6 月—1968 年 1 月

　　1967 年底，歷史所專案組將第一至第四十九册日記取去審查，《顧剛日程》隨即于次年 1 月 3 日暫時中斷。此後父親一改往昔用毛筆的習慣，用鋼筆將日記寫在 64 開及 100 開小筆記本中，其中首册（1968上半年）當時被母親燒毀，所餘五册目如下：

第一册：1968 年 6 月 26 日—1969 年 4 月 4 日
第二册：1969 年 4 月 5 日—10 月 31 日
第三册：1969 年 11 月 1 日—1970 年 6 月 5 日
第四册：1970 年 6 月 6 日—1971 年 4 月 15 日
第五册：1971 年 4 月 16 日—9 月 2 日

以後父親由于經常生病住院，身體日衰，日記中斷了三年餘；1975 年 5 月，方恢復《頡剛日程》，自此直至逝世的幾年中，斷斷續續記了六册，未再編號，計有：

1975 年 5—12 月　一册
1976 年 6 月—1978 年 2 月　一册
1978 年 3—9 月　一册
1979 年 1—7 月　一册
1979 年 8—12 月；1980 年 5—7 月　一册
1978 年 11 月；1980 年 8—12 月　一册

另外，1976 年初父親住院時，曾在帶去的臺曆中寫有零星日記，未補錄入册。

父親由于忙，或由于病，日記多不是每日一記，經常數日一記；尤其是當他離家外出期間，不便隨身携帶筆墨及大開本的《頡剛日程》册，則將日記寫于其他册頁上，待歸家後有暇再補謄入册。《日程》中不時會有此類記錄，如“因旅行之故未謄入册者，有：十六年四月至十月（在滬杭購書時），二十年四月至五月（在豫魯調查時），廿一年一月至六月（在杭州侍養時），總計不止一年。久欲補記，卒卒未暇。日來費六日之力，大致補清矣。即此可見一歲所費于日記上之時間約有十日也（補記時寫快，且有简略處）"（1932 年 7 月 15 日）；"忙甚，自上月二十二日起未記日記，迄今半月矣，真有些想不起來"（1937 年 4 月 5 日）；"自入今年即無暇晷，五月後尤甚，日記中所寫缺漏至多，今日在霸王樓，乃得一補，然未能盡也"（1947 年 8 月 24 日）；"一二月住院期間，不便帶筆墨，日記皆書于手册。久欲補登此本，而卒卒無暇。此兩日中，奮力爲之，了却一債。尚有三十年前在杭州一段，二十年前在成都一段，迄今未補録也"（1964 年 5 月 25 日）。此處所言"在杭州一段"，待三年後父親方得以數日之力補上："將 1936 年'南歸日記'寫入《日程》第十二册"（《日程》1967 年 11 月 18 日）；是年正值"文革"陷于派性鬥争，對父親批鬥稍有放鬆，他爲寫"交代材料"，陸續將《日程》各册作提綱以備檢索，故有機會補録。

　　《顧剛日程》前五十册中偶有中斷，如 1950 年秋由滬赴北京、陝西期間之日記，父親未及補録入册，日久已丢失。另外，父親的日記有兩次遭到外力破壞：一次是抗日戰争中，1941 年 7 月，正值敵機瘋狂轟炸重慶，父親方由成都至此，借宿組織部招待所，不料招待所被炸，他所帶紙張書册并付一炬，其中包括小日記本。他對敵人的殘酷感到憤怒，在日記中寫道："予大本日記置于蓉寓，客中記入小本，置招待所桌上，此三十餘日之生活捨腦筋中之記憶更無可憑信者矣。然而記憶易誤，又不審所記將如何倒亂也。噫，予記日記至今廿一年，至今日而有'闕文'，敵焰之殘酷爲何如！"（1941 年 7 月首）另一次是"文革"期間，一册小日記本被母親燒毀："一月三日至六月廿五日之日記，全爲静秋燒去"（日記 1968 年 6 月末），此事大約發生于 1968 年下半年，是時正值"清理階級隊伍"，嚴酷的形勢對母親的壓力可以想見，事情的經過已不能得知，然而通過此前不久發生的一件事可以透露一些信息：當專案組來取日記時，《頡剛日程》第三十冊因置于父親積壓的書堆裏而未被拿走，以後他偶爾找出，母親拿去翻閱時發覺其中一頁有對當局不滿的言論，怕加重父親的"罪狀"，便隨手將此頁撕下，據母親致歷史所的檢討書（1968 年 5 月 27 日）可知，父親對此"很生氣"，責怪母親"破壞他的日記"，無奈之中只好另換一頁，由父親重新抄寫，補入冊中，只是將此一段話删去，另紙附于母親的檢討書之後。現將這段話及母親的檢討書加注録于《日程》中，由此反映了當年母親的惶恐，同時反映了父親對日記的態度以及他在亂世中的鎮定從容。

當"文革"初起之時，有人好心勸父親將日記銷毀，以免被抓住"罪證"；可是父親無動于衷，即使已被作爲"資産階級反動學術權威"揪鬥，仍一如既往地記日記、補日記，甚至爲之作提綱，直至專案組取去審查（從中尋出父親"罪行"有兩大册油印本）。這種舉動在當時人人自危的困境中顯得多麼不合時宜！多麼不會保護自己！但是父親作爲一位歷史學家，搜集、積累、驗證史料是他的職業習慣，亦是他"風雨飄摇的九十年"生命價值的體現；被他視作"生命史中最寶貴之材料"（《日程》1939 年 10 月 25 日）的日記，已經融入他的生命，成爲其中重要的組成部分，同時亦成爲近現代學術史、社會史重要的組成部分。他既要實事求是地從中尋覓自己的足迹，自我檢討，又自覺自願地留給後人去翻覽、檢驗。既然如此，他怎麼可能輕易中斷與自己生命相伴的日記、捨棄一個歷史學家的職責呢？又怎麼可能將此極其寶貴的史料銷毀呢？因此無論外部世界的價值觀念如何被顛倒，他都能堅持自己内心的價值觀念，從容地守護自己的陣地。當時父親爲了保護四十多年前王國維的三封來信，欲使之幸免于"文革"劫火，遂將其藏于一册《日程》封底的折頁裏，不正説明了日記在他心目中的地位嗎？

説到保護日記，必須述及殷氏母親及起潛公的功績：抗日戰争初期，父親爲避日寇追捕，隻身逃離北平，留下的重要稿件（包括《日程》十餘册）被殷氏母親及起潛公費盡周折保存于天津某銀行。抗戰勝利後父親去天津接收，打開木箱，昔年日記、筆記等一一呈現，他不禁"熱泪奪眶，若獲亡子"（《辛未訪古日記序》），這真是難以割捨的骨肉之情！

"文革"後期，父親因受命主持整理二十四史，恢復了自由，得將被審查的日記索還。如同老友重逢，他將舊日記置于案頭，經常翻閲，有可補充者即隨手寫入，"此中甚有近代史料也"（《日程》1976 年 6 月 4 日）。去世前兩年，父親因疾病纏身，他拼力寫下的日記，往往"手顫又書不成字，直當以邃古文字視之"（《日程》1980 年 6 月 23 日）。這些顫抖的字迹，反映出父親在生命垂盡之際的悲苦，亦印證他實現了自己早年"將用盡我的力量于挣扎奮鬥之中"（《古史辨第一册自序》）的諾言。

由于父親將日記作爲吐露心迹的場所，七情六欲，無所不談，其中自有一些激憤之言，或許對他人會造成傷害，鑑于日記的史料價值，整理時基本未作删改。甚望讀者能從歷史觀念出發，通過父親的一家之言，更好地了解近百年滄桑，了解他本人以及周圍的學界同人在巨變的時代中所走過的曲折道路。

日記整理工作前後經歷五年，其間得到起潛公甚多指教，如今他却長逝，看不到出版了，令我感到深深的傷痛和遺憾！在工作中又經常得到王煦華先生及舍妹顧洪的大力幫助，并且洪妹在大病之後的休養期間與尹如潛先生共同完成了日記的抄寫，對于他們的貢獻，在此表示由衷的感謝！最後要感謝我的丈夫，正因爲從始至終得到他的支持，此項工作方能够順利完成。

顧　潮
一九九九年歲末于北京

凡　　例

一、日記抄件有二種格式：

    1. 1913 年、1919 年及 1921 年首數日之日記係依行順序寫下，故依原樣抄寫。

    2. 記入《頡剛日程》者係表格式豎寫，抄寫時將其内容依上午、下午、夜間各起一段，起始空二格，轉行頂格。其中貫穿上下午者，入上午段内；貫穿下午夜間者，入下午段内；貫穿全日者，入上午段内。“預計”中内容以〔　　〕括起。“備注”及“一周總記”中内容各另起段，起始空三格，轉行空一格。

    3. “文革”時寫于小筆記本及臺曆之日記，内容係依《頡剛日程》分段，故抄寫仍同表格式者。

二、其中日後補記者，若補記日期相距數十年，則以楷體字相區別；若補記日期相距不遠，則以較原記縮一格相區別。

三、日記册首、末之内容以及册中未依時間順序所記日記，依年份略作調整。其中有個別缺記處，則注“下缺”。

四、日記中所附作者之書信、文章等，已分别編入《全集》其他各卷，故抄件中僅存目；又所附各種剪報等資料，其中與作者無直接關係者，亦僅存目。存目者注“下略”。剪報、他人來信等以〔　　〕注明，其他各種文件票證，則注明〔原件〕。

五、日記中未加標點者（如 1913 年日記），均補標點。其中書名號或有或無，標注極不一致，且多以方引號表示，編輯時無論全名、簡名、異名，均以《》示之（工作總結或計劃中閱讀，寫作、出版者一般不加《》）。其他大量方引號或改爲""（如引文）或刪（如藥名），又店名、車船名等，其中原未加引號者不補。

六、日記中人名多用諧音字（如"馮芝生"、"馮芝孫"之"生""孫"不分，"林剛伯"、"林剛白"之"伯""白"不分，"廖樹桃"、"繆樹桃"之"廖""繆"不分），又人名、書名中多用異體字，爲尊重作者習慣，保留日記原貌，均依原文而未改動。人名不詳者原以□或×或空白表示，現均以□示之。

七、有明顯筆誤者徑改，缺字一般不補，個別因缺字則不明其意者以（）補之，個別不易辨認者以□示之。

八、每日日期，統一用漢字表示。其中陰曆日期未寫者不補。

九、編者所加注，以"＊"表示，置于當頁下方。

一九一三年

（民國二年）

檀痕日載（梨雲日記）*

十月一號

得天津寄來《時聞報》，知佩雲昨晚與小達子排《大拾萬金》；前晚亦與達子、小培等排《四郎探……（下缺）

得遹駿來書，謂小桃本屬名花旦，琴客未足相及，達子與香水搭配則秦腔青衣花旦。小金娃何往矣？德珺如唱工尚可聽，惟做工呆滯，扮相亦不佳。小楊近日在發身之際，所以聲音忽而好忽而壞，忽極宏亮，忽而帶沙音，并不一定，不能怪慰萱眼光之錯也。

又曰：弟近日實無所事，昨日忽發起排《紅樓夢》人物配以名伶，居然消磨一日，擬稿如下：以朱素雲飾寶二爺，無二；毛韻珂

---

* 日記冊係商務印書館印製，封面字樣："己酉季秋　甲種　自由日記　上海商務印書館製。"封裏字樣："例言　日記以日爲綱，以事繫之，整齊劃一，所以便記事也。特人事之變遷無恒，而日記之紙幅有限，又時覺其不便焉，本冊縱橫列格，其年月日任人自謄，事少之時日用一二行，事多之時雖連篇累牘不虞不足，長短繁簡可隨人意之所至，以一冊供數日之用，或數十日以至于數月一年之用，均無不可；偶有旅行與特別事故，則以一冊專記一事，既便保存，又易檢查，題曰自由日記，紀其實也。"

舉止大方，飾蕍蕪；馮春航滿面愁容，飾鼙兒；林鼙卿嬌小玲瓏，
且喜多發言語，以之飾湘雲；小如意去探春；四盞燈去王熙鳳；璧
雲婷婷嫋嫋、整整齊齊，去可卿；後段去晴雯，因可卿事太少；朱
幼芬去妙玉；小金娃去李宮裁；陸紅冰去巧姐；孫喜雲去元春；楊
壽長去史太君；一盞燈去王夫人；薛瑤卿去薛姨；粉菊花去薛寶
琴；小桃紅去尤三姐；周鳳文去襲人；劉禹臣去紫鵑；綠牡丹去平
兒；紫金仙去香菱；小余子雲去鴛鴦；周五寶去傻大姐（曾在鄧憶
南劇中去女學生，天真爛熳，戇態可掬。蓋彩旦而近乎花旦者）；
潘月樵去賈政；趙如泉去賈赦；貴俊卿去賈敬；何金壽去賈珍；呂
月樵去賈璉；邱治雲去賈環；小楊月樓去賈蘭；邱蕊卿去賈瑞；馬
飛珠去薛蟠；徐燕林去薛蝌；萬盞燈去夏金桂；馮志奎去焦大；林
步青去冷子興；楊四立去劉姥姥；趙君玉去柳湘蓮；蓋俊卿去秦
鍾；陳嘉祥去北靜王；王又宸去甄士隱；夏日珊去賈雨村；惟迎、
惜春殊難其選。

十月二號

　　《時聞報》寄來，知香水、達子昨夜演《大拾萬金》，前夜演
《四郎探母》。香水在京時唱《探母》中鬚生，爲都人激賞；前夜
殆與達子雙串楊延輝耶？《探母》之前，爲《遺翠花》，克琴與香
水爲之。舊閱戲評，謂香水現身以小生爲最合，《賣油郎》中有時
起秦鍾云云。此與克琴合劇，當是小生無疑。以余觀之，雖偶然游
戲，原無損真，而雪意梅魂詎忍自貶，閱報至此，爲嘆息者久之。

　　高福安、小福安已到天津入丹桂茶園，二人均滬上新新舞臺臺
柱，今辭而之北，新新舞臺殆無重開望也。昨與呂月樵晝間演《蓮
花湖》，夜間演《落馬湖》，或是雙串。暑假時在龐京周處觀圖畫
劇報，載有月樵死耗，謂與南北戰爭有關係者。彼時在座者皆太
息。遹駿與我函謂：呂如果死，恐《戲迷傳》遂成《廣陵散》矣。

今展戲目,呂固日演《戲迷傳》也。

糧食店中和茶園全盛時代在去年冬末,彼時名角如香水、菊芬、曉峰、一清、玉蘭、翠喜、玉喜,及男伶高月秋、小菊仙、牡丹花之屬均在。自男女分演後,伯勞東去,燕子西飛,已無復昔觀矣。然易實甫作歌以名姝擬牡丹之時,則綠牡丹之香水,黃牡丹之翠喜,紫牡丹之玉蘭,紅牡丹之菊芬,白牡丹之玉喜,固猶在也。乃曾未幾時,一堂星散,香水入天仙,菊芬入丹桂,玉蘭、玉喜入茂林春舞臺,爲僅存之靈光者一翠喜已矣。歌場寥落,竟使翠喜有獨鳳之嘆也。近爲翠喜之配角者曰金月蘭,唱二簧青衣,故《教子》、《寄子》等劇不嫌寂寞。報紙戲評有稱其藝者,余不知何故總覺無心相近也。

有一事最可異者,則金玉蘭之生死也。余于玉蘭雖未多觀,而花衫一格必推冠軍。暑假家居,閱《新聞報》,乃有標題曰《金玉蘭香銷玉隕記》之一則,謂金犯炸彈事,爲戒嚴司令處槍斃,且謂金素有怨于津警,其死蓋仇家陷也。余覽既亦深悲嘆,私爲絕句八首吊之。越十餘日,觀《時報》遠生通信闌內乃謂金實在津,都人士之譚,胥互傳市虎也。當謠興以後,政界中人群詢之陸建章,陸堅稱并無其事。而外間猜疑曾不少釋,且有圖金之死述金之生而廣印以告同悲者,名士易實甫亦有"今世居然殺美人"之句,意謂玉隕香銷竟成事實矣。乃友有自天津來者,携戲目相傳覽,則金玉蘭之三字固無一筆訛也;金玉蘭之戲固仍花旦戲也。余因以知玉蘭實未死,前賦八章,胥歸一炬矣。入都以後詢之國任,國任曰死固確也,詢之步丹,步丹曰友人某君固曾于執法處睹其案卷也。嗚呼!此疑非親至天津質之終莫可解矣。

心存較我後歸約半月,歸而告人曰:彼行之前一日適譚叫天死。余聞之嘆曰:天上清歌固不能廣吾聞耳。重到京華之次日,乃聞叫天應周自齊宅中堂串。知心存之說蓋與月樵、玉蘭并足而三也。獨是名優生死何有如許閑人廣爲播弄，舉一暑假所不忍死而死者乃疊接于京津間；又不望生而竟生，是則何以故哉？

叫天在周氏演《洪洋洞》，在歡迎馮、段會中演《取帥印》，在總統府中演《天雷報》，老病龍鍾，劇相應合，同行張君懷伊已于歡迎會中聆其一曲，鯫生無福，恨未追隨也。歡迎會排劇頗有微言寄托，《取帥印》而外如龔雲甫之《徐母罵曹》，沈華軒之《長坂坡》，王蕙芳之《雙搖會》，皆可推見。不意爲馮、段捧場者，竟得如許解人。

十月三號

聖陶貽書，謂《春航集》已出版，卷端圖畫二十餘幅，均春航化裝，用珂羅版印成，似較名貴。偶然翻閱，乃有應千遺著，不可謂非因緣，雖隱其名曰雍千，吾固能辨别之。其文中更有臻郊之鴻盦吾之倩桃而益徵非誤。其人與骨殆已腐朽，而彣彰乍接，謦欬如親，更憶以前，感嘆隨之已。

夜覆逷駿書，告以都下歌聲，更叩以滬上劇狀。

得龐京周書，略曰：津京本名伶薈萃之區，如張黑等情願在北占數十吊一天，不願至滬上占數千元一月也。蓋上海人之百口同聲曰好，固不及北邊識者之一字也。弟十四日到滬，惟一領略八歲紅、楊瑞亭合演全本《目蓮救母》，上半齣未見，只見“滑油山”，八去老旦，唱聲太尖稚而臺步又嫌過火。第二日日演八之《武松殺嫂》，連演蓋叫天之《十字坡》，即武松發配，真械作戰，可稱南北無雙矣。來片并言三客串，此人本不能唱做工老生戲，再加以合演及王克琴之老面皮，無怪其嫩也。上海今亦有男女合演，然僅一齣男，一齣女而已。戲館即在歌舞臺原址，男角如四盞燈、麒麟童、小小楊猴等，女角如林黛玉、露蘭春輩，生意不見起色也。

十月四號

前在天津觀香水劇，夜深而歸，作長函告聖陶，頗吐憤懣之氣。聖陶覆書曰：墮歡如夢，此意奚堪，造語淒迷，深愁斯寄，然無端遇合，原爲幻塵人謂之緣，獨不得謂爲怨之端耶？與其春鶯老頓損神情，坐看困風塵，曷若從此不見，猶得常鏤此哀歌曼舞于腦紋中也。聖陶之意，蓋爲予慰藉者。不知既已有情，讀此徒增悵惘，翻恨聖陶之非知音耳。因投以函曰：春鶯憑老，此情不死，即使風塵困苦，亦願自爲黃衫。苟僅因姿首喉嚨以生親遠，則妒婦，故弗當投津燕臺，亦何須市骨也。昔湘蘭垂老，猶有弱冠一生流連兩月，況秦淮風韻，固非佩雲之比乎？書至日，聖陶其不以爲嗔否？

《時聞報》寄來，悉天仙中前夜香水、達子、秀波、克琴爲《南北合》，溫小培爲《奇冤報》。昨夜香水爲《玉堂春》，達子、小培爲《十八扯》，秀波爲《三疑計》，小桃爲《浣花溪》，克琴爲《游界關》。《玉堂春》一劇爲香水得意之作，説白做工與人劇異。上星期購得《女起解》、《玉堂春》鈔本兩冊，展覽之餘，覺香水煉詞選句無處不傳神寫色，較之陳編之曲本，蓋無規矩之可模矣。小培間串老旦，以彼歌喉必能出色，平生所見稚歲鬚生，若小楊月樓、若劉仲英、若傅少山、若周鳳鳴、若張德鑫，皆無小培之抑揚頓挫也。

丹桂于昨晚演前後本《大名府》，以菊芬、福安、月樵之才，全神貫注，必有可觀。茂林春于前晚演《新茶花》，張黑、李吉瑞、田雨農均在一劇。惟張黑應起何項角色，與篆赤猜之，至今未獲也。新劇于京津劇無勢力，非新劇社中偶爾一演，則雖終歲不見亦非異事。惟前于中和戲目上見有一齣《宦海潮》而已，不意竟有長本之《新茶花》連臺接演于津門也。玉喜在京，自香水、菊芬等去後已占末齣，今在茂林春中仍排在前五齣間，玉喜殆有寧爲牛後、勿爲雞前之意耶？

過滬日觀大舞臺《描金鳳》，頗不稱意，不意通駿書來即屢稱道之，謂爲佳絕。余意小説自小説，戲劇自戲劇，小説欲其隱，戲劇欲其顯，小説欲其曲，戲劇欲其直，小説欲其繁，戲劇欲其簡：二者本不相入，詎易并爲一談。乃《描金鳳》一劇，處處照小説死排，欲因其節奏則一幕遂太短；因其詞句則唱句遂太少；因其事迹則幕數遂太多。且全劇主要之小生，乃以俗不可耐之趙如泉起之，雖有千佳亦等一洗矣。況全劇皆應古衣冠，而林步青之汪宣必胡服登場；全部既都説吳語，而賈璧雲之玉翠必以京揚雜語出之，準此則牴彼，準彼則牾此，果何當于一好字乎？通駿叩余，謂老兄是否另具一副眼光，余因以上言報之。

青衫而至香水，花衫而至玉蘭，至矣盡矣，蔑以加矣，故與通駿書曰：正旦只有小香水，花旦只有金玉蘭，捨此他求，終爲二等脚色，觀盡劇界，自謂無異思也。

十月五號

今日滿意往西安市場觀吳鐵庵，飯後趕去，遍覓戲目，弗能見其名字，抑鐵庵暫息乎？抑鐵庵又他去乎？西安園中有粉菊花，有紫金仙，二人皆在上海中舞臺，亦無甚高譽，不意猶有冒牌在其後也。吳既不遇，欲至同樂觀崔靈芝，顧街上戲單，又弗見靈芝姓字。就他園戲目覽之，知天樂中孟小如、梅蘭芳合演《武家坡》，篆赤賞識之戲也，促余往天樂，車及中途，此不情之天遂驟雨以相阻矣。悵悵而歸，希望之星期日只當得等閑過去。

得陶岷原書，謂滬上舞臺日盛，新開有醒舞臺、新滬臺、新民新劇社等，苦爲校羈不克一睹。

戲劇雖本于一支而播至各方，自成風氣，不可強爲同也。上海好武生、花旦，故兩項人才在滬獨多。此蓋武生爲女悦，花旦爲男悦而又女悦，蕩子娼婦相習爲歡，淫誘之風即此可見。北京注重唱工，故獨有盛名之鬚生、正旦，若花衫、武生降格而求中駟，恐遍于天樂、廣和之間猶終不能得也。天津淫風較甚，《小上墳》、《烏龍院》、《陰陽河》、《小放牛》等乃無日無之。在津日，觀王克琴、小桃《雙上墳》，珠簾一揭，舞燕雙來，既而桃靨嬌深，遂使紗冠醉落，媚意蕩情令吾至今不能忘也。入都以後，欲求此三字于戲單，而至今盈月終未一觀。雖至《烏龍》、《碧帕》極普通之花旦戲，亦必越若干日始爲一演。京津人之嗜好可以見矣。金玉蘭在京，《上墳》一劇曾未浪排，而履津以來，則《小上墳》者殆爲玉蘭之拿手戲，故知京中非不能演此，蓋實不欲演此也。曩函通駿，謂京中戲品高于他處，倘非謷語歟？至雜唱劇如《戲迷傳》、《十八扯》、《紡棉花》等，京中女班間或一演，從未聞男班排過。而滬上戲園視此等劇若寢食，一日不能離去，是蓋可以知風氣所趨，必欲色亂于目、聲亂于耳而後快也。滬上大舞臺日排全武行戲必三齣，布景猶是布景，打手猶是打手，雖至跌撲，亦無異樣。如我觀之，徒令意盡，欲求如天樂之張黑以説白取勝，廣和之九陣風以武技相高者甚難言矣；乃又加以左支右絀、不倫不類之新編舊劇，是捨神經簡單之滬人以外更有相欺之餘地哉！王瑤卿、崔靈芝近排戲均極生，求之南方每無聞見，幸有靈光猶存殿儀，否則日就湮没矣。

十月六號

觀《時聞報》，知前日香水與達子演《算糧》、《虯蠟廟》，晚間演《南天門》；昨日與秀波演《吊孝》，晚間與達子演《興漢圖》。《虯蠟廟》一劇，無正旦之可尋，串他項角色亦未可知。《南天門》一齣珠聯璧合，嘆爲無雙，過津觀此，感遇合之無端，前後之若應，曾有"一樣離聲走雪山"之句；今觀劇目，更增惆悵矣。秀波與香水相隨，在中和時無日不同齣，且二人皆能改串鬚生，故益相契合。如《汾河灣》、《南天門》中香水起鬚生則秀波起正旦，

《拜壽算糧》、《玉虎墜》中秀波起鬚生則香水起正旦，《轅門斬子》中并起鬚生，《雪梅吊孝》中并起正旦，數日之間難得一分演也。自歸天仙，秦腔鬚生有達子，故秀波遂多獨演之劇，而盧前、王後乃一任顛倒于傖父之手。其實秀波身價自在克琴之上，徒以俗尚淫靡，貞幹不貴，使闌珊翠袖遂有孤芳自賞之嘆也。

前日茂林春中金玉蘭爲《上墳》，下天仙中王克琴爲《上墳》；昨夜丹桂中姜寶王、小荷花爲《雙上墳》，天仙中小桃、克琴爲《雙上墳》。《時聞報》上只有三家戲目，而所載已如此，信乎天津人之好觀之也。

過津觀天仙劇，知女伶中有唱二簧鬚生、老旦之姜桂芳，秦腔青衣、花旦之姜桂喜，今歷覽報紙均已不見，未識易往何處？二人雖非上乘，猶爲中駟，一旦飄颺，亦不勝天涯人遠之思也。驢肉紅前在上海，今亦在天仙中，日爲《拾金》、《換婦》、《教學》、《表功》諸劇。丑角一項群聚海上，京中只有李敬山可謂全才，餘均碌碌不足數。若滬則一大舞臺，而已有何金壽、何家聲、孫紹棠、林步青、金何慶、廖運卿、范少山等八九人，此所以終日排滑頭戲也。

小菊芬在津常爲《小放牛》，《上墳》一劇未聞演過。近爲《辛安驛》、《英杰烈》諸劇，菊芬以做工見長，必無遺憾。

《玉虎墜》一劇，有青衫，有鬚生，有花旦，有小生，有丑角，有武净，老旦雜類，自非一園中有如許才人，詎能排演？今歲于中和曾三觀之。當時連臺接演四本，以唱做極重之青衫，而香水一人起之，絕不勞玉喜、秀波合串，一曲哀歌，迴腸欲斷，余和聖陶詩有"青幃五夜生悲響，欲問此生幾展眉"，蓋指是也。入後做工益重，而強顏衷鬱之心躍然如見。加以金鳳雲之鬚生，小菊芬之花旦，九月菊之小丑，處處傳神到底不懈，使觀者隨爲悲且愕也。小翠喜起小生，焦雅與素雲方駕。彼日真不計如此歌場越月以後僅有翠喜之獨留者，而今重過中和，尚有《玉虎墜》劇名爲吾目親乎？
又想上半年中和演是劇後，數十戲班踪之者，僅一李飛英亦以角色
不全惟演一段耳。今此劇殆絕響于京華。

十月七號

　　《亞細亞日報》載素聲評張黑一篇，茲略記于此。評曰：近來
生旦净丑均不乏拔類之才，獨至武丑一項，非獨不有勝張黑而亦無
與爲并駕者。推張黑所以執武丑之牛耳者，第一在武工。武丑所飾
之人，若朱光祖、賈亮等，均于武士道熟習精通，苟技擊不足擅
長，則其人之精神不見，即戲中精彩亦減却許多。張黑輕猿疾隼，
轉折靈捷，幾有來風去電之勢，跌撲迴不猶人，作筋斗異樣輕鬆，
鮮有能望其項背者。第二在做派。凡飾戲必先將劇中情節熟味于
胸，又必將其人之神情態度一一體貼入微，無所隔閡，方爲入妙。
此不獨武丑爲然，然武丑固亦不能離此。他伶飾武丑，神態不分，
作工無異，無論何劇，跳竄迸落皆出以同一之手段，千篇一律，了
無生趣；惟張黑處處得神，處處如文家無一重複之筆，如《大名
府》中宛然一時遷，《連環套》中宛然一朱光祖，《銅網陣》中宛
然一蔣平，《九義十八俠》中宛然一活閻王。至若《慶頂珠》中之
教師，《丑表功》中之撈毛，不特作態淋漓，而于社會上閱歷亦已
深諳矣。第三在唱白。演劇以唱工爲主，而説白亦極重要，苟使藝
擅綿豹，而白中或字句不清，或語句不真，或鍾儀之土音是操，無
一語之可驚座，則減色已多；張黑説白不獨出落處具見精神，而描
摹各人口吻無不絕肖，唱工發聲宏亮，別成格調，有如關西大漢銅
琶鐵撥歌"大江東去"。其《盜銀壺》一劇尤渢渢移人，如秦穆之
聞鈞天，聲振耳鼓，令人作三日聾也。至其所串皆奇人俠士，而其
品格亦極豪爽，有名士某者訂爲方外交云。篇末有盟雲跋語，謂據
老于北京戲園者言，張黑説白氣太促，且帶天津口音，殊非大雅。

然余初到京門，北語多弗解，獨于張黑道白無一字之疑，且覺其悲壯之韻，轉因氣促而顯，吹毛之求非吾黨之事也。

久不睹上海劇目，岷原函我，謂新開舞臺凡三，余亦不知爲誰輩所組織也。今日閱《時事新報》，乃知醉舞臺中多新新舞臺散出者，就其名角觀之，鬚生有貴俊卿、小孟七，武丑有楊四立，花旦有林顰卿，丑角有李百歲，淨角有劉永春，武生有常春恒，餘如孟鴻群、楊華亭、陸紅冰、葛玉庭等，粗粗組織，雖未必完全，而臺柱得人不致有難支之弊。俊卿、春恒自新天仙停後久未登臺，今另組一班，規模較擴矣。顰卿、漱玉本皆在丹桂第一臺，自迎仙開後，四盞燈即辭去，今醒舞啓幕，顰卿又爲易班。第一臺花衫一類近已聘有粉菊花，蓋中舞臺新到有張展雲也。李百歲前在中舞臺。楊四立前過滬上，謂將應海參崴之聘，今乃仍在滬瀆，如楊者固申江人所歡迎者耳。

大舞臺登廣告謂新排《蝴蝶杯》即日開演云云。《蝴蝶杯》乃梆子劇，大舞臺中既無秦腔鬚生，又無秦腔正花旦，縱使以趙如泉、小如意等勉強湊演，可必其終無好處。

報載中和園主將往天津聘金玉蘭回京，其故蓋中和園自香水、菊芬行後，頗無生氣，苟不別延第一流人物，座客必無回復之望；二則玉蘭相傳槍斃，引起京人之哀感，後雖剖爲訛言，而想望豐采此情益劇，使得復履京門，則此死而重生之金玉蘭人人必欲一親顏色以爲快，中和賣座之盛可以豫決。頗聞玉蘭在津聲名爲劉喜奎、王克琴所掩，亦鬱鬱不自得，京園就聘固意中事也。

玉蘭之花衫麗歸于則，非若克琴、小桃輩麗而趨于淫也。津人昏志妄作卑高，致使絶代佳人困苦于流言之不足而復積習輕之，玉蘭身世不尤可悲哉！粉菊花到第一臺後，排戲每在朱素雲下，或楊瑞亭下，其實做工呆滯，了無可取，不過滬上向重花旦，非是則無以招徠耳。方之玉蘭竟是反比，果者遇不遇不繁于其入耶。

十月八號

《時聞報》來，悉前夜佩雲與小達子、薛鳳池合演《回荆州》，又與張洪寶、王克琴合演《拾玉鐲》，昨夜與驢肉紅、袁四寶合演《五世成神》。《拾鐲》劇中當是起小生，《五世成神》一齣不獨未見，抑且未聞。達子昨夜爲《落馬湖》。曩通駿函我，謂李吉瑞《獨木關》足勝達子，而《落馬湖》則嫌不如。惟余過津時，觀其《獨木關》已極爲傾倒，是劇惜未之見耳。下天仙中近爲日戲，惟僅至小桃、小培而止，克琴以上不列也。丹桂日戲停演，呂月樵已不知何往，其又到南乎？茂林春中仍演《新茶花》，日戲則李吉瑞、張黑、尚和玉均不登臺，玉喜以上選青衫時屈于首數齣間，而劉喜奎之《小上墳》乃鄰末齣。閱報至此，覺憤氣之驟盈也。

憶上月初將北，聖陶叠韻三贈，其中首曰："小謫靈仙揮麈笑，帝城重到若何歡。一籤妙應神如在，幾曲哀歌客自安。翠袖裹悲托弦筑，黃金買淚灑荒寒。軟紅亦值頻回躚，白練舞裳只最看。"小謫云者，蓋告君以陶然亭籤語有"帝城春牓謫靈仙"句也。彼時別內離兒，此心如裂，猶幸有秦筝、燕筑，强慰離愁，謂百結不解之苦，一度哀歌庶幾立釋，孰意滿望而來者，乃盡墜于津門間乎？抵京以後，無聊更甚，每展前書，即携新恨，自計杖頭無錢，不能更爲津旅，而天涯悲韻幾時得贏余淚乎？感聖陶言，因有"拚盡黃金幾買淚，愁翻葉子寄新詩"之句。近假四日，只能坐過，否則糧食店道上必弗虛余鞋迹也。

篆赤語我，如放假四日內劉鴻聲唱《空城計》，梅蘭芳唱《女起解》者，當往觀之，否則功課碌碌，正閉户攻學時也。

慰萱自海參崴貽書，詢我戲興如何？余計無可答。

一年來，到滬必至丹桂茶園，鬚生如張小泉、周桂寶，老旦鬚生如周寶寶，花衫鬚生如白玉梅，均極一時之選。春初偕聖陶觀之，嘆爲絕勝。暑假南歸，尋張弗見，有人謂已到漢口。伏日與聖

陶話南軒，聖陶又以二周亡失事相告，越日閱《新聞報》，知其從
所歡以去矣。今日檢滬報觀之，則玉梅又已不見，"蒹葭蒼蒼"歌
聲從何處求也。嗟乎，不得于京者令吾又不得于滬已！

十月九號

《亞細亞報》戲評闌載《德處》一則，未署名字，不知誰作
也。錄之如下：德珺如原名德處，處者，請客串之謂也。故事，京
師子弟具周郎癖者，時習其聲容，聚二三同志擇一地點相與研究，
別延劇場，老輩以時教導，謂之票房。票房中人物有約之登臺者，
則稱處以別之。珺如初亦出身票房，後乃作伶官之隱，故其如出
戲，報上不署名而別以處，蓋尊之也。初習青衫，色藝傾動一時，
頗受社會歡迎。曾見其《宇宙鋒》一劇，哀感頑艷，幽怨宜人，而
于貞女本色，無不恰合。其唱作之佳，與瑤卿不相上下，嗣以二十
四番信風漸過，羲輪迅速催老，徐娘遂改串小生劇以博生存于伶
界。一變而與華雲、素雲劇場角逐，音圓以潤，調穩而工，幾幾珠玉，揮
毫隨風吹落，臺步亦自工整。所飾《黃鶴樓》、《監酒令》*，《轅門
射戟》一劇，尤擅勝場，他伶飾此，張弓作勢，虛有此表，從無中
鵠之期；惟珺如猿臂輕舒，一發矢輒貫戟心而過，雖未必每作皆是，
而十九之中不離一二，似曾于射擊學具有心得者。邇來華聲驟減，而
一曲雇來覺日趨于退化，臺下喝采之聲亦無復有當年之如雷貫耳。
"願花常好，月常圓"，殊令人誦昔人詞句而增今昔之感也。

上午十時到東安市場觀戲目，天樂、廣和兩家無出色戲。同樂
園中崔靈芝、李靈芝演全本《蝴蝶杯》，飯後偕篆赤觀焉。靈芝此
劇原自有名，惜鏡中人老，豐致遂虧，若彼李芝亦坐此病，然歌聲
清越，頓挫生姿，在秦腔中別成一種格調，説白亦極明爽，無模糊

---

* 編按：此處原稿缺字。

索猜之苦，正不當以老故輕也。起漁父、縣令之兩鬚生及小生、丑、淨均可觀，配角無嫩弱之病，全劇亦爲增色。一齣費五齣之時，直至燈火既舉始演完一半；明日續演，擬復觀之也。劉仲英前在天樂，今亦在同樂中，戲目上仍標曰上海新到，風格自墮，亦何苦乎！馮黑燈起《青風寨》之李逵極好，描摹處令人絕倒。《寶蓮燈》後段從未見過，今日見小玉青、馬少山等演之，乃是沉香逃去後跋涉山川，困頓欲死，爲其亡母救之而出，以後如何仍不可知。此等劇當是甚長，偶然提一段演之，令人有莫窺全豹之恨，安得如《蝴蝶杯》例連臺演全本也。（此段專重秦腔青衫，殆爲獨脚戲。）同樂中新編有《宇宙鋒》全劇，尚未演過，他日亦當一觀，以窮究竟。

　　過津日，堅欲爲佩雲少留，篆赤、裹伊、孟調皆不可，余甚不願以顧忌損因緣，出以決裂乃至失歡，諸人亦襆被先行，約吾以一宵之滯矣。余日間觀《算糧》，夜間觀《回荆州》，默念明日戲目排出，如猶有好觀之戲，不忍遽離者，則其他一切事殆難爲矣。以吾之身無復有閑游之晨夕，縱相償以情不圖愒日，而京校學課已多廢隳之時，舊朋爽約蓋猶其次也。余思至此，乃左右不能斷，忽忽若有所亡。幸也兹日以往，日戲停演，劇目不排，此心如重負之釋。夜戲排出，爲《蝴蝶杯》，余于此劇，未之前見，不審全劇爲何事，而佩雲起何人也。既于越日有可行之隙，故遂強抑悲心，束裝上征路矣。行之晨，館役進麵，強咽不能下也。乘車抵站，覺日光雲樹無一非慘澹之姿，更無一非生愁之物，淚承于睫，輒反顧私扰之，斯時恨不能拊膺大哭以暢積鬱。自計別恨已多，從無如此難過者，有"未許征塵爭短駐，爲君掩淚入車廂"二句突口而出；至今別緒更煩，枯腸垂斷，亦無心續畢矣。嗟乎！遙天久盼何處哀歌？夜雨孤憑空盈苦緒，心邇人遠，令此悲何以已乎？憶今年春末，在黃海舟中，寫贈詩一首寄聖陶覽之，及後得其覆函，謂崔護重到，去年人面依舊風度耶？此時佩雲猶在京門，接聖陶書，大喜欲驕，而自後去信率告佩雲近狀弗衰。及假畢將來，聖陶贈詩遂不復作桃花故語，又豈期白河之畔乃常爲吾飛夢地乎？《蝴蝶杯》一劇，至今懷之弗歇；今日觀崔靈芝者，非偶然也。自問余與劇場疏遠之人，淺稚不能辨聲色，安敢以此目此耳爲佩雲褻者，欲求自懺，惟有乘遠離之時，于此道更加研解，使他日復親，不再以盲心相塵耳。記《蝴蝶杯》憶此，并記之，蓋爲羈人一吐恨也。

　　同樂歸，得遹駿函，略曰：上海男女合演，漸趨淫褻。前日坤角花衫陸菊芬上臺，第一日即爲《遺翠花》，第二日爲《賣身投靠》，串小生者白呂布，前在中舞臺之男伶，言穢行卑，久遭齒冷，乃無端合演，詎非可惱之事？四盞燈，忽而迎仙歌舞臺，忽而丹桂，忽而鳳舞臺，看來太無恒性。昨日夏月珊演《蓮花湖》，去白鬍子勝英，神氣據稱甚好，武工亦楚楚可觀，頗有老英雄氣概。丑角得此，非易之也。蓋叫天新近亦演油面戲，如《金錢豹》、《鐵龍山》等。沈華軒演戲終覺太懈。福安與月樵合演《蓮花湖》，大約月樵起勝英，福安起桃花郎韓季，然乎？否耶？叫天堂會演《取帥印》，滬人士頗有議論，謂叫天真有心人也。

　　讀遹駿書畢，即振筆答之曰：滬劇男女合演方在萌芽時期，範以規矩猶恐窒塞，乃開創之初即驟趨于淫靡之域，誠合演前途之大阻矣。北京合劇，苟非有一部分之男伶如王瑤卿輩力求分演，以遂私欲，則歌場情狀當不致蕭條如此，今索然無生氣者，胥此輩之孽也。今日至同樂觀崔靈芝，徒以秦腔青衫，經香水、玉喜而後，聞等韶聲見方泰岳，仰止景行，自謂莫或逾此者矣。聞大舞臺亦有演唱《蝴蝶杯》之議，惟最重之梆子青衫若僅以璧雲、如意等充數，并重之梆子小生而以趙如泉硬串，更何能得美滿之結果？此次選舉總統，易實甫所謂一笑萬古春、一顰萬古秋之梅蘭芳亦得一票，國有此人，亦屬佳話。

十月十號

今日本擬至同樂續觀《蝴蝶杯》全劇，乃昨宵天雨一夜弗歇，今晨雨勢更盛，思天安門、中華門所扎彩結褪紅滴綠不知是何模樣？歌院檀板斷爲莫須有矣。故復納一紙于通駿函中，曰：今日大雨，所難堪者總統與兵士耳。吾儕小人，天晴則看戲，天雨則温書，紀念會且無成心一去，若再放假，定更慶祝，然報館文丐作一篇祝文定曰："我公真時雨，澤被萬物也。"

閱報悉佩雲前夜與達子爲《汾河灣》，昨夜與達子、秀波等爲《大拾萬金》。丹桂戲目忽書早晚停演，不審何故？小鴻慶、小小朵均到茂林春舞臺。小小朵劇乃排在李吉瑞之後，嫌其逾分。《小上墳》一劇，下天仙中又是克琴、小桃雙演，茂林春中乃金玉蘭、劉喜奎雙串，真不憚煩哉！玉蘭于《刺巴杰》中又起巴母，蓋有時亦以花衫起也。

十月十一號

偕篆赤觀天樂劇，彼園有新至之秦腔青衫，曰一塊玉，是日演《三疑計》一劇，唱作俱不弱，而明艷清揚堪稱絶世，亭亭而立，不虛于其名也。篆赤謂，使之南方則璧雲、春航盡爲奪色，然以彼姿貌屈于青衫，不當大用，極一憾事；苟改演花衫，盛譽詎難立起，獨奈何强令春人染于秋貌，而譚天樂之劇者以秦腔故遂不見重乎？此論余亦謂是。蓋男伶習尚二黃，秦腔總形見絀，而一塊玉者雖在女班中，亦必推爲翹楚；用違其才，遇奇于數，可爲三嘆已。小菊仙、高月秋雙演《花蝴蝶》，菊起前段，唱工説白俱頓挫有致，架子亦老，雖在稚齡，不少減色，杠子獻藝，甚形純熟，英姿勇態咄咄逼人，非他伶所可似也。後段高起，相較頗有損色，然水戰一場，正復費力。《頂花磚》劇胡素仙起花衫，某丑角去其夫，陸杏林去小生。胡于冶艷之中露悍潑之態，與某丑形容盡致。賜座時，某丑語曰："較大化錢去買票子舒服得多。"何物狂奴乃敢指斥時事！不畏大總統之誅耶？陸杏林前亦在內廷供奉之列，某報譏之，謂烟容滿面，起初出場之穆生極配云云。自今觀之，陸雖不能以貌勝而姿度從容，斷是斫輪老手。後齣爲《紅鸞禧》，王惠芳去金玉奴，張寶昆去穆生，李敬山去丐頭。王惠芳今日作得大好，以前積嫌爲掃去者半矣。張、李二人描摹淋漓直無第二。吾于此劇，更無間言，今細評之：張于成婚前不倫不類，寫出落魄態度，而議親時一費斟酌，歡欣之意溢于意表。入後玉奴勸令赴試，穆謂欲習翁業，王即移坐嗔曰："好志氣。"三字中有無量憤恨，惠芳却能細意熨帖，不即不離，做到好處；告父時，"我也捨不了他"一句，羞態可掬，委宛有致。報條一到，丐頭、玉奴攢頭并觀，張坐既定，立換面目説道："中是中了，以後大家須放出規矩來。"李、王均作目瞪無言狀。已而第二次報條又來，張正在觀時，李、王復攢首觀之，張一副眼睛漸漸向玉奴視去，玉奴首漸低，足漸後，逡巡復座，此段最爲出色，柔順之貌、恐懼之心，如八面春雷，無方不到。至于丐頭此時畏葸之狀，亦躍躍可見，偶有所言，就張耳遮口言之，連連道是，亦足見其謹慎。到舟中後，張呼曰金松斟酒，此時玉奴如萬分發不出的愠怒，低視而揾其淚，金松則偷酒飲時亦頻拭其目，幾乎使舉座無歡意矣。推玉奴入水，呼金松令去，此時金松連求三四次，愈求愈哀，及至聲淚俱下，而猶屏絶如初，至擲金脱衣而去時，乃曰："社會上那有你一種忘情負義的人。"有深痛焉。玉奴入水遇救一段，唱工抑揚；如意棒打時，亦能將怨憤之意托出。及上官臨室，謂要砍你的狗頭，玉奴跪地而哭，足證恩愛不絶，做工極好。至張、李二人之喜怒變狀，亦窮形盡相，無不愜意處。篆赤謂賈璧雲以此劇著名，然以今證之，終不出蕙芳之上，而張寶昆之小生勝于劉燕權又不必説，至於李敬山之喜笑怒罵皆成文章，固是丑角之魁楚，足與何金壽抗衡者也。孟小如、梅蘭芳演

《桑園會》，唱做均云璧合，惟小如漸入滑稽口禪，不軌正道，雖可贏人喝彩，而品格自貶，終非應取。至梅唱工圓融，眉目纖纖，如好女子，已在衆意；然有一事之可商者，則時時含笑態向人，若不自止，雖在痛憤而一轉瞬間又雙眸燦燦如新，此大不可也。歸家後，他舞臺演之，均極鬆，而孟、梅獨于此加重，且有處爲他臺所未有，意其自編入者，宜乎喝彩聲喧排句而應矣。末齣爲《戰宛城》，以時晚未演。《割髮代首》，田雨農之鬚生、路三寶之花旦，均無可勝人處，而路以季隗就木之年，猶勉强塗脂粉登場，雖鵑聲啼老，身世甚悲，而枯喉不潤，動作漸僵，聽來觀來總難慰意。故《桑園會》一完，座客聯去，竟存小半，京人心理亦可以見矣。篆赤謂當以《紅鸞禧》刊末齣，誠然。蕙芳此次之稱意出于豫料，故知天下士固難斷定也。惟蕙芳究有一節之虧者，蕙芳身段不活，動其上則僵其下，動其下則僵其上，必欲裊娜生姿，翻見其不自然耳。

十月十二號

今晨孟調來，飯後到太和殿，遂難看戲，知崔靈芝于近兩日連臺接演《老金蝕》而不知何戲也。總統府中三日演劇，文明全部、廣和半班，皆在執役。昨仲川等在虎坊橋杭州會館，往晤之，知劉鴻昇、龔雲甫、九陣風雖照舊排戲，實不演唱。叫天在府中一日兩齣，聞爲《洪羊洞》、《賣馬》兩劇，足知伶界大王爲袁家總統頗盡力也。自虎坊橋以東即文明園，前與通駿書有國慶假三日，當聽瑤鳳歌爾之語，弗期望門而却步也。舉總統時，金秀卿得一票，舉副總統，梅蘭芳得一票。昨日天樂義務夜戲，以坤班爲之，金秀卿因列名其上也。一院之內有兩總統之人望在，是亦足以豪矣。

閱《時聞報》，知佩雲前夜爲《玉堂春》，昨日與達子爲《桑園會》，夜間又與爲《南天門》。就戲論戲均爲名劇，白雲凝望，怎已離愁。今日在端門左社稷壇，見壁上有香水名字多處，雖不知伊誰弄筆，而姓名傳遍帝宮，亦爲佳話。自三座門出，過南夾道，購得風景畫十幀而歸。内有天津下天仙茶園影畫一紙，亦偶遇之緣也。

下天仙中汪笑儂與驢肉紅爲《真假戲迷》一齣，汪前在君樂園，今殆易班乎？茂林春中小小朵與小鴻慶爲《魚腸劍》、《空城計》諸劇。

十月十三號

《新民日報》謂《回荆州》一劇，從前推羅小寶最爲出色，近崔靈芝演此，尤爲神化。余自觀佩雲以來，已嘆觀止，俟崔重演時，當往證其言。

十月十四號

佩雲前日與達子、鳳池爲《回荆州》，夜爲《苦中苦》；昨夜與達子、秀波爲《玉虎墜》，此劇青衫最重，意蓋專爲佩雲排也。達子、秀波定起鬚生，惟劇中小生花旦亦關重要，劇目僅有請客串李鳳仙二人，雖未之見，然因無薄譽于時者，强爲撮合，吾度其損色多矣。汪少儂到天仙後，排戲在温小培之上。又新來有鬚生蘇廷奎，蓋方自滬上新新舞臺歸者。昨汪、蘇合演《受禪臺》，此劇甚生，不知何事也。

文明自十號後未嘗排戲，前知其在總統府演劇，然決無連演五六日者，志之以觀其後。

讀滬報知王又宸、白文奎均去中舞臺，不識何往。滬上名園丹桂及醒舞臺可爲領袖，餘均碌碌矣。

十月十五號

得聖陶函，謂前日晤張桂林，談叫天在滬事，其奢侈實亦可駭。初時輦金禮聘久而始允，遂挾其家人及親友凡百人乘津浦路而南，途中逢景流連，載行載息，一月而始達；其日滬上凡劇院中人，自伶人以及茶房，均驅車迎接，呼老班而不名，于是爲之租高大之寓所，一切行李均用摩托車裝載，復日供阿芙蓉十二元，燕窩等補品若干事，公司中人更番陪之，設飲縱博，惟恐失其歡心。桂林又云：唱《盜魂鈴》受倒彩實由于戲語而成。先是叫天到滬，即常至某妓家，人有激某妓謂：能令叫天唱此劇者，願輸東道。某妓竟言之于譚，譚尚未允，旁人已喧傳明日唱《盜魂鈴》，劇牌劇單早大書特書矣。此亦一軼事也。桂林，張佑保字，曾任新新舞臺監察員，故知之有如此者。

十月十六號

遹駿來書，謂大舞臺李海春前年在歌舞臺常壓臺，據云今年倒嗓，幾不能成聲，常排第二三齣耳。《紅樓夢》戲，弟以爲無論何戲園終不能排全，總計旦角一項須二百餘人，雖擇其著者至少須二三十旦方能排演。弟以爲或排一二段，如顰卿之葬花，湘雲眠芍等或能出色。諸如此類，即不須全演而亦得其神髓矣。飾寶二爺者，或云素雲爲最合，可惜年逾四十，風味已減；或以韻珂飾之，惜舌尖太短，且身段太肥，弟以爲此人飾薛蕙爲妙；或以龍小雲飾寶玉，又惜小雲近年色欲過度，以致倒嗓；以君玉飾，嫌其太荒莽，終不脫武角氣，弟以此人飾柳湘蓮，兄贊成否？此數人中，尚以素雲爲最合。小翠喜、金玉蘭何不到滬？使南人之嗜劇者亦得一聆霓裳。前年春桂戲園七盞燈初出臺時，如《翠屏山》之去石秀、巧雲亦有之，小翠喜亦能如是，弟羨極急欲一睹。金玉蘭能唱《探陰山》，亦不容易。

《時聞報》今日未來，兩宵歌影令吾相思。遹駿函中，乃謂香水正旦非二黃，是梆子，終無可取。嗚呼！陽春白雪較下里巴人而和寡，古今蓋同此嘆也！憶吾前嘗書告聖陶。

十月十七號

文明、廣和至今未排戲目，豈就此閉門乎？今日《亞細亞報》載，滬上丹桂第一臺已聘王鳳卿、梅蘭芳南去，王月酬三千二百金，梅月酬一千八百金，于陰曆十九日就道云云。陰曆十九即今日，自此以後京華又失一歌壇之雄矣。報謂京伶至滬可難過關，因上海紅倌人好挏戲子，故重金而南去者乃多失嗓而北歸。梅、王其能逃此關乎？到京匝月，鳳卿戲蹉跎未觀，梅演《桑園會》自是得意之作，往觀一回亦云有幸，繼今以往，不審何時再會耳。京中劇界日形蕭條，今日致慰萱書，語及此事，謂殘灰魯殿、立鶴雌群，雖碩果亦有存者，而起首半部，催人倦睡，一月而還，才觀三次耳。蓋答慰萱詢戲興如之何也。

崔靈芝全班已易在廣興園中演唱，其慶樂中則有郭一臣輩，戲資益賤，僅費小枚而已。

孟小如舊有梅郎搭配，故《武家坡》、《桑園會》等易于出色。今梅既他去，天樂正旦僅一胡素仙，不逮蘭芳自無可說，則小如此後常于重頭戲上用力，亦甚苦矣。今日觀劇目，演《洪羊洞》，當是此意。又孟于鬚生頗有名，而《空城計》一齣從未演過，殆亦怯于難歟？

《時聞報》遲遲至今夜始來，蓋耽緩凡卅點鐘矣。讀之，知佩雲十五日夜與秀波演《雪梅吊孝》，十六日夜復與演《斷橋會》。《斷橋會》中秀波當是起小青，秀波之與佩雲，何其相依之深也。小菊芬在丹桂，《高三上墳》一劇從未演過，惟于《小放牛》則常排之。今日戲報展來，則菊芬亦竟演《小上墳》矣。時風所趨，乃亦未能免俗，可慨已。《黃鶴樓》中當是起趙雲，予于菊芬，傾其花旦不若傾其武生，前在中和無武角可相配，大好身手遂多強掩；今丹桂中有高、吕諸人，一時瑜、亮，果使奮力爲之，不難奪名而上也。

十月十八號

今日展《國權報》，文明戲目一闌已爲撤去，知風流又雲散矣。文明在上半年本爲女劇，假後重來，知已易爲男班，漸知俞振庭徒刑期滿，文明之開蓋專以待小毛豹者。乃振庭遲遲不見登臺，鳳卿又爲滬上延去，小小朵亦入天津茂林春舞臺，僅僅一老去之瑤卿可撐局面，亦宜乎其歌弦之寂寞矣。所惜者蹉跎未觀，失于交臂，致使邦人相詢，無有可自解答耳。廣和戲目，仍前十日所排，而標時日易，意其有他故存焉。天樂自今日起，夜戲有三慶園全部，或梅郎一去聲價驟衰，乃以此補助歟？

《時聞報》載，十七日夜佩雲與秀波仍爲《雪梅吊孝》，十八日夜爲《砸澗》，此劇不獨未見，抑并無聞，當是如《藏舟》之采自《蝴蝶杯》者。汪笑儂與蘇廷奎爲《虛武夢》，此戲亦極生，未知是他劇之化名否？下天仙排戲認真，實所罕見，昨夜竟排十四齣，以秀波之賢猶屏隔于第二齣中，其才豐藝盛爲何如也。蘇廷奎爲《烏龍院》，而小桃爲《游界關》，克琴爲《土番國》，則起閭惜姣者更不知是誰？小桃于日間爲《紅鸞禧》，丑角雖有于報，而小生脚色似付缺如，弗審亦能完美如天樂否？

課畢，偕篆赤游隆福寺，得于照相館中見佩雲一影，倚矛挺鞭，作趙子龍裝束。又于他店中見蘭芳照，則高鬟長服作旗婦之裝，曼艷豐致較臺下所見尤爲美絶，明眸射人，雖紙片上不少輸也；此行至滬，定于賈、馮黨外另樹新幟，而從前之阿于馮、賈者，將轉瞬間而易其戴耳。獨京中梅、朱兩黨已成并立，在我所見，則朱之不逮梅者正多，今蘭芳一去，京華壇坫遂讓相琴獨步矣。余梅情素淡，兹逢其去，乃亦戀戀弗能自勝，暇當一購此影，供燈旁伴讀爾。佩雲撮影，好作武生，余曾購二幅，皆翹翹有英概。今日所覯，長于半人，兼金而售，當酬此願。惟鞭矛之裝總非真面，劇欲求其青衫一相，算覯愁容于白水，蓋不知何時稱吾心已。架上又見瑤卿戲相數幀，老態如村嫗，面無餘肉，乃猶强爲《樊江關》諸劇，與小生調情，墮馬折腰齒齲齲作笑態，吾固爲瑤卿憐也。

東安茶園亦已倒歇，德建堂近在天和園中。

十月十九號

《亞細亞報》戲評闌内有盟雲按語一則，謂梅、王本定前日出都，嗣以陸建章家尚有堂會，改于陰曆二十三四日南去云云。《國權報》載，天樂園戲目夜戲中，有梅蘭芳全本《五花洞》，此劇唱工極多，殆以將離，故留此紀念之一影歟？恨住禁城，未克一觀，他日重過淞濱，或梅郎復歸，日下清歌曼舞，願永永爲我留也。

十月二十號

佩雲前夜與達子、克琴演《蝴蝶杯》，昨日與達子爲《銀空山》，夜間與達子、克琴、秀波爲全本《拾萬金》。孟小如今日與胡素仙爲《三娘教子》，起倚哥者乃是小老生周鳳鳴。梅郎于《教子》一齣，從未演過，蓋以彼之才宜于夫婦對唱各劇，若《武家坡》、《汾河灣》、《桑園會》等等也。王惠芳、路三寶演全本《鐵弓緣》，連演《英杰烈》。崔靈芝今日演全本《宇宙鋒》，不識是二黄是梆子？茂林春中金玉蘭、劉喜奎、金少娥爲《四上墳》。

十月廿一號

得遹駿來書，謂醒舞臺近來人才已寥落，常春恒于色界上太重，所以第二天演《花蝴蝶》扒鐵杠，甚至一扭再扭而扭不上，以至環觀詼呼，乃勉强反一雄背了事。今常已離去矣。貴俊卿近日已

倒嗓，不如王又宸多多，前日演前本《失街亭》，連排《斬馬謖》，
乃城樓上二六一段，幾不成聲。《空城計》後，遂如神龍之隱，觀
者爲之悵然。此皆張佑保之口述也。常春恒去後，該臺武生獨缺，
硬由中舞臺聘了蓋春來，因此兩方并受交互之影響，聞中舞臺十月
廿一須換新東，大約是江夢花、張桂軒輩。王惠芳余甚厭之，身段
似乎兩節生成，兩腿不啻木裝者，自命我乃名花旦，可笑。滬上花
旦行中自命名角而討厭者：萬盞燈、月月紅、碧月花，其次則林顰
卿，餘則身價已低，并不以名角自居矣。粉菊花服裝太大，不適于
滬上觀劇者心理，近入丹桂，同八歲紅相配，極當年華，亦似前日
合串《十八扯》、《翠屏山》、《陰陽河》等，一對玉兒皆天真爛熳，
一意的做戲，并不向包厢中東睇西睨，且有小楊月樓之楊雄亦好。
趙如泉一味學小連生而火氣又重，做做《陰陽河》、《梅龍鎮》、
《烏龍院》尚還可觀，乃偏偏喜串巾生，拿了一副破管的喉嚨，死
活唱小生，真討厭了。滬上花旦惟春航不能唱梆子，其餘自命多才
多藝，必須兼演。若毛韻珂還可聽，然説白中病于短舌。璧雲僅能
做工。小如意雖有梆子花旦之稱，終不出跌蹼，亦僅《紅梅閣》、
《鎖雲囊》可觀。林顰卿素習二黃，前日竟敢演《烈女傳》、《汴梁
宮》，據云破題兒第一遭，并且不佳，何顏之厚也。韻珂于花旦劇，
近僅《新安驛》耳，常唱小生戲，如《黃鶴樓》、《岳家莊》、《草
船借箭》、《白門樓》；鬚生戲，如《探母》、《賣馬》、《觀畫》、
《跑城》、《碰碑》、《洪羊洞》等。

　　通駿函中附寄《新聞報》一紙，蓋滬上劇目所薈萃者也。前得
岷原書，謂上海新開有新滬臺、醒舞臺、新民新劇社等。余于醒舞
臺戲目，猶得常見。新滬、新民不審何人所組織，今就《新聞報》
覽之，知新民新劇社爲一班新劇界創設，其劇目有《新舊夫妻》、
《馴悍記》等，要之仍是滑頭戲，任爾天花亂墜亦無與我事。新滬
臺爲坤班，即在十六鋪新舞臺原址，著名人物有馮子梅、莊鑫培、

筱寶成、金彩英、筱峻峰、筱春利、陸月樓、王雅琴等，覺亦無甚精彩。中舞臺人才大乏，蓋春來、粉菊花、李百歲、一盞燈既相率他去，而王又宸、蘇元春亦已不見，僅僅白文奎之鬚生，劉永奎之正浄，李永利之武浄，張展雲之花衫爲可稱耳。近有客串數人排入其間，乃亦大書名字以相榜耀，可以知其内儲虛矣。迎仙鳳舞臺益見蕭條，可恃者僅四盞燈、陸菊芬二人。大舞臺《描金鳳》第三本已見排演，自兄妹相逢至揭榜求雨止，凡十二節焉。

　　鳳卿、蘭芳尚未啓行，而滬報上丹桂第一臺已大書其名，并詭其字體以求注意。名字之下有按語一則，略曰：今之鬚生不外汪、譚、孫三派，三者之中學譚、孫者觸目皆是，而于汪派幾如鳳毛麟角，蓋因譚、孫雖難學尚有功可取，若學汪則須有天賦歌喉氣力充足，因其調高時如千仞之壁，重時如萬鈞之鼎，故藝尤難擅。近年來環顧南北鬚生中，能得汪派三昧者僅鳳卿一人而已；其聲調非但渾厚，且善用鼻音，凝神静聽，與汪大頭無所差異。本臺主因滬上久無汪派鬚生，親自北上邀聘來申，以饜顧曲諸君之望，但既有此鼎鼎大名之鬚生，不可無旗鼓相當之配角，故再挽南北第一青衣花旦梅藝員一同南來，梅之容貌艷如子都，聲調清如鶴唳，與王配戲真可謂珠聯璧合，世無其儔矣。余按梅雖有改演花衫之説，然盈年以來都無聞見，不過偶然一演刀馬旦，如《馬上緣》等而已；其正旦各劇可通融于花衫者，《五花洞》、《女起解》等而已。若花旦常演之戲，固未自露于紅氍上也，而報紙謂其兼演花旦者，蓋滬人習尚，非此不歡，乃姑爲此欺人之言耳。

十月廿二號

　　答遹駿書曰：大凡二黄趨于神韻，梆子趨于格調，往往格調雖工，神韻不接，便如刻板文字一無趣致，惟香水之梆子能于格調之中充以神韻，其抑揚頓挫之間激越悲凉，端成絶詣。又描摹淫冶，猶爲人性所具有，若描摹哀情，其能生愁涌怨身入劇中者，幾何人哉！京中唱梆子者多矣，若中和、若三慶，皆占去十之六七，然而意盡聲衰，徒喧耳鼓，吾亦未嘗以其梆子而右之也。嘗私謂香水之神韻，爲秦腔諸人所不能有；香水之哀情，爲正旦諸人所不能有。惜君在蘇，未克一證此言爲憾。滬上梆子人才缺乏，莫可名言，就中推四盞燈爲上選，實則永棠喉音亦沙，未可拊掌稱絶，君萬不能以上海所見聞遂能包括全部，屏于討厭之刊也。罕譬喻之，設使北京前三齣二黃人物在上海演末齣，君亦必曰無味無味、討厭討厭，蓋此非二黃之罪，作之者之罪也。然秦腔偏于旦角一方，原不能及二黃角色之全，故鬚生有名者僅一達子紅，一小達子。達子尚非專唱秦腔，净角一格乃至無一人焉。惟正旦一途，二黃較爲迂緩，雖臨難之際而氣度從容依然不變，苦緒悲情遂難自表，此爲不如秦腔處。大抵二黃難爲而易工，梆子易爲而難工，分道而趨，莫可强也。坤在京津所見梆子正旦，香水、玉喜而還，孫一清、陳秀波、崔靈芝均不失二等人物，若滬上者真不必説矣。君未能一見此中人才，而已斷定曰討厭，坤誠不能解爾。前日《亞細亞報》劇評曰：女伶之有小香水，殆猶男界之譚鑫培也。京人品劇，當是不差，願君勿輕窺天下士可耳。此函去後，觀通駿更以何言相答？使仍滅裂如前，則通駿終莫可語，自此以後更不題佩雲隻字矣。

《時聞報》載佩雲前夜與達子、秀波爲《玉虎墜》，昨夜與達子爲《回荆州》。王克琴、汪笑儂已不載下天仙劇目。吕月樵之于丹桂，劉喜奎之于茂林春，皆然，豈又離津他去歟？上月茗于東安市場，粤人某君謂香水將返京，越日劇報中又謂京中各班主擬于節後往聘之，似成實事，遲遲至今，且逾月矣，津報日登未嘗一間，此言其不幸而虚乎？金玉蘭前亦有來京消息，盼斷豐臺、落垡之間，正不知何日魚軒之至耳。

《國權報》上廣和戲目已撤去，僅書各樣新戲四字，中和園亦如之，弗知何故？聞篆赤言，鄂人劉君處有佩雲半身小影一幀，暇日當往觀之，如有售處，必節食購來，誰是針神能爲吾綉此鵑影否歟？

十月廿三號

今日天樂中孟小如與胡素仙爲《武家坡》，孟、胡合劇亦難得之事。舊時小如、蘭芳各相倚重，故鬚生青衫戲乃屢見，今梅郎既去，小如又習于輕鬆各劇，長爲《打棍出箱》、《托兆碰碑》等，恐力又不逮，故素仙得乘梅郎之去而占其位矣。天樂夜戲已易廣德樓全班，中和、廣和仍未開演。

閱報有樊樊山和易實甫情詩，其首章曰："相思無路强相思，曾爲梨花住幾時？叢菊兩開櫻九熟，討春何止十年遲？"斯言也可爲余之與佩雲詠矣。

十月廿四號

報載下天仙中前日停演，昨晚佩雲與驢肉紅爲《苦中苦》，小達子爲《黃忠十三功》。丹桂之呂月樵、茂林春之劉喜奎已重見，而汪笑儂、王克琴二人可決其離天仙他去矣。

吳鐵庵新到天樂，標其名曰客串，殆偶然興至乎？抑搭班之議未妥帖乎？今日爲全本《空城計》，居然排在末齣。孟小如與路三寶、謝寶雲爲《胭脂虎》，瑞德寶、王惠芳、李敬山爲《翠屏山》，起楊雄者未識是否賈洪林也。

十月廿五號

知廣和之停演者久矣，知中和之停演者亦三日矣，其消息蓋得自《國權報》戲目一部者。乃今晚過東安市場，而小翠喜之《文昭關》、劉鴻昇之《失街亭》突然印于吾目，計時而覽之，固今日所排也。同在一城，猶有報館作僞，亦是奇事；然又奇者，報上寫停演，戲園不加更正，旁人亦無有論議。如余足迹不出門者盈旬，幾疑彩雲吹散矣；故致通駿書而深嘆于京華歌舞之衰微，若不能自勝。自今以往，毋虛良辰，風流本易顯，當及時擷而藏也。

文明茶園自鳳卿南去後，瑤卿一班不知托迹何所？今日戲目載有時慧寶、吳彩霞名字，時爲名鬚生，吳爲名衫子，久欲聞之而不可得，今其時矣。苟猶蹉跎不觀，則瑤、鳳之逝已是前車。楊掌生爲《京塵雜録》，其言曰：此中人不過五年爲一世耳。夫轉徙飄零即萃此一世之中，菫譽舞臺能有幾日，一曲霓裳亦非偶爾，如等虞淵將落，而魯戈始揮，雖于願未虛，然流風總損矣。

京中報紙載戲目者極鮮，以余所見，僅僅兩三家耳。而此二三家者，如《新中國報》僅載天樂、中和，《群强報》僅載文明、廣德，求其較繁，猶推《國權》一種，乃亦不翔實如此，令吾廢然。戲評推《亞細亞報》，而此報亦數日不見，校中之停閱乎？該報之停刊乎？總之，北京劇界生氣殆日趨于蕭索之途，難歡會如津滬間矣。

在燈市口漢英圖書館購得《説戲》一薄册，著者爲齊如山，蓋專意欲戲曲之改良者，大綱不外詞句之俚鄙，當求其文雅；音樂之單純，當求其齊雜；建築之簡慢，當求其精麗；布置之失當，當求其近真；裝束之奇誇，當求其傅合；信用之易漓，當求其信德。連篇累牘，談外表不休。實則自我觀之，譬如作畫，縱橫巨細皆含神韻者，其上；刻意精描不遺纖屑者，其次也。中國戲劇與外國戲劇本自不同，毋須强合，如滬上劇院處處依附歐風，雖巨築可以駭人，而獻藝終復如此，徒令高者不能視，遠者不能聽，反不若偏窄之茶園，猶得詳視而細聽也。至服裝音樂之間，我自有相稱之體制，正不以歐風所播，遂爲減色。作者因美惡之過殊，訾爲天壤間不應有此種面目，當知雖不必有其形，然所以托于神也。戲劇當處處似真，其言似矣，抑思既已成劇，原傳奇事雖無其事，亦傳奇思，所以致人歌泣于無端者，豈僅僅平常之態度所可爲乎？非盈尺之鬚不足以傳慷慨之音，非萬珠之冠不足以傳英武之氣，非怯寒之衣不足以傳闌珊之怨，非橫黑之容不足以傳嚴威之神，乃必于古人姿服無或差爽，是非起陳死人于地下而不可爲也。苟欲以劇中之裝束處處于歌白相吻合，則不能致者正多，且即致亦何補也。如曰青布以爲城，畫旗以爲車，執鞭以爲馬，踽櫓以爲船，皆易顯之僞不可爲；則如其言而使真城真車真船真馬竟出現于戲臺，其于劇中果有何等之關係乎？唱仍是唱，白仍是白，劇情果可以此而增進乎？苟使必欲見之，則戲園以外城車舟馬索之盈于天下，戲中所作不過表其情而已。如必求其事，曾不容有一毫之忒，則常人口談，何能有唱，亦何能有絲竹隨于其後，應之若宿搆者；且數十年之長、數千里之行，戲中均一出進間耳，如必曰似真，似真則劇之可陳于人目者寡矣。故曰情至而已，情之至則無不至也。余嘗謂二黃之鬚生，梆子之正旦，非使今世之人易其固有之性，此二種者必不有一日之淘汰。中國戲劇肇自樂府，溯本循源，越數千載而遞變至于此者，碩果所存，自有其存立之價值，有不容妄議者矣。至于曲詞之鄙，實僅于紙上見之，一入歌聲，則驟離其迹象而超于神邈之域，情之所移初非文字相有可左右之力也。夫今之言更良變進者多矣，充其所至亦不過如此書之所云耳。所以囂囂不絕而終無一絲一屑之關觸者，豈遂無故其問哉？吾今又大言以明之曰：舊劇必不可改，并不必新編；新戲可以不作，并不必與舊劇爭。

十月廿六號

報載前夜佩雲與秀波爲《雪梅吊孝》，昨夜與達子爲《桑園會》。天仙中新到花衫曰喜彩鳳，丹桂中亦新到有孟溥齋。小菊芬戲兩日未見，深祝還京，使我聊自慰也。

今日到地安門外天和園觀劇，最可稱者爲石月明之《落馬湖》，在酒樓問訊一段全神畢注，推倒前人，唱工疾徐中節，無他武生鹵莽滅裂態，洵全才也。前觀天樂中小菊仙演此，已嘆絕詣，今觀月明于菊仙，固尚有間也。其次爲小玉芬、德子文之《打龍袍》，玉芬爲老旦，清脆嘹亮，然一些不自然處。至子文之黑頭，則咤叱風雲不可一世，惟衰氣較促，與金鳳奎爲同病耳。月明、玉芬均在稚歲，而喝采之聲千人一例，真足以折服儕輩矣。其次爲德建堂、錫闊山、連洪霞之《回龍閣》，德爲名鬚生，屈于一隅當非所甘，故戲中亦不甚着力，惟調門總愜妥。連、錫皆正旦，唱工委婉，如乳燕之雙啼，而姿首不佳，遂多損色，亦天生缺憾乎也。末齣《招賢鎮》，全部均反串，故于戲單上注明某人扮某，以便認別。吾初觀此，不審何人本爲何角，其反演爲奇否常否，但覺各人做工唱工均多生處，而身段喉嚨乃叢不適也。有可取者爲扮費德公媽子者，曰吳喜茹，勸小姐時，小姐問其王法何在？吳答曰：“你什麼還要問王法不王法，須知現在世界有強權而無公理呢！”及出與費德公說時，曰：“這條議案吾已與你通過，你便可實行去了。”運新名入俳語，亦大雅事。如李敬山動曰改良文明，此四字既連綴不上，聽之乃格格不入于耳。今吳喜茹滿口新詞，裝貼大妥，非彼捕風捉影者比，吾意吳殆能讀書也。唱大鼓書一段，亦滑稽有致。惟此劇全數反排，近于博笑，故座客喧聲有若銅奔洛應，嘈雜掩臺上之歌白；而臺上人以處境不類，亦有掩面自笑，雖應悲之正旦，亦粲然露其齒也。其最不可者，當吳唱大鼓時，司供茶者大聲曰：他人最愛聽你的唱；而扮朱光祖之康喜壽據杠子作窺屋者乃同歌，亦連拍其掌曰：好極好極。此尚成何體統也。故吾自忖，欲得滿意之舞臺，殆非易事矣。

十月廿七號

《新民日報》酒臣戲評謂，梅郎南行既實，于是迷于梅者大恨上海丹桂園主，至在小報上登討檄以聲其罪。舊時蘭芳在京演戲既畢，即有三四十人隨之去，不再觀下一齣也，其痴情蓋不在畢秋帆之與蘇惠芳下。然梅僅面目娟麗耳，若論其藝，亦非最高人也。畢、蘇事未之能詳，暇當一考。

昨日在地安門照相館見蘭芳三影，其一即隆福寺所見作旗裝者，其二皆扮《汾河灣》，鬚生不知爲誰？此數幀畫相璣于照相館，無不標榜，梅郎何修得此價格。

十月廿八號

佩雲前日爲《春秋配》，夜中爲《南天門》，昨夜爲《蝴蝶杯》。別佩雲愈久，念之愈甚，樂目頻來，相見何日？嗟乎！佩雲亦知書山紙海之中乃有人息息不忘者乎？

孟小如今日與王惠芬爲《烏龍院》，吳鐵庵爲《李陵碑》，田雨農則《鐵公鷄》一劇連臺接演，已逾七日。客串臥雲居士工唱老旦，近在同樂園中。張展雲亦在醒舞臺，中舞臺殆無重開望乎？

十月廿九號

孟調晚間來，偕至隆福寺，重觀梅郎一影，覺娟艷豐神更難麗擬，以較旁架之瑤卿，直非天淵所可喻矣。廟會之日，雜貨紛陳，孟調就買戲本者取二黃工尺譜，叩其價，寥寥才十頁而竟有青蚨四百之言出諸其口。洛陽紙貴，爲之咋舌。孟調好弄笛，欲覓此調作吹。又尋梆子調譜，然走遍殊未得也。出過王府井大街，就閱報所觀，《新中國報》則載有送梅郎蘭芳之鴻文一篇，留戀之情若難自已，五陵年少，何與梅相知之深也。

《國民公報》載孝質贈畹華詩一首，曰："五載京華憶劫塵，筵前猶是舊腰身。清癯自伴孤山雪，幽潔能標九畹春。爭看輕裾迴秘舞，相邀嘉酒醉芳辰。速離十二闌干側，嚬笑誰知面目真。"

十月三十號

天樂中新到老旦曰史洪芳，吳鐵庵名已不見。《新民日報》酒臣戲評于畹華頗不足意，謂梅與叫天搭戲時爲叫天所絀，彼名之顯實一班學生所捧，距今僅數年間耳。余曩聞之青浦夏君，謂姚鵷雛在此校時，醉骨于梅，至借貸以親之，又作詩百首贈之。酒臣所說殆鵷雛之儔乎？

《國權報》投稿有嘆息于小霞之去者，謂新來之趙美玉作工既野，喉音亦沙，乃該臺必欲强爲壓臺人物，故自小霞去而三慶不足觀矣。

十月三十一號

酒臣戲評謂瑞德寶爲黃派第一，楊小樓爲俞派第一，顧楊顯而瑞晦者豈非天哉？瑞爲旗人，初爲大花面，武生蓋後改也。

《新民日報》又載《王玉峰傳》一篇，乃知王已于今年七月六日死去。余于去歲在閶門外天仙茶園一聆之，滿意入京可得常聞神奏矣，乃竟遽隕其年，詎非緣之慳耶！

《時聞報》來，載二十八夜佩雲與達子、秀波爲《大拾萬金》，前日日戲與劉喜奎爲《拾玉鐲》，夜戲與達子爲《南天門》。佩雲與劉喜奎配戲者，蓋天津正樂育化會在南市昇平茶園合各園名角演劇兩晝夜，充南北災區賑款也。是日《拾鐲》之外，李吉瑞、呂月樵、尚和玉、張黑、蘇廷奎爲《殷家堡》，連《落馬湖》，小小朵、小桃、溫小培、王克琴爲《四郎探母》，小達子、薛鳳池爲《蓮花湖》，陳秀波、喜彩鳳爲《算糧登殿》，小福安爲《八大錘》。夜間《走雪》一劇外，李吉瑞、張黑、金玉蘭、小桃、小小朵爲《新茶花》，又李吉瑞、張黑、金玉蘭、汪笑儂、高福安、尚和玉、喜彩鳳爲《大名府》。鸞鶴并翔，笙鏞合奏，安得飛身白河之畔，追其盛而聞之。

全册記完，約一萬六千字（實數），虛數約萬八千字。

檀痕日載第三册*

癸丑十一月　頡剛自署

民國二年十二月十四日

吾今日方易册記《檀痕》，而即于今日得見絕代麗人，若爲吾開卷之光寵者，豈因其耽而爲之應耶？自吾見五郎以後，吾乃不辨衆人之所美，吾又不辨衆美之所長。彼粉黛三千，鄉壁自謂容美，苟使其一見五郎，直盡當奪魄而死。然而路柳競攀，谷蘭空馥，以五郎之美而藏聲于一隅，不得使衆人共見之，若我者亦僅以無心遇合，遂生顛倒。論其生不逢時，正多冤屈，然不爲俗塵所累，亦幸事也。楚傖見梅蘭芳，已爲之作本紀，擬之于帝王；今吾得五郎，則更不能以帝王稱之，吾更不知如何而稱之可也。篆赤亦素好梅者，今其言曰：梅誠無可相較。阿之者既若是，況始終灑脫者乎？

五郎在廣興園，今日爲《錯中錯》，纖腰瘦項，修眉橫波，年約二十以内，一笑傾城不足其艷，一顧銷魂不足其嬌，誠極人間之美矣。作女紅時，抽綫停針，皆有豐致。與小生調情作手語，熱情如掬；及手語已停，門檻垂進，呼啊一聲，情濃且溢，艷極而流矣。爲小丑撞破時，懊惱之狀若親其境，閉門低首而入，倍覺可憐，益復妍麗。花衫至此，令吾忘言。前觀金玉蘭、姜桂喜爲此，頗不能動人情感，不意男子爲之，轉多嫵媚，曼殊譯拜倫詩曰：

---

　　* 日記册係作者自印，每頁中縫下有“銘堅”二字，係作者之字。

"朱唇一相就，酌液皆芬香。"吾將移贈于五郎。

今日至廣興園時猶早，乃見第一齣，彼園爲梆子班，所奏皆秦聲。顧仁杰《血手印》，後爲一千紅《江東計》，即《柴桑口》，飾孔明雖不瀟灑，亦頗確實。孫佩亭爲《觀陣》，即《打登州》，飾秦瓊能見精神。薛固久、玻璃翠爲《盤山會》，薛長在説白，能一氣説百字，又字字突躍而出，此獨擅才也。玻璃翠頗有名，而佝僂蹣跚已不堪，強作青衫，此雖由于年齒之長，亦由于鴉片之嗜耳。惟聲音清脆，閉目聽之，猶多餘韻。飾鬚生老旦者，愈老愈好；獨至旦角即難常持其素。觀于周鳳林，前爲昆班第一，而今在舞臺只爲配角之老嫗。某報圖畫嘗著一戲園，右柱懸第一名角周鳳林，左柱懸今日准演《繡襦記》，而題之曰不堪回首。嗚呼！此真不堪回首矣。惟京人對于名角雖老勿嫌，故玻璃翠等猶得保持其舊日之地位，較南方尚一時之貌者幸滋多矣。觀于路三寶輩，盛時則去而之南，衰時則復返而北，而京華壇坫非新鳳之雛，即零霜之柳，然爲彼輩想，幸有薊門可營兔窟，否則老去無歸，不令人視旦角爲畏途耶？于德芳《挑華車》無處不見精神，嘔血一段極見力量，較滬江所見之楊瑞亭爲好。《錯中錯》後爲《桑園寄子》，郭寶臣起鄧伯道，蓋陝西起弟婦。此劇從掃墓做起，郭做工説白鎮静沉著，老輩豐度自異浮躁者流，對子曰叔、對侄曰父，神情凄慘，足起倫常之感。唱極捨力，無老譚躲懶狀，同爲班首而異趨若此，可見譚之驕矣。大凡梆子唱正旦外總難出色，蓋梆子聲在哀艷，而哀艷二字惟正旦足以當之。若花衫之風流而不當于哀，若鬚生之沉痛而不當于艷，同奏此聲，風味終減。若郭在梆子中可謂第一，異于他秦腔鬚生，然亦僅見矣。蓋陝西年紀亦老，而説白之清澈、唱句之清脆，猶在玻璃翠之上。郭避難時對家人一段叮嚀諄囑，若不勝情；走山時唱"家鄉何在"句，悵然回顧，戀之不能自已，神情切合；上山後唱"水茫茫"句，甚有不白不自聊之意。蓋陝西亦甚匹敵。警廳限制戲園日戲必六時停演，故演至分散時即輟奏。

　　秦腔青衣聽甚多矣，男子若崔靈芝、蓋陝西、玻璃翠，女子若小玉喜、陳秀波、孫一清，斯皆卓然負名者，而較以佩雲總非同度。憶前在《國維報》見戲評謂，秦腔皆講音調，惟香水乃有神韻，吾至今思之證之，確知其爲不可易之言。夫青衣首在哀情，秦腔又爲表哀情之聲，顧諸人于此，但有音調，如今日之聽玻璃翠等，非不清響逾人，而聽盡哀歌總無哀意，吾嘗譬之以爲村塾兒向師背誦其所記耳。必如佩雲者，腸逐弦翻、泪隨袖落，此蓋由于真意之盈虛而神韻爲之應與離也。易實甫爲佩雲歌曰："似有幽恨意難宣。"夫曰"難宣"，則蓄之者深矣。

　　吾座後有南人二，譚劇中掌故不絕，因得所未聞者幾事，其言曰：小菊芬本唱秦腔鬚生，改爲花旦喉嚨已寬；劉鴻昇、龔雲甫近日皆以嗓壞不能登臺，致廣和全部均爲停業。俞振廷粗疏成習，往往失足而顛、脫械于地，其得名者偶也。陝西省城有戲園四，僅南關一園爲二黄，餘均梆子。又聞其謂佩雲《三堂會審》佳絕佳絕。余按佩雲此劇，易實甫言之，孫幾伊言之，《新中國報》、《國風報》言之，今吾座後客又言之，是已無可贊説，不必與他人爭短論長也。獨篆赤覯此，因余故反脣詆之，彼豈不知其然，特負氣不肯爲余下耳。

　　前報擬佩雲于譚鑫培、郭寶臣，一月之間得親兩宿，因此佩雲有相較之可稽。余謂佩雲爲青衣，仍難旁擬，惟其唱鬚生，則誠譚、郭之流也。譚之灑落，吾于佩雲《汾河灣》見之；郭之沉着，吾于佩雲《南天門》見之。至其《轅門斬子》一齣，悲壯淋漓，非譚、郭所可及。

十二月十五日

　　滬報載潘月樵渡江至維揚江心，爲人槍殺。潘于二次革命，曾贊助黄岑，今之盡命，必政府授意無疑。潘演戲以慷慨激烈爲恉，有功于世道者甚偉。余想望久年，未親謦欬，而拍岸江潮已席捲此英雄而去，惜哉！

十二月十六日

《時聞報》脱去一期，今日來報，係前昨日者，佩雲前夜爲《大蝴蝶杯》，昨日爲《拜壽算糧》，夜爲《江東計》。《江東計》爲鬚生劇，以前未聞演過，今初爲之。

前日識五郎，昨日擬連觀之，而大雪不停，朱弦爲阻。今日篆赤至東安市場觀劇目，知其爲《秦淮河》，旁載大鼓小曲，于是又偕至廣興園矣。至時爲一千紅之《洪羊洞》，旋爲玻璃翠之《拾萬金》，均無弱處。孫佩亭爲《醉寫》，做工佳絶，令高力士脱靴，令楊國忠研墨時，均有一副態度。薛固久、蓋陝西爲《大登殿》，至王寶釧泄憤魏虎時，極形真切。此劇二黄與梆子有異處，二黄中王寶釧與代戰公主對唱頗重，且與魏虎無批頰吐面之事。秦腔中則代戰公主充數而已。此劇一畢，即《秦淮河》，不知何典，依其大略觀之，則有一儒生從娼婦游，金盡見疏，遂受鴇母奚落，復沉浸不肯去。後來一生客，命其所愛之妓侑酒當歌，生怒，倒案驅之，生之友人將妓家盡殺而去。臺上所粘書曰"貪歡報"，然證以下河南之《貪歡報》却不合。五郎豐韻自足，醉心喪魄，大鼓數奏，媚態不禁流矣。前日出時較晚，霧裏看花猶嫌缺陷，今則自顛至踵、自前至後已無不細細較量，覺惟五郎爲真美人也。顧猶有一事之恨者，因其間唱净角，聲帶已寬，鶯歌燕語徒令人想像耳。嗟乎！與其博習，曷若專精？五郎，五郎，人間之美至汝極矣！天予之厚願善自用之，勿徒角騁藝場，使人有杜鵑啼殘之嘆也。錢福才起是中鴇母，尚不過劣。五郎于大鼓之迴轉處、緊接處均佳絶。其能唱净角，亦聞之于昨日座後之客，并謂五郎唱《紡棉花》甚佳，惜警廳不解事，已禁演耳。次郭寶臣之《潯陽樓》起宋江，郭年殆六十左右，爲此重戲而又處處用力，令人佩甚。

一九一九年

（民國八年）

民國八年一月

一月一號

上午，將昨日裱工送來之碑版屏軸，至新屋張挂，費時半日。

下午一時，至聖陶處，同到舊皇宮美術畫賽會觀覽。中間最愜心者，爲顏文樑（棟臣）君之夕陽圖。光照水中，真可鑠目。惟疑出臨本耳。次爲陳伽仙君之水仙。簡勁不苟，下筆如鐵。有其師吳倉碩題詩，書法極遒整。次爲陶善鏞（味韶）君之山水大幅。以中國楮墨，開歐洲畫境。雄渾蒼老，氣魄爲全會冠。其餘佳者尚多。人衆，不能細記。水彩畫設色皆淡雅，不似京校之濃重，想爲吳人習性。女學校畫多曼妙幽靜，可見女子易于脫俗。惟只能小品，亦見其才氣小耳。此會缺點，少巨幅（惟陶君二幀）而多小幀。亦見吳人才量。予深覺現在趨勢，凡畫中國畫者，皆趨簡樸一途；其欲爲工細之作者，則改而入于西洋畫。此亦時勢潮流默移潛化，非畫人意識中明瞭之行也。蓋工緻之作，極于宋元。後起者勞心竭力而不見其美。故明清以降，務筆姿而略含渾。然猶布置繁密，法度周詳也。法度畫一，邱壑有盡，至于清季，又無以見長。返而觀于疏簡之作，覺其氣韻蒼古，以神行而不以筆拘；率然可寫而足以振人之視。於是趙撝叔倡之，吳倉碩陳師曾和之。問古來有如此者乎，則在明季，爲大滌子八大山人，奉之以爲宗主。好名之徒，驚其聲譽，交相效之，遂成風氣。其實此事必須天才磅礴，胸懷簡傲，乃有可觀。不若規矩準繩，可齊乎中才也。當此之時，歐畫輸入，觀者驚其逼真，畫者積學可至。若油漆之類，雖塗抹改竄，猶無痕迹。志之與功，如聲與響。初學趨之，宜其然也。又適中國畫法，風範垂盡，融今變古，勢有必至。故蘇曼殊輩興，每作圖畫，輒參以陰陽遠近之理。清心適目，爲藝苑開一新境界。將來之趨勢，以吾觀之，吳陳易簡，不過一時。代而興者，其在融和中西乎。異類并作，時有通觀。觀摩既多，下筆自應矣。聖陶曰：必須不得不畫而後畫，然後佳；與作詩文一樣。

　　三時半歸。四時許，父大人與繼母竹妹及雇僕金生歸。雜叙家事，達寐。康媛前三日至鄂姑母處，因游侶多，不肯歸。今晚往喚，大哭。因挾抱下樓，强之還。哭久始止。殊可笑也。

一月二號

　　因亡婦塋地未與墳客論定，于今晨往。七時起身，八時外出。時店鋪多未開門，可見風俗之懶。出胥門，本意在棗市喚船，乃該處太平橋正被火災，未能通行，遂循洋橋折至下塘走去。適西北風狂發，吹面手凍甚；橫塘一帶，絕無遮蔽，一人獨行，別有風味。惟石徑欹滑，北來大風，南臨河水，時怯吹倒耳。自橫塘至九環洞橋，一路看山，如在畫卷中行。大堪開顏。遠望平疇，不見有河，而巨帆時時掠過，因得句曰“帆自地中行”。信口拈成一律曰：“迤邐橫塘路，今朝又一經。風從山後起；帆自地中行。岸仄驚履滑；橋危駭石傾。從前豪氣盡，端不愧斯生。”惟吾風天玩山，較之他人，意興尚不薄耳。至九環洞橋堤上，觀日照石湖，波光閃爍，自遠至近，搖蕩不息。亦美景也。見薛阿庚，因至先母墓上估問石價。又至盛福亭處，省先叔母墓。至澄灣朱沁昌處，同往丈量塋地：計下一方六步深，六步廣；中一方十二步深，八步廣；上一方十七步深，四步許廣（取便折算，作爲十五步深，五步廣）；共計深廣二百零七步；合畝數八分六厘。又與同觀他家墓，詢一切值。朱氏留飯，以尚未成交，辭出。自澄灣至行春橋，當有四五里。是時上午十二時餘，以行路多，腹中奇餒。愈行愈餒，幾不能行。道旁復無物可購食。深悔未携餅餌而行，致遭此困。蹀躞至阿庚處，進鷄卵五枚，乃得果腹。然過淡無他味佐膳，不適胃，幾作嘔。予本年飯量甚弱，家中又屢屢喚食，每至過飽。深以爲厭。不意今日乃得一嘗餓境。因思饑饉之年，貧乏之家，其情境又當何似。不禁瞿然。自澄灣至行春橋，山色甚美，予苟不餓，必當緩行小坐；而在極餓之際，竟不能感受其美，情能移性如此。阿庚送至越來橋，待横涇航船過，乘而歸。乘費銅圓四枚而已。約八九十分鐘，到胥門洋橋堍登岸。較我步行速力，亦相當。洋橋側有易安茶肆，予于九月中周行蘇城時，曾往啜茗，今日據舊座坐一小時許。進魚麵糖食等，一舒胃困。予自問甚不擇食，然淡食鷄卵，竟不能受。可見口腹尚是累人。自易安出，喚人力車至閶門，值亦四枚。步行歸家，約下午五時。一日間尚不甚疲，覺體力雖弱，猶有餘勇也。

初至朱沁昌處，彼尚未歸。其子在焉，年約十齡。戲與之語。叩之曰：汝到城中乎。曰：到過三次矣。曰：城中與鄉下孰好。曰：城中好。曰：鄉下何事。曰：挑木柴，鋤泥塊，汝能之乎。曰：城中何事。曰：城中人何事，惟食且嬉耳（吃吃白相相）。曰：城中人食嬉之資何由得。曰：不知也。予聞其食嬉之言，不覺凛然。思城中人對于作事之心理，對于人生之目的，雖貧富有差，長幼相異，有不爲此鄉間小兒道破者乎。已則貪懶，而猶禁人之勤。以誠摯懇切爲笑。凡不與之同者，目之曰迂愚。以求學爲自苦，以立德爲顯行。必以酒食相酬，謔戲遣日，然後稱聰明，許入世。人道滅絶，其類亡無日矣。予道中自思，寧爲城中俊杰所笑，勿爲鄉村小兒所鄙也。

　　夜中不能睡，想係今日勞動逾常度故。十一時起，飲葡萄酒二杯，旋眠。

一月三號

　　上午三時醒，頗不熟寐。五時許，夢與婦并枕。予謂之曰：君漸愈矣。婦笑答曰：吾得愈，君之樂當有加于我也。（吾個病好點末，耐個快活，則罷比吾自家還要快活來嚷!）予因笑撫其背。忽然而醒，不覺泫然。何意沒後，復聞此言。張眼達曉，悲思不置。吾當夢時，雖記有人爲我作媒，以爲人觀吾婦病，乃早計此耳；竟全忘其已死。

　　墳客來，交到契稿，糧串，墳工單等。墳工單總一百五十三元許，折爲一百十八元；不及八折，贏于七五折。又進山，接扛，開金井，圓塚四件子，言明洋十二元。共百三十元。地廣八分五厘，價二十六元；中費一成二元六角。本日付去四十八元六角，尚短墳工值一百十元。約動工後續付五十元。樹價冬青一株約半元。纓絡柏一株大者十許元；小者二三元。俟後再定。今將墳工單鈔錄備檢。

金門檻一條	長 1 丈 2 尺	面 1 尺 2 寸	工料洋八元
羅城一條	高四五六	闊 2 丈 8 尺　進深 2 丈 2 尺	
			三十八元
拜臺一座	高 3 尺	開間 2 丈 6 尺　深 2 丈	
	沙石鎖口黃石駁砌		三十四元六角
蓮花柱一對	長 8 尺	面 9 寸	九元六角
磚八風兩座	闊 7 尺	高 5 尺　用平頂押石	三十六元
后土　寶庫			三元
祭枱石	長 3 尺	闊 2 尺　脚 4 尺	四元
踏步四塊	長 4 尺	面 1 尺	八元
扁界石四塊	長 5 尺	面 1 尺	十二元

此單所開石價頗平，而土價較昂。今日工料較前十年，實過三之
一矣。

　　讀寓言 *The Wolf and the House Dog*；*The Hares*；*The Hawk*，*the
Kite*，*and the Pigeons* 三篇。

　　今日以竹庵叔祖，無錫鄭先生，及墳客薛阿根，朱沁昌來，竟
未做得甚事。

一月四號

　　晨間接到蘊若姨丈所寄殷氏庚帖。悉本年十九歲。函中謂去年
（以陽曆言爲前年）畢業，獨得學行優良之證。性極好學，和婉。
明春舉行嘉禮，恐殷氏未能備辦，俟文定後再議等語。予得此甚
慰。蓋半年來說親者沓至，予獨志在殷氏；幸他家未經出帖，而殷
氏先至，諒可成也。定親以後，則省無謂之煩聒，不至有逼迫之因
緣；予心得鎮定，不眠之疾庶幾可瘳也。長者因議聘儀，謂用全金
六禮。予于其中多不解處，不敢插口。但謂如非女宅苛求，則一切
宜從簡省。而長者謂世風如此，不便立異也。

　　晚間袁廣臺、紓亭昆仲至。言袁女士親事，托其物色。如此間
出號，則彼處亦立可出帖。并言女士父號子蕃，一號志範，住紐家
巷四十號，由吳江遷來約三十年。女士姊二人，均適吳江；其母以
歸省不便，必欲字之城內。弟一人，讀書南洋公學。予因出號與
之。予既志在殷氏，復出號于袁氏者，在事實上實有不得已處。蓋
殷宅年庚，必經日者推評，倘使命中有衝碰之處，或竟不成。屆時
而無後備，則勉強煩聒，猶之昔也。惟在良心上有甚苦處。成于此
則誑彼，成于彼則誑此。一方之伯祥及姨丈，一方之袁氏昆仲，皆
誠摯爲我執柯。而事不兩成，必虛其一，能無愧乎。可恨卜者作梗
其間，使人作事不能直截，心志不能寧貼。不知隳壞多少事業與良
心也。儻能斬除，豈不大快。此事亦不能不憾殷氏。假使殷氏早一

月出帖，則今日已經文定，必不至再有牽繞矣。

晨間到小新園訪蕭可風。托選亡婦塋地動工日期，并觀殷氏年庚。不晤，留條而歸。至宋舅處賀琴妹文定。至蔣企鞏姻叔處，其先人樹人先生没周歲也。留飯出，已午後三時。至韓吉甫表伯處，托將亡婦塋地在蠡市官中處立契，并在吳縣公署驗契。至外姑處，携諸姨存款歸，爲代存耀曾表兄處。

行至臨頓路中間，凍瘡忽裂。忍痛至外姑處。乘轎歸。行走大不便。肝陽微升，因飲酒而睡。

蔣季和先生在席中承爲延譽，彌以爲愧。予自詢學行，在二十二歲前，全無自覺心，但好文辭，不審取捨，極無足觀。自後由文辭而學問，由學問而道德。雖不勝鄙陋，顧具體而微，亦未敢多讓。且途徑甚明，由此而進，可計待也。然鄉里之譽，但指文辭。予于文辭，但求達意；至于黼黻粉米，譽人哀人，皆所難爲。而流俗專以此道相責，予固去之極遠矣。予每誦宋子之旨曰：舉世譽之而不加勸，舉世非之而不加阻。予苟出所志以語人，鮮有不以爲迂闊失當者矣。則予惟有自譽也。予日夕自祝，能否所娶之婦，與我爲知心之交；一室之相知，力足以抵舉世之相非耳。

座中談及虎邱半塘龍壽山房元僧善繼寫經。季和先生曰：此僧投身三世，經始寫盡；見其自叙。又曰：如用顔料書，必有質；此無質，必是血也（我意此或獸血所書）。又曰：日本人見此，欲以八千金購之。主僧不可。曰：如畏士紳詰責，可隨我而東；養君終老。僧執不肯而止。又曰：康有爲見之，欲爲建塔。登報募款，而其滬上所募得者，輒入私囊。吳蔭培等乃以蘇州所募得者，建石室三楹。有客攙言曰：君見吾在經上題名乎。一客曰：有欲邀吾往者，吾聞往必題書，遂不敢也。聞此二言，大可嘆息。予前偕正甫、夷庚往觀，天暮，僅及二册，而行裏題署，無葉無之；或誇官爵，或炫兒孫。六百年之古物，乃爲市僧蹂躪如此；真令人作噁也。名勝屋壁，每爲無賴塗畫無隙地，然一加堊刷，即可無覩。玄墓寺中有卷子，游人亦好題之；顧歲終則由寺僧擇別去留，重付裝池，復存空白，以待來者；故書署雖益多，尚無甚濫惡者。獨此寫經，餘白既盡，題入行間；而寺僧不加阻止，任其點污；亦不知別裝空册，以待俗客；恐十百年後，此八十三册，皆點鬼簿矣。前月竹庵叔祖曾告我，謂欲往觀，可自備筆墨，彼處文具不可用也。以證客言，則觀必題名，殆成法律。故吳蔭培等，觀一次即題一次；別無發明考證，而惟多名是樂。蔚成風俗，使怯書者却步。人不務于正當之事業，由實以致其名，而惟竊附紙尾，冀因題署以存其名，吾不知果誰覽之而誰記之也。凡小家文人，小家學者，都是爲捷徑成名一語所誤。不知若要成名，必無捷徑可言。馬叙倫一輩人，做什麼讀書小記，什麼校勘記，什麼疏證，他自以爲是一個大學者；他心裏也不曉得學問是什麼東西；不過他曉得有了名，受人恭敬，是很快樂的。這輩人的結果，只是個絶物，因其與經上題名的心理，是很相近的，所以聯想及之。此輩人舉世皆是，實也不值得一罵。

一月五號

上午三時醒，不能復睡。或係昨日交際過繁之故。予真須静養。

十一時，父大人行。約陰曆小除夕歸。

上午讀寓言 *The War Horse and the Ass*；*The Wind and the Sun* 兩篇。

袁女士畢業本城女子師範學校。予既經出號，自須探訪。因致函爲璋，托其在碩臣先生處詳詢見告。未知能得滿意之答覆否。予深願殷宅如成，袁氏不出帖，或探詢不滿意。則在吾心中，無所愧悔。如袁氏出帖，而探詢復極滿意，則真似魚與熊掌，不知其取捨矣。

下午將從本月起首之表簿檢理一番。不覺及夕，信乎時速。

今晨在床上自思，去年一年，直可名之曰我之墮落之年。體力既憊疲幾危，學問又絶無進益。向日一年中必可得札記六七册，雜記十餘册；去年僅鈔得《不眠集》一册。病中坐送光陰，視旦旦暮暮之更迭而去，曾不得稍挽爲我有。此最椎心稱恨者也。道德上爲婦病，婦没，及續娶，説親等項，既與他人相接，便不得不用世故，用手段。雖目的未錯，與人無傷，事實上復彌縫無痕；而在信果之間，總有餘愧。此在一家骨肉之間，尚且迫而有此；況他日出應社會，關係萬端，情僞萬狀，其能不隨俗披靡乎。故觀于今日之墮落，不勝將來益陷下之懼也。在理，膽液質人言信行果，雖其所長，而鹵莽滅裂，亦即所短。神經質人優柔寡斷，固其所短；而熟審于是非利害之間，不以一端而殉全體，又其長也。惟總當力避此志行薄弱四字耳。

七時晚飯後倦甚，八時即眠。

一月六號

上午四時醒，夜中眠八時甚足，極以爲樂。七時半起身，在床上先讀了一篇 *"The Partridge and the Fowler"*。早餐後，又讀了一篇 *"The Bear and the Two Travelers"*。又補記了二號的日記。

下午二時到青崙表弟處，想幫助他辦喜事，却無事可辦。折至毛姨母處，談些家常瑣屑的事；進了點，復至表弟處談一刻而歸。途出顔家巷，至琯生處略談。出鈕家巷，尋袁女士居處，走到東首，尋到了；門上有個牌子，是"袁留受棧"。

歸後接到君武子俊兩信：子俊信説吾寫給孟真的信，要登入第二期通信闌裏；惟過于詰難《新青年》之處，須與陳、胡看過再登，臨時或須少有變更。這大非吾意：吾的信是寫給孟真看的；因爲他是個《新潮》雜志的主任，吾寫了些雜志進行的意見，原是私人的函件，不能公布的。

一月七號

上午一時醒，遂不克寐。起身飲酒，不意葡萄、福真二種，都無餘瀝；僅有黃酒。不得已，強飲之，入口酸甚。盡二杯（約七兩）而眠。胃泛惡，頭暈眩，竟夜不眠；較尋常不眠時尤爲苦痛。起身後餘醒未清，頭腦昏沉殊不適。體弱如此，不勝悲觀。夜中所以如此之故：大約昨日到吳縣前，路略長；與毛姨母談，又略久；又與座客敷衍數次，遂升肝陽也。姨母摯勸我須常到親戚朋友家散散，不能悶在家中。此在人則然，在我殊非。我在家中，未嘗覺悶。以大部能由我自己作主，支配此一日光陰；心之所志，雖不能全然做到，總可做到其一部。至于到人家嬉游談話，便多受人牽制之處。尋常人無自己精神，人不與之事，彼亦無事可作。所以每一暇閑，恒苦無處消遣；必須有嫖賭吃著笑謔之友，始覺有安身之地。此等人自必以獨居爲寡歡，一家爲岑寂矣。而我非其人也。

上午寫與孟真書：責其以我通信請陳、胡鑑定之非。大意謂己欲反對人，自當本其良心上之覺悟而發表之，豈有經反對方面審查核定之理。君主一雜志，而求上司作總裁，雖欲不謂之奴性，不可得也。吾此書係寫與編輯主任，并不欲公布使人皆見之。吾之責《新青年》，乃欲《新潮》雜志之不犯此等弊病，非與《新青年》爭口實也。經此公布以後，觀者將誤會爲我駁詰《新青年》，或挑動《新青年》使之與我辯論，則大非吾心矣。語頗質直，加以肝陽方升，措辭頗激。

蕭可風來，因托推殷女士庚帖。彼謂此庚與吾家無衝碰，惟不利于母家。問其何不利，則云與父有礙也。予聞此言，心中大驚。思彼術何神，竟能測此。彼前數日在鄉間，今日方來，即已面吾；雖欲謂之聞風趁口，不可得也。彼云，與我同爲西司命，姻事可諧。予心甚慰。因鈔兩人年庚，托其批合。此等處實有不可解者：予甚不信命，而對于此則頗失驚。予未嘗研究術數書，不入其室，不能操戈而逐之；不敢斷其確是確非也。蕭君言頗有中：先嬸母在日，即斷其不壽。先妻產艮男，推艮男年庚，即云不利於其母。丁理臺家造屋，即告以將召大悔，果不久卒。丁春之子病將危，其家欲爲之完婚，固請擇一吉日時，後果無恙。此皆耳聞目睹，宜可徵信。可恨彼輩操術而不能講其所以然之理，令吾雖欲信而不可得也。

體倦甚，坐皮椅曝日中，至午。

下午到觀前，購喜聯，畫軸，賀青崙表弟喜事。即持子清校，托隸書。彼適不在。與岷原同至觀前，晤之於戲墨林。戲墨林者，新開春聯店，主幹爲徐漱芳、偉士父子。操觚之士，皆吳中書家（畫甚少），若吳訥士、湖帆父子，汪鼎臣，王勝之，朱永璜，及家竹庵叔祖等。頗爲可觀。

途間遇詩亭，悉已將袁女士庚帖送家。歸啓視之，乃丙申，辛卯，丁亥，辛亥八字。知其爲二十三歲，不知其月日也。夜中只是將擇取殷、袁的一念，反來復去；且俟晤爲璋後再決定耳。

飲福真酒三杯而眠。

一月八號

上午二時醒，遂未能眠。思索婚事，至於起身。二夜未得佳眠，體倦甚。

蕭君送函來，謂殷女士年庚，當時屈指掄算，表面似乎可用；及後細將乾坤兩庚合參，坤庚雖無大咎，而於壽元子息兩層，殊屬欠利。此以久蒙老太翁知音，不敢不切實研究也，云云。覽此驟經打擊，不勝其悲。予於子息本不在意，而對於壽元最爲縈情。思先妻與我，但有名分之結合，而無精神之融和，彼以病死，尚且幾於身殉。況殷女士既極好學，復淑德性，苟已來歸，吾決不肯辜負其人；體弱如此，能當之乎。吾於先妻之没，已成驚弓之鳥；卜者之言，無論其信否，吾既聞此言，尚忍嘗試乎。嗟乎，多情總被無情悩，吾恨吾志行薄弱，不敢抗顏獨行；吾尤悲果如其言，以如此佳人，而賦薄命也。

得蕭君此函，疑惑不釋。因鈔殷袁二君年庚，持至玄妙觀，爲其批命。殷君命在林鳳巢處批，謂其辛金主宰，建誕子月，金清水秀，人本慧明，誠爲女界之望。然日旺逢劫太過，未免夫星欠透；若使金石之配，頗有益夫之譽。妙得時臨財用，晚運尤勝少年。查十六歲至廿歲，適逢丙辛之化，運屬喜境，咎途漸離。廿一交戌土五年，喜悲并臨。廿六復交乙木財運，弄璋并見。卅一至卅五歲，交酉金禄堂，刑晦頻來，諸咎并至。卅六歲後，交甲木佳程，夫子可許雙益。至申金有礙，延後再卜。并謂今歲正印主事。六冲流年，以喜破晦。冬令交卸之際，乃喜晦并聚之時。來年偏印主事。龍德入照，脫咎入祥；預卜輝□之慶。四月至七月稍次，餘月均吉。格式如下：

劫	庚子	合文昌	六　歲	丁亥
		長生合	十六歲	丙戌
印	戊子	文昌	廿六歲	乙酉
	川	長生	卅六歲	甲申
日元	辛未	梟	四十六歲	癸未
歲	壬午	財	五十六	
劫	庚寅		六十六	
歲	辛巳			
五行藏火				

太陽中過安命寅宮小限西垣（按小限未知作何解）。（小限係小關口）

觀此批與蕭君所言，不甚相合。惟雖未言其短命，而廿一後悲喜并臨，卅一後諸咎并至，要非厚福之造。又謂其夫星欠透，至爲憐憫。意者不諧于我，將嫁于儈父乎。以如此才德，而辱没于儈父之手，我寧當其咎矣。我思及此，又激起我獨行之志。袁君在天然山人處批，謂丁亥日元，□逢辰提，坐下官印貴人同登，乃得偏才成格。此乃旺夫益子之造。惟今交己土，與戊歲一合，恐體弱難免湯藥之患。開歲己未傷官，依然平平。俟三十後定能助夫興家。壽元希外。子卜終老，可占二良。命格如下：

右造廿三歲二月廿二日亥時理取正官格，鴻運一歲欠九分

劫才	丙申	正財	初一	辛卯
	合		十一	庚寅
正官	壬辰	傷梟	廿一	己丑
建	合	殺	卅一	戊子
日元	丁亥	官印	四十一	丁亥
		貴人	五十一	丙戌
偏才	辛亥	官印	六十一	乙酉
		貴人		

五行藏木

太陽已過中氣安命寅宮小限申垣戊午流年傷官主事

卜者謂我，此造恐係假托。予因記前詩亭來，曾詢我要付占否，我答當占，乃出此乎。祖母謂交傷官即不必説；惟此係月庚所交，爲坐實傷官，亦無礙也。以疑付卜，卜後反而生疑，如何如何。吾向不信運命；此次述《家庭感想》，尤重言之。今竟爲之顛倒如此，則以身臨得失之境，遂不復自持也。世固有昌言于隱，而委蛇于達者矣。論者無不詆之，以爲天理之不勝人欲也；言高而行卑也；高言以詭名，卑行以牟利也。嗟乎，予亦若是矣。將無以言無責任，可以暢情；行負利害，必籌得失乎。得失之心生，而是非之義隱。予向持董子明道不計功之説，以爲明道則功自見。孰意今于道之外，復籌運命之功乎。吾之求偶，將以謀才德乎，將以謀運命乎。何爲其皇皇若是也。予向者自視甚高，以爲立志之卓，個性之堅，不能多覯。孰意今以續娶一事，乃頹唐至此乎。他日處置關係更複雜之事，將如何乎。思此自訟不止。

到子清處，取托書喜聯。墨瀋未乾，因在彼處午飯。下午到觀前，付本月儲蓄會款十二元。夜飲福真酒三杯而眠。近兩日飯量殊弱，每餐不過半碗。眠食如此其不康，奈何。

一月九號

上午一時即醒，僅眠三時。不勝自悲。在枕上反覆思惟，只不住的哀窈窕，思賢才，實到了《關雎》的境界。思袁氏饒有資産，女士又在師範畢業，得一佳婿，初非難事。殷氏居鄉間，負此美才，苟嫁一鄙夫，豈不蹂躪没世。我未與謀面，徒以彼方出一庚帖，而已用情如此；思之亦殊自笑。思我當婦病時，非自誓不續娶者乎；非自誓爲似續計，不娶妻而娶妾者乎；當其没後，允可續娶，非不願付卜者乎；胡爲今皆背也。吾一人自爲讞官，又自爲獄囚。若聞因之答曰：所以允續娶者，一以家中事長畜幼，不能無中樞；一以吾體甚弱，苟無精神上之慰藉，將不可救也。所以不娶妾

者，一以妻妾名異而實同；一以下等女子之才德，甚不易得其善者
也。所以付占者，以卜者之言，實足驚我之聽，而其底蘊之是非，
非吾所可知；既不能斷定其確非，又爲環境所逼迫，則不能隨俗而
姑信之也。又若聞讕者之言曰：汝想做的事，沒一件做到；汝之心
理，又漸漸的自願不做到；此志行薄弱之確證也。志行薄弱，則趨利
害而忘是非；趨利害而忘是非，則殉欲望則逐理性矣。向日之志，何
以言之易，而今行之難也。嗟乎，此不能自解矣。予年來受精神上之
苦痛極多。苟予能爲小説，當作一篇哀情小説。今世哀情小説，都爲
男女戀愛的缺陷；我的哀情小説，乃爲知行不合的苦痛。知無疵而行
有累。行雖慕知，而欲與之合，猶人望天而不能上，受制于形質也。
如何能使形質依精神而行動，此當爲我畢生研究之一大問題。

　　上午十時許，乘輿至吳縣前青崙表弟處賀喜。以三夜不眠，體
倦心宕，閑坐無味，即步歸。進午飯，適濠汶表姑在，與之談一小
時。濠汶姑謂現在死人之法，較前爲多。時疫流行，爲從前未有之
症，醫藥最多誤投。以及手槍暗殺；車輛軋轢，若電車，汽車，摩
托車；電綫斷墜；電燈泄火等，自外而至者固矣。若自殘之道，昔
惟有刀，繩，投河數項；今則有吞鴉片，吞嗎啡，吞鏹水，吞花露
水，吞磷寸，吞麻繩灰等。吞磷寸最緩，往往延至四五天。吞嗎啡
最速，以數厘之藥，不過五分鐘而死。若麻繩灰，花露水，尚不爲
社會所稱道，而院中已有來者。不知其何自發明也。

　　下午二時，到爲璋家，適未歸。到中學校訪之，得見。因偕至
得意樓品茗，詢袁氏事。彼述碩誠先生語，謂頗爲佳配。其人性甚
發皇，作事敏練，蓋多血質一流，畢業成績優等。予詢其能否如我
所求之二事。彼謂女子教育爲社會所不重，非若教育男子，爲父母
之責任，故女子肯入學者，大都有好學之志。并述伊教授二校之感
想，謂中學校學生多爲父母所命而來，或好學，或不好學。故一班
之中，成績懸殊；一科試卷，優者可以百分，劣者可以無分。而女

師範校中，優者不過八十分，劣者亦不下七十分。蓋女學生天資志向，甚得大齊也。彼輩對于求學之觀念，不過在技能學科上注意；無對于科學之一種而專心致志者。至第二事則不好浮華裝飾，大概爲師範生所同；以好裝飾者而欲入校，必至教會學校矣。此事可以無慮。予聆其言，覺袁氏實可相攸。遂與之別。

雇輿至青崙處，尚未結親。俟至五時，彩輿始來。六時許拜祖見禮畢，即歸。予在人家應酬，總覺甚苦。以既無事可作，不能不坐待時盡；而專以應酬遣生涯之人，盈庭滿室，四顧無可語者也。

本日遣僕到王天井巷馮子山處占合，約明日送來。

恐復不眠，體益憊，服 Trional 半粒而眠，時十一時矣。

一月十號

上午五時醒，足眠六時，甚快。在床上思吾處事所以狐疑不斷之故，爲對事求十分滿足，對人求四面無傷。其實世界上事，豈有十分滿足者。辦一件事，總要關涉幾方面。此幾方面，或然或否；或不然不否；或先然後否；而作事只向一方面做去，豈能四面無傷。欲求四面無傷而遲遲不斷，反將盡違其意，而皆以爲忤。衆人心中，恒視專己獨斷之流，美于籌慮審慎之輩；以有權能專爲威，以重理廣詢爲弱，不問其是非也。袁世凱謀自帝不成，一般社會視之，皆以爲英雄事業，太息其垂成而失；至于帝制之後，政治如何，民生如何，所不能思也。至于世界上事，準理而行，在我思之，宜可十分滿足。顧必不能者，則不得不歸咎于社會組織之不完善，教育施行之不得當。故雖與衆人共利之事，徒以開創，必受惡名。彼輩不能一思此事之關係何如，只以俗例無徵，或稍感不便，則即以生心害政矣。總之普通一般人苦在沒有思考力。苟社會知識平均較今日高一倍，大家肯用心想想，事業之美滿，不知加今幾何。使自古至今，都是如此，則事業之美滿，更不知加今幾何。可憐一般人生在社會，是專爲吃飯，游戲，傳種來的，世界進化觀念，沒有一毫一忽的存在。自己陷落了不舒服，還要拉幾個出衆的學問家，聰穎的天才，去同他們一爐融化。倘不遵守，便是刀鋸鼎釜，衆罰并下。那輩無識的人，只是罵他不知妄作。那輩詭詐的人，只是不要他人的知識罩過在他上面，弄得他做事縛手縛脚。所以有學問的人，到了這個境界，不是佯狂的自污，便是閉門的深隱。戰國時候，保存天真的人還多。有了學問，逢了亂世，佯狂隱居的人，見于書籍上的，尚是很多；那不見于書籍上的，又不知有多少。可見社會的勢力，尚不甚大；要把一世的人，都一樣的融化，却尚有融化不到的。如今不然了，社會把個人束縛得利害了，要逃也逃不出。又幾千年不變的社會，把現在人的祖宗束縛得利害，把個人獨立的遺傳性，一層層的剥削，幾于沒有了，連想也不能想。所以現在的人，只是向社會姑息敷衍；這種高蹈自潔，或處濁不污的人，竟可絕迹。看那時的亮節高風，真是古不可及了。——吾所以記這段的緣故，乃是記吾的處世方法。不曉得爲什么一經下筆，又是拿現社會太息了一場。

上午同祖母談談，祖母説我處事不精練，是木；歡喜買物，是顜；動輒與人立異，是呆；不好與人交際，是戀。此等話吾在家中，天天聽見。吾是立志生不受人憐的，本可付之一笑。只因上記一段，同此事發生了關係，大可連帶寫去。大概家庭本是社會的一部分，自不能違現社會的趨勢。而所見之域，比他社會小。所關的利害，比他社會大。眼界小，故用成例相繩更刻。責望深，故疑心猜想的地方多。他們所謂成例，只是口耳所接的地方。看見對門如此發財，恨不能我家也如此發財。看見隔壁如此出鋒頭，恨不能我家也如此出鋒頭。看見人家的兒子媳婦怎樣的稱我心，看自己的兒子媳婦有不稱心處，就口口聲聲的説人家福氣，自己倒霉了。一個人在他社會上，有些厭倦之處，還可拂袖而去。那家庭裏的心志不一，直是附骨之疽。天天在耳畔緊聒，非說得特性的人，變做通性的應聲蟲，不暢快。所以陳萬年教子諂媚，朱買臣妻怨夫不富貴，這種的事情，實在家庭裏普通的境遇；一千家人家至少有九百九十餘家是這樣的。偏偏我家裏有我這樣的一個人，不好時髦，不慕虛榮，不服勢利，自然是大敘不下了。家中每說我鎮日木呆，視聽多遺。我想我的心思，比你們實是周速得多。不過我是有我自己的；有我自己的事情的；不能做人家的臧獲，拿著第三隻耳朵，鎮日向人聽候傳喚罷了。舊家庭對于場面，看得很重。有了婚喪喜慶的事情，第一要客多；第二要菜好；第三要主人應酬周到；第四要有連接不斷的玩意兒，讓客人心裏快活（如賭博，歌伎，戲劇等。喪事中變而爲盛出材）；所以多用些錢，覺得很是體面。一到他家的婚喪喜慶，我們也要送厚禮；致公分；帶錢出賭博；相時作衣裳。所以說吃酒賭錢是官人品，尋花問柳是消遣的事。他們所見的，只是官人品，消遣事的虛榮；至於吃酒，賭錢，尋花，問柳是否正當的事，就可不問了。我對于這種的交際，實在是大大的不高興。拿錢到這種地方去虛丟著，實在是可惜。拿時間到這種地方去虛丟著，也實在是可惜。吾的意思，用錢是要受用，故對于家常應用什物，一些不能省。壞了要添，缺了要補，總要應用的東西，比我需要的稍富裕些；自然應用的時候，不致局促了。至于用時，真是大大的可痛。我自己的事業，誠使雞鳴而起，惟日不足，到了老死，尚難做完；豈有餘暇來做無謂的敷衍應酬。人家有些小事，就斷送我一天兩天的光陰，在唱喏，鞠躬，坐席，踱方步上，來了一個沒事的客人，就斷送我半天一天的功夫，在清談，雅謔上面。我也深知一個人生在世上，應該同人交際的，但是交際總得有事；總得有兩方相關係的事。沒事交際，只是搗鬼。我也深知我有些僻性，不樂同人交往，是不完善的，但是我的職業是學問，就是照我的心思做去，也無愧我的職業；總不能說我是壞人愚人。但是世俗之情，學問是假的，借社交去汲引是真的；學校是假的，拿文憑去偷錢是真的。吾的不好，只緣認假作真，將真說假，同他們的心思適成一個反對。既然他們是個智人，我在反對方面的，自然非愚人不可了。這社會根本弄錯的地方，我看就是認小有才做大智；認勢力貨利做道德；認虛榮做名譽。

近午，馮子山處送占合帖來（昨日托人送去）。封面上書志各東西四字，又將我加一打擊，想兩處皆不成矣。幸彼將殷女士占得了五分，祖母繼母都謂五分亦可成了，心中得一著落。彼批袁女士命云：命犯傷官當旺，時上孤鸞，命如金石之堅；不免鸞鳳東西。中途恐多剝雜。配此乾命，兩堅太過，將來後嗣少招；亦恐有始無終，難成佳偶也。聽來人說，此命不特犯傷官，又且犯陽錯。祖母大驚，這件事便得徹底推翻，再沒有商酌的餘地了。——女人犯了傷官陽錯，實是犯人定了十惡不赦的大罪。這位庭長，就是算命先生。可憐，可嘆。批殷女士與我合婚的話，錄下：

　　謹遵河洛三元鳳書，配合陰陽八卦，按奇門九星，察五行生剋，推得乾造八宮，坤造八宮，兩原命屬西司；所欠八字不合，五行亦不相稱，尤恐琴瑟難調；先天卦合艮卦，六冲欠告，難叨百歲連理；論天地人三元字義，合成玉、玉、貧三字，不佳，難以夫婦唱隨。

　　先卜坤造，辛金日元，生于仲冬，水歸冬旺，生平祿事無憂。月上正印相生。身出清高門第。文昌坐命，爲人聰敏靈變，爲巧多能。比劫透露，未免操持心勞。

　　再推乾造，乙木日元，榮生夏令，火得用事之際，身弱喜梟，自然近貴特達，可許捷徑成名。時臨文昌長生，人必聰敏俊達；他日離祖興盛，名揚于他方。

　　今配兩造，陰勝于陽。神煞不當，輕重不符，豈能宜家宜室。婚占五分之數，未必爲佳偶耳。

婚事如定，此一紙即可作爲證婚書。彼一則曰琴瑟難調，二則曰難以夫婦唱隨，三則曰豈能宜家宜室，我思此在人爲，豈不能因有此言而力求和睦乎。據所探聞，殷女士性甚婉淑，則即有不睦，釁端要非彼開；此在我能自抑憤怒之性耳。至于百歲連理，本無其人。祖母謂續弦即不必如原配之頂真。又云：八字五行不稱，只須不常會面，便易和解。即如今到北京，須半年才能一歸；以後如在蘇州就事，亦不要住歸；當居衝碰之年，可教歸寧；即無害也。吾意占卜爲自古至今之定理，祖母所説亦爲自古至今之經驗，依此而行，則亦無背于俗矣。心氣爲之一壯。

詩亭爲我誠摯作媒，今竟不諧，因作函道歉；并告庚帖即日奉返。

一月十一號

上午五時醒，得眠六時。飯量增至碗半。

我今天的思想大變了！就借了寫給聖陶的信，當做一天的日記。

我這幾天爲了畏得畏失的事情，弄得我心緒不寧；飯吃半碗，眠只三時；想我數年爲學，何等的高傲；何至于爲著無憑的運命，就處置不來！今天讀了《切問齋文鈔》裏面幾篇先儒論命的文章，更覺得我心思鄙陋；此係久不讀書，便爲習俗蒙蔽的實證。我的個性究竟没有保持堅牢，實可愧死！

我今立志，決計向殷宅定婚，因爲訪問得很是明白，才德確比他家爲好的緣故。命運之説，只當没有聽見；就使再有聽見，我的頭腦總要切實的驅逐他。

我本了這個宗旨，寫封信寄父親。只要父親允行，這件事就辦到了。信稿存《不眠集》中。

　　孟真有封長信來。説我給他的一封信，因爲有不便的地方，就不登出來，這大如吾意。又説："吾校中真實能事撰述的很少；前途的可慮，只是怕成了課藝性質的雜志，并没成《新青年》的趨向；只怕没有痛快的文章，近于麻木不仁，并不至于痛快過度。"這實是實在的情形。照此看來，我每月一篇的責任，是卸不掉的。

　　《切問齋文鈔》選得真好！陸朗夫的經濟學，實在可佩服。可恨清代人看着經濟太不重要，以致裏邊發名論的儒者，他的名氣，只是若存若亡；反不如零星考古的漢學家。這實在可嘆了！中國現在風俗的壞，即此可見其原因。

　　陸氏自叙裏面，有幾句極超脱的話：

> 故以今人之文，言古人之所已言，與其所不必言，不若以今人之所欲言，與其必當言者，以著之文。……又況事固有與古相違，而于道適合者：譬諸河焉，碣石其入海之路也，自屢徙而南，今在懷衛徐郊以下矣；言道而必執古人之説，不猶入海而必循碣石之蹤乎。如謂：今人之從事，于前所云云（指訓詁等），方竭其聰明才力，尚未足與古人爲役；而又安能恣其所欲言，與其所當言，而且可無背于道，是則大不然也。……

此叙在乾隆四十年作，那時的學風，豈容有這等的話頭！陸氏竟卓犖不群如此，實在可佩。當時又有章實齋，獨創史學，與之媲美；皆開後世學風。（陸氏開魏源一派，衍而爲光緒間之時務。章氏開章太炎劉師培一派，爲今日之國故。）蓋實力深至，斯流風寫遠；非偶然而至也。（陸氏之學，足以醫信古之弊。章氏之學，足以使人實知古學之真境。甚相成也。）

清代的學者，拿考據詞章義理三者鼎立，以爲學問盡在裏邊了。自清陸氏起，又加進了一門的經濟。不幸那時學者沈溺考據，常人拘束帖括，不能夠深知經濟的實境。而洪楊之亂，天下俶擾，同外國通商征戰，應用經濟的地方更多。又因憤于本國的貧弱，要竭力求富強，就更不得不道經濟。然而他們對于經濟的應用，雖然加了數十倍，但是他們對于經濟的學問功夫，却仍沒有進益，只是糊塗敷衍的過去。那輩橫議的處士，不過帖括經學的變相。雖則有實學的也有，不過總在極少之數。所以經濟一學，固在當時很是得意，而穩當沈實的學者，就很不以此道爲然。我看見劉孚京爲他伯父慈民先生所作《儉德堂讀書隨筆》的序，將道咸間學者的趨勢説得很盡致。把他鈔録出來：

國朝二百四十年，于今當承平之隆，學士大夫用文學著述爲效；詆宋明儒者言義理空疏無實，其文鄙野不務師古，相與擯之；更擯詞章考證之學。是時桐城姚先生正之曰：義理之與詞章考證三者相表裏不可擯。其義少定。然未及百年，而天下多故。諸多張皇，皆古所未有。三學之徒，高名耆篤之士，莫有足以應變者；甚者敗辱，爲世深詢。于是所在扼捥言時務者相比接，號爲經濟之學。一二巨公爲之語曰：義理者，孔氏所謂德行者也；詞章者，言語也；考證者，文學也；而經濟者，政事也。既高其名列于四科，後進干禄之士，彌以相曜，遂兼鄙衆學，而惟爲經濟之言，以更張爲任事；以權算爲賢能；以守經爲迂儒；以能言處事爲宏達。道荒術陋，學士泯泯，未識所爲久矣。伯父天性凝定……嘗論經濟之士曰：古之君子，學焉而已。學成而道立，故能應萬變而不窮。今設經濟以爲名，招天下而從之，是使不學之人，懷躁妄之心，而行嘗試之術也。且古之君

　　子，學焉而經濟以生；今之君子以經濟爲學；此所謂賊夫人
　　之子者也。伯父之指，務勤學而羞外馳如此。……然伯父雖
　　鄙遺世故，不欲空語經濟爲名高，至若時政得失，人材賢不
　　肖，默識于心，時發于言。所陳侵官操切，上下相蒙之弊，
　　皆深切；讀之可爲太息。

這篇文字并不是反對經濟學，乃是反對當時講經濟的流弊。那時的
所謂經濟家，直是大膽敢説，有權敢稱心更張的別名。豈是陸朗夫
的一輩人。

　　章實齋的學説出來，又是在四科之外了。當時因爲勢孤，没有
專門名目；到了今日，就可加上平議或學史二字。所以清代之學，
就分了義理考據詞章經濟平議五派。五派裏頭，義理考據詞章是模
仿的，經濟平議（平議二字不妥應易）是批評的。經濟是政治風俗
學術的致用上的批評，平議是政治風俗學術的學理上的批評。到了
現在，依舊這兩派勢力很盛，在經濟上成了政論派，就有康有爲，
梁啓超，徐勤，蔣智由，章炳麟，章士釗，吳貫因一輩人；平議上
成了國故派，就有章炳麟，劉師培，葉瀚，胡適，謝無量，張采田
一輩人。

　　從前的時候，對于中國學問和書籍，不能有適當的分類；學問
只是各家各派，書籍只是經史子集，從没有精神上的融和。所以看
經特高，拿經當做了宗教，一定要處處遵守的。因爲周秦諸子有反
對儒家的話，所以拿子部看得特低；即有致用的方術，總鄙賤他是
雜學。自從章先生出，拿這種隔人眼簾的墻垣，一概打破；使讀書
者有曠觀遐矚的機會，不至閉户自限。這功勞實在不小。中國所以
能容受科學的緣故，他的學説也有一部分的力量。

　　但是過了模仿批評的時期，總得要有創造。現在對于中國學問
的模仿時期，已是完了；批評時期，其勢方盛；不曉得後來創造是

怎樣的境界。吾們一輩人，能遭逢這個環境與否。

一月十二號

　　上午一時即醒，不能復睡。思昨宵飲酒而眠，何乃至是？意者昨日書父親，外舅，聖陶，仲川，君武函件，讀《切問齋文鈔》，記日記，讀寓言等忙乎？抑酒已飲疲，不能復治吾病乎？殊爲惘然！前數月服藥已疲，遂不能見效而益困；試進以酒，效驗大著；斷藥至今二月矣。近日飲酒無效，而進藥又驗；似此困苦，雖明知西藥之毒，遂亦不得不服；聞數種更替服之，不甚積毒，當照此行也。俟半月後，再飲酒試之。

　　在床上頗思學問，竟不縈思婚事。思漢箋，唐疏，清之樸學，過于下學而不上達；象山，陽明，以至釋老，過于上達而不下學；皆非始終本末之道。惟孔子，朱子，乃兼綜之；志學而至知天命；道問學而至尊德性；由顯至隱；始簡畢巨，誠蓰以加矣。雖其環境不善，立論或失，要之其志趣，其途徑，其負荷，固罕覯之聖人也。世之好飄逸，誇灑脫者，非加諷譏，不成言語。道既不行，後世遂莫得見其真。發揚而推闡之，固予之事也。又思現在學派，縱受歐洲潮流，而在本國固已有是項趨向矣。葉德輝嘗慨學者昧東京之箋注既盡，遂改而至于西京今文之學；又謂不足，改而至于戰國諸子之學；所學愈古，托體愈玄。故今日之孔教，非觀于耶教而欲特創也，乃循今文學所至之徑耳。今日之名理，非盡觀于哲學而附緣也，乃循諸子學所至之徑耳。又如昨述陸章二派，其流風有如是者。記《新民叢報》有鄭浩所作中國學術窮通變化論（題是否如此，已忘）：謂漢以後之學，始爲經學，次爲理學，在保守時代；又次爲科舉學，則由保守而至腐敗時代；凡一物至于腐敗時代，以後必有其推陳出新之道；故中國至于今日，即使無歐學輸入，亦將有笛卡兒培根其人矣。此允論也。又思從前人作學問：譬如貧賤人家，寢室，膳堂，厨屋，客廳，皆在一地，一則無錢，不能廣拓；二則生而居此，不思廣拓；三則即使欲廣拓而物質界窳劣，亦無可觀。今則不然：物質界之供養既多且便，只患自己無志不欲拓，無知不會拓而已；使有志有知，則廣廈萬間，不難致也。吾想吾常説學，而自省實無學；此猶竆人子稍窺宮室之美，便日夕在草廬中打屋樣，開貨物單，雖想像中極爲完備，然總是做不到的事情；只可聊以自娱，未能真到此種境遇，享受此種福分也。欲達積想，惟有儲錢；吾總希吾辛勤一生，至于老死，不改其常，把吾儲錢，悉以建造；只要在没前的一日，享受理想中之供養，于願足矣。蓋雖不久居，而吾之遺體，子子孫孫，受其供養，亦無殊于吾也。

竟日倦甚，夜中不得不服 Sulphonal 一粒。

上午讀《切問齋文鈔》學術三卷，心境一豁朗。下午讀《新青年》朱有畇通信，論注音字母及世界語二篇。注音字母有錢玄同答語，未能定其是非。論世界語一篇，胡先生評他根本論點，只是一個歷史進化觀念；并謂語言文字的問題，是不能脱離歷史進化的觀念可以討論的。此意非常佩服。吾意無論何學何事，要去論他，總在一個歷史進化觀念；以事務不能離因果也。錢玄同一輩人，只要新，便是好；若事物可以無因而至者，故凡新皆可取也。謬甚。

下午蕭可風來。陰曆本月十二，婦塋破土；二十，定向；予以體憊不能往，托蕭君一力主之。

子清來。與之同誦《詩經》，至《衛風 · 氓》篇，覺得實在是首哀情小説；自求婚以至背棄，言之委盡；此詩在風特長，言不重叠，叙事最多，洵爲可寶。

一月十三號

晨七時起，得眠六時許。如不服藥，亦謂快矣。予不得眠之夕，反不能晨間早起；輒至八時半後，當以憊倦之故。

晨間偶翻紀念册，見章行嚴先生在二十周年紀念會演説詞，説調和之理，若在吾心中發出，甚詫，不知吾無形中受其教育歟，抑吾心自得此理歟？摘其要語于此：

時代相續，每一新時代起，斷非起于孤恃，與前時代絕不相謀；果爾，則人智有限，其所成就，必與太古原人相去不遠。

時代衝接，如連錢波；新舊兩心開花互侵，中乃無界。

社會之進程，取連環式，其由第一環以達于今環，中經無數環，與接爲搆；而所謂第一環者，内容雖與今環完全不同，且爲時相去甚遠，而其原形在理論上依然存在，且間接又間接，以與今環相關係。故今環之人以求改善今環之故，不得不求知原環及以次諸環之事，此歷史一科所由立也。

假令今日與昨日絕不相謀，即凡科學之爲昨日以前所有事者，俱當吐棄；吾不知將何所憑藉，以爲講習論思之地？

今日之社會乃由前代之社會嬗蛻而來；前代之社會，乃由前代之前代嬗蛻而來；由古及今，乃一整然之活動，其中并無定畛，可以劃分前後。

吾人生于今日社會，亦求所以適應乎今日之情狀而已矣。本體只一，新云舊云，皆是執著之名言。姑順俗言之，舊者將謝而未謝，新者方來而未來，其中不得不有共同之一域，相與融化，以爲除舊開新之地；此共同之域，即世俗所謂調和。不有此共同之域，世界決無由運行，人類決無有進化。

達爾文倡進化論，以競争爲原則；後之學者謂果如達言，則人與禽獸等耳，人生又安足貴；故有克魯巴金之互助論，有柏格森之創造進化論，有倭鏗之精神生活論。愚意不如以調和論言進化，既能寫社會之實象，而與諸家之說亦無乖迕；蓋競爭之結果，必歸調和，互助亦調和之運用，創造不以調和爲基，亦未必能行，精神生活尤爲折衷諸派之結論。（詳細論列，請俟異日。）

　　創見獨識，亦即調和中之一面觀。

　　調和者，進化自然之境也。所有意見，只須當時思想之所及，均能充其邏輯上之能力，使之盡力發展。

　　調和之要律，在以己所能信者爲歸；至己不自以爲信時，即當捨己以從人；又在己有所信之時，不當鄙人之所信者爲不足信；蓋人智有限，所知者大抵假定之理，不能號爲無對也。近世科學重在求因，穆勒之邏輯，丁此尤爲用力；然有學者謂吾人所得知者，亦或然已耳，不敢謂知其必然也。以此之故，各種科學皆得在調和之真基礎上，奮力前進。吾國人不通此理，二千年來，習以儒術專制，至反乎所謂聖人之道者，皆不能立足；即至今其流毒猶有存者，故調和之理，乃吾人所亟宜講也。

章先生此論之要義：一在時間無界，故不能執著新舊；知識出于假定，故不能執著人我。其義甚長。恨未能詳聞其說。予謂萬物畢同畢異，世間畢竟無有一界；而生于知識，則必有其界。欲知識之出假入真，非人類所能。故調和之最上境，亦終不得到。其第二層惟有明知物之無界，而當對物之時，盡力泯其界之念；知知識之出于假定，而當言思之際，盡力張其假定之理；則雖不能至真，要爲近真者矣。治學不得不分科類，而世間卒無有科類。此亦無奈何也。

　　讀寓言四首。下午瑄生來談。孟真書來，謂社中肯擔責任者少，彼一人獨勞。此蓋必至之事實。在學生時代尤甚，以自有財力時，即使慵懶，而知責之不可以已，尚能雇人爲之也。介泉寄《倫理學史》，《印度哲學》講義二種來。

讀《詩·大序》及《關雎》一篇。鄭康成實在是漢代第一個老學究。他因爲《周南》是文王之化，《關雎》尤爲聖門最稱道者，必須使得他莊嚴神聖。故説采荇菜爲事宗廟；説好逑爲和好衆妾；説輾轉反側爲求賢女同采荇菜；説雎鳩之德致于君臣敬，朝廷正，王化成。好好的一首樂而不淫的情詩，却被他附會做了后妃進賢的婦德詩。實在可笑。吾前讀其《禮記注》，可笑處不可枚舉。以後有暇，如能研究經書，一定要把他的可笑地方，鈔成一帙，以遺世之好爲鄭學者。吾并不是好誹謗先賢，只是他們在中國學術界太有勢力了；他們自己的頭腦太可笑了，他們所做的事業太無道理了；崇拜他們的人也太可憐了；不得不揭穿他們的黑幕，教後來的人不要與他同化，昏憒糊塗的過了一輩子。

夜十時睡，飲磁硃丸煎湯一盞。自昨日起，每夜九時服牛乳一盞，係天賜莊蘇醫生處所出者。每十一瓶價一元，予與繼母分服。

艮男近日殊肥，不致變癆病矣。向不好笑，近乃屢笑。可見不好笑非其天性，乃病之表見耳。

下午三時到韓宅，擬借送盤禮單，檢覓未得。

一月十四號

晨五時醒，得眠約六時。

上午讀寓言四首，不覺已是午飯。下午看劉復譯短篇小説《最後之一葉》，又記了兩天的日記，不覺又是晚飯。晚飯之後，不敢看書寫字，一天的日子就完了。本天我没有到外面去，他人又没有來找我談話，不曉得爲什麼事情做得這樣的少，光陰跑得這樣的速。實在是可怪了。我想照這樣的過去，我的志願没有達到十分之一，我的年壽却已是完了。這如何是好。最討厭的事情，是吃飯睡覺。吃飯時須費去半點鐘，吃過後又要丟了一點多鐘去游息；若到人家去應酬，一天的功夫，只是交給一頓的飯。睡覺睡得著且任他，像我這樣的睡不著，又是要竭力去求他睡；寧可一夜的不眠，不可起來做些事情；并且因爲恐怕睡了睡不著，故夜飯後亦不敢作事；這種的耗費光陰，雖則應當，究不勝其可惜。吾想以後人類向精神方面儘量進化，這眠食兩件事，一定可以減少許多的麻煩。

　　與孟真書，謂《新潮》雜志準每月投稿一篇。我自省由思想寫成文字，得將意識中棼亂的境界，條理整齊；又得將意識中模糊的境界稍稍擢引明白；故寫成篇幅，實與自己學問有益。所以教育重作業也。又謂我在學問上的感想很多，但沒有什麽證論的根據，不敢同社會現象一樣草草的發布。現在惟有希望英文早日貫通，多讀西書；今私自積藏，他日浩浩的發出耳。

　　《最後之一葉》記一少年女畫師名瓊西的，犯了神經衰弱症，自謂將死。看著窗外一株葉落垂盡的長春藤，說最後的一葉落下時，就是他命盡之日。神經衰弱人的幻想最是無藥可醫。他同居的一位老畫師，名叫倍爾曼，默于夜中攀梯而上，畫了一葉。他年紀老了，這一夜又是大北風大雨雪，一身的衣履都至濕透結冰。害了肺炎症，三天内就死了。没有人曉得他死的緣故。瓊西心灰意爛，天天待這一葉落下，與之同盡。却無論怎樣的北風，總吹不下這一葉子。隔了兩天，他覺悟道，我好好的活着，爲什麽存了個死的念頭。這一葉子，想是冥冥中維繫着，使我自己覺得存心待死的罪惡。他這一想，病就好了。這篇小説，是 O. Henry 所著。劉半農譯得很是雅潔。我看了這篇小説，心裏非常感動。一則我與瓊西犯了同病。心理上的豫期作用，非常强烈。只是我專想活著，就要多進藥品。我也明知藥的效用，不過是個暗示，然而不經過這暗示，總是愈加恐怖。二則倍爾曼這位老人，實在叫人佩服。像他的用情，乃是極真摯的情。他并不有所利，有所圖于瓊西，只是爲了愛才的一念，冒了風雪去做。丢了他的生命，那方面還没有曉得。這才是可敬可愛的情。不像他人尊卑間的情，只是責望施報；男女間的情，只是求遂肉欲。他只是依了良心上的督促幹去罷了。我常笑現在人看情字只是男女間的專利品，只是青年男女叫做才子佳人的專利品。不曉得他們只是迫于天行，行其所不得不然，没有意志去鑑察的。至于男女以外應用情去交互聯絡的地方，他們只看做是名分；不當是情。所以各種的社會，都成了枯寂無味。不曉得一個人無論做什麽事，都應用情做個伴侣，才能够有精神。倘使作事時没有情去輔他，這件事竟可稱爲機械造的；不是人做的了。

　　夜接子俊志希書，并胡適之先生述其母氏行狀一篇。悉胡先生五歲而孤。其母爲父再繼妻，寡居時方二十三歲。予推其父没，當有五十歲，長其母遠甚。因念以胡先生之才學聰穎爲當世冠，得毋老夫少妻，氣類相感，宜有此乎。叔梁紇娶施氏，生九女而無子。求婚于顏氏，顏氏有三女，皆未嫁，而徵在獨少。則婦當方及笄，夫已至五六十也。故《史記》以其不合禮而稱之曰野合。遂生孔子，聖明通達，爲百世師。意者如是果易生天才之子乎。胡先生的學問，我勤勉些追上去，也是趕到得的。他一件不可及的地方，只是頭腦清楚。我看一件事物，不是再四推索，總是模糊的多；他只要一看，就能立刻抓出綱領，刊去枝葉，極糊塗的地方，就變成了極明白。這不由得人不傾心拜倒，説是及不來的。看他做的行述，不能説他善處家庭。他母久患喘疾，侍奉需人。他到北京來做教授，自然一則爲傳布學問，二則爲維持家計，不能説他只應居家侍奉的。但是他爲什麽不接他母親到京寓呢。説是病體難行罷，則他娶了妻，爲什麽要接到北京，不留在家陪伴阿姑呢。前天孟真來信，説吾在家裏生活很苦，極望速到北京。又説他生平也是極苦，只是能棄親故之歡，絶室家之慮，日夜讀書作文；如此應付世事，覺得無絲毫苦惱可言。孟真家有祖父母，有寡母，有病婦，我勸他暑假回去，他只是不去。我校暑假，足有三月，胡先生家有病母，不但不回去，反托人接妻子出來。他們二人學問爲我所最欽服的；他們將來的事業，實是未可限量；但是他們這樣對付家庭，總不是我所願聞。他們對于學問事業興味過高了，自然家庭一方面漸漸的淡下去。吾敢説胡先生不是母死了，他回去的日子，不知在那天；或者也要像上海美國的一別十一年。他行狀末段説，遠出游學，十五年中，侍膝下僅四五月耳。生未能養；病未能侍；畢世劬勞，未能絲毫分任；生死永訣，亦未能一面；平生慘痛，何以加此。此語自是真情。然我敢説，這個情一定要他母死後，才能流露出來，則未免遲耳。今日讀《伊索寓言》，言有守財奴者，有金一塊，掩埋之。一日起視，忽失所在，乃號咷大悲。鄰人勸之曰，君曷弗埋石于原處而視爲金也。君藏而弗用，則地中之石，與地中之金，固無別也。故此奴者，其寶金則是，其用金則非。胡先生之慘痛，其有類是乎。予篤好學問，顧終不能忘家庭。婦没之後，苟絶裾而去，豈有責我者；而我以祖母暮年，兩兒甚幼，不能不負此居家之責任，遂休學未行；此半年中親瑣碎之務，亦頗無味。事業不舉，學問不進，予視二君，大有愧矣。顧我終不願以事業學問，而犧牲我他方面之責任。雖未能兩全，或將兩失，而在我直覺中終應如此行去。予不敢強人從己，言二君必非。又于倫理學未能瞭解，究不審如此心思，在學問上應作何項判斷。姑懸疑案，質諸來日。

子俊來信，告《新潮》雜志發行情形；可覘出版界情形。鈔録于下：

每期印一千份。費按葉數計，每一中國頁，即西式兩頁，大洋一元五毛八分。封面裝訂約十四五元。每期頁數約在百五六十頁。（比《新青年》厚，與《太平洋》相等。）如此情形，每期印費約在百四十元上下。其外尚有廣告費及其他零用，亦需三四十元。

　　代賣辦法擬出如下：

　　　　買了去，無論賣出不賣出，一概不退，照五折收價；每本净收一毛五分。匯錢費在彼，寄報費在本社。

　　　　代售，賣不出的退還，每册净收一毛八分。寄去的費本社出；寄回的費代賣的出。賣出，賣不出，存放以兩個月爲限，清賬一次。

　　　書店如有來販的，請他寫北京大學新潮社爲妥。不過須照五折寄錢，空函無效。由兄經手介紹者，最好長久由兄經手，免得不接頭。不過兄多勞幾次就是了。書店既照五折販，但以十份爲至少；否則不五折。還有一層，我們對于書店，給他們有賺錢的地步，所以五折六折；要是在學校裏托友人銷于學生，五折六折就不免太不自重了，所以要是在學校裏賣，每本三十枚銅子。所以弟訂了幾個區別：

　　　在北京各校托友人經售，兩毛大洋一本。

　　　在京外各校托友人經售，三十枚銅子一本。

　　　書店用現錢買，十份以上者五折。

　　　書店代買者，六折。

　　　本校同學零售，兩毛大洋。

　　　非本校同學零售，原價。外埠加郵三分。

夜眠前服 Trional 半粒。

一月十五號

　　上半天讀了四首寓言，下半天記了一天日記，會見了孟韶，天就黑了。實在没趣。

　　我記日記之初，本没有很多的話。不料一經下筆，論議就混混而來，不能自休。一天的日記，輒費半天的功夫，寫去八九頁的格紙，把我作事光陰便消耗多了。

　　孟轺前日自清江浦歸。言此處荒涼殊甚，城小無可觀。所以行旅多者，以到海州一帶，必道出是耳。農業學校占地四百餘畝，半爲農場，半爲牧場。孟轺居室尤清敞，面臨曠圃，致足開懷。有清楊鐵路，係清江至楊莊者，專運鹽，不載人。時時汽車掠窗前而過。

　　父親來信，謂殷氏八字已送與隔壁張林仙推算，尚無貶詞；惟廿五歲流年不利。合婚則甚爲吉利。茲將占合書一紙寄去。可即寫信與朱姨丈，轉知殷宅，擬年内文定云云；一面擇日送聘。男媒可請徐姨丈，想無不允，云云。從此數月來擾攘不寧的情況，到今宵才宣告了結局。吾的心定了，想也睡得著了。張林仙批命書不可見。其占合書式如下：

	合	婚	姻	之	吉	利
乾造	癸巳	丁巳	乙巳	壬午
坤造	庚子	戊子	辛未	庚寅
左	八宮	艮卦		
右	五宮	艮卦	二宮和合上婚之吉利平安百年偕老

這些命書，無論然否，要之我的婚事，乃聽其主持，不得不看爲一生絕大的紀念品；所以儘多鈔在日記上。馮子山說難以夫唱婦隨，張林仙說上婚之吉；馮子山說難叨百歲連理，張林仙說百年偕老。我因了前天的不樂，反映得今天更樂了！

　　父親信又說，浙運使已易蔣邦彥。到任之後，如運署科長一席不能蟬聯，則場缺亦難穩固。且到臨時再看。年内爲日無多，最好明年到任，則小除夕前可以回家度歲。倘年内到杭接事，則事務紛繁，一時恐難脱身。只得俟有確信，再作計較，云云。想運使易人接替之頃，吾父又要忙一番了。

殷君廿五歲不利這句話，祖母説與馮子山夫人聽。他説，這不是我們自己做了算命，拆自己壁脚；原來女子二十五歲，叫做鐵蛇關，是大家有這關口的；并不是定在一人身上。蛇庚的人，較爲重要。又説，男子三十二歲，叫做韓信關，也是人人有的。這樣一説，馮張的話，竟彼此勘破了。江湖術的不足信，即此可見。八年，四月，九日，頡剛記。

一月十六號

上午五時醒。昨夜飲酒後，幸得眠。

寫復志希書，以社事相勖。又與子俊書，主雜志餘款，在百元內，悉數儲蓄；在百元外，以百元爲長期存款，零數爲活期存款，以備發行臨時增刊及改爲一年十二號之用。

得聖陶書，并新著小説《人格？》，即記吾家女僕全寶事。以寫實法爲之，不加論斷，起讀者評判之趣味。不作極端語，故彌覺情境之真，而無刺戟過度之弊。即寄入社中。聖陶詢我知行不合精神所感痛苦，欲爲作小説。極喜。暇當詳告之。

讀寓言二首。

下午孟韜來，同至美術畫賽會。晤顔君棟臣及詩亭。棟臣允以夕陽圖爲我有，快甚。詩亭執柯事，當面道歉。偕出至觀前戲墨林，晤子清，瀏覽書畫而歸。

夜作與伯祥書，謝其在殷氏親事上助力；并請探聽彼方意見。

杭小軒没，其家本定前日出柩，嗣以天雨，改至今日。蘇州自無迎神賽會，即以出殯代興。爭奇誇富，至有高蹻，活羅漢等。市人見出殯不盛者，即目笑之，或至悔見。每豪家開吊之前，道路傳語，得其路由，群集以觀，若勝事焉。前年吳清卿側室之喪，群聞有總統題額，測其必盛；而不孚其望，乃誚讓及于主喪，以爲有辱門第。此次亡婦殯儀，我主極儉，而格于俗例，竟耗百數十金，迁迴市肆而過。其時吳天然女士方議婚于我。其母觀殯容，笑其無場面，以爲不足配我家奩具。婚議遂寢。乃知風俗之錮人，如是其深巨也。杭氏日期既定，徒以天雨，無以酬途人之望，乃俟至今日。吁，可悲已。《三輔黃圖》秦漢風俗一節，謂"秦都咸陽，徙天下富豪十二萬户。漢高帝都長安，徙諸齊及諸功臣于長陵。後世世徙吏二千石，高資富人，及豪杰兼併之家于諸陵。强本弱末，以制天下。是故五方錯雜，風俗不一。貴者崇侈靡，賤者薄仁義。富强則商賈爲利，貧窶則盜賊不禁。閭里嫁娶，尤尚財貨，送死過度。故漢之京輔，號爲難理，古今所同"。今蘇州富不如上海，貴不如北京。不能爲商賈以貿利，亦不能爲盜賊以劫財。優游度日，徒以待盡。而嫁娶之尚財貨，逾于他方。送死之過度，又逾于他方。我不知百年後之蘇州，將罹若何之浩劫也。夏醴谷《昏説》（《切問齋文鈔》卷第四）曰："自晉宋以來，不求淑德，專尚門第。至唐而尤甚。太宗詔行厘革，卒未遵行。其後高門貴姓，嫁女娶婦，資財非百萬，義在不行。至有終身廢嫁娶禮者。"此與今日情狀，亦頗相似。當時百萬錢，等于今銀幣千圓。今以千圓辦事，在中流以上人家，視爲至節；苟又損之，真義在不行矣（不知此義何以中于人心如此）。外國因娶婦之後，恐不酬妻子之奢望，將傷其自立之道，故多獨身。而中國因婚嫁之禮，兩家親戚長上責財貨之深，力不足以及，而致獨身。則婚姻非以成夫妻，實所以誇財貨耳。夏醴谷《昏説》又曰："婚禮者，人倫之始，上以事宗廟，而下以繼後世者也。故古之人，六禮必備，而日月以告君，齋戒以告鬼神，爲酒食以召鄉黨僚友，以禮重，非以賄重也。今則異是。將擇婦，必問資裝之厚薄。苟厚矣，婦雖不德，亦安以就之。將嫁女，必問聘財之豐嗇。苟豐矣，婿雖不肖，亦利其所有而不恤其他。此所謂市井駔儈之不若者，豈可施之士大夫之婚姻哉。"按此等風俗，自古已然，不識其所以釀成之故。

今日上午致書蘊若姨丈曰：接家嚴來諭，悉殷女士庚帖，在杭合占，欣得上吉。擬勞姨丈轉告坤宅，于陰曆本月二十八日文定。男媒擬懇三姨丈爲之。家祖母意，爲日甚近，恐措辦一切未免草率；舊法有于納吉之日專送喜帖禮單，俟納徵之期將大小盤并送者；竊願依此。未識可否。務請商酌示知，以便遵循，不勝感盼。

頃見四月廿九日《小時報》載有愈出愈奇之殯儀一則，轉錄于此：

迺來蘇垣社會競尚奢華，即出喪一事，自前年盛氏今年奚氏哄動遠道乘火車來觀，于是小康之家亦必争勝以博路人之贊美。昨日船舫巷孫姓家舉殯，其儀仗應有盡有，復加大鑼黨馬，八仙馬，八標馬，六冲馬，鼓吹陰皂隸，其中最爲奇特者，扮有漁樵耕讀四人，三人各騎一馬，惟耕者獨跨一龐大之水牛一隻雜于殯儀中爲點綴品，洵爲近日喪儀中之別開生面。可見人民只知好奇，對于實際置諸不顧也。悲夫。（耕月）

【剪報】
奚宅出殯路由
出轅朝北轉東愛多亞路（大世界路祭），走雲南路（仁濟堂路祭），進北海路轉北西藏路（新世界路祭），穿大馬路一直向北轉東走北京路（壽聖庵路祭），芝罘路朝南走廣西路一直向南轉東福州路（一枝香路祭），（大觀樓路祭），轉北進望平街（瑞康號路祭），向東走九江路轉南走河南路（興昌祥路祭），一直過三茅閣橋（謙益洋貨號路祭），穿法大馬路過吉祥街轉東走民國路過小東門大街（路祭），走巡捕房街到寧紹碼頭（路祭），上船。奚垂裕堂賬房啓。

一月十七號

上午五時醒。雖不藥不酒得眠，而亂夢雜作。可見終夜在半眠半醒態度中，不若飲酒之可以無夢也。得七時許。

寫與介泉書，詳告婚事一切情形。復作上父親書，除納吉事外更請可否到杭辦喜事：一則吾體不耐勞苦，杭州幫忙人多，可得閑逸。二則無謂浮文，概可刪除；足省費用。三則父親不必假歸，而得隨時指揮一切。未審肯見聽從否。仲川來信，爲辛揆先生詢儲蓄會事，及其利益。報之曰：利益一事，隨人所見，未可斷言。姑以吾所觀者言之：一則可省日常零款，爲一總數。二則不啻每月購一彩票，逢十五號多一希望；即使不能得彩，存款固未損失。三則爲幼輩謀，自襁褓以至成人，適與會期相等，讀書婚嫁之費，可以無慮。信債至今日一清，惟君武處須作美術畫賽會報告耳。

讀寓言 *The Cat and the Fox* 一首。

竹庵叔祖囑撰吾宗園林縣志采訪稿，自婦垂没，至今未成，來催已不啻十次。今日發篋爲鈔一"依園"，苦甚，血又上涌。此輩祖宗，不知學問，而欲定做名士；造了花園，延了詩人，作了題記，不知當世之務，而希身後之名，本無足道。偏偏現在修縣志的幾位老朽，謹守繩墨，不敢與前志立異；誇耀勢利，專要鈔當地紳士的家譜去集成一志；物產風俗學術可以不問，至于某人做過某官，墓在何處，他消遣的地方，亂吟的詩詞怎樣，必須采輯詳備。這實是個紳士志，不是個縣志。他們自己壞了不要管，乃又來拖累了我。我的時間去做這種東西，實在是可爲痛心。以後能作這種事的日少，他們只曉得我是會讀會寫的，不管我是否這輩人，自然來懇求的更多了。壽序咧，祭文咧，傳文咧，挽聯咧，人家有了婚喪喜慶，就該教我倒霉；該對我下這樣的逼迫手段。實在是可爲腐心，可爲寒膽。我想以後最好俟事養之事稍輕，便移居在親戚朋友很少的地方。我并不是學這輩名士的隱居求名，只因我自己有我的事業，要盡我事業的責任，就不得不然。

下午讀胡適之先生之《周秦諸子進化論》，我佩服極了。我方知我年來研究儒先言命的東西，就是中國的進化學說。讀完這篇，我有些意見，記此。老子言天道不爭而善勝，不曉得這個善勝，還是在人力未盡的地方。人的能力着着進取，自然天就着着的退讓了。（惟讀《人類學講義》，人類滅亡一段，如果到此境界，天仍是戰勝了人類。）胡先生說孔子好古的一段，與前天所記章行嚴先生說調和義相發明。鈔下：

> 孔子雖不主張復古，却極好古。他的好古主義，全從他的進化論生出來。他把歷史當作一條由簡而繁不斷的進行，所以非懂得古事，就不能真懂今世的事。譬如看一問算學演題，須從頭一步一步看去，才可明白最後的等式。又如下棋，若要知現在這一子錯在何處，須回想先下的幾子，方可明白。他說溫故而知新可以爲師矣，溫故正所以知新，并非教人復古也，非教人食古不化也。《易經》又說彰往而察來，也是這個道理。今人說的“歷史的方法”（Historical Method），其所根據，全在于此。孔子因爲知道溫故可以知新，彰往可以察來，所以他注意中國史學。他修《詩》《書》，訂《禮》《樂》，作《春秋》，遂替中國開歷史一門學問，又替中國創造文學。這種事業，全從他的進化論生出來。

按《易》學實是求因之學。看見一凶事，就考察他凶的來源；以後碰得這個來源時，就想法子去避了他。所以說負且乘，致寇至；弑君父，匪一朝之故，由于不早辨；履霜，堅冰至，（終日乾乾，夕惕若厲，無咎。）自有馴致的理由，等話。看見一吉事，也去考察他的來源；以後碰見這來源時，就想法子去迎了他。所以說同心之

利斷金；勞謙君子萬民服；易知則有親，可久；易從則有功，可
大，等話。卦爻之辭，并非法律，乃是由許多事物用内籀歸納出來
的原因。現在所以不能忘古，只緣現在的事情，受制于古代的原因
的緣故。周濂溪出入《易》《老》之間，以爲惟靜爲善，動則便有
善惡二端；甚言之，動即是惡。竟不許人家動起來。凡有道德的
人，只可目觀鼻，鼻觀心的靜著，要屏去意識。這實是不承認生命
的存在了，實在太泥了。

一月十八號

記了"浣雪山房"的一則。韓葵記中有數語頗可取。説：

> 若乃采于山，釣于水，與夫田夫牧豎之歌吟往來，彼固
> 日在其間，如木石鹿豕之無情，以供有情者之玩賞，而亦非
> 其有也。然則今獨爲先生有矣。

這説美的本體不美；玩賞他的人，因爲有了情，所以覺得他美。想
是美學裏一條規則。嵇康聲無哀樂論（《世説》卷二第十頁）
可參。

讀了三首寓言；又讀了一篇《葛覃》；又讀了一册《惜陰英
文選刻》。

鎮日的下雨，凍瘡又痛。

一月十九號

讀了兩首的寓言。記了一則的"雅園"。

吼了一夜的狂風，今天晴了，冷得很；手指實在不堪握筆。

上午毛漱六來，交到全金六禮的總禮單。我對此頗是不懂。今
鈔在下面，行格疏空些，備以後漸漸的添注。

文　　　　　定　　　　　厥　　　　　祥
喜　　　　　　　　　　　　　　　　　開

求允道日
羹果全福　　　　　代儀四兩
納徵道日
羹果全福　　　　　代儀四兩
求允納徵吉禮
金求一品　　　　　蘭芽玉茗
錫金成對　　　　　花瓶百子
聘金田代　　　　　禮金百合
赤金千金　　　　　赤金如意
赤金手記　　　　　赤金手鐲
珠花成對　　　　　珠環成雙
羹果四拾　　　　　彩幣拾陸
枝圓桃棗　　　　　對果得果
肅妝道日
羹果全福　　　　　代儀四兩
迎鸞道日
羹果全福　　　　　代儀四兩
肅妝吉禮
珠冠玉帶　　　　　禮服全襲
花冠全髻　　　　　大衣方巾
吉衣五事　　　　　寶簪珠環
結髮齊眉　　　　　登科浴果
寶炬安息　　　　　宮粉胭脂
笲命酒醴　　　　　輿前微禮
司閽啓閽　　　　　扶几捲軸
臨門喜犒　　　　　總函百子
右　　　　　　　　　　　　　　　　呈
喜鑑
　　　　　　　　　　　　　　武陵喜具

毛先生説：帖子要凑足行數的。照這樣三十二行，恰好寫滿一個八折的帖子。人家也有湊足四十行，寫成十折帖的，無非是拿寶簪珠環，寫了寶簪成對，珠環成雙；拿登科浴果，寫了登科發祿，浴果百子；拿枝圓桃棗，寫做什么枝圓，什么桃棗；及加入種種吉利話罷了。又説，代儀四兩，即是四圓；羹果四十，即是四十圓；總函百子，即是一百圓；加起來，總共一百五十六圓。因爲肅妝的代儀要退還的，所以只有一百五十二圓。又説，茶瓶，羹果，彩幣，喜犒，是可以改動的。又説，羹果四十，彩幣十六，即是俗語所謂四十兩十六端頭（十六端，即是八件衣服）。其次有三十兩，十二端頭。其次有二十兩，八端頭。又説，臨門喜犒就是開門錢。有人家寫了大小臨門，因爲求免開門錢的爭執；但是不寫意，且小開門錢是必爭的，不如不説定。（按開門錢是誰爭的，爭來何用，大小開門的名義是怎樣講，我都不懂，記此待問。）又説，大小盤一起送，拜門只傳遞帖子，是可以的。求允道日的代儀四兩，就可不用。我拿進來問祖母。祖母説，茶瓶改爲六十，羹果改爲三十，彩幣改爲十二，喜犒改爲八十。因爲開門錢是必爭的，寫了八十，爭去是一百；寫了一百，爭去就是百二十了。又説，用半金六禮的，只是將赤金改爲紫金；紫金就是銀。我去年回來，經過一局喪事，雖則仍舊模糊處很多，可已有幾處是瞭解了。今來又經過這喜事，我的悲歡之情，不要去講他，實在長進得閲歷不少了。從前的學者，只是講古禮；古禮雖是粲然羅列，今禮却模糊一片了。我經這婚喪，很想買一本今禮的書來看看，却總不能找到；非得在口耳上去請教老輩不可。昔《公羊傳》經十數世，方才著之竹帛。這種現代儀節之學，不妨就從我寫記出來。

　　現在看着，懂得的地方已經不少了。我歡喜追究禮意，如今且究開門錢及彩幣羹果的禮意來。原來開門錢本係賞給女宅僕人的，因爲他們有司閽，啟閽，扶几，捲軸的功勞。後來不知何故，却給女宅主人吞没了。想來是因數目漸漸加大，主人眼看着亮晃晃的銀子，捨不得分給奴僕的緣故。至于數目所以這麼大，想來也是千百年來女宅僕人逐次向男宅賬房爭取的緣故。自從主人吞没了開門錢，然而女宅僕人的賞錢是非有不可的，所以另立了小開門的名目去拿賞錢，便把正當的賞錢喚做大開門了。自此以後，大開門是攀親時即可由兩宅主人論定，只算是男宅給女宅的一宗禮分，埋没了他的本意了。可是由兩宅主人自行論定，究竟上等人和下等人不同，便可拚命加高，所以小開門聚衆大聲爭討，只爭得廿元，大開門由媒人聯絡關説，竟到了八十，一百。這固是男宅主人因爲自己面子好看，所以肯出，可也是女宅主人因爲自己可得一宗款項來補助他們的嫁女虧耗，所以力爭呢。但是女宅主人是自認作奴僕了！自認作奴僕而不羞慚，可見過去時代的遺形物在社會上的勢力，也可見不動腦子的人是這樣多。

五事衣是嫁的時候穿着的，是必備的衣服，所以放在肅妝吉禮裏邊。至于納徵裏邊的彩幣，乃是做常服的。所以寫羹果若干，彩幣若干的話，問過祖母，祖母説："從前的彩幣是未成衣的幣帛，所以寫幾端。至于羹果，即是做衣服的工價。"不曉得爲了何故，現在的彩幣却是做成的衣服。做成了衣服，還是寫彩幣幾端，還要將工價送給女宅，真大大的可笑了。所以有這種事情的緣故，據我揣想，大約是女宅過于要慳，所以開了衣服尺寸到男宅來，吩咐做好送去，一方面的成衣工價仍是要的來補助他們的嫁女虧耗。到了後來，大家更忘記了這個意思，以爲彩幣即是做成的衣服，羹果若干也是個禮分。

看着禮單，除了道日是名實相副的禮分外，并無有提起金錢。却被歷來的女宅想法去刮男宅，以致成衣匠的工錢，奴僕的賞錢，都成了女宅的正當收入。而且價值又放的極大，做八件衣服要四十元，扶几捲軸要一百元。講到禮意，實在可以大大的吃驚。然而大家看了，并不起這樣的心思，只當是賣女的收入，買媳的支出，搖頭嘆氣説：“成家大不易！”唉，爲什麼弄到這樣呢？

八年四月十二日記。

一月二十號

竟日寒甚。記“秀雅園”未盡。

讀寓言二首，并誦《惜陰選刻》。

晚接朱姨丈書：悉殷宅意，一言既定，納吉不妨遲至陰曆元宵以後，以免局促云云。

接伯祥來書：末一節與上記章胡二先生言歷史進化相印合。鈔録于下：

> 十七日課畢，與聖陶訪柏寒，談刻印。聖陶謂名家印譜不可不看，而絕不可死摹。死摹無我，其格必卑。不看而自闢途徑，則往往踵古人所已發；無論所造如何，時間已大不經濟。……因思近代學術之盛，亦未始非集往古之大成。篤守故墟，猶死摹古印也。其失甚明。而弁髦視之，則猶不看印譜，亦不見經濟。近人每謂創新非盡滅往古不可，至云往史舊籍俱當摧燒者。吾謂不然。夫人生觀念隨時地而不同。改進之機，全在不足現境，希望幸福。故對于現境而加以批評，固吾人當具之同情。然所謂改進，必就現境出發，決非擺脱現境，另求一界，以再謀良善也。然則以前種種，必有足供改進之參考之助力者在。若一切吐棄，然後創新，是猶返玉輅于椎輪，然後謀車；毀宮室以安穴居，然後求大建築也。焉所得哉。

現在“所謂新舊”盲動衝突，故吾輩易有調和之覺悟。所望以後能將社會學歷史學究心深密，得有完善之體系耳。

夜十時，飲葡萄酒而眠。

一月二十一號

竟日下雪。

昨夜頗得眠，今晨七時起。

上午書覆伯祥聖陶。與聖陶書，言精神感覺甚詳。謂義利均由于本能欲求。從前偏一端而揚抑之，其果反至隱蔽而不真；使本能不能儘量發揮。今當調和之。惟如何調和，及調和之正向何如，非絕頂學者不能爲耳。此書當存記《不眠集》中。

吾前負精神上苦痛甚多，作此書後，遂霍然盡去。可見撰述實足整理精神。

記"自耕園"。稟父大人。

一月二十二號

上午讀《新潮》，寫伯祥孟真子俊函。孟真函中，勸其現在處人籬下，應有顧忌；俟此後本社脫離學校獨立時，始可暢快的說去。《易》曰，尺蠖之屈，以求申也。蓋爲其詆馬叙倫蔣維喬等。予視馬蔣等已成絕物。而吾輩則日有進境，絕不與彼輩立在平等地位。我輩只須將正理去發揮，自然日出而爝火息矣。即使不息，視已息者何異。

下午作《對于思想界感想》一文，僅得二頁，頭暈而止。

夜書詩亭函，爲孟真作伐袁女士。未知可否成功。寫禮單畢。

一月二十三號

一月二十四號

兩日内均作《思想界感想》文，無其他事。

一月二十五號

晨喚輿出。

至姑母處，奉上代裱神軸，及姑丈帶歸茶葉。悉姑母近患脚氣，酸痛難眠。

至聖陶處，交《新潮》三册（內一册贈碩民）。值伊亦來看吾，當面錯過。

至琯生處，交還代付印紙費二元二角。

至胥門外長春巷蠹市官中張晋卿處，填寫墳契。凡紙費五角，寫費五角，附徵教育稅一角五分許。十二時許出。

至胥門內鴻興館進飯。凡炒肉絲一碟，蛋湯一碗，飯二器，價小洋三角。

至皇宮美術畫賽會，取與賽物件。無人在此，悵然而出。

至國民圖書館，托售《新潮》十册。并取年賑。

至均益公司，取儲蓄會收條。

至廣南居，買贈竹妹牛肉脯。

至文津書林，晤周松雲，詢代售《新潮》事。

至北街外姑處，雜談進點歸。遣轎先歸，己步返。凍瘃竟又脹痛。

今日所至處，可謂多矣。轎金一元二角，又飯錢二角。十日來想做事，今日差作盡。一快。惟畫會事未畢，不得不又出一次耳。

一月二十六號
一月二十七號
一月二十八號

三天內作《思想界感想》一文畢。

聖陶曾來看我。

以連日作文，不免又引起不眠。二十八號一夜没有睡。苦極。

（看了一册五卷五號的《新青年》，也是不眠的原因。）

一月二十九號

晨遣金生購佛羅斯貢邦藥水。倦甚，睡至上午十一時始起。

本來今天鈔清所作文，以體倦極，置之。

到聖陶處閑談。

一月三十號

一月三十一號

本日爲陰曆戊午年底。

民國八年六月日記 *

頡剛　履安

民國八年五月

五月廿六號

晨五時醒，得眠才四小時半；惟睡頗酣，不記夢。與履安雜談至七時半起身。

晨間作字，仍無力；便不復書。

午前與履安到外書房略覽一過。

午後小眠半小時。

今日過端午節，以父叔及我均在家也。

今日予與履安更覺跬步不能相離；一至祖母房中，便急急思返；

---

* 編按：此爲該册日記標題，實則包含五月廿六號日記。

自亦不解其何故。予頗害羞，深不願他人窺伺我愛好之情，以爲雜坐談笑之柄；而今乃使我不得不然。宇宙秘機之力，其偉大有如是者！

一九一九年六月

六月一號

晨起已八時，較前數日殊晏。

上午國民圖書館送書賬來，計欠洋三十一元四角半。下午往付款十六元四角，尚欠洋十五元。賬託履安算無訛。予不能珠算，而履安爲之甚便捷，喜甚。

下午一時，與履安共讀《萬國演義》第一回。以後擬每日一回。

二時，到聖陶處；適伯祥、賓若到城，在葉宅進飯後，將至吾家，巧甚。旋與三君同至王廢基，觀童子軍宣誓禮，而以雨展期。折至吳苑進茶，遇子清、鳳生。又至丹鳳進麵，國民館還賬。四時許，分道歸。

聖陶謂吾爲所擬訃式，其叔不謂然。因仍添入孤子，期服孫，泣血稽顙，泣稽首等字樣。此等浮文，固束縛老輩腦筋，已周密不漏矣。

子清謂呂養泉畫册，與湖帆觀，謂恐不真，擬退回。而予已將價款付去。可見居間之難。以後作事，誠當慎之。

夜中與履安同讀《文選·養生論、運命論》二首，復談京校事。

本日上午雨勢甚大，下午稍止，晚間風雨頗猛。華氏表七十五度。外姑船停泊鈕家巷，未歸。

夜十一時眠。以連日大便未下，服補丸二粒。

父大人來諭云：“新婦賢淑安詳，予心甚慰。”不覺爲履安一喜。

六月二號（陰曆端午）

上午六點起身，較昨早二小時，履安亦同時起。

九點許到北街吳宅，一係謝其送喜禮，二係賀內嫂舉一男子，三則碧澂于昨日歸也。

十一時自吳宅出，至陳憶椿處取藥，一係勃羅曼三種合湯，一係鐵質兼卡斯卡拉丸。

歸後得介泉來書，悉校中事現成停頓沉寂之狀，無可告述，回蘇之期亦不遠。

下午讀《文選》班叔皮《王命論》，魏文帝《典論論文》，曹元首《六代論》，韋弘嗣《博弈論》，劉孝標《辨命論》，并《科學通論》上胡明復《科學方法論》，唐鉞《科學與德行》等篇，極有可取之言，當重覽一過。

履安在此一月中不得外出，枯坐閨房，自無聊賴，予亦好游，欲引以為伴，而竟不可，乃亦不願出矣。履安今日午夢歸家，醒而嘆其非是，意頗憐之。

竹庵叔祖托作哀啓，十天來竟未動筆，今日取出欲為動筆，而意絕不屬；偶取他書，不覺興情勃發，亦無奈何也。

夜中復不眠，想係看書稍多之故，可嘆。——或係枯坐無聊之所致，憤甚。

六月三號

日間與祖母議，明日偕履安外出游觀，頗動意氣；祖母允弗管，予決自主。

碧澂來，安出見，設茶點小坐。

夜中復不眠，以氣憤也。飲勃羅曼二次始合眼。

祖母所據之理由，謂未滿月內來看新娘者常有，如新娘外出，即有幸看者之意，將說我家家風頹散，不願擔此責任。予謂予娶新娘豈欲爲看者悦耶? 況要來看者都已來吃喜酒, 日內必無人至, 而履安與予枯坐閨中無聊之甚, 天氣近日稍陰, 正是游覽佳日, 老輩如此講究形式, 必欲使感情枯寂, 真可嘆也。

外國人尚真, 尚愛情, 故蜜月中四出旅行, 夫婦挽臂同走。中國人尚僞, 尚面子, 故新婚一月中新娘如罪犯, 新郎與新娘不許親嫟。

祖母謂月內要出須坐轎子。

前兩日甚熱, 今日頗陰, 蹉跎良時, 可惜也。

一九二一年
（民國十年）

　　在北大圖書館任編目工作，兼管國文系參考室、到書庫檢貴重書，成立善本書庫。

　　讀《考信錄》、鈔《諸子辨》等。

　　二月五日，得父電，悉祖母病重，即歸，知祖母病中風，已稍愈。

　　陰曆正月十三日，爲先母作廿周年。

　　搜集蘇州唱本（筆記爲《侍養錄》）。

　　三月一日，還北京，與潘家洵同住。

　　編古器物學書目。沈兼士勸勿歸，任研究所事。

　　三月十四日起，北大以欠薪罷課。

　　草《僞史例》。

　　四月二日，讀胡適《紅樓夢考證》稿，即爲之到京師圖書館、國子監等處，搜集補充材料。

　　四月廿五日到天津，謁母舅。到圖書館看《楝亭集》。始長戴眼鏡。

　　四月廿九日到家，祖母已能起床坐藤椅。

　　讀《黃氏日抄》。與平伯討論《紅樓夢》。以用功，失眠疾作，血時上升。

　　摘鈔《通考·經籍考》。

五月末，教職員到新華門索薪，爲軍警打傷者甚多。

六月，祖母病，旋愈。

作《隔膜》序。

七月二日，坐花船，吃船菜。

李石岑邀任商務中學教科書編輯，後胡適亦來邀。

擬編《僞書辨證集説》。讀《郡齋讀書志》、《直齋書録解題》。

八月廿五日，由海道入京，九月一日至。

頡剛在一月底以前應行作完事

　一、哲學書目校畢

　二、貴重書檢完

　三、理科圖表編完（此或不能）

　四、宗教書目編完（此或不能）

　　　下二項如不能時儘二月内作完

頡剛在二月以後辦事狀况

　上半日——編目室——先編文科圖表，俟編完後再編書目。

　　　　編中文書目每日約十種——先編貴重書目（詳）

　下半日——參考室——編目——每日約三十種（略）

俟參考室略目編完時（約三月始）

　上午——在家讀書

　下午——編目室 —— 編書十種

　　　參考室 —— 編參考目

贈履安墨盒銘詞

履安固厚我，井臼操勞，弗克常有書至。吾以積念之深，每不諒而怨焉。今值冬假將歸，因刻文墨盒爲贈。甚願履安于几案之際，拂拭之頃，知我感物懷人，有如所寄，鏤金者書，鏤骨者思，金猶有爛，情思無變，遂乃受督悲憐，就茲染翰，濡烟既飽，揮灑如心，扇我以溫詞，照我以朗抱，使我狷介之性長得涵濡于和愉美澤之中，弗因人間戾逆感慨悲傷，是則吾之精神胥賴履安爲閫闥之矣，豈但綢繆于相厚之情哉！

　　予與履安結婚于一九一九年，婚後予即返北京大學。是年冬季，刻此贈之。履安于一九四三年没于嘉陵江畔之柏溪，與予爲夫婦二十五年，恩情刻骨。此盒予于抗日戰爭勝利後尚見之于京寓，其後不知爲何人竊去。今晨醒來，背誦此詞尚能完整，因亟書此，永永爲念。　　　　　　一九五八年九月十日，頡剛記。

　　此册是我在九年十二月裏打的稿子，付德芳齋去刻，教他儘年底送來。他仍舊送到學堂裏，而這幾天是放假，所以不能從一號起了。

　　一月三號，我到適之先生處去，看見他一本《日記與日程》，也分"豫計"和"實行"兩項。他這本是去年夏間起的，真是先得我心。他的式樣是橫排的，每一點鐘一格。

　　回來告訴緝熙，緝熙也想刻一塊版子，拿我和胡先生的比較一下，説我的法子死，胡先生活絡。這便是我不及胡先生的地方。我的勤勞可以比得上胡先生，而我的聰明實在比不上胡先生。書此志愧！

　　　　　　　　　　　　　　　　十、一、十一，頡剛。

一九二一年一月

一月一號

　　晨九時起。上午讀《分類標準》，下午譯一節。點《四部正譌》二頁。仲川來，同至紹虞處。夜算緝熙賬竟，彼欠我廿七元，當托仲川覆算。今日天寒甚，風狂大，竟不得不生火爐。家中寄

《繹史》來。

一月二號

九時起。記筆記三頁。讀《分類標準》一節并譯出。寫聖陶信及父妻信。晚到琯生處。標點《四部正譌》四頁許。十時眠。

一月三號

晨七時許起，從今日起須早起讀英文。讀譯《標準論》一節。飯後紹虞來，同往吳弱男處接洽代課事。步至適之先生處看書二小時。寫履安伯祥欣伯等信并答賀年片若干。夜至紹虞處送《説文》。夜中翻前四年日記，瞿然有愧，因作寄安書。十點許睡。

一月四號

讀《標準論》半節。考三皇五帝。到蔡宅弔子民夫人喪。到青年會溜冰場及東安市場。下午仲川來談。理信件。鈔《升庵》入《學覽》。

一月五號

讀《標準論》半節，與昨半節合譯。鈔《升庵集》入《學覽》。鈔《遜志齋集》。到紹虞及邦華處。作志雲仲周等信。

一月六號

讀《標準論》半節。上午吳敬軒兄來談，留飯。下午到校領薪水，在館算打字工人薪數。到仲川處送匯款，托寄家。到琯生處未遇。到姨丈處還十元。步至勸業場及第一樓，購舊書一元許。夜略翻所購書。今日交際太多，自作事太少。十一時眠，不能成睡，至三時始矇矓睡去。

一月七號

九點起身倦甚。翻《黃氏日抄》半日。下午送安貞到校并至煤鋪算賬。又至小市看書，無可購者。步出宣武門至琉璃廠，購得《考古質疑》一部，即歸。晚出剃頭洗澡。夜不敢看書，九時許睡，十時得眠。

一月八號

八點起。上午鈔《標準論》二節并譯文寄介泉。下午寫各處信。偕緝熙至北京飯店看法國美術展覽會，晤穎年等。出至崇文門，又至勸業場第一樓買書。夜略翻所買書。十時就眠，又有失眠之意，以石棉枕覆額上乃得眠。

一月九號

八點起。上午孟雲琯生來。略讀英文。飯後偕琯生至文華殿看字畫，至四時半出。歸後王姨丈來談，至夜飯後去。近日睡眠不甚易入睡，不知何故。

十號起寫入日程。

一月十號星期一（十二月初二）

［英文］起身已八點未能依。［辨偽書］依，鈔《遜志集》。
［館務（圖表）］依，第一院雜事。［同上］依，第二院編圖。
［辨偽書］依，點《四部正譌》。

今日凍瘡破，手上亦癢。寫履安及聖陶等信。到胡先生處。記筆記四頁。

一月十一號星期二（十二月初三）

［英文］作稟父書，言接安來京事。［辨偽書。算紹虞賬］英

文。寄介泉信。

〔編圖〕算紹虞賬。到第一院。到第二院編圖。〔同上〕編圖。

〔辨僞書〕點《四部正譌》完。

七點半起。寫父親信，謂擬于春假接履安出。

一月十二號星期三 （十二月初四）

〔辨僞書〕晏起。到適之先生處。〔英文〕依。

〔館務，校書目〕依，書目校完心理學史。〔同上，兼發《新潮》〕依。

〔校《讀易別録》〕依，校完。

幼漁先生要我任國文系參考室管理事，守常先生與我商量兼任，因兼任中文目録編纂事。

一月十三號星期四 （十二月初五）

八點起身。寫適之先生信，説伯祥及涵真事。讀英文，將第五節上半譯出，寄介泉。

在第二院鈔寫圖簽。到第一院及陸部。

讀英文。寫履安信八紙。

一月十四號星期五 （十二月初六）

〔英文〕晏起（八點半），晨事畢後即到校。〔館務（校目録）〕作報告書。

〔館務（鈔周慕西書目）〕作報告書。〔同上（編目課報告）〕檢尋中國社會問題書。

〔辨僞書〕接鈔《遜志齋》文六篇畢。

一月十五號星期六 （十二月初七）

八點半起身，朝事畢即到校，寫兼士仲遠兩先生信。十點許歸，小鵜已來，談話一小時，即吃飯。

游雍和宮，孔廟，武英殿。

標點《僞書考》畢。

小鵜明日南行，故昨約今日同游一天，予在館告假作伴。

一月十六號星期日（十二月初八）

［報告書］八點半起。［同上］作報告。

［到小鵜處送行］依。［在前門］到章子玉處。

［辨僞書］報告書作完，約五千言。

一月十七號星期一（十二月初九）

［英文］八點半起，近十點時到校。［與馬幼漁先生接洽］見馬先生。校書目。

［在館謄清報告書］鈔周慕西書目。［校書目］同上。

［辨僞書］九正吵鬧，我到陸宅。

九正賺錢太狠，又不肯作事，今日滿包期，因辭去。初尚和平，晚飯後喝醉來鬧，不得已趕至陸宅，喚其父弟來，寢已十一時半矣。

一月十八號星期二（十二月初十）

［英文］八點半起，朝事畢即到校鈔目。鈔周慕西目畢。

［揀取貴重書］到第三書庫檢貴重書。［同上］同上。

［辨僞書］算清上月公賬。

昨晚遲寢，又受刺戟，幸能得眠，實出意外，可見我不眠之疾實已甚愈矣，可喜。

今晚算賬至十時半畢，登床乃不成眠，至一點許方得睡，可見予尚不能多用心。

　　予試出夜中最好校書，其次翻書，其次讀書，最壞乃作文算賬。將來務以此事爲戒！

一月十九號星期三 （十二月十一）

　　〔英文〕八點半起身。〔到公園翻《宋集》〕去了見不得《宋集》，只翻了幾種書隨便看了。

　　〔檢貴重書〕第三書庫檢完。第四書庫入手。〔同上〕第四書庫檢了一半。

　　〔辨僞書〕寫寄安書未竟。

　　到公園翻《宋集》，竟不能得；隨便看幾種書，又丢了一個上半天：可嘆！

一月二十號星期四 （十二月十二）

　　〔英文〕晏起。寄安書補完。〔到校晤萬里取橡皮膏。校書目〕晤萬里。到適之先生處談。

　　〔檢貴重書〕第四書庫查完。〔同上〕查第八書庫。

　　〔辨僞書〕記筆記三頁。雜覽《章氏遺書》。

　　近日睡眠又不甚佳，十點許登床須十二時外始得眠，六點亦醒，可見夜中不能多寫字，可恨！

一月廿一號星期五 （十二月十三）

　　〔英文〕晏起。寫玄同聖陶伯祥建功等處信，忽忽午飯。

　　到第一書庫翻閲。主任室開會。到第八書庫檢貴重書。

　　〔辨僞書〕夜至國任處接洽廚房事，歸與範文談。

　　今日主任室開會，派定我管國文系參考室又兼管漢文書編目。圖表雜志歸冰如，惟彼不願西文編目，歸敬軒似佳。

父親信來，謂我若能顧家用五十元，即可罷官。我想此在一二年後似非難，當計畫一下。

一月廿二號星期六（十二月十四）

〔英文〕八點半起。〔到校晤滕統音君接手國參室〕到校晤滕君并指點搬室。

〔檢貴重書〕到第八書庫檢。〔檢貴重書〕檢書尚未完。

〔辨僞書〕看梁任公《哲學史》。

自今日起編目課掉至原登録室，以窗少室暗，予因此後須常在樓上，故擇一最暗處居之。

一月廿三號星期日（十二月十五）

〔英文〕九點起。記筆記五頁。將沈魏函備好寄《晨報》。

〔到京師圖書分館翻《宋集》〕到分館覓《宋集》，乃適闕此數卷，因雜覽。〔同上〕雜覽《四朝聞見録》、《天一閣見存目》、《陳一齋文集》等。

〔辨僞書〕排錢竹汀一家統系。

一月廿四號星期一（十二月十六）

〔英文〕八點半起。〔或到館，或鈔分類録〕到館，擬條陳五送主任處。

〔檢貴重書〕第八書庫檢書。〔同上〕同上。

〔辨僞書〕鈔《諸子辨》二頁。看梁氏孔子哲學完。

一月廿五號星期二（十二月十七）

九點起，即到校校書目三紙。寫適之先生信，論疑古事。

第八書庫檢書。同上。

覽《考信錄提要》完。

夜中看書極易得眠，可見我病蓋自作文寫字得來。

一月廿六號星期三（十二月十八）

八點半起。鈔書一頁。寫錢玄同信。到校校書目三紙。處置雜務。

第八書庫檢書。第八書庫檢完。朱逖先邀談。

鈔《求古錄》二頁，《諸子辨》二頁。

一月廿七號星期四（十二月十九）

［寫蘇杭家信及仲周信］寫蘇杭信。［校東洋哲學目］同上。

［第九書庫檢書］依。［同上］第九書庫檢了一半。

［鈔《諸子辨》，看《哲學史》］胃阻頗倦怠。略摘儒學年表入《清籍考》。

今日大便既秘，又是胃呆，夜飯兩碗粥一碗已極飽脹，可恨！大雪。

一月廿八號星期五（十二月二十）

［校東洋哲學目］自美學至印度哲學目校畢發去。

［第九書庫檢完］第九書庫檢未畢。

鈔《野獲篇》一節。到青年會看溜冰，以天暖未行。

務須減食。

一月廿九號星期六（十二月廿一）

寫答玄同先生信。

第九書庫檢完。

看《上古考信錄》完。

一月三十號星期日（十二月廿二）

　　到蔡夫人追悼會。

　　寫信十餘封，一清宿債。碧澂來談。

　　洗浴。

一月卅一號星期一（十二月廿三）

　　到國文教授會接洽參考室事。寫適之先生信。

　　到參考室編《粵雅堂叢書》目簡完。

　　立《僞史例》一册。覽《唐虞考信録》。

一九二一年二月

二月一號星期二（十二月廿四）

　　到理科編圖。

　　寫《粵雅叢書續集》目簡。平伯來。寫廿四史，九通等目簡。

　　拆訂《中國學報》未畢。

　　近日大便秘結，必努力而後下。今日竟未下便，腹中悶甚，因服瀉鹽（緝熙處取），夜餐亦改用麵，擬以後常如此。

二月二號星期三（十二月廿五）

　　到理科編圖。

　　寫《百子全書》目簡。馬幼漁先生囑檢國文教授會書籍，以平伯到我處，五時半歸。

　　平伯晚飯後同至第二院聽羅素講心之分析。

　　早大便二次，頗暢快。

二月三號星期四（十二月廿六）

到理科編圖。作伯祥介泉信。

寫《百子全書》目簡完。寫《學術叢編》目簡。

看《儒林外史》。

伯祥事成，係廈門集美學校國文史地教員，每星期十八小時，月薪七十元，膳宿由校供給，因即去寄挂號信與之。并致吳宗熹君函，問第一次路費五十元是否自行墊付抑已匯寄彼處。又與適之先生信，請出介紹信。

二月四號星期五（十二月廿七）

到理科編圖。

在參考室寫目簡。領到十一月份薪金。

與緝熙至青年會看溜冰，快甚，歸已十一時。

二月五號星期六（十二月廿八）

到參考室編目，忽接家電，祖母病重，不知是何病，急甚，即歸家料理一切。

到仲川處拿票換洋。

祖母之病，只履安前日來信謂重傷風，今日得電，大駭，疑是"中"或"老熟"。夜眠不安。

恐祖母有不測，即打一回電，告以除夕歸家。

二月六號星期日（十二月廿九）

　　［到適之先生處留飯］

　　［自本日起放春節假，務在假內將書庫取出各書鈔畢送還］

五點許起，秉燭理物。早餐畢，緝熙子水送至車站。十點車開，過津不下車，較便。惟車票又貴耳。在車思念祖母不知如何，屢屢下淚。

在車上遇一無錫陸君，係在美國學機械者，常來講話。

予在車上二日未吃飯，亦未買物，只以緝熙送我二盒餅餌充飢。

二月七號星期一（十二月三十）

下午二時許，到浦口。渡江，上滬寧。路愈近，心愈急。晚八點半到蘇州，一下車立刻坐入轎內，未與論價，催其速行。到家見祖母還好，心中大慰。

路上看《儒林外史》，悲思頗釋，可見小說能移人情感。

歸家時適吃年夜飯，即加入。祖母之病，係上吐下瀉，利害之日，竟神思昏迷，今已好，惟一些不能動。

送井接竈，至上午三點始眠，只眠一小時。

二月八號星期二（陰曆辛酉元旦）

重九弟來。拜神賀年。介泉來。

履安數日來伴侍祖母，十分辛苦，今日乃得早眠，與予同眠祖母房中小床。

二月九號星期三（正月初二）

至吳姑丈家及蔣宅賀年。到觀前買物。

下午極倦，在小床上假寐數小時。寫京中諸師友信。

歸後十分吃不下，每餐半碗，亦是勉強。半緣勞頓恐怖，半以年終油膩過甚，不能提起食欲也。

本年新年中，出去拜年極少；家中又以祖母之病，從未博戲：很覺清楚。

二月十號星期四（正月初三）

小年朝拜神及祖先。松生來診。

到"牛角尖""老書房"兩處理物。慶叔祖母自滬來視祖母之疾，即住小床。

予睡己室中。

二月十一號星期五（正月初四）

至徐宅周宅賀年。

又倦極，蓋火車之勞曾未解，歸家後亦未舒暢眠一回。履安强余在自己房中安眠一夕。

二月十二號星期六（正月初五）

聖陶伯祥來談。松生來診。

二月十三號星期日（正月初六）

詩亭來交還卅元。剃頭。紫翔先生來談。

今日慶叔祖母去，我睡祖母房中。

二月十四號星期一（正月初七）

松生來診。

寫信多封。

與履安在祖母床前看《儒林外史》。

二月十五號星期二（正月初八）

介泉來，決同北行。

至北街吳宅賀年。到觀前買物。

看《儒林外史》。

二月十六號星期三（正月初九）

松生來診。

鈔録《諸子辨》。

吳承露表叔囑到京後教其子。

父親給還來往川資四十元。繼母又送給十元，説："現在你没有用，將來我們都靠你咧！"

今日起，仍睡自己房中；祖母由華媽伴侍。

二月十七號星期四（正月初十）

父大人到杭。朱蘊石姨丈來。

到大乘庵定懺，義昌福定菜。到欣伯處。到觀前買物。

鈔《諸子辨》。

二月十八號星期五（正月十一）

松生來診。

欣伯姊今日出嫁，約今日往飯，乃未應。予真真怕應酬！

二月十九號星期六（正月十二）

又曾來飯。

鈔《諸子辨》。

接仲川信，知以婦翁之疾，送眷回南，約同行。

二月二十號星期日（正月十三）

今日先妣廿周年，在大乘庵設奠，來客兩桌。僧十衆用費約廿八元。在庵鈔《求古録》十餘頁。

仲川來。

歸後算設奠賬。

二月廿一號星期一（正月十四）

子清來談。約後日往全浙會館，觀大木人戲。

鈔《諸子辨》完。

二月廿二號星期二（正月十五）

松生來診。

仲川仲周來。

鈔《目録學》。收喜神，祀先。

二月廿三號星期三（正月十六）

到子清校中辭前日之約。在濂溪坊早點。又曾來。履安到徐宅春宴。

鈔《黄氏日鈔》。鈔《目録學》。陸氏兩表姊來視疾，即接履安歸。

祖母賜洋五元，囑配眼鏡。

二月廿四號星期四（正月十七）

履安爲剃頭。

介泉來，其弟偕，確定行期。松生來診，用消釋之藥。

到閶門問上古……六朝文，未得，至國民圖書館。

祖母大便數日未下，今日用消解之藥，亦無甚效。

二月廿五號星期五（正月十八）

偕康嬡至江北蘭家看耳疾。耀曾送衣褲來。到瀚澄處談。

到仲川處，同出至觀前買歌謠。吾又至江蘇書局買書，束小橋買野鴨。又到緝熙家。

紫翔先生來托帶與緝熙物件，并看祖母方案。

予棉襖夾褲，破不成樣。家人僕婢，見之皆笑。履安乃囑耀曾做一身來。今日穿上，一爲光澤。

在玄妙觀裏買到一百五十餘册歌謡，大快。

二月廿六號星期六（正月十九）

理物。

江蘇書局送書來。松生來診。理物。

繼母于今晚由徐宅歸。夜作寄父大人書，説明請假歸家之意。

征行有日，忽然想起何不取學校中職務在家裏做，可以長侍祖母，得此意，喜甚。

今日祖母以我將行，言時泪潸潸下，我亦相對凄甚，即以所擬計畫告之。

二月廿七號星期日（正月二十）

仲川來約于車站相遇。寫信四五封。十一點吃飯。到介泉處及外姑處。

下船到車站剛兩點，乘三點十七分快車赴南京，一路脱車，至近十點乃到。

住金臺旅社，到粵華吃西餐。許遜公來談。

南京客棧鬧甚，一夜未得眠一小時。床上又有臭蟲，只得睡在地板上。聽隔壁房裏麻雀聲，罵人聲，討厭之至。

在蘇天氣熱甚，穿單也不冷。到南京稍寒。

二月廿八號星期一（正月廿一）

五點許即起身。七點渡江，八點上車，九點半開車。每頓吃牛肉絲飯。

看《潛堲堂文集》。

我等行李十一件，若過磅不知怎樣貴。乃由介泉先買浦鎮車攜上四件，結去二件，復攜上五件。此次出門，幸得仲川。

一九二一年三月

三月一號星期二（正月廿二）

到餐車進早餐。

五點到津站，候車兩小時始上京奉。

在站寒甚，十點到京站。

緝熙詩亭柱中國任均在京站相迓，下車後一切不用招呼，大省力。十一點到寓，進夜餐，把網籃箱子中物件理出，直至上午三點始就眠。

三月二號星期三（正月廿三）

上午寫信理物，未出。

到校辦事。

自介泉來後，講話大樂。介泉又喜講夫妻愛情，大石作寓中，與前之枯寂者異矣。

三月三號星期四（正月廿四）

到校。

飯後偕介泉到適之先生處，談二小時。到校辦事。

至仲川處算清賬目。

與胡先生論及歸家，先生亦以我意爲是，予歸志決矣！

三月四號星期五（正月廿五）

寫信與守常先生，告歸去之意，請他答應我在家編目。

在參考室寫聖陶，紹虞，父親諸信。

三月五號星期六（正月廿六）

到理科編圖目，介泉冰如均在。

在參考室，寫與幼漁兼士士遠諸先生信，接洽一切，并告春假後歸。

到外舅處，適值碰和，未詳談。

今日守常先生見招，謂昨信已接。暑假前可請假，暑假後可招人代。至"在家編目"之事，本無不可，但恐爲人援例，不便。這也很好，我便可歸家半年了。但我仍然要在家編目。我這回歸去，一來是侍奉祖母，二來是爲校辦事，三來是自己讀書，四來是安慰履安；我很怕應酬。當將此意于明日稟告父親。

三月六號星期日（正月廿七）

與介泉同至大石作口吃牛乳，又往剃頭。仲川來，儲蓄票已換公債，仍存彼處。

柱中等來。介泉欲見艷秋，拉至華樂園看程的《醉酒》，郭仲衡《取成都》。

歸已八點。

予自介泉出京後一年半未入戲場，亦不想看，今日特別領介泉之情。

三月七號星期一（正月廿八）

到校後即至姨丈處及郵局。

參考室遷至四層樓上，看其運送，復在書架上整理一過。

自校歸來，介泉出去門鎖着，乃至大石作口洗浴。

沈兼士先生來看我，道及我要歸家，他很覺得可惜，説現在學校裏要發議論的人多，要辦事的人便少，要負責任辦事的人更少。研究所將來教何人繼下，大是困難。

三月八號星期二（正月廿九）

在參考室將書籍整理，寫書目數十片（《廣雅叢書》）。

昂若來談，夜飯後去。

這兩日幼漁先生都在上午找我，我却不能早到校，没有見面，歉歉！

從明日起每晨與介泉合吃牛乳一瓶，又各吃鷄子一個。予或調在粥内，或以牛乳鷄子攪匀而食，甚是有味。

三月九號星期三（正月三十）

在參考室將《函海》目録上片未盡，而守常先生邀去檢查柯樂文請購書，與冰如同作。

邀冰如來夜餐，長談至九點許。

冰如與曉園事，今日乃得聞其詳，如此艱難困苦中之情人，乃胸中各有意見，可嘆！

三月十號星期四（二月初一）

爲編金石書目，到第一書庫檢理羅振玉等印本書。約書百餘片。

柱中冰如來，略坐即去。

三月十一號星期五（二月初二）

到校將《金石叢書》目録出。

到第一書庫搜録半日，約百餘片。

寫信與聖陶，却其來京。

三月十二號星期六（二月初三）

到校。

到第一書庫搜覽半日，約書百片（完）。

鈔《金石屑》序及《上擴古録疏》。

今日校中決定罷課。今夜以鈔書之故，登床二三小時，始能成眠。可見我猶不能多作字，可嘆！

三月十三號星期日（二月初四）

敬軒來談，留飯。

偕緝熙介泉至冰如處，閑談三點鐘。曉園避去，見其子。出至白塔寺游覽。

夜編金石書日。

今日風大甚。

三月十四號星期一（二月初五）

寫寄安信四紙。

寫信六封。三點半到廣德樓看十三旦《千金一笑》，恩曉峰《八大錘》。

自戲館出，至前門外四市場雜看，遇許昂若。

校中自今日起罷課，當趕將自己事情料理完畢，隨時可歸。

三月十五號星期二（二月初六）

萬里詩亭來談，詩亭先去，萬里留飯。

偕萬里緝熙介泉同至歷史博物館，又至平伯處及東安市場。

寫聖陶信未畢。夜中校《文淵閣書目》一冊，看《野叟曝言》至十二時。

歷史博物館中有南昌裘君引導。

今晚想起罷課以後不能自己清理完畢回去，悵悵，不知還去後尚能讀書否？何日可完讀書之願？將吾生已無望乎？吾其猶能爲子女造一適宜爲學之環境乎？

三月十六號星期三（二月初七）

［理《大學日刊》畢］依，鏡古堂送書來，買《觀古堂書目》一種。

［理《晨報》畢］依，五點許到啓明先生處，并至護國寺購書二種。

到柱中處略坐，歸後看《野叟曝言》至一點。

今日蘇州厨子起包菜實不好，甚可詫怪，擬歇去之矣。

三月十七號星期四（二月初八）

九點起，仲川來。［將日記補記畢］將二月六號後用賬謄入流水賬（畢）。

［將用賬從手册上謄出］寫國任聖陶平伯及適之先生信。補記二月四號至三月十七號之日記。

寫《晨報》信。記筆記三頁。

近日大便復秘，不識何故？下午下便頗暢。

三月十八號星期五（二月初九）

仲川來。［到中國銀行，琉璃廠，昂若處］依。

［將各項經手賬目弄清］依。外舅來。

［校《文淵閣書目》］與介泉看《不眠集》。

厨子決歇去，明日仍令陳玉燒飯。大便未下。

日來飯量極好，早二碗粥，一個蛋，半碗牛乳；午間三碗飯；晚間三碗半飯，或三碗飯半碗粥。

三月十九號星期六（二月初十）

算子水賬訖。［將書桌書架上雜物理清］到後門買米，到集貨樓，到校寫冰如信。

［到適之先生處］鈔《黃氏日鈔》。琯生來，與之同至廠甸，青雲閣茶，杏花春夜飯。

［校《文淵閣書目》］鈔《黃氏日鈔》。

大便又未下，進瀉鹽兩次。

三月二十號星期日（二月十一）

［開手整理書籍］寫與伯祥長信論編目。

［到冰如處，再到萬生園］謄出與伯祥信。到冰如處，冰如病，談一小時許。到白塔寺一帶游覽。

［《黃氏日鈔》］到西華門寄伯祥信。

大便下兩次。

三月廿一號星期一（二月十二）

寫信三封。與介泉同到適之先生處談話。

寫信（金侶琴、沈兼士）。在研究所編目。六點半出校。

詩亭來談。將一月來留稿信件整理。

到適之先生處談話，令我時時慚愧。我爲什么不能像他的聰明！

在研究所編目，滿心不耐煩，蓋以思歸之故。向日不思歸時，對于職業頗有味，今則心亂矣。

三月廿二號星期二（二月十三）

［洗浴］［到編目室晤趙先生］理書箱二，抽屜七。

［到研究所編目］在研究所寫安及父書。到新潮社。編目約五

十張。介泉來，同歸。

夜擬年譜格兩紙。寫志希信。

三月廿三號星期三（二月十四）

仲川來談。偕緝熙到同仁醫院配眼鏡，并至詩亭處。

［到國文系參考室編目］平伯來，同至公園，昂若請茶點，緝熙俱。

介緝閑談。

今日一天未做甚事，慚愧！慚愧！我一生有讀書之望嗎？

三月廿四號星期四（二月十五）

謄古器文目錄。

到研究所，兼士先生及介石兄來商研究所事，勸我弗歸。編目。

下雨。

三月廿五號星期五（二月十六）

文玉介石葉聲來。

謄古器文目錄畢。

晚與介泉緝熙至火藥局，又至鼓樓院。

三月廿六號星期六（二月十七）

編叢書目竟日。《彙刻書目》錄竟。

大雪。

三月廿七號星期日（二月十八）

編叢書目。《續彙刻書目》竟，《叢書舉要》錄一册。

［到萬里處］昂若來作別。趙琴皋來。筆記四頁。

寫信四封。不成眠。

夜以寫信故竟不成眠，可嘆！

三月廿八號星期一（二月十九）

剃頭。到萬里處看畫，留飯。

至滕葉聲鄭介石處，又與同至沈兼士先生處。至王碩輔姨丈處，自裱褙胡同步歸。

早眠。

大便秘甚。

今日至沈先生處，沈述馬先生意，欲我打消辭意，加我薪水使雇傭人伏侍，此甚可感，但家中情形不能何！

三月廿九號星期二（二月二十）

寫馬幼漁先生處信，寫完後重改迄未寄。以心緒惡劣甚不易屬思。

詩亭來，琯生來。

晚與介泉緝熙同至十剎海，買食物大嚼。早眠幸安睡。

大便未下，因服瀉鹽。午後忽作噁心，午飯只半碗。

近日以肝陽（春）故頭腦不爽，亦不能多作事。

三月三十號星期三（二月廿一）

詩亭來，同至京師圖書館。

二時歸飯。記筆記三頁。補記日記及用賬。信二片。

十點眠。

在館看：《列仙傳》，《周行己浮沚集》，《周孚蠹齋鉛刀編》。校《諸子辨》。

三月卅一號星期四（二月廿二）

記《風俗鈔存》十頁。寫明片六七紙。

範文來談。寫馬先生信畢，即寄去。

到後門散步。録《僞史例》數則。

　接安信，繼母于今日到杭，大快。

一九二一年四月

四月一號星期五（二月廿三）

記《僞史例》及清學數則。

理書籍衣服雜件訖，一快。柱中來。釘《學覽》約十册。寫安信紹虞片。

黄昏到北海橋散步。記《著述考》數則。

　大便未下。擬一書夾樣，即寄楊德芳處刻造。懷此月餘，不能再緩矣。

　自介泉來，晚間常出散步，亦一佳事。

四月二號星期六（二月廿四）

七點起，寫柏常桐生玄同先生信。［取眼鏡］到同仁醫院取鏡。到王姨母處。

［看畫法研究會展覽會］飯後鈔與玄同先生書。到畫法研究會看畫。到校爲適之先生查書，即寫復信。歸寫伯祥信。

到後門散步買米。夜耳根熱熱，一事未作。

　昨服瀉鹽，今早服果子鹽，下便甚暢。

　胡先生送《紅樓夢考證》來，看一過，把從前附會之説一掃而清，撥雲霧而見青天，可喜。

四月三號星期日（二月廿五）

晨餐後即至京師圖書館，午後一點許出。吃麵當飯。到瑄生處。［到適之先生處］

［有錢時買《新游記彙刊》，豫約一元五角，五月出版］［瑄生約下午一二時去］偕瑄生到京師圖再看書，瑄生不耐而先去，予至四點半至國子監看高鶚名字，步歸。

記曹寅書入《著述考》。

在圖書館看的書是：《船山詩草》，《經學名儒記》，《詩人徵略》，《雪壓軒詞》，《魯齋集》（王柏），《河東集》（柳開），《文忠集》（周必大），《棟亭書目》。

近日夜飯後，即面紅耳熱。春病到底逃不去，可悲。

四月四號星期一（二月廿六）

寫與適之先生信，告昨在京師圖書館所得。兼士先生來。

謄出信稿。鈔《諸子辨》。適之先生來。

平伯來。

兩日未下便，因服瀉鹽。

四月五號星期二（二月廿七）

翻《詩辨妄》，作與適之先生書。考《四庫提要》版本。寫信五封，錄《風俗鈔存》四頁。

與介泉緝熙夫婦安貞到萬生園，茶于豳風堂，六點出，到護國寺買花。

與緝熙介泉雜談。

今早得便帶血，日間糞門常作墜出狀，恐須成痔，奈何奈何！

四月六號星期三（二月廿八）

記《四庫目》版本。寫信五封（安在內）。

寫稟父書，小簡三。信債至是清。鈔《諸子辨》畢。接鈔《遜志齋集》。

昨夜飲果子鹽兩杯，今晨飲冷開水兩杯，得便頗暢。

今日信債統清。以後人家來信，宜隨來隨答，以免積壓。

四月七號星期四（二月廿九）

早六時起，鈔《遜志齋集》畢。萬里來談。

到京師圖書館翻書，本爲《辨僞叢刊》，乃專查《紅樓夢考證》。

夜眠未能即落瞇，至二時左右乃眠。

看：《有懷堂集》，《四庫簡明目錄》鮑刻本，《八旗氏族通譜》，《同治上元江寧兩縣志》。

四月八號星期五（三月初一）

到京師館，乃因國會開幕紀念日休息，即乘車歸。鈔柳宗元辨僞文。

鈔王士貞文。編曹氏年表。鈔《文獻徵存錄》序入《著述考》。柱中邦華來談，即同散步。

飯後未作事。至十一點就眠。

夜中到廁所，忽見一黑影，兩足疾馳，心中一凛，不知是鬼是賊，因鎖門而眠。

四月九號星期六（三月初二）

五時醒六時起，九點到京館。在館讀書。

一時半出吃飯，再到館。看至六點歸。偕介泉散步。

未做事，十時眠未遽落瞇。

看：《棟亭五種》，《江左十五子詩鈔》，《嘉慶江寧志》，《雍正揚州志》，《嘉慶揚州志》，《縣津詩鈔》，《國朝詩別裁》，《康熙吳縣志》）。

四月十號星期日（三月初三）

記《四庫目》版本。剃頭。到西車站赴楊心如約。

三點許出食堂門，歸寓。到平伯兼士先生處。到孔德校，孔平處。又到仲川處。

隨便談話。

昨楊君請客柬來，不知其何意。今日到場，同座有夏勤先生及承元子震子水翟俊千陳伯雋等，談次始知係交通部立職工教育會，欲聘余爲編輯員，月九千字薪四十元，作小說等與工人讀。乃轉介紹聖陶。承元係總幹事，翟俊千係編輯部主任，心如係學校部主任。又晤馬叔平，悉聖陶可在孔德每周二十小時左右。

四月十一號星期一（三月初四）

到馬神廟吃點心。到趙琴皋家。寫胡先生信，告集得之《紅樓夢考證》材料。

寫信。與胡先生信寫至第二十紙，肝陽大升，不得不止。與介泉緝熙同游積水潭。

碧澂來談。談話。

寫字稍多，即升肝陽，討厭！

四月十二號星期二（三月初五）

將胡先生信寫畢，即到京館。看《江南通志》。到交道口柬吃飯。

看書目多種。《楝亭集》竟在津館目内找出，快快。

記曹氏年表。

看:《乾隆江南通志》,《持静齋書目》,《孫氏祠堂書目》,《天津圖書館目》,《江南圖書館目》,《蘇州府志》,《陝西圖書館目》,《浙江解進書目》,《金山錢氏家刻書目》,《清内閣舊藏書目》,《常熟圖書館目》。

四月十三號星期三（三月初六）

寫信二（京師館,胡先生）。到幼漁先生處。謄《四庫目》版本訖。

到郵局取聖陶匯款。到琉璃廠。

到同樂園看韓世昌《刺虎》。

昨幼漁先生來,不知何事。今日往,乃聞吾將歸,特爲挽留,謂開課有望,無論如何總等至暑假。予無之如何,只能把歸心收起。

今日大風落沙,如入黄泉。歸家洗面,面水爲黑。"長夜漫漫何時旦",頗有此景象。

四月十四號星期四（三月初七）

寫信六封,履安信述不能歸之故,聖陶信勸其來。

到天橋,以藕香榭無戲,至小市看書。五點歸。袁詩亭來。胡先生覆信來。

在大石作口浴。畫年譜格付刻。

詩亭來,述及胡孟雲先生爲逸馬所傷,口鼻流血,脉息已無。此人頗有美術天才,以非命死,悼甚,即函皥唐問近狀。

四月十五號星期五（三月初八）

寫信三封。鈔《曝書亭集》關于曹寅之文。

寫適之先生信未畢。到冰如處，又至皞唐處。到藕香榭看雜
戲。到西車站看庫倫逃歸難民。到勸業場第一樓。

　看《曝書亭集》至十一點半，未能即眠。

　　到皞唐處知孟雲先生果死，棺已送車站。

四月十六號星期六（三月初九）

　八點半起，理物。胡文玉來。答胡先生信。

　答胡先生信畢，謄出。寫信七封。端方周培兩君來。

　胡先生送《棟亭詩》價來。

四月十七號星期日（三月初十）

　到外舅處，未晤。到琉璃廠，又至仲川處換票。歸飯。

　到琉璃廠取書。到同樂園看韓世昌《佳期拷紅長亭》，侯益隆
《通天犀》，陶顯亭《功臣宴》。在戲園中將《棟亭集》略翻閱。

　夜考《棟亭集》。

四月十八號星期一（三月十一）

　到第一院加入畢業生維持母校會。到適之先生處。

　鈔《初學集》辨僞十一頁。寫信五封。打掃。

　畫年譜格紙，并寫楊君信。

　　今日又以多作事夜不成眠，以後夜中當不作事矣。

四月十九號星期二（三月十二）

　畫年譜札記格紙，即寄去。雜作。在後門吃早飯，即到京師
圖書館。

　看《八旗通志》，《雍正上諭八旗》。看《己畦集》。寫適之
先生信。

與緝熙步月至西安門。歸，頗得睡。

今日京師館員譚先生（志儀？）見吾，乃知我姓字鄉里，奇甚。我怕有名，乃竟有些名在外！

四月二十號星期三（三月十三）

寫信四封。校牧齋辨僞文。與介泉散步景山周回。

寫適之先生信。到公園晤平伯，同在來今雨軒外品茗。在公園進點，平伯還鈔。到勸業場大柵欄買物作歸計。

今日接兼士先生信，許我歸去，大悅，即函告履安。定下星期一到津，住二夜，看《楝亭全集》。由海道或津浦路歸，到家時總在下星期五六矣。

四月廿一號星期四（三月十四）

得便頗暢。剃頭。到柱中處。理信札。包寄仙槎近來中國政治思想史材料書。

偕介泉到城外買物，四時歸。看《安福部》一書。寫信六封。散步景山後。

理物。訂適之先生信。

四月廿二號星期五（三月十五）

摘録《楝亭詩鈔》事實完。寫信三封。

［到西菜館應平伯約］到美益大餐，胡先生介泉平伯我四人。飯畢，至華樂，看程艷秋《汾河灣》。寫信四封。［到姨丈岳丈處］

到廣浴園洗浴。十一點半歸臥頗酣睡。

信債至今日又一清，快快！

平伯餞行，請吃飯，四元。介泉餞行，請看戲，一元許，買食物約一元。

四月廿三號星期六（三月十六）

[到中國銀行取錢] 到郵局寄仙槎所要書。到岳丈處，又至絨綫胡同王宅，又至中國銀行取錢，又至姨母處。

[到雍和宮] 到京師圖書館看書，歸來寫適之先生處信。

看：《康熙儀徵縣志》，《篋衍集》，《上元江寧兩縣志》，《黄遠生遺著》，《憺園集》，《陳鵬年詩鈔》。

到雍和宮則早已滿期，遂折至京館。

四月廿四號星期日（三月十七）

[約韓馨楊德芳來取錢] 姨丈仲川碧澂等來。又韓馨楊德芳來，楊送書夾，即將《國學覽》稿本裝入。

伏園來。將曹寅年表打好。理物。

理物。

四月廿五號星期一（三月十八）

動身，緝熙陳玉送上車。在車看《宋元戲曲史》三十頁。

[動身到津] 到津總站人和棧歇下。飯後到母舅公事房，到公園。到母舅家，返寓復去吃夜飯。孫潤宇亦在，他到章仲和處。國賊可恨！

寫信六封。失眠。

今天是我戴眼鏡的紀念日。因爲我配好眼鏡，不敢長戴。今天動身日起，一定長戴不脱。將來到京時，亦可長戴矣。今日因在周氏多講話，又多飲茶，歸後多寫字，遂不成眠。至上午三時後方眠着。

四月廿六號星期二（三月十九）

[在津觀書] 七點半醒，即起，幸不成倦。飲粥後，即至圖書館看《楝亭集》。到周宅吃飯。

看《楝亭集》，看《楝亭十二種》，《施愚山集》，《錢氏藝文志略》。六點，到蕪圃散步。

歸棧寫適之先生處信，謄出。到周宅吃夜飯，旋辭歸。

昨日到李志雲處，他不在，留條而出。今天他到棧裏看我，又到周宅找我，那時我在圖書館，又不曾見。晚飯後我到他處，他又出去了。可見一會之難如此！

此夜頗得眠。

四月廿七號星期三（三月二十）

[兌洋，理物（紹虞物提出）] 早理物訖，待送客許升不至，閱《宋元戲曲史》三四十頁。許升來，即到總站上車，雖擠幸得一坐。

[南下] 在車上把《宋元戲曲史》看畢。看《紅樓夢》。

看《紅樓夢》，車上幸略能瞌睡。

余不忍獨食，又不願虛與人委蛇，以是在津浦中恒苦餓極不得食。這回歸去，未嘗下車購一些餅食，也未嘗叫喚車中飯食，僅將友朋贈遺者得間略嚼而已。贈遺之物，大半甜酸，食多胃泛，幾至嘔吐。

四月廿八號星期四（三月廿一）

[南下] 看《紅樓夢》。

看《紅樓》及《中國旅行指南》。四點許到浦口渡江，到招商碼頭新華旅館歇息。

剃頭，沐浴。十點到滬寧車站上夜快車。

在新華館中大便，苦極。飲熱茶五六盞，迸出汗十餘身，用

盡氣力，始得之，乾燥堅結，爲近來所未有。此病不愈，終
是受累。

南京客棧敲竹杠比天津利害。

四月廿九號星期五（三月廿二）

［早到家］四點五十餘分到蘇州，天已明，即步行歸。理
物雜作。

小眠三小時，起身甚倦。至姑母外祖母二處。

今日見履安，真是久別勝新婚，愈覺愛好。幾日不得穩眠，
精神甚倦。到家見祖母能起床坐藤椅中，雖左面依然偏廢，比新
年已大好，甚慰。

四月三十號星期六（三月廿三）

校《文瑞樓書目》三卷。

鈔曹寅年譜札記七頁。

十一點眠。

今日爲我廿九歲生辰，祖母爲買麵一元（廿六碗），合家送
食。并點大燭一對。

一九二一年五月

五月一號星期日（三月廿四）

到大乘庵（文卿叔祖七十陰壽叔祖母六十大慶）并爲管賬，至
十點許歸。回家伴侍祖母。

鈔《黃氏日鈔》七頁，寫信七封。

到大乘庵取筆。十一點眠。

晨七點，父親歸家。

五月二號星期一 （三月廿五）

竟日鈔《黃氏日鈔》廿餘頁。

十一點睡。

今日爲慶叔祖母六十壽辰，家宴，有老法宣卷。祖母到方廳坐半天聽之。

五月三號星期二 （三月廿六）

下船，在舟中校《文瑞樓書目》。到山東浜掃墓。

歸舟仍校書目，計校三卷。歸家。

到虎丘後山東浜掃墓。天雨之後，田岸又高，又狹，又泥濘。既不好走，復極可怕。

五月四號星期三 （三月廿七）

下船，校《文瑞樓目》二卷。到行春橋澄灣掃墓。

校《文瑞樓目》二卷。歸家，校《文瑞樓目》。

將《文瑞樓目》校畢。

履安月經來，極少，幾無。到澄灣從行春橋上岸，往返十餘里，天又熱，父親同步行，當以爲苦。

五月五號星期四 （三月廿八）

六時半起，鈔《黃氏日鈔》一頁。畫月表格。

寫幹庭，王姨丈信。聖陶來談。四時半，聖陶去。寫守常兼士仲川等處信七封。

今日晨八點，父親到杭去。正在雨中。近日吃力甚，當是明日立夏發節氣。午間家中備和菜一桌，爲午姑母、慶叔祖母餞行。

報載校中于下星期一開課，因去信請假一星期，于十五號間返校。

五月六號星期五（三月廿九）

[校《文淵閣書目》] 在廁看《紅樓夢》數回。記家人歲紀。

記家人歲紀。翻《西堂全集》竟無與曹家有關係事，惟有一上曹通政書自薦，似亦非。

看《敬孚類稿》。

立夏稱人，予九十五斤，履安七十九斤，康媛卅六斤，艮男廿四斤。

五月七號星期六（三月三十）

[校《文淵閣目》] 校杭世駿《質疑》未完。

寫父及安信。看《紅樓夢》十餘回。看至十二時眠。

履安今晨與康媛到上海虹口陳任民醫生處看耳聾，住慶叔祖母處。

看《紅樓夢》至黛玉臨死前後，下了好幾回的泪，心也酸軟了好久，頭也箍緊了。

五月八號星期日（四月初一）

[校《文淵目》] 記筆記九頁。

到北街吳家，又到子祥先生處，又到壽椿伯母處拜壽。

鈔平伯來信。

適之先生書來，告在津館看《棟亭全集》所得，比我所得有條理，使我慚愧之至。平伯來書講《紅樓夢》後四十回回目非曹氏原有，論甚精確。因鈔存之。

五月九號星期一（四月初二）

[校《文淵閣目》] 鈔《黃氏日鈔》六頁，鈔《文瑞樓書目》的目錄，寫安片。

［到觀前買物］寫適之先生信，論《紅樓夢》，鈔出付寄。

鈔《黃氏日鈔》八頁。寫伯祥等明片三。

五月十號星期二 （四月初三）

［校《文淵目》］寫平伯信，論《紅樓》。到觀前買物買書。

看新買之《東方》，《梅村集》等書。

鈔《黃氏日鈔》五頁。

昨以多作工夫，今晨三點醒後不易眠。至天明乃重眠，八點始起。可見余尚不能用功。久不到市買物，今日走數家，心頗餒，此亦病也。履安來信，須後日歸。康媛留滬半月。

五月十一號星期三 （四月初四）

［校《文淵目》］寫明片七，函一，信債又一清。

竟日鈔《黃氏日鈔》二十六七頁。

看梁任公《清學概論》。

本擬于星期日動身，而昨報載以四月份經費無着，開課期又擱下。因此，我的行期又拖延下去了。

五月十二號星期四 （四月初五）

［校《文淵目》］鈔《黃氏日鈔》八頁。

謐如，舜欽，心怡夫人，辰州符人來。看《紅樓夢考證》。履安歸。

細看《紅樓夢》三回。

早起理新書房物件。新橋巷有一畫辰州符人，皆謂其靈，稱之爲仙人。昨日宋太太來說起，乃于今日延來治祖母偏廢之疾。作法時不令人見，不知如何？價二元二角。"起廢疾"恐無如此其易！

五月十三號星期五（四月初六）

細看《紅樓夢》十一回（至第十四回）。寫信二。

五月十四號星期六（四月初七）

到郵局(護龍街)取錢。到觀前買洋門旋頭。到吳宅賀五姨拜門。到齊門弄代王姨母取錢。到義巷付仲周津貼。到顏家巷付緝熙家用。

到史家巷本家代緝熙看陳太太。到姑母處。寫信六封。

今日本到吳宅吃午飯，乃途中忽爾腹痛，急歸，乃下瀉。腹中甚暢。想以今日多走路之故。

旬來積事，今日乃作完，快甚！

五月十五號星期日（四月初八）

汪仲周來談。看《紅樓夢》。

伴履安到觀前拍照買物，爲盛出材軋斷，四時許歸。看《小説月報》，《戲劇大觀》。

《紅樓夢》第一冊看畢。

歸後所作事（十七天）：（1）《文瑞樓書目》校畢，（2）看《紅樓夢》十八回，（3）鈔《黃氏日鈔》約八十頁，（4）立《家人歲紀》簿，（5）校杭世駿《質疑》略畢，（6）記筆記十二頁，（7）看《清學概論》，《敬孚類稿》。其餘寫信，看報，應酬，掃墓，侍奉，雜覽，雜作。

五月十六號星期一（四月初九）

竟日鈔《黃氏日鈔》約三十頁。

鈔平伯講《紅樓夢》的信。

五月十七號星期二（四月初十）

鈔《黃氏日鈔》十餘頁，完工，釘成三册。

寫信三封，與聖陶，緝熙，心存。寫覆平伯信，論《紅樓夢》，三千餘言，將十八回前所得作一報告。

近日大便又閉，兩日未下便。今日勉下少許。可見此病由于遺傳，雖日吃香蕉，竟無甚裨益也。

今日夜中以寫平伯信，不甚得眠，夜中信不能作文寫字，記此警後。心存續弦，未往賀，去一信。

五月十八號星期三（四月十一）

鈔寄與平伯的信十二頁。

寫辨僞書名目簡百餘片。將方廳字畫收下。

校《文淵閣目》六頁。

五月十九號星期四（四月十二）

看《紅樓夢》第十九回。寫《百子全書》書根。

看《紅樓夢》至第二十五回。

校《文淵閣書目》第二册畢。

五月二十號星期五（四月十三）

看《紅樓夢》至二十九回。

看《紅樓夢》至三十四回。

校《文淵閣書目》第三册畢。

又三日不下便，今夜服補丸二粒。近日每餐後吃香蕉二隻，早晚服果子鹽，總無效果，奈何！

五月廿一號星期六（四月十四）

校《黃氏日鈔》，讀諸子一卷，并句讀。

校《文淵閣》第四冊半卷。

早下便一次。晚間收理方廳書畫，刷去霉頭，放入櫥內。

祖母近日左手又腫，步履較我歸時反稍艱難，因再服再造丸活絡丹，年歲過高，恐不易見效也。

五月廿二號星期日（四月十五）

到子清處適值其出，未遇。到欣伯處談一小時。到景伯母處問候，少坐即出。

子清來，同至拙政園聽玉春浦三弦胡琴，王傻子雙簧，高鳳鳴大鼓。

未敢作事。

今早二點半醒後不復成眠，至六時稍一矇矓，起身倦甚。此蓋由十餘日來對功課太注意之故，只得游散。

予作事總太勉力，不肯稍留餘地，因此非至失眠不止。此後"小懲大誡"，夜間無論如何必不讀書作事，日間上午可用功，下午亦宜稍鬆散，苟其不改，則終我之身病不能瘳矣！

五月廿三號星期一（四月十六）

到魯弟交行未遇，到閶門外散步，歸又往，仍未來。到徐姨母處，又到大成坊巷請針醫。

寫信三封。到閶門遇鯉庭，知魯弟正執紼至永善堂，因至張申之表叔處閑談，又至掃葉買書，到永善堂晤魯弟，即托匯王姨母處交到一款。

走路甚多，不覺打瞌睡。

早三點一刻又醒，反覆不能成眠。五點許起身，略看字畫。

兩夜未能好睡，今日倦甚，足又冷。

五月廿四號星期二（四月十七）

寫書根。補記日記。寫信八，信債又一清。

寫介泉信，托帶書歸。到車站接君武，未得，到省立醫院看君武之戚。

八點歸家。以連日奔走，腿痠甚。

　早三點又醒，不覺一嚇，幸隔半點鐘又得眠，至五點半醒。

五月廿五號星期三（四月十八）

體不適似發熱，臥床未起。在床上翻《癸巳類稿》略一過。

　多寫則失眠，多走則發熱，奈何！

五月廿六號星期四（四月十九）

寫信三。

寫信與平伯。寫寄胡先生信，論曹家事。

　體仍軟，腰痠痛甚。竟日進粥三次。夜進飯半碗。幸得眠。

五月廿七號星期五（四月二十）

理新書房書籍什物。謄寄胡先生信。

到叔屏處。到毛姨母處，談至日落。

　晨七點始醒。體猶有餘倦。下便不多。

五月廿八號星期六（四月廿一）

寫信四，寫聖陶信因紹虞煩悶，論及我對于處世的意見。

校《質疑》諸史問目竟。酉生來，同至晉福取款，存入典業股款內。

謄出寄聖陶信。

五月廿九號星期日（四月廿二）

寫父大人信。及慶叔祖母處信，催康媛歸。到北張家巷借書，子良太表叔適出，未得。

校《黃氏日鈔·呂氏春秋》條十四頁，以《百子全書》本對照。叔屏來。到大儒巷船上謁外姑。

聚書。夜不成眠。

今夜忽不眠，輾轉至卅號上午三時，始稍矇矓，六時又醒矣。愈睡愈不得眠，汗一陣陣的出，十分煩躁。因取《挐經室集》觀之，墜書屢矣，稍矇矓即醒。不知何故？此爲今年第一次重的失眠。今夜履安住在外姑船上。

五月三十號星期一（四月廿三）

到大儒巷，上外姑船伴談，并晤内三母舅。校《黃氏日鈔·呂氏春秋》畢。

康媛歸，耳全未好。陸媽送《文獻通考》來，即摘《經籍考》中辨僞部分。

洗脚而眠，頗酣睡。

五月卅一號星期二（四月廿四）

摘《經籍考》。剃頭。到蘋圃太叔祖處吊奠。

看《京報》《晨報》所記的蘇謝事件。陪針科。摘《經籍考》至卷八。補記日記。

一九二一年六月

六月一號星期三（四月廿五）

竟日摘《經籍考》卷九至卷十二。沈子良太表叔來談。

寫聖陶紹虞等信約四封。

六月二號星期四 （四月廿六）

伴康嬡至朱殿卿處續針。

摘《經籍考》卷十三至十五。

六月三號星期五 （四月廿七）

吳子祥先生來談。竟日摘《經籍考》卷十六至二十。寫翟覺群等信。

記筆記七則。

　　近日便殊通利，每晨大便下，或吃香蕉之效。日來患傷風，左鼻塞甚。

六月四號星期六 （四月廿八）

摘《經籍考》卷廿一未畢。記筆記三則。

聖陶自鄉來，同至觀前書肆，曾品純處，計碩民處。

康艮好鬥，撲之怒甚。夜睡未酣。

　　品純將報紙及雜志分類纂成目錄，此在翻檢上甚便，將來當借鈔。

六月五號星期日 （四月廿九）

寫信四。徐姨丈來，交家用五十元。

補記日記五天。寫平伯信論《紅樓夢》，并謄清。

六月六號星期一 （五月初一）

竟日寫適之先生信，論《紅樓夢》二千餘言，并謄清。耀曾來。

針科來。

報載新華門軍警打傷教職員學生等。認識人有守常，幼漁，士遠，彝初，夷庚諸人。政府無賴至此！

六月七號星期二（五月初二）

校與平伯論《紅樓夢》信畢。

補謄與適之先生往來論《紅樓夢》信畢，訂成二冊。姑母來。

論《紅樓夢》信訂成三冊，約四萬言。此兩月中之成績也。

受祉叔來交到九百元，存入晋福。

六月八號星期三（五月初三）

校與適之先生論《紅樓夢》信第一冊畢。

校第二冊畢。受祉來談。寫父大人及聖陶信。

寫紹虞敬軒緝熙三片。閱《西秦旅行記》。

日長如此，總是不夠用，奈何！慫恿父大人買吳氏愙齋所藏金石，不知能成否？

夜夢與梁啓超講話，談及我之學問，我不禁大哭，以爲有志而莫由達也。

六月九號星期四（五月初四）

記筆記六頁，摘《西秦旅行記》中語。寫伯祥信，詳告近日學業。

吾家過節，蔣司務來。寫伯祥信完，計二千五百言。

過節一事，亦頗無謂。吾家每年所銷耗于上墳，忌辰，過節上者當四十元。合全城計算，一般中上人家所以媚鬼者，當數百萬。祖宗名字之不知，餘澤之不見，顧每年必虛糜此若干金錢，可嘆也。

六月十號星期五（五月初五　端午）

記筆記一則。摘《經籍考》廿四。叔父處過節。

摘《經籍考》廿五。魯弟來談。寫平伯信論"白首雙星"一語的僞，甚得意。沈伯安來爲挽留聖陶，囑寫信代辭孔德事。

摘《經籍考》廿六。

六月十一號星期六（五月初六）

鈔出與平伯信。摘《經籍考》廿七。耀曾表兄來。

摘《經籍考》廿八。寫聖陶，緝熙，士宜三信。

摘《經籍考》廿九畢。寫父親信。

今夜華媽與新雇吳媽相罵，明日吳媽行矣。

六月十二號星期日（五月初七）

剃頭。伴康媛往針。摘《經籍考》三十至卅二。

偕魯弟至觀前，在吳苑吃茶，我到第亭略坐，又至嘉餘坊雷宅看吳子祥先生，還至吳苑，見李薪傳，同至丹鳳吃麵，李還賬。

平伯來信鈔録未盡。

今日四點鐘後出去三小時，見人略多，到處敷衍，以至頭昏腦脹，血復上升。如我身體，又具此性情，真不能事交際，或作教員。茶館中，人以爲舒齊，而我徒見人頭擠擠，憧憧往來，不勝其繁，目爲之澀。

六月十三號星期一（五月初八）

鈔平伯信二千言。摘《經籍考》卅三至卅四史部訖。

竹庵叔祖來談，囑斟酌蔭孫太叔祖行述字句。

康媛耳既聾，欲學藝術，似當作畫，因買圖畫教科書與之。

六月十四號星期二（五月初九）

摘《經籍考》卅五至卅七。

寫平伯信，論大觀園不在南京，約二千言。寫翟覺群信，商聖陶職工教育社事。

近日大便又秘，因不吃香蕉耶？

六月十五號星期三（五月初十）

摘《經籍考》卷三十八至四十。因子部中各家評語應録者多，所以做了一日還没有完。

寫又曾片。

今日大便下，帶血頗多，蓋三日未下便，結極矣。日來天氣既潮濕，又悶熱。

六月十六號星期四（五月十一）

鈔《經籍考》卷四十各家評語訖。

摘《經籍考》卷四十一至四十三。記《四部正譌》目。

寫聖陶信。

今日大便未下。仍進香蕉。祖母以夏至節近，又不舒服，食少，神怠，見之生懼。安歸寧事，又延緩矣。

寫聖陶信，謂"日子這般長，爲什麼這等經不起使用？照這樣，我的一生在忙裏使用完了，雖是長壽，也只好算短命"。

六月十七號星期五（五月十二）

正摘《經籍》卷四十四，祖母忽神思昏沈，作諸病態，遂罷。竹庵叔祖來。

祖母延黄壽南診治，謂脉象頗險，悶甚，即作快信寄父大人。王受祖來。

伴祖母眠。

今日因祖母病，心中一急，不覺又頭脹。大便下。

六月十八號星期六（五月十三）

祖母頗愈，即復發快信告父大人，仍延黃醫診治，彼謂祖母脉仍如檐漏，恐成老熟。到姑母處及徐姨丈處，姑丈又病甚。

記子書片約十紙。

記子書片數紙。

大便未下。夜二點許忽醒，左耳大熱，以鏡銅器按之稍好。四點始眠。

假定領到四個月薪水三百廿元：（1）付家用五個月一百元。（2）還父大人五十元。（3）付五六七八四個月寓用（每月十二元）四十八元。（4）付補三四兩月寓用五十元。如此，應存七十二元。

六月十九號星期日（五月十四）

晨七時父大人歸。到韓宅請吉甫伯來。

聖陶碩民偕徐玉諾君來談。黃醫來診，謂恐并右臂亦中，以脉象仍不佳也。補記日記。

大便仍未下，今日父大人及徐玉諾君等來，說話過留心，遂又頭脹。予真不能交際，可見又不（能）任上課事矣。

六月二十號星期一（五月十五）

寫伯軒及仲良信。伴侍祖母，據黃醫言，今日稍愈。玉曾弟吉甫伯來視疾。慶叔祖母歸。

鈔《禮記》目。

鈔《禮記》目畢。又鈔《詩經》目未畢。

六月廿一號星期二（五月十六）

父大人八時許上路。摘《經籍考》四十四至四十七未畢。廷甫伯母與玉曾弟來視疾，并裝烟。

姑母來。鈔出平伯來信，并先片覆。又鈔胡先生信。

前數日與履安替換伴祖母宿。今日以祖母頗愈，又同眠。

六月廿二號星期三（五月十七　夏至）

紹虞昨夜歸，來視我。即同至三新旅社看徐玉諾，未晤。折至胥門至第一師範晤曾品純及仲周。

品純留飯。飯訖，紹虞偕品純至三新，予與仲周游道山亭及植園。至二時，歸來伴黃醫診。偕康媛到觀前，買圖畫書。

今日走路太多，幾于周城一圈。夜飯後疲極，即寢。

日來擬作二文授《時事新報》：1. 廢考問題，2. 年鑑的缺乏。如得暇，當作就寄去。

六月廿三號星期四（五月十八）

晨間疲倦。又曾玉曾來。介泉來，談至十二點。

寫適之先生信，論大觀園非隨園，甚痛快。謄清。景春伯母來。履安爲剃頭。

筆記二則。補記日記四天，并上賬。

昨日夏至節，故予亦覺背痛神怠。今日熱極，地下潮濕甚，晚起陣頭未甚下雨。

六月廿四號星期五（五月十九）

理信札。介泉處取物歸，理書籍。寫父親，緝熙，佩書，吳亦民等函片。

寫平伯信，雜論《紅樓夢》，約二千三百言。

鈔與平伯信。

六月廿五號星期六（五月二十）

整理袖珍筆記册。摘《黄氏日鈔》讀古史。

黄醫來，伴其診脉。摘《黄氏日鈔》。

記筆記四則。

　　介泉帶我袖珍筆記册歸，因次一目：

一	一年下至二上	北京社會黨往返。
二	二上	考入北大，復到京。
三	二至三上	豫科二部，旋休學。正好看戲。
四	三上	同上。
五	三中	暑假時，到杭。
六	三下	改入豫科一部。
七	四上	一部一年第三學期，旋病。
八	四上又五下	豫科一部又本科一年。
九	五下	到上海考本科——組織大學公寓。
十	六上	本科第一年第三學期——暑假。
十一	六，七月	暑假到杭，時徵蘭初病。
十二	六下	暑假後到京，本科二年。
十三	七上	本科二年二三學期。時正病失眠。
十四	七下	徵蘭死後，予因病休學時。
十五	七中至八中	休學一年——病，喪事，續弦。
十六	八下	本科三年。集歌諺。
十七	八下	游西山，年假歸，到上海送孟真。
十八	八下至九上	本科三年。集歌諺。
十九	九上	同上。近畢業時。

二十　九中　　　　暑假中游常熟，杭州。

廿一　九下　　　　到京服務途中。建京寓。

六月廿六號星期日（五月廿一）

摘《日鈔》讀史數卷内辨僞史各條畢。履安本于今日歸寧，以大雨作罷。

校《日鈔》讀諸子第二卷畢。

六月廿七號星期一（五月廿二）

校《日鈔》讀諸子卷三，四畢。即將原書寄還胡先生。

鈔筆記簿上曹家事入曹寅年譜。

鈔筆記簿上雜記入《侍養録》第二册。

父大人來信，謂百元不必回，可存入耀曾處，作爲我不時之需。

擬選一説理文録。中國散文專講間架，駢文專講詞藻，説理之文皆極少。今讀《黄氏日鈔》，覺其説理極好，頗有可讀之作，而歷來文家不知，爲可惜也。又如嵇康，柳宗元，袁枚等，説理均甚清晰，亦可摘録，備中學生誦習。

六月廿八號星期二（五月廿三）

記筆記（即《侍養録》。下同）。送履安到輪船局，又至閶門吃麵當飯。

寫聖陶，伯祥，君宙，耀曾，適之先生，伯軒，劉經庵七信。到觀前買書散步。

記筆記。

今日因午間送履安到閶門來回，下午寫字稍多，又覺頭脹。因獨步觀里，北局等處一回。

六月廿九號星期三 （五月廿四）

記筆記。又曾來。陳伯母來。陳鏡和送《顯志堂稿》等來，因翻看。

陳萬里到蘇，遣人邀去談話，因往見。又至介泉處略談即出。寫父信。記筆記，三日來已半册矣。

看《顯志堂集》。

六月三十號星期四 （五月廿五）

忽想理書，因將房内書籍搬到方廳，分類放開。又擬將東厢書房統理一下。以東厢放經，内廳放文集雜志，房内放史。以書箱未送來，不能理整。紹虞自上海歸，來談。又曾來談。飯後天雨，雨止而去。

接履安信，謂須八號歸。

録《半氈齋題跋》，《南澗文集》目録。

一九二一年七月

七月一號星期五 （五月廿六）

早到紹虞處，未晤即歸。作聖陶小説集序未畢。

魯弟邀往觀前，至吳苑吃茶看報。繼至護龍街書肆買書三種。

寫聖陶信。寫履安信，勸其早二日歸，以七號事多也。録《寫經廎》目録未畢。看《鐵橋漫稿》。又失眠。

七月二號星期六 （五月廿七）

早進點大便後，即到新蘇臺訪萬里。十點上船。主人爲萬里，客爲李敏齋，陸鐵夫，葛成勛，張僧鸞，王子克，王卓若及我。妓爲謝第如花等六七人，菜爲老七等。船爲華桂林家。十一點開船，十二點在西津橋進飯。

　　換小船到觀音山下。換山轎上范墳。予與子克老七到上白雲。

　　七點，歸舟到寒山寺。船返南濠，萬里等聚局，予與李敏齋葛竹書訪陸鐵夫于共和里紅玉家。進餛飩。十點回船吃夜飯，未終席而歸，到家已十二點矣。輾轉不成眠，至一點半始睡着。

　　今日之游，爲平生第一次者甚多：（1）坐花船，（2）挾妓游山，（3）吃船菜。今日并未多走路，而背痛腿硬甚，不知何故。將精神受彼輩拘束過甚耶，體之衰耶？

七月三號星期日（五月廿八）

　　寫萬里信。鈔適之先生來信（敦誠兄弟贈雪芹詩）。

　　寫適之先生信未畢，黃壽南來，伴診脉。聖陶紹虞品純來談。竹庵叔祖來托改乩筆（題蔭孫曾叔祖照，濟顛題者，以詞稍厲，改就温和）。友佩表姑來，住我家。履安來信，仍須八號歸。

　　鈔平伯信千餘言（論可卿自縊）。

　　聖陶來，謂沈伯安先生擬介紹我爲尤鼎孚家教書，又彼擬辦市鄉自治報，擬聘我爲編輯。問聖陶，聖陶謂我必不就，勸其不必想。予自畢業後承友人不棄，屢有介紹，卒以能力不及，心思弗寄之故，屢屢辭絕，蓋甚愧矣。記之于下：

1. 欣伯鳳生介紹于蘇州師範校長王飲鶴處，秋白又慫恿師範學生華君等請于校長。得王氏函，聘我擔任國文十二時，月薪六十元。
2. 章伯寅先生介紹于上海約翰大學爲國文主任。月薪百元。
3. 徐子俊李守常介任于吳弱男家。
4. 適之先生囑我接程演生豫科國文課。
5. 子水讓大學豫科或女高師課與我。
6. 兼士先生囑我任豫科課程。

7. 徐伯軒先生聘我任北京民國大學國文。
8. 翟覺群君邀我任交通部職工教育社事。
9. 吳承露囑我教其子。
10. 伯祥邀我任廈門集美中學圖書館事。
11. 伯安爲我説二事。
12. 紹虞向李石岑説編中學教科。

七月四號星期一 （五月廿九）

續鈔平伯信三千餘言。寫介泉信。補記日記五天。

寫寄履安信，費七紙，告前日游觀事。

七月五號星期二 （六月初一）

竟日記筆記廿六七頁。《侍養録》第二册記畢，轉而記第三册矣。

七月六號星期三 （六月初二）

將《瓊東雜記》第二册，《侍養録》第二册標點完畢，并分段落，記號數。

記筆記一則。聖陶來談，以李石岑鄭振鐸到蘇州，約我同接，辭之。

看《人名大辭典》。以失眠，又起看，竟找得周立厓。記筆記二則。

今日熱甚，至華氏九十六度。祖母又覺昏暈，悶甚。

聖陶謂李石岑欲來看我，商編輯中學教科事（商務館所托），此頗難。或編本國地理一種。然又無書參考，奈何！

予有一壞脾氣，新得書必即看。予買得《鐵橋漫稿》，今日寄到《人名辭典》，均以夜間翻覽至失眠。明知其終必如是，顧結習不能改。

七月七號星期四（六月初三）

寫平伯緝熙父大人信。補記日記三天。

介泉來同至紹虞處賀喜，晤石岑振鐸雁冰雲六諸君。二時吃飯，三時成禮，余與振鐸爲伴郎，介泉爲贊禮。禮畢即送石岑等還滬，至火車站，彼等趁五點九分車去。予與介泉聖陶碩民步行至閶門吃冰淇淋，即歸。

祖母又以熱故致昏眩，侍奉半夕。

今日與石岑晤，中學教科書看來必要我編了。我只擔任本國史地教科參考書。石岑許以一年半事地理，二年事歷史。

七月八號星期五（六月初四）

作聖陶《小説集》序未畢，修飾一過。寫與石岑信，論編輯教科書事。履安趁朱姨丈船歸來。

聖陶碩民伯祥品純來談。

七月九號星期六（六月初五）

作完聖陶《小説集》序，計六千言。在方廳看銅匠釘書箱鎖紐，并理書。景春伯母來。

又曾弟來。祖母禮斗。朱澹如姨丈來，即取觀書畫。改小説集序畢。

謄清《小説集》序，又略改，至二點方眠。禮斗人去時已十二點矣。

七月十號星期日（六月初六）

到朱姨丈船上，未晤。紹虞來，謂振鐸邀到上海中國公學，擬將福州事讓與際唐。予勸其囑張東蓀與胡先生一商。又曾弟來。補記日記三天。理昨日取出之書畫，并理房内書案。

伯祥來談。看《雪橋詩話》。

看章太炎白話文半冊。

昨夜二時眠，今早六點醒，不過睡四時耳，頗覺倦怠。

今日父親五十二歲散生日，晚吃麵。

七月十一號星期一（六月初七）

看章太炎白話文畢。記筆記六頁。

敬軒信來，知已到惠中，因即往晤，同至留園。坐至七點始出。

飯于惠中。大雨。歸途步了一半，雇轎，而履已濕矣。

七月十二號星期二（六月初八）

七點出門，遇孫伯南先生。至伯祥家，彼與碩民方出。即邀之同到惠中看敬軒。雇船到虎丘，小吳軒進茶，冷香閣進飯。

出至龍壽山房，看《善繼血經》。在上津橋間登岸，步至西園。

七時出，回惠中。晤龐敦敏及季融五。與碩民伯祥步歸。見平伯快信，知今晚到蘇住我處。待至十一點，竟不來。

七月十三號星期三（六月初九）

早起理書。竹庵叔祖偕龍叔來，小談即去。介泉敬軒來，同至子清校，天賜莊，南園，滄浪亭，可園，王廢基等處。歸飯。

紹虞伯祥來。同至元妙觀，耕蔭義莊，怡園，吳苑等處。到耕蔭時，碩民已先在。回觀前，碩民伯祥別去。敬軒紹虞介泉同到我家進晚點。

七點，雇轎二乘，我送敬軒到客棧車站。歸家九點半，進晚餐。兩日來走路極多，足竟生泡。

李石岑有信來，述商務留難情形。我固料其如此，擬即辭去矣。敬軒借《虎丘志》二册。

七月十四號星期四（六月初十）

以兩日之游，精神疲極，腿痠極，只得小睡。改龍叔文訖。看昨購圖志三種。

補記日記，上賬，寫適之先生父大人仲周介泉聖陶李石岑六函，平伯，戚煥壎，吳緝熙三片。

看羅素《社會結構學》。

二日來無暇便溺。今日服果子鹽，幸尚不秘。

七月十五號星期五（六月十一）

看羅素《社會結構學》，《高等小學地理教科》。

記筆記九頁。修面。令沈福寄緝熙托買物件，并七姨母寄錢。

到紹虞處，告以明日不去之故。

今日以寄緝熙物，履安不肯相助，與之相罵。此為歸後第一次。

七月十六號星期六（六月十二）

到九勝巷，送姨母錢。到伯祥處，同至鐵瓶巷顧宅，看伯南先生。偕伯南先生到滄浪亭，在修志局吃飯。

到可園，看綏成先生遺下的書，予選購三十餘種，計洋三十七元。伯祥選購八元。出偕伯祥至護龍街收賣舊書處購二種。

歸家看新購書，至十一點方眠。

夜中婦發熱。

七月十七號星期日（六月十三）

五點，紹虞來看我，尚未起。理昨日所購書入書箱。

記《漢學堂叢書目》入目簡，才半部耳。受祉來。孟軺來談一小時許。

下午五時，履安覺冷，漸覺熱，睡久，出汗如瀋。至夜半方凉。

七月十八號星期一 （六月十四）

到伯祥處，同至伯南先生還前日書價。偕伯南先生游怡園，孟軺亦同往。偕伯南先生等同至護龍街書肆雜看。與孟軺同歸。

留孟軺飯，飯後雜談。旋辭去。看甘泉鄉人稿。寫適之先生信。記筆記二則。

補記日記，卜賑。記筆記三頁。

下午三點，履安又發熱，至夜漸却，蓋瘧第三度也。夜與婦分眠。

萬里來信借卅元，因向祖母履安湊集，遣沈福送去。聖陶來快信，謂適之先生已到上海。先生來片亦同。予以手頭窘極，不能備旅費，只得却之。如胡先生能到蘇州來，我與伯祥更不必到上海了。即去信相問。

七月十九號星期二 （六月十五）

看《癸巳類稿》，約略翻一過。介泉打電話來，勸我到滬商編教科，以胡先生亦以我編中等歷史爲然也。記筆記一頁。耀曾來談。

記筆記三頁。寫父大人，君武，耀曾函，慶叔祖母，柱中，緝熙，詠春，欣伯，秋白片。趙孟軺來同至介泉處，不遇。至北局乘風凉，八時半歸。

看《學藝雜志》。

婦一點即發瘧。

早晨多寫字易于胸悶，以後務于上午讀書，下午寫字。君武邀我到第二師範擔任國文，供膳宿，月薪六七十元。因作信辭之。

七月二十號星期三（六月十六）

寫堯衢王姨母兩片。看喻長霖《諟諟齋初稿》。記筆記一頁半。寫平伯信論《紅樓夢》，約三千五百言。

履安服金鷄納霜二粒，瘧仍來，四點起。

祖母搖得一會，給我二十五元，連前借共一百元，一齊賜給。

七月廿一號星期四（六月十七）

到紹虞處與同至介泉處，又同至拙政園，晤山東王子容君，喚麵作飯，晤呂玉書略談，飯後到獅子林，即歸。

鈔録寄平伯信訖。

看《復堂日記》。

履安服金鷄納霜兩次，幸未作，惟疲甚。今日買西瓜半擔，價一元。

七月廿二號星期五（六月十八）

看《復堂集》。

記筆記十五頁，《侍養録》第三册記畢矣。耀曾來。

補記日記三天。

履安今日大好，我仍同眠矣。

七月廿三號星期六（六月十九）

竟日編輯佚書目百餘片。《漢學堂》《茆魯山》兩部全録入，《玉函山房》録入三之一。

七月廿四號星期日（六月二十）

至長春巷全浙會館，爲典業銀行成立會作速記。十點半開會。一點吃飯。飯後，彼等選舉，唱名。予將所記整齊之，作記文約二千言。在會場中晤企鞏仲遠及杏林叔祖，綏鶴襟兄等。四點許出。到觀前，昭琯生，方從山西歸。閑話，歸家。

今日父大人有信來，囑我學潮既平，即應到京供職。祖母心中要我在蘇，因此于前日回絕商務事及君武處事頗致誚讓。履安亦然。予無奈，只得到滬一行，擬數日內去。當寫信問聖陶，石岑等對我意如何。

七月廿五號星期一 （六月廿一）

早寫聖陶信，問上海情形。寫伯祥信，約後日同往上海。

竟日疲倦，臥床看《新齊諧》盡四册。傅先生來，履安出見。

今日之倦想是昨日開會之故，予真不能作交際矣！

七月廿六號星期二 （六月廿二）

鈔平伯論《紅樓夢》信。寫緝熙等信，爲傅先生詢女高師事。

接適之先生信，囑我允任商務編書事，因即作覆，請其籌畫數事。寫君武信。

晚飯後到伯祥處告以明日不到上海，雜談。歸看《舊家庭感想》稿子。

今夜又失眠，其故：（1）胡先生信來，頗生得失之念；（2）到伯祥處談稍久；（3）看舊稿；（4）臨睡飲茶。履安因熱臥老房，予不眠只得就之。

路中遇幼時同學孫寶善兄，十年不見矣。彼近任高等廳錄事，想其家況不佳。聖陶無覆信來，大可疑。

七月廿七號星期三 （六月廿三）

琯生來。補記日記四天。寫父大人信甚長。孟輶來留飯。

記筆記四頁半。寫君疇平伯敬軒等短信。

至九十四度。婦以天熱不欲同眠，予強之，仍不肯，大哭自打。

作《辨偽集說》（或名《偽書辨證集說》）應作事：

（1）應看書：《直齋書録》，《郡齋讀書志》，《崇文總目》，《經籍考》，《歐陽修集》，《錢牧齋集》，《子略》，《周必大集》。

（2）應檢書：《人名大辭典》，《疑年録》，《彙刻書目》，《四庫提要》，志書。

（3）應校書：入選諸種。

七月廿八號星期四（六月廿四）

標點《直齋書録》第一册垂畢。

聖陶伯祥碩民彥龍來。

熱極，竟不易握筆。

至九十八度。與婦分眠。

七月廿九號星期五（六月廿五）

伯祥碩民聖陶來，同至紹虞處，再同至介泉處，再同至拙政園，飯焉。閱《史書占》畢，尋辨偽材料略盡。

仲周信來，約于三點到站迎胡先生，以第一師範請其演講也。飯後六人同出至齊門，坐人力車至車站。三點，仲周等來。車至，適之先生下車，同至留園，又同至鐵路飯店西餐。步歸，汗如雨下矣。十二點入睡。

至九十七度。在站大餐室看《九流緒論》略畢。碩民出拙政園資四百廿，介泉出飯及小賬一元，聖陶出到站人力車小洋六角，紹虞出荷蘭水一元二角，伯祥出月臺票三角半。餘俱師範校出。

七月三十號星期六 （六月廿六）

亡婦三周年喚大乘庵僧七衆到家作佛事。今日事知之者少，故來客不多。耀曾及五小姐來。竹庵叔祖來托作吉甫公小傳。寫平伯，煥壎，堯衢三片。《直齋解題》第一册點畢。

午飯後即到師範，看胡先生。看暑期小學上課。出至圖書館，江蘇書局，護龍街舊書肆，到吳苑歇息。乘轎還師範，在露天夜餐。起陣頭，移入。飯後即別適之先生而歸。先生今夜即赴南京。

歸看適之先生日記第一二册。至十二點。睡不着，復就履安處，一點許，得眠。

精神倦極。至九十九度，夜起陣未成。伴適之先生到圖書館，適曬書期。到書局，書又太少，無可選購。至護龍街，舊書肆雖有數家，但好書真不多。蘇州的舊文化地位蓋失墜矣！

七月卅一號星期日 （六月廿七）

看適之先生日記畢。剃頭。

晝寢，二點起，五點醒。

早睡。

精神倦極，昨仲周介泉均以感暑不能伴胡先生，我尚比他們較結實矣。飯後小眠，此爲從前所無。夜睡竟得眠十二小時，亦近來所未有。下午大雨，氣候頗凉爽。

一九二一年八月

八月一號星期一 （六月廿八）

標點《直齋書錄》，一日僅半册耳。時間已促，從明日起只能看一遍了。

寫兼士先生信。紹虞來談。爲竹庵叔祖作吉甫事略，備送入志局。

餘倦未解。眼睛酸澀至不能張開，未知其故。

緝熙夫人今日產一男子。

八月二號星期二（六月廿九）

寫竹庵叔祖信，遣沈福送去。看《直齋書錄》第二冊下半起，至第六冊止。

浴。

夜臥醒時，背痠痛甚。左眼有紅絲甚多，恐紅眼，購小川連服之。

八月三號星期三（六月三十）

看《郡齋讀書志》二冊（三，四）。記筆記七頁。寫柱中片，琯生介泉仁侯信。又緝熙信。

寫父大人，聖陶信。浴。

記筆記三頁半。

至九十六度。

八月四號星期四（七月初一）

看《郡齋讀書志》三冊（五，六，七），并記筆記二十頁。

下雨頗涼，約八十度。連日服黃連後，大便順利。

八月五號星期五（七月初二）

看《郡齋讀書志》三冊（八，九，十），又卷首二冊，全書看完。并記筆記十頁。《侍養錄》第一冊記完了。

九十二至八十八度。連日因多寫字，多看書，胸中不覺悶起來了。

八月六號星期六（七月初三）

看《水滸》灑不脱手，竟看到十一點。

摘《經籍考》卷四十七下半至五十四上半。寫十七頁半。竹庵叔祖來，爲之做挽聯。孫伯葵來。竹庵叔祖又來。

記日記七則。

做挽聯費去我一點鐘，百弗情願。今日起大風。

八月七號星期日（七月初四）

記筆記三頁。寫介泉平伯信。有斐來。

摘《經籍考》卷五十四下半至卷六十二畢。寫二十五頁。記筆記四頁。叔父家過節，往拜。

八月八號星期一（七月初五）

摘《經籍考》六十三至七十，寫二十七頁。寫介泉，適之先生，父大人，君武等信。

看《水滸》，早眠。

八月九號星期二（七月初六）

摘《經籍考》七十一至七十六，寫二十九頁。大功告成！看《水滸》。過節祀先。

受祉來。看《水滸》。

記筆記三頁。

今日風止。至九十四度。

八月十號星期三（七月初七）

看《水滸》。理《經籍考》鈔本，編目。姑丈及耀曾來。

到介泉處，同到伯祥處，三人同至觀前吃冰淇淋，買雜物，到我家看胡先生日記。

未做事。

伯祥夫人今日又產一女，已產六女矣。

八月十一號星期四（七月初八）

看《水滸》略盡。整理簿冊。理書。

理什物。記《二酉堂叢書》目。到觀前買物。洗浴。

寫信五。

看《水滸》，覺其前半部太精細，後半部太雜湊。

我出門之前必把物件理清，這固是很好的習慣，但平常時實在堆得太亂了。將來總應常常移動，不能專住在一地。否則實在太不肯整頓了。

八月十二號星期五（七月初九）

六點起，雇轎到車站，乘八點車到上海。十點到。下車到孟淵旅社，張柱中因病已去。予宿一零五號房間。到新旅社看君武，晤清宇等。

清宇請吃飯。同至閘北恒德里他的寓所。到商務館晤石岑雁冰。到斜橋路看胡先生，不在。步行至閘北，看清宇，同至君武處，略談。到四馬路吃點心，看舊書。

同清宇至尚文路沈良欽兄弟家，吃夜飯。歸已十一點，即睡。

在沈宅吃夜飯，渴極，喝茶十五杯以上。

八月十三號星期六（七月初十）

六點起，往送君武，至法蘭西碼頭，并晤葉石蓀，亦赴法。即至胡先生處，坐馬車同至商務館。在商務館與高夢旦莊百俞等談。胡先生談史學。

到振鐸處吃飯,石岑同坐。二點許回孟淵,看胡先生日記第三冊。到四馬路舊書鋪略買書。振鐸來,胡先生來。

三人同至四馬路徽館吃飯。同至朝記書莊購書。又到舊書鋪購書。

葉德輝《書林清話》,想買了半年,今天乃在朝記書莊見到。胡先生買二部,贈我一部。價三元五角。

今夜又失眠,起而看書,到一點始眠着。

八月十四號星期日（七月十一）

六點起身,七點出門。雨中,到斜橋路看胡先生,談一小時。到民厚里午姑母處。在午姑母處雜談,留飯。

飯後出門,風雨大作,衣服盡濕,車至不能上前,換車至北站,在站換衣,乘兩點五十分車赴杭。在車看《本國史教科書》。七點到杭州,又曾劉升在站迎迓。

與母親雜談。聽留聲機器。十點,父親歸。

夜又大雨,風更狂。午姑母一家皆患瘡,予告以到北方即會好。竹妹近狀頗好,已不忌嘴。留聲片中已有閻瑞生戲唱句。

八月十五號星期一（七月十二）

寫寄履安,平伯,介泉信,清宇良欽珊若片。雜覽父大人書物。過節,并齋地主。

雇車至圖書館,那知今日是禮拜一休息。即歸。車上遇雨。偕又曾到城站買書,看過四家店鋪。

到城站買書,物。

適之先生要買商盤《質園集》,歷久不得。今日乃在城站書鋪無意中見之,大喜,即購贈。

繼母告我,曾爲祖母算命,算命人說祖母能逃過本年八月,則壽可至八十七。

八月十六號星期二（七月十三）

到圖書館，校《黃氏日鈔》三卷。

到杏花村吃飯。步歸。

與父母竹妹同至大世界，十一點歸，十二點眠。

浙館元排本《黃氏日鈔》誤謬甚多，可見宋元本之不可信任。

予步歸時，誤向羊市街南行，乃至清和坊。予每誤走時，不肯轉身，寧多行，亦一癖也。

八月十七號星期三（七月十四）

乘包車至清和坊購物，大方伯購書。料理行裝，寫寄履安信。

雇車到圖書館，在白堤倒車。衣裳爲泥污，因至平湖秋月吃茶，洗衣。曬了二小時，還未乾，不得不去矣。四點到館，五點半校畢。步行至寶石山，雇車到清和坊買物。

繼母買菜（熏黃魚，炒蝦仁）相請，吃甚飽。理物畢。

今日有三險：（1）墜車折扇，尚未傷；而車夫已傷臂。（2）過樓外樓時，上飛瓦落，適墜帽前，幸遲一步。（3）晚上開電燈，小觸電。

八月十八號星期四（七月十五）

五點起，六點三刻上車。在車細看《申報》。十二點，到上海。

一點零五分車開，三點十七分到蘇州，即雇轎進城。到家已近五點。洗浴。吳姑丈，姑母在吾家，與姑母同晚飯。理物。

上書賬，結算。看《詩鐸》。

今日我一節車上，只有形似學生之二人看書。一看《禮拜六》，一看《玉梨魂》。

八月十九號星期五（七月十六）

寫兼士先生信，父大人片。介泉來，同至耕蔭義莊，又同至觀前，在丹鳳吃飯。

偕介泉到觀裏品芳喝茶。遇雨，到陳鏡和處躲雨，買書三元。寫適之先生聖陶堯衢片，平伯仁侯函。到琯生碩伯處，未遇。到子祥先生及外祖母家略談，并辭別。

到外祖母處，觀其房屋破舊，几案不整，坐稍久則股上作癢，而常日叉麻雀，碰五百文底，桌上之燈不過三寸，真是在豬圈中作樂！

八月二十號星期六（七月十七）

看《周益公集》。竹庵叔祖來，囑改其外姑王母顧太夫人哀啟。〔伯祥約訪〕孟輜來，留飯，爲寫對聯。飯後，伯祥紹虞來談。釘書十餘冊。

今日起傷風。聞傷風須七日可愈，記此觀之。竟日大雨。夜間眼澀甚，至不能張。

予不會寫聯，乃偏有人教我寫。今日孟輜囑書，予書過小，乃以七言改八言；末字稍空，乃改“花”字爲“華”字。

八月廿一號星期日（七月十八）

校《文淵閣書目》三册半，竣事。寫仲周信。竹庵叔祖來，重改哀啟。

寫父大人信。理物。

《文淵閣書目》鈔好已半年，久未校清，今日乃以行期已迫，一日趕完。信乎事之不能不逼。

傷風，頭暈眼澀甚苦。祖母近日乏力，胃口亦不好，擬明日延黃醫診視。

八月廿二號星期一（七月十九）

理物。欣伯來，同至觀前釘書。釘書七册。

紹虞來。碩民伯祥彥龍邱先生同來。琯生來。陪黃壽南。周雲卿來。

理書。

黃醫來，謂祖母病係濕阻，只調理數次便愈。又謂祖母身體質地好極，如紅木紫檀。

碩民伯祥來，主張走膠濟，因寫信與介泉，徵其同意，得可。今日下午來人多極，竟不得理書。

八月廿三號星期二（七月二十）

介泉來，同至觀前買物。理物。

寫父大人信，碩民信，昂若敬軒片。到外姑處，辭行，約一小時。又到孫伯南先生處，同至護龍街翠雲樓品茗，晤子祥先生。

記《文淵閣目》卷頁數。

昨夜履安發熱，今日未即退凉，屢發汗，至下午愈。

介泉來，謂其家不贊成其坐津浦車（土匪劫掠），只可仍走海道。

八月廿四號星期三（七月廿一）

理書，搬書箱。昂若來。琯生來。寫紹虞子清信。

理物。陪黃壽南。偕履安到觀前，拍照買物。

理物。記日記。上賬。總理一切，清楚。

昂若送其夫人到京讀書，約同行。其夫人出門，係逃出，蓋讀書不爲家庭所許也。

八月廿五號星期四（七月廿二）

七點，辭別家人出門。至介泉處，同上船。九點，到站，晤昂若夫婦（朱曉群）。十一點半到上海，聖陶伯祥碩民均在站候。同至振鐸處，午飯。到新旅社晤伯祥邱晴帆等，同至哈同花園。五點半，還寶通路，加入文學會議事。夜又至新旅社，并至掃葉買書。十點歸。以蚊多，不易成眠。介泉謂家中准其走青島。

振鐸好客，未見其比。在上海，租屋四十餘元，自用不過兩間，餘悉借與人；買棕墊七付，備客來。

哈同花園不過爾爾。內設學校，聞極受園主拘束。男學生與女生由園主爲設配。岑春煊現住園內。

八月廿六號星期五（七月廿三）

早點後，即辭鄭君出。到新旅社，與伯祥介泉同至適之先生處。客多，未長談。承借洋卅元。回至旅館，又至新華儲業銀行，晤吳本景兄。出至青年會吃大菜，至永安先施買物。又至四馬路舊書鋪看書。三點半，出至太古碼頭，上渡船，至浦東。上穎州船，已解裝矣。忽船上買辦丁君謂昂若有病容，恐到青島爲日人扣留，不許其趁船。碩民詢檢驗狀，恐我等亦被誣有疫，遂退歸。予與介泉昂若夫婦住大行臺。十點，適之先生來，出示新購得之《群書疑辨》。到新旅社略談即歸。尚得眠。

日來傷風極重，聞日人檢驗甚酷，大小便均須豫備，近日以上海有疫，驗更苦，青島洵不易走。

八月廿七號星期六（七月廿四）

早與昂若晴帆介泉到古書流通處，略購書。回新旅社看三日來所得書。偕伯祥介泉至四馬路吃飯。他們去看戲，我在旅社內看書。適之先生來，講些國故上的話。送伯祥等出（他們上廈門船）。

與振鐸聖陶相遇，在可可居進點。回棧看書，即眠。

八月廿八號星期日（七月廿五）

早到五龍明泉樓茶點。出至適之先生處，晤王雲五先生。回至旅社，知本日有招商局新昌輪出口，聞尚有房艙，大喜，即束裝上船。昂若夫婦一室，與人合。予與介泉獨一室，而室外鹹魚氣味極重，幾嘔。同出至十六鋪吃飯，買物回船。四點船開。予在艙中收撿各物。夜得眠。

船上晤陳兆疇兄。

八月廿九號星期一（七月廿六）

早醒，胃作噁，恐嘔，即至艙面。終日只進粥一碗，咖啡一杯，麵包三方。在艙內時極少，幸未嘔。

八月三十號星期二（七月廿七）

與陳兆疇君談話。早進火腿炒飯一盆。看商務《本國史教科》略完。下午未進食物，夜頗餓。吃蘋果，又以甜，作噁。可知飯之不易代去也。向常思只食水果，今此迷夢可打破矣。介泉本日最困憊，竟日臥，怕說話。

此船烟臺，威海衛悉不停，大好。

八月卅一號星期三（七月廿八）

上午進加厘鷄飯一盆。昂若送火腿蛋兩盆來，介泉不欲食，予盡食之。下午進火腿炒飯一盆。看《書林清話》略畢。六點到大沽口，停輪待潮。

此次并無風浪，甚是安穩。所不足者，室外鹹魚氣味太重，使人不可一刻居耳。

一九二一年九月

九月一號星期四（七月廿九）

六點，船泊岸，即送行李到東站，乘九點快車。在東站作寄家二片。車中看報。十二點到，昂若夫婦先到我寓，予押行李。

將行李五件理畢。下便，蓋停積已五日矣。

平伯來。偕介泉浴。夜眠爲蚊所困，至二點始眠。

今日蘇州第一天行人力車（二年來已有私家自備者）。

九月二號星期五（八月初一）

寫聖陶函，父大人，履安，伯祥片。雇車至兼士先生，平伯，仲川，胡思聰，幼漁先生處。又到校，晤張西曼。

雇車到王姨丈，外舅，袁詩亭，吳瞿安，王佩書諸家。

與麟伯平伯等談話。

兼士先生謂周啓明先生臥病碧雲寺，恐係肺疾。醫禁其看書，而彼不能。又謂周豫才評聖陶小說，謂無論看什麼東西，便是一棵白菜，也看出大道理來。蓋不滿之辭也。兼士先生謂聖陶小說如陽明橋竹子。

九月三號星期六（八月初二）

寫兼士先生信，爲昂若事。到夷庚處，商到廈門事。理書，吃力極。詩亭來。

倦極，小睡。幼漁先生來。補記日記。算介泉賬。散步後門。

幼漁先生光緒四年生。

九月四號星期日（八月初三）

理書終日畢事。夷庚碧澂來。

平伯偕夫人來。

理書及衣服。

　下大便二，想因昨夜吃水蜜桃及蘋果之故。

　北京水果頗便宜，蘋果每個約十五文，水蜜桃每個約三四十文。

九月五號星期一（八月初四）

　八點才醒。寫履安信二，又母舅函，柱中，伯葵，紹虞，子清片。

　到後門匯款寄家，散步十刹海。陳君璧，王碩輔姨丈，平伯來。

　平伯等談話。

　疲倦極了，背酸，臂軟，肩痛，神怠，苦極！所以如此之故，蓋一月來未曾得休息。

九月六號星期二（八月初五）

　到第三院，閱本屆北京入學試驗國文試卷。約閱百冊。同座有幼漁，不厂，玄同，兼士，士遠，又陵，夷庚，逖先諸先生。

　寫適之先生信，又履安信。

　到後門散步。寫聖陶片。

　昨兼士先生信來，道幼漁先生意，約入入學試驗委員會，大概有二三日的忙。

　適之先生轉到商務館函，編歷史月支五十元，每千字四元。此數雖不大，但我亦不欲計較錢財，故不請加。

九月七號星期三（八月初六）

　到校與印刷課人接洽。到第三院看上海試卷，僅百餘卷。兼士，叔平，夷庚，士遠，不厂五先生同觀。

到西老胡同吳又陵先生處略談。回寓，爲《四部叢刊》審查加入書籍。平伯來，同至後門散步。

與平伯談。以談話多，未能安眠，倚裝看《清嘉録》一册。

今日與平伯介泉説起，新潮社無人維持，爲我等不容已的責任，約明日同去。

昂若事（協和國文助教）大約可成，兼士先生約明日去接洽。介泉此次來後，極用功，可佩！

九月八號星期四（八月初七）

到校，到新潮社理函件。與介泉步歸。寫父大人稟。

偕昂若到兼士先生處，談半小時。到平伯處，未晤，即歸。平伯來談。審查《四部叢刊》續編，加入五十種，大致畢事。

記筆記三頁半。

新潮社函件亂極，出版物堆積齊屋頂。予與介泉畫三策：（1）出版物多打折，趕速售去。（2）雇用書記一人，處理社事，以我等皆甚冗忙也。（3）經濟現既獨立，應將款項存入銀行，由社中人負責處理。

九月九號星期五（八月初八）

將加入《四部叢刊》書録入筆記。到編目課，新潮社。與萬里談。

寫伏園信，論新潮社事。爲孟軺等作許逷公祖母祭文，即寄去。

偕介泉到勸業場買書，韓家潭吃飯，游藝園聽大鼓。

萬里約于中秋後游盤山，彼于北方名山未游者只此一處矣。他擬到上海商科大學（東南大學一部分）教速記，兼在上海營醫。

游藝園爲第一次去，似花園一部分尚好。聽李大玉梨花大鼓，爽快極。歸已十一點半矣。

九月十號星期六（八月初九）

看批本《隨園詩話》，用《先正事略》對照，忽忽半天。記筆記二頁。

欲做竹庵叔祖托撰祭文，檢事略未得，因將零碎紙條大理一下，不下五千頁。竟理了一個整半天！書夾都標明了。這是四五年來雜紙大整理！

到胡同口洗浴，歸後略談，睡，已十一時矣。

昂若夫婦明日遷至馬神廟書明學社（公寓）。平伯後日偕夫人到杭，約十一月中回京。

到京十天，理物至今未清，蓋零碎物件無有多于予者。別人總沒有我的勞苦！昂若贈鮮花一籃，甚可愛。

九月十一號星期日（八月初十）

理書箱，書桌完。寫履安，王姨丈，孫伏園函。

將寄伏園函謄出。爲《文論集要》聚集文字。記筆記一頁半，入《景西雜記》第一冊。偕介泉緝熙到前門第一樓買舊書，琉璃廠買文具。在琉璃廠吃麵。

到游藝場聽李大玉梨花大鼓，于瑞鳳等五音聯彈，金艷琴快書。

書夾目：（1）考證稿件，（2）備入筆記稿件，（3）格樣，（4）雜印刷品二，（5）空白紙三，（6）書畫。以上大夾九個，以下小夾廿五個。（一）醫藥，（二）交通，（三）戲劇，（四）目録，（五）文辭，（六）師友筆札，（七）學覽稿件，（八）博覽稿件，（九）歌謠二，（十）家庭問題，（十一）照片，（十二）函稿，（十三）校事，（十四）家事，（十五）館務，（十六）社務，（十七）收條發票，（十八）作文底稿，（十九）行事，（二十）儲蓄，（廿一）剪報，（廿二）聽講筆記，（廿三）雜稿件,(廿四) 書目。

九月十二號星期一 （八月十一）

立民國史料册，剪報粘入。記筆記五頁半。

鈔出《文論集要》目入簡片。與兼士先生信，并鈔出。詩亭來談。算緝熙賬。

到仲川處。將《瓊東雜記》第一册編號。

父大人來信云，鹽務局面日非，過一日是一日。明年一月，加稅四角；後年一月，再加四角。銷數比較，必至銳減。場官雖有考成，恐亦難做下去。

晚香玉到晚極香，明年當覓其種子種之。

九月十三號星期二 （八月十二）

看《國故論衡》中的《文學總略》。記筆記四頁。

到校，知守常先生已來。到心如處，看敬軒。到大佛寺，晤介石，文玉。仲良以父病歸。到研究所，與文玉略談。記筆記六頁。到昂若處。

昂若來談。將《侍養録》第四册編號。記筆記三頁。

聞敬軒言，適之先生已于大前天來京。昂若後天即歸，兩星期後來，他夫人托我照顧。大約家庭間尚有接洽未妥事項。今日頗熱，至華氏八十二度。夜中作事稍多，未得安眠。

九月十四號星期三 （八月十三）

到適之先生處，略談，即到校。在研究所看《閻若璩年譜》，摘録多紙。晤柱中，同到寓吃飯。

在研究所摘録《閻譜》辨偽材料，筆記四頁。

偕緝熙安貞順東到景山後散步望月。

萬里約游盤山，當審考。在研究所看書寫字甚好，綠楊，紅牆，白雲，青天，極快心目。

九月十五號星期四（八月十四）

寫裝釘鋪，振鐸，竹庵叔祖，聖陶，伯祥，履安函，子清，煥壎，朱揆一片。債一清。

到校，守常先生有客，未談。到研究所，摘録辨偽文字，入筆記五頁。到西華門寄書。寫兼士先生信。

比較夏代年數，至一點才眠，良久始得睡。

要做學問，夜間決不能放棄，但我的身體竟如此，此亦不能兩全之事。

秋宵人静，正是讀書深思的好時候。天乎不佑，使我失眠！他日履安出來，當使我此恨得一彌補耳。十、十、三、記。昨夜又是這般。

九月十六號星期五（八月十五　中秋）

寫萬里劉經庵信。偕緝熙介泉到柱中處（大純公寓）談，又至協和醫院，未得參觀，又至市場買物，歸。

陳兆畦君來。讀《論語》，作筆記。

吃蟹，飲酒，即眠。

覆萬里，未能到盤山，以校務牽掣也。今日緝熙主張請客吃蟹，邀客無一至者，仍是我們一家聚餐。我吃了四隻。介泉强我喝一杯葡萄酒，乘酒力得熟眠。今夜無月，夜大雨。我不會吃蟹，不懂去糞袋及六角肉，由緝熙夫人代去之，可感。

九月十七號星期六（八月十六）

在家作筆記，讀《孟子》。

夷庚來，同到適之先生處，未遇。到校，晤守常先生，并晤新同事朱雲五君。歸，與介泉等又至第一院，又至協和，仍未能進，即到王府井大街隨意走一回。到勸業場玉壺春品茗，待冰如邦華等。他們來後，同去買裱，瓷器，紙張。

新買得外國信夾，似頗適用，即列格子，備刻。弄得十一點，又是睡了長久方得眠。

睡至八點始醒，蓋睡十小時矣。協和兩次往，皆未得進。

九月十八號星期日（八月十七）

理書桌。釘書人來，檢講義付裝。寫平伯昂若兩，聖陶孟韶片。

拆《古學彙刊》，理舊報紙付裝。寫稟父信。寫寄履安信。

到後門買郵票。拆釘《甲寅》雜志。十點眠。

予太忙，介泉謂我生活倘不改，則精神必破產，即不能作事也。他人公事忙者私事多不管，私事管者公事多不忙，我則兼有之，自己要做的事情又多，夜中又不能多作事，真教我無法。

九月十九號星期一（八月十八）

拆釘《甲寅》畢。偕介泉步行到校。約敬軒下午到校。在校看《涵芬樓秘笈》三帙，鈔《集古錄》《金石錄》之辨偽文字二篇。

到校，詩亭來談。得幼漁先生信，約到第三院閱新生卷，即去，六點歸。

拆釘《中國學報》近完。

今夏有美國女子衛德（此係美國國會圖書館派來研究中國書籍分類者，金陵大學教員）來參觀圖書館，守常先生以我介紹。今日守常先生得她來信，要與我通信，這頗爲難，因爲我在分類上并無研究，又不會寫英文信。

九月二十號星期二（八月十九）

偕夷庚到適之先生處，未晤，歸。到第三院閱卷。

緝熙來，謂介泉生外症，即同至醫學校看子震，未遇。又至琉璃廠，亞惟一，廊門頭二條買物，七點歸。

偕子水夷庚到適之先生處。

　子震言，介泉外症不重，囑其每日到醫院治療。

九月廿一號星期三（八月二十）

釘書人不來。寫履安，欣伯函，竹庵叔祖，紹虞，爲璋片。上日記，上賬。忽忽半天。

到校，晤仲良，詩亭，伏園。校《僞書考》數頁。到昂若夫人處交信。

寫《甲寅》雜志簿面及書邊。

九月廿二號星期四（八月廿一）

拆《新青年》第一卷。寫《庸言報》簿面書邊，忽忽半日。

到校，在圖書館辦了四五件事。到研究所校《僞書考》三之一。培書先生來談。

寫講義簿面及書根。即置入書架。

九月廿三號星期五（八月廿二）

偕緝熙到石達子廟，觀畫學研究會展覽會。又到觀象臺，看新自德國運歸之天文儀器。碩輔姨丈邀午飯。今日姨母送蟹十九隻，梨十隻，月餅一盒。

飯後歸寓，釘鏡架。到校。馬贊卿來談。寫幼漁先生處信，答《儀禮》辨僞事。五點許出，到昂若夫人處問候。

吃姨母贈與之蟹四隻。

昨未下便，昨夜進果子鹽一盞，今晨復進，上午八時得便頗
暢。近兩日飯量不佳，想有積滯。

自姨丈處歸，途中逢大雨。姨母又有身孕，下月分娩。生子
一多，便把人束縛得動彈不得，可怕！

九月廿四號星期六（八月廿三）

考《儀禮》辨僞人又得幾人。寫《中國學報》書皮。到第三
院，看新潮社賣《蔡先生言行錄》，并聽蔡先生演講，又至第一院
略看，即歸。

以大雨未到校。在寓讀《孟子》，記筆記八頁。又標點了幾頁
《僞書考》，天就黑了。

拆《新青年》第二，三卷。

今日午後，忽起陣大雨，近日天頗寒而如此，不料！介泉選
古今情真理切之詩詞，大抵男女方面爲多，予擬名之曰《性情
集》。《蔡先生言行錄》在會場銷售，竟賣去四百部，前天二百
部。孫伏園到綏遠去了，那處剛通車。

九月廿五號星期日（八月廿四）

〔楊德芳來〕寫書根廿餘册。畫交際簿格樣。楊德芳來，商榷
格樣甚久。

夷庚來。將《僞書考》標點完結。將《群書疑辨》寄履安，
托雇人鈔。到後門寄書。

寫爲璋，玉諾片，三和公，聖陶函。

聖陶易于頹喪，夜中作函勸之，詞甚摯。

九月廿六號星期一（八月廿五）

聖陶信補下一紙，寫伯祥，平伯，昂若函，杭州書局片。陳伯

隽來，借杜威《十分法》一册。寫寄衛德女士信，托介泉譯。

到研究所擬校《直齋書録》，沈兼士先生來，約同看《圖書集成》，選《文論》，看《文學典》十册。爲玄同先生找楊衒之事迹，未能得，即覆之。

到青年會看遠東運動會，幼稚教育等電影。出至市場略走。十一時睡。

寄伯祥信，慫恿他到京。未下便。

九月廿七號星期二（八月廿六）

記筆記八則。寫父大人片。到校，到貴重書庫。晤萬里，伯弢先生。到張西曼處，請他將中文書趕編目。

記筆記一則。冰如來。與西曼編中文書目，到六點許歸。尚未完。

寫杭州圖書館，世界書局片。

編目課書籍有送來已三年而尚未編目者，看了十分難過，必徹清之。西曼家布置頗好，是亦同事中難得者。

九月廿八號星期三（八月廿七）

譯鮑文介紹衛德女士信，并作一衛德參觀記事，備登《日刊》。

到印刷課，詢問書目印價。幼漁先生到所，商定研究所房屋。到研究所，看《圖書集成》數册。兼士先生來，邀赴騾馬市通商號夜飯，即同去。同坐有邊先，幼漁，又陵，君默，士遠，介石諸先生。

八點半飯畢，與介石步至西河沿，雇車歸。寫書面數十册。

九月廿九號星期四（八月廿八）

寫書根數十册。到校，進書庫，爲又陵先生提書。

到校，提書入所。新延書記李朱二君來，與接洽。看《圖書集成》二册。到守常先生處略談（書目賣價）。

偕介泉緝熙到青年會剃頭，至市場買物，睡已十一時許。

一個頭熬了好幾個禮拜，老得不成樣子，今夜才剃了，實在沒功夫，竟一忙至此！

九月三十號星期五（八月廿九）

寓舍布置大更變，理了半天未能完。

到校，寫致出版部信，送英文書目。到研究所，看《圖書集成》詩部八册，寫士遠，又陵，適之諸先生信。與兼士先生介石談話。

鈔校高氏《子略》五頁。補記日記。

終日忙迫，報至夜中始得觀，弄得《晨報》變了"晚報"。夜中看書，又睡眠不甚順。

原與適之先生約，《僞書辨證集說》第一册儘九月底交去。但這兩月實在太忙了，至今没成，只得寫信去道歉。

一九二一年十月

十月一號星期六（九月初一）

略理物，即到研究所，看《文學典》二册。馬贊卿來談。幼漁先生來，爲又陵先生借書，予却之，即作致又陵先生信，説明研究所書籍概不出借。今日因勉欲在午飯前看《文學典》盡二册，歸家飯時已一點矣。

到所看《文學典》八册。仲良來，共擬表格廿六種，頗快。

理書籍完畢，至十二點眠。

予以圖書館無目錄，不忍坐視其腐敗，欲自起負其責任，而力量時間又不能及，擬請介泉助成，而彼推卸至今，反來揶揄。

今夜談話，使我憤甚。以此可見負責必受氣，予又何必勉負其責哉！

天下最稱心事只有有錢雇用人，只要主事者肯出力，事情不會做不好。若要請人盡義務幫忙，未有不失意而返者，以熱心做事者之少也。介泉與予爲至好，尚且如此，況其他乎！語云"至誠可格"，直是瞎説，予驗之多矣。有至誠而不格，予于徵蘭之疾驗之于家人父子，于編目驗之于介泉。父子，至親也，介泉，摯交也，至親摯交而如此，其他又何言乎！人類之互助，恐終是做不到的事！我真不懂，我爲什麼這般肯負責任？這種的現象，使我在積極方面感受到權力有用而公理難希，在消極方面感受到偷懶適意而負責無謂。世界之所以亂，社會之所以腐敗，即由于此種心理積叠而成。我雅不願有此等心理，而此等心理竟迫我使不得不有，可痛哭也！　　十，十，一，頡剛氣極身顫書此。

十月二號星期日（九月初二）

理物挂字畫，全部完畢。

本日緝熙子伏生（名樹德）剃頭，男二桌，女一桌。客來，陪客雜談。二點吃飯，直吃至四點方完。陪客雜談。與佩書先生談戲。

寫履安信五紙。鈔校《子略》四紙。記筆記五則。

十月三號星期一（九月初三）

昨夜得眠頗遲，今早四點醒，看天亮；五點許又睡着。起已八點半矣。寫伏園，渭清，振鐸信。到研究所，與朱希祖撞頂子，憤極。歸寫兼士幼漁兩先生函，即謄清。

與守常先生到四層樓看屋。將《文學典》看畢。

日間事有餘憤，未作事。得眠頗遲。

今日寫的一封信，極爽快，這是我生平的一篇好文章。

十月四號星期二 （九月初四）

在寓挂字畫。到研究所，看《聚學軒叢書》。到萬里處略談。

校《文學典》目録。到研究所量尺寸，開説帖交與士遠先生。計書櫃卅個，寫字臺二個，紙册屜櫃五個，卷軸屜櫃一個。到後門寄平伯書籍。

夜飯後夷庚來談國文材料甚久。

十月五號星期三 （九月初五）

到棣威先生處，爲孫伯葵事。到研究所，擬提出書目，校《莊子祠堂記》。

到君義，伯榘處。到研究所，畫卷面格一，徵求意見單一，研究項目表一。到昂若夫人處，交款。

夜飯後夷庚來。偕介泉緝熙到游藝園聽李大玉《借箭》。

兼士先生到研究所，謂擬任我爲研究所秘書，可以管理全部事務。又言朱遏先向來戇頭戇腦，我們若把文哲與史學分開何如。此事我不贊成，以如此則研究所各自爲政，無益也。

十月六號星期四 （九月初六）

鈔顧棟高 "《左傳》引經不及《周官》《儀禮》論"。到校畫事務日程表格。

冰如來所。範文來寓。在四層樓發見空屋二間，喜其可擴充爲研究所，即走告守常先生。他回答我的話頭，頗有朱希祖不滿意于我之意。憤甚，即寫寄兼士先生信，主張國文系分立。

未作事，九點三刻即睡。

日來屢屢受氣，使我夜中無興味做事。

十月七號星期五 （九月初七）

七點起，眠得九點鐘。在寓校《疑孟》，《史剡》二種。

仲平來館。到校。爲汪叔年寫保證書。理新提到的書（約三千册）。兼士先生來。記筆記二頁半。

夷庚來。未作事。九點半即睡。

兼士先生來，謂分出國文系研究所在勢甚難。又教我擔任一班改文章。我大起歸心，想十一月歸後不來服務。

子水把北大，女高師，孔德課均辭去，爲國文系助教。是亦別致者。

十月八號星期六（九月初八）

五點醒，五點半起。擦臉畢，天始大明。到圖書館，寫史襄哉，平伯，昂若，昂若夫人，毛子震，紹虞函。

到新潮社，開會。四點，會畢。到研究所，略翻《雍熙樂府》。五點，與介泉同歸。校《莊子》解辨僞語。

偕緝熙介泉到協和校看《娜拉》電影。

新潮社開會結果，以雜志并不賺錢，不獨立。叢書則四種以前與學校算賬，四種以後向學校借錢自辦。舉介泉伏園二人作代表，向蔡校長陳説。不知能成否。

十月九號星期日（九月初九）

到夷庚處，同到適之先生處，未晤。到幼漁先生處，談研究所事。

寫父大人，履安，張姑丈，戚煥壎，夷庚，楊德芳函，伯祥片。

偕介泉到勸業場，在煤市街吃飯，到虎坊橋看高師附中平民夜校籌款游藝會。十二點半歸。

每逢重陽上午，景山可隨意登高。今日惜未去。游藝會有武術，跳舞（女高師附中），音樂（趙子敬昆曲，洞簫獨奏等），新劇（母），啞劇（説不出）。

與幼漁先生談，他要我做到明年暑假。

十月十號星期一 （九月初十）

寫聖陶信，爲璋，子清，品仁片。校《抱經堂文集》目。

夷庚來。到麻綫胡同看午姑母，裱褙胡同看七姨母，絨綫胡同看娥姑母。步歸。

未作事。記日記三天。看從前筆記。

七姨母又于上月下旬産一女，事多而育衆，其忙可知。三天寫了十七封信，略得將債一清。我現在連信也十分怕。

今日本與範文介泉緝熙游三家店。以昨夜大雨，今日大風，只得作罷。今日起，石景山電燈廠開工。北京電燈不如油盞似矣。

十月十一號星期二 （九月十一）

理桌上雜物。偕子水到研究所，略翻書，共擬研究所章程。

寫履安信。兼士先生來。看大石作招租屋。楊德芳來。到後門散步。

雜作。

兼士先生來，謂夷庚走，公瀆假，豫科國文教員少，擬請聖陶來，而慮其不肯負責任。予因薦伯祥，惟伯祥不如聖陶之有名，不知能成否。

十月十二號星期三 （九月十二）

校《抱經堂文集》目畢。孫伏園來，略談。與緝熙介泉伏園步行到校。與守常先生談館事。到所，寫幼漁先生處信，薦伯祥及伏園。録稿。

慶叔祖母，午姑母，三表妹，一表弟，一女僕，由佩書夫人伴來。同至三殿及中央公園。六時歸。

寫兼士先生及聖陶信。

兼士先生要聖陶任豫科國文，每周十一小時。當即轉述。但我的意思，聖陶是一個文學家，不是一個國文教員。國文教員必須研究國故，而聖陶絕不能也。

十月十三號星期四（九月十三）

寫履安信。到北長街郵局匯款。到校，寫信二。伏園介泉往蔡校長處，談新潮社事甚滿意。與伏園介泉商量社事。

到研究所，作擬組織草案未畢。與兼士先生，介石等談。

譯致伯祥電稿。到總局發電，徒步往來。

幼漁兼士先生見我信，保舉伯祥，允我請，大慰。致電云："廈門集美學校王伯祥，北大豫科國文十一點，百五十圓，火速來，立覆。剛。"

守常先生告我，今日見蔡校長，我薪即加。又謂將以我爲研究所助教，兼任圖書館事務。

十月十四號星期五（九月十四）

到所理書。看《西河詩話，詞話》。

記筆記一頁。立《景西雜記》第三冊。到所，略理書。與介石等談。陸元同君來談。到新潮社，與伏園介泉等商訂叢書辦法。出至敬軒處問病。

記《陶庵夢憶》入筆記，四頁。七，八時，爲璋來。有暇當去候。

昂若夫人每晚發熱，頸中作痛，疑是結核（栗子筋），大可悲。人生不幸至此！

十月十五號星期六（九月十五）

記筆記二則。到所，理書。鈔《詩辨妄》三頁。

到所，理書。鈔《詩辨妄》二頁。到夷庚處，又到昂若夫人處。記目録書目。爲璋來，雜談。

子震云，昂若夫人肺部確有些不好，但尚可治好。

十月十六號星期日（九月十六）

［到介石處。］在車上看任公講義。到東車站，送夷庚。到萬里處索取照架；到羅濟時君處，爲碩民事。到孔平處閑談。

［或到元同處。］到棗林大院，與張仲清丈略談。歸家將任公講義看完，記目録書目。

與爲璋談本國史。

爲璋帶來任公《中國史學研究法講義》，讀之如我心中説出，蓋即我要説之話，要本這意見預備編書的。快極，擬摘要鈔録。

擬作一文，曰《唐以前的目録學》。

十月十七號星期一（九月十七）

與爲璋等談。大便極暢，疲甚。到校時，遇繆陸二君，即折歸。到西分局打電催伯祥來。

到校，幼漁先生招談。守常先生介紹鄭年君作臨時書記。研究所接受國文教授會東文書。看郎注《蘇東坡集》，札記三則。到昂若夫人處送謄清檢驗書。

到游藝園，與爲璋吃西餐。聽李大玉《朱建游宮》。一點，得眠。

第三院送課程表來，予任俄文班二年甲班作文。每兩星期一小時，一班約廿人，尚容易。

房東伊克坦病狂，以妾死，疑其屋不利，悉請賃屋人他遷翻造。予寓不久將移。

十月十八號星期二（九月十八）

欲到校，爲緝熙介泉二人所阻，以爲璋在此也。校《子略》五頁。

寄履安信囑其親至伯祥處一問。到所，做了許多零碎事。爲璋返津。爲新潮社擬叢書發行章程。到昂若夫人處送本國史參考書。

夜飯後不久即眠。至十二點，伯祥來電，起譯，竟不得睡。至十九號上午四點始眠。

予夜中既眠，不能驚醒。一醒則不得眠矣。今夜本好眠，伯祥來電後，竟使予血向上升，左耳奇熱，身上出汗。不得已穿衣起身，看《詩經》數頁。直至耳熱既退，乃得落眠。

十月十九號星期三（九月十九）

以伯祥電，到幼漁先生處。又至張姑丈處，談購用木器。雇車到校。寫伯祥信，催其速來。寫聖陶信。

到所，寫平伯信。幼漁先生約談，囑我加教一班改作文。輯《詩辨妄》畢。記筆記二則。在所雜作。

到五道廟春華樓夜餐，應張姑丈之約也。樓中遇舊同學黃立孫君。

予時間約四分之二在辦事上，四分之一在應酬上，四分之一在讀書上。總覺不對！

幼漁先生囑我任德法文二年級改文，此班恐較俄文班人多矣。

十月二十號星期四（九月二十）

到書庫提書。伴吳又陵先生到書庫，并提書。

到所錄十八，十九，二十號室書目。晤介石。看《湖北叢書》，記筆記一則。

校《子略》六頁。記筆記一則。

京廈間電報，我十三日夜發，十六日下午才到集美。伯祥十七早到廈發回電，我于十八夜十二點才接到。一電往返須六天，不知爲什麼這般慢？

十月廿一號星期五（九月廿一）

校《子略》畢。到校，編二十一號室書目。看《弇洲四部稿》，記筆記六頁。

偕介泉到適之先生處，遇幼漁先生。到所，雜覽，記筆記五頁。琉璃廠開明書局送書籍來，錄出其目。

摺《群書疑辨》鈔本八冊，并錄目。

適之先生所作《章實齋年譜》已完工，讀之敬佩。先生說《大學月刊》取消後，他要主持編輯雜志，不是學校出報，便是他自己出讀書雜志。

十月廿二號星期六（九月廿二）

釘鈔本十冊。到所，編廿二，廿三，廿四號室目。寫父大人信。

到廿二，廿三，廿四號室對勘書目。與兼士先生談。寫履安信五紙。

讀《唐詩別裁》。校《群書疑辨》。

介泉謂余除睡眠之外，全是做事，沒有休息。他每天做七點鐘事，我則常在十四點鐘以上。這樣的做下去，如于身體無妨礙，倒也可以隨便。

十月廿三號星期日（九月廿三）

到東站送元同及仲清先生，未得。到魏家胡同看黃立生兄。同至賓宴春吃飯。

到外舅處。姨太太又有孕，真是不了！我真爲碧澂着急。寫明片七紙，與聖陶，子清，琚生，士楨，元同，爲璋，玉諾。子震來談。

到游藝園，吃西餐，看影戲，焰火，聽李大玉《取城都》，《小黑驢》。中間出園，至香廠剃頭。

海北寺街(西茶食胡同東首)某肆有《淳化閣帖》，每部四元。在游藝園西餐，同座爲介泉友人于先生(山東第一師範校長)聶湘溪先生(山東省議員)。予從未見放焰火，今夜游藝園放花盒，綠花變紅，魚口噴火，魚燒成龍，火中現寶塔，頗好看。

與黃立孫（樹宸）兄談公高舊同學，死亡者已不少矣。午飯，立孫請。

十月廿四號星期一（九月廿四）

昨接三院注冊課來信，我鐘點有五，訝甚。今早往謁幼漁先生，知此係伯祥課，即至三院交涉，乃謂教員中并無伯祥姓名。因又至幼漁先生處，再至一院注冊課與梁季平接洽。在研究所雜覽。

到所，與守常先生看定講演室。與幼漁先生同至注冊課，交涉伯祥課。校《詩辨妄》完工。筆記三頁。

標點《文論集》前三篇。

《時事新報》今日送起。道遇顧君義，邀我去任中國大學的倫理學史課，這事從何説起！

十月廿五號星期二（九月廿五）

雜作。寫適之先生及星樵信。標點《群書疑辨》二篇。

〔第一次上作文課〕到三院上課。出題即歸。記筆記五頁。校《群書疑辨》。

寫履安信四頁。又注册課信二。校《群書疑辨》第一卷畢。

學生上作文課而不帶筆墨，可見其無誠意。上課前心頗慌，如做新嫁娘一般，可笑！今天是我第一天踏上北京大學的講臺，大可紀念。

十月廿六號星期三（九月廿六）

校《群書疑辨》卷二畢。看補送來之《時事新報》。

到校，楊德芳及雜務課陳慎之先生來談。寫兼士，適之兩先生，介石信。校《群書疑辨》第八卷三篇。校介石論詞雜著。到楊心如家，取還去年所借書。

鈔去年所作《莊子》論文，作《寄居録》一篇。

適之先生來信，説近日大有復病之象。此甚可怖，先生實在太忙了！因勸其游山。聞蔡先生亦患糖尿病（胡先生亦然），可見忙人都易如此！

雜務課陳君來説，研究所所做木器，議決在八百元以內，可做。

十月廿七號星期四（九月廿七）

擬研究所借書閲書章二份。開明書局送書來。幼漁先生來。適之先生來。寫幼漁先生信，送擬二章。

到三院上法德文班課。到所，楊德芳來。敬軒來。寫幼漁先生信，（1）立事務室，（2）用固定書記。校《古謡諺》凡例一半。

到甘雨胡同午姑母處。到長安街發夷庚電。鈔《莊子》論文一篇。

廈門來電催夷庚速去，因發電云："江山西河女校毛夷庚，廈電催，急覆，立行。顧。"

今天出的論文題，爲《述國文中最愛讀之篇章，并加以批評》。下次出題可爲故鄉之風俗，故鄉之名人等。

十月廿八號星期五（九月廿八）

記筆記二則。到所，校《古謠諺》凡例三頁。

將《群書疑辨》卷八校畢。到慶王府看拍賣物品。又偕介泉至護國寺，至萬生園，茶于幽風堂。五點許出。

記筆記三則。

萬生園風物曠逸，游客寥落，俟履安到京後可與常去。

十月廿九號星期六（九月廿九）

到所，點昨日提上各書。鈔劉知幾"辨鄭注《孝經》議"。

到所，將提上書籍匀入各室。爲臨時書記算賬，到雜務課接洽。校《古謠諺》凡例畢。守常先生來談。到介石處談。到昂若夫人處談。

標點《史通·疑古，惑經》二篇畢。十一點眠。

伯祥至今日尚無信來，真令人焦急。

守常先生謂女高師學生要教他講編目法，他介紹了我。下星期一，她們到研究所看我。近日起身便七點半左右，以此上工頗遲。

十月三十號星期日（九月三十）

碧澂來談。竟日記筆記十頁，《景西雜記》第三册完。

立孫範文來午飯，談至五點去。緝熙爲我們照了四個相。

緝熙爲我住屋燈下照了兩相。寫履安信。

房東來説，房金須加至四十元，我等還價至卅四元。

今日星期，居然未出。

十月卅一號星期一（十月初一）

寫平伯，聖陶，劉經庵函，仲周，柏常，紹虞片。信債稍清。到校，與介石談。看祁君著中文編目法。緝熙爲我室攝影四幀。

校《群書疑辨》卷九畢。女高師學生來參觀，因講中國書籍編目法。

　　寫履安信。鈔《莊子》論文十一頁。

　　女高師來參觀者卅餘人，我當衆講述編目方法，頗不好意思。如何可以使得我面皮老些？

　　每日伏案，弄得胸前悶痛，如此總非久計。緝熙介泉以我作事過勞，均勸我用書記。

一九二一年十一月

十一月一號星期二（十月初二）

　　鈔《劉知幾傳》六頁。寫履安信。介石到所談。寫父大人信，録《通志・藝文略》分類入分類録中。

　　到所，校《疑辨》卷十，未畢。幼漁先生來。楊德芳來。

　　略看《實齋年譜》。

十一月二號星期三（十月初三）

　　録《通志・藝文略》分類入分類録畢。校《疑辨》卷十略畢。看《實齋年譜》。韓馨送守常先生信來，約與朱遏先葉浩吾等談編目事，與接洽，定先編九年以來書目。

　　守常先生來談。招釘書寫書根人來。楊德芳來，交研究所表格刻。看《實齋年譜》未畢。幼漁先生來，論辨僞書。臨時書記熊周二君來，與接洽。爲所事寫信與沈士遠馬贊卿。

　　寫履安信四頁，寄寓舍照片。

　　現在編目次序：（1）二年來新得書目録。（2）貴重書目——守常先生允出空兩間屋子，到書庫裏編，將來便在書庫裏看。（3）分類目録。

十一月三號星期四（十月初四）

到所，看《實齋年譜》畢，即寫適之先生信。

〔到三院上法德文班〕到校上課，學生頗胡鬧。還所，改卷子五本。幼漁先生來談。編研究所圖書目。

到市場開明電影院看閻瑞生影戲十本。歸已十一點。十二點，伯祥快信來。成眠已一點外矣。

改了五本卷子，弄得頭脹欲裂，肝陽也升了。這些東西，在他們是敷衍我的，而在我則不能敷衍。吃吃力力，同他們改好，他們也不過胡亂一丟而已。

十一月四號星期五（十月初五）

記筆記三頁。昂若來談。他昨夜到京的。到所，略編目。

與介泉同至新潮社。到所，改卷五本。寫履安信二紙。略編目。介泉來，同歸。

寫適之先生信。詩亭範文來談。

一個人長覺背痛神倦，實在沒有休息之故，恐積勞成疾矣。

昂若來，謂馬叙倫在杭，痛罵胡先生以《水滸》《紅樓夢》教學生，又說他的《哲學史》誤處甚多，修改不了。但沒有舉出理由來。馬之爲人，妄得可笑！

十一月五號星期六（十月初六）

記筆記數頁。到所，接玄同先生信，因作覆。

到所，幼漁先生來。權無爲來，坐頗久。寫玄同先生信畢。介石來談。

與緝熙子水談。九點，出城剃頭。到站接伯祥，歸已十一點許，眠已一點矣。

康白情介紹權無爲來，教我們給與相當幫助，但我手頭這般窘，又如何拿得出！白情這種舉動實在不對！權氏大約係無政府黨人。

今日未甚做事。改文托子水做，他只肯上課。這在我也好。

十一月六號星期日（十月初七）

九點，與伯祥至幼漁先生處。又至適之先生處。高夢旦適在，與略談。又至兼士先生處，談豫科國文教科甚久。又至仲川處談。歸飯。

理物，書桌一理。範文來談。與伯祥至第二，一，三院，游觀一過。復至北海橋上眺望。

範文昂若來談。自伯祥來，言笑更樂。

胡先生勸高夢旦重編《人名大辭典》。予因略貢意見，主旨謂須注出處。

昂若來，托其改文，承允，極快。

十一月七號星期一（十月初八）

選明日俄文班課題。到所，改俄文班課卷三四本。買《考信錄》。

飯後，略標點書，即到研究所，改俄文班卷七八本。幼漁先生來談。

仲川叔璋來談。擇德法文班課題。

十一月八號星期二（十月初九）

改俄文班卷畢。到所，送書櫃，書桌等圖樣來審定。寫玄同先生信。摺《漢文書目續編》。介石來談。

到所，兼士先生來，商量布置研究所主任室。寫開明書局，適之先生，講義課等信。玄同先生信續完。楊德芳來接洽。

整理表册。

今日《日刊》登蔡校長請兼士先生爲國學門研究所主任函，研究所事始定。兼士先生謂"你如要回去，我做此亦無味"。要我明年暑假歸，我未決。這"真教我難以調停"了！

十一月九號星期三（十月初十）

略鈔《劉知幾傳》。昂若來，同至校。做《北大漢文書目續編》序。與雜務課接洽書櫃等做法。到教授會晤朱希祖。

到所，與邃先叔平浩吾諸先生論編目法，議決就登錄課目校正印出。提書點數。略看羅振玉所印書。介泉伯祥來，同出前門。寫王岑伯信，爲買書。

伴伯祥到勸業場等處。到杏花村飯。國任仲川請夜飯。到游藝園，看金少梅《女斬子》。

夜飯後欲至游藝園看李大玉，仲川等堅止之。至前門，各雇車，因仍至游藝園。私計到園時近十點，大玉快出矣。孰知坤書場改爲雜耍場，這一班都不見了。一時悵惘，竟要哭出。這是我大掃興的事。

十一月十號星期四（十月十一）

昨日睡眠過遲，今日起已八點半矣。到所，開明書局送書來。看《呂氏春秋》，折國文課題。

仲瑞來。到所，看《全唐文》，筆記四頁。寫王俊人信，爲研究所書目。校八年九年登錄課書目，付繕校室印。

寫平伯信。到公園。

十一月十一號星期五（十月十二）

知本日放假，因未到校。鈔《新唐書·劉知幾傳》畢。又接《史通》目錄，及自叙。

寫履安，子清片。偕伯祥介泉緝熙到萬生園。并至測候所金在鎔處。

鈔《史通》自叙畢。

十一月十二號星期六 （十月十三）

理行裝。到所。校登録課目。伯祥來，面交代一切。

到午姑母處辭行，又到七姨母處辭行。到校。寫信十餘封，交代一切。見守常先生請假。

到仲川處閑談。

研究所事請伯祥代，圖書館事請敬軒照顧。

十一月十三號星期日 （十月十四）

［張西眉君請吃飯］到西曼處辭不赴宴。到午姑母處取物。到前門購物。歸飯。

理行裝。三點半到站。介泉伯祥送行，緝熙子水國任繼到。四點廿五分車開。看《中國風俗史》。

七點許到津，寓俄界天泰棧。即到三不管廣和樓看香水《算糧》，張笑儂《哭祖廟》，孫菊仙《雍凉關》。

十一月十四號星期一 （十月十五）

九點，上津浦車。車中購《老殘游記》，半天看完。細看《新聞報》。

津浦車看上海報，天津看十二日的，濟南看十三日的，徐州看十四日的。到南京則看十五日的。四天報紙，在兩天裏看到，頗有趣。

天津客棧不老實，不肯開賬。送客到站，與車站作弊冒收行李費，余爲吞去兩元五角。

十一月十五號星期二（十月十六）

［此日歸家。］津浦車中，雜覽報紙及《老殘游記》。

到浦口，由下關新新旅館接客人杜金波招待。寫伯祥等信，昂若信，仲良信。

偕同行旅客蘇錫圭先生到天然池洗澡，館子吃飯。十點，上車。

尋常快車在固鎮等特別快車，特快過了再開。

南京客棧亦邪，予停一下晚，旅館中賺去兩元許矣。

十一月十六號星期三（十月十七）

五點到蘇，提出行李，即雇人力車至閶門，換車到城。在城頭口等了一刻鐘，五點三刻進城。六點許到家。敲廣叔祖母門而入。與家人雜談。到叔處。疲極，小睡，居然得眠。寫父大人處稟。

仍臥床，到夜方起。在床看家中二月來信札。眼有紅絲，甚可畏，即煎金銀花服之。

理二個月中與履安的信札。

蘇州的街，經不起人力車的跑。平常覺得很長的街，一跑就完了。

車站至閶門間一段月色，極好。

十一月十七號星期四（十月十八）

爲璋來談。理物。

寫伯祥聖陶信。到毛姨母處，請外祖母來，談至天黑。

看《新青年》八卷四號。

十一月十八號星期五（十月十九）

上賬。

到姑母家。到子清校及欣伯家，均未遇。到琯生處談。到伯祥家取書。到平伯家談。到觀前買物。

子祥先生來。

父大人來信，廿日偕母親回蘇。如年內不去，殊爲家人擔憂。繼母的討厭，非人類所宜有。若此次歸後須明年陰曆三月中去，則在家近五月，祖母及履安將不勝其苦，而履安之月經必又病。

十一月十九號星期六（十月二十）

終日挂字畫。平伯來。

欣伯來談。

寫適之先生及爲璋信，爲爲璋教科。

聖陶來信，廈門決不就，因薦爲璋。挂字畫因求配置的適當，頗費時間。

兼士先生來信，謂研究所當創辦時，極要我速去主持一切。

十一月二十號星期日（十月廿一）

到醋坊橋郵局寄適之先生快信，在過駕橋進點。雜作。魯弟及蔣司務來談。

鈔《詩辨妄》。艮男跌豁嘴。父大人、繼母、竹妹歸。

寫兼士先生信。

繼母云廿六返杭，此心一慰。

予此次歸來，本請假兩星期。歸後看房用已借公賬不少，祖母亦無餘資，且此次去後不知何日拿到薪水，寓用亦須籌措，因此不能即走。夜中函兼士先生，請其將我十月份薪先行支寄，以便準時北行。

十一月廿一號星期一（十月廿二）

鈔《詩辨妄》竟日。

子清琯生來談。

十一月廿二號星期二（十月廿三）

上午鈔《圖書集成》中之《詩辨妄》畢。挂嗣祖考妣喜神。履安爲剃頭。

寫《詩經》篇名入目片，約百餘片。到觀前，取叫人鐘。

校《徵信論》畢。

十一月廿三號星期三（十月廿四）

本日爲嗣祖仞之公三十周年，來客約五十人。男三桌，女二桌。終日陪拜，開發，管理雜務，甚忙。夜做施食。十點完，即將陳列品物搬進放好，十一點許眠。本日請有斐族弟爲賑房。

午飯間，予代賬房，送禮者紛至，一忙即升肝陽，精神頗不舒服。予只能過秩序的生活，不能過煩勞的生活，有如此者！履安月經來，甚好。此病大約可脫矣。

十一月廿四號星期四（十月廿五）

換挂字畫。仲周來談。寫伯祥，紹虞，仲周，昂若，官書局等信。

釘一年半中與履安信，成四冊。忽然困怠，似塞熱，即脫衣臥，未進夜餐。夜頗酣眠。

予不能經辛苦，大是受累。

十一月廿五號星期五（十月廿六）

得便極暢。父親等到杭。剪《詩辨妄》輯本。記日記。上賬。編《詩經》目片六十頁，記筆記二頁。

書局送《經學文鈔》來，即翻覽。録目録十紙。

鈔《經學文鈔》目十餘紙。

今日雖愈，猶背酸臂軟。

十一月廿六號星期六（十月廿七）

終日編《詩經》目片，訖。即排"篇章"及"筆畫"次序二數，至夜十一點半睡。又曾表弟來。鈔《經學文鈔》目十頁。寫序鏞母舅信。

十一月廿七號星期日（十月廿八）

理《詩經》目片訖。

鈔《經學文鈔》目及序訖。欣伯來，同至青年會，在青年春吃茶，丹鳳吃麵，皆欣伯請。

在青年春吃茶時，有一人向予招呼，叩其姓名，爲徐潛生，乃第一師範教員，暑假中適之先生到師校演講日，予亦到，故認識我也。

履安極望生子，可憐！

十一月廿八號星期一（十月廿九）

盡一日之力，將《詩序》鈔畢。

寫守常先生及伯祥仲良信。子清送潤格，贈信箋，即答信。

今日爲周維庚表嫂出殯，予未往，近日應酬四五起，均未去。幸現在祖母不管我，脫略酬酢，可以自由，極快。明年編書時，更當決絕。維庚賣田做交易所生意。喪事極闊，七中僧尼費數百元。房子要賣去。此等人真爲難！

與守常先生信，囑其會同兼士先生，速將十月份薪支寄。

十一月廿九號星期二（十一月初一）

輯《詩序》稱人表。竟日記筆記八頁。又曾弟來。

校《詩序》，并標點。介泉家送物件來。

寫朱姨丈及父親信。

介泉來信，謂北京現狀窮，我們寓裏緊，薪水想也不要想他。他和伯祥實做了寒士，因爲至今不曾裝爐子。

十一月三十號星期三（十一月初二）

校《詩序》，并標點訖。竟日記筆記六頁。輯《詩序》徵事表。

校《詩辨妄》，并標點分段。

連日均十時睡，八時起。

一九二一年十二月

十二月一號星期四（十一月初三）

早四點忽醒，至五點許始重眠，起身已八點十餘分。校《詩辨妄》并標點分段畢。竟日記筆記四頁。修面。

鈔集《詩辨妄》序錄。

記日記四天。

夜地震。

十二月二號星期五（十一月初四）

寫平伯，伯祥，介泉，煥塤，兼士先生，爲璋，仲周，錚子，聖陶函。又伯常，瀚澄片。

鈔集《詩辨妄》序錄。

伯祥來信，謂兼士先生述及校中支薪無希望。囑我在南方設法，早日到京。因寫兼士先生信，告以此來，不但要籌路費，并請還家用，籌寓用，動一動就須百元的擔當。只得續假。

日來祖母夜每遺溺，昨夜至遺二次，不但女僕受累，祖母亦太苦。今日因購再造丸服之。又祖母日來極易睡，精神大不如前，説話多纏誤，思之可怕！予日來傷風，早起痰甚多，因服芎芎丸。夜中易升肝陽。

十二月三號星期六（十一月初五）

鈔《子略》十頁。記筆記一頁許。

又曾表弟來。看《經學文鈔·詩類》，摘《詩辨妄》叙録。記筆記七頁。立《景西雜記》第五册。

看《經學文鈔》，記筆記三頁。

予日來專爲《詩》學，遂致他事停頓甚多。今定每日下午專做《詩》學，上午理未了事。酬應寫信，置之夜中及星期。

十二月四號星期日（十一月初六）

校《羣書疑辨》第三卷畢。

接兼士先生信，謂勉强弄到三十元，匯來，囑即去。因寫父大人稟，請函蓉福先生索免票，俾得稍資撙節。子祥先生來談。

寫《禮》鄭注，《詩》朱注，《左傳》讀本書根書端。排《景西雜記》第四册號目。

今日接兼士先生信，頗使我爲難。説去罷，這數目只够盤費；欠家用七十元，欠寓用一月，并去後的用度，從什麼地方出來？説不去罷，師長殷勤之意，請假兩星期之約，没有辦完的事，又如何可以隨便丢了！

十二月五號星期一（十一月初七）

鈔校《餘姚勞氏家譜》畢，訂一册。

吳外姑送物來，囑去。校《羣書疑辨》卷四畢。

伯祥來信，謂現在窮得車錢也没有了。又説，研究所因爲去了無味，現在已不去了。如此，使我不得不即去。

十二月六號星期二（十一月初八）

校《群書疑辨》卷五畢，又校卷六未畢。

畫將來擬造房屋圖樣，與履安磋商甚樂。

以隔壁桑園賣去，將桑樹截倒，頗覺可惜，因念我將來造屋，當于大門內植柳百株，使彌望青蔥，遂打房屋圖樣。

十二月七號星期三（十一月初九）

校《群書疑辨》卷六畢。裱畫鋪人來。

校《疑辨》第七卷畢。剃頭。寫兼士先生及伯祥耀曾信。到吳外姑處約一小時。歸遇雨。新寶來，賣如意。

十二月八號星期四（十一月初十）

校《群書疑辨》卷十一、十二畢。耀曾來。

十二月九號星期五（十一月十一）

點讀《詩集傳》，竟三卷。

十二月十號星期六（十一月十二）

竟日將《子略》補鈔完畢。

十二月十一號星期日（十一月十三）

校《子略》畢。

校《質疑》畢。

校《經學文鈔》畢。

一年中積務，至此大致清楚，一快。

十二月十二號星期一（十一月十四）

寫伯祥，緝熙，敬軒信。吳姑丈來。寫玉曾喜聯。

寫聖陶信，平伯，爲璋，介石片。吳外姑來，偕艮男去。

洗足。點讀《王風》畢。

晚間微覺不舒，恐發熱，不飯而粥。

予不會寫對聯，今日用粉綫彈了再寫，雖稚氣，尚工穩。

十二月十三號星期二（十一月十五）

點讀《詩集傳》卷四《鄭風》至卷七畢。

寫欣伯，子清，蔡渭源函。

以後寄書，以三斤爲限。每重三斤，郵資約一角五分。伯祥信來，述窮況，使我惆悵。

晚間，仁孝里失火，聞是點家堂香燭所致。諺云："朝初一，夜月半。"今日是月半，故在晚間點香燭，遂肇此禍。被焚之家，如無餘屋可居，則只能住客棧，不能住親友家，以有"火老鴉"之嫌疑，恐爲他人禍也。

十二月十四號星期三（十一月十六）

點讀《豳風》一卷。吳姑丈來。又曾弟來。

寫父大人信，幼漁先生信。又伯祥片，陳桐生片。記筆記四頁。

點讀《鹿鳴之什》六篇。

父大人來信，囑我辭職，因與幼漁先生信，請假至明年春假爲止。

祖母日來，夜中時有遺溺，可怕。

十二月十五號星期四（十一月十七）

到合村坊郵局寄伯祥快信，寄去廿元。到滄浪亭圖書館取殿版

《圖書集成》校《詩辨妄》。圖書館中只我一人看書。看他們簿子上已七八天沒有一個人了。蘇州人無學問觀念至此！殿版《圖書集成》，云存而不看，爭而得之。此事甚無理。到烏鵲橋吃麵當飯。

復到圖書館，看《通志堂經解》中《詩》解多種。歸家，鈔續《通志》中之葉夢得、鄭樵二傳。剃頭。

子祥先生來談。

子祥先生來，爲緝熙支持生活困難，大躊躇。予意緝熙不如趁年假到上海一走，尋機會。報載八校斷炊，不能維持旬日，擬自行解散。恐予一年半來所辛苦布置者，至此亦不得不拆場子矣。可惜！

十二月十六號星期五（十一月十八）

鈔《程大昌傳》。到道前街通商旅館，賀玉曾表弟喜事。徘徊躑躅，無味之至。到舊書店買了些書，又隨便走了一回。飯後，與舜欽至胥苑啜茗看報，遇烈裔，叔衡，彥龍。還旅館，俟祭祖，見禮畢，即趁人力車歸。

看今日所購書，寫兼士先生及伯祥二片，告于一星期內北行。

接士遠先生信，匯來四十九元三角七分，北京去得成了。履安康媛，留宿張宅。以致我又大失眠，至上午四點始得睡。

喜事程序：（1）拜堂，（2）做花燭，（3）坐床沿，（4）祭祖，（5）見禮，（6）待（？）新人，（7）回門。

十二月十七號星期六（十一月十九）

出閶門，到郵局取款。到魯弟交行略坐。到伊耕處賀喜。即出，到丹鳳吃麵。

到子祥先生處道別。又至二姨母處，與姨母及外祖母談，頗久。到道前街書肆看定書，又現買了幾種。歸。

看今日所購之《綴白裘》、《拳匪紀事》等。

在二姨母處，幾欲起身，皆爲阻擋。外祖母等所講之話，極長而極無味，强我聽之，殊不可耐。因念老嫗説話，與學究釋經正同。等了長久，好容易買了點心來，又是酸的饅頭。到親眷處真討厭！

十二月十八號星期日（十一月二十）

道前街書估張君送書來，因雜看。看《綴白裘》。

看《綴白裘》。謄《詩辨妄》。

因將動身，心緒頗不定。定的行程：

廿三　上9，47蘇州開。下3，5南京到。

廿四　上9，30浦口開。

廿五　下4，16天津到。下7，15北京到。

歸來卅餘日所得成績：（1）輯《詩辨妄》寫定。（2）校《群書疑辨》完事。（3）補録《子略》畢。（4）點讀《詩集傳》九卷。（5）編《詩經》目片。（6）鈔《詩序》。（7）録《詩序・徵事表、稱人表》。（8）鈔《經學文鈔》序目。（9）選録《勞氏家譜》。（10）校《徵信論》。（11）輯《詩辨妄》序録。（12）記筆記大半册。（13）校《質疑》。（14）鈔葉夢得等傳三篇。（15）略看《綴白裘》。（16）釘與履安信四册。（17）寫信五十餘通。

十二月十九號星期一（十一月廿一）

看《綴白裘》。寫父大人稟。謄《詩辨妄》。

偕履安到王廢基運動場，又至北局青年會，又到觀前買物，到丹鳳吃麵。

謄《詩辨妄》。

十二月二十號星期二（十一月廿二）

謄《詩辨妄》完畢。

理書。

清理簿册雜紙。

履安甚欲得孕塞責，而今日月經復來，甚不高興。其實她也是怕領小孩的。

十二月廿一號星期三（十一月廿三）

寫伯祥，爲璋，兼士先生片。到子清處，略談。到竹庵叔祖處，未遇。到聚橋買野鴨。到吳外姑處領艮男歸。

理物，理行李。

過冬至節，至十一點眠。

冬至節酒鋪售東洋酒，即酒釀露，北京稱爲江米甜酒。予覺頗可口，飲四五杯，面紅矣。伯祥云，東洋酒應爲東陽酒，蓋由浙江東陽傳來者也。

十二月廿二號星期四（十一月廿四）

寫平伯，爲璋，伯祥片，聖陶信。算賬，上日記。理書房。吳姑丈，耀曾來。

理行裝。寫欣伯信。看《詩辨妄》輯本一過。

理物完畢。竹庵叔祖來，托交陸棣威先生物。

履安多情，予每次出門均哭。此次又哭多次。真無可奈何。

十二月廿三號星期五（十一月廿五）

本于上午八點動身，爲舟人所誤，遂不克行。讀《論語》一過，札記一則。

一點，辭家上船。到站待一小時許，三點十七分上車。在車看

《墨子學案》完。

八點許到南京，住新華旅館。寫履安及父大人信。剃頭。記《詩辨妄》目。

履安送至車站，在船既哭且嘔。下次最好不再教她送，即送亦不要坐船。

十二月廿四號星期六（十一月廿六）

七點起身，七點廿分渡江。用免票上頭等車。九點許開車。在車看《圖書集成》及報紙。夜十一點，到房間中睡。

十二月廿五號星期日（十一月廿七）

在車無所事，呆坐而已。

三點半到天津，待爲璋不至。四點半開車，京奉車中。

七點十五分到京，到子玉處進點。歸家，理物。

十二月廿六號星期一（十一月廿八）

到兼士先生處。同出，至第一院，晤幼漁先生。到所。還寓，取《經學文鈔》，復到校。在所略看視事。

到七姨母處，又至午姑母處。還所。校書目數紙。寫父大人及外祖母，適之先生信。許襄來談。

寫履安信。看《黃氏日鈔》及《困學紀聞》。

十二月廿七號星期二（十一月廿九）

看《通志・昆蟲略》序。到吳外舅處送物。又至謝蓉福處道謝，未見。到研究所，校書目十頁。到仲良處，取《潛挈堂集》。寫新知書社信及爲璋信。

到所，啓明先生及介石來談。爲書記工資寫信與雜務課。鈔鄭樵《詩傳》序。寫德芳齋信。

　清理簿册。到適之先生處，未晤。

十二月廿八號星期三（十一月三十）

　晨四點起，送緝熙，步至車站，以車中未點燈，未能見。歸寫與京奉局長信一通。伴伯祥至雍和宮國子監游覽。在安定門吃飯。

　偕伯祥至京師圖書館看書（《永樂大典》，《仙源慶系録》），校高氏《子略》。

　理物。鈔《經義考》中鄭樵《詩傳》序。

　京奉局中寫信去後，如無效，當將函稿寄各報。

十二月廿九號星期四（十二月初一）

　校鄭樵《詩》學評論。看《經義考》及補正。到校候兼士先生不至。

　到校晤兼士先生，商所中進行事宜，同至守常先生處，談書籍流通方法。校《非詩辨妄》。

　子玉來。偕伯祥子玉至三座門洗浴。

　今日發表裁人，子水，敬軒，冰如均在內。圖書館裁去事務員十人。聽差韓馨亦裁去，來問我方法，只得留爲書記了。

十二月三十號星期五（十二月初二）

　校《非詩辨妄》訖。榮惠來。看《四庫提要·詩類》。

　到校，寫催款信，仍未得。歸寓，寫履安信。與介泉同至適之先生處，未晤。同到市場，購書數種。

　鈔《提要》中鄭樵書解題。

　研究所中聽差趙子明李瑞元均開去。僅剩榮惠一人，殊不敷用。學校裁人如此，真無謂！聽差月薪六元，所省甚微，而裁去之後，一切不便，所失亦多。

十二月卅一號星期六（十二月初三）

鈔《四庫總目》中評鄭樵《詩》學語。

寫新知書社，適之先生函；萬里，緝熙，羅靖華，經庵，煥塤，玉諾片。幼漁先生來，未晤。偕伯祥至小市。又至勸業場，晤介泉，同至亞惟一買竹書架一隻。即歸。

因新書架來，即理書放入，十點半寢。布置又一變矣。

一九二二年

（民國十一年）

一九二二年一月

一月一號星期日（十二月初四）

鈔《四庫目》論鄭樵《詩》學訖。到幼漁先生處，未晤。韓馨來，囑鈔書，理外屋。

寫信片及賀年片十餘。點讀《小雅》一卷餘。

偕伯祥介泉到市場東來順吃羊肉鍋。

今日起，立新式流水賬，殊清楚，可喜。

夜中南方雲中有光，殊奇。

一月二號星期一（十二月初五）

擬研究所章程。終日點讀《小雅》三卷。

文玉來。羅心田來，取爲璋皮襖。

羅君稱我爲誠吾，并詢我前文續作與否，可見此文甚被人注意。

一月三號星期二（十二月初六）

擬研究所職員辦事章程，又布告二則，又研究證格式，房屋分配。李濟君來，托其鈔書目片。

　　偕伯祥到幼漁先生處，不晤。到介石處談。歸寓。蓉福先生來，未晤。寫履安信。碧澂來。子玉來。

　　點讀《小雅》畢。

　　今夜與介泉論愛情，至上午一點。覺得女子中可憐的真多。予又歸納得一條我們方人的原則。我們批評人的好壞極嚴，其好者必有情，壞者必無情，原不在其品行外表。

一月四號星期三（十二月初七）

　　點讀《大雅》第一卷。適之先生來談。

　　錄出《人力車》一詩。

　　記筆記三頁。

　　四日未便，服瀉鹽三次，乃得之。終日下雪。

　　適之先生來談四小時，使我愧甚。適之先生擬辦週報曰《努力》，已請立案。囑我撰文。

一月五號星期四（十二月初八）

　　點讀《詩經》約十頁。擬研究所提書章程。

　　到研究所，規畫所中房屋。看宋元人筆記數種。到市場南剃頭。到張姑丈處，向慶叔祖母借洋五十元，備寓中本月開支。

　　看《國語文學小史》至唐，十二時眠。

　　今夜因遲眠不落膤，終夜若醒若睡。予之爲人，不懲不誠，小愈即忘，至于如此！

一月六號星期五（十二月初九）

　　看《國語文學小史》畢（至十一講）。

　　寫適之先生信，論唐宋以來娼妓文學在國語文學上之力量。羅靖華君來，論謠諺。

　　寫履安信。與介泉伯祥到游藝園。略看《左傳紀事本末》。

　　　游藝園有新到善唱大鼓者王諷詠，抵李大玉之缺。今日夜飯後驅車往聽，適值因病請假。勉强終場而歸，亦掃興事也。

一月七號星期六（十二月初十）

　　終日作《詩辨妄》序三千言。

　　仲川季豪來談。夜不能眠，復起修改所作。到八號上午四點半始就眠。

　　又三日不便，復服瀉鹽。

一月八號星期日（十二月十一）

　　作《詩辨妄》序千餘言。

　　略看《金瓶梅》。笙亞來談三小時。作《詩辨妄》序千餘言。

　　與伯祥在南中海外步行一周。九點即眠，迄不能睡。

　　　今夜未作事，且與伯祥步行十餘里，滿意可以得睡，乃登床七小時，迄不得眠。聽緝熙歸來，聲音了了。直到上午四點後始得眠，七點許又醒矣。予不能作文，至于如此！

一月九號星期一（十二月十二）

　　作《詩辨妄》序千餘言。

　　到所，做了許多零碎事務。取十月份薪水。到敬軒處略談。

　　子玉緝熙伯祥介泉同飲酒，至十一點方散席，十二點眠。

　　兩夜不得好睡，今日頗倦，頭頗脹。

　　以數日不安眠，伯祥亦有同病，適吾家托緝熙帶醬肉醬鴨來，介泉家亦托江宅帶物，遂爲快飲。予飲紅葡萄酒三小杯，頗得眠矣。

一月十號星期二（十二月十三）

七點許起身。寫履安信。匯家用。竟日作《詩辨妄》約三千言。

與伯祥游三殿。

與伯祥往胡同口洗浴。

伯祥接校中送來課程表，只有作文鐘點六小時，頗怒，擬辭職。

一月十一號星期三（十二月十四）

六點三刻起身。作《詩辨妄》序約一千五百言。卧室物件重新位置。

作序約一千五百言。與介泉等散步後門。

一月十二號星期四（十二月十五）

到校，領十一月份薪水。到所辦事，向雜務課領鈔書費。寫兼士守常二信，表示辭職。

到所，校登錄書目訖。寫信三。到館，理未編目書。幼漁先生來談，托我勸伯祥勿誤會。

到午姑母處，還五號所借款。算賬。

今日大家領得薪水，我與緝熙介泉伯祥之欠款，彼此互清。

一月十三號星期五（十二月十六）

點讀《詩傳箋》。

到所，看胡先生《文存》，寫覆信。到館，理書籍雜紙。

偕伯祥到三慶，聽李壽山尚小雲之《風箏誤》，余叔岩之《打棍出箱》。

一月十四號星期六（十二月十七）

點讀《詩傳箋》。

到所，與兼士守常兩先生談。領鈔書工資。到館，理書籍雜紙。

點讀《詩傳箋》至《鄘風》畢。看適之先生《西游記》序及《文存》。

夜中點讀《詩傳箋》至《邶風》畢，已十一點一刻。登床半小時，竟不能睡。起身飲酒，進讀《鄘風》，一卮酒盡，一國之風畢矣。一點還寢，居然得眠，至九點而醒。

一月十五號星期日（十二月十八）

九點始起。點讀《詩傳箋》至《衛風》畢。

許襄君來。偕伯祥子玉到游藝園，聽王諷詠。

偕伯祥在石頭胡同夜飯。到第一舞臺看戲。十二點餘歸。

牛乳今天送起。歸車寒甚，歸後面升火，遂未得佳眠。

王諷詠不静不潤，去李大玉遠甚。聽之索然興盡。梅蘭芳《千金一笑》，楊小樓《安天會》，甚好。不觀梅戲已四五年矣，豐姿依然。

一月十六號星期一（十二月十九）

九點始起。校《夾漈遺稿》第一卷畢。

偕伯祥到研究所。兼士先生與我商量所中事務，擬啓事五道。幼漁先生來，囑詢聖陶來否，因寫聖陶信。

校《夾漈遺稿》。十點即眠，頗得睡。

以兩夜來睡眠未穩，今日又升肝陽，頗無味。

幼漁先生提起請祝心淵先生代我，兼士先生不贊成，謂且待暑假再說。然予已決定春假歸矣。

一月十七號星期二 （十二月二十）

校《夾漈遺稿》略畢。

偕伯祥到中和園，看小香水《三娘教子》。在園中略看胡先生《文存》。到子玉處，略坐。

看《國語文學小史》。鄭盡言來談。與介泉伯祥談話至十一點三刻。

香水《三娘教子》，較二黃本唱白做工均重。説白中勸導的話，入情入理，幾使我滴泪。

一月十八號星期三 （十二月廿一）

到校，寫父大人及誠安弟信。做了些雜務。

到校，寫信十餘封。辦事直到五點半。圖書館又没有去。

作《鄭樵傳》一頁。校《夾漈遺稿》畢。

香水今日即無戲，只來京四日耳。若昨日不去，真要懊惱極了。

一月十九號星期四 （十二月廿二）

作《鄭樵傳》九頁。

到所，録京師館所藏《永樂大典》目録。子庚先生來談。楊德芳來。鄭盡言來。到新潮社爲子水翻《教育公報》。

作《鄭樵傳》五頁。偕伯祥到巷口洗浴。又失眠，飲酒，將所作傳文修改。

今日夜飯後出洗浴，自以爲無失眠之理，乃竟復發，可見作文不適于予身體如此。

一月二十號星期五 （十二月廿三）

作《鄭樵傳》五頁。此文大略畢矣。記鄭樵所作書上書目片。

到研究所，録《永樂大典京本存卷考》畢。到守常處接洽。

到後門買酒果，歸大嚼。頹然一枕，甜甚矣。

一月廿一號星期六（十二月廿四）

輯録鄭樵書目。

到所，辦事。擬啓事一篇（録稿）。審查《俗語典》。

未作事。與介泉談至九時即眠。

一月廿二號星期日（十二月廿五）

上午四點許即醒，反覆不得眠，即起身，編鄭樵書目片。編鄭樵著述目録片。吳敬軒來。

與敬軒飯後同至京師圖書館，看宋人《詩》學書，及《莆田志》。鈔出鄭厚鄭樵二傳。

編鄭樵書目片。以失眠飲酒，將鄭樵傳分綴入年譜。

飲蘭花酒一杯，尚得眠。

一月廿三號星期一（十二月廿六）

編鄭樵著述目録片。仲川來，飯。

到校辦事。寫與子民先生信，論《俗語典》。存稿。

看《金瓶梅》。仍不眠。

以昨夜未得酣睡，精神較壞。夜間不作文而看小説，望其得眠，竟不可得。十二點起飲酒，聽伯祥之勸，不再看書。飲葡萄酒一茶杯，頭中血雖振動，得眠極遲。憒甚，擬即請假歸家。

一月廿四號星期二（十二月廿七）

看《金瓶梅》。到兼士幼漁兩先生處，均未遇。

寫與總務長信，報告房屋。到所辦事。并發賞錢。偕伯祥同至琉璃廠龍雲齋，又至子玉處。

到兼士先生處。與介泉緝熙伯祥子玉飲酒。理物。理箱籠四件，寫信十餘封，至三點寢。

以兩夜未得安眠，精神倦極。以請假辦法與介泉伯祥商量，他們均以爲然。因至兼士先生處請假，承得允。兼士先生述蔡校長言，囑予勿即辭職。并謂校中實無辦事人。予只得應至暑假。

一月廿五號星期三（十二月廿八）

處理雜事畢，便上東車站。介泉伯祥送行。托子玉招呼行李。十點半開車。車上看陳奐《毛詩疏》，天津地圖，又《東西文化及其哲學》七十頁。車中擠甚，予又單身，不便下車購食物。車中侍役亦以客多，不便進來。未到天津時，連茶也沒有泡。予直到晚六點，始進蛋炒飯二碟。

予本想專事著述，不辦雜務，而予身竟不任。去年未嘗作文，失眠極少。今年一作文，舊病即復發如此，教我如何硬得出！予爲事務計，實只有此間事最配，竟不得不委曲一些！唉！

一月廿六號星期四（十二月廿九）

在津浦車中看《東西文化及其哲學》約九十頁。車中又以客擠，未得吃飯。

滬寧車中甚擠，予未得坐。倚在門口看風景。自濟南以南，雪極厚（天津間乃無之）。自徐州以南，雪積而雨又降。自南京以南，雪不積而雨益大。

八點半到蘇州，到家已十時矣。十二點眠。

今日歸家，家人均大詫異。祖母近日咳嗆甚劇，可怕。

一月廿七號星期五（十二月三十）

理帶歸書。挂先人遺像。布置一切。

剃頭。到觀前買新年食物。清理表册。

過節。吃年夜飯。看《宋史》，略在《鄭樵傳》上添注。又三日未便矣。夜服補丸。

從前人看節令太有趣，所以多多想出事來，把節令點綴得越多越好。但因爲他們的作俑，害得我們苦得很了！所謂大年夜的樂趣，在我與履安看來都是没趣。將來我等組織家庭，當一切廢除。今日所作事如下：（1）挂喜神。（2）裝果盒。（3）過節（五桌）。（4）吃年夜飯（合叔父家十三人）。（5）送井。（6）接竈。（7）解天香。（8）燒糕湯。（9）搓圓子。（10）點守歲燭。（11）陳設新年裝飾。（12）放爆仗。（13）守歲（此事幸在吾家不利害，只到一二點；他家有竟不眠者）。（14）燒熨香。

一月廿八號星期六（壬戌年元旦）

因昨夜遲眠，至十點方起。服補丸後得便極暢。闔家拜年。排日記册日子。

點讀《詩集傳》卷十八。

祖母對嬸母云，聽我歸來，心中一喜。老人心理，總是如此。

一月廿九號星期日（正月初二）

點讀《詩集傳》卷十九，二十畢。吳姑丈，吳麟詩來賀年。秋白青元弟來賀年。菊畦竹庵兩叔祖及誦庚弟來賀年。

以夜中看書，雖得睡，終醒了三四次。

一月三十號星期一（正月初三）

竟日點讀《詩序辨説》畢。受祉，育才，耀曾，舜欽，徐向之，邱載芝來賀年。

到北街吳宅，大新巷徐宅賀年。到徐宅拜年時，眼鏡爲育才次女所碰碎，真冤！

整理簿册。

日來以吃暖鍋，覺喉痛。夜中服西瓜皮湯。新年飯菜，全無真味，油膩太多，吃飯全不起快感，甚欲嘔吐。這種真是無苦討苦吃。履安又屢起腹痛。

一月卅一號星期二　（正月初四）

竟日將《鄭樵傳》補綴一過，尚未畢。沈耀南，張蓉生，張玉曾，韓溢如，周青崙來拜年。汪旭初來，因父大人不在，陪談一刻。

韓吉甫及其二孫來拜年。到觀前，買康艮等玩物。

夜中又醒了幾次，以日間埋頭稍久也。但比北京總好得多。

一九二二年二月

二月一號星期三　（正月初五）

竟日下雨。昨夜大雪二三寸。聖陶伯祥來談。伯祥于大除夕歸。

輯《鄭樵著述考》，看《通志》及《圖書集成》，尚未畢。

豫備明日祖母壽堂。

履安等到徐姨丈處賀年，午飯。父大人及繼母因須早還杭州，祖母生日提至明日做。至三月初一，由我與履安齋星官。

聖陶肯到北京，或可同行。

二月二號星期四　（正月初六）

本日爲父大人豫祝祖母七十九歲壽誕之日，賓客朝夜男女各一桌，以各處均未通報也。喚新法宣卷。姑母等又出公分喚吳長生撮戲法。有斐，許帙和，沈幼橋，定甫伯來賀年。

看鄭樵《春秋傳》。寫幼漁先生及介泉信。

寫平伯信，謄出。至夜十二點始眠。

新法宣卷六人，一天，計洋四元；又上壽四角。聽宣卷及看戲法時，得到俗語不少。

二月三號星期五（正月初七）

收拾方廳昨日供設。朱質生，吳子祥先生來賀年。

看《程氏全書》，將關于《詩經》之議論錄出。記筆記十一頁。寫適之先生信，謄出。寫蔡校長信。

魯弟來談。

二月四號星期六（正月初八）

摘鈔鄭樵《春秋考》入筆記。今日爲前嬸母十周年。叔父備菜六桌。沈六太太，厚載叔來。

立《景西雜記》第六册。看鄭樵書，記入多頁。

年初三就有鮮魚鮮肉買，何必大買年冬，到今日還没吃完！討厭極了！將來我們做了人家，年底絶不要多備菜，只要買些罐頭食物，備歲初數天。一有東西買，就吃新鮮的。

二月五號星期日（正月初九）

父大人出門。看《圖書集成》關于《詩》學及鄭樵各條，分別録出。

鈔《經義考》中辨《詩序》的話。陳子清來談。看《朱子語類》論《詩》者。

看惠周惕《詩説》，摘録數條。

《詩辨妄》本文之外，擬列六種：（1）序，（2）鄭樵傳，（3）

鄭樵著述考，（4）《非詩辨妄》，（5）鄭樵《詩》學的諸家評論，
（6）漢儒的《詩》學和《詩經》的真相。又：目録。勘誤表，附
注（此二項合爲考證）。

二月六號星期一（正月初十）

聖陶來談。將《詩辨妄》謄清，亦費一日之功。

二月七號星期二（正月十一）

校《非詩辨妄》訖。

作《非詩辨妄》跋五千餘言，粗粗起稿，未及改。

寫伯祥碩民信。

二月八號星期三（正月十二）

伯南先生來談。將《非詩辨妄》跋改正。剃頭。

將《非詩辨妄》跋謄清，并略加改削。

近日以作文稍忙，時升肝陽，常至耳熱面赤。

買桂圓松子肉，履安爲裹好，備失眠時食。又買華福
麥乳精。

二月九號星期四（正月十三）

重看所作跋，略加改正，成爲定稿。

記筆記五六頁，寫信四封。編《鄭樵著述考》。

略看《國策》。補記四日來簿册。

夜中以升火，不作文。兩日來天氣極暖，至華氏五十七度，
大似三月中矣。

二月十號星期五（正月十四）

竟日編《鄭樵著述考》，略略完功。吳子祥先生來。

德元太叔祖母及景伯母來。到伯祥處，未晤。寫信三封。

今天愈悶熱，旁晚雷電大雨。正月中有此，亦異事也。

二月十一號星期六（正月十五）

作《詩辨妄》序二千餘言。

君宙來，托改文。龍叔來，托作聯。碩民聖陶伯祥劍秋振華彥龍來，約伉儷俱去拍照。履安先歸。

在伯祥處聚餐，未及終席而歸，以家中收喜神也。爲君宙改童子軍一文。

在家多文債，奈何！勉爲龍叔在《詩經》上湊得十四字，爲二中校十五周紀念頌。

今日伯祥家之會甚樂。數家之母女父子齊集一堂，絕不客氣，在中國社交中所不易見。社交如此，才有生氣。

二月十二號星期日（正月十六）

爲君宙改童子軍一文畢。君宙來。作《詩辨妄》序二千餘言。

子祥先生來，托帶繡畫。

記《子不語》中之《麒麟喊冤》一篇入筆記。

二月十三號星期一（正月十七）

記筆記五頁。康媛今日十歲生日，齋星官，收禮數份，客有吳姑母來。

以幼漁先生寄快信來，到祝心淵，王伯祥，吳瞿庵處，均未晤。又至戴生昌碼頭尋聖陶，亦不見。整理行裝，并家中書籍。伯祥彥龍劍秋振華來。

整理簿册。

二月十四號星期二（正月十八）

祝心淵先生來談。九點到伯祥處，十點上站，十一點一刻上車。

三點三刻到南京。上輪渡。五點五分津浦車開。

在車略看《詩經通論》。

滬寧車擠甚，我們竟立到南京。在車晤陸鳳池陸鵬搏（樹平）二君，鳳池係我中校同學，鵬搏係我姨甥。蘇州下雨，到常州晴日懸天矣。

二月十五號星期三（正月十九）

瞌睡覺來，已過兖州。車中點讀皮錫瑞《詩經通論》略畢。

午飯後略瞌睡。六點五十分到津東站，鳳池别。

十點三刻到京，緝熙在站候。歸寓夜餐。

途中飯食：第一天，（1）蛋炒飯二角半，下午二點，鳳池付。（2）蛋炒飯三角，下午六點，伯祥付。第二天，（1）麵包一角，牛奶一角半，上午九點，鳳池付。（2）加厘鷄飯三角，上午十二點，我付。（3）饅頭八個八十文，下午八點，各自付。

二月十六號星期四（正月二十）

理物。寫適之先生信，送《古逸叢書》等去。偕伯祥到幼漁先生及兼士先生處，均未晤。

到校，寫信四封。兼士先生來，商所中事，改草規則二份，并寫意見備議。

到午姑母處進點。夜飯後與介泉伯祥談話，未作事。十二點眠。

夜中眠不甚佳，或係室中生火爐之故，明日當請介泉夜中停生。介泉愛暖而我畏暖，因此牴牾。

二月十七號星期五（正月廿一）

七點起，整理表簿。校《六經奧論》中《詩經》一卷。

到校，校《玉海》中引鄭樵書。幼漁先生來。兼士先生來，辦公務。

偕介泉伯祥到四海昇平聽大鼓等。十二點半歸。

二月十八號星期六（正月廿二）

寫履安信。到校，布置考古學室。到馬神廟剃頭吃飯。

到校，布置委員會會場，記錄委員會議，到六點半始散。

與介泉伯祥等談我家難處，及自身牽制處。

二月十九號星期日（正月廿三）

偕伯祥到適之先生處談話。

到校，布置歌謠研究會會場，記錄會場議文。與玄同先生談辨偽。

記筆記一則（《杕杜》）。錄常維鈞所集姑嫂問題歌。

擬爲二文登載《歌謠》月報：（1）歌謠的遷變。（2）回復《詩經》到歌謠的地位。夜以作事，又不甚易眠，至一點餘方得睡。

適之先生勸我鹵莽滅裂的編書，謂等材料齊備之後再動手編輯，實無其事。

二月二十號星期一（正月廿四）

到校，寫信四五封。

偕伯祥到校。布置考古學室。草一啓事，招理科法科同學到所研究。又雜作若干事。記筆記三則。

寫明片五。夜飯後未作事。

二月廿一號星期二（正月廿五）

與伯祥談蘇州掌故，記筆記六頁。《景西雜記》第六册畢。

到校，看房屋，領鈔書等工金發出。將上星期六會場紀録謄出。將《景西雜記》六册略一整理。

夜中只將筆記打圈記號，竟又失眠。實在并不是用心之故，不過恐其失眠而心寒之故。明知是心寒，却不能把膽壯起來。以致越睏越醒，只得飲酒完事。以後如不與夫人同居，晚飯後總不要坐到書桌上了。

二月廿二號星期三（正月廿六）

接履安信，無味久之。鈔鄭樵《詩》學緒論數頁。

到所，寫蘇杭家信二。翻《玉海》，摘録鄭樵書録，訖。談話。早眠。

接履安信，知祖母于十七日半夜起，右手驟然麻木，冷到大臂。十八起身，臂膊尚可曲伸，手指則軟而無力，連拿草紙揩鼻涕也不能。吃麵喝茶都須別人。因此，伯祥介泉勸我回去。

二月廿三號星期四（正月廿七）

寫答玄同先生書論《詩經》，未畢。

到館，理小册子千餘，未畢。翻《經義考》。

看前數年論戲之作。到車站，接聖陶。眠已一點矣。

二月廿四號星期五（正月廿八）

看《詩經》，略論列。接履安信，祖母右手依然麻木，繼母已到杭。

偕聖陶到所，晤幼漁先生。鈔歌謠數則。在所以家事心極不寧，五點即歸。

伴聖陶游市場，略購物。

定出門計畫：（1）祖母終養後，我先向長輩提出搬家意見，如允我，當然無問題。（2）如不允，便與長輩決裂，與履安同走。（3）如履安不肯決裂，就送其歸寧，由甪直出發。

二月廿五號星期六（正月廿九）

理物。談話。心不寧定，不能作事。

到所，寫兼士先生信，縷陳不能不歸之故。

到教育部會場看女高師所演《孔雀東南飛》一劇。

秉新女士與子俊信，在家庭社會上有無數問題。予每以之與別人看，皆不甚注意。今天與聖陶看，亦然。因思我雖不能做小說，將來得暇也可爲她作一篇傳。我深信像她一般的人很多，但我們既已得到了材料便不可放過。

二月廿六號星期日（正月三十）

寫寄安信。到後門吃飯後，即到京師圖書館，用四庫本校《夾漈遺稿》，《非詩辨妄》，《六經奧論》第三卷。

雜談。

二月廿七號星期一（二月初一）

到所寫履安信。在所雜作。

到所，擬與圖書主任書，及上校長書。子庚先生來談。在所雜作。

雜談。

兼士先生許我請假。樓幼靜代理我的研究所助教。

二月廿八號星期二（二月初二）

寫履安信。萬里來談。

到所，鈔歌謠會速記録訖。寫信四五封。兼士先生來談。

剃頭。赴笙亞宴，到東華飯店。歸後與伯祥談。未能即眠，又飲酒。

一九二二年三月

三月一號星期三（二月初三）

作題萬里圖跋，并寫上。

到館，理貴重書，甚費力。與幼漁先生談，擬薦黃仲良代圖書館務。

雜談。服華福麥乳精。

三月二號星期四（二月初四）

到所，辦交代各事。

吃緝熙卅壽酒。到校，辦交代。

喚天橋鼓妓。在緝熙處吃夜飯，聽大鼓。十二點眠。

來客有佩書叔珊季常嘉瑞範文及王氏妯娌。連本寓中人朝晚兩桌。

三月三號星期五（二月初五）

理簿册。

到所，辦交代。將書目片包好。交代事差畢。

談。

每夜服華福麥乳精，又不讀書作事，所以得眠極酣，睡足八小時。

三月四號星期六（二月初六）

在家理簿册，及信札。

到所與兼士先生略談。幾伊聖陶伯祥來，同至第三院聽梁任公講演，以人擠而出。至萬生園，颿風堂吃茶。

未作事。

三月五號星期日（二月初七）

偕伯祥聖陶到吳瞿安，羅濟時，陳萬里，孫幾伊處。又去伏園處，未晤。

在騾馬市吃飯，到陶然亭香塚等處。到新世界聽劉寶全大鼓等。

子玉來談。

三月六號星期一（二月初八）

在寓看書，記筆記。

偕仲良到守常處，完薦代手續。

到姨母處，復至同仁醫院看姨丈病。擇應帶歸書。

姨丈王碩輔先生患胃病，住東單三條同仁醫院。院中甚潔净，僕役亦和氣，不能説日本人不好。

三月七號星期二（二月初九）

偕仲良到編目課，辦交代。

到所，辦結束。

理書。

伯祥近日以談話受駁，頗有意氣。伯祥心志太高，絕不能受挫折。其實我輩隨便談話，談笑為樂，有何介意之有！即此可見他不適宜于辦事。人世可憎厭處何限，那得一切潔身高蹈耶！

三月八號星期三（二月初十）

到校，謄伯希和著述名單。

到校，編登録書目。理書。

子玉來。理書。

　到今日校中事務俱已結束。明日起不到校了。

三月九號星期四（二月十一）

理書。仲川來。

寫祖母，父，履安，適之先生，孟鞱信。

剃頭。到仲川處談。

　我有了書，大足爲累，一年總要費十天功夫在整理上。

三月十號星期五（二月十二）

理書。

寫函片十。到午姑母處告歸期。

洗浴。

三月十一號星期六（二月十三）

理雜紙。

理什物。

至夜十二時，謄《鄭樵著述考》二十六頁。

三月十二號星期日（二月十四）

鈔《鄭樵著述考》十七紙。寫劉子庚，程銅士信。

到來今雨軒，與新潮社茶叙。聽陳大悲講話。

到石頭胡同頤薇齋，應幼静仲良文玉介石四人之招。飯畢，到四海昇平聽大鼓及清唱。以麒麟童桑蕙芳爲佳。十一點歸。

三月十三號星期一（二月十五）

上午及夜鈔《鄭樵著述考》。

到研究所，晤兼士先生，開所中事務會，列席。與兼士先生雜談。寫平伯信。

三月十四號星期二（二月十六）

終日鈔《鄭樵著述考》，約四十頁。

寫銅士，子庚信。

仲川國任在慶豐堂請客，同座十一人。歸後趕鈔《著述考》二十頁，完，并看一過，至三點始眠。

三月十五號星期三（二月十七）

六點起床，九點乘京綏車向青龍橋去。同行者爲伯祥，介泉，聖陶，子玉。在八達嶺長城上吃茶，大便。予行最遠，久不作山行，亦頗勞矣。二點，在青龍鎮吃飯。三點零四分趁車歸。

休息。與伯祥論適之先生來信。

　青龍橋飯店敲竹杠。攤黃菜一碟三個，要三毛。豆腐湯一碗，要兩毛。竟被敲去一元，九百文。買箭鏃一枚，一百文。從南口到青龍橋一段，山色極好，來回皆立車口看之，甚快心目。

三月十六號星期四（二月十八）

昨日餘倦未醒，上午未作事。但翻《五代史》，《唐書》等，查福建文化所由成。

錄《著述考》到月刊格紙，寫了二十頁。

睡已十二點外。

三月十七號星期五（二月十九）

錄《著述考》到月刊格紙，并增減，第一，二類畢。

將《著述考》謄入月刊，改本錄入原稿。寫祖母及履安信。寫到十二點半才眠。

介泉緝熙在東華飯店請客。同座八人。

三月十八號星期六（二月二十）

覆看昨所寫文字。理物。寫覆適之先生書，并錄底。

寫信七八通。到研究所，晤兼士先生等。到姨母處，未遇。到姑母處，略坐，寫沈福魯弟二快信，請其迎候。

看《五十年來之中國文學》。到前門買帶歸物。記一周來日記。上賬。寫蔡校長信。

仲良告我，李大釗同他說，蔡校長的意思，我請假期內薪暫停，仲良本校人，盡義務。這明是李大釗出花樣，即寫一信與蔡校長。以動感情，未即眠，飲蘭花酒半杯。

三月十九號星期日（二月廿一）

理物。幼漁先生來談。理物。兼士先生在東華飯店請午飯。同座爲聖陶伯祥。

理物。將理好物件六件先送子玉處。子玉伯祥在杏花春請客，同座九人。

理物，直至明日上午四點。

席間，兼士先生謂"此次歸去，怕出自你夫人的意見，祖母之病不如是其甚罷"。夜飯中，仲川又謂"頡剛此次歸去，面子上說老太太，骨子裏爲的是少奶奶"。可見我的歸去頗惹人疑，其實冤了！

三月二十號星期一（二月廿二）

先到子玉處，同到車上，晤管行李者郭豪人君。子水，靜珊，伯祥，韓馨送行。十點，車開。車上晤同學何君兆樟。

在車看梁任公《中國歷史研究法》，及適之先生《五十年來的中國文學》，均未完。看《申報》，《新申報》數張。

甚得眠。惟以身邊有現洋，平臥壓得太重，只得打瞌睡了。

三月廿一號星期二 （二月廿三）

在車上看《五十年來的中國文學》，訖。

二點三刻，到浦口。由郭豪人招呼渡江，十二件行李竟未納費。

八點半，到蘇州。沈福在站接。步歸，十二點眠。

此次帶行李十件，重量當在五百斤左右。苟一過磅，當出運費三四十元。予請托私運，實是犯罪。但蘇州若有設備完全之圖書館，北京又不欠薪水，我那會搬這許多書，又那會偷運這許多行李！

三月廿二號星期三 （二月廿四）

理行李十件中書物略訖。寫父大人信。

剃頭。理書，未畢。理筆記冊，畢。吳姑丈及庚生姻叔來談。理簿冊。

聖陶八點半去。

夜中，吳姑丈起溺，取火不慎，燒及帳子，急即扯下，灼手生泡幾滿。一切不能自動。因此，我勸姑母回去服事。家中既有我在，可無慮也。

三月廿三號星期四 （二月廿五）

寫適之先生及履安信。到吳姑丈處視疾。舜欽來。

寫周啓明，陸伯銘，陳同生，張廣仲，劉經庵，葉聖陶，王伯祥，樓幼静，楊德芳，許静珊信。到觀前寄信。姑母歸。

　　寫俞平伯，父大人，沈兼士，黄仲良信。謄信三通。

　　《五十年來的中國文學》寄還。

　　一周來患傷風，痰涕甚多，可厭。

三月廿四號星期五（二月廿六）

　　寫何益清信。耀曾來。竹庵叔祖來。作《對于中國歷史教材的商榷》，約六千字。

　　景伯母來。吳子祥先生來。

　　　任蔣橋失火，聞係過清明節祀先，燒錫箔後未等凉透，就把錠缸放在床下，就燒起來了。祭祀用火，易致失慎，有何好處！

三月廿五號星期六（二月廿七）

　　作《歷史教材商榷》三千餘言。第一次稿畢。

　　鈔録兼添入約一千六百字。

三月廿六號星期日（二月廿八）

　　鈔録兼添入約二千字。

　　履安歸，使我無心作文，遂休息半天。

　　看聖陶所鈔《民立報》詩。

　　　今日叔父本約同到行春橋掃墓，一以履安歸，二以叔父態度太板，所以辭之。以家中無人伴侍祖母爲言。

三月廿七號星期一（二月廿九）

　　晏起。

　　鈔録兼添入約四千字。

　　寫聖陶信。

三月廿八號星期二（三月初一）

本日爲祖母七十九歲壽辰。由我和履安齋星官，父親備和菜兩桌。到客有嬸母，九嬸兩家，及吳姑丈，姑母，庚生叔母，四太太等。將《歷史教科》一文作完，約寫一千五百字。

統看修飾一遍。

鈔清二千四百字。

三月廿九號星期三（三月初二）

終日鈔《歷史教科》一文八千餘字。以兼改，稍遲。

魯弟來談。

自今日起，添定《申報》一份。

三月三十號星期四（三月初三）

將《歷史教科》一文鈔完，連前共計萬一千五百字。并看履安複鈔之稿，細心添改。

寫李石岑信。又王仲宸，樓幼靜信。

第一次草稿只有一天半。第二次草稿三天半。謄清（第三次稿）又是三天。

三月卅一號星期五（三月初四）

將《歷史教科》一文弄完工。理書。

到觀前，將此文寄與李石岑。到外祖母處，并視汪姨丈病。到國民圖書館買書數部。到世界書局廉價部買書數種。到彙金泉，剃頭，洗浴。

看所買書。自今日起，褻衣易絨爲大布，短襖易棉爲袷，褊易皮爲棉，鞋亦易棉爲袷，襪易袷爲單。

此文連作連鈔，共計七天半。可算得很努力了。我做了文，一定要細改。改的時間比做的時間反多。不知别人要譽我爲謹慎呢，或詆我爲餖飣呢？白話要順口，實在不容易。

一九二二年四月

四月一號星期六（三月初五）

看《香禪集》，《峭帆樓叢書》等。

寫黄仲良，父大人，練爲璋，吴敬軒，俞平伯，王伯祥，李石岑，趙孟軺，蔣仲川信。吴姑丈來。

記筆記兩頁。看所買書。

四月二號星期日（三月初六）

看《鷄窗叢話》，《小説時報》。記筆記七頁。叔父處過節。

偕魯弟到獅子林，到吴苑，到書鋪古董鋪數家。到三姨母處。

看所買書。

日來傷風兼咳嗽。傷風已二星期，咳嗽亦三四天矣。近日此種病甚多，蓋以天時寒暖不定之故。

四月三號星期一（三月初七）

寫顧欣伯，陳子清，蔡渭源，劉經庵，胡適之，李石岑，孫伏園，黄仲良信。八封。吴姑丈，姑母來。

理書。雜覽。

點《支那通史》首章。

家中過清明節。此等事直是做戲，可笑！

伯祥寄一月份薪二十元來。

四月四號星期二（三月初八）

五點半，以咳嗽早起。上午頗覺頭暈。終日鈔并做《鄭樵傳》十七頁，約五千字。

請黃壽南爲祖母診脉，陪開方。

父大人來信，竹妹病重，可憐。

上星期一文，得洋卅五元（每千字三元），此爲予第一次在作文上得到酬金。

四月五號星期三（三月初九）

終日鈔并做《鄭樵傳》二十頁，約六千字。

吳姑丈來。

寫蔡渭源信，爲買書。

昨服杏仁湯，今日咳較好。仍服。大便二次。春姨母四十陰壽，康媛去拜。

四月六號星期四（三月初十）

鈔做《鄭樵傳》七頁，約二千餘言。做畢了。

將所作文通看一遍，改易一過。

謄清二千字。

四月七號星期五（三月十一）

謄《鄭樵傳》三千餘字。改作一頁。

《鄭樵傳》由履安代鈔。寫父大人，聖陶，伯祥，紹虞，石岑信。謄一千餘字。記筆記三頁。

寫紹虞片，平伯信。

伯祥來信，又寄五十元來，一月份薪取畢。薪本百元，伯祥處存十元，緝熙處存廿元，故只寄七十元。

四月八號星期六（三月十二）

謄《鄭樵傳》三千餘字。完工。

將謄稿看一遍，付寄。陪黃壽南。記筆記九頁，《景西雜記》第七册記畢。

魯弟來談。

《鄭樵傳》做了三天，鈔了二天。向蔡渭源取《唐文粹》，《宋文鑑》，《兩漢會要》，《資治通鑑》各一部，可翻數日矣。

四月九號星期日（三月十三）

寫聖陶，慶叔祖母，適之先生信。到義莊，行族祭，留飯。

偕魯弟龍弟到妙嚴墓，又到護龍街看古董，吳苑品茗。四點歸。

看所買書。寫戚焕塤，仲川，蔡渭源，伏園，伯銘，石岑信。六封。

叔父告我，族譜本定于族祭日提議重修，竹庵叔祖已以我爲纂修。先一日晤叔父，叔謂剛不能爲總纂，總纂必定一輩份高之人，言時推嚴衖前一房。而嚴衖前一房怕擔責任，今日遂不聲張矣。族中如此，可笑！

四月十號星期一（三月十四）

寫伯祥，介泉，父大人，爲璋信。寫君武，覺群，孟真，志希，仙源，襄哉，元同，小鶼信。

平伯來，談至十點就眠。

伯祥來信説，中無所有，只得藏拙。因答之曰，你説中無所有，天下到底没有“生而知之”的人。越是曉得自己没有，越是要使得他有。

早晨覺盗汗而醒。前數日曾如此，非健象也。傷風至今未愈，如何！

四月十一號星期二（三月十五）

偕平伯至觀前丹鳳吃麵。到汪義莊小坐。到綠蔭堂買書。出城，在義昌福午飯。雇人力車到虎丘。在小吳軒茶。出至李公祠靖園。四點，還城。即歸。六點，夜飯。平伯即往車站接其父。待至十點，眠。

四月十二號星期三（三月十六）

到觀前買物，并到吳秩書處看病，未遇，即歸。耀曾來。綠蔭堂送書來，翻看一過。

平伯來。商量印春在堂書事。欣伯來，同到觀前廣南居吃茶。

理簿册。寫書根。

予傷風已一月，恐成病，因到吳秩書處求醫。今日不遇，明日當再往。

四日不做文字矣。

四月十三號星期四（三月十七）

書肆送來《東方雜志彙編》，翻覽一過。

到平伯處談。游曲園。寫伯祥仲良信。

擬歷史教科目録。

四月十四號星期五（三月十八）

擬目録。設齋星官。本月陰曆廿三日，爲余卅生辰。恐親朋來鬧，提前于今日齋星官。知竹妹噩耗，至姑母處詢問。

到吳秩書處看病。理物。校《著述考》。吉甫伯來。

校所鈔《著述考》訖。

竹妹于本星期三晚九時痰壅身故。姑母家報喪信先到，因往看，知于昨戌時大殮。過午，家信亦到。竹妹之病有此結果，原在意想之中。祖母聞耗後大哭，可悲也。予明日往省視。

四月十五號星期六（三月十九）

五點半起，七點許出門，八點到站。待車一點餘。到上海，吃麵當飯。在車看《左傳》一册。六點許到杭州。父母相見落泪。十點眠。

八點零六分原有車到上海，以行李不及扣杭州牌子，所以遲了一班。竹妹柩停父大人書房内。予住樓上，與汪旭初先生同室。

四月十六號星期日（三月二十）

六點半起。寫履安信。到城站寄信。終日與父母談竹妹喪事。鈔《新聞報》劇談。曾元來。

到清和坊買毯子。十點眠。

父大人處書籍碑帖古物帶一箱，一網籃歸。

定于陰曆四月廿日在杭開吊，廿一日盤柩歸，廿二日到蘇，廿三日在蘇開吊。停柩大約在永善堂。

四月十七號星期一（三月廿一）

六點起，六點四十分出署，七點四十分車開。在車遇李延甫。看《時兆月報》。

住吉升棧十四號。到徽館吃麵。到掃葉山房，著易堂買書。到城隍廟買書。到大世界。到集成書局買書。歸棧查點書籍。

步行到北四川路。在廣東館子吃餃子。看廣舞臺曹大家劇。

李雪芳貌并不美，但唱做均好。到大世界，爲看李黛玉，徐大玉，白雲鵬也。李黛玉疑即李大玉。趨往，乃均在夜，失意而出。

四月十八號星期二（三月廿二）

到明泉樓看報，進點。剃頭，到靜安先生處。到蟬隱廬。到商館看石岑振鐸。歸棧束裝。

到北站登車。人擠甚，立到蘇州。步行到齊門，雇車歸。舜欽來。

疲甚，睡看《隔膜》，未進夜飯。

羅振玉書上海竟買不到，可嘆！王靜安極樸誠，藹然可親。其寓所甚不考究。

四月十九號星期三（三月廿三）

到叔父處談喪事。終日倦怠。將帶歸父大人書翻看一過，又將在上海所購書翻一過，并寫書根。

今日爲余生日，有親族數家送禮，除外祖母外均未受。點一對十二兩燭。定甫伯母來住四天，今天歸。

四月二十號星期四（三月廿四）

布置書室，搬木器。理表册。

寫書根。陪黃壽南。

與履安談話。九點即眠。

講起繼母，弄得火冒。這人一想起就討厭！然此次盤柩歸後，須住四五個月之久，將如何對付？履安勸我忍耐，不知能做到否。

四月廿一號星期五（三月廿五）

理物，搬書箱。重定歷史教科目録。與適之先生信。

理物。寫父大人信。聖陶來。寫平伯片。

寫伯祥片，仲良幼靜片。

今日依然倦怠，兩足痠痛。昨夜又盜汗。身體虛弱，如何得了！當到醫家一看。

李石岑及聖陶都說我瘦，繼母說我面色不好看。

四月廿二號星期六（三月廿六）

到聖陶處，未晤，晤其夫人。到合茂長錢惠卿處詢竹妹回吉時導子。

搬物件。

早睡。

今日喚匠人二，將新書房及老書房布置好。

四月廿三號星期日（三月廿七）

到嚴衙前，與竹庵叔祖商竹妹訃聞。到吳子祥先生處談。到毛姨丈處，留飯，寫父大人信。

到永善堂，看竹妹柩室。到綠蔭堂買書。到北街吳宅，留點。

看所買書。鈔歷史目上卷子。

夜間耳鳴，體軟，胸中作噁，如此體虛，可怕。

四月廿四號星期一（三月廿八）

看董《西廂》及《唐伯虎集》。

陪黃壽南。寫父大人及平伯信。

記筆記二則。錄建築一卷。

四月廿五號星期二（三月廿九）

寫聖陶信。聖陶來。記戲劇及春秋時勢。君宙來。寫靜安先生，瞿濊汶姑，張耀曾信。

剃頭。姑丈來。偕履安到觀前買物，看花，定訃。到徐姨母處。
理簿册。

四月廿六號星期三（三月三十）

將《學術文録》序目分鈔入史料。

看《殷周制度論》畢。

四月廿七號星期四（四月初一）

伯南先生來，同至楊馥堂處。到觀前看萃成祥所印訃。到護龍
街，買書及書架。

鈔《東方》所載《近二十年舊學之進步》一篇，入史料。寫
汪姨丈信。到楊馥堂方司務處。

校讀所鈔。

四月廿八號星期五（四月初二）

理書一天，尚未畢。

四月廿九號星期六（四月初三）

九點出，到交行，晤魯弟。同出，至永善堂看定殯房，乘三四
等車至望亭。在大橋正興館吃飯。

雇袁寶生船到鮎魚口，祭八諧公。到站三點，在順風園吃茶待
車。直至七點，方有車來，至無錫。住新世界旅社。在茶館看《楚
辭》第一册畢。

略在馬路閑走，早睡。

無錫新世界尚可住，無娼妓。八諧公祭田三畝，去年收十八
元租金。而棧上只照例送五千文來，作弊太甚。現在當天望亭來
回不及，只得到無錫過夜。所費尤多矣。

四月三十號星期日 （四月初四）

六點起，看《楚辭》第二册畢。八點半，與魯弟出，雇車至梅園。人力車甚快，車行一小時。約三十里。又至萬頃堂，黿頭渚。

還新世界，乘二點零七分慢車歸。在石路添新樓吃飯。乘人力車歸家。

早眠。

今日爲余第一次到太湖。由萬頃堂（湖神廟）到黿頭渚，雇小舟擺渡，來回小洋四角。黿渚風景極好，巉石激浪，佐之青葱草樹，極秀逸。萬頃堂亦甚暢，可久茗也。歸途太陽曬得利害，面紅皮痛矣。

祖母智識已模糊，而猶喜管事，徒令我輩做無謂的事情。我因預識于此，他日我輩老年，必與子息分居，一來少他們的討厭，二來亦少我輩的生氣。

一九二二年五月

五月一號星期一 （四月初五）

理書一天，畢矣。

録科舉史料。

五月二號星期二 （四月初六）

君宙來，囑改文。同至聖陶處。又至錢惠卿處，未晤。寫伯祥，偉士，平伯，同生，爲璋信。

寫紹虞信。聖陶來，同至觀前及護龍街買書。

看所買書。

五月三號星期三 （四月初七）

九點許上船，至山東浜上墳。叔父，龍弟，康媛同去。途中看
《國語》三冊，略略翻完。

看《南洋旅行記》。

叔父船中告余，謂九生叔處房屋，父親本肯出三百元，令其
遷出，而景春伯不肯，以爲屋價須幾房公分。景春伯死，父親又
肯付價，而繼母阻之，以爲當與叔父合出，叔父不肯，遂未成
事。近今九生叔自蓋一廂，則遷出更難矣。

五月四號星期四 （四月初八）

寫蔡渭源信。九點上船。鈔客目(寄父)。做竹妹挽聯。看《南
洋旅行記》。鈔出華僑史料。十二點到行春橋，上母親及徵蘭墳。

二點下船，吃飯。寫蔡孑民先生信。五點到家。

看《南洋旅行記》畢。

挽竹妹聯云：“痛此日招魂，忍想童稚嬉戲狀！看老親傷感，
怎教哥嫂慰安來?” 無聊之作也。

五月五號星期五 （四月初九）

八點半，偕履安艮男到車站。乘二等車到上海。尊元表弟在站
候，即由彼導履安等上滬杭車。

予出柵，吃炒麪當飯。剃頭。到忠孝書莊，朝記書莊及弄口小
書攤上看書，買十二元許。趁五點車歸。

到家正夜膳。看所買書，到十二點半。睡眠不佳。

偉士送花十盆，囑俟秋花開後總算。

五月六號星期六 （四月初十）

吳子祥先生來談。寫訃聞籤條。剪報貼史料上。

寫新買書書端。聖陶來談。寫履安信，未畢。

未作事，早眠。

吳先生爲余診脉，謂余脉大，血虧，開一方。

五月七號星期日（四月十一）

寫履安信畢。又寫偉士，經庵，伯祥夫人，尊元信。

鈔《南洋旅行記》入史料，約六七千字。

魯弟來談。

與履安信，説明艮男不願由繼母撫育之故有三，（1）管理法太嚴酷，將使其精神畏縮。（2）不許其親身做事，徒然擺小姐架子，生活技能將無所會。（3）艮男體弱，恐染肺病，在繼母處必不能善爲療治。此信甚願爲父親見。

五月八號星期一（四月十二）

鈔《南洋旅行記》入史料畢。士慧弟來。寫周作人信。

寫父大人，適之先生，平伯信。到觀前寄信。歸陪黄壽南，診祖母病。

鈔《浪迹叢談》入史料。

父大人囑寄呢幨三頂到杭，做竹妹材罩。到醋坊橋郵局，不收包裹。遣沈福到護龍街郵局，又以未用布包，退回。郵局如此麻煩，實無道理。因改由信局寄去。

五月九號星期二（四月十三）

鈔《浪迹叢談》所記科目鴉片事入史料。

整理竹妹訃聞畢。吳姑丈來。鈔《銅器鐵器時代考》入史料。

父大人來信，云杜運使接印後，仍以運署科長相邀，場缺決不更動。竹妹十八日在杭開吊，蘇州廿二在永善堂招魂，廿三在大乘庵開吊。

五月十號星期三 （四月十四）

寫父大人，張姑丈信。摘出招魂時所用導子。

鈔《中國銅器時代鐵器時代考》入史料，畢。寫履安，伯祥，伏園三片。

圈點所鈔，未畢。夜飯後未作事。

昨夜以跳虱噬膚，未能安眠，直至上午二點始得睡。今日又覺疲倦頭暈矣。予于睡眠上不能隨便如此。寫父大人信，謂竹妹十八開吊後，媳婦可于十九日即歸，因杭署物件既不搬回，媳婦在杭亦無甚事務，而家中籌備招魂開吊，事方甚忙，我一個人恐怕來不及也。

五月十一號星期四 （四月十五）

將《銅器鐵器時代考》標點畢。竟日剪報，分粘入當代史料。

錢惠卿來，商量導子。

夜又失眠，蓋以吃夜飯後上賬算賬幾次之故。予夜飯後真不能用一點心也。履安到杭，家用賬只得由我經手。睡前華媽欲算賬，算而不合，又覆算，遂覺精神一提，又至四點矣。輾轉反側，無聊之至。

五月十二號星期五 （四月十六）

寫父大人信。將《井田辨》分鈔入《儒家理想的政治》，《殷周的大概》，及《經書的真相》中。

到觀前買物。

飲葡萄酒，得眠。

接父親來信，謂媳婦到杭係爲送殯，先歸恐母親不悅，決同歸。忽生人而重死人，可嘆！

五月十三號星期六（四月十七）

寫平伯片。標點昨日所鈔書訖。鈔《王制》，未畢。

姑丈母來。重九清元表弟來。看裝洋門。陪黃壽南。寫父大人信。

看《左傳》數頁。飲酒眠。

連日寫字多，右臂酸痛。今日夜眠大不佳了。飲了酒，又吃了華福麥乳精，十點半就寢，十二點半就醒了。又起煮水飲麥乳精，終不眠。三點，起寫履安信。達旦不眠。

五月十四號星期日（四月十八）

魯弟爲寫竹妹挽聯。今日倦極了。十點許睏起，四點許起來，矇朧了二點鐘光景。在床上翻《七修類稿》略完。五點許，與魯弟同至彙金泉洗浴，剃頭，到藥房買藥歸。十點眠，幸得眠。

今天難過得没法子了，于是去買自來血。我想，即使他有毒質，也未必毒殺人。吸鴉片的也可長壽，諒自來血總及不到鴉片。我本年責任過重了，非借本不可。

我前天寫信與父親，云："男連日失眠，精神疲憊，甚望媳婦過十八後即歸也。"（時尚未接十二日父來信。）今日接父來信，對此只有一句話，説"媳婦准廿二日同回"。有形式而無感情如此！

五月十五號星期一（四月十九）

今日因仍倦，所以不敢多做事。上午算賬，到瀚澄處未晤。

下午布置書房，剪報粘入史料。寫平伯信。

五月十六號星期二（四月二十）

寫聖陶，敬軒，爲璋，仲川，緝熙，伯祥，紹虞，韓馨，仲良信。到中市寄信，買書。

將喪事應豫備者摘出。陪錢惠卿開招致六局條子。

隨便翻《東方雜志》。

上午到醋坊橋匯款，郵局人云，現在匯票適完，你到護龍街罷。到護龍街，又説，你二點鐘來罷。予思出城寄矣，過中市郵局詢之可，乃得寄。郵局爲外國人管理者，而蘇州郵局便不得不染了本地色彩，不認真做事。和青年會開茶館一樣。

五月十七號星期三 （四月廿一）

寫蔡校長信，即將前次信稿略改。

到觀前買大瓶自來血，又爲康媛買襪。理物，豫備明日用。

萬里來談。算家用總賬及伙食賬，自己賬，至十一點。

五月十八號星期四 （四月廿二）

有斐弟來，同至閶門，看魯弟，同至永善堂。待材船久不至，先吃飯。二點許，父大人先來。船至，舉行招魂儀式，送回吉至閶門，乘車歸。

雜作。

五月十九號星期五 （四月廿三）

到大乘庵，竹妹設奠。來客男四桌，女二桌，本宅及賬房一桌。傍晚歸。在庵，得間看《五千年史勢鳥瞰》。

算喪用賬等。

五月二十號星期六 （四月廿四）

理物。看《中國史綱》。

履安到永善堂覆畝。張申之叔來。倦甚，在藤榻小眠。將《盤庚》三篇譯成白話。

五月廿一號星期日（四月廿五）

父大人到杭。草《盤庚遷殷》課。

到錢威卿處送謝儀，到伯祥處，到來青閣購書。徐姨母來。續草《盤庚》一課略竣。

理簿册。

繼母討厭不可勝言，我惟有匿居書房弗出耳。

五月廿二號星期一（四月廿六）

萬里來談。上午未甚作事。寫與適之先生信、聖陶信。

譯《盤庚》文畢。到觀前，剃頭，買《教育雜志》。看《教育雜志》到晡。

五月廿三號星期二（四月廿七）

讀《尚書》，輯出殷代史料。

將《顧命》文鈔出，粗譯一過。看静安先生《顧命禮徵》。

竹妹六七。我與履安喚和尚五衆拜懺一天，夜做禪戒。無聊！

予夜睡不能醒，一醒便不易眠。今夜爲竹妹做禪戒，予先睡，得眠矣，到上午二點，爲和尚嘩經聲鬧醒，又爲跳虱咬，致一夜未能安睡。

五月廿四號星期三（四月廿八）

叔父喚和尚十衆，爲竹妹做法事。將静安先生《顧命禮徵》及《後考》圈畢。

鈔録關于《顧命》之文字入史料。萬里來談。

五月廿五號星期四（四月廿九）

譯《顧命》文未畢。伯祥來談。寫與王静安先生信，論《顧命》。

鈔張蔚西《地理沿革史》入春秋戰國時勢史料。

理簿册。

繼母一天鬧到晚，所説無非淺見薄識，小氣，挑撥，擺架子，扳錯頭的説話。恨我非聖陶，不能爲小説。使聖陶處我境，必有好幾篇形容她的小説了！

五月廿六號星期五（四月三十）

鈔《地理沿革史》入史料。

鈔《中國歷史研究法》入史料。

五月廿七號星期六（五月初一）

節録《中國歷史研究法》。

平伯來談。魯弟來談。

節録《歷史研究法》。

五月廿八號星期日（五月初二）

寫介泉信七頁。節録《中史研法》。

聖陶來談。節録《中國歷史研法》。静安先生來信，即覆。今日徐朱兩姨丈爲竹妹薦七；夜，宋母舅爲竹妹放焰口。伴宋母舅徐育才等。

記筆記。

五月廿九號星期一（五月初三）

平伯，伯祥，聖陶來談。寫介泉片。鈔録《中史研法》入史料。

到觀前，還書賬。寫秋白表弟片。

　　記筆記五頁。寫慶叔祖母信。今日竹妹斷七，道士拜懺，并作受籙齋十王二法事，夜飯已十點矣。十二點餘眠。

　　眠後與履安講繼母不合人情處，感情償興，至一點許始得眠。

　　九生叔上午歸。

五月三十號星期二（五月初四）

　　到伯祥處，進點後同出閶門，到惠中，晤聖陶，平伯，下船，到石湖，游石佛治平兩寺。下船吃飯。以風雨，即歸。胥門上岸，乘馬車到車站。平伯乘四點半車到杭。站中遇仁侯，同到觀前，在吳苑品茗。

　　看新買歷史地科。

五月卅一號星期三（五月初五）

　　終日看新注歷史教科書六册畢。子祥先生來，爲診脉。過端午節，祀先。

　　竹庵叔祖來，囑看詩篇。

　　看《六十名人》。

　　夜中患眼澀，何故？子祥先生謂我脉大較好。

一九二二年六月

六月一號星期四（五月初六）

　　記筆記七頁。

　　剃頭。鈔《中國歷史研究法》入史料。寫蔡渭源信。萬里來。

　　眼澀，早眠。

六月二號星期五（五月初七）

寫仲良，介泉信。鈔《中國歷史研究法》中論義和團一篇入史料。

鈔《學而》，《爲政》，《八佾》入史料。看闞亡。寫經庵信。記筆記二頁半。《纂史隨筆》第一册畢。

艮男發寒熱。

六月三號星期六（五月初八）

鈔《里仁》，《公冶長》，《雍也》，《述而》，《泰伯》入史料。九表姑來。

記《纂史隨筆》第二册三頁。寫仲良信。

魯弟來談。

日來眼澀頗甚，夜飯後竟不便寫字，而且甚倦。

六月四號星期日（五月初九）

鈔《子罕》入史料。鈔録《中國建築材料發達史》入建築史料。

聖陶寄修身教科目課來，爲商榷幾處。

分鈔《論語》覺得有些倦了，所以改做他事。

履安伴繼母到温家岸闞亡。

六月五號星期一（五月初十）

標點《建築材料發展史》畢。

鈔《商頌》入商史。點讀師範歷史講義數頁。萬里來，同至觀前，至伯祥處，至妙嚴墓。又還觀前，買物。

記筆記一則。寫聖陶琯生信。

今日想，照這樣零散摘取史料，恐怕本年不易完功。因定將江蘇師範本科歷史講義儘月内看一過，隨時摘鈔，以便立一骨幹。俟骨幹立好，再到他書摘取。庶可以有伸縮之餘地。

六月六號星期二（五月十一）

記筆記四頁。寫父大人信。寫萬里信。點讀師範講義上古史訖。
記筆記二頁。

祖母腿腫，恐有病。

六月七號星期三（五月十二）

點讀講義第二冊。

萬里，高君來。琯生來。

記筆記一則。

六月八號星期四（五月十三）

點讀講義第二冊上半。將《左傳事緯》及上古史講義剪
入史料。

到觀前買物。

由沈福介紹一鈔書人來，名周子培，住南顯子巷西口，年五
十餘，前在署中爲寫生。自光復後，曾充鄉下教員。已無事三四
年。來鈔，每千字百四十文。

六月九號星期五（五月十四）

略讀講義第二冊近畢。

伯祥來，同至萬里處，子克亦來，同至獅子林，汪義莊茗點，
到觀前柳村處。

看柳翼謀《文化史講義》。

萬里約星期一同至甪直，聖陶來信亦如是言，伯祥亦相勸。
予以兩年未到外家，借此亦可一省，因應之。

今夜忽又失眠，別無他故，恐是汪義莊飲雨前茶之故。予在
家不飲茶，今日在園竟飲三四杯濃茶，遂爾作祟，將來當痛戒。

六月十號星期六（五月十五）

以昨夜未安眠，今日十分疲倦。略點講義。看歷史教科。看柳翼謀講義。

寫介泉，緝熙，韓馨信。略點講義。

魯弟來談。理物。

六月十一號星期日（五月十六）

寫爲璋信。包送人之《教育雜誌》。與魯弟同到申衙前，吊菊畦叔祖之喪。

點讀歷史講義。寫介泉，平伯信。

寫劉經庵信，痛說周作人。

　　繼母徐宅歸。

六月十二號星期一（五月十七）

寫經庵信未畢。寫仲良，君武，敬軒片。萬里來，檢點行裝同出。

在南濠茶點，上甪直輪。看《荀子》。四點許到鎮，聖陶薇生已在待。同至茶館，到殷宅，到校，散步。

與萬里在殷宅晚餐。同返校，同榻。

六月十三號星期二（五月十八）

六點起，到聖陶處。與之到校。稍談，到朱姨丈處問疾。到殷宅談話。萬里爲保聖寺羅漢照相。

在校飯後，聽萬里演說寄生蟲。同出至趙宅，看字畫。到茶館，到殷宅話別。返校。

伯安先生請夜飯。詠沂來談。十一點眠。

　　保聖寺正殿後面竟堆了。楊惠之原塑的題壁一像也堆塌完了。餘亦等堆。可憐！

六月十四號星期三（五月十九）

五點起。七點許上波羅船。舟行三時，十一點到昆山。在宣化坊吃麵。到表姑丈瞿康伯家。

在瞿家略進飯。同出，至昆山，茗于華藏寺。到二酉山房買書。到瞿家進點。乘五點十八分車歸。

看北京寄到書。

六月十五號星期四（五月二十）

鈔《時事新報》文入史料。

看數日來所購到書。偕康嬡到觀前買物。遇竹庵叔祖於途。萬里來。

理簿册凡五天。

外姑來，船泊新學前，爲蔣大姨甥女腹中生瘤，同到城中西醫處治疾。

六月十六號星期五（五月廿一）

偕履安到新學前，看外姑，同履安及菊姨蔣大姨甥女，到留園。十一點出，到惠醫生處，伴蔣甥看病。在船吃飯。

到萬里處。看《地學雜志》，爲編目。寫地學會信，補缺號。

惠更生醫院新造好，在四擺渡。對城面河，地方極好。此等地方只有外國人想到住。

六月十七號星期六（五月廿二）

寫萬里片。到瑄生處，柳生處。點讀歷史講義。

寫信與父大人，痛說繼母一番。心怡叔，宋母舅來。

記筆記五頁。

今年蚊蟲特別多，大儒巷晚間走過，滿街都是蚊。予室頗軒敞，今夜捉了三次，亦得百餘。予尚得眠，履安及華媽等皆不易眠。祖母面上，董媽面上，如出痧子。

六月十八號星期日（五月廿三）

爲魯弟改《梁溪游記》畢。看《地學雜志》。

爲廷驥叔作菊畦叔祖哀啓，得千五百字。沈康節來。

吃力極了，恐是發夏至節氣。早眠。

徐偉士送花十盆來。

我一歸家，文債又來了，奈何！

六月十九號星期一（五月廿四）

寫沈康節，陶岷原信。補寫劉經庵信畢。竹庵叔祖來。寫出版部信。

看《淳化閣帖》及《東觀餘論》。將哀啓重看一過。點讀《中國古代財政國有之弊》。

竹庵叔祖來。

予二月來，爲周作人不盡歌謠會之責，致劉經庵君稿件擱起，屢去函不答，憤極了。上月，繼母歸來，終日作閙，又討厭極了。三日來連寫二信，盡情一說，胸中暢快得多。予之爲人，如此不能容忍，實不適于入世，以社會上肯開誠布公者實絶少也。予若能終老于文字之中，實此生之幸，而貢獻于社會者亦必多。

六月二十號星期二（五月廿五）

鈔改劉經庵信畢。

點讀《中國歷代政權中心之研究》。

今日履安發熱，重傷風，臥半日。大雨。

六月廿一號星期三（五月廿六）

寫高夢旦信。點讀《潛研堂集》中秦漢郡國考辨三篇。

剃頭。點讀王靜安《秦漢郡考》。到萬里，伯祥處，到觀前。

看《新教育》等。寫聖陶信。

萬里云：“揚州舊書鋪尚多，價甚廉。”又云：“鎮江無舊書肆。”

父大人來信，對于我所説一字不提，單説母親即與心怡同來。不知對于我信，是同情，還是憤怒？

六月廿二號星期四（五月廿七　夏至）

今日以節日，爲竹妹拜道場一天。鈔清代金文著録表目録。耀曾來。摘記《秦郡考》，并加考。

吳姑丈徐姨母來。方漆匠送書格版來，遂理書。畫秦四十八郡圖二次，尚未就。

續覽《漢郡考》畢，加標點。寫平伯信。

今天是日子頂長的一天，但我終覺得很短，一忽兒過了，没有做多少事情。這樣的過日子，也太難了！

履安以繼母之無禮相待，在室中哭了一回。

六月廿三號星期五（五月廿八）

記筆記二頁。點讀歷史講義十八頁。

寫高夢旦，父大人信。

看《通鑑》。

將我編書計劃詳告夢旦先生，請其與經農雲五兩先生商榷。

今日早晚大便二，皆溏薄。履安以傷風，咳嗽多日未愈。祖母更好睡。

六月廿四號星期六（五月廿九）

點讀歷史講義約廿五頁。

魯弟來談。

看《通鑑》。

六月廿五號星期日（閏五月初一）

點讀歷史講義約三十頁。

看《通鑑》。

六月廿六號星期一（閏五月初二）

寫高夢旦信。點讀歷史講義十頁。

摘兩晉十六國南北朝世系未畢。

寫介泉信，問歸否。

今日瀉四次，前三次爲糞，末一次爲水，身體疲極。是發節氣耶？抑癆病耶？

六月廿七號星期二（閏五月初三）

寫吳郡書畫金石社信，索入場券。摘南北朝世系畢。

倦甚，臥看《通鑑·梁紀》三册。

今日早瀉糞，晚瀉水，雖只兩次而身體愈疲，履安勸我睡，上午十二時即臥。未進飯。三點許進粥。

晚間祖母來視吾疾，此爲祖母末次進我之室。

七，廿八，剛記。

六月廿八號星期三（閏五月初四）

略翻《通鑑》，整理數日來簿册。釘書人來，將年表付之。

看《通鑑》。起身後覺困倦，因復臥。

今日只瀉一次，而倦愈甚。晚間出汗極多，衾褥俱濕。

病了只想吃小食，否則嘴裏難過。真没法！

六月廿九號星期四（閏五月初五）

在床看《通鑑》三册。寫聖陶伯祥緝熙信。

看《教育雜志》。

無寒熱而困倦，爲發老傷無疑。因于頸間腰間貼百效膏二個，以兩處作痛故也。

今天起，繼母爲竹妹拜薰修朝西懺七天，僧七衆，拂曉即至，黄昏始去。

六月三十號星期五（閏五月初六）

看劉師培倫理教科書。剃頭。

看《通鑑》二册。

將倫理教科書中説及宗法者録入宗法册中。

今日出外吃飯。身體依然甚軟。三日不進飯矣，雖勉强吃飯，實無味。

接商館來信，對于我要求無甚可否。履安買寒熱表來，予無熱，履安略有熱。安晨間胸腹間甚熱，恐有病。

一九二二年七月

七月一號星期六（閏五月初七）

魯弟來談。看《通鑑》二册。

聖陶伯祥來談。

校《中國社會之特質》。清理簿冊。理書桌。

今日較健旺，進食亦多。

七月二號星期日（閏五月初八）

鈔《世説》中所記謝安事入《清談》。

點讀歷史講義五頁。

今日所做事實戇，《晋書》已大略完備矣！

七月三號星期一（閏五月初九）

點讀歷史講義卅頁。

又曾弟來。起潛叔來。吳姑丈來。

繼母喊瞎子算命，其人謂星宿不好，須禮斗，因定于陰曆十四禮斗。此種事真是自鑽圈套。

七月四號星期二（閏五月初十）

點讀歷史講義三十三頁。至唐藩鎮宦官止。

今日添放焰口一壇。

背痛，胸悶，眼花，勉力之害如是乎！予身體能支持乎？

七月五號星期三（閏五月十一）

本日薰修懺完畢。點讀《寰宇分合志》中唐藩鎮廿一頁。寫父大人，萬里，仲周，緝熙，聖陶，經庵，介泉，仲良信。

介泉來，同至伯祥處，又同出至觀前，丹鳳小酌，吃麵，伯祥所請也。

雜翻。

介泉極勸我減少作工鐘點，當想法做到。

七月六號星期四（閏五月十二）

　　編雜志目録一册，缺號可以照配。沈康節來。

　　伯南先生來。點《檢論・案唐篇》。記筆記一頁。

　　　今天有些腳酸，不知何故。

　　　予所有雜志約一百五十種，全分者約十五種。册數恐在二千以上。

七月七號星期五（閏五月十三）

　　　八點到車站，待一點聖陶來，趁九點半車到上海。途中看《宋代紀事本末》。

　　　到商館，晤振鐸等。到寰球中國學生會，知平伯住孟淵旅社。到旅社，平伯已出，乃偕聖陶同到大世界，看諸雜技，六點出。

　　　到振鐸處，晤平伯佩弦，同至孟淵，無空室，四人兩榻。

七月八號星期六（閏五月十四）

　　　偕平伯，佩弦，聖陶吃點，同至商務中華等處買書。剃頭。介泉來，亦住旅社。

　　　到西藏路一品香，爲文學會開會。六時，即在此處西餐。未畢回寓。

　　　偕聖陶佩弦平伯到新舞臺，看《濟公活佛》十八本。二點半卧。

　　　　會中有柯一岑，胡哲謀，耿式之，周建人，嚴既澄，周予同，鄭振鐸，胡愈之，沈雁冰，沈澤民，謝六逸，及介泉，聖陶，佩弦，平伯，劉延陵等二十餘人。論文學主義極久。

七月九號星期日（閏五月十五）

　　　偕介泉及其夫人到大馬路購物。在旅社中看平伯文，聽他們談話。

振鐸請吃飯。二點許到車站，上車擠甚，至南翔得坐。六點到蘇。

看在上海所購書。

七月十號星期一（閏五月十六）

八點，繼母徐福董媽到杭去。寫兼士先生，紹虞，萬里，聖陶，子清，伯安，康節信。杏小姐歸去。

整理簿册。寫殿臣姨丈，振鐸，緝熙，仲周信。子克來囑作菊畦叔祖挽聯。

看平伯論文。

七月十一號星期二（閏五月十七）

作《西門豹》一課。

作《謝安》一課。起潛叔來談考事。

與康媛到觀前買物。看平伯論文。

以看書太泛，恐來不及，自今日起即作課文。

家中自繼母歸後夜飯極遲，往往至十一點。自今日起，改早，在日光中吃夜飯了。

七月十二號星期三（閏五月十八）

理《學覽》册子。作《海泉里之慘劇》一課。吳姑丈來。爲子克作挽聯。

作《唐寅傳》一課，未畢。魯弟來。

修《唐寅傳》。

今天甚熱，至華氏九十四度。隔壁黃家彌小姐以產難死。蓋小產後未調養，至此。

履安月經已來七天，至今尚未停，可怪。

七月十三號星期四（閏五月十九）

外祖母邀去，爲士慧表弟房屋事。又到士慧家中，到青年春同吃茶細談。十一點許歸。

作《鴉片戰爭的前後》一課。寫萬里信。

草《周公居東》一課，須大改。

七月十四號星期五（閏五月二十）

寫父大人信。改作《周公居東》一課畢。將柳氏《文化史》三編分釘入各冊，并立小題目，凡十冊。又曾來。

草《趙武靈王胡服騎射》一課，未畢。須大改。

天氣更熱，至九十六度。

七月十五號星期六（閏五月廿一）

草《義和團盤踞中的天津》一課。祖母在方廳遺溺。

草《宇宙的進化論與社會的進化論小史》一課，未畢。寫欣伯，介泉信。

整理史料。半夜起陪祖母。

臥至十二點，華媽起來喊道：“太太不好。”即與履安起身，見祖母頭已離枕，側臥床上，聲息呼呼，有如熟睡。喊之尚能應，惟問之則不能答。一夜如此，并未露出危險之狀。小便泄出四五次，嘔黃水少許。

此日上午，祖母進鱔絲麵半碗，午間進飯小半碗，下午又進西瓜，一切如常。

上午九時，扶祖母至方廳，此爲我末次扶祖母。

七，廿八，剛記。

七月十六號星期日（閏五月廿二）

　　昨夜四點後略睡，五點許起身，見祖母依然如故。七點，請江兆蘭黃壽南二醫診視，謂是熱閉，并謂如開閉則立可有起色。西藥先來，進之尚可飲。太乙玉樞丹來，則痰在喉間阻住，竟不能進矣。從此痰聲益厲，呼吸愈難，常常身體震動。至十二點，叔父姑母堅教我出外鬆散。旋即吃飯。飯時，姑母云，祖母正得睡，醒後當較好也。飯畢進視，果似安睡狀，惟不聞呼吸聲。以鏡對鼻亦無氣，我始疑其已逝矣。惟額上依然甚熱，韓二伯按脉謂尚有脉息。然從此熱漸失，脉漸細，遂至于無矣。哀哉！是日快信一，電二，與父大人。夜中和尚做繫念，未甚得眠。

　　祖母起病在夜十二時，至今午十二時而逝，僅半周時。變起倉卒，驚慌極矣。氣絕在午刻，而脉絕熱散在未刻，故報喪條寫了未刻。

　　祖母自去年二月初起病，到本年七月中病逝，適一年半。此一年半中，先左手左足壞，後右手壞，到死前數日，則右足搬動亦艱。神思言語，漸漸失次。到此數月中，幾乎處處纏錯矣。故祖母常自恨，以爲何不早死，何必等死。屢屢教我買鏹水好把自己毒死。以素好自動之人，而終至于一切不能自動，精神上之痛苦自然利害極了。此次以半日之病逝世，在她本身實是脱苦。祖母自得病至逝世，適與此册日程相終始，亦一奇事。我在這一年半內做了多少事，她在這一年半內受了多少痛苦！

七月十七號星期一（閏五月廿三）

　　早五點起。七點，父親與繼母歸。發出報喪條。十二點，小殮。殮畢吃飯。夜中道士作轉斂，起身三四次，睡時未落眠。

　　爲吳姑丈作挽聯。

七月十八號星期二（閏五月廿四）

今日祖母大殮，來客約百人。午後一點吃飯，殮畢約四時。七點吃夜飯，九點睡。

七月十九號星期三（閏五月廿五）

審覽祖母喪事簿册。汪姨丈來談。寫聖陶，慶叔祖母信。

補記日記，上賬。午眠一小時許。寫耀曾信，瀚澄信，韓二伯信。以肝火旺，未得即眠。飲麥乳精，二點得睡。睡前與履安小有口舌。

近日生活脱了軌道，雖未病倒，實在已病了。眼睛看物，覺隔着一塵。四天未大便，進果子鹽十數次終不下。小便極少，下則極燙。鬱熱既甚，容易動怒。繼母所説的話多不入耳之言，因此更易怒，勢必出于決裂。

七月二十號星期四（閏五月廿六）

本日爲竹妹百日，喚和尚七衆，拜懺一天。理祖母房内抽屜。勉得大便，苦甚。寫適之先生信。

寫振鐸信。寫七姨母片。王松生來。

得眠。

此次歸來後，雖説侍養，實在爲了編書，服事的事已很欠缺。向來屢爲祖母敲腿敲背，此次歸後大約不過一二回。這實是追想追悔之事！

七月廿一號星期五（閏五月廿七）

到喬司空巷買白鞋，到東嶽廟燒七香。算賬。

寫介泉，欣伯，仲良，昂若，韓馨信。聖陶，伯祥，孟鞱來談。

孟鞱甚信靈子術，同善社，欲以治其病，而病竟不愈。今天來勸我入同善社，姑應之，或去一探也。

七月廿二號星期六（閏五月廿八）

寫守常，緝熙，兼士先生信。吳姑丈，姑母，全喜弟來。

寫朱經農信，未畢。續作父大人所擬《哀啟》。吉甫伯，杏林叔祖來。

今日為祖母頭七，喚大智寺僧七衆，拜懺一天。夜加一大和尚，齋十王。看齋十王，到一點半方完。二點就眠。

依然沒有氣力，寫信稍多，就覺得胸煩欲嘔。

朱經農先生約我入商館，此使我甚躊躇。

七月廿三號星期日（閏五月廿九）

以昨夜眠遲，八點才起。猶極倦也。士慧弟來。將《哀啟》作完，呈父大人改。

答經農先生信，并謄清。姑母及全喜弟歸。

倦極早眠。

答朱信，大意說商館事須明年再定，因研究所事說不出辭去。近二千言。

七月廿四號星期一（六月初一）

將各處取下之聯軸與履安撣好收藏。壽姑母來。

介泉伯祥來談。校《罪漢論》。

夜履安喬痧，嘔七八次，挑痧後幸愈。

無精神，作事易倦，奈何！

七月廿五號星期二（六月初二）

寫康節，振鐸信。校《罪漢論》及《孔子生日紀念會演說辭》入史料。

近日余身甚為軟弱。今日下午履安為刮一背痧，似較清爽。

七月廿六號星期三（六月初三）

將舊訃聞理出，擇訃聞式樣。又將姓名地址記出，備以後下訃。

校《佛教之東來》，《佛教之盛興》入史料。寫伯祥信。

履安伴杏妹眠，予又失眠，因喚履安同榻。

適之先生來信，謂商館欲延我及伯祥，囑與伯祥接洽，因即去函問詢。

七月廿七號星期四（六月初四）

校《三國至南北朝之變遷》及其《學術文藝》入史料。

孟韜來。

與履安同乘凉。

近日痰多，多寫字覺胸悶，鼻管替換開塞，恐是肺部不好。歸後四個月，鼻管未完全好過。當注意。

七月廿八號星期五（六月初五）

寫朱經農信。與父大人到東嶽殿燒二七香。明日爲祖母回煞兼二七，今日頗有送禮者。校《三國至南北朝之學術文藝》，《隋唐之統一及開拓》入史料。

浴。寫伯祥，子水信。

記筆記四頁，記上海看戲事。士慧弟來。

祖母歿後吃素，使我飯量由一碗半增至兩碗。且在熱天吃素亦甚得益。無如繼母吃弗慣，明天回煞後即須開葷了！

昨接經農先生信，囑我今明日到滬一談。因不便出門，辭之。

七月廿九號星期六（六月初六）

來客有吉甫，耀曾，玉曾，立範，吳姑丈，管汝玉先生，吳麟詩等。早晚各兩桌。道士在午刻作煞回，并做受籙。晚七點許完。

收禮二十餘份。予一人開銷兼拜跪，到晚亦倦甚矣。寫經農信。

寫冰如信。

夜中記筆記二頁半。

伯祥爲家累，肯就商務，因即函告朱先生。

七月三十號星期日（六月初七）

今日開葷。理祖母遺物。將《纂史隨筆》第二册覆看一過。伯祥來談。

到鑑賞齋裱喜神，到竹庵叔祖處，詢訃聞哀啓格式。父大人到杭。將《纂史隨筆》第二册校畢。

與履安談繼母，氣甚。即將所説記入《隨筆》第三册。

看了父大人，使我不忍決裂。看了繼母，恨不得立刻決裂。真使我和履安做了難人，奈何！

今日下午得雨，已二十餘日未雨矣。精神一爽。剛下雨時，霉氣極重。

七月卅一號星期一（六月初八）

看嚴衙前下訃底簿，摘出應下訃諸家。略校《文化史》。

到堪輿徐綬臣家，到伯祥家，與伯祥聖陶介泉同到青年會，與節育研究會籌備會。會中共九人。散會，到觀前吃點買物。

看所買書。

節育研究會係陳海澄吳旭初二人發起。今日集股購藥，十元一股，得十六股。予勉任二股。

我今天把這一本日程記畢了。在這一年半裏，我的境遇真是不順的很了，我的心境真是不定的極了。我向着希望，一步一步的走去，但處處有不期而來的挫折，使我不能做秩序的生活。倘使我一生的境遇終究是這般，我真是没有希望的了。思此，悵甚！

頡剛。十一、八、一。

外來的挫折或者以後可以少些，單是身體的不好總不是長久之計：我現在離了履安，還是極容易失眠，一個人總覺得疲倦，吃力，耳中屢屢耳鳴，眼睛中常有紅絲，鼻管總不很通，想想實在的可怕！我的將來到底如何，真是一個問題。　　　　八、一，又記。

越三十年，翻覽此冊，覺得三十年中只有剛到燕京大學時稍有安定生活，餘均在焦躁、徬徨、紛亂、困苦中度過，卅年前之祈求，迄今還是一個可望而不可即的神山，然而年則已老矣。生于此世，只不死已是厚幸，敢望成學乎！後之人視此，當自喜其遭遇之厚也！

　　　　一九五三年一月，頡剛記于滬寓。

29 歲 一九二一年一月至十二月（一冊）

30　一九二二年一月至七月（一冊）

　　　　　　八月至十二月（二冊）

31　一九二三年一月至十二月（二冊）

32　一九二四年一月至十二月（三冊）

33　一九二五年一月至五月（三冊）

　　　　　　六月至十二月（四冊）

34　一九二六年一月至九月（四冊）

　　　　　　十月至十二月（五冊）

35　一九二七年一月至四月（五冊）

　　　　　　五月至九月（九冊）

　　　　　　十月至十二月（五冊）

36　一九二八年一月至六月（五冊）

　　　　　　七月至十二月（六冊）

37　一九二九年一月至十月（六冊）

十一月至十二月（七册）

38　一九三〇年一月至十二月（七册）

39　一九三一年一月至二月（七册）

三月至十二月（八册）

40　一九三二年一月（八册）

二月至五月（九册）

六月至九月（八册）

十月至十二月（十册）

41　一九三三年一月至十二月（十册）

42　一九三四年一月至十二月（十一册）

43　一九三五年一月至四月十二日（十一册）

四月十三日至十二月（十二册）

44　一九三六年一月至八月十二日（十二册）

八月十三日至十二月（十三册）

45　一九三七年一月至十一月（十三册）

十二月（十四册）

46　一九三八年一月至十一月（十四册）

十二月（十五册）

47　一九三九年一月至十二月（十五册）

48　一九四〇年一月至十二月（十六册）

49　一九四一年一月至三月（十六册）｝成都、重慶（樂山、江
　　　　四月至十二月（十七册）｝津……）。文史雜志。

50　一九四二年一月至七月（十七册）
　　　　八月至十二月（十八册）｝重慶、成都。文史雜志。

中大課。邊疆語文會。參政員。高等考試。

51　一九四三年一月至十月（十八册）
　　　　十一月至十二月（十九册）｝重慶（合川）。履安逝。

　　　大中國圖書局。自明嫁趙廣順。中大課。遷北碚。復旦。

52　一九四四年一月至十二月（十九冊）重慶（成都、灌縣、新
　　　都）。　與静秋結婚。復旦課。到齊大。

53　一九四五年一月（十九冊）　　　┐重慶（大足）。勝利。
　　　二月至十二月（二十冊）　　　┘復旦課。

54　一九四六年一月至十二月（廿一冊）重慶、北京、徐州、上
　　　海、蘇州。社教院課。潮兒生。僞國大制憲。自珍嫁李炳
　　　墋。德輝與毓蘊結婚。

55　一九四七年一月至三月（廿一冊）　┐蘇州、徐州（南京、上
　　　四月至十二月（廿二冊）　　　　┘海）。

　　　社教院課。洪兒生。

56　一九四八年一月至三月（廿二冊）　┐上海、蘇州、蘭州。
　　　四月至十二月（廿三冊）　　　　┘社教院課。蘭大課。

57　一九四九年一月至七月（廿三冊）┐上海（北京、蚌埠）。
　　　八月至十二月（九冊）　　　　┘湲兒生。解放。誠明課。

58　一九五〇年一月至二月（九冊）　　┐上海（北京、武功）。
　　　三月至五月（十五冊）　　　　　│誠明課。上海文管會
　　　六月至九月（十四冊）　　　　　│聘任委員。蘇州人代
　　　十月至十二月（廿四冊）　　　　┘會特邀代表。出版會議。

59　一九五一年一月至五月（廿四冊）　┐上海（南京、蘇州）。
　　　六月至十二月（廿五冊）　　　　┘堪兒生。上海學院課。

60　一九五二年一月（廿五冊）　　　　┐上海（武功、南京、蘇
　　　二月至八月（廿六冊）　　　　　│州）。上海學院。
　　　九月至十二月（廿七冊）　　　　┘

　　　思想改造。三、五反。蘇州市政建設會議。

〔原件〕生辰八字卜命書（下略）

　　此爲一九一〇年吾父在皖之同僚薛君（不詳其名）所推予命，六十餘年之擾攘生活中竟未失去，可謂奇事。當時吾父覽之而喜，寄至蘇州家中，予亦爲之自壯。然至今日，事已定矣，其成就者又安在哉？此不過幾句好聽之話耳。抑時代之動蕩過甚，區區個人之成敗唯有隨大流而入海耶？　　　一九七六，六，六，記。

中國書目
家族制度史
史學　　　　　　　　這五件事使我永不得空。
中國史辨僞
中國社會史

仲良托覓：福建王少樵——玄應書引説文校異五卷，
　　　　　　　　　　慧琳書引説文校異十二卷
又　　　：黎養正——慧琳一切經音義校勘記
又　　　：　　　　説文古本考（潘祖蔭刻）
又　　　：江有誥——江氏音學十書
又　　　：丁福保等——慧琳音義引用説文考異

《讀書雜志》8、11、12、13，汪馥泉要，由雁冰轉

上海北京路宋家弄五百號程少甫醫生

　　此册爲我三十歲日記，在我夫婦的多病的身體條件下，在我家庭矛盾的高度發展下，在社會各界的多方拉攏下，在遷家運書的不安定生活下，我的考辨古史的體系竟得在這時建立起來，爲我一生

學術工作打好基礎，真是千難萬難的事，覽此駭痛。此值得保存的一冊，後人幸勿輕棄，是所望也。

　　　　　一九七三年六月卅日，頡剛題，時年八十。

一九二二年八月

八月一號星期二（六月初九）

指配木匠水作作工。寫汪姨丈信。到青年會交費。到國民圖書館。到永昌祥論訃聞哀啓等價。到企鞏處，托請季和先生點主。

略校《文化史》。記筆記二則。寫仲周，父大人信。

到門前吹風涼。

今日下午，頗想多校一點《文化史》。没奈何背酸腿痛，精神惰倦，竟做不來！乃小睡，令履安敲槌。身體如此，使我心灰。

八月二號星期三（六月初十）

與徐霖洪（堪輿徐綏臣子），吳姑丈同至行春橋看地定向。云，須明年正二月間才可葬。到家約四點。

睡後與履安講繼母事，極憤。因此不易合眼。竹妹没後，繼母曾因祖母不死，而出"黃梅不落青梅落"之怨言，尤可恨！

八月三號星期四（六月十一）

寫父大人信。聖陶來，同至吳苑，晤伯祥，烈裔，碩民，劍秋，鎮華等。

臥。在床看《清朝全史》。介泉及其弟來談。

夜飯未進。記筆記三則。

頗想工作，而體力不繼，恨恨！

八月四號星期五（六月十二）

燒七香。到永昌祥催印訃聞。仲周來談。

臥了半天，未進飯。看《清朝全史》。永昌祥送訃樣來。

倦極了。憊憊思睡，不肯作事。脚痛，腰痠，體軟。這樣子下去，真是頹廢的人了！

八月五號星期六（六月十三）

寫介泉經農信。本日爲祖母大人三七，朝夜兩桌。由韓張兩家薦七，拜玉皇懺一天，夜作望高斗。至十二點眠。寫父大人信。

晨接伯祥信，轉到緝熙信，謂兼士先生重托他，一定要教我回校復職。因函告父親，説明如到北京，當與妻女同出之故。

兼士先生恐直接教我去要決裂，所以托緝熙轉托伯祥面勸。

八月六號星期日（六月十四）

寫兼士先生，緝熙信，決行。寫伯祥信。企鞏來談。

伯祥來。沈康節來。

略看《清朝全史》。

寫兼士先生信，請其托蔡先生函致商務，請延緩編書日期。寫緝熙信，請爲經濟上之援助。此二層能達到，我決可到京。

伯祥來，以又得緝熙信，繼續來勸。

八月七號星期一（六月十五）

寫父大人信。介泉來。

寫適之先生，緝熙，經農，欣伯，子水信。

寫填日記册陰陽曆日格。補記五天日記。

緝熙有挂號長信來。并托介泉來勸。予答書，告以九月十五號間挈眷到京。

與姑母叔父商量行止，叔父頗贊成我自立，姑母恐父大人生氣，勸我暫緩。今日精神略好，惟只能寫信耳。今天風很大。

八月八號星期二（六月十六）

到永昌祥。到外祖母處。到伯祥處。

寫父大人信，論搬出事，談三策，得二千餘言。（此稿就履安伯祥聖陶介泉碩民商量，因中有未妥處，未發。）爲璋來談兩小時許。

維庚以交易所失敗，產業頓盡。平時寄棧收租之田亦多爲押去。因此，外祖母囑我寫信與母舅，囑其交涉。

八月九號星期三（六月十七）

六點起，寫冠伯母舅信。八點，到伯祥處，與伯祥，聖陶，碩民，介泉同至閶門橫馬路南陽里看陳海澄。頌皋，晶初已在座。同至胥門上船，游虎阜，商節育研究會事。胥門上岸，步歸，已黃昏矣。

節育研究會議定在我京寓中設一北京通信處。又擬辦一半月刊。海澄爲人甚好，今日一切費用堅欲獨出。

八月十號星期四（六月十八）

到永昌祥，到外祖母家，到王伯祥家，到吳岳母家。歸後，青崙來，又與之同至宋叔琴家，接洽訟事。

寫冰如信，托詢長發棧運行李。

寫父大人信，一千二百言。

待父大人信多日未至，因于今日寫去，說話極和平。

到吳岳母家，爲商量搬家也。

八月十一號星期五（六月十九）

寫經農信。到東嶽廟燒七香。到欣伯處，未遇。到永昌祥。到姑母處，説搬出理由。到爲璋處，談歷史教科。到嚴衙前，問下訃姓名。到子清處。

在子清處雜談，留飯，吃西瓜而歸。寫殷岳母信。

得父大人信，即作覆，凡一千七百言。

晚得父大人信，竟不許出，憤甚，即寫覆信。援筆直書，十二張信箋頃刻而就。將我與履安不能不遷出之故，與繼母性情行事，詳細寫出。寫成甚覺快意。

八月十二號星期六（六月二十）

本日爲祖母四七，由叔父薦七，拜大悲懺一天，夜中作雲栖祭奠法事。來客有韓二伯，吳姑丈，姚仲虎夫人，及朱耀初媳，竹庵叔祖，耀曾表兄。

將日記補記五天。寫父信。

前數日常出去游散或會客，倒不覺倦怠。今天不出去，又覺得頭暈體軟了！一天隨便消磨過去，竟未做甚事，可嘆！

八月十三號星期日（六月廿一）

到永昌祥催所印訃。

朱經農孟德洪兩先生來，伯祥爲璋亦來，同談史地教科事。四點，到惠蔭園。爲璋別去。五點，到汪義莊。六點許，出閶門，在宴日樓吃飯。八點，朱先生上滬寧車，予等別歸。

雨中出游，車又絶少，無以待遠客。經農先生極誠摯可親。

父大人有信來，盛氣相待，實無理由。與伯祥商，寫一極溫和信覆之。

八月十四號星期一（六月廿二）

寫父大人信，續陳履安獨留之後之危險。孫伯南先生來。

將信謄出。青崙來。叔父來，出示父大人信，知其氣甚欲自刎，無可如何，只得轉篷。

與履安合商留家條件。

左足背于前日搔碎，昨日又爲皮鞋擦碎，今日痛甚，至不能舉步。自本日夜飯起，未進飯。

我在理上無服從父大人之必要，惟在情上竟不得不服從。搬家熱忱，盡于今日，一嘆！

八月十五號星期二（六月廿三）

到叔父處，將條件送上。看《民國十周紀事本末》五年份。

叔父勸繼母甚久。

本日發熱，至一百又四分。蓋爲足痛所引起。

繼母至今日，始知我等擬出門，此後我們在家，或不致十分厭惡。

八月十六號星期三（六月廿四）

欣伯來，論編書事。介泉來。看《十周紀事本末》六年。

熱雖退，腰痛甚。仍未起。

我以父大人來信與介泉看，介泉亦説"無辦法"。

八月十七號星期四（六月廿五）

自今日起，拜梁皇懺三天，每日七衆。看《十周紀事本末》六七年。青崙來。

未起。

青崙來，謂要到津看母舅，到京看維庚。我勸他寫一信去，他不肯。以他這般境地，爲了訟事丟去無數，恐訟事未了，而其家已破產矣！使其先前肯聽我話，早日搬出，此事至今已了。不會打算至于如此，何其無腦子！

八月十八號星期五（六月廿六）

在床看《十周紀事本末》至七年畢。

聖陶伯祥來談。寫兼士先生信，并謄出。

算喪用賬，自己流水簿。今夜鬧五更。和尚于夜十二點來，做施食一壇。姑母做羹飯，姑丈，青元全喜兩表弟均來。予夜中未甚得眠，十二點起。

下午起身。燒七香由履安伴艮男代去。

八月十九號星期六（六月廿七）

五點就睡，至八點起身。本日爲祖母五七之期。來客有韓二伯，申之叔，竹庵杏林叔祖，舜欽，久欽，廷甫伯母，麟詩叔母，四太太等。早晚各兩桌。送禮者卅餘家。陪客，開銷禮力。與韓二伯籌商喪儀。便秘甚，四日一下，結極矣！

魯弟來談。夜中風狂雨暴，漏損物甚多。

上午未穿襪，下午剪開布襪之縫，改穿布襪。

經農來信，謂商務已決聘伯祥，薪暫定爲九十元，囑商。伯祥來信，謂以百元爲最小限。

八月二十號星期日（六月廿八）

寫經農信，將伯祥信轉去。寫父大人信，告居家二年中的計畫。

謄出寄父大人信。將關于此次函件彙釘爲《縛住了嗎》一冊，并補鈔信件。

飯量仍不佳。晚飯勉強吃飯半碗。

履安近日甚不高興，又不肯直說，真使人無可奈何。

八月廿一號星期一（六月廿九）

補記八天日記。寫昌善局信，往付定金。

鈔函件入《縛住了嗎?》，此册得九十餘頁矣。

左足又有一處潰爛，頗痛，足又跛矣。

八月廿二號星期二（六月三十）

理訃聞一整天。

發出訃聞，由子綸姑丈寫條子。

八月廿三號星期三（七月初一）

寫伯祥信。寫父大人信。看《十周紀事》八年份。

寫緝熙信，告以不能到京之故。理訃聞完畢。

經農先生有信來，伯祥商務事已成，月薪百元。

八月廿四號星期四（七月初二）

轎班來，將訃聞發去。寫伯祥信，將經農信轉去。

看《十周紀事》八年份畢，接看九年份。孟韬來談。

八月廿五號星期五（七月初三）

剃頭。到東嶽殿燒七香。看《十周紀事》九年份。

寫父大人信。看《十周紀事》九年份畢。

看《十周紀事》第十年十九頁。

八月廿六號星期六（七月初四）

今日祖母六七，日間由我和履安薦懺一天。夜間作傳戒，由喪用賬内開支。寫昂若，冰如，邦華，韓馨，紹虞，幼漁先生，仲良，經農，振鐸，桐生，聖陶，蓉初，子清，舜欽，伯祥，綏臣，杏林叔祖，緝熙信。吉甫伯，耀曾來。

今日脚又痛，并出水，仍未好。

八月廿七號星期日（七月初五）

看《十周紀事本末》第十年完畢。寫父大人信。

伯祥聖陶來，介泉亦來，同至青年春，又至吳苑，頌皋俱。

爲康媛習算。

康媛要我教算，這是她好意。但因聾故，十分難教，使我怒甚，逐之兩次。夜眠非有履安，又將不成眠矣。

伯祥定九月一號到商務就職。暫與振鐸同居。聖陶或就神州女學教職。

八月廿八號星期一（七月初六）

理訃聞，賬目。

作祭文一篇，承父大人命爲蔡校長作。用四言體，三百餘言。履安今日起傷風。

謄祭文。

上海小南門内中華路有群學會附設之聾啞學校，當索章程一覽。

作祭文不得不説自己好，只是一陣陣肉麻，真難過！

八月廿九號星期二（七月初七）

兼士先生來快信，仍邀我去，并托我挽留伯祥聖陶到京。寫父大人信。錢威卿來。

寫兼士先生信，約二千五百言，謄出。略看《七修類稿》。

兼士先生要與我父講理，我以爲此無益而有害，因爲舊社會中本不講理，因勸止之。

八月三十號星期三（七月初八）

寫伯祥信。伯南先生，心存，伯祥來談。

寫陪賓帖，點主帖，共十九份。徐姨丈來。

剪報粘入史料。

心存久別，今日來長談。他天資極好，記憶力之強與伯祥相仿，確是史地天才。可惜入了軍界，不易進步。將來得有機會（如組織旅行團等）總須邀他同做。

八月卅一號星期四（七月初九）

理抽屜，剪報粘入史料冊，理賬目。

風狂雨暴。

這一個月實在沒有多用，又因足疾，半個月沒有出門，乃今日結賬竟用去七十六元，可驚。細按之，爲：

（家　計）八月份房用	二十元	
（學　業）鈔書		八元五角
買書		十七元
報		一元
（社　會）節育會股款	二十元	
節育會會費	半元	
（交際費）朱經農來款待費	二元五角	
漆匠	一元	
薦六七（與履安合）	三元	
零用	一元	
存伯祥處	一元五角	

以上除股款廿元買書十元外，其餘差不多都爲必用之數。可見即
使極省，也必五十元。再不能在五十元內省出了。真可怕！（零
用一元，實爲無可複加之省儉。在這上，可見予真不用錢。別人
說我省處，即在此。）今爲經常預算表如下：

家計　　　　　　　二十元
學業　　　　　　　十五元
交際　　　　　　　　五元
器具　　　　　　　　五元
社會　　　　　　　　五元
零用　　　　　　　　三元
　　計洋五十三元。

一九二二年九月

九月一號星期五（七月初十）

剪報粘入史料。

聽關亡。看《十周紀事》元年份廿餘頁。

八點許，父大人歸。鈔寫杭州禮份。

關亡極無道理，所說皆空話，一“亡”費三刻鐘亦甚不易，
問之皆不能答，而繼母猶告人曰：“說得活龍活現。”真是自欺
欺人。

晚間雨暴甚，父大人衣履盡濕。車站上云無車轎。

九月二號星期六（七月十一）

道士日拜玉皇懺，夜作符表及謝十王兩法事，至十二點始畢。
終日照顧賬房。

以韓二伯送來收燥散無效，改塗硼酸凡士林。終日雨大甚。

近來病痛特多，兩股間起無數小粒，癢甚。當是因足疾久未浴故。

九月三號星期日（七月十二）

寫伯祥信。照顧賬房，合作布置女廳方廳聯幛。

寫伯南先生信。錢威卿來，開發六局。

晚鯉庭來。

昨晚振鐸到蘇，今日伯祥聖陶出城。予一因足疾，二因家事，未能去。

數日來多如厠，排泄不暢，恐成痢疾，因服檳榔枳實。惟苦甚，強咽之。

九月四號星期一（七月十三）

看《民國十周本末》至元年畢。終日在賬房中照顧一切。

申之叔，韓二伯來。

寫聖陶信。

履安今日痰中有血，雖喉部肺部尚不可知，終宜一看。況月經久不準，尤當診視。予勸其就醫，乃竟不肯，并謂吐血爲早計而月經爲已遲。予生不幸，所娶之婦乃均諱疾忌醫！

上午就厠二次，下午幸不作，諒藥性已到，竟愈矣。足上塗凡士林後頗愈，今日已可穿襪。

九月五號星期二（七月十四）

今日爲祖母作新七月半，日拜淨土懺。在大廳上將挽聯祭幛挂好。終日在賬房照料。

徐姨丈來。

記筆記二頁。與父大人談持家事。

今日逼履安就醫，她必不肯，竟至相罵。賴姑母勸解，始由華媽伴去。吳帙書謂履安無肺疾，一慰。

九月六號星期三（七月十五）

今日爲竹妹做新七月半，日拜淨土懺，夜放焰口。終日在賬房照料。略看《十周紀事本末》。介泉來。

靜中看繼母，正是老鴇樣子，凶狠貪戾，十分可笑。此人若做督軍，受累者當不知多少人矣。繼母必欲使竹妹比祖母勝些，故新七月半，必使竹妹準日，夜間又作焰口。吾父雖好名，亦無如何矣。

九月七號星期四（七月十六）

布置聯幛，管理賬目。

聖陶來。錢先生來，即將賬目交出。

聖陶來，未談滿十句話，實在太忙了！

夜間以股上癢，醒一小時許。

九月八號星期五（七月十七）

處置各事。

寫朱經農信，將改定書目寄去。寫企鞏信，邀陪客。

夜間以股上濕痱癢醒，時方三點。竟未能眠。一半以兼士先生有信來，仍邀我到京，而商館中又有信來，催我速就稿件故也。

九月九號星期六（七月十八）

記筆記二頁。本日請司喪。坐靈前待客。十一點點主。日間陸續有客來，二點後略清。

鈔經濟新聞二篇，入《經濟狀況的劇變》。

夜間來客數十人，坐八桌。謝客，至十二點餘寢。

二點許，副音和尚上供。三點許，道士上供。明日下午二點，禪門和尚上工。

九月十號星期日（七月十九）

五點即起，鬧五更。今日祖母出殯，來客約三百人，吃飯者約一百五十人。男廿桌，女四桌。飯後四點出門，走平江路，蕭家巷，觀前街，護龍街，因果巷，皮市街，西白塔子巷，臨頓路，獅林寺巷，中由吉巷，二門口，到昌善局。中間蕭家巷韓宅，觀前晉福，因果巷祠堂三處路祭。回吉時已夜，十二點餘就寢。

來客甚多，匍匐叩謝甚勞力。本日觀前街出材過者有六起，以吾家爲最盛。聽看客説。

九月十一號星期一（七月二十）

到昌善局接材，隨材船至永善堂。安柩後與青崘來庚步歸。

理謝帖，賬目。魯弟來談。

九月十二號星期二（七月廿一）

終日大雨。終日對禮簿未畢。（以有杭州禮未經予手發訃者，故對簿極難。）

近日忙的連大便也無時去解，今日始得一泄。股上依舊癢，足上又反潰了。

九月十三號星期三（七月廿二）

對禮簿畢事。

作結束諸雜事。記筆記三頁。邱栽芝來。略覽《殷商貞卜文字考》。

補記七天以來簿册。

　　此次喪事用去一千七百元。衣衾棺椁早就辦好，均不在内。收禮現洋三百四十元，綢緞呢布幛約百頂，新票若干。祖母遺産現洋八百元，金銀首飾衣服等物由父親與繼母取去。相抵之下，父親實未多費。

九月十四號星期四（七月廿三）

　　青崙來。作結束諸雜事。

　　鯉庭來。

　　父大人瞞了繼母將祖母遺産分二百元與我夫婦，一百元與康艮二人。我覺得甚不好，蓋他日如曉得，必又生一番口舌，不如其已也。

九月十五號星期五（七月廿四）

　　與繼母相罵。父與繼母到杭，杏叔去。與大家論繼母行事。

　　整理家具，位置方廳。姑母歸。

　　寫父大人信，爲今日相罵事。

　　今晨與履安談起，知祖母遺物放履安處，因與條件不合，即將飾物一小箱送至繼母處。孰知我開條件，父大人并未與繼母説明，致彼堅不肯受，遂至相罵。父大人歡喜敷衍，此乃大病。

九月十六號星期六（七月廿五）

　　喚轎班奎男壽男搬書籍入方廳。

　　整理書籍。

　　寫緝熙信，爲傅先生入學事。

　　整理書籍，實是一累。以後惟有多做書箱，方可于搬動時無重理之煩。

九月十七號星期日（七月廿六）

伯祥來信，謂經農先生到蘇講演，今晨可伴游，并有編書事須面談。即到伯祥處，共至蘇州飯店，會朱先生。同雇車至虎丘，茗于冷香閣。又至龍壽山房，看《華嚴》《法華》二經寫本。又至留園。歸飯店進飯。同至舊皇宮，聽演説小學教育。到青年會夜飯。送出城，八點三刻，朱先生與聖陶伯祥上車，予與君疇等歸。

商務有莊俞，猶吾家有繼母。我的書屢遭他的干涉，真討厭。父親一味要我到商務，猶如逼我與繼母同處，那裏使得！

吳縣教育月刊社招我爲會員，要我做文字。我的《新潮》上一篇文字，未做完，且未署真名，而大家已頗注意，到處拉攏，可見有名之累。

九月十八號星期一（七月廿七）

終日理書。

九月十九號星期二（七月廿八）

寫兼士先生，伯祥，聖陶，建初，康節等信。終日理書。
鯉庭來。

左頰生一瘤，左足又起幾處癢粒，又患傷風，早起痰甚多，我的身子真不幸！

九月二十號星期三（七月廿九）

終日理書，完畢。
張建初來。沈康節來。
寫父大人，兼士先生信。

九月廿一號星期四（八月初一）

吴姑丈來談。發謝信。看《泖東草堂筆記》。

理簿册。寫萬里，冰如，韓馨，堯衢，爲章，敬軒，仲周，聖陶，君武，子民先生，兼士先生信。

作編書預計，計：

課文　　十九天　至十月十號止

課文修正　五天　至十月十五號止

附文　　十九天　至十一月三號止

附文修正　九天　至十一月十二號止

總修正　十四天　至十一月廿六號止

謄寫　　十三天　至十二月九號止

校勘　　五天　　至十二月十四號止

延期　　十五天　至十二月廿九號止

　共　　九十九天

不能再遲了！

九月廿二號星期五（八月初二）

［草一、二課課文］草《歷史的需要》的附文。

草《想象的古史》的附文。聖陶來。

外祖母來，爲維庚所管田産事。

九月廿三號星期六（八月初三）

［草三、四課課文］摘《戰國學者》課數條。介泉來，留飯。

做《戰國養士》課。寫外祖母信。

昨日做到夜九點，又失眠了，一夜只睡四小時，今日精神頗倦。所以今日夜間只得不做了。身體不争氣，可嘆。

今日門房沈福歇去。因叔父歸家甚晚，彼不能等門也。

九月廿四號星期日（八月初四）

〔草第五課課文〕做《戰國養士》課課文畢。伯祥來。

做《戰國養士》課附文。外祖母來。魯弟來談。

父大人到杭十天，始來信。無非怨恨而已。空怨恨是無益的。

殷外姑來，履安往晤。予以足疾未往。頰上癤爲履安挑開，出膿甚多，似可好。

九月廿五號星期一（八月初五）

〔草六、七課課文〕做《戰國養士》課附文畢。

録《戰國養士》課材料。

寫邦華信。

夜中小猫三隻以不得乳大叫，終夜未停。予爲之驚醒兩小時許。老猫常不歸，歸亦不給乳，不知何故。

九月廿六號星期二（八月初六）

〔草八、九課課文〕做《想象的古史》一課正文。寫父大人信。

録韓非《顯學篇》。

寫伯祥平伯信。

足上依然，俟天晴後當往醫家。現在晨間服越鞠丸三錢，日間飲菊花湯。

寫父大人信，對于繼母仍不讓步。蓋我與她在良心不能讓步也。

九月廿七號星期三（八月初七）

〔草十、十一課課文〕做《戰國的學者與政客》一課正文。

振鐸來信，詢《漢書・藝文志》疑問，因答之。

理簿册。

日子漸短，實在覺得不够，奈何！

小猫兩隻以不得乳死，一隻亦垂斃，乃棄之。

九月廿八號星期四 （八月初八）

　[草十二、十三課課文] 作《義莊》一課課文。寫沈康節信。

　到吳帙書處看病。寫張姑丈，九生叔信。作《理學》課課文，未畢。

　理物。

　　張姑丈來信，慶叔祖母在京病重，囑九生叔去，因即轉信去。慶叔祖母若不起，真可悲也。

九月廿九號星期五 （八月初九）

　[草十四、十五課課文] 將《理學》一課作畢。今日本生祖母忌辰。

　　草《春秋的時勢》一課。

　　昨夜以多吃夜飯幾口，半夜腹脹，自二點起即沒有眠着。五點許起，到書房看書。竟日疲倦，口枯，足冷，易怒。因未進點，午飯吃饅頭，夜飯吃粥。幸得眠。

九月三十號星期六 （八月初十）

　[草十六、十七課課文] 將《春秋的時勢》一課改畢。

　兼士先生至今日始有信來，聖陶請于明年去，建初只有三小時功課。寫聖陶，建初信。極草率的將《集權政治的建設》一課寫了。

　看《史地學報》論近人言諸子學者之失。

　　昨夜到眠十小時，精神回復。夜中看《史地學報》，臨睡時覺得精神爽利，知非佳兆。就寢果不得眠。十二點，起温葡萄酒飲之。睡後胸泛欲嘔，直至二點始得眠。七點醒，只睡五小時。

幸後半夜睡着，無前日之倦。

　　本月用度：

（家計）	房用	廿元
（學業）	沈康節鈔書	四元
	周子培鈔書	四元
	紅小姐鈔書	一元六角
	韓馨鈔書	五元
	切毛邊紙	二元二角
	報	一元
（醫藥）	頡、安看病	二元
	藥物	三元
（器具）	洋琴貼換	一元二角
	漆匠找	六角
	搬書轎飯	五角
（交際）	寄信信箋等	一元五角
	朱經農來蘇	一元
	給華、金媽伴祖母費	二元五角
（利息）	先還履安利	五元
（零用）	零用	一元

計五十六元一角。較上月少去二十元，因上月多出股款二十元之故。可見五十六元實爲不可少之數。本月并未買書。計：

家計	廿元
學業	十七元八角
醫藥	五元
器具	二元三角
交際	五元
利息	五元

零用　　　一元

較豫算多出者：

學業　　　二元八角

醫藥　　　五元

利息　　　五元

較豫算少出者：

器具　　　二元七角

社會　　　五元

零用　　　二元

較豫算多出三元一角。

一九二二年十月

十月一號星期日（八月十一）

〔草十八、十九課課文〕改《集權政治的建設》一課。

聖陶來。寫張姑丈，九生叔信。建初來，回絕不去。

將此課鈔出。夜九生叔歸。

張姑丈來信，慶叔祖母病大愈，九生叔可以不去，甚慰。

下雨多日，令人愁悶。夜飯後未作事，而不倦。恐失眠，飲華福麥乳精。得眠。

十月二號星期一（八月十二）

〔草廿、廿一課課文〕草《漢代經學與政治》一課，以王莽作課文。苦于莽事太多，鈔寫未完。九生叔來談。

寫振鐸信。

到嚴衙前，陪起潛叔喜事請媒人。十點歸。

十月三號星期二（八月十三）

　　［草廿二、廿三課課文］竟日鈔寫《王莽傳》。今日本生祖忌辰。姑母來。寫張姑丈，王伯祥信。

　　景春伯母來。

　　夜飯後甚倦，即眠。上半夜甚好睡。二點醒後，乃以身上發癢，未能得睡。起飲華福麥乳精，雖略閉眼，終不得佳眠。

　　近日失眠，原因都在編書上。

十月四號星期三（八月十四）

　　［草廿四、廿五課課文］寫兼士先生信。偕魯弟到嚴衖前賀龍叔喜事。即歸。

　　看報，信。作《圖讖》一課未畢。

　　到嚴衖前吃夜飯。與金積興談。

　　嚴衖前喜事，送禮至七百餘號，朝夜客至六十桌，喜聯至挂在窗上，可見盡力交際之效。

　　以昨夜未好眠，竟日倦甚。

十月五號星期四（八月十五　中秋）

　　［草廿六、廿七課文］吳姑丈來。看《晶報》本年半年全份。

　　看《晶報》。作《圖讖》一課畢。

　　昨夜雖得眠，今日依然甚倦，怠于作事，因看《晶報》。

　　予于家庭中既深感痛苦，在家如在牢獄，苟欲忘之，惟有努力典籍；而筆札一勞，輒引失眠之症。兩方夾攻，予身其殆矣！本日看他人快樂度中秋，予思量身世，轉增煩惱，與履安對泣矣！

十月六號星期五（八月十六）

　　［草廿八、廿九課文］集王莽政治材料，未畢。

看《太平廣記》。履安到觀前買棋子，即着五子棋數十局。

昨夜二點醒，輾轉不眠，履安爲冲麥乳精飲之，五點後得眠。然今日精神總疲憊。

十月七號星期六（八月十七）

［草三十、卅一課文］伯南先生來，代買《鐵雲藏龜藏陶》。因將序文標點一過。與履安着五子棋四五十局。

昨夜三點醒，飲麥乳精後仍至五點稍眠。因一日未作文字，與履安着棋爲戲。

十月八號星期日（八月十八）

［草卅二課文］五點起，寫父大人稟。到伯祥處，未晤，歸。看《通俗編》。魯弟來談。嗣祖忌辰，設祭。

聖陶伯祥來談。同到觀前買物，品芳茶叙，元妙觀篷子内吃牛肉湯。

夜飯後與履安同至金谷聽書。

又是三點醒，竟不成眠，服麥乳精亦無效。愈想愈悶，起來寫信，説編書事只得停止，需用之錢只得向父大人要。不知能允否。

十月九號星期一（八月十九）

［草卅三、卅四課文］昨夜季稱叔連接張姑丈快信，電報，悉慶叔祖母病危，今日向我探聽一切，即乘特別快車北行。看《同治二年湖北刊一統圖》。

草《圖書館計畫》一文，未畢。

獨到金谷聽書。

昨夜聽書後頗得眠，今晨醒來，已眠八小時矣。以後聽書只得算爲正功課矣。

十月十號星期二（八月二十）

〔草卅五、卅六課文〕士宜從常熟來。剃頭。仲周來談。

湖帆，子清來看書畫。受祉來。

與士宜到金谷聽書。歸，即卧。

昨夜不甚佳，似眠似醒。夜中得京電，慶叔祖母竟于今晨上午九時病故，痛甚。此萬萬想不到者！

十月十一號星期三（八月廿一）

〔課文修正〕與士宜趁快車到鎮江，車上看《新聞報》。

到埠後，步行至江邊吃飯，住萬全樓。雇車到金山游覽，并至蓮社。出，步行至西門大街，進點。

寫履安及朱慰元信。早眠。

鎮江商埠并不大。市面全在西門大街。聞城内極荒凉。到金山路，坐車險極。

十月十二號星期四（八月廿二）

〔課文修正〕萬全樓算賬後，出至平政橋，雇船到焦山，游碧山庵，松寒閣。上山，游息至十一點餘，下船歸。

到岸後即乘快車到無錫，卸裝啓泰棧。到北門外三怡園吃飯，游崇安寺及公園。

到新世界，看新劇。

無錫公園造得極好，聞係請日本人布置者。

十月十三號星期五（八月廿三）

〔課文修正〕出無錫西門，雇車至梅園，與士宜茗談良久。出至惠山，飯。

在惠山品茗，游寄暢園。自惠山步至公園。在公園品茗。還至三怡樓吃飯。

到慶陞園看戲。

無錫兩個戲館，一新一舊，都是男女合演。但并不寫明。

十月十四號星期六（八月廿四）

〔課文修正〕啓泰棧算賬後，到城内買書，又至競志女學。到公園品茗。十點許出，土宜上輪船，予到車站。

在車看《侯保三旅行記》。一點許到蘇，即歸。飯。看伯祥借來之《東壁遺書》。

看四日來報紙。

此次游四日，計八元，似尚不費。然亦極省矣。

歸來後，知汪秉之表弟患傷寒没，可憐！

十月十五號星期日（八月廿五）

〔遲至本日必將課文草完。〕吳姑丈來。到伯祥家，又至吳苑，與伯祥等晤。到祠堂，秋祭。

到天來福，談會事及報事。到汪姨丈家，吊秉之表弟喪。與欣伯茗于品芳。

聽説書（錢青照求雨）。

近日死人甚多，街頭常聞到燒衣氣味。沈耀南夫人，朱承石之伯母，家頌君伯，俱在數日中死。

十月十六號星期一（八月廿六）

〔草第一、二課附文。〕竟日疲倦無聊。蓉初來，收青年會款。爲竹庵叔祖作謝信。叔祖旋來取去。

算各項賬目。理簿册。

聽書。

今日算賬，予失賬廿餘元，兼以謝編書後薪入毫無，因此履安頗不樂。與之圍棋，彼屢輸矣。

十月十七號星期二（八月廿七）

［草第三、四課附文。］將《圖書館計畫》一文草畢。

草《明太祖的白話詩》一篇，應振鐸要求。

聽書。至錢智節求雨完畢。

予到處負債。近日青年會，美術會邀予入會，不得不應，而苦于無錢。吳縣教育月刊社，文學研究會邀予作文，不得不應，而苦于無精神。此種苦處，只有自己心裏知道。

十月十八號星期三（八月廿八）

［草第五、六課附文。］吳姑丈來。將《明太祖的白話詩》謄清。

張耀曾表兄來。謄《圖書館計畫》，未畢。

聽書。至任榮到河南。

滿身發濕氣，或痛或癢，真難過。臀上尤多。阿珠娘謂是銅錢瘡。

昨經農先生來信，允我不編，由伯祥接編，錢不必退，盛意可感。

十月十九號星期四（八月廿九）

［草第七、八課附文。］謄草《圖書館計畫》。寫伯南先生信，入美術會。

朱慰元君與蔣靖濤君來催此文。

聽書，到任永住店，與董武昌相打。

今晚六點，魯弟婦又產一男。我叔喜甚，即快函到我父處。此事爲何我叔這般起勁，可疑也。

此兒嗣與我，有數危險。（1）在繼母身旁撫育，乳媽決不會常，有喪失生命之虞。（2）履安如生子，則親子與嗣子間，必不和睦。（3）如父親因繼母之故，而將此子交與我，則在履安亦不會着肉。（4）有此嗣子，將來產業上叔父可以作主。

十月二十號星期五（九月初一）

［草第九、十課附文。］將《圖書館》一文趕草完畢。九生叔今早自京歸。

答經農先生信。

聽書，到任永出店。

予趕做，履安趕鈔，幸能做完，計萬餘言。共費四足天。

十月廿一號星期六（九月初二）

［草第十一、十二課附文。］將《圖書館》文鈔畢，校看兩次，下午三時差門房送至教育月刊社，一文債了訖。祖母大人百日，來客有姑丈、姑母、全喜弟、紅妹、麟詩叔、韓二伯、張廷甫伯、伯母、耀曾兄、竹庵杏林兩叔祖。午飯一圓桌。延僧七衆，拜大悲懺一天。

聽書，到任永進王府。

前日祖母舊僕阿珠娘來，知祖母已死，無錢買錢帛，竟質去夏衣買香燭彩緞。今日又伏靈座痛哭。彼年已八十二，欲傭身人不敢，歸家又受子媳虐待，可憐也。

十月廿二號星期日（九月初三）

［草第十三課附文。］爲慶叔祖母寫神主。寫父大人信。到吳苑

找伯祥等，未遇，到天來福，又不見。在護龍街剃頭。到聖陶處，未晤，而歸。

伯祥來談。理書，物。

聽書，到任永鬧得賢堂。

接父大人信，新産之男取名和生，爲半年來家庭不和睦也。囑叔父代用乳媽，將來帶到杭州。履安爲此事頗動氣，蓋我夫婦皆年輕，用不到嗣子，現在嗣了，徒然將來多一番口舌耳。

十月廿三號星期一（九月初四）

〔草第十四、十五課附文。〕摺報。寫沈伯安信。

標點《考信録》序傳，鈔脱頁四張，釘《崔述年譜》。

聽書，到打馬壽。

予不寫父大人信者已兩星期，今日接父大人來信，囑將家事告知以釋懸繫。

以上三夜書，均與履安同聽。吳順興牛乳今日服起，每月一元二角。

十月廿四號星期二（九月初五）

〔草第十六、十七課附文。〕標點《考信録提要》卷上畢。寫伯祥信，論編書事。

聽書，到錢智節到京。

母舅于前日逝世，係胃疾。

十月廿五號星期三（九月初六）

〔草第十八、十九課附文。〕標點《考信録提要》卷下畢。

到外祖母家，留夜飯。

聽書，到錢智節入許王府。到四太太家，寫報喪條。十一點許歸，十二點寢。

詠之四太太于今日下午七時病故。身後一無所有，可憐。

十月廿六號星期四（九月初七）

〔草第廿、廿一課附文。〕八點起，碩輔姨丈之妹丈陸某來。麟詩叔來。寫父大人信。

慶叔祖母招魂到家。景春伯母來。寫經庵，啓明，介泉，緝熙，振鐸，萬里，沈綏丞，君疇，雍西信。

聽書，到京詳到河南。

昨日以到四太太家之故，就寢較遲，今日起亦較遲，遂致精神不甚暢快，可見予之生活須爲極有規律之生活，一些差錯不得。

十月廿七號星期五（九月初八）

〔草第廿二、廿三課附文。〕到四太太處吊孝。標點《漢書·郊祀志》，未畢。

到四太太處送殮。

聽書，到馬義等辦備喪具。

十月廿八號星期六（九月初九）

〔草第廿四、廿五課附文。〕爲慶叔祖母寫訃聞簽條，訖。

標點《郊祀志》，未畢。伯南先生來。

聽書，至鳳皇山強盜豫備劫法場。

將來歷史編成，擬題爲《中國史談》。

十月廿九號星期日（九月初十）

〔草第廿六、廿七課附文。〕重點《殷周制度論》及《先公先王考》畢。

到吳苑,會見伯祥,劍秋,聖陶,海澄。四點許歸。鯉庭來談。與履安吃蟹。聽書,至金繼椿聞訊哭倒。

伯祥告我,朱經農先生要我到商務館,隨便做些事務,使得開銷有出處。原意十分可感,然吾總以家庭關係,不敢答應也。

十月三十號星期一 (九月十一)

[草第廿八、廿九課附文。] 標點《補上古考信錄》上卷畢。

聽書,到金大綠聞訊,奔赴法場。

昨日在吳苑喝雨泉茶五六杯,歸後即覺精神緊張,異于往日,就寢後果不成眠,至十二點始闔眼。三點醒,五點後又略朦朧,七點醒。起床已八點矣。予之生活不能些些軼出常軌,有如是者。

十月卅一號星期二 (九月十二)

[草第卅、卅一課附文。] 標點《補上古考信錄》下卷畢。

到竹堂寺,吊沈耀南夫人之喪。出至省立圖書館,訪孫樹人。

聽書,至馬興祭法場畢,金大綠剛打進去。

今晨大霧,下午起風,陡冷。

本月用度:

(家計)	房用	二十元
	康艮上學錢及食物	五角
(學業)	置備圖書	十二元九角
	周子培鈔書	五元
	紅小姐鈔書	二元一角
	申報	九角
(醫藥)	內服六〇六	一元三角
	華福麥乳精	二元四角

（器具）箱夾板　　　　　　　　二元四角

　　　　踏凳木架等　　　　　　一元六角

（交際）零碎總共　　　　　　　一元

　　　　前平伯來菜賬　　　　　一元

（社會）美術會入會費常年費　　二元

　　　　青年會入會費　　　　　五元

（游覽）游鎮江無錫一應　　　　七元

　　　　聽夜書　　　　　　　　　八角

（零用）總共　　　　　　　　　一元六角

　　　共六十七元五角。

　　本月收入：

原存　　　　　　　　　　　　　三十七元

張姑丈還　　　　　　　　　　　四元

商務館九月酬金　　　　　　　　五十元

借履安　　　　　　　　　　　　十二元

品純還哲學雜志價、祭莊胙肉折價共　　五角

　　　共一百零三元五角。

　　本月支出：

用度　　　　　　　　　　　　　六十七元五角

喪用賬奇虧貼　　　　　　　　　二十五元

還借喪用賬　　　　　　　　　　十元

　　　共一百零二元五角。

　　　核存洋一元。

　　計：

家計　　　　　　　　　　　　　二十元五角

學業　　　　　　　　　　　　　二十元九角

醫藥　　　　　　　　　　　　　三元七角

器具	四元
交際	二元
社會	七元
游覽	七元八角
零用	一元六角

較豫算多出者：

家計	五角
學業	五元九角
醫藥	三元七角
社會	二元
游覽	七元八角

　　　　共十九元九角。

較豫算少出者：

交際	三元
器具	一元
零用	一元四角

　　　　共五元四角。

　　比較：

八月份	七十六元
九月份	五十六元一角
十月份	六十七元五角

　　三個月共計大洋一百九十九元六角，平均每一個月計大洋六十六元五角三分。

　　上次豫算不適于事實，應改正如下：

家計	二十元	臨時費	一元
學業	十五元	臨時費	五元
醫藥	四元	臨時費	五元

器具	三元	臨時費	四元
交際	二元	臨時費	四元
社會	二元	臨時費	四元
游覽	四元	臨時費	四元
零用	二元	臨時費	二元
共洋五十二元		共洋二十九元	

兩共洋八十一元。以經常費爲正軌。臨時費須儲存半年，共洋一百七十四元。

一九二二年十一月

十一月一號星期三（九月十三）

　　〔草第卅二、卅三課附文。〕標點《唐虞考信錄》第一卷畢。韓溢如，吳麟詩來。

　　嚴舜欽來。

　　聽書，至任永祭法場。

十一月二號星期四（九月十四）

　　〔草第卅四、卅五課附文。〕結算上月用款，另擬豫算。標點《唐虞考信錄》第二卷未畢。

　　聽書，到劫法場。

　　父大人來信，謂和生八字在杭推算極佳，有龍騰虎躍之語。記此以待後驗。（原文爲虎嘯龍吟，鸞翔鳳舞。）

十一月三號星期五（九月十五）

　　〔草第卅六課附文。〕標點昨未畢之卷。吳頌臯來，留飯，同至同善社，晤鯉庭，懷玉，申之，雲軒等。聽講。傍晚歸。

聽書，到張魁中軍與焦寶大王打仗。

　　同善社二人講，一講儒教，係師範地理教員劉某；一雜講，係王天鋒。均可笑。

十一月四號星期六（九月十六）

　　［附文修正。］標點《唐虞考信録》第三卷畢。

　　到聖陶處，與振鐸伯祥同吃蟹，與振鐸同歸。十二點睡。

十一月五號星期日（九月十七）

　　［附文修正。］與振鐸到伯祥處，晤劍秋等。同至閶門，劍秋等別去。在海澄處晤聖陶，旭初，頌皋。同上快船游天平山，飯後上岸，步往。茗于鉢盂泉，晤瞿安，振霄，粹倫，鼎丞，飲鶴等。與振鐸到上白雲。歸至楓橋已夜矣。飯于大慶樓，伯祥請客。進城，伴振鐸游書肆。歸，十二點睡。

十一月六號星期一（九月十八）

　　［附文修正。］送振鐸到伯祥處。標點《唐虞考信録》第四卷畢，又點目録。吳姑丈來。

　　寫伯祥，耀曾信。

　　聽書，到汪二朝奉上吊。

十一月七號星期二（九月十九）

　　［附文修正。］標點《夏考信録》一卷半。伯南先生來。楊馥堂來。

　　以天雨，未聽書。

　　履安到觀中周璧臣處推我們夫婦之命，謂我壽六十八歲，履安壽五十八歲，至多六十歲，記待後驗。又謂我自卅五歲起大得意，有廿五年福分。且試觀之。

十一月八號星期三（九月二十）

〔附文修正。〕寫父大人信。標點《夏考信録》第二卷畢。爲有斐作挽慶叔祖母聯。

聽書，到汪宣做官。

十一月九號星期四（九月廿一）

〔附文修正。〕標點《商考信録》一卷半。

夜大冷。

十一月十號星期五（九月廿二）

〔附文修正。〕標點《商考信録》第二卷畢。

過節祀先。舜欽來。到子清處，取《悫齋集古録》翻看一回，兼鈔出目録。

終日寒甚，聽書只得暫停。

十一月十一號星期六（九月廿三）

〔附文修正。〕校昨所鈔目。標點《豐鎬考信録》第一卷。

耀曾來。

點《那珂目》訖。理簿册。

十一月十二號星期日（九月廿四）

〔遲至本日，必將附文作完。〕永昌祥取書去裝釘。伯祥，劍秋，建初，聖陶來。標點《豐鎬考信録》第二卷。

到嚴衙前，賀汪詩卿之子典孫喜事。

在嚴衙前無聊之至，席間想及應做“蘇州人的危險”一書，以警醒蘇州人。

伯祥來，謂經農先生要我入商館甚摯。我以經農先生不回北京爲條件，如可，明年當往。

十一月十三號星期一（九月廿五）

〔總修正。〕校《愙齋集古録》序目訖。張姑丈來。

偕魯弟到大乘庵，吊慶叔祖母。標點《豐鎬考信録》第五卷。受祉自杭來，送家用。

兩日應酬兩處，遂至吃傷，今晚胃脹不思納食矣。可見予一舉一動均須在規則生活中，不得差錯些些。

近日天又暖。

十一月十四號星期二（九月廿六）

〔總修正。〕標點《豐鎬考信録》第六卷。

夜飯後未敢作事，因與履安着棋十二局。

近日以夜間作事之故，睡眠屢醒，恐爲失眠之因，擬仍規復聽書。今日天雨，未能去。

今日身體頗不舒服，然無節氣，不知是吃傷故否？

十一月十五號星期三（九月廿七）

〔總修正。〕伯南先生來，予尚未起。標點《豐鎬考信録》第五卷。

到吳帙書處就醫，未遇。到觀前買物。

理簿册。點第六卷十餘頁。

履安爲予所傳染，身上亦滿生濕粒。予今到吳醫處，他到上海去了，又未能看。不知今年能好否？

十一月十六號星期四（九月廿八）

〔總修正。〕標點《豐鎬考信録》第六卷畢。寫伏園，紹虞，介泉，心存，伯祥，振鐸，父大人，平伯，舜欽，敬軒，萬里，七姨母，邦華信。

九生叔今日回松江。聖陶來談。

聽書，至白巡按出洪奎亮茶館門。

與敬軒書云："承詔示立身處世之道，極感。弟本極積極者，遭逢逆境，終思打破。但逆境之來，層出不窮，弟處處有計畫，而計畫次次被阻，無一事做成者，故不能不呼冤。不知究有成就志願的一天否？"

十一月十七號星期五（九月廿九）

〔總修正。〕標點《豐鎬考信録》第七卷及八卷。

到吳帙書處看病。

聽書，至白巡按聽汪宣審堂畢。失眠。

今晨叔父交覽父大人信，謂"衰態漸增，而不能不事筆墨，妻子任我爲牛爲馬，絶不動心"云云，觀此憤甚。我本不是要賦閑在家，亦不是硬要父大人在外辦事，如何怪到我身上來！

十一月十八號星期六（九月三十）

〔總修正。〕天未明而醒。草稟父大人稿，約一千餘言。標點《豐鎬考信録》第八卷畢。

鈔録履安及友人信札，入《縛住了嗎》。

魯弟來談。聽書，至白巡按入報國寺密室。

定于明日到滬，與經農先生接洽妥當後，即告父大人有事，使其對我放了心。

十一月十九號星期日 （十月初一）

〔總修正。〕謄完寄父大人信，并鈔出一通，入《縛住了嗎》。寫兼士先生信，即謄出。

到吳苑，晤聖陶，海澄，頌皋，勗初。與聖陶到車站，晤致覺。乘三點半車到滬。

在伯祥處夜飯。與振鐸伯祥聖陶到時事新報館，住振鐸家。

十一月二十號星期一 （十月初二）

〔總修正。〕六點起，到伯祥處盥洗進粥。到車站大便。到群學會討聾啞學堂章程。到振鐸處吃午飯。

偕伯祥到神州女學，又到商務館晤經農雲五兩先生。談畢，獨歸。乘五點一刻車返蘇，七點半到。

八點半歸家。股上覺痛。

群學會在上海大東門中華路，有幼稚園及聾啞學校。可惜離商務館太遠了，不便將康媛送入。如明年能得一注蓽當款子，可以買一人力車，專送來回。

十一月廿一號星期二 （十月初三）

〔總修正。〕股痛，未甚做事。

股上痛甚，只得臥。在床看《模範文選》。

股上之癤，大約即係身上濕毒聚結，所以這癤一起，身上的癢倒好得多了。

十一月廿二號星期三 （十月初四）

〔總修正。〕看《西游記》，至廿回。

琯生來。

依舊未起床。終日以作膿，痛甚。夜中尤劇，未能酣睡。

十一月廿三號星期四（十月初五）

［總修正。］看《西游記》，自廿一回至四十五回。

較昨痛稍好。

十一月廿四號星期五（十月初六）

［總修正。］看《西游記》，自四十六回至六十回。

出膿血甚多。四日不得大便，因購服 Carcara。

十一月廿五號星期六（十月初七）

［總修正。］看《西游記》自六十一回至七十回。

聖陶來談。

大風，天驟冷。得大便，甚暢。

十一月廿六號星期日（十月初八）

［遲至今日，必須全部修正完畢。］看《西游記》，自七十回至八十七回。

伯祥，又曾來。

膿血已止，爛血亦去，而内部尚有梗塊，且作癢。身上小粒之痂大都脫去，一快。

父大人來覆信，是一派不負責任的話。

十一月廿七號星期一（十月初九）

［謄寫一、二、三課。］看《西游記》畢。理簿册。

仲川來，同至觀前。予至吳帙書處看病。到吳苑與仲川茶敘。出至觀前，伴仲川在一笠漁處算命。

履安發性。

臥床六日矣，今日起身，腳軟甚。吳醫謂三四天内可好。又謂肛門口有一瘤，當割去。擬俟股上瘤好後去割。

兼士先生來信又要我到京，真難處置！

十一月廿八號星期二（十月初十）

〔謄寫四、五、六課。〕今日和官剃頭，父大人請叔父處備菜。寫父大人信，告商館事成。仲川來。到叔父處吃菜。

到吳苑，會仲川談話，并晤竹蓀孟養。

寫寄兼士先生書。

履安右乳內起一塊，頗硬，不覺痛，今日到龐織文處醫治，取得一種塗藥，與予昨在吳醫處所處塗藥相同。

十一月廿九號星期三（十月十一）

〔謄寫七、八、九課。〕終日理書。

寫伯祥，聖陶信。寫適之先生信，未畢。

聖陶以經農先生未允薦入商務，與吾同居之事只得打破。吾的四間屋子，如何分配，大是受累。獨租嫌太貴，招租又不放心。如何如何？

十一月三十號星期四（十月十二）

〔謄寫十、十一、十二課。〕終日理書。

寫適之先生信，畢。

一九二二年十二月

十二月一號星期五（十月十三）

〔謄寫十三、十四、十五課。〕終日理書。謄出寄適之先生書。

頌皋來。

寫寄平伯書，謄出。

履安乳上塗藥後不但未愈，反而疼痛；根盤亦加大。

十二月二號星期六（十月十四）

［謄寫十六、十七、十八課。］終日理書。

聖陶來談。看《越縵堂日記》。

寫父大人信，論北大事不能辭去之故。

履安到惠醫生處看病，惠氏謂是乳核，并謂如穿須割治。歸後塗藥後，轉痛。

理書四日，尚未能完。有了這種書，也是累死人了。

十二月三號星期日（十月十五）

［謄寫十九課。］七點起，鈔出寄父大人信，鎖書箱，理雜物。十一點，進麵，易衣，到車站，乘十二點五十四分車。

三點到上海，到伯祥處。寫履安信，囑喚船人詢搬物事。雜談。

理簿冊。剃頭。振鐸予同來吃酒。

履安乳上腫盤加大，早上甚痛，起來後稍好。予不得不行，臨行頗難過。

十二月四號星期一（十月十六）

［謄廿、廿一、廿二課。］先到經農先生家，到商務館，看定坐位。看伯祥所編歷史教科。看《晨報》。

標點《漢書·郊祀志》。

理書。寫適之先生信。振鐸來談。擬歷史測驗題七十個。

在館中看書尚聚心，同事雖多，不甚來往，可喜也。

十二月五號星期二（十月十七）

［臘廿三、廿四、廿五課。］標點《郊祀志》未畢。寫履安信。
與振鐸兄妹，聖陶伯祥到愛潑羅影戲院看羅克滑稽影戲。

接履安信，知乳上腫痛甚，到許鶴丹處診治，謂是乳癰，穿
後須割治。予未能歸家，接函悵悵。

十二月六號星期三（十月十八）

［臘廿六、廿七、廿八課。］標點《郊祀志》完畢。
寫父大人信。
與振鐸聖陶談。

伯祥今日歸家接眷，豫定明日來。

今日午前下雪，到晚始停，予無皮鞋雨衣，只得乘車往來了。

十二月七號星期四（十月十九）

［臘廿九、卅、卅一課。］看湯濟滄《國史課本》，加添歷史測
驗題三十餘個。

散工後即到車站，甚從容。八點歸，看履安更瘦矣！

履安乳痛甚，夜不安眠，予亦屢爲驚醒。悲甚。

履安改至任蔣橋許鐵山處醫治，雲生所薦也。

十二月八號星期五（十月二十）

［臘卅二、卅三、卅四課。］理物，雲生來，將物件發至駁船。
予物共四十餘件，書極重，一船滿矣。

雜作。到觀前買物。到車站，乘四點半車。七點到滬。還寓。
晤頌皋。在車看《努力週報》。

履安今日續至許鐵山處診治。許謂此方爲最重之方，使得腫
處根盤收縮，夜中可以安眠。不知有效否？

出門時，履安垂淚，予欲强笑相慰，不期淚亦簌簌而下。嗚

呼，誰使吾二人至于此也？

十二月九號星期六（十月廿一）

[謄卅五、卅六課。]五點許起。天尚未明。六點許到輪船碼頭，輪尚未至。先啜茗。輪來，喚汽車載物到寓，兩次始畢。

在寓理物。雲生搬書箱，伯祥助之，傍晚即布置完畢。

與雲生伯祥談話。

我與伯祥二人，開辦此寓，計房租與小租六十元，電燈六十元，搬物六十元，零用三四十元，每人上百矣。予又做一百元之債，不知幾時才得拔清。

十二月十號星期日（十月廿二）

[校勘。]七點起，與伯祥到先得樓吃羊肉麵，五芳齋吃雞肉餛飩。看子玉，同游英法界西人所住街道。歸飯。

偕振鐸到中華，朝記，廉價部，來青，古書流通處，西泠印社等書鋪。歸遇頌皋。振鐸來談。

理簿册，寫履安信。

以履安之病，使得我失生人之趣，中心搖搖，若無所容。予之挫折何其多乎！每思婦病，心悸怔忡之疾又作，奈何？

在古書流通處遇孫毓修先生。不久彼即死。予見他僅此一次。

（十三年補記）

十二月十一號星期一（十月廿三）

[校勘。]開會，討論編輯教科事。伯安來談。

鈔歷史測驗題目。寫秋白，張姑丈，蘇州圖書館籌備會信。寫介泉信未畢。

理書。

從前布置大石作寓所，經營甚苦。此次搬家既定，伯祥謂臥室放得太擠，應重行布置，而予覺得費事，唯唯而已。閑中自思，覺今吾非故吾矣。現在不獨布置爲懶，即寫家信也是懶。

十二月十二號星期二（十月廿四）

　　［校勘。］鈔趙翼六朝重門第。

　　擬歷史測驗題説明。鈔《讀詩隨筆》與振鐸。

　　與伯祥，聖陶，懷之到先施，老半齋吃飯，新世界白相。

　　自九號以搬物未大便，至今又三日矣。昨托伯祥買加斯加拉服之，始得復通。

十二月十三號星期三（十月廿五）

　　［校勘。］擬歷史測驗題説明。鈔《史記・貨殖傳》。

　　寫介泉緝熙信。

　　到一家春，譚廉生等請客也。經農先生來談。

　　得履安來信，乳上依然，惟稍紅，或近穿矣。友斐夫人于九日病故。

　　席間莊伯俞演説，標榜十八年中在商務勞績。

十二月十四號星期四（十月廿六）

　　［校勘。］擬歷史測驗題説明。鈔《史記・貨殖傳》。

　　作《整理國故》文。寫父大人信。

　　予同談。伯祥聖陶代予搬物，重布置一下。

　　心中悶鬱，不想做事。強爲歡笑，苦無真樂。悲哉！擬于星期日接履安來滬小住，不知能否？肯否？

　　夜中夢作新郎，亦不知新娘姓氏，念予已第三度爲此，眼淚簌簌而下。醒來猶有餘濕，悲思不置。此近日恐怖心象之所構成也。

十二月十五號星期五 （十月廿七）

[如能于今日將教科第一册寄至上海，最好。] 謄歷史測驗題說明。

作《整理國故》文畢。

將《整理國故》文修正謄清。

十二月十六號星期六 （十月廿八）

將歷史測驗題説明謄畢。

四點出館，回寓取物上車，八點半到家。十一點眠。

到家，見履安乳癰已穿三天，精神頓好，爲之一慰。亹亹談話，不知眠之遲也。

十二月十七號星期日 （十月廿九）

九點始起。剃頭。

理物。看《東方》及《儒林外史》。竹庵叔祖來。

七點吃飯，八點半上車，十點半到上海。還寓即眠。

十二月十八號星期一 （十一月初一）

鈔《史記·貨殖列傳》畢，標點未畢。看《是仲明年譜》。寫履安信。

旭初來。與振鐸，予同等談。寫平伯信。

又兩日不通便矣，未知何故。

十二月十九號星期二 （十一月初二）

將《國策·馮諼傳》譯畢。與經農雲五兩先生擬定《國文教科》譯文。

作《歌詞的轉變》六頁。

裝電燈。到振鐸處看新買筆記小説。看汪穰卿遺著。

十二月二十號星期三（十一月初三）

將歸有光祭外姑文譯畢。寫秋白信。

作《歌詞的轉變》二頁。鈔《楚辭・招魂，大招》二篇。

寫履安信。振鐸偕郭夢良來。與聖陶伯祥商譯文。

十二月廿一號星期四（十一月初四）

譯《桃花源記》。寫兼士先生，緝熙信。

作《歌詞的轉變》六頁。寫張姑丈信。

與伯祥到子玉處，又至洗清池洗浴。

緝熙囑將邦華薦入研究所，代我職。因函致兼士先生。

十二月廿二號星期五（十一月初五　冬至）

譯《孟子・許行章》。石岑，夢良，天艇來訪。

作《歌謡與故事的轉變》。

與振鐸到千頃堂，中華圖書館，亞東買書。

豫算：（到陰歷年底）

欠家　　　　五十六元
欠子清　　　廿八元
欠書肆　　　六十元
欠紙鋪　　　十元
欠漆匠　　　二元
欠花園　　　四元
　　共百六十元。
商務薪　　　百五十元
作文　　　　百廿元

共二百七十元。

尚餘百十元作一個半月開銷，適合。

十二月廿三號星期六（十一月初六）

將譯文四篇謄清。寫適之先生信未畢。

乘五點一刻車，與秋白遇。進齊門，步歸。

八點半，進夜飯。

履安乳上已近收口，慰甚。約于下星期到滬游兩天。

十二月廿四號星期日（十一月初七）

將方廳布置回復從前式樣。將書畫古玩兩櫥理好。

理物略畢。搭四點半車，七點到上海。看《歌謠週刊》。

在寶山路吃麵當夜飯。與伯祥聖陶至天韻樓，十點歸。十一點睡。

日來忙甚，日記賬目多日未記。昨日帶至館中，仍未記。帶回家中，又未記。信件積得更多了。別人愁無事做，我愁事情做不了。

十二月廿五號星期一（十一月初八）

到雲五先生處，論編《後期小學教科書》事。

寫適之先生信，未畢。

與伯祥聖陶至北四川路，大馬路，四馬路等處散步。

經農雲五兩先生均謂予所譯古文四篇甚好，更欲予譯小學教科。此自容易，惟課數較多耳。此事予與莊適同作。適，號叔遷，百俞之弟也。做此等工作實爲我所不願，而爲生計所迫，不得不做，到底與我學問全沒關係，與玩時惆日有何分別，而且欲做之事因而停頓了！

十二月廿六號星期二（十一月初九）

寫適之先生信畢。謄出。君疇到館會談。

寫履安，父大人信。譯《後期小學國文教科》二篇。到午姑母處。

到四馬路廉價部看書。到車站接秋白表弟。睡已十二點矣。

午姑母言及慶叔祖母，不覺泪下。她現在太冷静了。

十二月廿七號星期三（十一月初十）

譯《後期小學教科》三課。

續作《文藝品的轉變》。到君疇處，未晤。

子玉來談。

蘇州公園圖書館籌備會來信，聘我為顧問。前次來信，謂會中推彭雲伯為籌備主任，我與仲周副之。我以就事滬上辭之，故有此次之信。

十二月廿八號星期四（十一月十一）

譯《後期小學國文教科》三課。看《綴白裘》中爛柯山。

作《文藝品之轉變》五頁。

偕伯祥到商務，中華，有正。理簿册。

近兩日天太燥，欲下雪而屢不下，口腔生熱瘡矣。

予在所中作自己文字頗心虛。莊適以同編教科關係，屢來予處，可畏也。

十二月廿九號星期五（十一月十二）

〔遲至本日，必將教科第一册交出。〕譯《後期小學國文教科》三課。

作《文藝品之轉變》五頁。

洗浴（麥家圈雙鳳園）剃頭。

今日覺得莊叔遷爲人可親，以其率真也。譚廉生莊百俞輩甚可厭。

近日天氣稍暗，身上覺得又癢，又起有小粒。洗浴後一爽，不知多浴能愈否？

十二月三十號星期六（十一月十三）

譯《後期小學國文教科》七課。

將《文藝品之轉變》修改。

到站接履安，即在寶山路寶華樓吃麵。

振鐸告我，《小說月報》擬出一《比較文學號》，討論文藝品之轉變。第二期中囑我另作一文。

十二月卅一號星期日（十一月十四）

與履安及伯祥夫婦擬游半淞園，不料履安暈電車，只得在西門下車，改游城隍廟。自黃浦灘北四川路步歸。

飯後伯祥等往看魔術，予與履安到孟淵定好房間，游天韻樓，看柳社新劇《騷翁賢媳》。六點畢。吃麵當飯。

到天蟾舞臺看六本《狸猫換太子》。

《狸猫換太子》太零碎，冗長無味，亦無布景，而人多，何也？

履安不能坐電車，真是出門大不便處。

北京鐘鼓寺十五號　高一涵

北京西單達智營 27（號）陳萬里

北京宣外裘家街 28（號）朱孔平

上海愛文義路八十四號劉公館　孫隘堪

北京前兵馬司廿五(或廿七)號　鄭天挺

北京東四九條四十六號　蔣仲川　程國任

上海天津路四十四號通訊圖書館轉　戚煥壎或南滿洲鐵路公司

阜寧鎮海院淮南緝私二團步隊六營三連　蔣心存

蘇州東百花巷六號　沈康節

蘇州護龍街古市巷口北五百卅七號　王翼之

北京西老胡同十二號　吳又陵

北京西單牌樓北首東斜街六十號　吳壽朋

蘇州侍其巷七號　王剛森

北京亮果廠九號　徐旭生

北京太僕寺街二十五號（?）　趙冠（伯平，江西奉新）

北京西城帥府胡同帥府庵四號　陸尹甫

杭州橫河橋小河下廿四號　陳頌襌

天通庵路協隆里廿三號　鄭次川

天通庵路源源里十五號　陳季民，博文

北京崇文門內草廠胡同甲十六號　陳頌平（懋治）

大學夾道九號　金冠三

天津義界東馬路 38 號北票煤礦公司　丁在君

蘇州皮市街 72 號　尤秩臣

北京西安門大街六十五號　陳援庵

北京西城八道灣十一號　周啓明

一九二三年

（民國十二年）

一九二三年一月

一月一號星期一（十一月十五）

九點半起，到五芳齋麵當飯。步至大世界。途遇青崙。

在大世界聽化裝彈詞，并看揚州戲等。遇張姑丈。

到五芳齋夜飯，雇車至新舞臺，看廿本《濟公活佛》。十二點半散戲。

兩日來多進館子中食物，較燙較鹹，舌上頗覺麻木矣。"五味令人口爽"，真不錯!《濟公活佛》布景甚好，與履安看後均甚快意。

一月二號星期二（十一月十六）

九點起，叫蹄子麵，食畢即出旅社，回寓。十一點，偕履安到站，麵于寶華樓。送之上車。在站大便。到商務館買書。步至北站，雇車到商館。

到館修改《後期小學國文課》二篇，并謄出。

理簿册。

與履安游兩日，亦頗辛苦。今日在館，四肢困倦，無精神作事矣。

　　昨日起風，今日更劇，途中甚苦，不知與履安身體有礙否？

一月三號星期三 （十一月十七）

　　修膳教科書四課。

　　將筆記中《詩經》材料録出，豫備做《詩經的厄運與幸運》一文。

　　經農先生來，同至味雅，宴聖陶也。與研因，雲六，經農，伯祥，予同，聖陶同歸。

　　　此次學制會議擬定各科綱要，國文方面囑聖陶起草。聖陶草稿寄至省教育會，爲吳研因所見，不滿意，另擬一份。今夕經農先生請客，即爲此事。飯後來寓商酌，聖陶頗發怒，不歡而散。

一月四號星期四 （十一月十八）

　　審查去年一年的賬目。修膳兩課。摘雜記中關于《詩經》文字十餘頁。

　　偕伯祥聖陶振鐸至振華旅館看子水，同至四馬路酒樓。十點歸。

　　　子水偕子震及姚士鰲君到德留學，明日上船。今日接其來信，因往晤。

一月五號星期五 （十一月十九）

　　到振華旅館，晤子水，子震，從吾。同至黃浦碼頭，送上船。一點半出，即到館。途中行一小時。

　　到館，膳出三課。以未進午飯，到中興樓吃麵。

　　應百俞經農兩先生宴會，飯于新一春，同座十八人。

　　　從吾（姚士鰲君）到德學歷史科學（歷史研究法及歷史哲

學之類），此君有志研究，大可引爲同調。

周越然編英文教科，以抽版税故，每年可入八千元。此事予總想效法，以予欲賺錢，捨此無他道也。

一月六號星期六（十一月二十）

謄一課。摘雜記。

沈百英到館見訪，爲良才事。鈔《漢書·翼奉傳》。偕振鐸伯祥到集成書局，取振鐸新買之廿四史（竹簡齋本，五十二元）。飯後與振鐸六逸到青年會剃頭。

昨日席上飲福建紅茶四五杯，遂至失眠。今日在館即無精神作事。勉强將《翼奉傳》鈔畢，已甚苦矣。

振鐸發起自己出書，不受商務牽掣，約集伯祥，聖陶，六逸，予同，雁冰，愈之，達夫，燕生及我十人，每月公積十元，五個月内豫備出版品。

一月七號星期日（十一月廿一）

看王先謙《三家詩集疏》。理物。振鐸，雁冰，愈之來。

偕伯祥到東亞酒樓，應王雲五先生招。同座二十二人，皆館中部長主任。飯後到麥家圈買書，即歸。到振鐸處論集社事。

看《鞠部叢刊》及《國學概論》。

一月八號星期一（十一月廿二）

修改謄清兩課。摘雜記中《詩經》材料。

振鐸六逸來談。看《國學概論》。

一月九號星期二（十一月廿三）

修改和謄清兩課。摘雜記中《詩經》材料。

看振鐸《讀毛詩序》。

偕伯祥、聖陶、予同、振鐸、濬華到大世界，粥于大新樓。

　諸人到大世界，或嫌肉麻，或覺頭痛，惟予不然，因此未能盡興。蓋諸人以玩賞眼光看，予以研究眼光看也。欲整理民衆藝術，非到我輩以爲無聊的地方不可，不能看重自己身分也。

一月十號星期三（十一月廿四）

修改和謄清兩課，債還完矣。此十八篇共做十六天，亦久矣。

摘雜記中《詩經》材料。館中早退，回寓理物。五點上車。

八點許到家。父大人已于今日下鄉。看《國學概論》。

一月十一號星期四（十一月廿五）

坐車出胥門，步行到行春橋。從胥門到行春橋，兩點鐘耳。在橫塘麵當飯。

偕父大人及堪輿到祖母墳上看開壙。

到堪輿船上吃夜飯後，早眠。

　住陸宅，係做鼓手者。房門一關，白晝可成長夜。

一月十二號星期五（十一月廿六）

到祖母墳上看打樟腦水。十一點，將兩棺抬到墳上。繼母履安船來。

未時，登位。看踏足八次。

召和尚七衆拜施食一壇。十二點回寓睡。

　踏足一事，工料俱費。料上須費一百五十元，工上須費一百元。

一月十三號星期六（十一月廿七）

到祖母墳上秤石灰。到徵蘭墳上看石工。與康媛坐山轎歸。

到宋外祖母墳上祭掃。二點許開船。五點到家。到外祖母家，訪問田事。

看《小説世界》。

城裏夜好，鄉下日好。

徵蘭墳上石羅城坍塌（以石塊未用紙筋夾刷），石匡的拜臺也坍塌（以山勢甚峻）。朱沁昌昨到祖母墳上看我，説知此情，今日下鄉一看果然。他討六十餘元工料價，父親知而不問，他來我家，父親也不睬，不得不由我擔承。此等墳工真無謂，所化的錢太冤了！

一月十四號星期日（十一月廿八）

到丹鳳吃麵。到外祖母處，告昨謝叙卿所説各事。今日拜安靈。還家管賬，謝客。

伴客吃飯。朱沁昌來講墳工，付與十元。三點出門，候車一小時，與伯祥夫婦及子玉遇。

到大中旅社訪元耿，未遇。

今日用僧十二衆。來客男三桌，女一桌。

一月十五號星期一（十一月廿九）

元耿偕其弟到館見訪。記簿册。

集《詩經》材料。

看《左傳》，集《詩經》材料。

元耿譯《科學發達史》，計廿六萬言，稿費一千元。元耿擬自費出洋，到德學化學。

一月十六號星期二（十一月三十）

集《詩經》材料。

未到館，在寓作《詩經的厄運與幸運》一文，起略草至孟子時止，約五千言。

偕振鐸，六逸，伯祥，聖陶到新有天夜飯，振鐸還鈔。歸看振鐸等四人打牌。

今夜以日間趕做文字，夜間又不得佳睡，終夜似眠非眠，可恨也。本意明日不到館，現在只得到館了。

一月十七號星期三（十二月初一）

將筆記中《詩經》材料鈔畢。

集《左傳》中《詩經》材料。

偕聖陶到先施公司購物，并至樂園聽男女申曲。十點歸。

本意作《詩經的厄運與幸運》一次登畢，現在材料多了，非三萬字不可，只得先作上篇，至戰國末止。以漢代爲中篇，宋至今爲下篇。

一月十八號星期四（十二月初二）

集《左傳》中《詩經》材料。

點讀王靜安先生《樂詩考略》。建初來談。

偕伯祥聖陶到寶興園洗浴，剃頭。

數日來急于作文，致未能爲館中作事，只零碎刪改，校對而已。

一月十九號星期五（十二月初三）

看《左傳》《國語》等集《詩經》材料。履安自蘇來。

偕履安到寶山路散步。子玉來談。

履安今日來，出于意外。知魯弟已于昨到滬；青元弟與之同車來，轉車到杭。姑丈亦到龍華。

一月二十號星期六（十二月初四）

作《詩經的厄運與幸運》一文，紀周代詩樂之用，約三千言。

偕履安到青年會，看神州女學演劇。一點睡。

神州女學學生演《可憐閨裏月》，《破鏡》，《和平女神》，《畫中人》四劇。外有跳舞，音樂，火棍等。其畢業生高璞最好，并且能大能小，能莊能諧，能男能女。

一月廿一號星期日（十二月初五）

八點起，理簿册。偕履安自永興路往西南，欲到午姑母家，竟尋不到橋梁可渡。返車站，吃飯。

偕履安到新世界，看雪蘭英蘇灘《活捉》，莫悟奇戲法，達社《家庭恩怨記》，沈易書南方拉戲。

出門逢雨，雇車到寶山路，吃麵當飯，歸。

今日熱極，下午即下雨。惟細濛甚。地下潮極。

一月廿二號星期一（十二月初六）

今日天雨，望之數十天矣。草《詩經》論文。

振鐸來談。

一月廿三號星期二（十二月初七）

草《詩經》論文。

偕履安及潛華到先施購物。歸後到振鐸處聽留聲片。履安臨睡忽腹痛，嘔瀉兼作，到上午四點才停。此夜如未眠。

履安今年屢次嘔吐，在蘇時均喚挑痧人治愈。今夜無從喚挑痧，且深夜亦無從購痧藥。痛時看她真苦惱，沒法想，只得勸其吸香烟。四點後漸得眠，未知是否香烟之力。履安體弱如此，不能耐苦，如何？

一月廿四號星期三（十二月初八）

今日下雪寸許。履安已無病，終日未起。予亦未到館。在寓所作《詩經》論文，不多。

早眠。

履安午刻吃水鋪鷄蛋二個，晚間吃肉麵半碗。

一月廿五號星期四（十二月初九）

雪止，天奇冷。送履安上車站。《詩經》論文上篇全部草畢。

到車站寄父大人信，自鐵路橋向北，至永興路。

看《韓非子》。與聖陶圍爐讀《詩經》及古詩十九首。

星期日寒暑表至七十二度，今日才三十度，那得不病。伯祥夫人亦傷風甚重。

一月廿六號星期五（十二月初十）

修改《詩經》論文四分之一。校《初中國文》。

聖陶到館，偕伯祥予同振鐸及我到小世界。聽周鳳文，吳小松小石説《玉蜻蜓》。

看九齡童武術，趙廉生古裝蘇灘，及崑曲《游殿》，《借茶香醋》。

小世界爲浙江水災籌賑。以有徐太夫人及其一家崑曲，因去看。伯祥，予同，振鐸不耐等候，晚先歸。聖陶亦不欲住客棧，而徐太夫人出場須十二時，只得不看矣。

一月廿七號星期六（十二月十一）

修改《詩經》論文四分之二，尚餘一分。

爲章見訪。

魯弟重九弟來，并邀伯祥聖陶，飯于味雅。重九弟留宿。

寓中自爲炸醬麵，北風也。

一月廿八號星期日（十二月十二）

將《詩經》論文全部修改完畢。與重九弟到振鐸處談，晤沈志堅。

與重九弟到交行看魯弟，同至西舞臺，晤姚仲虎先生夫婦，姑丈，文思弟。看余叔岩王琴心《游龍戲鳳》，歐陽予倩《葬花》，王長林《五人義》。

與魯弟至新世界吃西餐，看灘簧，使槍，弄花罐等。九點半出。

一月廿九號星期一（十二月十三）

草《我們對于北京國立學校南遷的主張》一千五百字，交伯祥聖陶續下。

鈔《詩經》論文八頁。

續鈔三頁。

前星期經農先生接張東蓀信，囑我們對于學潮發表。今日文字，即本于平日談話而成，以伯祥，聖陶，振鐸及我四人署名。三人合作，竟成五千餘言。

一月三十號星期二（十二月十四）

鈔《詩經》論文十六頁。

改伯祥時論稿。

偕振鐸，伯祥，聖陶到時事新報館送稿。飲酒于言茂源。

一月卅一號星期三（十二月十五）

鈔《詩經》論文十四頁。

續鈔六頁，獨到雙鳳池洗澡，十點歸。

一月份缺席五天半，多出三天。

本月份賬目：

（甲）收入項下：

原存十四元八角

本月份薪金百元

小説月報稿費三十元

借康艮五十元

子水贈郵票大洋五角

共計收洋百九十五元五角。

（乙）支出項下：

（子）用度：

（寓用）	房飯蔥交洋二十七元	三十八元六角
	保險一年洋十一元六角	
（家用）	房用兩個月洋四十元	五十四元四角
	爲履安定《小説世界》洋二元八角	
	徵蘭墳修理先付石價十元	
	下鄉送葬雜用洋六角	
	給康艮上學錢及玩具食物洋一元	
（盤費）	歸家車費一應洋一元三角	二元五角
	到滬車費一應洋一元二角	
（學業）	書籍洋四元	五元
	報洋一元	
（器物）	水瓶洋二元五角	五元六角
	絨帽洋一元	
	雜物（照架，筆，手巾，香蕉……）洋一元四角	
	電燈泡洋七角	

（游覽）履安來滬游資第一次洋七元五角
         履安來滬游資第二次洋二元五角
         神州女學戲券及車資洋二元五角　　十三元三角
         游小世界洋八角

（交際）送子水上船一應洋五角
         偕振鐸六逸剃頭洋一元
         偕伯祥等游大世界洋一元
         贈萬里《蔣叔南游記》洋一元二角　　八元四角
         宴誠安秋白洋二元七角
         偕誠安游新世界西餐洋二元

（社會）樸社一月份公積金十元
         青年勵志會費洋二元　　十二元

（零用）零用洋一元——一元
     共計：

寓用2 三十八元六角
家用1 五十四元四角
盤費8 　　二元五角
學業7 　　五元
器物6 　　五元六角
游覽3 　　十三元三角
交際5 　　八元四角，補郵票七角，爲九元一角
社會4 　十二元
零用9 　　一元

    總共百四十元八角，加七角，計百四十一元五角。

    （丑）還債：

還履安洋五十六元

    兩共百九十七元五角。

存用相抵，計虧兩元。

予收入不爲不多，用費不爲不省，而時露竭蹶景象，可見生活之難。本月份所用，除保險，修墳，定書廿四元四角爲臨時費，房飯補交，房用補交三十元爲補償費，樸社十元爲積存款，還履安五十六元爲還債，共百廿元四角外，此外七十五元一個月，爲至不可少之數。

一九二三年二月

二月一號星期四（十二月十六）

鈔《詩經》論文廿二頁。

續鈔六頁。振鐸邀夜飯，同座爲石岑夫婦，一岑夫婦，王靖，劉延陵，伯祥。歸後，到火車站周圍散步。

近日傷風兼便秘，此二病不知是否相因而至？傷風先由伯祥家小兒起，輾轉流染，今乃及于予。痰涕甚多，頭腦不爽，稍爲苦痛。

二月二號星期五（十二月十七）

鈔《詩經》論文二十一頁。此文共一百零六頁，二萬七千八百餘字。

魯弟來。續鈔十頁。鈔至十一點，全部完。

《詩經》論文第一部分到今日完工，計集材料四天半，起草五天半，修改二天半，謄清四天半，共費十七天。明日尚須總看一遍，亦一天。作一篇文字真不容易。

三星期只做得八十餘元，可見作文不能過活。

二月三號星期六（十二月十八）

修改《詩經》論文完畢，即交振鐸。

乘五點一刻車歸家，與午姑母，九生叔談話。十二點眠。

予三星期中，除校《中學國文教科》外，未嘗爲商務館作事，心亦滋愧。下星期當勉爲館中工作，并將積壓之務弄一清楚。

二月四號星期日（十二月十九）

墳客朱沁昌來。緝熙聖陶來談。與艮男到新橋頭買紙筆。

三點出門，到介泉處，同出齊門，乘四點半車到上海。七點到。

與介泉在品珍樓夜餐，到車站取物。伯祥來，談至十一點半。

三星期來所作文可得八十三元，應付文學會所得稅八元許，魯弟前天來借卅元，朱沁昌今天來續取石價十七元，前次支過卅元作寓用，已不足二元矣。如不作此篇，真不知如何過去。

二月五號星期一（十二月二十）

修改《文學新尺牘》。

介泉到館談話，三點半，與介泉伯祥振鐸同出，至伊文思購書。

在振鐸處飯。到愈之家看愛羅先珂。到四馬路買書。十一點歸。

在四馬路集成書局買得段玉裁《春秋左氏經》，書估謂尚有毛奇齡《春秋傳》，要否？予謂要購《春秋傳》，不如買《西河合集》好了。他説此間正有一部《西河合集》，即拿與我看，索價八十元。我因買不起，回他五十元，以爲不會成矣，孰知他竟賣與我。弄得我一個月不天亮了！

二月六號星期二（十二月廿一）

修改《文學新尺牘》。校《初中國文教科》。介泉與旭初乘十二點卅分車歸。

　　寫父大人，康伯，兼士先生信。填寫履歷，寄中華教育改進社。

　　七點，到車站接緝熙。十點，到車站接平伯。舊友相聚，談至一點。

　　《文學新尺牘》係莊俞外甥王仰崧所做。滿篇濫調與別字，完全是小學生課作。我這一星期成為小學教師了。

二月七號星期三（十二月廿二）

　　以昨遲眠，九點始起，偕伯祥緝熙到五芳齋進點，到金城先施永安討儲蓄章程，到華通貿易公司看範文，并晤曹伯權。歸飯。

　　修改《文學新尺牘》。寫朱孔平信。

　　與振鐸到商館買書。飯于五芳齋，振鐸還鈔。緝熙歸，談至十二點。

　　平伯今晨不別而行，蓋以夫人在杭，不相見者久，不能復待也。

二月八號星期四（十二月廿三）

　　修改《文學新尺牘》。

　　飯後，與振鐸到伊文思購書目片。寫沈康節片。

　　與伯祥緝熙子玉飯于味雅，子玉還鈔。十二點許眠。

二月九號星期五（十二月廿四）

　　修改《文學新尺牘》。鈔《三國志·張魯傳》入史料。寫履安信。

　　點《六經奧論·叙論》一卷。頌皋來訪。即邀住我處，與我同榻。

　　與緝熙同至大雅樓，赴顧仲平兄宴也。席間皆北大同學，惟不熟識人多。散宴後，與許介如兄談樸社事。

緝熙對于樸社極熱心，規畫甚多，許介如兄亦其介紹。

今日朱經農先生謂《文學新尺牘》如無出版價值，即不必修改，因此擱下。適之先生來信，囑將《鄭樵著述考》後半寄去，因趕讀《六經奧論》。

二月十號星期六（十二月廿五）

點讀《六經奧論·周易》一卷。

與伯祥，緝熙，予同同參觀商務印刷所。一點半進，三點半出，尚看得極略。審查《後期小學國語文教科書》第二冊稿。早十分出，剪報（誠安要），與頌皋同至車站，彼回蘇，我趕至交行，與重九誠安二弟晤，即同至龍華。

與姚仲虎姻姑丈，吳岫雲姻姑母談話。

看商務印刷所機械，真是奇妙得很，進去時是一張大的白紙，出來時已經印好了，而且折好了。切書的便利也看得眼熱。珂羅版與三色版實甚費事。

二月十一號星期日（十二月廿六）

進點後，參觀子藥廠，又至龍華寺。歸姚宅，午飯。

偕重九，誠安，文思三弟同至哈同路，訪張姑丈。進點。以雨，即分手歸。振鐸，予同，賢江來談。

寫敬軒信，未畢。到振鐸處談話。

龍華子藥廠規模不大，一日可出子藥十萬顆。他們的經費，政府既不開支，他們的盈餘也不交與政府。有人定貨就開工，無人定貨就閉廠，頗有些商辦性質。姚先生爲局長，自謂他的地位頗似工頭。子藥機械亦極妙，一塊平的硬銅會軋成一個圓筒，裝藥時會自己配藥。

二月十二號星期一 （十二月廿七）

審查《後期小學國語文教科》稿。

與伯祥到寰球中國學生會，加入北大旅滬同學會，討論善後辦法。今日之會，到會者爲李守常，梅心如，張榮福，張春木，楊廉，席鎔，樊淵溥，郭□□，雁冰，伯祥及我。到棋盤街買書。

與伯祥算清賬目。

　寰球會中以有北大學生（梅心如）住在內，故假爲會場。守常先生亦來，鼓吹革命。革命固爲當務之急，但他的不誠懇的態度看了總使人生疑，似乎他只要犧牲了青年去成就自己的地位。

二月十三號星期二 （十二月廿八）

審查《後期小學國語文教科》稿。點《六經奧論·尚書，春秋》各一卷。

與伯祥訪伯常，同歸寓，喚宵夜食之，以各館俱已停爐也。

寫《皇清經解》正，續編卷數上書根，以便檢查。

　得錢玄同先生來信，論辨僞及京校狀況。他表面上雖突梯滑稽，內心是真肯讀書的人，異乎一般好出風頭的。

　教育改進社來信，囑加入一委員會，因填上"歷史教學"。又囑爲提議案，因擬提議設立中國歷史研究所，以此科學術不備，實無可教學也。

二月十四號星期三 （十二月廿九）

五點起溺，遂不成眠。七點即起。寫聖陶片。補記日記五天。點《六經奧論·禮》兩卷。

館中早退，到車站等一小時，上車。八點半到家。

到叔父處吃年夜飯。

　到家讀父親信，末一行云："以後來信，可將母親提起一筆。"

今夜我家到叔父處吃年夜飯，明夜叔父家到我家吃年夜飯。實是多事！叔父要叫魯弟搬家到上海，而與我及重九弟同寓，何自爲計之工耶？

二月十五號星期四（十二月三十　除夕）

校《鄭樵著述考》。毓才來，送田租。緝熙來談。

聖陶頌皋來談。到觀前買物，遇介泉，同至緝熙海澄處。與緝熙同買物。到外祖母處。

除夕無不遲眠者，以儀節太多也。今日與履安趕完，已十二點半，即眠。視前數年，早兩個鐘頭了。艮男昨日吃年夜飯進食稍多，今日即不舒服。本日年夜飯即未進。

二月十六號星期五（癸亥年正月初一）

九點起。在家拜年。東生公忌辰。看《小說世界》數期。

到吳外姑處，吳姑丈處拜年。

最厭拜年，此歸甚覺可怕。今天拜了兩處，可以止矣。

艮男竟日病，且嘔。此兒胃弱如此，將來體育上須注意。

二月十七號星期六（正月初二）

九點起。到丁曉先處送中華局教科，未遇。到吳研因處，又不識其家。到天來福，與介泉，海澄，旭初，鐵心，倪潤卿，頌皋同餐，議節育會買藥事。飯後歸家，已十點。介泉頌皋同來談。與介泉步至北街，別歸。

昨夜起牙痛，牙肉腫爛。今日吃飯甚不便，而飯量又好，頗苦。夜間進水鋪鷄子二，粥一碗。早臥。

夜間履安腹痛，至兩點鐘而嘔，幸只一次。此病一月來已五作，奈何！

二月十八號星期日（正月初三）

九點起。竟日大雨，無客來。寫父大人，仲川信。

與履安談話，竟未作事。

略看《讀風偶識》。

牙痛略愈，惟甚疲倦無精神。

二月十九號星期一（正月初四）

九點起。有斐毓才來拜年。

飯後到車站，乘二點〇二分慢車到上海，與重九弟同行。四點半到。歸寓理物。理簿册。

寫履安信。

藤夾中裝書頗重，出齊門後無車，提至站上，頗勞，出了一身汗。

履安有病怠治，我不在家，無強之親醫藥者。今日書一紙條，粘于窗上，曰："進食之後，勿忘吃藥。"藥，科發消食片也。

二月二十號星期二（正月初五）

看《文史通義》中評鄭樵《通志》的話。

寫紹虞，旭初，蔡渭源，適之先生信。

子玉來談。

與伯祥子玉論節育會賣藥事甚高興，并作豫算，即函告旭初。

蔡渭源開賬，被錯去九元餘，此等書估真可惡，因寫信往索。

二月廿一號星期三（正月初六）

看《文史通義》，《校讐通義》中材料完畢。

鈔《校讐通義》中評論鄭樵的話。梅心如到館見訪。

臨褚遂良字一頁。算節育藥豫算。

日來夜中又不易眠，又無游侶，在家無法，只得臨帖，因爲臨帖可以不用心，又可以求進步也。予求進步之心比人爲切，故不可一刻無事。

二月廿二號星期四（正月初七）

寫頌皋信。審查《中學國文教科》第二册稿。

到寰球中國學生會，參加旅滬北大同學會，論對付學潮事。決議派代表五人至章行嚴處，勸其不要做北大校長。予亦被推。

到中德商店購物。臨《褚遂良帖》二頁。

予最易心兢（"兢"疑即"悸"，全身顫動若觸電）。今天在會，守常先生推我作警告章行嚴代表，予不覺心兢不止。予如此不能擔當事務，苦極矣。

二月廿三號星期五（正月初八）

到寰球學生會，知章行嚴已北行，即返商館。鈔《校讐通義》中評論鄭樵的話。

朱赤民來。審查《讀文指南》。寫韓馨，平伯，緝熙，邦華，冰如，仲良信。

到大馬路華英藥房買通便藥。子玉來談。臨《兒寬贊》一頁。

近日又患便秘，未知何故。

朱赤民要我做《中學生研究歷史的方法》一文，約期兩月，又是一筆債！

二月廿四號星期六（正月初九）

鈔《文史通義》中評鄭樵語。

與振鐸到西泠印社買書。到寰球學生會送心如，未晤。到棋盤街協昇號買洋紙，新康路信誼公司買藥，四點餘歸。寫王姨母，履安信。

到車站寄信，剃頭。臨《兒寬贊》一頁。

久不作函，來信愈積愈多，近日擬一清之，閑暇苦不多也。

二月廿五號星期日 （正月初十）

寫吳敬軒，陳萬里信完。寫寄玄同先生書，論《詩經》論文及疑古各意見，共五千餘言。到振鐸處，晤顧壽白。

邱晴帆來。

理簿冊。

今日星期，居然無人看我，我亦未出，大不易。寫得一長信，把零碎意見穿了一穿，亦一成績。

履安無信來，甚念。

二月廿六號星期一 （正月十一）

鈔寄玄同先生信稿。

審查《兒童文學概論》稿。此等書淺薄之至。

頌皋誠安弟來，同至味雅夜飯。步至交通銀行，略談歸。與頌皋同榻。

魯弟告我，謂叔父要他們夫婦父子搬到上海來與我及重九弟同居，魯弟在交行中只賺二十元，如何可以遷家！叔父之意，不過要把魯弟一房推出不管，使得他負的責任移到我的身上來罷了。設計之巧如此，對待家人之心意如此，真可怕！此等處不能假借，只得拒絕。

二月廿七號星期二 （正月十二）

鈔寄玄同先生信畢。聖陶全家搬來。

鈔録《文史通義》中評鄭樵之話畢。釘一冊。

寄玄同先生一信，今日才得發出。

今日取柳條箱下來，一不留心，打碎了右手食指。

二月廿八號星期三（正月十三）

鈔著《鄭樵著述考》稿未畢。

作《通志》評。寫履安，平伯，汪原放信。

極力鈔録，一天也不過七八千字。

二月份缺席兩天。

（寓用）我還伯祥上兩月不足數二角六分

二　陰曆正月份房金十元

陰曆十一月廿九至十二月廿八飯食豆漿七元六角

陰曆十二月李媽工金五角

年終賞李媽，水根二元

冬季工巡捐一元三角五分

年底垃圾捐各項六角三分

共廿二元三角四分

（家用）朱沁昌續取石價十七元

三　履安用物藥二元四角五分

康艮用物，上學錢一元二角

共二十元六角五分

（盤費）初旬來回車資三元二角

八　中旬來回車資一元三角

共四元五角

（醫藥）家庭藥庫三元

六　信誼丸四元

　　　　カエカラ八角五分

　　　　凍瘃藥，癩疥藥八角

　　　　共八元六角五分

（學業）《西河合集》五十元

　一　《最近五十年》豫約六元

　　　　《陔餘叢考》等四元六角

　　　　零種新書一元七角二分

　　　　國民圖書館清賬五十一元五角

　　　　周子培鈔書四元

　　　　《申報》，《大世界報》一元二角

　　　　書目片及紙一元七角六分

　　　　紙鋪清賬四元二角

　　　　共一百廿四元九角八分

（器物）修電燈，裝開關一元五角

　四　窗簾，門簾，桌圍布等四元四角

　　　　熱水瓶三元

　　　　手巾架一元

　　　　打眼機一元二角

　　　　痰盂六角

　　　　胰皂，玻璃五角五分

　　　　筆，畫圖釘，銅圈六角

　　　　配便桶蓋二角

　　　　共十三元〇五分

（交際）代竹庵叔祖印名片洋一元

　七　振鐸用三角

　　　　接緝熙，平伯三角

　　　　謝姚宅僕人四角

　　　郵票四角二分

　　　碧澂子女拜年錢八角

　　　請陸柏常吃飯六角五分

　　　送梅心如車二角

　　　請頌皋，誠安夜飯二元五角

　　　共六元五角七分

（社會）樸社二月份社費十元

　　五　北大同學會捐一元

　　　節育會公宴七角

　　　共十一元七角

（零用）剃頭四角

　　九　車資等七角

　　　共一元一角

共用二百十三元五角四分。

　　本月份爲陰曆年底，還節賬五十六元，節用五元，又買《西河合集》五十元，石價十七元，爲臨時費。共一百廿八元。經常費計用八十五元半。

　　又魯弟借三十。爲研究所付書價三元五角（此數已于去年取到，至今始付去）。找回伯祥透交搬家用費三元五角。以上三項計洋三十七元。

　　本月計用二百五十元五角四分。收入方面，計《詩經》論文稿費五十一元，二月份薪百元，《後期小學國語教科》特酬六十元，收回平伯鈔書價一元六角五分，收回伯祥託買物價六元四角，收回伯祥進屋錢一元，借樸社三十元，共二百五十元○五分。兩抵，計透用洋四角五分。

一九二三年三月

三月一號星期四（正月十四）

續作《通志》按語一千餘言，畢。鈔著《鄭樵著述考》稿，未畢。伯祥之母自濟關歸。

頌臯來，與我同榻。

原意今日發稿，乃《六經奧論》一條跋語猶未能做。夜中子玉來，因飲酒，面赤發暈，遂不能動筆。（所飲酒爲"棗子燒"，伯祥親戚所送。予飲一杯，幾不能動彈，予之不能飲酒如是。）

三月二號星期五（正月十五）

將前昨兩日中稿覆看一過。龐京周來談。

昂若來談。作《六經奧論》按語二千言。

鈔《通志》，《奧論》兩按語。到車站寄稿。吃麵當夜飯。到振華旅館看昂若，未遇。即歸。

《鄭樵著述考》作完了，計卅七頁，約一萬七千字。做了三天，也着實勞苦了。

從車站至我室，凡一千三百八十步。石岑又來要稿，如何對付？

三月三號星期六（正月十六）

作平伯《紅樓辨》序一頭。

到龐京周處午飯。同座爲聖陶，伯祥，包天笑，徐卓呆，江紅蕉。飯後到六三園及蜀商公所。

寫適之先生信，未畢。振鐸偕愈之建人來。

六三園雖小，特整潔。聞此係開娼寮之白石六三郎所築之菜館兼娼寮，在内請客，貴甚。日本人開一菜館兼娼寮，肯如是不惜工本，甚可佩服。

京周處布置極好，使我生羨。卓呆天笑兩位先生亦頗肫摯可親。負謗，其不幸也。其遭值之時地使然也。

三月四號星期日（正月十七）

終日作《紅樓夢辨》序十五頁，約四千五百言。

與伯祥及其妻弟游新世界，十一點歸。

新世界游人之多，迥殊于前數回所見。不獨游戲場中無位可坐，連啜茗處也没有幾個空座位。我們只泡了一碗茶，游藝没法看矣。上海新年中游人之多，可見一斑。（别地方人趁新年到上海來的，恐過半數。）

三月五號星期一（正月十八）

修改《紅樓夢辨》序。

與聖陶看《桃花扇》。看《庾子山集》。

昨作《紅樓夢辨》序，略完。今晨與聖陶看，他説，説國故太多而《紅樓夢》太少，首尾不能相稱。初擬加以修改，使之相稱，後以無法使之相稱，蓄志將原頭删去，即于明日改做。

三月六號星期二（正月十九）

將《紅樓夢辨》序重做一頭，删去前日所作，鈔畢寄平伯看。此序只三四千字。

寫平伯信。

夢王静安先生與我相好甚，携手而行，同至蔣企羣家。企羣之母談及我祖母臨終時情形，不禁大哭而醒。嗚呼，祖母邈矣，去年此日固猶在也！我如何自致力于學問，使王静安先生果能與我携手耶？

三月七號星期三（正月二十）

寫父大人信。鈔《元史・釋老傳》十頁。審查《兒童文學概論》畢。看《努力報》。

子玉來。理書及雜紙。

予非不好整潔，特無暇理物。今日以履安將到，抽二三小時閑暇，將室中整理一過，甚清楚矣。

三月八號星期四（正月廿一）

剃頭。鈔《元史・釋老傳》，畢。

續寫適之先生信畢。履安來。

與履安讀杜詩及《桃花扇》。

黎明，夢還一桌子于北張家巷沈宅，沈子良夫人談及我祖母臨終事，又是大哭而醒。

三月九號星期五（正月廿二）

點讀《元史・釋老傳》。元耿來訪。

偕履安到新舞臺看張硯生新戲。四點三刻散戲，步行到大馬路五芳齋吃飯。

與履安至交行看魯弟，九點歸。

履安不能坐電車。上一次乘了，回寓即嘔吐。雖不知是否相因而至，但覺得太巧了。這次又想一試，依然從車站到大馬路，另雇人力車到新舞臺，而看戲時總覺頭暈。從此以後，再不要請她坐電車了。

三月十號星期六（正月廿三）

將《元史・釋老傳》點畢。鈔《鄭樵著述考》上新加入的材料。

鈔《五人墓碑記》入國文課本。

看《桃花扇》鬧丁，偵戲，訪翠三齣。

經農先生以編書期限來。我與聖陶三月底交出《初中國語》第二册，四月底第三册，五月底第四册。我的《歷史教科》則限至七月底交出。國語教科自容易限期，歷史則不知如何耳。姑允之。

三月十一號星期日（正月廿四）

看《桃花扇》眠香，却奩，鬧榭，撫兵四折。孫伏園，建人來談。

與履安至交行，晤魯弟及重九弟，同至亦舞臺，看馬連良歐陽予倩之《打漁殺家》，楊瑞亭《長板坡》，高秋鼙《貞女血》等。天雨，戲畢即歸。

履安小病。

履安夜間身上發熱，而非寒熱，不知是內熱歟？抑肺病之徵象也？思之，怖甚。

三月十二號星期一（正月廿五）

標點《洙泗考信錄》一卷。

履安偕伯祥夫人聖陶夫人來館參觀工廠。

伴履安。

今日履安又不舒服。請她到上海來，原要求得她精神悅愉，那知總累得她身體不舒服。奈何！履安夜熱，有時熱在面，有時熱在身，有時都不熱。未知何故。

三月十三號星期二（正月廿六）

標點《洙泗考信錄》第二卷。

偕伯祥到着易堂看廉價書，到老大房買食物。讀聖陶小説三篇與履安聽。

今日履安臥了大半天，進食甚少。面容慘淡，見之悵惘，使我起了無數不堪擔受的幻想。

在大馬路待車，與伯祥談及，伯祥謂其夫人患咳嗽多年，夜中輒甚，又致骨蒸。今將產矣，不知如何。婦人之身體何其可悲耶！

三月十四號星期三（正月廿七）

標點《洙泗考信錄》第三卷及第四卷之半。

到先施購皮鞋，又到老大房買食物。

點全祖望《石鼓賦》。鈔出樸社報銷賬。

今日履安略好，午間進飯一碗，晚間進粥一碗。惟晚間稍有腹痛，服消食丸，幸即止。

我傷風大作，在館頭暈甚。夜飯只吃粥一碗。累日下雨，舊皮鞋已不能穿，因即買一新鞋。

三月十五號星期四（正月廿八）

重九弟來。同送履安上車。《洙泗考信錄》點畢。

點《詩經通論》二十餘頁。寫履安，戚煥塤信。

看聖陶小說八篇。振鐸來談。

此次履安來了首尾八天，而爲病占去一半。雖服消食片後未曾嘔吐，但噫氣總多，泄屁亦時作，可見胃中總是不好。加以虛熱，更可疑懼。若單是肝胃氣，尚不妨事，若兼有肺疾，則如之何！歸蘇時必與之就醫也。

三月十六號星期五（正月廿九）

五點半醒，聞書室中有鼠嚙聲，驚之不止，遂起。看聖陶小說兩篇。補日記五天。算清賬目。標點《詩經通論》一卷許。寫父大人信。

看《國語文學小史》。

將聖陶小說看完。

接簡香表弟代繼母寫來之信，知父大人近日常是悶鬱，天天到鄒家打牌，總須夜十一二時歸，路上受了風寒，近日胃氣大發，積擁胸前，不能成眠。口中常吐膩物，似痰而薄，并略帶紅色。因即作禀，請就醫治。父大人何以鬱悶，不問而知爲和生之故與繼母討氣也。

三月十七號星期六（二月初一）

標點《詩經通論·衛風》畢。

搭五點一刻車歸。略理信札。

三月十八號星期日（二月初二）

與履安康媛上行春橋及陳灣壩。在船上理信件，没有空。

歸後仍理信件，到十點許略完。

二十年之信，得今日而一理。非聖陶囑我尋平伯信，此事不作也。

三月十九號星期一（二月初三）

伴履安到縣立醫院診治。步往，又步至觀前丹鳳吃麵。到觀中買物，歸。

剃頭。到車站，擬乘四點半快車。適火車頭在滸墅關壞了，等到六點半方上車。

在車上晤王季上，談話。同至寶華樓吃夜飯。歸已十點矣。

近日屢屢盜汗，每于早醒時發作。將以春天故發病耶？眼中紅絲亦多，將紅眼耶？濕瘡復發，癢甚。服信誼丸，未知能愈否？

　　與履安往縣立醫院診治，醫謂她患的是子宮病，一切疾病均由于此。肝胃受子宮之影響，故不能多食。肺幸無壞。此病不易治愈，履安又不肯服藥，奈何？

三月二十號星期二（二月初四）

　　標點《詩經通論·王風》，謄蔡先生祭黃夫人文。寫父大人信。到午姑母處談話。到北萬馨夜飯。到魯弟處談話。即歸。

　　午姑母告我，商館中有一常州人晤張姑丈，談及我，謂我筆下好，且節儉，彼有女，擇婿亦欲如我者而後可。此常州人不知爲誰，莊百俞耶，莊書遷耶，方叔遠耶，譚廉遜耶？

三月廿一號星期三（二月初五）

　　到郵局寄貝，陳，朱，夏等書籍。標點《詩經通論·鄭，齊風》。伴振鐸到北京路看書架。到花園，看唐詩。寫介泉信。

　　算樸社賬。與伯祥到世界書局買書。看新買之《國風報》，至十二點。

　　眼中紅絲甚多；身上小粒奇癢。在館倦怠之甚，只得到花園中小坐了。

三月廿二號星期四（二月初六）

　　標點《詩經通論·魏風》。與聖陶排《初中國語教科》第二册目録。

　　與聖陶伯祥到半淞園游覽。遇振鐸，黃英兄妹，東蓀。

　　到功德林，應研因先生約，同坐十一人。十點歸。

　　近日天驟暖，在館坐不牢了。所以今天丟了半天的課，到半淞園游覽。此園係畫家姚伯鴻（號雪盦）所計畫構造者。地五十畝，費二萬金，實極草率。惟在滬上則不易得耳。

研因先生謂上海有乩壇，鸞諭爲本年九月，各軍閥均失敗，另有一班人出來組織新政府。吳佩孚死在一個車站上。予按，報上亦載吳佩孚説，星士謂我逃不過今年云云。記此以觀豫言之準否。

三月廿三號星期五（二月初七）

寫父大人，履安信。寫適之先生信。

到寶山路買鞋。審查《四裔通釋》及《墨子間詁補正》。

寫海澄片。讀《尚書》，記筆記四頁。

本想到杭州去，視父大人病。今日得來信，謂已略愈，囑我勿去，就不去了。

三月廿四號星期六（二月初八）

寫介泉，士楨，雲光片。注釋《初中國語教科》第二册一半。

略翻《陔餘叢考》。

看《隔膜》。記筆記五頁。

廿一日是春分，在此前三後四期間，十分吃力，背脊酸痛，四肢無力，只想睡覺或游園。然而事實上那能如此呢！今晨夢見前妻與我一信，署名"行從"。

三月廿五號星期日（二月初九）

作聖陶《小説第二集》序，二千五百言，并謄出。達夫來。聖陶備飯，我同餐。

到大馬路買藥及食物。

近日飯量大減，一碗亦是勉强。夜間覺脚麻，恐係發痧，到大馬路買痧藥水豫防。口渴甚。向不好飲茶，今則非飲不可。口中膩甚，想吃甜的鹹的。

三月廿六號星期一（二月初十）

　　注釋《初中國語》二册數篇。

　　鈔討論暹羅問題信。

　　無聊，看文藝雜志。

　　　今日之倦視前數日更進矣。四肢酸痛，神思昏倦，竟似大病將來之兆。若館中不扣薪，予將歸家休息矣。受經濟的迫逼，有病亦不能歇息，奈何！

三月廿七號星期二（二月十一）

　　寫履安信。到周泉記取戳。在仝羽春品茗。

　　標點《詩經通論》首册之半。寫孟鞱信。劍秋來。

　　偕劍秋伯祥訪建初于上海醫院，飯于高長興。十二點許眠。

　　　今日因不餓且厭飯，故午間散工後徑至大馬路。以口渴甚，在仝羽春獨茗。夜間在高長興喝茶十餘杯。自晨七點許進麵後，直至夜十點始進食。晚十一點歸時，有細雨，大霧漫空，可使我一醒矣。

三月廿八號星期三（二月十二）

　　標點《詩經通論》三十七頁。寫履安信。

　　寫筆記一則，備入《小説月報》。

　　與振鐸，伯祥，聖陶，劍秋談話。

　　　今日上午天陰，下午下雨，氣候驟涼，精神爲之一快。前數日失去之氣力得回復矣。

三月廿九號星期四（二月十三）

　　到懌園，晤夢旦百俞先生，略談。標點《詩經通論》卷二畢。

　　注釋《國語教科》，并鈔兩篇。寫筆記二則。寫仲良平伯信。

伯祥設宴款劍秋，予同坐。君宙來談。

大便兩日未下，眼睛紅絲布滿，因購黃連服之。

三月三十號星期五（二月十四）

樸社宣言起草，畢，并謄正。

樸社社約起草，未畢。君宙來。

伯祥，聖陶，君宙，劍秋，我，到味雅飯。君宙還鈔。聖陶，劍秋，我到滬江影戲院，聖陶還鈔。影戲場歸，看《桃花扇》修札，投轅，辭院，哭主四折。

宣言約一千五百言，說我們精神上的煩悶，頗暢。

影戲中丑角，羅克勝于卓別林。冷熱不定，又致傷風，可厭。

三月卅一號星期六（二月十五）

寫石岑，萬里，翼之，正甫信。重改樸社社約，并謄清，約二千餘言。鈔《國文課本》材料三篇，并注。寫紹虞片。

歸寓理物，趁五點一刻車歸。到齊門後，步行到家。看振新送來各書。

天氣冷暖不均，小舌又宕，知又傷風矣。予一年無幾月傷風好者，倘肺病耶？

三月份缺席兩天半。以上三個月，共十天。

（寓用）陰二月房金十元

一　陰正月伙食五元六角

李媽津貼五角

共十六元一角

（家用）履安藥一元五角

八　履安用七角

康艮上學錢五角

康艮用物二角

共二元九角

（盤費）中旬歸家來回車三元

　六　下旬歸家車一元

共四元

（學業）《東方雜志》全年三元六角

　四　《國風報》全份三元

明本《左傳》一元

《留日學生報》二角

《申報》，《大世界報》一元二角五分

共九元〇五分

（器物）皮鞋五元二角六分

　二　夾呢鞋一元七角

書架三元四角

字紙簍五角

面架五角

修便桶攀五分

共十一元四角一分

（游覽）新世界游覽三角

　五　偕履安看戲訪誠安二元二角

誠安請看戲偕履安來回車七角

偕履安丹鳳麵五角

游半淞園四角

共四元一角

（醫藥）痧藥水一角

　十　共一角

（交際）　郵票二元

七　贈敬軒《國學季刊》五角
　　　爲誠安印名片六角七分五
　　　到午姑母處車一角五分
　　　伴劍秋游一角五分
　　　訪昂若等車資一角
　　　贈萬里蔣游記郵資一角
　　　共三元六角七分五
（社會）樸社三月份社費十元
　三　共十元
（零用）食物一元二角五分
　九　車資七角
　　　剃頭一角
　　　外飯，茶三角
　　　失賬四角
　　　共二元七角五分
　共六十四元〇八分五釐。
特別支出
　　莊叔遷會十元
　　爲介泉買書一元八角七分五
　　還樸社三十元
　　共四十一元八角七分五
　連上共百〇五元九角六分。
收入
　　三月份薪百元
　　借履安廿元
　　王葉還賬一元
　　共百廿一元

兩抵尚餘十五元〇四分。

一九二三年四月

四月一號星期日（二月十六）

看《續碑傳集》。剃頭。過清明節，祀先。

新寶來。

理帶滬各物。

近日極不好，晚上屢屢出盜汗。甚至一夜出兩次盜汗，體弱如此，真可怕。

在家看天井中綠草，倍覺可愛，住在上海，太和自然界不接近了。一妻二女，對我甚是依戀，尤使我難處。

四月二號星期一（二月十七）

搭九點四十五分車到滬。在蘇州站遇柏常，一路同行。

到館，標點《詩經通論·秦，陳，檜》。到顧壽白處診治。

寫履安信。與振鐸，伯祥，聖陶談話。

今日本擬與履安游虎丘，嗣以晨間微雨，恐雨大，無雨具，到滬受累，因乘早車行。那知雨旋停了！

今日到顧壽白處診治，他說，我的右部肺葉有可疑處，囑我用列氏寒暑表一天量三次，填表記上，再施診斷。他疑我晚上體溫略高。我本近于肺病，萬一確病，當離上海。

四月三號星期二（二月十八）

寫石岑，壽白信。標點《詩經通論·曹，豳》十餘頁，《豳》未畢。到壽白處取藥。

昷初來。寫子玉信。

標點《論語餘説》一卷。

顧壽白門診一元只給一天藥。如此，我很有看不起之勢。傷風甚重，痰涕甚多。上午精神較好，下午則不堪。執筆生厭，全無生意。夜間又有起色。

四月四號星期三（二月十九）

標點《詩經通論·豳風》畢。寫父大人信，告病狀。看《努力》評梁漱溟書。

旭初來，談賣藥事。到顧壽白處診治取藥。

覆看《鄭樵傳》稿。

寫父大人信，謂如果確有肺病，則（1）擬到西湖養病。惟住在西湖，無有進款，而出款則必須六七十元，此款無從籌畫，惟有（2）回到北京任職，以職務較閑，可供以養病也。若上海則最不宜于養病。

予與旭初談：（1）請海澄將前賬結清。（2）印招股啓事。（3）各人着手招股。

四月五號星期四（二月二十）

寫履安信。注釋《國語教科》。記筆記一則。子玉來，談賣藥事。

標點《詩經通論·小雅》十頁。到園中散步。途遇清宇，略談。看《小説月報》。到大馬路買寒熱表。到京周處，未遇。

昨借壽白寒熱表一隻，今日在館失手掉在地上，竟碎了。賠還固不必説，但德國貨有沒有買處，價錢能不能擔負，還説不定呢。今日到各藥房詢問，均無有。擬託京周代覓，不知能如願否。

四月六號星期五（二月廿一）

標點《詩經通論·小雅》卅頁。寫京周信。

練壽康先生及欣伯領二中同學廿三人到商務參觀。

到城內文廟路劉公祠看練顧二位，同至大世界，十點許歸。

進城訪師範附屬小學二部未即得，徘徊道上，看見了三起清明賽會。一是高昌廟，二是春申君，三是靖海公（？），樣子很是素樸，并無蘇州出會繁華樣子。可見他們只有迷信，并無美術觀念。

四月七號星期六（二月廿二）

與聖陶至劉公祠，與二中同學到南洋兄弟烟草公司參觀。到南站，予先乘人力車到龍華。飯于姚仲虎先生家。

到龍華車站候二中同學。同游龍華園，品茗。步至龍章造紙廠，參觀。步至高昌廟。乘電車還劉公祠。

與壽康先生及欣伯到悅賓樓夜飯。九點，還寓。

今日本想看仲虎先生，導學生游兵工分局，看造子藥。乃仲虎先生謂團體參觀竟辦不到，須由教廳轉省長，由省長咨陸部，由陸部知照廠內，方可。因此只得舉了四個代表進去看了。

烟草公司并不好看，造紙廠却大好看。一座二三丈的機器，那一頭是漿，這一頭出來已成了紙，而且切齊了。中間經過烘乾，扇凉的手續，極可觀。

龍華游人如此多，却無一公園，游人多折了桃花歸去，毫無公德觀念。

四月八號星期日（二月廿三）

寫履安秋白信。

到惲鐵樵處看病。到午姑母處。到永安存樸社公積金。歸寓，與聖陶談話。乘五點十五分車歸。振鐸聖陶送上車。

歸後即臥。發熱至華氏百〇二度六分。

今日上午大不舒服。體熱至列氏表三十八度許。到惲氏診，脉案謂“右脉弦數而勁，左脉弦細帶硬，兩手均數甚。脉無弦勁帶數之理，是脉不爲病衰，病不爲汗衰”。謂此病係肺傷寒，絶非輕症。因即歸家。歸後熱度至列氏表三十九度六，内熱居然發出矣。一夜筋骨疼痛，備極苦楚。幸而歸來，如在上海，則真苦極矣。

四月九號星期一（二月廿四）

發熱。本日熱雖未止，已退至列氏表三十七度八，較昨日輕多矣。

囑履安代函伯祥。叔父來視疾。

九生叔吐血，可憐。

四月十號星期二（二月廿五）

早醒，熱退。到顧伯平處診治。就醫歸，仍臥。

脉案謂細奕數，是已不勁硬矣。惟熱雖退而咳嗆屢作。因惲氏言，頗有肺炎之懼。

四月十一號星期三（二月廿六）

今日仍臥床未起。

囑履安代函伯祥。父大人，繼母，和官自杭歸。看平伯之《紅樓夢辨》。

爲咳嗽因醫言服梨膏，又服杏仁露。繼母謂此二種都不好，應服蒸梨之湯。

四月十二號星期四（二月廿七）

今日起床。到顧伯平處診治。

到吳帙書處測驗，并種肺病反應藥于右臂。看《紅樓夢》完畢。

日來盜汗略少，咳嗆早晚較甚。筋骨仍甚酸痛。脉案謂脉細數滑，陰虚熱戀。吳帙書謂我的病是喉頭炎，并不妨事。惟此病只要一冷就會發。只有常塗 Protargol 在小舌上的一法。

四月十三號星期五（二月廿八）

父大人等到山東浜上墳，歸游留園。予與履安未同去。加標號《豐鎬考信餘録》第一、二兩卷。

園中空地，已由父大人偕叔父向景春伯母及九生叔買來。計地十八間，價五百十元。魚池不在内。（此項園地，景春伯處歸三分之二，九生叔處歸三分之一。九生叔要賣去。爲嚴衙前所阻，未成。或是景春伯家反對，亦説不定。四月廿九日又記。）

四月十四號星期六（二月廿九）

加標號《豐鎬考信餘録》第三卷，又《洙泗考信餘録》第一卷。學踏風琴。

寫伯祥，平伯，頌皋信。

朱沁昌來，又續取二十元。

四月十五號星期日（二月三十）

加標號《洙泗考信餘録》二、三兩卷。學踏風琴，稍有進步。

履安近日發濕瘡甚劇，夜中發癢至不能成眠。予雖不及她利害，但較冬間亦劇矣。

四月十六號星期一（三月初一）

祖母八十歲陰壽，整日陪拜，陪客，拜神，登賬。男三桌，女二桌。道士拜玉皇懺一天。夜間施食一壇。十一點半眠。

這樣做一天，道士拜懺十四元，菜五桌廿五元，禮使車資七元，酒二元，雜用兩元，共五十元。收進禮洋十一元，禮票廿三元半，共卅四元半。兩抵虧十五元半。又父大人等來往川資約四十元。

四月十七號星期二（三月初二）

加標號《孟子事實錄》兩卷，《考古續説》一卷。

夜中繼母又與父大人吵鬧。看父大人實甚可憐。繼母如此稱心，反而屢屢尋氣，大家説她不會享福，又説她很像瘋子。我家有了她，真是無安樂可得。上午，繼母説履安常到上海，恐契券摺子等要失去，弄得履安哭了一天。

四月十八號星期三（三月初三）

父大人等七點半出門。加標號《考古續説》一卷，《考信附錄》一卷。將《紅樓夢辨》分寄兼士，玄同，幼漁，經農四先生，介泉，緝熙，萬里，敬軒，紹虞。寫經農先生及伯祥信。

夜，與履安，陳伯母，九生叔碰和八圈。十二點眠。

寫經農先生及伯祥信，謂我的身體如此靠不住，擬請將《歷史教科》由伯祥編，或我與伯祥合編。不知信去後他們以爲怎樣？

未碰和已五年矣。上次碰和，係民國七年冬，與祖母及慶叔祖母爲之。今二人已死矣！今日爲予與履安碰和之第一次。

四月十九號星期四（三月初四）

加標號《考信附錄》一卷。《東壁遺書》第三册完。

寫平伯信，永昌祥條。補記日記十三天。補登賬。踏琴。

讀《周政盛衰通考》。

踏琴已會兩隻手合按，惟僅能 C 調四分之四拍子耳。

今日熱度略高，至列氏表卅七度一、二，未知何故。近日飯量頗好，每頓可進兩碗，且常覺餓，可見身體已漸復原。近日盜汗已止，尤爲可喜。咳嗽雖未絕，亦大減矣。

四月二十號星期五（三月初五）

算二、三月份賬目，謄入日程。

坐轎到站，乘四點半車到滬。伯祥聖陶振鐸來談。

算二、三月份賬目，得一用費約略。予薪入百元，而經常費必須九十五元（寓用廿元，家用廿元，雜用三十五元，社費會金廿元，均不可省），如何能積錢？如何能應付臨時費？如何能使此心樂業？

四月廿一號星期六（三月初六）

標點《詩經通論》卷十畢。到寶山路橋埭麵館吃麵。到北四川路盡頭處散步。

標點《三代正朔通考》，未畢。到誠安處。到永安儲社金。

到車站接平伯。在振鐸處飯。談至十一點。看《最近之五十年》，至一點。

聞經農先生有離婚消息，得無與石岑先生同一緣故與？

四月廿二號星期日（三月初七）

與振鐸平伯到大馬路拍照，進點。樸社開會。到新一春聚餐。

與平伯振鐸六逸到青年會夜飯。送平伯上車。

到天津路尋國寶銀行，未得。看《最近之五十年》。

樸社開會，到者雁冰，愈之，六逸，予同，振鐸，平伯，伯祥，聖陶，及我九人。將宣言及社約删改一過，并議定一年内應行編成各書。

在寧波天津兩路遇野雞數十人，心悸甚，亦甚悲之。

四月廿三號星期一（三月初八）

看緯平先生所作《歷史教科書》。校點須林娜女士《文明之曙光》入《國文教科》。

到永樂天吃麵。剃頭。校《詩經的厄運與幸運》。《三代正朔通考》點畢。寫父大人書。將《詩經》論文排樣寄與適之玄同兩先生。

到北萬馨夜飯。子玉來談。上日記（四天），登賬。寫玄同先生信。

近日予飯量奇好。昨日早點湯包卅件，今日午晚飯均麵二碗。身體一好，興致又高了。只是不敢在文字上勉力耳。

聖陶前日起發熱，今日熱甚高。

四月廿四號星期二（三月初九）

適之先生來滬，在館中略談。鈔《祭十二郎文》，《曹宮人傳》，《直辭女童》入《國文教科》。到國寶銀行，看鄭筱舟，未晤。

鈔崔東壁《雞腿蘑菇記》等入《國文教科》。

君宙來談。振鐸招夜飯。與振鐸聖陶論李後主等詞。

昨日覺右腿腿彎有些痛，今日痛得利害了，竟至不能步履。

予同告我，鄭心南欲我爲《學藝雜志》作文。我事忙而體弱如此，外界責望又如此，真無如何矣。

四月廿五號星期三（三月初十）

到療病房包扎。伯祥夫人又生一女。鈔《國語文學小史》中文學作品入《國文教科》。

　　午飯後，到花園小坐。鈔録標點《孔雀東南飛》一首。寫適之先生信，託叔永先生連《詩經》論文帶去。

　　因腿痛，早上床，倚床看《隨園文集》六册。

　　《孔雀東南飛》一詩，前年在北大，聞兼士先生囑啓明先生標點，啓明先生謝不敏。今日予大膽爲之，居然成功。可見事只要做，不必管難不難也。

四月廿六號星期四 （三月十一）

　　到療病房易藥。標點《三代禘祀通考》，《三代經界通考》，畢。到花園。

　　頌皋來，邀我與伯祥聖陶到味雅吃飯。飯畢，到適之先生處談話，十二點歸。就寢後，以精神升上，不易得眠，至上午三點，始合眼。

　　腿彎所起硬塊，昨日到療病房看，謂是濕氣結毒。連日步履甚痛。

　　頌皋與郭任遠君辦一心理學研究所，甚可佩。適之先生精神極好，與我們談話三小時不倦，而我則眼睛已澀極而流泪矣。

四月廿七號星期五 （三月十二）

　　到療病房開刀，痛甚。看《論語餘説》，將崔述考爲可疑與可信各條録入《論語》眉端。草“《論語》中的古史”，未畢。到花園。

　　作《與玄同先生論古書》序，并鈔原書二頁。

　　上賬。與振鐸到適之先生處談話，十一點歸。在適之先生處，遇汪原放，章希呂二位。

　　昨適之先生告我，謂《小説世界》銷三萬，《小説月報》只銷一千數百份。我告振鐸，他不悦，到總務處調查，知《世界》

銷二萬五千份,《月報》六千五百份,因即到適之先生處一説清。可見商務中有人欲停辦《月報》。市儈行爲,可鄙也!

四月廿八號星期六（三月十三）

將《與玄同先生信》鈔畢,即寄出。作樸社會計本月份報告。

到車站寄信,吃麵。寫玄同,洛聲信。到大馬路買餅乾。收拾皮衣服等,上火車。遇吳致覺先生,同座到蘇。

歸家近九點矣。

近日冷暖不均,又使予傷風。看《申報》常識,知常用冷水擦頸部及鼻管可以豫防傷風。此後當常爲之。

此次歸後,擬俟瘡愈後再出,在家將《東壁遺書》點完。

四月廿九號星期日（三月十四）

將瘡攢膿,用聖藥膏藥貼上。青崙,康節來。加標號《讀風偶識》一卷。

爲履安塗藥滿身。寫萬里,洛聲,伯祥信。順表姑來,囑寫蔡又青信。

體力倦怠,夜飯後即眠。

履安身上濕瘡重極,連夜不得眠。今日到廣福寺橋米店中錢醫生處看,取藥塗之。她的病是我傳染與她的,而病象反較我重,真對不住了。

四月三十號星期一（三月十五）

寫幼漁先生,平伯信。加標號《讀風偶識》二、三兩卷。

寫振鐸信。

本月共缺席十三天半。連前廿三天半。

今日腿彎之瘡似好,惟小腿上的依然痛。履安昨塗藥後,癢較好，晚較得眠。

一九二三年五月

五月一號星期二 （三月十六）

竹妹周年，家祭。標校《讀風偶識》卷四，《無聞集》卷一。寫父大人信。

早眠。

歸家之後，覺得生活十分安定，環境亦很美麗。閨中静話，微風吹庭前小草，都含詞意。此境本尋常，向來不覺其美，惟自上海歸來，則不由得不覺其美耳。惜予不能爲詩詞小説，無從寫出此心境也。

五月二號星期三 （三月十七）

標校《無聞集》卷二、三。看《北大日刊》及《晨報》。

標校《遺經樓文稿》一卷。

今日下午忽覺雙眼澀甚，未知何故。腿彎一瘢已長新肉，惟小腿上仍未收功。

五月三號星期四 （三月十八）

標校《無聞集》卷四。看胡介生師所選國文。

標校《五服異同彙考》卷一，未畢。韓吉甫伯來合會。

履安仍到米店看病，據云須一個月方好。視之喜事，履安擬不往矣。

履安云，好幾個算命的都説品逸四十三歲一定剋妻。現在他三十三歲。記此，看十年後驗否。又説品逸卅七歲得子，亦試之。

五月四號星期五（三月十九）

六點起，標點《五服異同彙考》第一卷畢。上午標點第二卷，未畢。下午改標《古文尚書辨僞》第一卷畢，第二卷未畢。

韓吉甫伯送會章來。

予教艮男音階，數次而不記憶，打了一記即哭。問康媛聽得琴聲否，不答，亦打之。夜中，艮男獨坐暗陬不來；康媛依然如故。可見艮男頗有氣肚，惟不慧爲可惱耳。康艮男屢欲穿耳，予禁之。此次到外祖母家，竟央同居陶宅爲之穿耳而歸。女兒愛俏如此，可見纏足實出于女子自己之要求。

五月五號星期六（三月二十）

六點起，校標《五服異同》第二卷畢，又校標第三卷未畢。張子豐來。

看《小説世界》中之星期消遣録。校標《古文尚書辨僞》第二卷畢。

小腿好而腿彎又作膿。反覆，可恨。履安以瘡痛癢兼作，屢屢憤怒，使我到滬後不能安心。

數天來努力標校書籍，夜中又易醒，盜汗又出。我之不耐勞苦如此，奈何作事！予之身體與志願太不相應矣。

五月六號星期日（三月廿一　立夏）

校標《五服異同彙考》第三卷畢。

理物。到站等一點鐘，車始到。看《困學記聞》，擬《禹貢》辨之小題目。

到寶華樓飯。回寓談話，寫履安信。

立夏稱人，康媛四十二斤，艮男卅斤。九妹較艮男小兩歲，反多兩斤。

伯祥告我，謂翼之有信來，保聖寺羅漢風雨之後，真迹不存，憤甚，遂不能眠。想如何罵劉海粟沈伯安沈信卿一班人。至三點餘始合眼。

五月七號星期一（三月廿二）

竟日抄文七篇入《國語教科》。

寫中國銀行信，爲紹虞款事。頌皋來談，同至寶華樓吃飯，聖陶伯祥偕。飯後至四馬路買物，十一點睡。頌皋同榻。

夜中歸來，覺右股上痛，捫之，一瘰苗也。這又是十天的累了。

文學旬刊社囑我做長期文字，偶然想到《元曲選》大可整理一下，既不費力，又是有益。所以就答應了。

五月八號星期二（三月廿三）

鈔《西秦旅行記》入《國語教科》。到龐京周處。校《易卦圖說》，未畢。

到顧壽白處覆診。寫吉甫伯信。振鐸予同來談。

到永安儲金，到魯弟處談話。看《漢宮秋》。

顧壽白診察結果，謂與前次一樣，囑仍測温度。右腿上覺痛，看之又是一粒瘰苗。

適之先生又病痔瘡，住杜美路四十號西人家，醫云須五六星期後方可好。

五月九號星期三（三月廿四）

寫頌皋信。校《易卦圖說》畢。補鈔《易卦圖說》之圖。整理《東壁遺書》部帙。

子玉來。作《漢宮秋叙錄》，備入《文學旬刊》。理抽屜。

記日記，登賬。看《鴛鴦被》一劇。

今日國恥紀念，商務館居然放假一天，大是意外。

濕瘡大作，右手手心亦起膿粒，身上小粒極多，甚動歸思。昨京周勸買孫唐氏啞鈴操之。壽白勸靜養。

五月十號星期四（三月廿五）

作《漢宮秋叙録》訖。約四千餘字。看《努力》。

看《盛明雜劇》。記筆記三則。寫父大人，履安，適之先生，朱孔平信。

到車站寄信。看《金錢記》。

接父大人信，露明年不歸之意。因作一覆信，露明年必出之意。

伯祥云及他的庶母患瘡，一天洗兩次浴，浴水中用花椒，不到兩旬而愈。此法頗可采用。

五月十一號星期五（三月廿六）

鈔《西秦旅行記》入《國語教科》，未畢。

與雲五先生書，謝絶講習所課。

與聖陶到予同處，談標點《史記》事。

昨所中派來暑期師範講習所章程一份，定以予擔任"小學歷史教學法"一課（任中學歷史者爲陳衡哲女士），予以不會講書，且暑中擬歸家休息（講習自七月中旬至八月初旬），謝絶之。

聞雁冰言，陳望道辦上海大學，擬招予任課，振鐸已代謝之矣。

五月十二號星期六（三月廿七）

鈔《西秦旅行記》畢。到國寶銀行，仍未見鄭。

理書，備帶歸。

到青年會，看《相對論》影戲片。與聖陶同歸。

雲五先生招談，謂乞假，此間須扣薪，歸家後仍可爲本館編《國語教科》第五、六册，按字計酬。

雲五先生囑以鹽水擦皮膚，可愈瘡疾。此法甚便利。

五月十三號星期日（三月廿八）

理書，理物。建初來。

到站，振鐸，伯祥，聖陶，建初送上車。在車看《陳州糶米》，《賺蒯通》二劇。三點許到家。

以左足腫痛，早臥。

歸家一個月中擬作之事：

○（一）整理《東壁遺書》。

　（二）續作《詩經》論文（約二萬言）。

△（三）作《元曲選》提要四篇。

○（四）聚《禹貢》論文材料。

　（五）標點《史記》約四卷。

○（六）編《初中國語教科》約廿篇。

、（七）作文一篇，入《讀書雜志》。

、（八）作標號商例，入《教育雜志》。

○（九）清理信札。

○（十）讀《尚書》。

　（十一）鈔録《左傳》中古史。

　（十二）校《詩經通論》畢。

　（十三）標點《尚書》。

○（十四）擬標點《史記》條例。

○（十五）讀《楚辭》。

〇（十六）作《楊惠之塑像記》。

加〇者爲已作，△、者爲作而未全。十二、六、九、剛記。

五月十四號星期一（三月廿九）

臥床，看《殷虚書契考釋》及《尚書蔡沈集傳》。

左足出膿，較好。右腿膝骨又起一塊，正在作膿，踏地頗痛。今日以臥床故，左足未腫。

五月十五號星期二（三月三十）

蔣義坤送書來，略一整理。

讀《尚書》，記筆記六頁。

晨間又夢祖母之没，大哭而醒。祖母之死的印象何其深也？履安就醫，云再過廿天可好。

五月十六號星期三（四月初一）

讀《尚書》，記筆記十八頁。朱沁昌來。

康媛自甪直賀喜歸。寫父大人信。

昨夜三點許醒，身上癢甚，至天微明始得眠。沁昌來，謂除原講工料外，又添石條凳一對，價十二元，又搯樹，又修磚八風。除已付四十七元外，尚須卅六元。

聖陶勸我就西醫，伯祥勸我就中醫，予以手頭甚窘，且時間亦甚可惜，故不就醫，只以鹽水擦洗。現在天氣不甚熱，只下午二三點擦一回，又上下身分洗。俟天稍熱，即一日洗二次。

五月十七號星期四（四月初二）

記筆記五頁。《淞上讀書記》第一册完。作《金錢記序録》三千餘言。姑母紅小姐來。

水生來。寫聖陶，伯祥，仲川，平伯信。

昨夜二點許醒，牙痛甚。即敷藥。至天明方得稍眠。以少睡故，今日略發肝陽。

五月十八號星期五（四月初三）

記筆記二頁。寫仲良，邦華，萬里，介泉，頌禪，緝熙，紹虞信。

瞽者爲父大人禮斗。寫兼士先生，焕塤，韓馨，勗初，美術會，君武，子水，梅心如信。

失眠，看《尚書錐指》。

今日夜中奇癢，起洗兩次，終不止。直到上午三時後方合眼，只睡得四點鐘。

今日凡寫十五函，二三月來信債略一清。一日間寫約九千餘字。

五月十九號星期六（四月初四）

記筆記三則。翻閱《讀書紀數略》。讀《左傳》第二冊。

今日右腿及臀上大痛，立不直，只得臥床。夜不安眠。左足背一癤漸收功。履安以爲予所傳染，怒目視予；予亦憤，罵之。彼此不歡而眠。

五月二十號星期日（四月初五）

魯弟昨自滬歸，來談。讀《左傳》第三冊。

今日仍痛。腿上一癤已紅，臀上未紅而更痛。夜不能眠，三反四覆的換方向睡，終不寧貼。

本月儲蓄會打得一個二標，得七十五元，誠出意外。予得二標已兩次矣。

五月廿一號星期一（四月初六）

讀《左傳》第四册。

看《墨子》。

痛甚，不能作事。

今日痛得更利害，腿上更紅，臀上稍紅。根盤之大，腿上如酒杯，臀上如茶杯。夜中仍不得眠。至天將明，乃得睡三四小時。服清麟丸驅濕熱。魯弟送來建蘭葉，亦煎湯服之。又服金銀花湯。

五月廿二號星期二（四月初七）

接適之先生快信，轉來劉掞藜與我辨論古史文一篇，因草答辨意見，入讀書片。至半而止。寫適之先生片。

今日痛得最利害，予若生性會哭，不知要哭出多少眼泪來。右腿伸直則臀上痛，屈曲則腿上痛，無法寧貼。晚間因痛致發熱。又因痛致倦怠，八點即得眠。十點醒吃粥。仍眠。一夜頗好睡，爲前幾日所無。

五月廿三號星期三（四月初八）

讀《詩經》，將關係古史各條記入讀書片。

口授履安，寫伯祥，愈之兩信。

今日比昨日爲好。痛較輕，根盤亦較軟。晚間仍有熱。近日胃口不好，飯量甚少。不食亦不餓，飯止一小碗。夜得眠。惟三點至五點中醒。

父大人來信，繼母與乳媽大吵，使父大人怨命。

五月廿四號星期四（四月初九）

讀《楚辭》，將關係古史各條記入讀書片。姑丈姑母麟詩來，重九弟拜門也。借叔父家舉行。係聘沈氏。

看《晨報》及《北大日刊》。

補記六天來日記。

今日比昨日又大好。股上一瘤下午穿了，臀上一瘤上午穿了。均黑血，少膿。想見其毒。在床可起坐，惟仍不能下床坐。今日以痛微，精神較爽。

聖陶來信，謂同人分擔《努力》文字，予排在七月十五號。

五月廿五號星期五（四月初十）

讀《尚書》，將關係禹之各條錄入讀書片。

整理永昌祥所裝書籍。魯弟來談。

腿上雖穿，而兩股之間又碎，作痛。履安犯此，十餘天始好。予恐亦然。

適之先生來信，說醫謂他的肛門之腫，乃是和肺部有關，不是外症。履安說肛門癰是陰症，頗重。聞之殊爲擔憂。

五月廿六號星期六（四月十一）

整理永昌祥所裝書籍。讀《左傳》第五册，未畢。

今日起床。

五月廿七號星期日（四月十二）

讀《左傳》第五册畢。寫章洛聲信。理《考信録》。

選《中學國語教科》材料。寫經農先生書。

一起床後，想做之事太多，此心安放不定。今規定如下：

（1）校對《考信録》，以便商館一部隨時可還。

（2）鈔録《國文教科》選材，以便一月後可以支取稿費度日。

（3）辨僞。上二項所餘時間專做此事。

五月廿八號星期一（四月十三）

理書。補記四天日記。作樸社收支報告，會計部催費啓事，標點《史記》商例，寫聖陶信。

張子翀太太來。理《東壁遺書》，補鈔數頁，全部第一次整理完成。

近日天氣陰雨，以致精神不好。雖仍作事，實出勉强。

五月廿九號星期二（四月十四）

剃頭。到王嚴士先生處診治。雇車來回。

讀《古微書》，記筆記七頁。魯弟回滬。

王嚴士先生年六十餘，崑山人，精神矍鑠，新遷宋仙洲巷行醫。門庭整潔，書畫滿壁。手鈔陸容文集，蓋搜集鄉先生遺著甚多。

五月三十號星期三（四月十五）

一點醒後，思量身世，遂不能眠。五點起床，寫經農先生信，論《十三經讀本》事，凡三千五百餘言。謄清。

海澄來。點讀《呂氏春秋》半篇。

夜飯後與履安圍棋二十局。

因昨夜未得酣眠，今日精神頗倦。恐夜中復失眠，故夜飯後與履安着五子棋，藉以静心。履安頗靈活，予大負。

五月卅一號星期四（四月十六）

鈔《爾雅·釋地，山，水，丘》，《周書·職方解》，《呂氏春秋·有始覽》，《周禮》目録。

爲璋來。德元太太（鏡清夫人）來，爲莊米墳墓事，談甚久。

飯後，與履安圍棋三十局。

下午常有客來，一天只做得半天事，奈何！

疥瘡又傳染到康媛了，履安甚憤。不知艮男能幸免否？康媛生瘡，一宅許多小兒俱有傳染之危了。

一九二三年六月

六月一號星期五（四月十七）

六點起，寫適之先生書論古史，約三千五百言，謄清。

伯祥，翼之來，寫秋白，聖陶，平伯信。新寶來。理賬目。記日記五天。

寫父大人信，子清信。

右股上新生二瘤，頗覺痛。右面裏股間無數小粒塗藥數天，似稍好。惟走路總不自然。

六月二號星期六（四月十八）

作《記楊惠之塑羅漢像》一篇，計三千二百言，投入《努力》。爲璋來談。

鈔詩詞四篇入《國語教科》。寫章洛聲信。

讀杜詩一卷。與履安圍棋三十局。

昨翼之來，知保聖殘存羅漢像雖甚危，幸還未倒。因早起作文，爲之呼救，并把劉海粟等罵了幾聲。

履安着五子棋手段甚高，予每與對局必輸，少則只得其三之一，多則只得其二之一。甚愧。

六月三號星期日（四月十九）

寫經農先生信，説明所以必須到京之故，約三千餘言，謄出。仲周來談。

鈔《莊子》,《呂氏春秋》三篇入《國語教科》。寫頌皋信。

與履安圍棋廿五局。

今日送艮男到吳外姑處,防染也。

今日起,指導履安鈔寫叢書目錄入書目片。如順手,明年今日可鈔完,後年今日可編好出版。

六月四號星期一 (四月二十)

讀《堯典》,《詩經》,記筆記十頁。鈔《詩地理考》目錄。

晶初來談。子清,亞偉來談。傅女士來。點《藺相如傳》。

與履安圍棋,未數局,眼澀甚,即眠。夜發熱。

數日來屢眼澀,皆在夜中。今日尤甚。

六月五號星期二 (四月廿一)

昨夜發熱,今日未涼,臥床未起,晚熱退。在床看《左傳讀本》第六冊十餘頁。又略看《尚書》。廷甫伯母來。

口授履安寫萬里,伯祥信,爲楊惠之塑像事。

發熱并不高。上午華氏表一〇〇度。午間得眠兩小時,出汗,熱旋退。在床欲看《左傳》,眼澀而止。

六月六號星期三 (四月廿二)

寫耀曾,魯弟信。鈔《史記·魏公子列傳,藺相如列傳》,《石壕吏》,《無家別》入《國語教科》。

看《孟子》。

晚得聖陶信,謂樸社事如我不在上海,大家貪懶,恐不能樂觀。此事我亦深知之。然爲我個人生命與學問計,實不能在上海。奈何?

六月七號星期四（四月廿三）

寫振鐸信。寫聖陶信，痛論樸社事，約千五百言。

鈔《雁蕩山游記》，《史記·西門豹傳》，《國策·趙武靈王胡服騎射》入《國語教科》。新寶來。

看《孟子》。與履安圍棋十七局。

　昨夜失眠，三點醒即未能合眼。待曉而起，寫聖陶信。

六月八號星期五（四月廿四）

寫紹虞信，論楊朱。寫石岑信。耀曾來談。

鈔《漢書·郊祀志》，《邴原別傳》，《孟子富歲》等三章入《國語教科》。沈子良太表叔來。

與履安康媛接龍。

　日來寫字多，胸膈間覺痛。今日履安見予有白髮三莖，為之摘下，其一已全白。不覺使心頭一冷，予真早衰耶？早衰，可也。早衰而無成績以自慰，則難為情矣。

六月九號星期六（四月廿五）

看《鏡花緣》。鈔《韓原之戰》及《民意故事》二則入《國語教科》。記日記五天。

剃頭。看《小説月報》五號。頌臯來談。

看《論衡》。與履安着棋，又與履安康媛接龍。

　每天下午擦洗須費一小時許。如有客來，不覺半日之去。今日只鈔五頁耳。大便又不通。

六月十號星期日（四月廿六）

鈔《子產不毀鄉校頌》，《論衡·書虛，藝增，率性》。

欣伯來談。水生來。鈔《別通》,《訂鬼》,《論死》。

與履安康媛接龍。

六月十一號星期一 (四月廿七)

鈔《登高丘而望遠海》,《峨眉山行紀》,《貫高》。代履安起稿,寫濛汶姑,陳同生二信,一討債,二拒其來信也。

沈福來。鈔《魯仲連義不帝秦》,《碣石篇》,《廬山草堂記》。

左足腫痛早眠。

到今天,《國語教科》選好三十篇,約三萬言。只做得六天半功夫耳。明日校訂一天,事就可了。夜中又盜汗。盜汗有數徵,(一) 出汗而醒,(二) 汗多,(三) 汗冷,(四) 醒不久汗即乾。時三點卅分也。予近日過勞,宜有此。

歸來至十三日而一足月。總計成績如下:

(1) 編《國語教科》三萬言。

(2) 記筆記一冊。

(3) 作《楊惠之塑像記》一篇。

(4) 作《金錢記叙録》一篇。

(5) 第一次整理《東壁遺書》完功。

(6) 粗讀《左傳》半部。

(7) 作《與適之先生論古史書》。

(8) 寫信五十六通,見客三十人。

(9) ……

六月十二號星期二 (四月廿八)

將所選文讀一過,略加注釋,完事。讀《努力》上玄同先生答書。寫經農先生,聖陶信。

完工,理書。

寫聖陶，伯祥，緯平，父大人，魯弟信。

六月十三號星期三（四月廿九）

寫緝熙，濟之，平伯，敬軒，適之先生，天挺信。

記筆記十六頁，讀《詩經》及《郊祀志》。

足痛早眠。

上一星期爲選文所逼，甚苦。今日讀書，又有"到自己的園地"之樂了。予怎能長如此？

六月十四號星期四（五月初一）

記筆記二十頁。讀《六國表》及《秦本紀》，《秦郡考》。

寫經農先生書。

足痛，早眠。

接經農先生信，謂務必屈留至年底，明年如京校薪水穩，自任至北京。此等說話似是而非，若有若無，甚可鄙薄。因即覆書，謂夏間濕瘡如愈，自當依尊命，否則爲身體計只得回京。大約本年十月至十二月去敷衍三個月，爲校印《東壁遺書》也。

六月十五號星期五（五月初二）

寫玄同先生，伯祥，章洛聲信，均爲《讀書雜志》文字一事。鈔沈欽韓《左傳地名補注》目録。

與履安談遷至北京事，彼以爲煩聒，予怒甚斥之，遂不交談。

六月十六號星期六（五月初三）

作《辨論古史書》，約三千言。

翻看《尚書》，《詩經》中關于古史的話。

今日與履安仍未交談。然吃飯時對面坐，不禁相視而笑，可見有情之强爲無情，不可能也。

豫計：

七月至八月	審核《東壁遺書》標點。
九月	作《詩經》論文。標點《史記》。
十月至十一月	校印《東壁遺書》。
十二月	預備北行。
明年正月	北行。

六月十七號星期日（五月初四）

翻看《左傳》，摘録有關古史諸語。

頌臯來談。

與履安康媛接龍。

履安看出我頭上有無數白髮，悲憤之至。

本節余付去節賬，計紙鋪十四元，書肆八元半。向公賬支取。

六月十八號星期一（五月初五　端午）

看《左傳》完畢。寫聖陶，振鐸，平伯信。

視之自崑山來，宿此，伴談，并看字畫。

左眼之皮下作痛，自昨始；今日捫之，乃有一粒，恐是眼丹。予之花樣何其多？

適之先生來函，謂《讀書雜志》難出兩張，惟有于第二周再出一張。此與予甚便，可休息一二日矣。適之先生轉寄其族叔胡堇人先生駁予古史説一分，甚快。

六月十九號星期二（五月初六）

唤雲生舟，偕視之，履安，康媛游虎丘。七點開船，九點到山，在冷香閣品茗，吃飯。二點出，到靖園（李公祠）小坐。下舟，到龍壽山房看《善繼血經》。五點歸。新寶來。

與視之康媛到門前乘凉。接龍。

在冷香閣三小時，日光熱如火，不能出，數人相對又無語，未持書，無以自遣，覺得時間特別長久。這種況味我久沒有受到了，受到之後反而無聊，覺得閑之苦比忙之苦來得利害。我不願閑也！

六月二十號星期三（五月初七）

送視之到仁孝里。寫適之先生信，論今明年出處。作《答劉胡兩先生書》約二千字。

天熱，未夜即飯。

《努力》來，《塑像記》仍未登出，天下不如意事如此多，塑像終無保存之望乎？悵悵。

履安右腋起一粒，醫言是結毒。足浮腫，不便行履。予頗好，眼上一粒亦消。

六月廿一號星期四（五月初八）

作《答劉胡二先生書》畢，即發出。寫洛聲信。鑑賞齋主來。理書，物。

寫父大人，仲川，心存，伯祥信。記筆記二頁。記日記三天，登賬。

作《讀書雜記》一則（古詩與樂歌）。

寫父大人信，勸迫令繼母歸來，在杭買妾侍奉。以父大人累次來信，道及繼母屢與爲難，無家庭之樂，故爲設此計，未知肯聽否？履安豫料必無效，以父大人怕繼母甚，若敢作此事亦不待我說矣。

六月廿二號星期五（五月初九　夏至）

作《讀書雜記》二則（元曲演奏的形式，戀愛戲），約二千言。今日爲祖母大人新夏至，姑母及麟詩叔來。拜懺一天。作《元曲選叙録》一則（《鴛鴦被》），約四千言。寫伯祥信。

寫聖陶信。

六月廿三號星期六（五月初十）

讀《史記》，并理病臥時筆記，記入《淞上讀書記》第三册，凡二十六頁，此册記畢矣。

在滬半年，不曾記得半册筆記，今日一天而記約半册，可見在家讀書的幸福。

六月廿四號星期日（五月十一）

續作《辨論古史書》三千餘字。

夜與履安談樸社。

與履安談樸社事，太快意，精神提上，竟致失眠。在床輾轉二小時許。起床，復拉履安着五子棋十五局。覺有倦意，登床，仍未即眠。至三點許始合眼，明晨八點醒，只睡四小時耳。

六月廿五號星期一（五月十二）

以昨夜失眠，甚不好過。作《堯舜禹的關係》及《后稷的實在》二千餘言，頗隨便。

邀介泉來，與之同到頌皋處，與湖帆頌皋雜談。

爲畏失眠，復與履安康嬡接龍。

介泉見面，謂我面上近來花色不好，從前紅，今白矣。與湖帆談金石，所得甚多。以湖帆之天資與憑藉，大可做一番事業，惜其無雄心耳。

六月廿六號星期二（五月十三）

作《后稷的實在如何》一千五百字，此章訖。寫緝熙，又陵先生信。

修改《討論古史書》。看《國語月刊・漢字改革號》。

與履安康媛接龍。

六月廿七號星期三（五月十四）

修改《討論古史書》，加入二千五百字。有斐來，報告明天菊畦叔祖周年。

寫振鐸信。

與履安康媛接龍。

《討論古史書》字數已多，《后稷的實在》一章可留在下次登載矣。

六月廿八號星期四（五月十五）

鈔録《討論古史書》三千餘字，并增作一千字。

本作五章，今日一算，只消三章已够了。予作文如此不能自休，使予不能早結束。蓋予性喜分析，一個大題目分成了許多小題目，一個小題目更分成了許多更小的題目，所以致此。

六月廿九號星期五（五月十六）

鈔録《討論古史書》約七千字，細讀一遍，一期的全功告成。即到護龍街寄去。

休息。

文稿寄出之後，肩負暫時一輕。休息半天，甚有樂趣。今日熱甚，華氏表至九十度。

此七日中所作一萬三千字，實爲後來二萬四千餘字張本。

可見只要有工夫做，不怕做不成也。十二、十一、廿七記。

六月三十號星期六（五月十七）

剪報，粘貼上《古史辨》及《元曲叙録》二册。寫平伯，秋白，仲周，洛聲信。

正甫從廈門來，飯後同至介泉處及拙政園，敬業堂。

夜談樸社。

正甫此來并無信至，相見突然，喜可知也。他現任廈門大學國文教授，與夷庚同事。他們二人邀我到廈大，但我心實想到北京耳。

一九二三年七月

七月一號星期日（五月十八）

伴正甫看我家書畫。與正甫到牛角浜買書。寫秋白信。

飯後與正甫至臨頓路及觀前買書。伯南先生來。

送正甫至車站，仍乘舟歸。

正甫此來，買書約二十元，得袖珍石印書不少，取其便於取携也。

七月二號星期一（五月十九）

將昨買之書略一翻覽，并寫書根。

將履安所鈔《餘姚戚氏家譜》標點一過。寫頌皋，伯祥信。讀《彝器釋銘》數頁。

看《綴白裘》。接龍。

今日大不舒服，周身骨節酸痛，想以（1）霉令濕重，（2）前昨兩日伴正甫走路太多。

履安本定六號歸寧，今以足上瘡仍未愈，我又須于八號到樸社大會，故又作罷矣。她已經一年多未歸寧了。

七月三號星期二（五月二十）

讀《彝器釋銘》數頁。標點《詩經通論》十一，十二兩卷。耀曾來談。

記日記三天。登賬。

看《努力》及《讀書雜志》。

今日雖仍疲倦，較昨精神已好。

標點得《詩經通論》兩卷，抵得館中兩天工作。又陵先生昨來信，囑將《詩經通論》即寄還，故不得不趕校矣。夜中以《努力》寄來，看之神旺，又致失眠。

七月四號星期三（五月廿一）

粘貼《讀書雜志》入《古史辨》。校《詩經通論》十三卷，又十四卷之半。記筆記三頁。寫煥壎，洛聲信。剃頭。

昨夜失眠，今日即更倦怠。

七月五號星期四（五月廿二）

今日祖母大人周年。男女客各兩桌。未請人做賬房，自爲之。看《玉鏡臺》一劇。

校《詩經通論》七頁。

今日倦怠之甚，校書甚勉强矣。

七月六號星期五（五月廿三）

仲周來。今日發熱一百〇一度，就臥。中飯未吃，夜吃粥二碗。口授履安寫介泉，伯祥信。

夜左足酸痛甚。

七月七號星期六（五月廿四）

鄭介石吳頌皋來。今日熱又未退，晨九十九度九，下午一百〇二度。請陳欽溙診治，服通便丸後十二點得便。晨吃燒賣五件，夜吃白米粥二碗。

近幾日不思吃粥飯，專喜吃小吃，小吃中又喜食鹹的，不知何故。

七月八號星期日（五月廿五）

今日熱仍未退，晨服金鷄納霜，熱度早一百度七，下午仍一百〇二度。換請顧伯平診治。晨食白米粥二碗。口授履安寫伯祥，叔永，介石，仲周，頌皋，兼士，又陵信。

夜吃泡粥碗半。

七月九號星期一（五月廿六）

今日熱晨九十九度四，下午一百〇一度六。晨吃泡粥一碗。

鄭介石來。

數日中身體酸痛甚，幾不可耐。予一病即思及死，但一想到死反而心定，覺得賫志而沒固是不幸，但這不是我的責任；至于我有生三十年，俯仰無愧怍，死實不足懼。因此，身子愈苦，心地愈光明，覺得反而有樂趣。因知古來仁人志士所以視死如歸，即是爲了這個樂趣，這個境界已經爲我窺見了。至于懺悔之事，乃是不敢負責的人所做，甚可鄙薄。而宗教之成立即基于此，則宗教爲下流之歸可知矣。大家心地果真磊落光明，宗教將不禁而自止。

七月十號星期二（五月廿七）

今日熱度晨一百度，下午一百〇二度二。囑履安代寫秋白，韓馨，介泉，聖陶，子民信。

今日蔡子民與周養浩在留園結婚。

七月十一號星期三（五月廿八）

今日熱度晨九十九度四。翻《逸周書》三卷。囑履安代寫翼之，仲良信。

紹虞來。

紹虞堅邀我至協和任課，囑其到滬後與佩弦接洽再說。

七月十二號星期四（五月廿九）

今日熱度晨九十九度四，下午九十九度六。履安代寫伯祥，雲五，平伯，樸社信。

七月十三號星期五（五月三十）

寒熱退。《逸周書》看完。蔡子民來。履安代寫沈伯安，周仲奇信。

誦庚弟來。

子民先生來，爲楊惠之塑像事。適之先生捐百元，子民先生亦捐百元。子民先生之妻兄周仲奇先生（蘇州醫專校長）且肯下鄉察看，因書介紹信一通寄去。

七月十四號星期六（六月初一）

介泉來。《大戴禮記》上册看完，《華倫夫人之職業》看完。

自寫父大人信。

今日起床。

近幾日未至夜即覺要睡，奇極。

七月十五號星期日（六月初二）

到顧伯平處診治。伯南先生來談。剃頭。《大戴禮記》下册及《竹書紀年》下半看半。

近日耳鳴不止。

七月十六號星期一（六月初三）

理書，信。看《元曲·合汗衫，謝天香，爭救恩，張天師，救風塵，東堂老，燕青博魚，瀟湘雨》八齣。

履安代書汪孟鄒信。吉甫伯來。

接汪孟鄒先生信，謂適之先生以我疾病，囑匯二百元。適之先生固是一般好意，但我受之無名，決不能用。當存在我處，代買書籍。

七月十七號星期二（六月初四）

看《淮南子》。看《綴白裘》二十餘齣。

履安代寫秋白信。寫金家鳳信。

金家鳳信來，謂甪直紳士以我不經他們同意即在外募款，對我甚有惡感。這一輩人真是"既不能令，又不受命"的絶物。他們果肯自己做者，何必我費心耶！

七月十八號星期三（六月初五）

看《綴白裘》。爲璋來談。看爲璋所編《中國文化史》。

寫父大人，介泉，伯祥信。補記日記五天。寫緝熙，頌皋，平伯，康節，振鐸，邦華，介石，正甫，兼士先生信。

看《越縵堂日記》。

起床至今五日，依然倦怠，一切事均無氣力做，不知何故。

七月十九號星期四（六月初六）

看《越縵堂日記》竟日。

吉甫伯來。

李慈銘好學而體弱，又不能不在宦海中討生活，精神苦痛甚。予學不如彼，而境遇如一，志願且更奢，安得不困厄乎！看其日記，如寫我心也。

七月二十號星期五（六月初七）

看《越縵堂日記》。偕介泉到吳苑，遇海澄，潤師，旭初，議節育會事。同至三興園午飯。飯後至汪義莊，續談社務。出，至陶子泉塑佛店囑拆甪直佛像。乘車歸。

看《越縵堂日記》。

海澄處事過于小心，以致社務不能積極進行。現定于下星期日再開會，招集買藥股份。

陶子泉謂沈伯安要其保十成，此等無理責備，真拒人于千里之外，不知是何肺腸。

七月廿一號星期六（六月初八）

看《越縵堂日記》。康節來。

頌皋紹虞來談。

父母自杭歸。魯弟亦歸。

紹虞必欲我至福州協和大學任課，我仍勸其與聖陶接洽後再說，如聖陶不去，則我決去。與紹虞商榷課程，經學大義二小時，《史記》二小時，古史辨二小時，選文二小時，課卷歸紹虞改。月薪百元。住處由校供給。

七月廿二號星期日（六月初九）

以病近二旬不洗擦，身上小粒又起矣。看《越縵堂日記》。翼之來。寫聖陶信。

記日記四天。寫一涵先生信。校《詩經通論》四頁。陶子泉來，寫伯安，家鳳介紹信。

鈔《越縵日記》論左氏著作年代四頁。

起床至今九日矣，依然疲困，可悲也。

《越縵日記》看了三天，盡三函，猶三之一也，且甚潦草。此等看書之樂，三年來所未有，不意乃在病後得之。

七月廿三號星期一（六月初十）

寫平伯，萬里信。校《詩經通論》十六、十七兩卷，又十八卷之半。仲周來談。仲周言擬辦報箴砭蘇州，與前日頌皋之言同，贊成之。

剃頭。

擬爲《詩經正文》一書，分四格，（1）《唐石經》的《毛詩》，以其在最完備之中又爲最古。（2）《三家詩》，用王先謙本。（3）諸儒異說，如朱《傳》，姚《論》等。（4）古書徵引，如《左傳》，《國語》等引《詩》的異文。末附索引。誠能如此，是爲白文中最完全者。

七月廿四號星期二（六月十一）

本生祖父八十陰壽，在真人殿設祭。男客六桌，女客二桌。到徐姨母家問疾。

與父大人談話。至二點睡。

徐姨母病噤口痢，一候，至今日夜分逝世。繼母適歸，遂于夜中呼轎往。及回家，已一點許矣。

得適之先生信，謂亞東所寄二百元，係預支《崔東壁遺書》版稅。

七月廿五號星期三（六月十二）

紹虞來，同至介泉處，稍談即至拙政園，在最高的亭上茗談進麵。至四時許始出。誠是快意之事。

洗浴。

到徐姨母家送小殮，至十一點始歸。

紹虞必欲我到福州。昨接聖陶信，以嫁妹葬先二事未了，謝不往，故今日又囑我去。此事予昨夜與父大人商，不爲所許，故又難辦。因再勸聖陶，如他必不肯去，則我只得依約，前往一年。

七月廿六號星期四（六月十三）

看《越縵日記》。父母回杭。寫聖陶快信。寫《周頌》入扇。

到徐姨母家送大殮，與韻笙及朱姨丈談。洗浴。

看《越縵日記》。與履安臥庭中談話。

聞朱姨丈言，昨日蘇州全城官吏十四人（鎮守使朱熙，道尹蔡寶善，水警趙會鵬，陸警李明遠，縣知事郭曾基，又高審檢兩廳長）均到甪直晤伯安，爲保聖寺塑像也。

七月廿七號星期五（六月十四）

看《越縵堂日記》第四函畢。算賬。

更看第五函。

近日傷風甚劇，股瘤又痛，亦一劫也。

七月廿八號星期六（六月十五）

終日看《越縵堂日記》。

得聖陶信，協和事決不就，因至紹虞處。

股上（右臀）一癤又腫至茶杯口大，作痛劇甚。明日節育社開會集款勢不能往矣。

去年繼母在家，一家十數人僅開西瓜二，彼自食半個，故我們幾于不得食。自去年濕熱發爲瘡癤，至今不愈，想這也是一個緣故。故今年多買西瓜，那時想吃就那時開，往往朝午夜各開一個，比之去年真天壤矣。

七月廿九號星期日（六月十六）

重九弟來。寫父大人，伯祥（二通），振鐸信。擬介紹入樸社人名單一紙。介泉來談。看《越縵堂日記》。

頌皋尊人卓人先生于今日丑刻去世，從此頌皋恐到上海作事亦不易矣。獨子之累如此！

七月三十號星期一（六月十七）

看《越縵堂日記》。校《詩經通論》十餘頁。

看《越縵堂日記》看得出神了，一切事都不想做。加以天熱如焚，一切事亦不能做。惟《詩經通論》已借吳又陵先生半年，不能不還，故勉強着力。

七月卅一號星期二（六月十八）

寫有斐，頌皋信。紹虞來談。校《詩經通論》十餘頁。看《越縵日記》第六函畢，又將第七函略翻一過。

景長來別。

《詩經通論》杜君所鈔簡直不像字，須描潤，描潤後仍不清楚，校十餘頁亦苦極矣。以後覓鈔書人，不能不在字體上留意。

杜君只此一回，以後亦不敢請教矣。

一九二三年八月

八月一號星期三（六月十九）

看《越縵日記》半册。到紹虞處，途遇仲川，同往。遇莘農。與仲川同歸，略談。校《詩經通論》六頁，全書畢。

鈔《勞格傳》。伯安來，出所藏字畫與觀。

臥庭中與履安談話。

今日更熱，至九十八度。《詩經通論》校至今日始畢，總算還却一支債，一快。

伯安來談，知楊惠之像拆卸一事，引起鄉人污衊他以洋一千五百元賣與外方，以賣款造幼稚園之謠言。辦一事，真不容易。

八月二號星期四（六月二十）

寫又陵先生信，寄還《詩經通論》。鈔《勞格傳》，畢。履安爲剃頭。填寫《日程》日月，至本年底。補記日記五天。薛阿庚來。

到頌臯處，唁其尊人之喪，并爲起新式訃稿。到徐姨丈處，爲三姨母煞回也。與朱姨丈談文藝。

看《越縵日記》二册。

去年以在祖母喪中，未多浴，致生瘖。今年一天一浴，甚暢快。今日以到吳徐二宅，夜中履安華媽皆在徐宅未回，停了一天。

八月三號星期五（六月廿一）

讀《漢書・地理志》未畢。

玉諾自吉林來。同至介泉處，又至拙政園茗叙。又至惠蔭園。

到青年會夜餐。夜，別歸。

　　玉諾就廈門《思明日報》之聘，道出蘇州見訪，明日即到上海矣。述河南匪亂狀，爲之蹙額。玉諾謂我文音調甚好，謂我夢中一詩充滿詩意。

八月四號星期六（六月廿二）

　　爲璋來談。玉書剛森來談，看我家書畫。

　　看本年日記。

　　本年失眠症除濕瘡作痛外，不過十天左右，可以算好了。血上升之症亦未發過，尤爲可慶。濕瘡不過傳染之疾，傷寒想亦同，可不憂。惟本年盜汗次數甚多，是爲根本之病耳。

八月五號星期日（六月廿三）

　　看《越縵堂日記》一冊。寫父大人信。吳詠霓法師來。紹虞來談。

　　寫經農，平伯，秋白，萬里，聖陶，欣伯信。康節來，送寫錄書目片。記三天來日記。

　　看《越縵日記》。

　　今晨到叔父處接洽試契及裝電燈二事，看他的傲慢態度，使我竟日作惡。此等人真不願接近，偏又是一家人，奈何？

八月六號星期一（六月廿四）

　　看《越縵日記》。鈔《漢書·地理志》郡國縣道名，得一冊。

　　看《越縵日記》。

　　《漢書·地理志》爲古代最真切的地理書，得暇當致力，使對于古代地理打好一個根柢。

　　日來覺得凡是文學家都是最不負責任而最喜出主張的人，非我所能友。予愈覺落寞。

八月七號星期二（六月廿五）

看《越縵日記》。因擬續作討論古史文，將舊作細細看過。《努力》寄來，并將上文剪下粘貼冊上。

校《詩地理考》所引經文。

狂風斜雨，頗似秋間景色。歸後早點每買麵，而僅用華媽一人，朝有雜事，買麵與買菜同時，以致進點甚遲。自今日起，朝晨改吃粥。

八月八號星期三（六月廿六）

校《詩地理考》所引經文訖。鈔點《漢書・地理志》畢。記筆記五頁。

剃頭。鈔《淮南子・墜形訓》。（以出門，未浴）

與履安康艮到青年會小坐，到松鶴樓吃麵。夜歸。

得父大人信，囑俟大局平定，身子養好，再到福州。此事不獨父大人不贊成，履安亦所不欲，故決難就。

履安久欲看影戲，今日至青年會乃無有。

八月九號星期四（六月廿七）

鈔《墜形訓》畢。到紹虞處，辭福州事。寫伯祥，丁福保，頌皋，介泉信。紹虞來。

鈔《王會解》。寫三姨母挽聯。王受祉送乳媽和官回，并帶歸書畫十二軸。

看《越縵日記》一冊（卅八冊）。

寫伯祥信，懇他們到福州去教一學期課，因明年佩弦當可去也。

病後夜夜得佳眠。近日欲上軌道工作，又有失眠之象。自明日起，夜中停止看書作字。如其無聊，看書畫自遣。

今日寫挽聯，先彈了粉綫，所以還勻，是我寫挽對成績最好的一次。

八月十號星期五（六月廿八）

作《文王是紂臣嗎?》二千餘字。

聽履安吹笛。

八月十一號星期六（六月廿九）

看《越縵日記》半冊。作《文王是紂臣嗎?》畢。點讀古香齋《白文孟子》一過。

與履安康艮戲爲手影術博笑。

日來風狂愈甚。

八月十二號星期日（七月初一）

看《越縵日記》（第卅九册畢）。從筆記中錄出與所作文有關係之各條。

紹虞來，囑到京請人。

洗足，早眠。

接伯祥信，知伯祥，聖陶皆不願往福州。此是他們的自由，但一時頗引起我的氣惱，胸中氣結甚。我的生性視他人事若己事，而他人皆不能如我，動輒乖異，徒惹憤鬱，亦我生之不幸也。

紹虞謂我的文字無論如何長，看得人總不費力氣。憶平伯曾謂我文爽利，聖陶曾謂我文似適之先生，此均我文之興論也。

八月十三號星期一（七月初二）

寫伯祥，聖陶信。到吳苑，會介泉，頌皋，海澄，十二點，他們上館子，我到徐宅薦七，上供，吃飯。飯後到耕蔭義莊茗叙。暢談，至日落而歸。剛森來，不值。

八月十四號星期二（七月初三）

寫剛森信。將《左傳》，《楚辭》，《墨子》，《越縵日記》中有關古史各條録出。

八月十五號星期三（七月初四）

寫仲奇，剛森，石岑信。謄《禹的來源在何處》畢。過七月半節，祀先。姑丈姑母，紅小姐，全喜弟來。午後與履安等叉雀。紹虞來二次，爲延教員事。

寫伯祥，緝熙信。

到外祖母處。到科發買藥品。冒大雨歸。

八月十六號星期四（七月初五）

寫碧澂，一涵，欣伯，秋白信，并豫留致敬軒信。康節來。寫父大人信。理物。看《越縵日記》四十一册畢。

謄《論古史書》三頁。理物。

乘八點半車到滬。

余久慣出門，而每逢臨行總不免心亂。今日勉力鈔綴，僅及千字。可見不動心之難。

福州，陳乃乾君不去，聖陶肯去，大佳。伯祥因館中逼早日將教科完工，北京不能去矣。

八月十七號星期五（七月初六）

寫履安，紹虞信。看聖陶所作《病夫》。剃頭。到魯弟處午餐。

鈔《讀書雜記》一則。雁冰來談。與聖陶應陳乃乾君之招，飯于一枝春。同座有范子美先生。予向不能對客長談。今日與范先生談古史，致一頓大餐吃了三點鐘，西崽生厭，亦異事也。十點半上車。

　　聖陶于六月間作小說曰《病夫》，以予爲主幹，而罵不合理的生活。因說得商務館太像，故伯祥，予同勸勿登載。

　　乃乾，年與我略等，爲史學及目錄學。范先生，編《青年進步》之砭誨也。

八月十八號星期六（七月初七）

四點半天明。七點到寧站，下榻新華旅社。進城看剛森，已于昨日行矣。即至午門古物保存所及龍蟠里圖書館。

　　還至江邊進麵。到旅館休息。寫履安，伯祥片。寫適之先生書，未畢。上津浦車。

　　早眠。

　　新華旅社接客人曹聚山。南京城市山林合而爲一，覺大可居。烈日之下，游南京名勝，獨往獨來，信吾興致之未衰。

八月十九號星期日（七月初八）

讀静安先生《鬼方玁狁考》及《楚辭》。

　　與陳家鼎潘敬安兩先生雜談。陳，議員。潘，江蘇第二代用師範校長也。

　　十二點到津總站，即在候車室待車。

　　以餐車夜飯太貴，不吃。潘先生主張不落客棧，又使我省一塊錢。餐車三頓餐資，竭力撙節，終須二元，真覺無福享受矣。

八月二十號星期一（七月初九）

上午四點上京奉車,在車小睡。九點十分到京站。雇車到寓。重履舊居,悲歡交集。叔平來談。

與緝熙談樸社事。算賬,記日記。以雨,不能出門。寫父大人,履安,伯祥片。

在緝熙室看圖畫片。

此次由家到京,計用洋十九元半。除鈔書三元,游南京文獻機關一元,郵票一元外,實用十四元半。即用免票,亦須十四元半用度,可見出門不易。

北京今年多雨,氣候甚涼,着葛衣稍不勝矣。

八月廿一號星期二 (七月初十)

八點出門,雇車往清華,到時已十點,會已開畢矣。晤經農,略談。步至海淀,進午餐。雇車歸。

與緝熙到兼士先生,王姨丈,平伯,仲川,介石處。

在介石處談話。到東安市場吃飯。

八月廿二號星期三 (七月十一)

七點出門,乘火車到會,距散會時已只二十分鐘矣。本組合攝一影。到大禮會,與平民教育會。在食堂午餐。遇伯寅先生,略談。與研因,敦安略談。

到清華圖書館游泳池參觀。乘火車還城。到兼士先生,幼漁先生處略談。詩亭來。

洗浴。

在會晤黃輝鼎 (號若虛),劉翰章 (號合初),黃繼文 (號景周),皆北京大學同學也。

八月廿三號星期四 (七月十二)

兼士先生，介石來，同至清華。議保存古物辦法，推予與谷源，瑞君及吳琬女士起草。到百俞，叔遠兩先生處小坐。

草《保存古物辦法》及保存會，展覽會章各一份。與源瑞，吳琬女士談話。趁五點車歸，途遇王小隱。

剃頭。到介石處小談。

吳琬女士號琢鋒，武進人，陸秀女士號佛農，無錫人，皆女高師畢業。吳任（女高師附屬）京師女子第一中學國文教員，陸任女高師圖書館員。相見之下，覺甚靜婉好學，頗動愛才之思。

八月廿四號星期五（七月十三）

寄剛森，平伯，虛舟片。到清華，議保存古物辦法，訖。歷史組會議畢。晤朱逷先先生。午刻，雇車歸。

記日記，登賬。續寫適之先生書，畢。仲川來談。看十日來《晨報》。

介石，邦華，文玉來談。與緝熙送之，步行景山一周。

到京後飯量頓好，每頓三碗。

八月廿五號星期六（七月十四）

終日鈔改《討論古史書》，約五千餘字。剛森來談。

寫履安信。

與緝熙至沙灘廣澄園洗浴。孟槐自津門來。

八月廿六號星期日（七月十五）

到剛森處。到研究所，晤兼士先生，旭生先生等。參觀古物。還寓，緝熙請至第二院西餐，同座有剛森，景讓，趙伯平，孟槐。

到帝王廟，看職業教育社出品展覽會。取回程免票。韓馨來。歸寓，鈔《討論古史書》畢。

到西安飯店看劉虛舟，未晤。到萬里處看照片。與緝熙同往。

今夕七月十五，北京人皆燃燭插于荷葉，燃香布于松枝，行街上。各出心裁，觀者如堵。此等興致，蘇州人不能有也。京人受經濟壓迫如此其重，而嬉樂之事不減，亦奇事。

八月廿七號星期一（七月十六）

記日記，登賬。修改《論古史書》，尚未畢。萬里來。

陳正謨來。仲川來。詩亭來。

與緝熙至新明戲院看《英雄與美人》劇。一點歸。

聖陶來快信，謂福州以戀家不去，可笑！請問如何對紹虞？如他決不去的，只有我自己犧牲着半年好了。

八月廿八號星期二（七月十七）

寫聖陶，紹虞，父大人，履安信。常維鈞來談。到前門寄信，買書。到玄同先生處，未遇。

到孔平處，同至中央公園吃飯。歸，看新買之《孔子改制考》。寫江裕如信。到吳岳丈處，未遇，即歸。

與緝熙到模範講演所聽吳稚暉先生演説“我之宇宙觀”。

孔平擬力田，因勸其計畫資本，向朋好集款去。孔平肝膽照人，使我十分敬愛。

八月廿九號星期三（七月十八）

修改《論古史書》，并將《堯舜的關係》一章改作。萬里來。

玄同先生來談。

到吳岳丈家夜飯。在大石作口洗浴。

今日甚疲倦，飯量亦減，倘以過勞故耶？

此次繳出之萬餘字，首尾作了七天，連謄正在內，尚不算慢。惟斷續太久耳。

八月三十號星期四（七月十九）

到經農先生處，未遇。到徐旭生先生處，小談。到平伯處，未遇。到仲川國任處，未遇。到碩輔姨丈處，飯。

到常維鈞處，未遇。到鄭天挺處，小談。到王佩書處，見其子。歸寓，遇雨。

到大口袋，應介石，邦華，文玉之招，吃夜飯。

八月卅一號星期五（七月二十）

孔平，王小雅，毛贊乾來談。平伯來談，留飯。

與緝熙漢威到趙丹若處。到地質調查所參觀。晤盧祖蔭，周贊衡兩君。到冰如處，未遇。到青雲閣買書。

看所買書。

楊守敬《歷代輿地圖》，羅振玉《殷虛書契考釋》，蓄意購之數年，今日大膽買之。快甚。然經濟方面亦太可憐矣！

盧祖蔭號心培，武進人，甚肫摯。

一九二三年九月

九月一號星期六（七月廿一）

到王汝璸處。到出版部買書。理物。

與漢威辨白話問題。玄同先生來談。汝璸來談。

看《努力》。

九月二號星期日（七月廿二）

記日記，算賬。碩輔姨丈來。趙雨蘇來。查冰如來。陸尹甫太表叔來。寫平伯信。

寫伯祥紹虞信。與緝熙至釣魚臺，晤萬里及王梅莊君，看他們攝影。六點許進城，到萬里處吃夜飯。

從前郊游，所起之念純爲欣賞自然之美，今日乃覺不然。正欲發欣賞之念時，人生悲苦之念即雜然并作，乃覺郊游亦無甚樂趣。嗚呼，孰使余失其職業之樂？孰使余所度生活乃如此不安？繼今以往，尚能有恢復前此興會之一日乎？

九月三號星期一（七月廿三）

理物。徐旭生先生來。常維鈞來。吳碧澂來。

緝熙邀至蘋果園觀程硯秋《琵琶緣》，時慧寶《逍遥津》。黃若虛來，未晤。

剃頭。到中央公園應仲川國任之招，吃西餐，同座有笙亞。

近日傷風甚重，痰吐甚多。

九月四號星期二（七月廿四）

與緝熙至東安市場買物。兼士先生，萬里來。介石來。

到詩亭處。到笙亞處。偕笙亞到仲川處。偕笙亞仲川到勸業場，到第一樓品茗。天挺來，未晤。

到哈達門德國飯店應兼士先生之招，同座有緝熙，萬里及蔡師愚先生之子。歸理物。

兼士先生竭力邀我回京，謂夢麟先生亦甚盼我回來。月薪可至一百五十元。予因提出三條件：（1）每日辦半天公，（2）用一書記伴予，（3）指定辦事範圍。席間，兼士先生謂我爲臺柱子。因憶聖陶謂我爲朋友中的中心人物。介泉謂我爲朋友中的大阿哥，可以號召，均甚出意外。予深知自己不能幹，又深感人情隔膜，以爲真誠無感人之理。今師友乃如此云，要亦有感人於不自覺者耶？

九月五號星期三（七月廿五）

七點到站。送者緝熙，王小雅，韓馨。十一點許到津站，在候車室待一小時，上津浦車。在車看雪堂校刊《群書叙録》及《孔子改制考》。夜眠甚酣。晤國務院陳君及山東軍官徐君，略談。

九月六號星期四（七月廿六）

在車看雪堂《叙録》畢。

看劉掞藜君駁予《論古史書》。

七點到寧，卸裝新鳴旅社，出外吃飯，洗浴。十點上滬寧車。

在車兩日，以食乾點心故，僅兩餐耳。津浦中兩日，除濟南有客入室，到徐州下車外，室中僅我一人，大静，可以讀書。

寧滬車中未得眠。

九月七號星期五（七月廿七）

五點到蘇，六點到家。理物。歸家，知紹虞已于昨日到滬，聖陶已肯到福州。我的行程當然中止。擬下星期到滬編完《國語教科》，下月回京。寫兼士先生，聖陶，伯祥，平伯，紹虞，雁冰信。竹庵叔祖來。

寫周碩臣先生信。晝寢。

早眠。夜中咳嗽，飲杏仁霜。

此行首尾共廿三天。用去一百十二元許。

收入：

借履安卅元

借介泉五十元

借萬里卅七元

共一百十七元整。

支出：

到京盤費十四元五角

歸蘇盤費十三元五角

零用十七元二角

買書六十二元六角

買物四元四角

代人買物四元八角

共一百十七元整。

前月伯祥告我，謂到京一行須五十元。予初以爲火車免票，到京住友人處，不須納宿金，似二十元亦足。今乃知五十元蓋不可減省之數也。

九月八號星期六（七月廿八）

寫父大人信。介泉來談。

到嚴衙前吊竹庵叔祖母之喪。到頌臯處談。歸，寫日記。

算賬。

九月九號星期日（七月廿九）

竹庵叔祖囑改其夫人行述，即爲斟酌一過。

到狀元橋，吊陸老太太，留飯，與申之雲軒耀曾諸位談。到毛姨母處，長談。到外祖母處。

途遇君宙，秩臣，孟鞱，略談。

在狀元橋黃省之表姊丈處，見所藏沈石田《風雨歸舟圖》，雷電以風，勢不可當。精神奪目。聞有人曾還過九百元。

九月十號星期一（七月三十）

點讀古香齋《四書》上冊畢。鑑賞齋裝池鋪人來。君宙來。孟鞱來談，留飯。

與履安看《普通天文學》。

昨日陸宅吊喪客人竟聚起麻雀來，大可駭。聞此風蘇州已久行矣。應酬至此，真不如斷絕往來之猶得葆其天真矣。

昨毛姨母謂我面瘦，惟不紅，無肝陽。此語介泉歸時亦如此說。予因無肝陽，故失眠症能愈。

九月十一號星期二（八月初一）

理書物。記書賬。耀曾來。將書遷至方廳，略爲部叙。

寫天挺，王汝璵，葉伯和，緝熙，萬里，伯祥，劉開渠，聖陶，適之先生信，凡九通。

看《陶庵夢憶》。

九月十二號星期三（八月初二）

鈔《養生論》，《五蠹篇》，《蕪城賦》，《秋水篇》入《國語教科》。寫伯祥信，囑寄格紙。

連夜盜汗，今夜特多，衣爲之濕。夜半起坐，思之增悲。履安謂"生了你的志氣，没生你的身體"，此語甚然。余體弱極矣，奈何奈何！履安嘗余之汗，頭部及四肢發鹹，惟胸前不鹹。未知是肺病否？

九月十三號星期四（八月初三）

鈔《常識與教育》。寫兼士先生，介泉，頌臯，剛森，景讓信。

介泉來，邀至三興園吃飯，同座有海澄。同至吳苑品茗，頌臯亦來。談至夜，冒雨歸。

作書致兼士先生，請豫支薪一個月，作運書籍到京費用。

履安至觀前爲余買魚肝油服之，期勿成肺病也。

九月十四號星期五（八月初四）

鈔《漢書·蘇武傳》，《牧羊記望鄉》，《李陵答蘇武書》畢。《蔡文姬胡笳》未畢。

兩夜來盜汗頗少，雖胸前粘濕，幸不沾衣。不知多服補品，斷絕色欲之後能漸愈否。

九月十五號星期六（八月初五）

鈔畢《蔡文姬胡笳》。翻《越縵堂日記》末套。平伯自杭來（其夫人同來蘇）。

偕平伯夫婦至松鶴樓吃飯。飯後游怡園。在松鶴樓遇趙學南吳瞿庵兩先生。在怡園遇伯南先生。歸家，鈔《小園賦》。寫父大人信。

看《越縵堂日記》四十二冊。履安與紅妹看影戲。

九月十六號星期日（八月初六）

寫伯祥信。到吳苑，會頌皋，剛森，景讓，論樸社事。

伯南先生來。寫書根五十餘冊。記筆記一則。鈔《墨子·節用篇》。寫適之先生信。

看《越縵日記》四十二冊畢。

九月十七號星期一（八月初七）

介泉來書，即覆。鈔《墨子·兼愛，非攻，公輸》三篇，《詩經·東山，采薇》兩篇。姑母來，爲秋白表弟欲移居事。

傅韞玉來看履安。

寫秋白表弟兩信。看《越縵日記》四十三冊。

九月十八號星期二（八月初八）

仲周來談。同至王廢基圖書館參觀。

鈔《少數人的責任》四千餘言，尚未畢。

看《越縵日記》。

圖書館中尚無書架，人家所贈書皆置長凳上。所捐贈書以《十三經注疏》爲最多，蓋舊家多以爲無用也。湖帆贈《皇清經解》一部，《通志堂經解》一部，八股，教科等甚多，蓋近日方清理其書房，亦以爲可厭也。仲周云，要教人捐錢，無一應者。現在應用，只有屠宰稅上月貼一百六十元耳。

九月十九號星期三（八月初九）

頌皋囑改挽其尊人聯。鈔《少數人的責任》畢。又鈔《科學的人生觀》。數日來共鈔八十七紙矣（共五足日）。

本生祖妣生忌。寫黃若虛信。理物。寫父大人信。介泉來，同至三興園吃點。晤季豪及黃立孫。

理物。

九月二十號星期四（八月初十）

孟韜來。理物。寫介泉信。到站，與紅妹同行。

到寓，理四篋書籍，一篋衣服。與伯祥談。

十點就寢，至十二點許始成眠。

九月廿一號星期五（八月十一）

寫履安信。竟日鈔《苦塞行》，《白馬篇》，《國殤》，《七發觀潮》，《左傳·趙盾弑君》，《八義記翳桑》，《范滂傳》七篇。又《琵琶記·糟糠自厭》未畢。

校看《國語教科》三、五冊。

九月廿二號星期六（八月十二）

鈔《吃糠劇》畢。鈔《邲之戰》六頁。理書。

剃頭。鈔《邲之戰》畢。鈔《文心物色》篇。補記日記。秋白來談。

與秋白伯祥到新開松鶴樓吃飯。補上賬。寫萬里，平伯信。粘貼劉掞藜文。

此次選文，共鈔二十八篇，約三萬五千字。比上次多三萬字。此次首尾十天，上次首尾九天，可見平均一天總不過鈔三千字至四千字。鈔書如此，所以作文只有一天一千字了。

九月廿三號星期日（八月十三）

與伯祥到九雲軒吃點。到傅緯平先生家，晤彥長。到三在里看乃乾，未得號數而歸。

與伯祥振鐸到振鐸處看新房。與伯祥到商務書館買書，晤朱慰元，唐鉞，雲六。又到中華購書。出，至民厚里張姑丈家談一小時。歸。

與振鐸伯祥至先施及大馬路買物。

履安來信，以青元弟歸蘇，姑母又不能來我家，她只得不歸寧。她不歸者已一年有半矣。我到滬後，家中又冷靜多多，爲她設想，真是無趣。

九月廿四號星期一（八月十四）

到館，看聖陶所選文十餘篇，酌定去取。向雲五經農兩先生再申辭意。寫平伯片。

看《野獲編》。到車站寄書與薇生。

到振鐸處與文學會筵宴，同坐有雁冰，祥森，既澄等九人。

文學研究會每星期筵宴一次，即以筵宴時集《文學周刊》稿。

今日由余祥森君請客，予被拉，又將作《元曲選叙録》一篇矣。

此次離館計一百三十三天，合四個半月。共收商務館二百元，亞東館二百元，儲蓄會二獎七十五元，亦垂用盡矣，何也？

九月廿五號星期二（八月十五　中秋）

寫兼士先生，履安，薇生，紹虞信。鈔《討論古史書》十頁。

與予同，英甫同至吳淞中國公學，爲璋，達夫，曉初，東平等請客也。伯祥，鄭夢九均往。飯後至江岸步月。乘九點車歸。夢九留宿我處。

現在所負文債如下：

（1）《努力》——討論古史書

（2）《文學週刊》——元曲選叙録

（3）《民鐸》——答紹虞論孔門學風書

又樸社報告

致傅彥長書

豫備都在本星期内作畢，從下星期起專力在《東壁遺書》上。

九月廿六號星期三（八月十六）

鈔《討論古史書》十六頁，這一期畢。

寫江裕如信。與伯祥到車站寄文稿。

寫樸社宣言上蠟紙。

久不寫鋼版，今日寫二頁，臂痛矣。

九月廿七號星期四（八月十七）

寫履安，陳鏡穌信。作《元曲・賺蒯通叙録》。寫敬軒信。

寫玄同先生，維鈞信。到振鐸處。

在寓開樸社談話會，振鐸，雁冰，愈之，伯祥及予五人。

到滬七日，已用廿一元矣。種類如下：

《太平樂府》	一元
郵票	一元
中秋節用	二元
代薇生買書	三元
零用	一元
魚肝油	二元
振鐸喜禮	五元
還伯祥郵票	二元
秋白，雁冰，愈之，伯祥飯	四元

九月廿八號星期五（八月十八）

寫緝熙，介泉信。作《答紹虞書》，論孔門學風。

寫傅彥長信。寫父大人，笙亞等信。

與伯祥到永安，并著易堂買書。到誠安處，未晤。在五芳齋麵。鈔樸社宣言社約三紙。

九月廿九號星期六（八月十九）

寫周由厪信。審查《平民詩選》。謄《答紹虞書》畢，投入《民鐸》。致覺來談。

寫萬里信。草樸社報告。印宣言等。

重寫宣言一紙。記賬。寫緝熙片。

經農先生欲我到杭州，與適之先生同居，編纂高級中學用書。謂宋春舫家花園可借，商務館中并可派一書記供鈔寫。此意如出自經農先生，當然可以拒絕。如出自適之先生（昨日經農先生約其同到海寧觀潮，相見），則又一難題矣。予所以不願到杭者，一以繼母，二則湖濱濕氣更重，恐更不適于我體也。

九月三十號星期日（八月二十）

寫履安信。爲璋來，稍坐即去。良才，曉先來，談至午，同到九雲軒吃飯。飯後步至靜安寺。電車還，至先施購物，温泉浴室修面洗浴。歸。

看殷虚文字。平伯自杭來，小談。

一九二三年十月

十月一號星期一（八月廿一）

印樸社宣言畢，將宣言社約分寄。寫玄同先生信。鈔楊梀山《獄中與子書》入《國文教科》。

覆看《考信錄提要》二卷。審查《太平錢曲譜》。寫江裕如信。

平伯來談。寫蠟紙一紙（樸社報告），并印刷。

父大人來信，謂苟能月貼家用四十元，即可辭官歸來，讓我們夫婦出門。

十月二號星期二（八月廿二）

鈔《楊繼盛傳》。寫介石信。寫文學會同人信。

覆看《補上古考信錄》一卷半。

寫蠟紙二（報告）。寫乃乾，履安，碩輔姨丈信。

文學會每星期二宴集一次，即在此集稿。予以急思結束上海方面事務，無暇與會，亦無暇作文，故却之。今日係伯祥作東。下期本當由我作東，今日去書，乞其移後，在北行之前總由我編一期。

十月三號星期三（八月廿三）

鈔《楊繼盛傳》畢。寫書根十餘册。

覆看《補上古考信錄》畢。又看卷首傳目等。寫履安信。寫父大人信。(錄稿)

寫履安，秋白，敬軒，正甫，剛森信。寫蠟紙一。

履安來信，謂無人看家，不能來滬，因勸其招魯弟婦或乳媽住入。

十月四號星期四 (八月廿四)

鈔《鳴鳳記》四頁。覆看《唐虞考信錄》一卷半。

鈔《沙漠間的三個夢》二頁。到平伯處，小談。

子玉來談。印報告百餘頁。

十月五號星期五 (八月廿五)

鈔《沙漠間的三個夢》六頁。折寄社務報告。覆看《唐虞考信錄》一卷。

寫答乃乾書。寫兼士先生信，薦陳乃乾于研究所。到振鐸處送潘吳禮。到瞿秋白處小坐。鄭夢九來。

寫兼士先生，萬里，史襄哉片，佩弦信。到火車站寄書與襄哉及兼士先生。

乃乾贈其所著《啓禎遺詩序目》，所印明本《鄧析子》，覆印沈刻《四婦人集》，所購版《松雪齋集》，《閒氣集》，《白氏諷諫》，甚可感。因作函薦于兼士先生。研究所如得乃乾去，真是最適宜的。我到京後有一討論之伴侶，極快。但不知能如願否耳。

十月六號星期六 (八月廿六)

鈔《沙漠間的三個夢》六頁畢。寫乃乾信。適之先生到館相見。夢旦先生邀餐于新有天，同座爲適之，經農，叔永，擘黃，拔可諸先生。

覆看《唐虞考信録》半卷。

算賬。平伯，予同，雁冰來談。

適之先生見我，謂我面龐稍瘦。他氣色比以前好，痔尚未完全收功。本擬到京，以曹錕昨日賄選成功，恐有一番風波，擬在南方再留幾天。商館諸人尤不放其去。

十月七號星期日（八月廿七）

鈔《申報·鄭州參觀古物記》入筆記。與平伯到滄州旅館，看適之先生。長談五小時。在適之先生處遇夢旦，雲五，孟鄒諸先生。

寫乃乾，重九弟，履安，介泉信。

適之先生回京後擬不就北大原職，獨力辦《讀書雜志》，并大規模的整理國故。我覺得我不就研究所事亦好，因編纂書籍究竟比辦事于己有益也。但到京之後恐不勝其逼迫耳。

十月八號星期一（八月廿八）

鈔《鳴鳳記》畢。記李伯元事入筆記。

鈔《花影集·詠雪》。覆看《唐虞考信録》第三卷畢。到季民處談。

寫適之先生信。看《虞山妖亂志》。

陳季民與陳博文（名綏章）同居。博文，北大經濟系畢業，近爲商館教育哲學部編輯員。

十月九號星期二（八月廿九）

寫父大人片。鈔《漢高祖本紀》，《漢高祖還鄉曲》，《原君》三篇。定《國語教科》第六冊目。

覆看《唐虞考信録》第四卷，未畢。

剃頭。到車站接履安，寶華樓飯。

我自到滬後，曾寄履安七信，今日履安來，詢之，僅得四信而已。上海鬼蜮如此之多，連郵信也靠不住，洵乎其不可居！

十月十號星期三（九月初一）

與履安到振鐸處看新房。到尚公看雙十節紀念會。晤百英良才。在永樂天飯。

與履安到一品香賀振鐸君箴結婚。晤乃乾，伍一比諸君談。予爲司儀人。

看餘興《歸宿》劇。十一點歸。

振鐸喜事，到客三四百人，可謂極一時之盛。夜中演劇，既澄飾振鐸，于訂婚經過描摹太盡致，真不知在座之新郎新婦何以爲情！劇分四節：（1）獨身，（2）謁岳，（3）家叙，（4）訂婚。

十月十一號星期四（九月初二）

粘貼《論古史書》。

與履安到張姑丈處。飯後至法國大戲院看《日本地震》影戲，又至大世界聽群花會唱。即在大世界夜飯。至九點三刻出門。買物而歸。

履安看影戲，至末了亦頭眩欲嘔。可見她不能處震動的境界。在電車要嘔，在船要嘔，看電影要嘔，真是她的不幸。

十月十二號星期五（九月初三）

送履安到站。鈔《後漢書・蔡琰傳》。

寫兼士先生，父大人，乃乾，史襄哉信。到車站寄信。重九弟自今天起住在我處，爲我鈔歌謠。

讀《禹貢》。鈔答史襄哉書。

上半日只鈔得千餘字，下半日只寫得四封信，一天就過去了。負債這麼多，作事這麼少，如何得了！

履安來僅兩天餘耳，已用去八元。可見游觀之難。

十月十三號星期六（九月初四）

寫介泉片。鈔《公羊傳‧趙盾弑君》，《左傳‧殽之戰》，《阮孝緒七録序》。

頌皋夫婦到館見訪。

爲《小説月報》作《讀書雜記》四則。

《讀書雜記》四則目：

招魂與大招

鄭樵對于歌詞與故事的見解

妒花歌的譯文

經與文的隔絶

十月十四號星期日（九月初五）

到魯弟處。到乃乾處長談。歸飯。

寫聖陶信。與伯祥，魯弟，秋白同至宋園，又至六三園。到永樂天夜飯。

寫紹虞，孟軺，履安，萬里信。

宋教仁墓前石像甚好。

十月十五號星期一（九月初六）

鈔《泰山日出》，《項羽本紀》。

校《國語教科》第五册。檢出錯誤頗多。

《初中國語》每版印二萬部，或一萬八千部。第五册八月出版，至本月已再版矣。

十月十六號星期二（九月初七）

校第五册畢，開出勘誤表一紙。

鈔《國學叢刊序》。列第六册目録一通。寫適之先生書，請作《研究國故的方法》一篇入教科。

看《阿Q正傳》。讀楊基詞，選定四首。

《阿Q正傳》聞名三年矣，今日始得讀。他的描寫甚深刻，大有《儒林外史》氣。

十月十七號星期三（九月初八）

到圖書館尋陳忱事實。與鄭次川談。良才兩次來館，適出，未見。

鈔《張儀與伊尹》，《原才》，《春花詞》四首。寫適之先生信，未畢。

到吳淞，會頌皋，爲璋。在頌皋處飯。九點半歸。

父大人轉來叔父信，横肆挑撥，觀之意冷。叔父何苦爲此小人行徑耶？

十月十八號星期四（九月初九）

寫適之先生信，告陳忱事實，畢。寫南京圖書館江小石信。

作稟父大人書一千八百餘言，痛説叔父包藏禍心之處。適之先生來館。到尚公看良才，不遇。

寫仲良信。

十月十九號星期五（九月初十）

將昨日所作信稿録出清稿。

鈔《野心》。到良才處，仍未晤。到振鐸處。

鈔父大人稟二千餘言。

爲叔父一信，又費去我一天多功夫。爲陳忱一事，亦費我一天功夫。明日爲古史又費我一天功夫矣。日子如此短，瑣事如此多，何以應付耶？

十月二十號星期六（九月十一）

良才來談。校秋白鈔《后稷的實在怎樣?》一文；并作一引，說明不能辦《禹貢》之故。與緯平先生談古史。寫一涵信。

到振鐸處夜飯。同坐有雁冰，愈之，伯祥，六逸，平伯，予同。到雁冰處看新租屋。

今日晤良才，乃知彼與履冰内妹相愛，爲丈母所知，與履冰大下不去，禁之外出，有欲致之死地之意。老輩作事，真不可解。因勸良才得間挾履冰出，成就姻緣。否則徒就死地，亦無益也。良才謂履冰膽小，恐不能爲此事。然實無別法可想。疏通之事，徒勞耳。

來滬一月總結：

原存廿一元

取出存款五十元

初中國語稿費一百元

九月下半薪廿三元三角一分

十月薪一百元

　共二百九十四元三角一分

還債一百六十八元

房金廿元

樸社費廿元

莊會金廿元

履安來滬八元

請客飯五元

振鐸仲良禮七元

薇生國任書（各三）六元

書三元

書目片六元

郵票信箋三元

魚肝油四元

商館節賞一元

游吳淞兩次一元

鈔書一元六角

零用七元

　共二百八十元〇六角

存十三元七角一分

借出十一元

　十二、十、廿、頡剛結。

除還債及房社會金外，共用五十二元。如加房金十元，房用廿元，飯八元，社費十元，則爲一百元，亦不省矣。

十月廿一號星期日（九月十二）

校《蘇州歌謠》之兒歌，編第一輯，訖。

魯弟來，同游寶山，縱橫貫穿其四門。曠覽江海，甚快。在城內茶點。五點許，雇車回炮臺灣，即趁車歸。

與魯弟飯于九雲軒。校《歌謠》民歌一部分，未畢。

予游小縣，僅北方之昌平，南方之寶山耳。覺其與都市異甚，別有風味。寶山四門：（東）鏡海，（北）望江，（西）通運，（南）交泰。知事爲馮成。寶山産棉，故家家有搖棉紗機。西門最殷盛，以其有羅店，劉行，大場諸殷實市鎮也。東北二門則寂静不聞人聲。門牌亦惟西路有。東與西，南與北間，均不及一里。北門外壩上且望見了對岸一綫，係崇寶沙。

十月廿二號星期一（九月十三）

審查《楊朱》，畢。審查《曲律易知》，未畢。

到新愛倫看《紅燈照》影戲。到永安存社金。

看《漫游奇境記》。寫汝璵，頌禪，介泉，國任，履安信。

今日見報上廣告《紅燈照》影戲，以爲必有關于歷史，及往觀，乃知係外國人杜撰之中國史事耳。（有女子 Mahlee 係歐亞雜種，不能受歐洲人之同等待遇，憤而投入拳匪中，爲紅燈仙女。）

十月廿三號星期二（九月十四）

審查《曲律易知》，畢。記筆記數頁。

鈔吳稚暉《荒古原人史按語》爲《科學與國粹》一篇。

鈔歌謠得十首，第二輯編成。

父大人來信頗緩和，謂叔父利己之心固不能免，但吾總推本生祖父一體之情待之。只要父大人知叔父利己，吾的信的效用已發生了。

十月廿四號星期三（九月十五）

校昨鈔吳文。鈔胡先生《南高峰觀日出》詩。

鈔振鐸《太戈爾的印度國歌》。又抄劉復《愛爾蘭愛國詩人》，未畢。到寶山路洗浴。

寫玄同先生信。鈔歌謠兩集題目。校《古史書》一篇。

《努力》下星期即停而《讀書雜志》不停，頗使我責任加重。但我實在無閑暇了，不得已函請玄同先生作文。未知能允我否？

十月廿五號星期四（九月十六）

鈔《愛爾蘭愛國詩人》，畢。覆看前四册《國語教科》。

注《墨子·兼愛，非攻》兩篇。早退。乘五點一刻車回蘇。途中看《國語》第三册。八點許到家。

前以商館門口郵筒時常失去信件，遂不敢投，專投三德里口。乃今日歸家，知廿二號所發一函又未收到，是三德里口亦靠不住矣。上海黑幕，向以爲與我等無關，今乃即寄信一端已不勝其受累，真不可一日居矣！

十月廿六號星期五（九月十七）

剃頭。到三姨母處送殯謝客。是日靈前穿白者，除其本家人外，男子僅我與母舅及傳英表弟而已。坐車送至昌善局。回吉已夜矣。

到都亭橋買唱本。到丹鳳吃麵。歸。

徐宅出殯極力求盛，音樂至十一班。

十月廿七號星期六（九月十八）

八點起床。到簡香表弟處。過十月朝節。

寫省之信。到剛森，景讓處，均未遇。到伯南先生處略談，歸。校《無聞集》兩篇。

繼母欲于我們出門時，在康艮中留一人在家。繼母膽小甚，今日自徐宅歸，挈紉蘭及杏兩表妹伴之眠。

《東壁遺書》不可不着力，本年剩二個月矣。

十月廿八號星期日（九月十九）

繼母到杭。伯南先生來，看爲適之先生代買之曲本。校《無聞集》二十篇。

理物。

臨《蘭亭》一頁。

履安近臨大字《九成宮》，小字《蘭亭序》，其未嫁時舊業也。因亦試臨之，結果證明，余絕不能爲大楷而頗可爲小行。

本于今日到滬，履安勸多留一天。是夜儒林里失火，滬寓頗驚，予又不在，亦巧事也。

十月廿九號星期一（九月二十）

八點出門，乘九點四十分車。在車看《國語教科》第四册。到寓，飯。

到館，鈔《巨敵》一篇，雁冰新譯也。寫履安信。到車站取行李。

頌皋來談。理書。校《無聞集》二篇。寫沈士遠先生信，唁其祖母之喪。

夢慶王府拍賣書籍極多，與數友往，我久久看不完，他們討厭了，我說：“那末你們何必跟我來呢！”我在架上檢得異書數種，餘忘其名，一則宋元嘉四部目也。夢中狂喜，醒來又悵惘矣。慶王府拍賣係前年事，而見于今日之夢。

十月三十號星期二（九月廿一）

注《公輸》，《高祖本紀》，《項羽本紀》，《國殤》，《殽之戰》，《趙盾弑君》六篇，尚未盡。

寫介石，乃乾，萬里，頌禪，兼士先生信。爲秋白集孟姜女故事史料。

蔣竹莊先生來信，要我到河南考察新出土古物，許旅費二百元，南京學術演講會意也。考察結果，須著成專册，以備入各校歷史教科。予自知無考古學力，而貪于一看，因允之，但謂須在陽曆年假中，并須與萬里同去。

十月卅一號星期三（九月廿二）

點《無聞集》一篇。注釋第六册《國語教科》。文學會商《中國文學研究號》及百期紀念事。到順泰里伴伯祥看房屋。

寫緝熙，紹虞，履安，平伯，敬軒信。作樸社報告。

文學研究會租寶山路順泰里一弄一號房屋，留集會處外，轉租與伯祥，聖陶，六逸，重九弟。伯祥擬于下星期遷，因函徵平伯意見，請其與我同居。因我書籍太多，不便遷移也。

一九二三年十一月

十一月一號星期四（九月廿三）

寫適之先生書。寫蔣義坤信。注釋《國語教科》。

乃乾來談。寫父大人信。文學研究會在振鐸處開會，議《文學》百號紀念册。

立《頡剛雜文》簿。作樸社報告。鈔去年與適之先生討論信札爲《論閩中文化》，送入《民鐸》。

不雨者近一月矣，昨夜始雨，今晨未止。午間止矣，陡寒。

夜夢游鬼國（此大約上月廿一日游寶山縣城隍廟的印象），在極蕭森的境界中坦然而過。覺來因念爲人不作虧心事，洵是人間至樂。宗教之力，于我無所施其伎。所謂"福德不離"，即此已是。若必以富貴神仙爲福，此則妄庸人耳。

十一月二號星期五（九月廿四）

寫書根數十册。注釋《國語教科》。一天工作，只做得《李陵答蘇武書》及《七發觀濤》兩篇耳，奈何！今日寒更甚。

剃頭。粘《楊惠之塑像記》入雜文簿。理書。鈔《蒲壽庚考》目録。

本擬不遷，伯祥以無人照看門戶，力勸我搬至予同舊居處。因託伯祥夫人往說定，定後日遷入矣。房主姓龔，本地保也。

十一月三號星期六（九月廿五）

寫佩弦信。鈔《國學季刊宣言》入《教科》。到交通科晤百俞先生，到存貨科晤李守仁，爲搬書事。

寫兼士先生及介泉信，爲搬家事。

寫朱鴻壽信，答賦詩言志事，入《小說月報》。到振鐸處，到雁冰處，均爲搬家事。到曉先良才處閑談。寫履安信。

本日定二事：

（1）搬家——定于後日遷入順泰里一弄一號，與伯祥等同居，爲搬書便利起見。（2）搬書——由商務館出發，運北京分館。裝板箱約四十隻，運費約二百餘元（每一板箱運價五元二角五分）。

十一月四號星期日（九月廿六）

理書箱。幫伯祥家搬物。爲璋來。

到振鐸處，同至五馬路同芳茶館，晤乃乾及王培蓀先生。與乃乾談社事。出至蟫隱廬，有正書局，來青閣買書。至一品香與適之先生談。夜歸。

與聖陶夫人及平伯談。理物至上午一點。寫《十六國春秋》書根。

適之先生甚喜我到河南考古器，并囑注叔蘊先生《古器物研究議》，入《國學季刊》。

十一月五號星期一（九月廿七）

到交行，看魯弟，不值。到海關，將函片與重九弟。記筆記三頁。竟日搬物，至夜盡。書尚未理。

重九弟來，同搬物。

愈之子貽來，同至子貽處小談。平伯，曉先，良才，楊聘漁來。

書籍放在架上不覺多，搬的時候就覺太多了。順泰里我住的一間很高很寬，使心中一暢，發生好感。

自遷入順泰里後，飯包與商館茶房通寶。早晨是有粥的。每客每天兩角。

十一月六號星期二（九月廿八）

早進粥，不粥者久矣。到館，倦甚，竟不能上軌道作事。鈔《國學季刊宣言》畢。寫日記，記賬。看《小說月報》。寫杜純嘏信，答《教科書》"塈"字。

館中送來板箱廿隻。徐志摩，平伯來。平伯，予同，既澄到寓小談。

六逸，子玉來。上街買藥。理書。寫適之先生，履安，乃乾信。

搬場費了一天半，書籍尚未理，而已手指痛，頸骨痛，精神倦怠，不思動作。如此不耐勞苦，真該淘汰了。此次搬家，計費車價四元，僕費二元八角，雜用半元，亦七元餘矣。

十一月七號星期三（九月廿九）

注釋《國語教科》。寫頌皋信。百英偕錢企襄來談。

頌皋來。寫尊元信。到車站寄信。

與頌皋在寶華樓夜飯。次川與劉培風來談。子玉來。算賬。又致尊元書，囑其寄函商館。

李守仁又謂運書以海道爲省，勸我運至天津。因作函與尊元，請其照料。未知肯否？

今日收莊叔遷會一百元，商務館薪五十元，到手而盡。蓋還履安一百元，還樸社廿元，扣上月缺席費十一元，秋白借十元，已百四十一元耳。

十一月八號星期四（十月初一）

注釋《國語教科》。録緯平先生論曆法語，轉録其年表識語。

與伯祥到永安存社款。到北四川路一八三四號王岫廬處夜餐。同座有適之，經農，擘黄，叔永，夢旦，伯祥諸先生。十點餘歸。

十一月九號星期五（十月初二）

注《教科》。與乃乾，伯祥至永樂天午飯。

注《教科》。頌皐，平伯，乃乾來，伯祥觴之。

樸社在振鐸家開會，予爲書記。議決印書事。

數日來以搬家理物，起居不循軌道，大便又秘結。大前夜服 Cascara，前日下便一次，昨晨又一次，但昨未進藥，今日又不便矣。

十一月十號星期六（十月初三）

乃乾來談。終日幫來青閣尹姓書客裝箱。計裝十一箱。粘《火災》序入雜文簿。

平伯來談。四點半上車，八點許到家。早眠。

又服 Cascara 三粒，以兩日未便，又腹脹也。

下星期二爲吳五姨出嫁之期。康艮均于今日往，正日由履安往，予可不去矣。

十一月十一號星期日（十月初四）

剃頭。陳太太來談。終日理書。孟韜來談，留飯。

履安到傅先生處吃蟹。今日下雨，入晚甚大。

　　粘貼《讀書雜志》入《古史辨》。登賬。

　　存家中之書報，都係他人眼光中無用之物。總括之不出下列數類：（1）舊報，（2）八股文，（3）舊讀本，（4）無聊之詩文集，（5）公牘，（6）信札，（7）賬簿，（8）婚喪帖，（9）名片，（10）筆記本，（11）勸善書，（12）習字紙，（13）雜寫的亂紙，（14）破書畫……這都是焚紙庫中之物。但我總覺得這些都與我很關切。我若要確知我的環境和童年的歷史，這些竟是唯一的材料。所以都裝在箱籠中了。履安見之難過，想他人見之亦必嗤予之癡矣。他年得暇，能為一《自傳》，是所望耳。

十一月十二號星期一（十月初五）

　　理書。

　　寫兼士先生及蔣義坤信。補四天來日記。到吳宅豫賀喜。

　　七點到站，看玄同先生答我書，甚仔細。趁八點半快車。十點到滬，與伯祥秋白略談。十二點眠。

十一月十三號星期二（十月初六）

　　寫履安，尊元信。與伯祥到乃乾處，託覓轉運公司。并看《古鏡拓本》（徐乃昌藏器）等。歸飯。

　　理書。到館，注《徐霞客傳》，未畢。寫李守仁信，囑再做板箱六隻，共廿六隻。

　　理寓中雜紙信札等。十點許，陳博文偕北大同學徐孫二君見訪。

　　父大人來信，要我在家任編輯事務，謂京校經費不穩可慮。我父不思，我假使能在蘇州，又何必于去年到上海耶？我非願意任京校事務者，父大人能供給我讀書費用耶？不為我設身設地，而徒隨情主張，亦太隔膜矣。

十一月十四號星期三（十月初七）

注釋《國語教科》。寫煥壎信。

順利公報關行行員白聘卿來論運箱價。乃乾來。

與秋白到中興園吃麵，到北四川路散步，到振鐸處閑談。歸看《歌謠集》。十二點眠。

順利公(順利公專運書籍，關上可以不驗。)報關行在法界新永安街太安里一弄二號。他說運一箱至天津，三元九折，惟須運行費每箱三角。到津後由其向來聯絡之開源轉運公司經手運京。津京間運價到京算。開源，天津在河北關上，北京在琉璃廠。

十一月十五號星期四（十月初八）

理物。注釋《國語教科》。李守仁續送板箱六隻來。

寫父大人信，存稿。

良才曉先來談。校《歌謠》。寫煥壎信。

自昨夜起傷風，今日喉嚨蒿甚，頗難過。

豫算此次北行，須費：

板箱價	三十二元
板箱運費	一百四十元
蘇州運出	十一元
木器運費	四十元
盤費	三十元
到京後運物布置	二十元

共二百七十三元。

十一月十六號星期五（十月初九）

寫履安信。蔣義坤將蘇州書報運到，理物半天。

注釋《教科》（《范滂傳》，尚未畢）。寫來青閣尹某信，囑來裝箱。

理物。校《歌謠》。

終日雨，夜尤大。書報自雨中搬來，頗有損壞。

十一月十七號星期六（十月初十）

寫聖陶信。終日鈔改《文王是紂臣嗎?》一章，眠已十二時矣，竟完卷，凡四千餘言。記筆記早晚六頁。

適之先生來館談。

夜中改做"封建與部落國家"一則，費時甚久。

自思我的才幹和學問百不如人（身體更不如人），但我自己覺得比人可貴處，乃是我有志而人無志（有志的人真是少極），我過的生活是有意義的生活。既有意義，則我便可將我所有的才幹和學問全力應用，而不致空棄，所以成績反而比別人好了。

十一月十八號星期日（十月十一）

寫履安信。終日幫尹某裝板箱。

理木器。

覆看我在本年所發表之辨古史文字。

理了一天的書物，倦極了，夜中不能作事，只得把論史書覆校一遍。統看一過，很是滿意。我自己覺得我的文章實在清楚，說理亦圓滿。又覺得我存在內心的意境反而沒有如此清楚，見解亦沒有如此敏銳。這可見努力的有用處。我倘使不努力，我真是一個庸人。

十一月十九號星期一（十月十二）

整理《國語教科》。修改《文王是紂臣嗎?》畢。即作高一涵函，同寄京。翻看《民鐸》四卷四號。

予同在振鐸處宴文學會人，與伯祥，予同，雁冰飯後暢談三小時。

振鐸夫人甚喜打牌，夜飯後其夫婦與愈之，六逸合打牌。我們則在外間暢談天。予同謂吳人重文采，謂我的做學問甚似皖派，又謂我的立身行事不像蘇州人。

十一月二十號星期二（十月十三）

沈澤民，汪馥泉與其戀人汪女士來。注釋《國語教科》。

錢芳如來。平伯來談，留飯。同至平伯家談。至子玉處，約明日到客棧中詢運貨。歸寫履安，萬里信，十點眠。

履安寄來孟輷一信，替我算命，謂我須娶三妻，使我大不懌。我明知術者妄言，但聽得此不利之辭，總不能釋然。我常日不想到這種問題，倒也不覺得什麼悲感，只覺得人生是很實在的。現在一想到此事，便悟將來無論誰先死，總有別離之苦。現在伉儷之樂即是把將來訣別之苦換來的：現在愈樂，將來愈苦。想到了這層，將來固苦，現在亦不能真樂了。因此，就覺得人生實在空虛得很，滿懷藏着悲意了。

十一月廿一號星期三（十月十四）

《徐霞客傳》前已注了半天，今日更注了一天，但尚未畢。注書之難如此。

雁冰來談。

寫伯南先生信。與伯祥子玉同至新中和棧託運物，至法界酒樓吃飯。

十一月廿二號星期四（十月十五）

致出版部信，續發課文六篇。答溧陽中學鄭伯高問《國語教科》第六册字義書。注釋《國語教科》（將《徐霞客傳》注完，注《蘇武傳》未畢）。

寫煥壎，剛森信。到叔永先生處看適之先生，未晤。歸途遇之。平伯振鐸來談。寫履安片。

到車站寄信。細看劉棪藜駁文。記筆記數條。將毛豆乾吃完。

飯菜太苦，不但没有滋味，而且刺戟喉舌間時時欲嘔。以我最能將就之人竟亦不能將就，其壞可想。決定自下星期起，另叫麵食作飯矣。

十一月廿三號星期五（十月十六）

理物。注釋《國語教科》（《蘇武傳》畢，《答任少卿書》未畢）。寫適之先生及乃乾信。

乘五點一刻車還蘇。途中看鐵卿族先人所著《清嘉録》。

日來傷風較愈，嗽已不咳，惟鼻涕苦多耳。

得兼士先生書，已匯一百五十元來。得王伯秋，陸步青兩先生來書，囑過寧時一往，以至河南考古物事也。

十一月廿四號星期六（十月十七）

與履安共讀《蘇州歌謡》，校改數處。

校所鈔《戚氏家譜》。

今日未做甚事，亦無一人來，完全休息，是我生活中甚少有的一天。

上海寓中起身甚早，葉宅五點，王宅六點，我最遲亦七點半。蘇州則甚晚，華媽亦須七點起，我等則八點半矣。

十一月廿五號星期日（十月十八）

理物。剛森，景讓偕錢琢如先生來談，留飯。

定本年豫計日程。寫緝熙，兼士先生，敬軒，陸步青信。

七點晚飯，八點到站，八點半上車，十點許到滬。寫履安片，記賬。十二點眠。

今日規定十二月七號歸蘇，十號北行，十三號到京，廿三號往開封。

在車與仲魯族兄及秀夫學兄晤，一路同行。仲魯在滬工程南局，秀夫在北局。

十一月廿六號星期一（十月十九）

［叫木匠修箱。將板箱裝好，通信與轉運公司。］寫泰安棧及順利公行信。注釋《國語教科》（《答任少卿書》畢。又《蔡琰傳》。校《琵琶記》）。寫板箱簽條。

寫父大人稟。到午姑母處，小談。到適之先生處，未晤。到來青閣取書。

到振鐸處加入文學會聚餐。

在愛文義路道中得一聯曰："自喜心無愧，惟悲生有涯。"擬書爲楹聯。

此次帶出，共有以下各物：

板箱	廿六隻		
書箱	廿七隻	書箱座子	十二隻
書架	四隻		
櫥	一口		
椅子	四隻	凳子	四隻
桌子	一隻	席	一卷
茶几	二隻	便桶	二個
脚桶	一隻	浴桶	一隻
網籃	三個	竹箱	一隻

十一月廿七號星期二（十月二十）

〔與李守仁算清箱價。與客棧講明運貨。打漿。寫地名封條。〕注釋《國語教科》（注《禮運》，又《常識與教育》未畢）。

寫陳援庵信。

與平伯同至廣東店吃飯。到適之先生處。

適之先生囑我爲商館標點元曲數種入高中教科。這事非願做，亦非能做，爲經濟計，只得允之，但事更忙矣。

十一月廿八號星期三（十月廿一）

〔板箱發出。〕釘板箱（二隻），粘貼板箱簽條。報關行白君來。泰安棧周君來。

〔爲敬軒事與汪孟鄒接洽。〕招編譯所茶房阿二來捆扎木器，幫同料理。汪馥泉來談。

〔曉先良才邀宴。取懷米山房金石圖。〕校改《國語教科》第一册訖。

與順利公講定，板箱廿六隻，自滬運津，計七十八元。保險二千六百兩，保費二兩六錢，約合四元。與泰安棧講定木器雜物三十餘號運京寓，計洋五十元。此數項共一百卅二元。板箱自津運京約五十元。總之，單在運費上非二百元不辦。

十一月廿九號星期四（十月廿二）

〔將滬寓物件理清。要帶歸的，交蔣義坤帶歸。〕約焕壎于今日或明日下午五點來。幫阿二理物件，訖。寫履安信。

到館，付去箱價，接洽雜事，翻看未注各篇。君疇來。

汪孟鄒先生來。平伯來，同至永樂天夜飯，并聽書（《楊家將》）。記筆記三頁。

料理木器及雜件訖，計六十四件，分扎卅二號。今日遷至三層樓，與秋白同室。

明年豫計：

一月　　作古物報告。作《僞書考》序。作《浮生六記》序。

二月　　作《堯典》著作時代考。

三月　　爲商務標點元曲二種。

四月　　審定《東壁遺書》標點。爲商館標點《東壁集選》。校
　　　　訂《鄭樵》。

五月⎫
六月⎭　作《禹貢》著作時代考。作《群書疑辨》序。

七月　　作古史系統論。

八月　　作古代神話文學。

九月⎫
十月⎭　續作《詩經》的厄運與幸運。

十一月　作答劉君再質書論古史。

十二月　校訂《詩經通論》付刊。

十一月三十號星期五（十月廿三）

〔木器發出。〕終日校《國語教科》第二册。

〔編録樸社報告。〕乃乾來談。劉虚舟先生來。尤樾甫來看秋
白，伴之甚久。

應劉虚舟先生之招，與伯祥同至悦賓樓夜飯。同座有孫
祖荃君。

今日在寓待客棧及報關行來取物，乃皆不至，蓋以船須明日
開，于明日來取也。船爲新豐。

適之先生于今晨動身，此次來滬又一個月矣。先生自四月廿
三號來，至十一月底去，計離京者七月餘。

一九二三年十二月

十二月一號星期六 （十月廿四）

[《國語教科》發完。（如尚不能發完，即以以下四天辦完。）］看泰安棧搬運木器及雜件。看聖陶所著《作文法》。

注《國語教科》。看順利公搬運板箱。爲璋，東平來。雁冰，季民來。

寫兼士先生，緝熙，履安，頌皋，聖陶，萬里信。到站寄快信。到魯弟處，未晤。到種德園，爲履安買藥，歸，理簿册。寫煥塤，白聘卿信。

履安轉到父大人語，謂屢囑其展緩行期，乃來書意甚堅決，只得聽之而已。不知父大人要我怎樣？有話何不明白說耶？家庭之間，難處如此！

爲運物事，已花去八天功夫。到京後恐尚當有此數耳。

十二月二號星期日 （十月廿五）

[與履安在滬游玩一天。（如履安不來，即作《歌謠》序。）］注《國學叢刊序》，《常識與教育》，《科學與國粹》，《莊子秋水篇》。振鐸來談。

賢江與孫祖基君來。

到平伯處談話。歸，早眠。文思弟來住。

今日孫祖基君來，謂第二師範賈豐臻，朱香晚兩先生要我去講演古史。我一來不會演說，二來實在沒有工夫，辭絕了。要移社會觀聽是如此容易的。前年在《晨報》上發表歌謠，而北高師附屬中學即要我去演說，亦即此理。

十二月三號星期一（十月廿六）

　　［在振鐸處請客辭行。鈔録傅先生所定年表。］注釋《國語教科》。寫汪孟鄒信。

　　宴文學會會友。歸，編樸社第九次報告。

　　久許伯祥女四官周游大世界，又約伯祥同看新舞臺徽欽二帝劇，今已臨行，忙甚，不克踐，只得俟之明夏矣。

十二月四號星期二（十月廿七）

　　［作《吳歈集》序。］　［蔣義坤來取物。］注釋《國語教科》，畢。寫父大人信。

　　上海大學湖波社方山來，欲予往演講，辭之。

　　致覺，頌皋，爲璋邀宴于廣西路消閑別墅，到來青閣買書。歸，助秋白印樸社報告，訖。

　　在來青閣買得單行本《春秋大事表》及王韜所印《西青散記》，一快。

十二月五號星期三（十月廿八）

　　［校《楊朱》。］發出《國語教科》，寫出版部信。應乃乾招，到四馬路一枝香午餐，同坐有胡樸安先生及振鐸伯祥。

　　在館辭別諸同事。白聘卿來取運價。孟鄒來。平伯來談。

　　滬友在振鐸處餞別，計雁冰，振鐸，既澄，予同，六逸，伯祥，平伯，愈之八人作主。

　　乃乾聞蘇州有元代刻本《賈誼新書》，擬到蘇州一看。

十二月六號星期四（十月廿九）

　　［料理滬上經手事務。在館辭別諸同事。］良才來談。在寓理物。乘十二點〇五分車回蘇。車上遇乃乾，君宙。乃乾同歸，與乃

乾看我家所藏書畫。

　與乃乾到文學山房，十一點眠。

　　今日來寓送至站者，伯祥，予同，振鐸，到站相送者，平伯，石岑，致覺。承諸君拳拳，甚是銘感。

十二月七號星期五（十月三十）

　　［歸蘇。］早起，與乃乾看書畫。九點，同出至鳴琴室楊馥堂處。又至觀中盲文書社潘某處。又至來青閣楊壽祺處。同至天來福吃飯，同座有欣賞齋伙李惠生，楊壽祺回賬。回至文學山房，適存廬，欣賞齋等處。同至桂芳閣品茗。歸家。重到桂芳閣，遇見孫伯南先生，同至同福和小飲。七點許，乃乾上車，予歸。

　　乃乾于上海附近各埠書肆均極熟，今日所到處莫不相稔。《賈誼新書》版雖舊，實不佳，訛字極多，蓋當時坊刻也。

十二月八號星期六（十一月初一）

　　［在蘇料理諸事。］理物。竹庵叔祖來談。

　　寫伯祥，秋白，夢旦，蔣竹莊，伯南，介泉，兼士適之兩先生信。登記簿錄。

　　算一個月來用賬。校《戚氏家譜》。

　　今日頗欲定心作事，而此心甚難鎮定，可見要行一事而于"行所無事"中行之，確是甚難。

　　一個月來（十月廿八日起）重要支出錄下：

房用（八月——十二月）　　　一百元
代適之先生買書　　　　　　十五元
書　　　　　　　　　　　　廿二元
搬家（至順泰里）　　　　　七元
秋白借　　　　　　　　　　十四元

繩	四元
老公茂運物水脚	十三元
板箱	卅二元五角
裝板箱工資，飯	四元
洋釘	一元
房飯，僕	廿五元
代研究所買書	廿三元
捆書箱物件人	一元
泰安棧運物（半數）	廿五元
白鳳丸	四元
文學會公宴	六元
館役	二元
板箱運津	八十一元半

共三百九十元。

本月計收入莊叔遷會一百元，商務薪一百元，校薪一百五十元，借履安一百九十元，拔本一百五十元，共六百九十元。除上用外，計：

還履安	一百八十元
現存	九十五元
扣薪	十一元半
零用	約十五元

共三百○一元半。

兩共六百九十一元半。四十日中，連還債共用六百元，可詫！這一個月真是我生平第一破費之時了。

十二月九號星期日（十一月初二）

［在蘇料理諸事。］理物。陳頌平先生來。寫伯祥，聖陶，紹虞，家鳳，煥壎信。青崑來。

到北街吳岳母處，九勝巷汪姨母處，鈕家巷姑母處辭行。到觀前買物。

理物。

近日胃呆甚，時覺飽脹，不知是上月吃包飯太冷致積食歟？上月廿號一悶所致歟？抑一月來忙于搬家，太不定心所致歟？

十二月十號星期一（十一月初三）

〔動身北行。〕理物。吳姑丈，姑母來送行。往叔父處道別。

一點出門，上二點四十三分車，八點到寧，住下關新華旅館。在車校《國語教科》第四冊百頁。

寫父大人，履安，雁冰，平伯信。

未行時，履安垂泪，引得予亦同垂。幸別時有姑丈，姑母，陳太太及廣太太，兩孀母等在場，人一多，便不覺悲了。

十二月十一號星期二（十一月初四）

〔到寧，訪蔣廳長陸王兩先生。（或晚上津浦車。）〕早起，校《國語教科》十頁，記筆記二則。八點，雇人力車進城，進城車中看羅叔蘊先生《古器物學研究議》。到教育廳，未晤。到茶館進茗點。游秀山公園，明故宮。到夫子廟得月樓茶飯。三點到廳，待至四點餘，陸步青蔣竹莊來。同步青至一中校。到交通旅館訪君疇。同至第一賓館，加入蘇州同鄉聚餐。十點許，雇馬車出城。十二點眠。

秀山公園有歷史博物館，物雖不多，位置頗楚楚可觀。明故宮已拆完，除三座城闕及五龍橋外，遺迹盡堙矣。可惜！近日南京正召集教育會議及財政會議，故來人頗多。君疇所住中正街交通旅館，有花園，地方甚好，價亦不貴，可喜也。

夜蘇州同鄉會中，有瞿安，汪鼎丞，蔡雲笙，陳去病，錢用和，潘振雲，費璞庵，陸步青，蔣季和，楊達權，章伯寅，章君疇等三十人。余不能應酬，頗頭脹。（余之性情最不適于政界，以政界中以無聊之應酬爲主務也。今日席間雖唱崑曲，終不覺其樂。）

十二月十二號星期三（十一月初五）

［上津浦車。（到京。）（在車專看金石書。）］六點起，七點渡江。在候車室待至九點，上車。看《盂鼎》，《虢季子白盤》，《三禮圖》，《周官》等。

九點許眠。

十二月十三號星期四（十一月初六）

［到京。（或到所。）］八點起。看《毛公鼎》，《懷米山房吉金圖》。三點半到津，四點上京奉車，七點到京。

與緝熙介泉談。理物。寫父大人，履安，重九弟信。

此次由蘇至京共用去三十六元餘。計：

車票十九元五角半

雜用（茶飯茶房費等）三元二角

南京用七元

以上三項計二十九元七角五分。

此外七元，全係行李上花費。計四件，每件派得一元七角半。予本二件，爲他人帶二件，即爲人賠去三元五角。尚不多。

十二月十四號星期五（十一月初七）

［到所，知照文牘課。］理物。到研究所，寫文牘處信。到兼士先生處。歸，理物。

到適之先生處，未遇。到王姨母處，略談。到萬里處，到岳丈處，均未遇。歸。

理物。寫父大人，履安，重九弟信。校《國語教科》廿三頁。

寫伯祥片。

研究所自移三院，地方甚寬敞。他們爲予留下的一間是一個講堂，面對花園，極暢快。

兼士先生告余，明年挈眷來時，校中可改爲編輯，庶不致受助教百二十元之限制。又謂薪可按月支取，不受欠薪影響。

十二月十五號星期六（十一月初八）

［到所。理物。］到幼漁先生處，略談。到玄同先生，夢麐先生處，均未見。到研究所，幫同布置考古學陳列室。明日是北大廿五周紀念會，故今日須布置。在所午餐。

爲研究所布置成績展覽室。援庵先生來談。

在所夜餐後歸。寫愈之，商務出版部，予同三信。校《國語教科》二十頁，畢。

夜歸，見三院門口有花生米攤，觸動舊境，買廿文，在北河沿且走且嚼，宛然學生時代情狀。心中甚喜。走到銀閘，始知歸大石作早應在騎河樓轉彎的，而今忘記了，竟走至馬神廟了。心中更喜。此正俄國 Sologuf 所寫玩鐵圈老人之心象也。

十二月十六號星期六（十一月初九）

［遍走親友家。］到所，照料檔案陳列室。

到介石處，未遇。

十二月十七號星期一（十一月初十）

［到所。理物。］與介泉到適之先生處，談一小時。到三院，照料。照料檔案陳列室。與啓明先生及建功談話。

到二院，加入教職員聚餐。聽音樂傳習所奏樂。

在會中辦事三日，勞苦極矣。夜中翻看書籍，竟至疲憊立不起，至十二點許始勉强就眠。

近日天氣甚暖，皮袍頗着不住。

十二月十八號星期二（十一月十一）

［到所。理物。］理物。三日來襄助會事，極疲乏，竟不能作甚事。

剃頭。到三院與會，攝影。晤金西龍，林玉堂二先生。維鈞囑辦《歌謠》，待商。與介石談。介泉緝熙來，同至市場。

在市場買物。到東來順吃羊肉，介泉請也。歸，看所買書。

昨日九點起，今天九點半起，依然疲倦。惟今夜較昨夜稍硬。

洪玉鬧脾氣，辭去。

十二月十九號星期三（十一月十二）

［到所。理物。］寫平伯，頌皋，伯祥，雲五，良才，振鐸，雨蘇，履安信。韓馨來。作《楊惠之塑像説明書》（入《小説月報》）。

仲良文玉來談。

到後門外寄信，修錶，洗浴。夜飯後到仲川處談。

自十月二十四後，至今日始得洗浴，已幾兩月矣。即此一事，尚酷想久而始得爲之，其忙可想。

續用厨役曰王好賢。

十二月二十號星期四（十一月十三）

［到所。理物。］九點起。到研究所，與兼士先生及維鈞，建功等論事。

作答舒大楨書，論研究歌謠之不易，登入本期《歌謠》。約一千餘言。寫章錫琛信，索歌謠投稿。

還寓，寫錢琢如書。到後門取錶，介泉同行。寫適之先生，丁在君，振鐸，敬軒，父大人，聾啞學校，谷錫五信。

　　前日維鈞欲卸《歌謠》編輯之職，交于予，予因事太忙，辭之，謂可請周啓明先生擔任，他本是歌謠會主任也。今日維鈞得其覆書，謂"今日上女高師課，不克來。明日上北大課，但也是在一院。總之，此事我不能擔任，還是請頡剛勉爲其難罷"。周先生如此不負責任，觀之意冷。他不肯負責任而偏好居名，所以尤可鄙也。

十二月廿一號星期五（十一月十四）

　　［到所。理物。］寫陸步青，周啓明，金冠三信。到校醫室，與萬里計畫旅行事。

　　寫聖陶，馬叔平先生信。與介泉到中和園觀劇。到晨報社，晤伏園，取《副刊》一册。

　　看《副刊》。

　　昨夜以多寫信，又致失眠，惟非張眼達曉，乃似睡非睡耳。以後夜中還是看書。

十二月廿二號星期六（十一月十五）

　　［到所。理物。］訪吳又陵先生。到所，收拾成績展覽室，布置成績室及我的辦事間。與文玉，邦華同吃飯。

　　到藏書室翻書。與兼士先生，維鈞，建功等談話。擬募書啓。

　　在緝熙處吃冬至夜飯半頓，到外舅處又吃半頓。寫予同片。

　　自東斜街外舅處歸，乘月步行，忽覺肛門有欲墜之勢，只得雇車而回。未知有無成爲痔瘡之危險，因服卡斯卡拉二丸。

　　幾月來精神甚健，惜生活不安定，不能做些着實的事。

十二月廿三號星期日（十一月十六　冬至）

　　［上京漢車南下。］韓馨來。偕緝熙同至援庵先生處，未遇。至

趙漢威處，遇雨蘇，唐九如，同至京香春午飯。飯後到陸尹甫先生處，略談。到冰如處，遇邦華，略談。到萬里處，未遇。到陶簪杏、周維庚處，均未遇。回至寓中，與介泉夫人到王姨丈處。出至詩亭處，已丁外艱歸矣。至笙亞處，略談。到市場，買物。復回姨丈處，偕介泉夫人同歸。晚飯後以一日奔波，甚困倦，九點即眠。

今日拜客一天，應去處大約都到矣。尚有二三處，得閒再往。

十二月廿四號星期一（十一月十七）

［到開封。］理物。萬里來談。韓馨來。寫順利公快信，催其運物。

到所，擬贈書簡章，擬購書目，編纂年表等手續。翻《一統志》。寫維庚信。

與介泉緝熙談話。寫乃乾信。

予告兼士先生，明年我爲研究所作下列諸事：

一、編纂年表，地表，人表，地圖，著述考，着手讀前、後《漢書》，《通鑑》，《方輿紀要》。此四書約做兩年。

二、發表文字爲西漢學者地域表，東漢學者地域表二種。此事約做一年。

十二月廿五號星期二（十一月十八　雲南倡義紀念日，耶穌聖誕節）

［考察。］萬里來，同至叔平先生處問鄭州出土銅器。王姨丈來。粘貼古物紀事上册，并補鈔目錄。與介泉訪陳通伯，未遇。

近日傷風甚劇，痰吐極多。北京天氣較往年爲暖。前數日雖颮風，但并不覺寒。予室不生爐，全不感受冷的苦痛。往年下雪後須明春被風吹散，今年却早已融解了。

十二月廿六號星期三（十一月十九）

［考察。］韓馨來。寫良才信。到希白處，未遇。到萬里處，略

談。到旭生處，未遇。到國任處，并晤期仙。到叔平處還昨借書。到前門取名片。歸飯。

到研究所，寫文牘課信。希白來，接洽《季刊》校對事。作《從詩經中整理出歌謠的意見》，約千五百言。與緝熙介泉到前門買途中禦寒物。

晚飯後到外舅處取免票，到佩書處略談。十一點歸。

履安來信，謂接父大人信，近日痰中帶紅，并時常咳嗆。因念祖父老年亦吐血，此豈吾家遺傳之病乎？

外舅向謝蓉初先生處借得京漢免票一紙，省十元，又可多盤桓一二日矣。

十二月廿七號星期四（十一月二十）

〔考察。〕韓馨來。到仲川處，取半價票，與國任及蔣大椿（叔年）談話。粘《讀書雜志》入《古史辨》。

校《讀書雜志》。到所，寫適之先生，兼士先生，江裕如，京華印書局，伯祥，雪村，彥長，蔭昶信，擬《歌謠》廣告。

寫履安片。剃頭，洗浴。

嘴唇燥裂已數日，今日又頗牙痛，想以初到北地，烘火處多，又不慣耶？履安來信，艮男發熱，多天未愈。

予覺夜中甚好做事，而早晨不能做事，蓋洗臉，吃點，大便，看報萃于一時也。若夜中則諸事俱無矣。

十二月廿八號星期五（十一月廿一）

〔考察。〕五點起，理物。至七點，畢。八點許，到萬里處。吃早飯。十點，上西站。十一點五十分開車。

萬里在車上想起未帶硬片匣子，在于家莊改乘北行車回京。

在車喚飯食之。九點即眠。

予以十三號夜到京，今晨啓行，計在京十四天半。

昨夜起風，今日天極冷，風猛如虎。予到西站，手背上竟迸
出血來了！

十二月廿九號星期六（十一月廿二）

［考察］十點，車過黃河。十一點半，到鄭州。脫車一小時
了。住大金臺棧。寫履安，介泉信。

到隴海路局訪雍西表兄。到十四師司令部訪蔣壽芝先生。回
館，記日記。表兄來，同至其寓所。

雍西邀至大餐館吃飯。同座爲其同居葉愷士。

十二月三十號星期日（十一月廿三）

［考察］十點，到站候萬里。十一點車始到，同回旅館。蔣先
生來，邀至京菜館吃飯。

飯後上站，待至二點許車到。四點三刻到開封。進城，住鼓樓
大街金臺旅館。

到書店街游覽。九點眠。

十二月卅一號星期一（十一月廿四）

［考察］五點即醒，六點起身，天尚未明，點燈寫履安，介
泉，伯祥信。九點，到文廟第一圖書館，晤館長何日章。萬里照像
十紙。萬里同學戴衡孫來，同至南中華菜館吃黃河鯉魚。

到圖書館，以有人參觀古物，不能照相。出至鐵塔，龍亭游
覽。又至相國寺，聽劉順寶大鼓，其《寶玉探病》一折極愜意。

到又一村吃飯。到第四巷鴻陞院，魁勝班，祥雲班喜妓館。十
二點眠。

羅叔蘊先生來汴五日，今日返津。

商務書館編譯所組織大綱

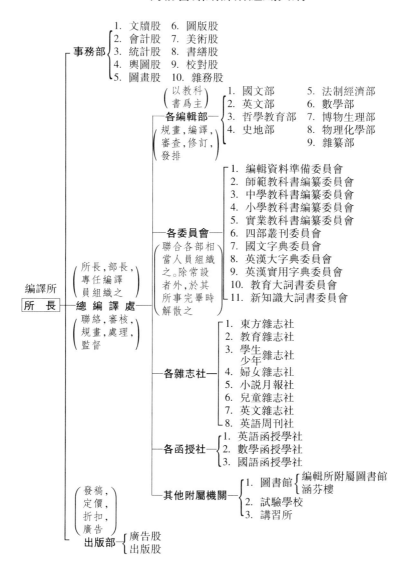

我的私塾師

四、五歲	叔父 父親	《三字經》《千字文》《詩品》
六歲至八歲	葉□□(約半年 菉葭巷)	《大學》(錢媽送飯,猶喂而食,自不能持碗。聽祖父講故事,甚樂。)
	顧介石(約二年 餘菉葭巷孫宅延)	《中庸》《論語》(《孟子》?)《左傳》隱公 (看一繡像之小説,忘其何書矣。)作《小史》。
九歲	張子翀(約一年間壁)	《詩經》《左傳》(不多)(好圖畫,爲張師所禁。) (爲讀《詩經·雅,頌》,被打不知幾回,使予賴學。 同學有聖陶,嚴伯明。) (張師言予記性不好,悟性甚好。讀《詩經》時,我請自讀《左傳》,張師謂予必不懂,不許。後讀《左傳》,予果能解。)
十歲至十一歲	陸慧剛(約半年石子街)	《左傳》(師處有一《左傳類對書》,予能言其典故,師甚訝。予所説的典故,現在只記得一個"白水"。是時予猶不能自穿馬甲。)
	陸頌侯(約三月柳貞巷)	《東萊博議》(學造句,師言而予書之。同學者有汝玉先生女及頌侯先生子。)
	管汝玉(約半年菉葭巷孫宅延)	(《孟子》?)《讀史論略》 《學堂日記》 (孫宅同學爲孫伯葵,父號復生。) (十一歲之初,父大人令讀《古文翼》,并出題作文。第一篇文爲"趙盾弒君論"。予約作二百余字,記得有二句

		曰："盾雖無弑君之事,而有弑君之心也。"父大人加雙圈。是年父大人常出題令做。)
	胡耿侯(約一年半孫宅延)	作文(《左傳》讀完?)(此人喜講故事,我頗得益。伯葵外,又有李某同學。)當時窗稿均爲魯弟借失。
十二歲至十三歲	父親(約半年北街姚宅延)	歐蘇曾王文(《古文翼》)　作文(姚宅同學爲姚幼琴,父號琴生。又六老爺,大猫,包世元,袁詠蓼,均同讀。幼琴妹阿玉亦曾同讀,惟不久。)
	吳子祥(代父親)	作文(在此期間,似未正式讀書,喜泛覽。《中國魂》及《飲冰室自由書》最喜讀。)作《恨不能》。
	陶秋舫	(十二歲,送父親到上海,途中遇一人,談,甚奇予。看商務出版之綉像小説。)
	蔣恒石 吳子綸姑丈 (均代館不久)	
十三歲末三月	包叔餘(獅林寺巷)	《禮記》　作文(英文體操係王喆教。同學有尤秩臣,吳碧澂,韓溢如,朱湘蓀等。予一人爲頭班,周家弟兄爲二班,秩臣、湘蓀爲三班,碧澂爲四班,溢如爲五班。)
十七歲春夏	祖父(夜教)	《尚書》《易經》《禮記》

　　那時只有覺得聽祖父及胡耿侯先生講故事爲有趣,管師尚好,餘外都是枯燥得很。最無道理的是張子翀。父親的教我《古文翼》,打好我作文的基礎。祖父的教我經書,打好我國故學的基礎。

一九二四年

（民國十三年）

　　應帶歸物：

箱夾板二付　打鋪蓋毯子二條　洋風爐一個　繩索　箱子不必帶
自己穿的衣用一個手提箱放着帶歸。夏衣，竹布的均須帶歸。

　　應送人物：

參鬚二匣（一元的）　白葡萄乾一斤

蜜棗二包（各一斤）二包（各半斤）　熟杏仁一匣

杏脯二包（各一斤）二包（各半斤）

研究所古物拓片　考據金石書

歷史博物館拓片

問介泉夫人碗盞等物要帶來若干

熟杏仁
　　　　｝父大人要
蘑菇片

較好之口蘑四元——父友所託

　　遷眷時應帶來物品：

竹絲掃帚　　馬桶洗帚

硬洗帚　　刨花

碗盞（家常出客，愈多愈好）

裝飾品（花盆，小鐘，擺飾）

籃（送人物件用）　盤

小痰盂一對　　　油紙
蝦子　　扁尖　　火腿
客床鋪蓋　下房被褥一條（未稱工錢時用）

一九二四年一月

一月一號星期二（十一月廿五）

到文廟第一學生圖書館，晤館長何日章等，照十餘片。第一師
範歷史教員張邊青先生來訪。十二點，辭出。鶴九到旅館見訪，未
晤。寫父大人信。

訪吳鶴九，未晤。回館，與萬里，衡孫，王幼庭，吳奉之，黄
雨珊同游相國寺。聽田家姬家兩處大鼓。雨珊邀至南中華樓吃飯。
飯後由雨珊伴往買繭綢。

訪鶴九，又未見。即歸旅館。倦甚，勉記日記。

此爲予第一次游内地，在河南、山西兩省内，見販毒與吸毒
者甚多，毒品名曰金丹，又名曰白麵，即海洛因也，其毒甚於鴉
片。民間貧苦，衣、食、住均不堪，除都市外皆若乞丐。予本志
欲多見古物，而不意所見皆農村破産之狀，不禁激起悲天憫人之
思矣。　　　　　　　　　　　　一九七三年七月記。

一月二號星期三（十一月廿六）

寫兼士先生信。游繁塔，禹王臺。回館，即啓行。乘十一點四
十分車赴洛陽。

車中看風景，甚快意。

住洛陽城外新旅社。到仙景樓吃飯。寫履安信。

一月三號星期四（十一月廿七）

訪郭玉堂，略談。託其雇騾車一，游龍門。九點廿分啓行，十二點到龍門。

到龍門各洞游玩。三點三刻，乘車回。道經關帝陵廟，往觀一過。

到天景樓吃飯。十一點許眠。

一月四號星期五（十一月廿八）

郭玉亭（玉堂弟）來，同乘大車到義井鋪，游寺裏碑，魏故城，白馬寺。在寺吃饌。

喚小車回洛陽。四點三刻到大東關，下車。游存古閣。進東門，到玉堂處。玉堂留晚飯。

回寓。十點即眠，然竟失眠。想係多記日記之故。直至上午三點始得合眼。

一月五號星期六（十一月廿九）

八點半上站。九點半上車。十一點半到鞏縣。謁儲華農站長，找人導游石窟寺。十二點四十分到寺。

回至鞏縣城略一看。三點許到站。乘三點半車到鄭州。仍住大金臺。

看蔣壽芝，李瀛洲。到萬年春剃頭洗浴。十二點眠，甚酣。

一月六號星期日（十二月初一）

記日記。王右遷李瀛洲來，同至大同醫院，留午餐。無事，翻看《清代野史大觀》。

與瀛洲萬里同至城中，游子産祠。瀛洲別去。與萬里同至仁民醫院，晤戈君及趙女士。回寓，理物。到萬年春吃飯。寫履安，拾塵，兼士先生，介泉片。

七點半上車（脫車一點半）。又失眠。

一月七號星期一（十二月初二）

九點，到石家莊。到石家莊醫院，晤岡亞樞院長。吃早飯。接介泉信。寫介泉片。雇車將石家莊市面游覽一過。二點，歸。

二點半上京漢車，到正定，僅廿六分鐘耳。進小北門，至東街正定醫院，晤李仲群館長。同游大佛寺。因時已暮，未得暢游。至慶陞照相館買照片。

八點許回石家莊，到中西飯店吃飯。飯後游南林房妓院。

一月八號星期二（十二月初三）

萬里因淋病在石家莊休息一天，予擬獨游正定，到站車已過，遂歸。倚床看地圖及《一統志》。仲群邀至正太飯店吃西餐。

飯後，我歸，他們逛妓院，萬里也帶病而去。我在醫院中補記日記。

仍至中西飯店吃夜飯。早眠。

一月九號星期三（十二月初四）

八點，到正太車站。九點十分，車開。一路風景極好。

一點四十二分，抵溫泉，買夾肉燒餅食之。六點半，到太原府，進城住泰安棧。

在山西城中亂走。買物歸棧。

一月十號星期四（十二月初五）

六點即起。到汽車站待車。七點，天始明。待至八點半，車始來。在汽車站二小時許，極感寒冷。十點，到晋祠。在祠游覽吃飯。

雇騾車。一點，上車。四點，到窰頭村。路極不易走。到村後雇驢一，萬里乘之。五點許，到天龍山壽聖寺。晤日本人平田饒，岩田秀則二君。

與平田岩田同飯，談話。十點眠。炕中漏出煤氣極觸鼻。

一月十一號星期五（十二月初六）

十點，出游天龍山。我從東峰半腰跌下，不敢爬上，徑上西峰。萬里到西峰照相後同下。

記日記，到寺外小游。

記日記，十點眠。

一月十二號星期六（十二月初七）

五點醒，吃力甚，至九點始强起。十點下山。走至窰頭，騎驢到晋祠。

在晋祠鎮門口飯店内發熱，面紅甚，實不能再走，只得住入晋祠中。萬里先歸太原府。

在晋祠中眠。發熱甚燙。

萬里能醫，而睹我之病，既不爲我醫，復捨我而先行，人心如此，使我憮然。患難之交，何其難得也？至此，益想孔平不置。

予向不能騎驢，今日以病，不能行，無法，只得騎之。行山路四十里，時在懸崖上走，驚惶之甚。

一月十三號星期日（十二月初八）

三點即醒，口渴甚，直至十點始得茶。終日臥床，未作一事。

下午，熱似退。

臥病晋祠，甚是淒寂。老僧不常來，物件又無買處，想什麽没有什麽，至此始知旅行之苦，亦方知家居之樂。晋祠二僧，覺亮，太原人；覺寶，太谷人。

一月十四號星期一 （十二月初九）

起身。寫兼士先生信，論研究所自設出版部事。錄稿。

寫緝熙介泉，伯祥聖陶片。看祠內所存佛道書。

肝陽上升，夜不成眠。

起行時之風，回來時之病，均可爲此次旅行作一紀念。

一月十五號星期二 （十二月初十）

到晉祠鎮張先生處診治，十點，從祠內出發。

三點半，車至太原新南門，仍住泰安棧。到街買物。

煎藥，服二次。早眠。

一月十六號星期三 （十二月十一）

寫父大人信，履安，緝熙介泉片。在城內亂走。游文瀛公園。到官書局買書。回棧飯。

到承慶園看《五元哭墳》劇。游城內各市場及熱鬧處。剃頭。煎藥，服二次。

回棧夜餐。早眠。

承慶園中角色：

劉少珍——武生　金小芬——

白蓮藕——花旦　金小仙——花旦，青衣

白蓮花——小生　金小峰——老生，老旦

坤角多于男角。看戲者十之六爲軍人，做的戲雜亂得不成樣子。

一月十七號星期四 （十二月十二）

八點起，即上車站，至九點許開車。在陽泉買燒餅食之。六點到石家莊，下榻中西飯店。到醫院取出寄存之物。回店夜餐。

到新明池洗浴。寫聖陶雁冰兩片。十點半眠。

一月十八號星期五（十二月十三）

五點半起，六點半到車站。火車脫班，九點始上車。三等車中甚擠，未進甚物，亦未讀甚書。直至下午六點半始到前門。七點半還寓。進夜餐。料理物件，至一點始眠。

此次行程計廿二天，到鄭州，開封，洛陽，鞏縣，石家莊，正定，山西省城，晉祠鎮，天龍山九處。所得結果，可以說（1）上古建國之形勢，（2）中古佛教藝術之造詣兩個問題，我可以有些約略的印象了。

此次訪古，予隨地有記載，而未組織成文。遷延復遷延，至太平洋事變，遂爲日寇掠去，此平生恨也。一九七三年七月記。

一月十九號星期六（十二月十四）

拆板箱一。萬里來談，看照片。韓馨來。

寫伯祥石岑信，到南池子匯款與伯祥，到兼士先生處，未晤。到王姨丈處。到研究所。鈔鄭樵《石鼓音存》。

看石岑與吳稚暉先生書。甚倦，早眠。

一月二十號星期日（十二月十五）

喚匠人二拆板箱。予與韓馨搬書砌入架中，忙了一天。仲川來。

萬里借古物報告。

早眠。

一月廿一號星期一（十二月十六）

到所，略校《東壁遺書》。今日韓金城初入研究所。馮友蘭兄來所參觀，同至隆福寺街福全館午飯。

寫適之先生，江裕如，履安信。

陳通伯劉光頤來談。

　　通伯，名陳源，無錫人，少于予約二歲，以留學英國，歸即任北大教授。予與彼向不相識，徒以予在期刊上發表文字多，為所注目，又以予為近同鄉，乃常至予家談話，遂為稔友。及女高師風潮起，學生反對校長楊蔭榆，而楊是無錫人，與通伯為親同鄉，通伯遂在《現代評論》上作文為楊鳴冤。時魯迅以許廣平故，作文反楊尤烈，遂與陳相互對罵。孫伏園者，予北大同學，畢業後任研究所風俗研究會幹事，并任《晨報副刊》主編，時時挑逗學界風波，以推廣其報紙銷路。北大教授楊遹夷愛上了學生韓權華，伏園遂至韓家，取楊所貽韓書信逐日登上《副刊》，轟動一時，校長蔣夢麟遂撤楊職，此種行為非我所敢贊同。然伏園與我每日相見，渠欲我作文又常親到我家面請之，予性不絕人，時時為之寫作。伏園與魯迅既為紹興同鄉，又為師弟，每得消息，輒告其師。以通伯與伏園均常到我家，在我家見面，每以此事挑撥，使魯迅認為我為通伯死黨，但我作文不涉時事，故彼亦無從發泄。及一九二六年同到廈大，遂公開罵我矣。此一公案知者甚少，故今書之。　　　　　　　一九七三年七月記。

一月廿二號星期二（十二月十七）

　　理書。

　　到研究所，擬保存石窟造像公函，寫雁冰，既澄，愈之，琢如，伯祥，聖陶，兼士先生信。到介石處，談高中教科事。

　　體倦，九點即眠。

　　陰曆年內應付之錢：

×°還緝熙	廿二元
×°還介泉	十五元
與萬里照相價	十六元
×°與希白書價	七元

×　與伯南先生書價　　廿四元

×△　爲父大人給外祖母　　十元

×△　轉運公司找　　　六十一元

×　公賬之一部　　　　十元

　　還乃乾書價　　　　五元

×△　各處年賞　　　　十元

　　共一百八十元。

一月廿三號星期三（十二月十八）

理書。

到所。寫誠安，秋白信。到校醫室克刊處看病。

早眠。

近日服杏仁露後嗽嗆頗愈。

一月廿四號星期四（十二月十九）

理書。

到所，擬紀念册中研究所一部分之綱要。王森然來。寫仲周信，單不厂信。

寫父大人，陸步青信。

昨夜下雪，今日起風。夜中以寫信，入眠稍遲。

一月廿五號星期五（十二月二十）

到研究所，會同文玉往西車站請芝生飯。剃頭。

到研究所，擬“廿五周年紀念册應修正處”及“研究所材料加入紀念册的目録”二篇。到後門寄信。

到建功處。到第一院第二教室，與廿五周年紀念册編輯會。十一點歸。

今日頗寒。廿五周年紀念册本不干我事，兼士先生以研究所無人加入，囑蔣代校長與我一信，同往編輯。今日開會，復被推爲第一編編輯主任（張綺山同任），從此又多此一事矣，奈何！

一月廿六號星期六 （十二月廿一）

馮芝生來。寫履安長信。寫伏園信，告明日不往午飯，以學力實不能任劇專教科也。

研究所方言調查會開成立會，林玉堂先生主席，到者三十餘人。兼士先生强予爲速記。王姨丈偕表弟來參觀考古室及歌謠會。孔平來談。萬里來。

早眠。

芝生復要我到中州大學去，謂我去後可開辦中國文學系，這未免看事太易。無論我無此學力，即使有此學力，一系能由一人支持乎？

一月廿七號星期日 （十二月廿二）

介石來談。同至對面洋樓看屋。到大石作口洗浴。

到希白處，未晤。到金家鳳處，未晤。到錢玄同先生處送校稿。到陳援庵先生處談，晤張蔚西先生。到外舅家小坐，即歸。

寫陳援庵先生信，鈔《蒲壽庚考》目錄寄去。

今日忽患腹瀉。萬里明日歸，要我付照相館欠款，内有萬里自己放大照相。這太看我作駿大了。我决不付。擬寫信罵之。

後來萬里出版《西行日記》，傅斯年讀之，斥之爲“流氓”，有以也。

一月廿八號星期一 （十二月廿三）

與緝熙到研究所，看《西域考古圖録》，《天龍山石窟》，《武梁石刻》，《東京帝國大學考古圖録》五册。

到研究所，作前日方言會開成立會的紀事。兼士先生邀談，爲年假中辦事方法。寫適之先生信，送還《晨風閣叢書》及《石雅》。又寫兼士先生信，爲支薪付轉運公司事。

與緝熙介泉談話。

歸京二星期，生活不能上軌道，意境頗蕭索。因爲事務叢集，反而怕辦事了。愈積愈多，作何了局？思之趣味盡矣。

一月廿九號星期二（十二月廿四）

作《答李石岑書》，詳述自己的學問生活，約三千餘字，至夜十二點謄畢。開源轉運公司人來了兩次索錢，許以除夕上午。

到金家鳳處，未晤。到研究所，寫兼士先生信，送商館規約。看北京神紙。介泉來，同至市場。三院門口遇適之先生，略談。

前數日以事務太瑣屑，不能爲自己作事，頗覺抑鬱。今日作此書，胸中一暢，仿佛把久年的痞塊嘔出了一般。雖是肩背上的重量依然如故，但究竟鬆爽得多了。

一月三十號星期三（十二月廿五）

理物。寫石岑信。補上日記，登賬。馮漢叔先生來。

校《季刊》三號羅，王兩文。到會計課支薪。到南池子寄信。金家鳳緝熙來所。

與緝熙介泉談人生觀。看吳稚暉《新信仰》一文。

前日腹瀉後，大便又不上軌道了。

一月卅一號星期四（十二月廿六）

寫陳萬里信，與他算賬。到建功處，晤鄧飛黃。到第一院，開紀念册第一組會議，擬一啓事登《日刊》徵求材料。校單《跋文瀾書六種》稿。

到研究所，開歌謠研究會常會，五點許散。檢查鈔本書數種。

寫《左傳事緯》及《春秋大事表》書端書根，至上午二時始眠。

在歌謠會中，晤劉經庵，孫稗餘（碌，河南鄧縣），楊世清三君。劉孫均在燕京大學。楊在北大，住西齋，號一峰。

夜中讀書真開心，惜予不得長有此樂耳。

一九二四年二月

二月一號星期五（十二月廿七）

今日起，校中放假廿一天，又給陰曆習慣征服了。八點始起。寫平伯，伯祥，聖陶，雁冰信。開源公司人來取運書價。

到南池子寄信。到兼士先生處略談。到姨丈處送外祖母年金。又到幼漁先生處談話。又到適之先生處談話。

與介泉緝熙等雜談。

服 Cascara 兩天，今日得便稍暢。我很怕拜年，但總有不能不去之幾家。豫定如下：岳丈，姨丈，佩書，仲川。

予此次來京，極意要省儉，使可對我父我母我叔爭一口氣。但現在又覺得省儉不來了，因爲房屋不能布置得清楚，我即不能安心作事。不能安心作事，不獨不能有何進步，即求錢亦不容易。因此，我又想用了，又要像前三年布置內院辦法做起來了。這樣一來，非又花二百元不可。只要花了二百元，我的生活可上軌道，亦是值得。

二月二號星期六（十二月廿八）

起古物報告草稿。

粘貼古物照片上冊，又鈔尺寸，未畢。寫乃乾，平伯，中瀛照相館信。與介泉到西四牌樓買鞋。

與緝熙到前門買物，又到東昇平洗浴。十一點歸。三點許始成眠。

二月三號星期日（十二月廿九）

起較遲。與介泉到天橋吃飯。同至先農壇。出，至天橋昇平茶園看戲兩齣。又至春茗園聽清唱。又至長順堂聽大鼓。吃點。雇車到姨丈處。

在姨丈處吃年夜飯。十點歸。

今日在天橋享平民藝術的娛樂，爲真正北京人了。大鼓場中，寫"奉廳諭不許演《三國》唱詞"，以《三國》曲詞多罵曹操，而今總統姓曹也。

二月四號星期一（十二月三十）

寫希白囑書册頁。三和公張掌櫃來，講定做書箱事。

寫日記。補登上一月賬。文玉送十二月薪來。與緝熙介泉到市場買物。

吃年夜飯。看所購書至上午二時。

我來北京雖久，過陰曆年僅在預科時一次耳。今日爲第一次的家庭過年。

二月五號星期二（甲子正月初一）

八點半起。算賬。

與介泉到東嶽廟游覽，路經東森里，三等妓所居也。步出，車歸。

與緝熙介泉兩家眷屬同至真光劇場看梅蘭芳《醉酒》。步歸，又至二點睡。

真光劇場我是第一次去，覺得看戲的人全帶貴族性。與下午到東嶽廟，看西洋鏡，真是兩個世界了。

山西歸後之度支（計十七天）：

收入項——二百六十九元。

　　原存七元

　　還下三十二元

　　孔德一月份薪五十元

　　北大十二月份薪百元

　　又支八十元

支出項——百四十四元。

　　轉運公司找清六十元

　　叔遷會金找清廿一元

　　婦志及薇生書四元

　　自購書十四元

　　匠人拆書箱一元五角

　　公宴馮友蘭兄三元

　　郵費二元

　　年底節賞，禮物五元五角

　　陰十一月初九至十二月初十公賬十四元

　　牛奶一元

　　書箱換鉸鏈一元

　　棉鞋二元

　　代父大人送外祖母十元

　　應用物品二元

　　車錢二元

　　雜用一元

兩抵共餘洋一百廿五元。所可省者，惟自購書十四元而已。可怕！

二月六號星期三（正月初二）

竟日大雪。九點起。理照片，書目片。看傀儡戲。

補記去年十二月廿八日至本年一月十日《日程》。趙丹若偕其夫人二女來，同在緝熙處午飯。邦華來。寫父大人信。

寫丁在君先生，頌皋信。寫答賀年片十份。與緝熙談布置房屋。

自山西歸來，至今倦怠，未知何故。有病歟？心野歟？天氣壞歟？生活未上軌道歟？

二月七號星期四（正月初三）

雇車到岳丈處，未遇。到謝蓉初處，亦未遇。到佩書處，并晤何安生。到姨丈處，留飯。

飯後與姨丈到陳頌平處，作長談。到仲川處，未晤。即歸。晤介泉姻戚秦汪諸君。寫正甫，青崙信。

看金石書。

二月八號星期五（正月初四）

終日作古物研究。爲之分類。寫履安信，匯一、二月房用，伯南先生書價。寫萬里信。

碧澂來。

今日以埋頭終日，夜中又不易眠，在似醒似睡的境界中過了一夜。

二月九號星期六（正月初五）

竟日大雪，晚晴。寫中瀛照相館信。與介泉同至介石處，遇文玉。又至仲川處，與仲川同至辛揆先生處。到市場午飯。

到南池子郵局儲社款，而管款人未來。到中和園，人已滿。到華樂園，看吳彥衡《一箭仇》，九陣風《八大錘》，時慧寶徐碧雲郝壽臣《寶蓮燈》。

　　鈔靳雲鶚二次通告入筆記。

　　　以昨失眠，今日只得出門。不幸華樂一聽戲竟聽傷了。我們坐得很前，鑼鼓特響（從包厢發出的回聲糾合一起，所以更響）。聽《一箭仇》時，耳中已作響了。連一齣《八大錘》，介泉和我說話竟聽不見了。夜中在枕上，覺得右耳異樣，頗有成聾的恐怖。

二月十號星期日（正月初六）

　　到校，寫皮皓白，江裕如信，發校稿。回寓，緝熙夫婦到絨綫胡同王宅吃飯，安貞小二官由我管，令其寫字。予爲商務館輯選《東壁集》三分之一。

　　得乃乾書，知古書流通處即影印《東壁遺書》，因作函與亞東，請其先登廣告。附廣告式樣去。

　　與介泉緝熙談話。

　　　今日右耳仍響，如在機器間中。近日牙痛頗甚，吃飯時尤易作。此新年中舊疾也。

二月十一號星期一（正月初七）

　　上午，又雪。下午起風，頗寒。竟日輯選《東壁集》。寫馮芝生，張志純年片。

　　與介泉到青年會剃頭，市場買書。

　　　右耳響得稍好。置錶聽之，猶不及左耳清晰。

二月十二號星期二（正月初八）

　　搬書到研究所，由韓馨雇車押送，竟日六次。介石來。仲川來。張志純來。

　　到研究所理書，并開書單，不覺天黑。寫平伯，兼士先生信。

皞唐來談。

　得丁在君先生來書，論禹無治水事，極感。

二月十三號星期三（正月初九）

　輯選《東壁集》。寫孔平信。

　想起前日約亞東五天寄一冊，今已期迫，即將《古文尚書辨偽》一冊重新標點。

　與介泉到北長街散步。

　三和公取書箱去修理，修好後即送研究所。箱共三十四隻，所中大約可以放書八千冊。尚有八千餘冊，緝熙處可放一半。予書雖統一，但總不能置一室。他年有力，當租一大厦安之。

二月十四號星期四（正月初十）

　重標《古文尚書辨偽》畢。韓馨來搬書，竟日七次。予助之，并到介泉屋中大櫥內取書。錫永，希白，元胎來。頌禪來。

　上午四點半即醒，待至六點起身。即標《東壁書》，到吃粥已十頁矣。予重標此書，每天只能四十餘頁耳。此未免費功夫太大，別人必不肯如此。但予若不如此，心中就要覺着沒趣，故寧可在百忙中費去大部分的時間了。

　錫永（商承祚）與容氏兄弟，皆今之少年金石家也。

二月十五號星期五（正月十一）

　改《古文尚書辨偽》書頭小標題。金城來。

　全冊修正一過。到研究所，寫排式二紙，適之先生，孟鄒，孔平，希白，三和公信。

　與介泉到郵局，東方時報社，一五一公司，市場買物。記日記。

　近日忙甚，日記，賬本，家信，皆無暇寫。今日寄出一冊，心頭覺得一輕。

二月十六號星期六（正月十二）

孔平來談。嚴士弘來，介泉并邀我與之到華美北號進西餐。

輯選《東壁集》。向盤箴來，囑爲撰某人壽聯，并託人書寫。

到後門洗浴。爲希白寫册頁。

一個新年，計用去十元。

寫册頁十餘張，僅一紙略好。予有書才而無暇學書，故下筆吃不準。將來有暇，當爲草書。

二月十七號星期日（正月十三）

爲商務館選輯《崔述》完畢。陸尹甫先生來談，留飯。

緝熙爲我們照相。馮漢叔先生來。

張志純來。

《東壁集》選畢，凡得百篇。以初中教科一册四十篇，編兩個多月計之，此書應索價六百元。

尹甫先生極注意體育，年雖大，勉學拳術泅水，又好到山中探險，真可佩服。老輩有少年氣者，僅彼一人耳。

二月十八號星期一（正月十四）

寫履安信，半月不作家信矣。寫適之先生信，送去江順怡書二種。出空二書架，備置大櫃。

到希白處，爲代人求寫聯。到研究所，原意理書，那知書箱尚未修好。遂至兼士先生處，又至君默先生處，未遇。出城，爲蘇州圖書館定《晨報》。步至廠甸，遇姨丈。買書。取所修帽。

到希白處，看其所著書。

希白見贈圖章一方，文曰“頡剛啓事”。甚可感。但惜我信上從不打印，無所用耳。

兼士先生勸我不要做別的事，專爲研究所作事。我何嘗不願如此，但自己如何做得動主！

二月十九號星期二（正月十五）

終日整理《易卦圖説》。校《與李石岑書》。

寫楊德芳信。

翻看十年前筆記。到後門取所裝格本。與緝熙，介泉夫婦，安貞到中央公園看煙火。十一點眠。

公園放煙火，到者約三四千人。所放火龍極夭紹活動之致。

父大人來書云："汝文名甚好，蘇人士大半知之，甚慰老懷。"但我真怕這個文名，有了文名，永遠有還不清的文債。現在已覺擔負不了，倘使名更大，真要把我害死了！

二月二十號星期三（正月十六）

〔至少于今日寄出《東壁遺書》第二册。〕記筆記二則。將《易卦圖説》整理完畢，發出。金冠三來。木匠來拆大櫃，與韓馨搬書物。

寫石岑孟鄒信。寫父大人信。補記五天來日記賬本。理書入大櫃。

今日起，署筆記曰《泣籲循軌室筆記》，若此一年中我的生活能循軌道，那末我尚有生人之趣；否則我真是怕活了。

二月廿一號星期四（正月十七）

校《國學季刊》第三期。寫適之先生信。

偕緝熙及介泉夫婦到吉祥看全部《紅鬃烈馬》，散戲已八點矣。又到市場附近之木器鋪看物。

二月廿二號星期五（正月十八）

寫適之先生信。校《國學季刊》第三期畢。到所，董作賓來談。

寫適之，玄同兩先生，振鐸，乃乾，中瀛照相館信。

理物。

二月廿三號星期六（正月十九）

寫適之先生，三和公信。標點《考信錄提要》。

張志純到所談。

漢威來談。

自今日起，每天請介泉選《東方時報》新聞一則給我讀之。想一年後必可看西文報了。看了西文報，自便于看西文書。

二月廿四號星期日（正月二十）

校金城所鈔《考信錄提要》。標點《考信錄提要》。三和公人來寓改玻璃窗。

外祖母及姨母，儆北，四妹來談。

寫好《季刊》目錄。

聞七姨母又懷孕，七月中產。現有子女四人已極忙，如何再添子息耶！可憐！

二月廿五號星期一（正月廿一）

〔至少寄出第三冊。〕到出版部，發《季刊》目錄。標點《考信錄提要》畢，即寄出。到所。三和公人來看書箱，令其取還。希白來借書。

寫適之，玄同兩先生，孟鄒，紹虞，希白，仲華信。建功來談。

寄信後，到市場晚飯。到廣澄園洗浴修面。

《考信錄提要》整理了三天。

緝熙謂標點《東壁遺書》可以將做工的鐘點記出，每一點鐘作價三元，每日作工八小時，使全書完工時總結一下，應得多少代價。此項代價在版稅上扣多少時候才扣清。

二月廿六號星期二（正月廿二）

到崇文門買門上洋鎖。標點《考信附錄》。

到所，寫信十六通，信債小清。看《觀堂集林》。

標點《考信附錄》。

今日所寫之信：

振鐸 雲五 乃乾 愈之 雁冰 彥長 伯祥 秩臣 聖陶 萬里 在君先生 玄同先生 幼漁先生 琢如先生 仲周 教育改進社

二月廿七號星期三（正月廿三）

標點《考信附錄》。

到所。希白建功來談。校《季刊》清樣。畢，即送去。寫《讀書雜記》四則。寫沈伯安信。

漢威來。在介泉處打牌九，同座爲緝熙夫婦，介泉夫婦，漢威。

今日發出《讀書雜記》四條入《小說月報》：

（1）李伯元（孟韜言）

（2）劉鐵雲（汪穰卿）

（3）雙卿（《東皋雜鈔》）

（4）采桑娘（《考信錄》）

今夜漢威來，講起新年景致，說得高興，就打起牌九來。予完全不懂，介泉教之。這是我有生以來第一次打牌九。

二月廿八號星期四（正月廿四）

標點《考信附録》。

寫京華印書局信。到所，看日本人岩田秀則所照雲岡龍門鞏縣造像。作賓來談。兼士先生招開會，議對付臨時書記辦法。記筆記二則。寫介石信。

寫聖陶信二千餘言，爲乃乾職事也。十二點眠。

聖陶來信云："《史記》預備四十篇，每篇不全選，中有删節。點好後加注，以詳明二字爲標準。要請你做一篇序，言太史公之史學上的價值，順及文學上之價值。爲才力着想，爲名氣着想，此序都要你做才行。你雖忙，因爲這是社裏事業的第一炮，務望抽閑努力一作。"上海友人之責望我如此。他説"名氣"，可見名之累人。

二月廿九號星期五（正月廿五）

［至少寄出第四册。］昨一點始成眠，今晨六點即醒，僅睡五小時耳。標點《考信附録》完畢，付郵。

到所，寫孟鄒，秋白，玄同，綺山，萬里信。姨丈打電話來，爲木匠。緝熙來所看照片。

寫王姨丈信。

一本《考信附録》，整理完畢也須兩日半工夫。

一九二四年三月

三月一號星期六（正月廿六）

將《讀風偶識》四卷畫斷句子，并寫頁數，不覺一日。

作賓來，排人名片。

鈔《觀堂集林》論商史語入筆記，約二千言。十二時睡。

夜中鈔記甚快意，不覺十二點。以恐失眠即睡。然睡越遲則醒越早，只得四五小時耳。

三月二號星期日（正月廿七）

寫履安信。與介泉到適之先生處，未遇。到幼漁先生處，略談。晤叔平先生之子。回寓。仲川來。與緝熙夫婦介泉同至丹若處。予與介泉往訪邦華，小坐即回丹若處午飯。

在丹若處午飯，同座爲丹若緝熙之夫婦，介泉，我，漢威。食畢即到沈士遠先生處。在沈宅聽客人談話。尹默先生與予談編教科事。

歸，標點《論語餘説》。

今日沈士遠先生結婚，其續娶者爲一寡婦。惜予到塲婚禮已行過，不及聞胡先生演説。

尹默先生欲我爲孔德學校編歷史講演稿。

三月三號星期一（正月廿八）

標點《論語餘説》。爲樸社起公告草稿，以聖陶所擬嫌弱也。寫《商考信録》樣付鈔。

到所，將《五服異同彙考》極簡略的畫斷句子。寫伯祥聖陶信，乃乾信，父大人信。

温《論語》半部。

昨得聖陶伯祥來信，要我爲他們標點的戴東原《孟子字義疏證》等三種作序。我近日爲學正想把範圍縮小，而他們責望我放大，這是不能徇人的，因作函辭之。

三月四號星期二（正月廿九）

温《論語》全部畢。到大石作口浴堂洗澡。又下小雪。

到所，標點《論語餘説》。三和公來修書箱畢，幫同料理。

讀英文。記日記，賬簿。立借出書簿。

三月五號星期三（二月初一）

［至少寄出第五册。］將《論語餘説》點畢付郵。

寫孟鄒，中瀛照相館，介石，丹若，綺山，楊德芳信。將所中我的書籍理入書箱。尹默先生來談。

介泉到所，看造像照片。同到市場買書。歸，翻看所買書，并寫書根。

三月六號星期四（二月初二）

將書箱交韓馨送入學校。計運四次，十二箱。記筆記四則。

希白來。三和公人來。到校，理所搬去之書，竟半日未息。

吃力極，未做事。

三月七號星期五（二月初三）

標點《讀風偶識》。將雜志放入新做書箱中。

張綺山來，談紀念册進行事，寫四信。商務館寄予所編《初中國語》六册來，翻之，頗有誤字。

介泉來，同至青年會剃頭，市場買書。歸後看所買《古文範》。

綺山來商紀念册，寫信多封，心中一不高興，就升肝陽了。紀念册事本我所不願作，徒以兼士先生所囑，而研究所中實無甚事，不得不應。予之不能勉强徇人，不但在心情上如此，而身體亦復如此。故我若要身體好，非經濟獨立不可。

三月八號星期六（二月初四）

標點《讀風偶識》第二卷畢。

建功來談。寫三和公信，丹若信。

讀英文。

今日起傷風。夜升肝陽。這是我到京後免不了的病。

三月九號星期日（二月初五）

理書，韓馨助之。寫履安信。

讀英文歷史。與安貞游公園，遇漢威雨蘇。

讀英文。寫聖陶信（北京部與上海部之公函）。

從本日起，讀雷諾夫英文歷史，每日讀二三節。約八個月可讀完，總算對于世界史有一點常識了。

與上海社友書云：《左傳》準可由社中出，約于明年內脱稿。本年擬以舊時標點之辨僞三種付印。明年上半年，可將《古史辨》付印。《史記》則于後年着手。《孟子》《史記》《浮生六記》三序當于五月以前作成。

三月十號星期一（二月初六）

［至少寄出第六册。］標點《讀風偶識》第三卷畢。

陳援庵，吳檢齋兩先生到所，略談。寫尹默、兼士兩先生信。寫三和公信。

讀英文歷史。至十二點。

書籍搬至所中，在家標點一切不便。從今日起上午亦到所矣。所中一室頗大，然書放入之量已不可再加矣。即現在已無挂一地圖之地。

三月十一號星期二（二月初七）

標點《讀風偶識》完畢。

寫幼漁，玄同兩先生信。希白來談。紀念册第一組開會，在予之編輯室。到會者，張綺山，文玉，建功，烏以鋒，粟顯運，陳仲瑜及予七人。寫谷錫五信。

　　讀歷史，至十一點。

　　　昨以讀書睡較遲，不易入眠。傷風後總帶便秘，幸不甚劇。

　　　今日開會，予血又上升，甚不耐。予之不能辦事如此。

三月十二號星期三（二月初八）

　　風大甚。作《讀風偶識》標題卷一、二畢。

　　緝熙來觀照片。兼士先生來，囑往碧雲寺勘古墓。寫希白信。

　　讀英文史。

　　　昨睡并不甚遲，乃夜中屢醒，兩耳血升，熱甚。豈予必不能夜讀耶？

　　　碧雲寺陸謨克學院來信，謂在寺後發見一類似墳墓之物，現正發掘，要研究所中派人前往指導。于是又要我冒充考古家了！

三月十三號星期四（二月初九）

　　韓馨來。到校，檢《讀風偶識》與金城鈔寫，并寫《詩經》原文。寫褚保衡信，約明日同行。

　　檢《畿輔通志》，《順天府志》，《日下舊聞》中關于碧雲寺古墓材料。寫父大人信，寄出研究所墓志拓本十三種。到東安市場買絨毯等物，到大石作口洗浴，修面。

　　讀歷史。

　　　近日予回寓專讀英文報及英文史，到校專做國故研究，倒很上軌道。但可惜體力不好耳。

三月十四號星期五（二月初十）

　　寫綺山信。八點到校。希白保衡來。俟石曾先生到後，與之同往碧雲寺。汽車行，只一小時許耳。在寺看所挖古墓。

午飯後，到寺外農場觀覽。回寺，保衡爲照一相。保衡別去。
予與希白同至玉泉山。歸，夜矣。

寫緝熙介泉片，汪孟鄒片。

石曾先生因我們在碧雲寺等候發掘結果之無聊，作介紹函，
囑我們游溫泉，金山，大宮等處。予不能騎驢，而此行必須騎
驢，頗爲膽怯，然能騎了。

三月十五號星期六（二月十一）

［至少寄出第七册。］早起，寫履安信。到羅漢堂游覽。雇驢游
臥佛寺，到溫泉。過壽安山，心危甚。

在溫泉吃飯洗浴。雇驢至金山金仙寺。在寺游覽。

與胡泛舟談話。八點許即眠。

李石曾先生一意經營中法大學，碧雲寺，溫泉，金山等處購
學田數頃，山地植果樹，平地種棉稻。溫泉有中小學各一，村中
又有一女校，皆李先生所立。

三月十六號星期日（二月十二）

六點即起。看朝日甚暢快。八點，到金山汽水公司參觀。旋下
山，到北安河。雇驢不得，步至大覺寺。由寺役伴至小宮大宮二
處。回至大覺寺門口，買鷄子食之。

由大覺寺雇驢到溫泉。吃午飯。與希白步至黑龍潭。歸，迷
途，到溫泉時天已黑矣。

在溫泉廟中看《也是集》及《欲海忘航》二書。

作汽水手續甚簡單，機器没有幾付。黑龍潭現爲王懷慶作别
墅，大覺寺則王克敏。

三月十七號星期一（二月十三）

在温泉吃早點，見同學劉觀文君，略談。八點半，騎驢就道。過壽安山麓鹿岩精舍，往游一過。十一點許，抵碧雲寺。悉古墓已挖出一隧道。

午飯後，進墓中隧道。出，擬挖掘説明書一紙。二點，乘車回城。五點到寓。與緝熙介泉等談話。

君義來談。看《百一廬金石叢書》。

劉觀文，名炳炅，爲陸謨克學院及温泉中學教務主任，係民十地質系畢業。

鹿岩精舍係前湖南省長周肇祥別墅，極精緻。有二鶴，依依隨人，甚可愛。

三月十八號星期二（二月十四）

理物。萬里來長談。寫日記，記賬七天。

到校，寫兼士先生，綺山，仲華信。介泉來，同到子俊處，與之同游城南游藝園。

與子俊到寶華樓吃飯。步月歸。孔平來談。

歸後極倦，無心作事。

這次游西山，唯一的成績是騎驢。稍快一點也不妨了。

三月十九號星期三（二月十五）

理物。與緝熙介泉談話。韓馨來。寫芝生信，具道不能到開封之故。寫履安，孔平，適之，玄同，平伯，仲華，兼士諸先生信。

介石，希白來談。作《讀風偶識》標題。

粘貼胡先生文入《古史辨》。

游了四日，至今猶倦。予之不能勞苦可知。將來再不要説探險的夢話了。

一個月內應作事：

1. 校《戚氏譜》
2. 作古物報告
3. 作《浮生六記》序
4. 作《史記》序
5. 作《孟子》序
°6. 作爲學計畫
7. 標點《東壁書》四種
8. 游雲岡
9. 理書

三月二十號星期四（二月十六）

〔至少寄出第八册。〕作《讀風偶識》標題訖。在校布置書架。萬里來看造像照片。

寫仲華，社會季刊社，援庵先生信。加入討論日本對華文化事業，豫備提出意見書。寫王姨丈，丹若信。

理物。記賬。整理《古史辨》。

三月廿一號星期五（二月十七）

温習前兩星期所讀英文。

丹若，綺山來談。校王静安先生近著五篇。寫玄同先生，萬里，希白，雁冰，乃乾，剛森信。

到馬神廟剃頭。

予兼職實在太多了，列舉如下：

（1）研究所（一）本所事務（二）紀念册（三）國學季刊（四）編書（2）努力社（3）孔德學校（4）商務印書館（5）亞東圖書館（6）樸社（7）北京印書局。

自己要做事：讀外國文，研究古史，小運動，小休息。即此已難做到了！

三月廿二號星期六（二月十八）

韓馨來。校羅振玉文三篇，《畿輔志・崔述傳》一篇。寫希白，孟鄒信。發出《讀風偶識》。

寫仲華，適之先生信。校《商考信録》鈔稿。玉堂，援庵，不厂，萬里來談。研究所中開北京印書局招股會，加入。

在緝熙處宴會，到客爲保君建，葉良輔，周贊衡，漢威四人。

北京印書局開會，幸未說及編書，使我心一定。

伯祥來信，謂樸社擬與古書流通處在三馬路上合開一書店。我們三人商量後，僉謂此辦法不妥，因由介泉寫信拒之。

三月廿三號星期日（二月十九）

韓馨來。寫履安信。寫雁冰片，乃乾片。讀歷史。張志純來。

適之先生來。與介泉妹丈略談。李續祖來。到廣澄園洗浴。途遇伏園。

看《東齋論劇記》。

星期日未出門，亦未做甚事。加以精神倦怠，頗不樂。

近日傷風，飯量略減，頭稍昏沈。

三月廿四號星期一（二月二十）

韓馨來。作《我的研究古史的計畫》三千言。張志純來。

大風揚塵，天爲之黃。介泉來，同至適之先生處，遇玄同先生。夜飯後歸。

近來雖不致失眠，然必上床後一小時許才可入眠。大便雖不至秘結，然必上廁十五分鐘。

前四五日，與介泉同到校，我在北上門石階上滑了一個筋

斗。左膝上碎了。沒有留意，到今天頗痛，當是微生物侵入，因
請緝熙爲代洗扎。

三月廿五號星期二（二月廿一）

〔至少寄出第九册。〕讀歷史半日，未做一他事，甚快。

校《中西交通錄》目。陳式湘來談。到所，寫仲華，援庵，父
大人，兼士先生，遏先，介石信。理抽屜櫃，加標簽。紀念册第一
組開會，至六點餘始散。

翻覽《國語教科》第六册。

作了一天的事，到夜飯後實在疲倦了，不但不能寫字，并看
書亦有些勉强。

陳式湘，名錫襄，閩侯人，協和大學派至北京大學留學者，
介紹虞來見，約星期日到我寓中談話。

三月廿六號星期三（二月廿二）

讀歷史。寫聖陶信。到所，寫三和公，孟鄒，平伯，希白，仲
華，叔平，德芳信。發出昨日議決徵集事項印件。萬里來談。校
鈔件。

改作《研究古史計畫》畢，即謄正，計三千餘言。睡已十二點
矣，竟不易入眠。趙丹若偕其弟軼塵（廷爲）來，囑薦商館事。

今天八點許到校，時間甚早，滿意可做些自己事情，乃來了
兩個電話，一個客，寫了七封信，接洽了兩回所中事務，也就完
了。心中一恨，腦子馬上脹了，手也顫了。我想，照這樣下去，
生活終不能上軌道。擬在後門内外寺院中租一僻靜之屋，早點後
即去。讀書與作文間天爲之。無論如何做得少，總算半天是我自
己的了。這個地方守秘密，使得無一點外事攪心。下午到研究
所，就是不做自己事情也可無怨了。回寓則專意休息。

三月廿七號星期四（二月廿三）

早五點即醒，僅睡三小時耳。校《崔述》選本中之《無聞集》訖。

寫仲華信。萬里來談。校昨所作文，送適之先生處，作書附去。緝熙到所，同往一五一公司買物。

休息。

三月廿八號星期五（二月廿四）

標點《無聞集》中《救荒策》四篇畢。

標《無聞集》卷一畢，卷二未畢。

看吳稚暉先生的《人生觀》一文，至十一點半。

悟悔囑撰馬彝初四十壽聯（馬陰三月十三日生），無法拒絕，因于今晨作之。聯曰："花好月圓祝人壽，浴沂風雩憶相知。"似尚漂亮。悟悔，馬之學生也。

三月廿九號星期六（二月廿五）

讀《埃及史》畢，心中甚快。

標《無聞集》卷三未畢。改作《計畫書》中論神話一段，寫適之先生信送去。

與漢威等談話，未作事。

漢威爲人不誠，而又好辨，使我不勝鄙薄，竟罵之。予頗不會當面罵人，而與漢威獨不能自抑止，其爲人可知矣。（同輩中，漢威的資格最高，其人格最下。）

三月三十號星期日（二月廿六）

〔至少寄出第十冊。〕理書，物，兩間通聯，一爽快。記筆記。陳錫襄來問學。

與介泉夫婦同游萬生園，歸已夜矣。

記筆記二則。寫履安片。

萬生園不到三年，惟添題了幾個濫調的橋名。暢觀樓中木器均換劣貨矣，原物不知爲何人盜去也。門票已加至兩倍。

三月卅一號星期一（二月廿七）

寫樸社意見書。標《無聞集》卷三畢。萬里來談。寫平田覆信。標《無聞集》卷四未畢。丹若，德芳來。

剃頭。看《縛住了嗎？》

予近年之夢，以祖母死及與靜安先生游爲最多。祖母死爲我生平最悲痛的事情，靜安先生則爲我學問上最佩服之人也，今夜又夢與靜安先生同座吃飯，因識于此。

看此段文字，知我那時引爲學術上之導師的，是王國維，不是胡適，而數十年來，人多詆我爲“胡適門徒”，則以《胡適文存》銷行之廣，決非《觀堂集林》可比也。胡適利用我能爲彼搜集資料，以此捧我，又給我以生活費，使我甘心爲他使用，與朱家驊之百般接近我，以金錢爲餌，同爲政治手段。此種手段，只能買我一時，決不能買我永久。至于我之心儀王國維，則是我一生的不變看法。我之成績不及彼，則是時代動蕩所構成，非（下缺）*

一九二四年四月

四月一號星期二（二月廿八）

寫伏園，劍三信，告不赴文學會。標點《無聞集》畢。

適之先生來談《季刊》事。寫禹琳，乃乾，平伯，在君先生，

---

* 此段爲1970年代所寫。

芝生，日章信。

理筆記簿册。

四月二號星期三（二月廿九）

讀《巴比倫史》。

到校，寫新潮社，萬里兩信。子俊來談，導觀所中各處。整理書籍。

與介泉月旦人物。寫平伯石岑信。

　腿上傷處，承緝熙爲之敷藥，近日始痊。些微之傷，一不留心，動累旬日。以後再遇此等事，當即用橡皮膏或其他防腐藥敷之，勿稍因循。

四月三號星期四（二月三十）

將《無聞集》覆觀一過，即付寄。萬里來。

寫孟鄒，敬軒，楊德芳，經農信。

介泉談譯書，時正作《海上夫人評》。

四月四號星期五（三月初一）

〔至少寄出第十一册。〕標點《元西域人華化考》《佛老文學》兩篇。丹若來談。

寫援庵，適之，兼士，啓明四先生信。

看《東方》。

四月五號星期六（三月初二）

讀《巴比倫史》。

到麻綫胡同看拍賣。到外舅家小坐。到姨丈家，并看其新蓋房屋。到仲川處談話。夜歸。

看《東方》。

四月六號星期日（三月初三）

到所，寫履安，萬里，芝生，秋白，振鐸，平伯信。維鈞來談。

與介泉到中和園，看李桂芬《珠簾寨》，郭小芬《哭祖廟》等劇。步歸。

鈔《群强報》上新排戲節目六紙，遂失眠。

今夜偶爾高興，鈔寫節目六紙，遂致失眠，實在這一條老路走得太熟了。因思家中可不蓄筆硯，更將書房撤去，書籍全數搬入校中，庶可無此恐怖。

四月七號星期一（三月初四）

韓馨來。點讀《新鄭出土古器圖志》，爲作報告豫備。寫雁冰，聖陶片。萬里來。

到東安門洗衣，馬神廟剃頭。

看《東方》。

漢威得博士而不再爲學，妻無故而屏之不顧，專想納妾，使我加倍看不起。今日他到緝熙處，我絕不與敷衍，夜飯避之，在介泉處吃。他出去時，又只當不看見。我已與他絕交了。

四月八號星期二（三月初五）

金城來，告所中門鎖，因未去。讀《巴比倫史》畢，一快。

到十刹海會賢堂賀恕人喜事。到吉祥寺，火神廟，慈慧殿。讀《巴比倫史》。到巷口洗浴。

看《東方》。

甚想找一佛寺作秘密的讀書地方，乃遍尋不得。慈慧殿均住北大學生，火神廟爲商人公會，吉祥寺全爲中法學校占用，悵悵而歸。讀書之難如此！

四月九號星期三（三月初六）

[至少寄出第十二冊。]點《新鄭古器圖志》畢。寫兼士先生，援庵先生，萬里信。

希白，作賓來談。三和公人來。寫叔平先生信。作新鄭古器出土目錄。寫父大人，膺中，琢如信。

四月十號星期四（三月初七）

標點《金碑考》，及《季刊》雜稿。寫《金石萃編》書根。理物。

標點《季刊》雜稿。寫《左傳》書根。膺中來談。兼士先生招談。布置展覽會場。介泉來，同到市場，又到陳通伯處談話。

今午將房內桌上雜物移去，始覺此室一清，否則真豕笠矣。

維鈞以腿疾乞假，《歌謠》又要我編。本來事忙，如何再加此事！

四月十一號星期五（三月初八）

作《東嶽廟七十二司》一文，并論東嶽本身，凡三千言，刊入《歌謠周刊》。

校《金碑考》。寫適之先生，玄同先生，履安，乃乾，紹虞，彥長，芝生，振鐸，心如，平伯，一岑，子水，君武，日章，襄哉，伯祥，煥壎信，計十七通，一年積逋，至是清矣，一快。

與介泉夫婦到市場買物。

今明兩日為萬里和我旅行照片陳列之期。下午開會，看者甚多。會址在第二研究室。

規定課程表：

星期數	上午	下午	夜
一	標點	季刊	洗浴
二	世界史	講演稿	翻覽金文及甲骨文說文等
三	標點	同	
四	同	年報，紀念冊	
五	世界史	季刊，歌謠	
六	標點	未了雜務	剃頭
日	寫信，會親友	游覽	休息

四月十二號星期六（三月初九）

校點《季刊》文，一卷四號論文畢。

寫適之先生，德芳信。寫《左傳》書根，寫履安，在君先生，振鐸，清華校信。校《考古續說》。

與介泉緝熙到市場。與緝熙吃飯，到協和看戲。

四月十三號星期日（三月初十）

與介泉夫婦，緝熙及北大女生黃孝徵，彭道真，陶桓連，謝祚祚，劉尊一，譚慕愚游頤和園玉泉山，由彭君之兄及其同鄉何君領導。上午八點一刻出門，下午八點一刻歸，游甚暢。

與介泉緝熙談話。

頤和園最佳處爲諧趣園，前數次所未到也。竹影泉聲，清人心骨。予不到頤和園，已十年矣。今日與女子同游，頗感樂趣。必像我輩無玩弄女子之心者，社交公開始可無弊。否則但以女子爲犧牲耳。

無端相遇碧湖湄，柳拂長廊疑夢迷。五十年來千斛泪，可憐隔巷即天涯。

一九七八年九月廿六日，偶展此册，不覺悲懷之突發也，因題詩于上，以志一生之痛。

四月十四號星期一（三月十一）

[至少寄出第十三册。]校選録之《考古續説》。寫《史記》書根。到考古學室，與吳郁周先生會面。

作《兩個出殯的導子賬》，備入《歌謡周刊》。今天作了四千餘字，尚未完。萬里，郁周，緝熙來。綺山，冠軍來。到廣澄園洗浴。

與介泉緝熙談話。

四月十五號星期二（三月十二）

讀《猶太史》。

校選録本《考古續説》畢，寫仲華信，囑辦六事。寫余昌之，聖陶信。萬里來。作《殯儀賬》畢，改正送去。到維鈞處，未晤。

與介泉談話。

介泉得家中快信，其祖母病重。籌畫歸計，心中甚不快。此等事無可慰藉，亦代爲惆悵。回想我前數年情形，我真苦啊！

《殯儀》一文計五千五百言，不到兩個半天作完，也算快了。

四月十六號星期三（三月十三）

標點《考古續説》。維鈞來。寫萬里信。

爲孔德歷史講演稿擬目。馬隅卿來談。璨如來。爲《新教育》作《整理國史的意見》千餘言。寫書根約卅册。寫萬里信。

談話。看《嗇庵隨筆》。

一個上半天只能標點廿頁書。

啓明先生來信，囑到燕京大學講演古史，謂是燕大文學會中託其轉邀。擬即辭之。

四月十七號星期四（三月十四）

標點《考古續説》二十頁。寫適之，玄同兩先生信。寫啓明先生信。

鈔出昨所作文，改名《整理國史非空言所能爲》，即付鈔。有二千餘字矣。叔平先生來。璨如來。擬研究所一覽目。寫適之先生，伏園，孔平，振鐸，聖陶信。

剃頭。談話。

振鐸屢囑我作文，答之曰，現在把辦事時間與休息時間劃開之後，頗不容易，因辦事時間無暇作，而休息時間又不肯作也。

四月十八號星期五（三月十五）

讀《猶太腓尼基史》畢。與韓馨同到火神廟看屋，即定下。

寫高魯，仲華，伏園，萬里，丹若，階青先生，平伯，伯祥，新教育社，秋白，振鐸，孟鄒，經農，父大人，竹庵叔祖信。寫《讀書雜記》四則寄《小説月報》。

鈔劇目。談話。

今日所寫《讀書雜記》：（1）詩與史　　（2）楚辭　　（3）秦腔　　（4）明清戲價。

火神廟在景山後，西板橋。東配殿三楹，價三元五角。予占裏間，外二間與韓馨及金城住。心中快甚。

四月十九號星期六（三月十六）

［至少寄出第十四册。］標點《考古續説》畢，尚未覆看。立《泣籲循軌室筆記》第二册。革癡，維鈞來談。

寫適之先生，孔平，伯祥，平伯，履安信。到孔德學校，晤馬隅卿先生，參觀一過。

到忠信堂，應維鈞邀宴，同坐約十人。

今夜同座：建功　文玉　希白　元胎　洪熙　廷謙　小峰
璨如　邦華

寫履安信一小時許，約二千言。我的手真不慢。書中詳述近
日生活樂事。

四月二十號星期日（三月十七）

偕介泉緝熙到火神廟看所租屋。理《日刊》。偕緝熙到頤和園。
前山未甚游，專游後山。甚暢，緝熙攝得二十餘片。自諧趣園出，
天已暮矣。到家，已近九點。在園遇雨蘇。

談話。

西直門十一點半關，以此時有一班火車也。他門皆關得甚
早。頤和園門票一元二角。幼童及軍人減半。諧趣園二角。頤和
園後山大殿，曰"香巖宗印之閣"。

四月廿一號星期一（三月十八）

校讀《考古續說》未畢。爲研究所擬一徵書人名單。

讀《曲禮》。馬叔平，太玄兩先生來。平伯家來取書，寫階青
先生信。校靜庵先生《戴校水經注跋》。寫適之先生信。緝熙來，
同至廣澄園洗浴。

談話。

途遇適之先生，知他經西醫診察，謂是病肺，現擬到跑馬場
休養。先生體弱如此，一作事就病，而又不肯不作，思之悲恐。

四月廿二號星期二（三月十九）

韓馨遣校役來搬木器。温讀《歷史·序論，埃及，巴比倫史》。
寫兼士，幼漁，靜庵三先生，希白，伏園，萬里，聖陶，乃乾，
昌之，新教育社信。讀《檀弓》，記筆記四頁。到市場取所洗馬裇。

看《希臘神話》。

與靜庵先生書曰：“擬俟生活稍循秩序，得爲一業之專攻，從此追隨杖履，爲始終受學之一人，未識先生許之否也？”

四月廿三號星期三（三月二十）

三和公送書箱九隻來。校讀《考古續説》畢，作標題未畢。寫萬里條。希白交來代賣書。

作《考古續説》標題訖，即發出。丹若來談。寫孟鄒，聖陶，玄同先生信。

看龜甲文字。

二卷《考古續説》，費了八個半天。事無往而不難，于此可見。

在北池子見一家門聯云：“作事既知其所以，此心自覺無惡而。”覺得這話即是我的心地。

四月廿四號星期四（三月廿一）

［至少寄出第十五册。］校《補上古考信録》。維鈞來談。寫紹虞信。

萬里，郁周來談。寫平伯，天挺，綺山，小隱，何慎齋，芝生信。校雲岡史料。

看龜甲文字。

四月廿五號星期五（三月廿二）

温讀《猶太，腓尼基史》。

校雲岡史料。審查沈先生送來《淳熙三山志》等四書。維鈞來。三和公來。寫兼士先生兩信，伯祥片。剃頭。

與李進化女士等談話。看龜甲文字。

緝熙夫人以吐血，至同仁醫院診驗兩次（照 X 光，三元），謂是肺病。可悲也。

到校步數：

自寓中門口至北池子中計一五四〇步

自北池子中至學校門口計八〇〇步

自學校門口至座位計一四〇步

三共二四八〇步，約三里許。共走廿五分鐘。

　　大石作六〇步　　空地六〇　　大高殿七〇　　北上門五六〇　　門外三〇〇

四月廿六號星期六（三月廿三）

監木匠漆門。讀《波斯史》。

理書入緝熙處。校雲岡史料。寫履安信二千言。寫馬隅卿信。

與李女士等談話。早眠。

四月廿七號星期日（三月廿四）

五點半起，與介泉緝熙夫婦到西直門站。三家店車已開，遂改赴南口。諸人分坐轎驢，余步行至關。在關進飯，到關外泉旁游息。四點，回南口。李女士打電話至京，覓看京寓者。夜飯後偕緝熙及李女士上街買物。夜失眠。今日同行者：緝熙，緝熙夫人，介泉，介泉夫人，李進化，龔業雅，謝祚茞，彭道真，譚慕愚，黃孝徵六女士，及我，共十一人。

今日游南口，原擬當日歸，乃因人多走慢，遂至脫車，不得不在旅館中止宿，洵出意料。我們十一人，分占五室，我與緝熙介泉同室。眠已遲，醒極早，且不易入睡。

四月廿八號星期一（三月廿五）

四點半即起。緝熙夫人與黃女士先歸。我等到八達嶺。我興致很好，奔向四層。大家隨了我，以至李譚兩女士甚爲狼狽，譚女士由我扶下。五點許，到西直門站，即歸。

談話。

夜中又不易得眠。

予到京五個月，今日始在青龍橋見雨。但歸西直門時天又晴了。

四月廿九號星期二（三月廿六）

［至少寄出第十六册。］到火神廟，監水木作（開門，改窗）。到校，略處置，即歸。寫作賓信。

讀英文歷史。看《新教育》年會號。

談話。

緝熙夫人到德國醫院，遇譚女士，悉因昨游八達嶺，致氣急心蕩之疾復發。予聞之，心甚不安，以此次到四層，皆由于予之勇往，予既往前，他人自隨至了。予于同游諸人中，最敬愛譚女士，以其落落寡合，矯矯不群，有如幽壑絶澗中一樹寒梅，使人眼目清爽。今又重以憐憫，加以悲悔，眼泪幾奪眶而出。予近年來一意奮鬥，感情生活不親久矣。乍逢此境，真不知何所措置耳。

四月三十號星期三（三月廿七）

理雜志畢。監水木作。

寫兼士先生信。與介泉夫婦到後門買裱糊紙。

一九二四年五月

五月一號星期四（三月廿八）

　　監水木作，漆工。寫履安信，除家事外述居庸關游事，得十五頁，未畢。萬里來談。

　　談話。

　　以譚女士之疾，心甚不定。吾對她以性情上之相合，發生愛敬之心，今一聞其病，我心之攪亂乃如此，吾真不能交女友矣。

　　歸後兩日，看字發花，今日乃稍愈。即此足證吾力之不強，惟吾志勇耳。

五月二號星期五（三月廿九）

　　監水木作（拆炕），裱糊工，漆工，玻璃工。續寫履安信十四頁。仍未畢。萬里來談。三和公掌櫃來。

　　作賓來談。

　　修改所寫信。

　　今日夜飯後將所寫信覆看一過，不覺已十一點，遂又失眠。自此以後，夜飯後當絕對不親筆札矣。因此，想決計買一付沙發，晚飯後靠在上邊，待倦而眠。這幾十塊錢又是不能省的。

五月三號星期六（三月三十）

　　監裱糊工，玻璃工。將與履安信寫畢，共計三十三頁，一萬餘言。三和公送器樣來。

　　寫孔平信，謝彭金三女士來，略談。補記前八天日記。江軼青來。理物入偏屋。

　　談話。

以昨夜失眠，頗倦怠。

金女士名織雲，松江人，亦豫科英文 A 班生，其夫陸君，亦在大學讀書。

介泉告我，他把譚女士疾問她同學，她同學說："她那兒有病呢！"可見病已早愈了。聞之，此心一慰，一塊石頭落了地了。

五月四號星期日（四月初一）

［至少寄出第十七册。］監三和公及天增木廠木作修窗門，裝鎖。與韓馨理物，挂書畫。洗浴，剃頭。

與介泉緝熙夫婦游十刹海。談話。

得魯弟信，知其家庭困苦情形，極憫憐之。冬官現在寄頓他的外祖母處了，魯弟說，"母未死而先離"，良可悲嘆。一家本可無事，偏要弄到這樣，長輩的愚真不可及。

五月五號星期一（四月初二）

寫昌之片。看《時務報》，檢大學史料。與彥堂到維鈞處略談，遇葛中山。出，至萬里處看照片，又至彥堂處。

王復生來談。天挺來談。寫隅卿信。改楊德瑞文稿。

與介泉到市場，在東安樓啜茗。介泉剃頭，予看報。夜失眠，看《聊齋志異》。

今夜無端失眠，甚不可解。介泉緝熙均謂我精神上受戟刺太深，所以如此。

與介泉月旦人物，甚快。他說："兩個目空一切的人碰見了，比任何人皆投機。"這正是我們二人的情形了。

五月六號星期二（四月初三）

到火神廟。寫父大人，魯弟，萬里，乃乾信。沈兼士先生招談。理床鋪及衣櫃。

寫平伯，又陵，梁任公，秋白，伯祥，芝生信。玉堂先生來注蘇州音。

與介泉到東安市場，到東安樓啜茗。遇通伯。談話。

飲華福麥乳精及杏仁液而眠，居然成睡。

聞通伯言，適之先生肺病已證實，使我悲感。寫平伯信，將日來惆悵事詳細一説，心中甚痛快。我的心中真不能藏一點事。

五月七號星期三（四月初四）

補記日記，登賬。十餘日未登賬，結清頗費事。從此後希望不再脱出軌道。

擬研究所中應定報紙。檢許景澄事實及大學成立史。校雲岡史料畢，即送還。寫兼士先生，不厂先生，援庵先生，伏園，愈之信。

李龔二女士來談。

午間小雨，旋晴。近日心境甚覺淒麗，思看文藝品，但無此福分耳。適平伯寄《西還》一冊來，稍一翻讀。

五月八號星期四（四月初五）

整理《補上古考信録》。記筆記七則。寫萬里信。

寫叔平先生，紹原，聖陶，琯生信。

到建功處，希白處小坐。談話。

五月九號星期五（四月初六）

［至少寄出第十八冊。］到火神廟，將《波斯史》讀畢。

寫昌之，伯祥，支偉成，紹虞，芝生信。擬研究所委員會議案二則。校許袁疏。

談話。

今日為第一天到火神廟讀書，甚可紀念。心中悲喜，竟不能形容。喜的是我竟有此福分，悲的是將來不知如何，不知能永有此境界否。

五月十號星期六（四月初七）

覆看《補上古考信録》。與介泉到真光聽泰戈爾演講，遇適之志摩兩先生。

寫履安信三千餘言。剃頭。

談話。

適之先生自謂現在身體已好，然貌更清癯，不知從此肯稍自將息否。

五月十一號星期日（四月初八）

五點半起，六點出門，與緝熙同由京門枝路至石景山。到電燈廠參觀。在寺中小憩，導游諸洞。十一點，進炸醬麵。飯後即到站，候十二點車到三家店。下站後雇驢到陳家莊，在渾河兩岸徘徊久之，即歸。在站候七點車，到寓已八點許矣。十一點許眠。

石景山雖尚秀，然無泉水，樹亦不多，造像石洞大半傾圯，當時原未鑿得好，現在佛都沒有了，殊碌碌。渾河兩岸氣象雄壯，甚可愛。予騎驢，緝熙為攝一影，未知佳否。

五月十二號星期一（四月初九）

寫援庵先生信。覆看《上古考信録》畢，即寄出。玉堂先生來。到彥堂處。萬里，丹若來。

維鈞來。寫萬里信。寫孟鄒信。兼士先生來談。到火神廟。

談話。

《上古考信録》前已標點好，此次覆校一過，又費兩天半。

今日寓中鋪地席。

楊韓事件發生，楊適夷辭職，其所授史學系上古史課，遏先先生要我擔任，託兼士先生言之。予却絕。

五月十三號星期二 （四月初十）

讀《印度史》。接平伯信，又引起惆悵。

寫芝生，天挺信。標點《孟子事實録》。翻《萬國公報》一套。談話。

今日買花草七盆，錢一千零四十文。

接平伯書，轉增悵惘，下半日竟不能作事。勉强做了一點，心神不屬，自視有如機械。苦矣！

五月十四號星期三 （四月十一）

［至少寄出第十九册。］讀《梁惠王》，《公孫丑》，《滕文公》，《離婁》。記筆記二頁。

看《萬國公報》一套。

談話。

五月十五號星期四 （四月十二）

在家，寫平伯信。謄出。三和公人來。裁縫來。

膺中來談。翻看《萬國公報》一套。讀《萬章》，《告子》，《盡心》。

談話。

寫平伯書，詳述我的愛美不求對方明瞭之故。雖胸膈一暢，但愈凄麗了。我苦情多，奈何奈何？

五月十六號星期五 （四月十三）

讀《印度史》畢。李進化女士來談。

翻看《萬國公報》一套。寫隅卿信二通，聖陶片，秋白片。剃頭洗浴。

談話。

夜中月色極佳，不忍早眠，滅燭觀之。猶以爲未足，席地觀之。以此欣愉，又致失眠。

五月十七號星期六（四月十四）

標點《孟子事實錄》上卷畢。寫援庵先生信。萬里來談。

彭黃二女士來。到維鈞處賀喜。寫履安信二千餘言。方言調查會開會。陳頌平先生來參觀，伴之。

到青年會，聽女高師音樂科畢業生演奏。到市場進冷食。十二點外眠。

女高師音樂會之券係李龔二女士所贈。緝熙介泉夫婦均去。在會場中遇子俊，謂不久即出京。

方言調查會開會，爲之瞌睡。予之不適于社會運動如是。

五月十八號星期日（四月十五）

五點起身，六點出門，七點上車。同行爲緝熙，介泉夫婦，彭謝譚黃四女士，彭道義君，共九人。途遇萬里，在車小談。到黃村，雇驢游八大處。在龍王堂進食物，香界寺憩息。到秘魔崖適之師母處，快甚。七點半，乘車回城。

在龍王堂談《紅樓夢》，在香界寺談各人性情，使我不知悲樂之何從。人生之美有如是者乎？

予前星期與緝熙騎驢，自覺膽大。今日之驢跑得快了，使我頭眩，又膽小起來。

五月十九號星期一 （四月十六）

〔至少寄出第二十册。〕標點《孟子事實錄》十頁。印度學者三人來參觀，伴之。

與介泉緝熙夫婦談話。與介泉夫婦到市場買物。

談話。

今日倦極了，午飯後坐在緝熙處，竟立不起來，介泉來一談話更不能走了。下午竟没有到校。這是例外的事。我的倦，實在不僅是體力的倦，而精神的倦亦占其大半。我的人真不能受刺戟，奈何！

五月二十號星期二 （四月十七）

遲起。萬里來。讀《支那史》。

翻《萬國公報》一套。到照相室看洗片。寫伊鳳閣，胡先生，昌之，仲華信。擬《歌謡周刊》出結婚專號啓事。天挺來。記六天來日記賬目。

種花。談話。

昨夜得眠甚佳，今日至七點半才醒，數月來所未有也。日記賬目一不上，就覺生活脱出軌道。此心無奈，如何？

適之先生來書，謂其女兒病危，聞之悵嘆。他們家裏不如意事太多了。

五月廿一號星期三 （四月十八）

三和公送沙發來。作《一個全金六禮的總禮單》，約三千言。

編集歌謡中關于結婚者。援庵先生來談。寫父大人，紹虞，新芳齋，萬里信。祝庚先來。

與彦堂到維鈞處，見其新夫人。

夜中又不能眠（想以到維鈞處談話，多喝雨泉茶之故），適大雨，坐沙發上聽了，燈光微明，閃電照壁，心思澄澈，頗曉風趣。

五月廿二號星期四（四月十九）

標點《孟子事實錄》卷下未畢。維鈞來談。途遇麟伯，略談。大雨，未到校，讀《支那史》。與介泉夫婦到十刹海散步。

談話。

與介泉言，我輩對人過于落寞，亦非爲人之道。因擬于下星期日到京中親友處走一天，藉盡人事。

五月廿三號星期五（四月二十）

讀《支那史》畢。

寫紹虞，援庵先生信。兼士先生，建功來談。擬年表格紙。校文稿。校《季刊》。剃頭，洗浴。

談話。

今日下午做了一點雜事，也就完了。假使在從前，一定又要怨恨。現在規定下半日辦事，能做事固好，不做事亦好，此心較能安定矣。

建功病不愈，稍勞則晚間發熱，爲之惆悵。

五月廿四號星期六（四月廿一）

［至少寄出第廿一册。］標點《孟子事實錄》畢，尚未整理。彥堂，希白來談。君璧來。

寫履安信二千餘言。寫平伯，乃乾，仲華信。看《晨報》附刊。緝熙來，同至王姨丈處，康星橋處，船板胡同鏡框店。

看八大處所照相。

八大處所照人相爲數次中最好者，五女士騎驢一幀尤好。

五月廿五號星期日 （四月廿二）

整理寓舍。寫援庵先生信。

與介泉夫婦及介泉表弟江軼青同游釣魚臺，并至農業學校前數步。歸途遇譚黃謝三女士，同進城。

與介泉夫婦到君璧處吃夜飯。同座有廖家珊女士。

自釣魚臺歸，無車，步行，聞背後有車聲，回顧，乃譚黃謝三女士，由農業校中視其同鄉女友之疾而歸者。她們都下車，和我們同行。這也是我們同游的緣分。

五月廿六號星期一 （四月廿三）

整理《孟子事實錄》尚未畢。

兼士先生來談。寫伊鳳閣，魯仲華，適之先生，頌平先生，介石，維鈞，萬里，芝生信。

與介泉到十刹海散步。

一天事務既畢，與介泉步出後門，買食物，到十刹海邊石磴上坐而食之。晚霞燈火，愈增幽麗。這時候覺得我們都是小孩子，生活于美的世界中，洵是人間至樂。

五月廿七號星期二 （四月廿四）

讀《日本史》，畢。讀《希臘史》，未畢。與介泉談話。

看《時務報》一套。仲良來談。寫敬軒，履安（片），仲華信。

與研究所同人到東安市場吃飯買書。

今夜又失眠，想以到市場吃飯之故。直到天亮始得合眼，幸坐沙發上，不覺苦。

本到火神廟讀書，以寓中布置甚好，不忍去，遂在家讀。然介泉既來，又不忍不與他講話，以致打斷了一點許鐘的時間。以後讀書，還是到火神廟罷。

五月廿八號星期三（四月廿五）

讀《希臘史》。與介泉緝熙談話。聞張存良女士死耗，彼此不歡。

寫適之先生二函，玉堂先生，聖陶，紹虞信。標點新鄭出土古物報告。維鈞來談。審查《歌謠周刊》稿件。

聽大鼓，係門口所喚，凡六齣。

張存良女士係女高師化學系新畢業學生，成績爲全校最。風致之美，予于緝熙處照片中見之。前數日患猩紅熱，竟于昨夜四點病没傳染病醫院。緝熙悲嘆，予亦生愁。人生慘酷，有如是乎！

聖陶囑予爲其所標點之《王文成公集》作序，辭之。此等事出諸聖陶之口，使我惆悵。

五月廿九號星期四（四月廿六）

[至少寄出第廿二册。] 整理《孟子事實録》畢，即寄去。共費三日半。又讀《孟子》一天。萬里來談。

寫聖陶片，孟鄒片。寫三和公，適之先生信。維鈞，文玉來談。

談話。

截至今日止，《東壁遺書》已標點十種，二十二卷，未標點九種，三十二卷。此項工作自二月十三號作起，至今三個月半，僅得此。尚有三十二卷能于兩個月又半内（八月十五號）作成否？趕！以足兩日點一卷計，共須六十四天。深恐來不及，奈何？

五月三十號星期五（四月廿七）

標點《洙泗考信餘録》，全册粗一整理。道遇介石。

寫履安信四千餘言。希白彦堂來談。與介泉夫婦到市場買紗，獨到浴堂洗浴，刮臉。

聽留聲戲片兩打，門口所喚。凡二百文，費一小時許。

五月卅一號星期六 （四月廿八）

續寫履安信數百言，畢。標點《洙泗考信餘録》二十頁。希白來談。爲緝熙題照片。到南池子寄信。

寫伯祥片。與文玉澄清到東嶽廟，畫圖。在碑亭下茶叙。七點歸。

讀《文選·洛神賦》等。

與伯祥書云，近日囊愈窘而精神愈樂，工作畢後與介泉散步，自謂極人生樂事。介泉謂我興趣比他高，享樂也比他會。但我以爲我的享樂太"一本正經"，不及介泉之"寫意"，至于興趣則固較他高耳。我們自己的評論如何，請你們批評。

一九二四年六月

六月一號星期日 （四月廿九）

梁竹書來。與介泉到適之先生處，談一小時。到士弘處，未晤。到仲川處，留飯。適之先生現在除教書外一點事情不做，閑看外國小説，身體甚疲倦，醫謂左肺有病。

仲川處出，到辛揆先生處，晤蔣仲年。到紹原處，談一小時。到市場，進冰淇淋。到伏園處，談一小時。到孔平處，坐十分鐘。到公園，劉叔和請北大同學在長美軒吃飯也。園中晤幾伊，江氏弟兄及大石作全寓人。

夜飯，座凡九人。與介泉夫婦及江軼青散步園中。

今夜同座（皆民六畢業經濟系同學）：劉秉麟（南陔長沙）余國楨（維之合肥）　薛篤烈（次功）　李芳（亦卿南通）廖書倉（大西永興）　關□□

今天伏園孔平南陔都説我身體較前好，氣色較前旺，可見今年我的身體特別好。

六月二號星期一（五月初一）

三和公來裝幔架，因不喜，却去之。韓馨來糊窗。標點《洙泗考信餘錄》十五頁。維鈞來談。

寫叔父、父大人信。爲研究所檢理應購書籍。仲良招至考古學室，談研究所發展計畫。兼士先生來談。

到萬里處，看錢景華照片。談話。

以昨日奔跑多，頗倦，今日至七點半始起，久未有也。

介泉説我近日又上軌道了，究竟我不是情場中人，聞之殊愧。

與仲良等談研究所發展計畫，費時久而無結果，頭脹欲裂矣。看錢景華先生（常熟人，工程師）照片好極，快極，但頭痛終不得愈，予之不能爲社會服務有如此者！

六月三號星期二（五月初二）

〔至少寄出第廿三册。〕到火神廟，讀《希臘史》。

大雨，今年所未有也。到所，作《一個光緒十五年的齒目》三千餘言，尚未畢。彦堂維鈞來談。兼士先生來。

談話。

六月四號星期三（五月初三）

續作《齒目》文二千餘言，畢。維鈞來。到彦堂處，晤張傅二先生。三和公人來。

到所，作研究所報告，爲提出委員會用。寫適之先生，伊鳳閣先生（二通），萬里信。寫書根四十四册。

到後門買物，取所修錶。談話。

張中孚先生（嘉謀）河南人，衆議院議員。傅春溥先生，河南南陽人。二人均住太平湖草廠一號。張先生爲在《雪橋詩話》中發見曹雪芹事實之人。今日相見，謂去年在教育改進社中曾見我，予苦不能憶。

六月五號星期四（五月初四）

標點《東壁遺書》十八頁。

寫伯祥，乃乾，芝生，敬軒，瑄生，樹屏，張世模，尤樾甫，平伯（録底），適之先生信。又爲介泉寫何其鞏信。又將致別發公司信録底。

到廣澄園剃頭洗澡。夜眠不佳，卧沙發中，至五點。

六月六號星期五（五月初五　端午）

到火神廟，讀《希臘史》。

與介泉夫婦談話。三點許，北大女生譚謝黄彭劉陶六人來。寫賬，記日記。與伯屏談話。

與譚女士等看緝熙照片。

要我在許多女子前講話，其難猶登天也。所以在介泉處逃出來了。要標點《東壁遺書》，心神又不定。介泉出來，喊我進去。

夜接履安信，知近患重傷風，月經又不準，一日必睡數小時，聞之極念，又思歸去了。

六月七號星期六（五月初六）

標點《洙泗餘録》十二頁。寫履安信，匯家用。發出《讀書雜志》三份，至蘇州開封上海圖書館。

翻《燕楚游驂録》，《邊裔典》，《北京指南》，找雍和宫後俄使館材料，迄不可得。介泉來，同至市場進冰淇淋，至群英茶園聽大鼓。

譚劉彭錢四女士來。適將雨，送至景山西門。

今晚介泉夫人緝熙夫人至女生宿舍，因此四位女生又送至我家。譚女士同我説："我們的家都不在這裏,我們到此地來,仿佛到自己的家裏似的。"此可見她們心中的安慰。

六月八號星期日（五月初七）

〔至少寄出第廿四册。〕四點半起,寫履安信二千餘言。八點,雨中到龍樹寺,爲研究所委員會書記。來者有蔣夢麟,沈兼士,馬幼漁,周啓明,胡適之,張鳳舉,朱逷先,單不厂,馬叔平,徐旭生,凡十人。十點半開會,三點半散會。

與文玉,澄清,兼士先生游陶然亭。又與文玉澄清游城南公園。八點歸。

談話。

龍樹寺（即龍爪槐）爲張文襄祠,有抱冰堂七楹,前後室,寬敞之至。蒹葭彌望,碧樹扶疏,若江南之夏景矣。城南公園游人甚多。予等沿陶然亭去,在蘆葦中行,可稱豪興。

六月九號星期一（五月初八）

標點《洙泗餘録》十五頁。寫乃乾片。

寫援庵先生,仲華信。作昨委員會紀事。從《順天府志》中録出西山,昌平二圖。維鈞來。

昂若來談。看静安先生《紅樓夢評論》。

《静安文集》一册,久欲得之,希白爲購一册,快甚。

連日睡眠不佳,只睡四五小時。今夜始得一酣睡。

六月十號星期二（五月初九）

讀《希臘史》畢。監裝蘆簾,量沙發套,做夾仗。今日因家中有工作,未到校。有了工作在旁實不能專心讀書,但現在對于泛覽已没有興致,故仍勉强讀世界史。

記日記。溫讀世界史三十四頁。監做夾仗。

讀《文選》。談話。

晨間下雨，天氣甚凉，大家呼倦。

接履安信，悉近日飯量已好，精神亦健，惟鼻孔仍有些塞，此心較慰。

六月十一號星期三 （五月初十）

標點《洙泗餘錄》十六頁。

建功來談。寫紹虞，秋白片。與介泉夫婦到景山後看屋。出，至十刹海品茗。校《隔膜》序。

介石來談。江伯屛，軼青，伯屛夫人，施子京來，看裸體畫片，同飯。

自今日起，在介泉處吃飯，以緝熙夫人患肺疾，防傳染也。女僕改差介泉家之趙媽，月貼半元。

六月十二號星期四 （五月十一）

標點《洙泗餘錄》十七頁，畢。寫援庵先生信。

鈔《餘錄》序及記頁數。翻《日下舊聞考》找俄使館材料，仍未得。寫乃乾片。校《火災》序。

到廣澄園剃頭洗浴。

端午茶話會中，介泉謂如因考試不及格而留級，反不如遲考進一年之善。這原是一句普泛的話，不料引起謝女士之懷疑（謝英文甚淺），以爲介泉有意當眾笑她，今日對介泉甚致怨懟。介泉夫人打電話招她，亦不接。女子心腸之狹如此！

六月十三號星期五 （五月十二）

［至少寄出第廿五册。］到火神廟，讀《波斯之戰》。

將《日下舊聞考》統翻一過。

到公園，助緝熙挂片，吳匡時題名。此次展覽會共三百片。

光社照片展覽會出品人名：錢景華　老焱若　陳萬里　吳郁周　吳緝熙　黃振玉　褚保衡　凌同甫　張君維　王梅莊　吳匡時　夏白民　張雲階　莊更生

六月十四號星期六（五月十三）

作《洙泗餘錄》標題，并記頁數。爲照相展覽會印目錄，差人到印刷課坐守。寫郝桂林信。

爲緝熙夫人寫譚女士信。寫履安信二千餘言。寫伯祥信。

與介泉夫婦到公園，遇北大女生七人。同看照片。十點，步歸。

今日公園之會大家覺得未能盡歡，蓋以謝女士前日事也。

六月十五號星期日（五月十四）

在寓理物。陳鑄來談。家鳳來談。

到伏園處，未晤。即到松筠庵加入國學門懇親會，到會者六十餘人。攝影二次。與伏園建功等談。到宣武門外大街拾舊書。

到驢馬市錦江樓夜宴。歸時雨。

夜中同宴人名：文玉　仲良　建功　邦華　維鈞　彥堂　何尤　希白　元胎　澄清　悟梅　錫五　及予　十三人。

六月十六號星期一（五月十五）

覆看《洙泗餘錄》兩卷許。仲良來談。

在介泉處談話，看《紅樓夢》一回。與介泉夫婦到太平街看屋，并步至後門而回。

談話。

今日午間之雨爲予此次到京後第一次大雨。予歸時坐車中，衣褥盡濕。下午遂未到校。以天氣涼，頗怠，坐介泉處立不起，因看《紅樓夢》。欲極力振作而不可得。三點許，始還室覆看《洙泗餘錄》。是時天亦霽矣。

六月十七號星期二（五月十六）

到火神廟，讀《波斯之戰》。

寫適之先生，孔平，兼士先生，援庵先生，遏先，不厂信。又孟鄒片。覆看《洙泗餘錄》畢，付寄。建功來談。到家鳳處。

談話。挂窗簾。

建功來，合讀《禹貢》，甚快。予到校有建功，歸家有介泉，何其多福乎！予有生以來，從未有如今年之多快感者，實在前幾年太苦了。以此知長在順境中，亦復非福。

六月十八號星期三（五月十七）

［《東壁遺書》至遲于今日寄完。］作《中國學術年表說明》，約三千言。寫援庵先生回片。寫德芳，聖陶，愈之，秋白信。補記六日來日記賬本。

馬太玄先生來談。

談話。

太玄先生前次見過，予尚未能答謁，今日又承到所談話，甚可感也。

六月十九號星期四（五月十八）

［至少自今日起爲《東壁遺書附錄》，期以半月。］《洙泗考信錄》斷句一卷。金公亮君來，爲廣大事。萬里，莊更生來談。三和公人來，送小床。

鈔《年表說明》一文畢。寫兼士先生，仲華信。寫父大人信。

天陰雨，步景山後歸。

談話。温《尚書》一册。

六月二十號星期五（五月十九）

温讀《希臘史》。讀《波斯之戰》二頁。

修正《年表説明》文。與兼士先生，建功，仲良談話。繆金源來，爲廣大事。寫敬軒信，寫德芳信。到市場買物，剃頭。

盧逮曾君來，爲廣大事。譚彭錢三女士就介泉問英文，略談。夜失眠。

上星期六在公園，陶女士提議，要我教她們國文。予以不會講書，却之。嗣想明年暑假如替她們編一種"國故的常識"講義，可以出版。因與介泉言之。介泉必欲予演講，今日與譚彭諸女士言及，她們指定廿九要我講。夜中自度，遂不成眠。此事爲我生平第一次，不知要否出醜耳。

六月廿一號星期六（五月二十）

略讀《印度史》。《洙泗録》斷句五十頁。汪滌陳，毛贊乾，不厂先生來談。

校《年表説明》鈔稿。援庵先生來。寫聖陶，敬軒，平伯，兼士先生，幼漁先生信。

與介泉至景山後散步。談話。

予與介泉言，如予者無資格入情場，而此心終不能自已，纏綿悱惻，殆不可堪。思之良愧！自游頤和園至今日，才六十九日耳，乃覺有半年之久，時間之主觀如此。

六月廿二號星期日（五月廿一）

唤韓馨來整理院中雜物，搬入内院。唤裱糊匠來裱糊儲藏室板壁。孟槐自天津來。

與孟槐緝熙介泉到東直門北之俄國教堂參觀。出，至東安市場，進冰淇淋三次。

介泉宴孟槐于中興，予與緝熙陪。

俄國教堂占地甚大，植樹頗多。此係白黨勢力，故紅黨欲奪之。北大方面遂擬乘時要求歸還，實不可能。

六月廿三號星期一（五月廿二）

《洙泗録》斷句一卷。

以孟槐在，聽介泉之勸未到校，在我室中談話。布置室中物品，并懸掛地圖于外間。

緝熙宴孟槐及昂若夫婦于東華飯店。予與介泉夫婦陪。

六月廿四號星期二（五月廿三）

《洙泗録》斷句一卷。彥堂來談。玉堂先生來談。寫薇生信，到家鳳處托帶。

畫東嶽廟圖二幀。到中央公園，參與現代評論社筵宴。與紹原，旭生先生等談話。

談話。

現代評論社爲太平洋雜志社及創造社合組之出版物，自下半年起，每周發行一次。今日宴客，以北大中人爲多，來者四十餘人，除我與介泉之外皆留學生也。適之先生晚上仍有些熱，謂冬間或到廣東一游。

六月廿五號星期三（五月廿四）

孟槐回津。作《東嶽廟游記》四千餘言，畢。研究所開內部會議，討論暑假中行政事項。

介泉來所，俟我作文畢，同至市場買物。看《婦女雜志》中陳百年先生之先母順德記。

溫《夏書商書》一冊。談話。

孟槐來京三日，適予無錢，不得宴之，僅留其住宿於我室耳。孟槐又不肯睡于床，睡了三天在沙發上。

六月廿六號星期四（五月廿五）

到火神廟，讀《波斯之戰》。喚裁縫改門簾。

到所，寫仲華，淑蘭女士，平伯，伯祥，紹虞，芝生信。作講演稿四頁。

補記五天來日記。

今天下午倦極矣，欲作字而手指不相應。疑中暑，六點即歸。乃介泉緝熙均有同感。暴熱之難受如此。

六月廿七號星期五（五月廿六）

作《經是什么》的講演稿。

校《東嶽廟游記》。介泉來，同到市場剃頭買物。

予所作演講稿，介泉謂太專門，必失敗，因擬不用。

六月廿八號星期六（五月廿七）

寫履安信。作《國故的大意》。王錚來談，送北京俚曲。寫聖陶岷原信。

錫五來。作《近人研究國故的成績》。陶女士到三院，適與予遇，遂邀其到所參觀。到廣澄園洗浴。

談話。失眠，臥沙發中。

今日失眠，初不解，後乃思及以洗浴之故，已成成例矣。洗浴要失眠，真可笑。

六月廿九號星期日 （五月廿八）

理屋中什物。陳君哲來。陳萬里來。

彭，陶，王（女附中畢業），劉，譚五女士來，予爲演講國學大意一小時，此予生平第一次演講，極可紀念。夜飯後，介泉爲講西洋史大意，予旁聽。十點，她們回校。

今日予尚説得出，但方音太多，恐她們不懂。介泉等批我九十分，這自然是過譽。予所求者，不要十分出醜耳，這一個限度或尚能做到。幾位女士中，國學根底以譚女士爲最。從她的問話中，可以知道她曾看許多書。

六月三十號星期一 （五月廿九）

起略遲。整理《洙泗録》。將《東嶽游記》寄履安。

熱極了，勉强將《波斯之戰》讀畢，并温一過。假使予志不如是堅，今天決不會讀書了。李革癡來。校《雲笈七籤》目。

冰如來談。彭女士來，同飯。

今日熱度在華氏一百度以上。

一九二四年七月

七月一號星期二 （五月三十）

［本日起，放暑假。］譯美使館信。整理《洙泗録》。兼士先生，郁周先生，萬里來。翻大宮之紀載，不得。道遇王小隱。

整理《洙泗録》畢。

談話。

萬里要我到磁州，游響堂。兼士先生要我到西山，監掘大宮。余近日既窘且忙，奈何！

七月二號星期三（六月初一）

寫平伯，伯祥，雲五，演存，金源，膺中，撫五，振鐸，芝生，秋白，乃乾信。爲巴黎大學開中國書目。改直隸書局書目價。

覆看《洙泗錄》一卷。君疇來，同至仲川國任笙亞處。國任在市場稻香春樓上請吃西餐。

君疇以率童子軍赴丹麥，走西伯利亞鐵路，到北京請加拉罕簽字而來。今日下午，他來時，使我吃一驚。實在我不看上海報，關于江蘇童子軍消息一點不知，幾疑飛將軍自天而降。君疇活潑能幹，予甚愛之。聞將與孫潤宇之妹璣音訂婚。

七月三號星期四（六月初二）

〔《東壁遺書附錄》至遲于今日交全。全書完工。〕王殿凱來。道遇萬里。寫伯祥，商錫永信。寫萬里信。理研究所中什物。馮叔蘭女士來信，論《七略》，因檢《漢書》。

到東華飯店，笙亞請君疇也。同座有仲川，國任，湘蓀。飯畢即歸，讀《希臘之衰》四頁。寫兼士先生信。彭女士來辭別，譚女士同來，談至九點。

譚女士真用功，英文算學都好。假中看中文書，有《史記》，《三國志》，《詩經》，《古詩源》等。問予研究國學門徑，予因囑其略覽目錄學書。以其勇往，將來必可有成就。予甚願盡力助之。

譚女士評《水滸》人物，最喜李逵。介泉則謂武松。

七月四號星期五（六月初三）

緝熙與厨子大鬧，將王好賢歇去。與介泉到士弘處，知已不歸者四天。與其僕婦談其家庭狀況。曹女士來。到所，翻看《詩經原始》，以硃筆加圈點，畢，即送譚女士。寫譚女士信。以天雨，在所與邦華同飯。

校《季刊》稿四頁。寫繆金源，援庵先生，楊德芳，仲華，敬軒，余昌之，馮女士信。致馮女士信謄出。

到南北長街散步。與介泉談話。

因一天未休息，晚上頭痛了，又幾乎失眠。可知予于午飯夜飯之後與介泉談話一二小時，亦身體强健之大原因。再不要愛惜時間了！在床上睡不着，睡沙發中必可睡着，沙發竟是醫失眠的器具，一快。

七月五號星期六（六月初四）

三和公送鏡臺來，并做門上搭鈕。王殷凱來。補記日記賬月五天。到所，寫履安信三千餘言。剃頭。萬里郁周來談。研究所中宴二人于東安市場，予作陪。

到公園，爲宴君疇也。在花房前照相，來今雨軒茶飯。飯畢，周行公園。十一點歸，十二點眠。得譚女士來書，謂士弘已歸。

暑假即不歸，亦不能做多少事，因屢有新發生之事，不容其將未了之事依次做完也。豫計暑假中必做完者三事：一《崔述》選本，二古物報告，三研究所一覽。餘如紀念册，《東壁遺書》，汴晋游記，只得延長下去矣！

七月六號星期日（六月初五）

五點半起，寫父大人信。八點，到交通大學看君疇，并晤費公肅等。九點上汽車，游頤和園。在石船吃茶。十二點，到香山，在甘露旅館吃飯。飯畢，游見心齋。我們還城，君疇率童子軍到清華園。

與介泉緝熙夫婦游公園，遇君疇。看《太平洋雜志》。

予的足力確好。今日在頤和園中，幾個童子軍也走不過我。

仲川病後體太弱，惟興致仍好。餘人則早在石船休息矣。

北長街一〇六〇步，南長街九四〇步，兩共二千步，計兩里半。此前日所數者。

七月七號星期一（六月初六）

圈出《崔述》應注處。寫伯祥，隅卿，昌之信。隅卿，兼士先生來談。

覆看《洙泗錄》。仲川來談。與緝熙介泉夫婦到前門看電料。到勸業場印名片。

到肉市全聚德吃燒鴨，國任請君疇也。飯畢，又同游公園，歸已十二點矣。

予負債數：

北京大學一百八十元

適之先生二百元

家中二百元

寓中七十元

三和公一百元

電燈六十元

共八百十元！

七月八號星期二（六月初七）

圈出《崔述》應注處，畢。敬軒來信，廣東大學所請教員擬作罷，這太不對了，即寫信責之，請其直接辭謝。萬里來談。

覆看《洙泗錄》。與介泉夫婦緝熙夫婦到太平倉莊王府看屋，緝熙即定下。

到車站送君宙，去則車已開矣。

緝熙今日看定莊王府房屋，約半月後遷去。緝熙原屋由我遷進，從此我的書可統一了。外邊三間，依然做客廳。火神廟場面，也可取消。上午在家讀書，亦不致不靜矣。

莊王府由李純家族買去，除李家住宅外，別建洋樓數十座出租，租價甚廉。緝熙所租，樓屋七間，平屋四間，陽臺一個，價二十元。惟開間較小耳。

七月九號星期三（六月初八）

讀《希臘之衰》一天。（以電燈匠來，未到校，而以瑣事，亦未能整天讀書。）

談話。

雨聲淅瀝，引起閑愁。勉強讀書，有如芒刺。以十分毅力，僅得溫舊書十頁，讀新書四頁，一天遂盡矣。似乎如此境界，在從前不曾經過。

七月十號星期四（六月初九）

到校，看有無事件。即歸。覆看《洙泗考信録》一卷。監電燈匠裝電燈。

談話。與介泉作深談。至十一點許，幾又失眠，幸有沙發也。

此次裝電燈費約六十元，由緝熙代我向孟槐借貸，盛意可感。

近日不知何故，午飯後輒作小盹。睡眠之樂，數年中幾乎不解；今倚了沙發朦朧着，覺得甚是有味。總之，我今年的生活是大大的改變了。

七月十一號星期五（六月初十）

到校，覆看《洙泗録》一卷許，尚未畢。翻看《鄭堂讀書記》。寫張壽林信。王姨丈來電話兩次。三和公人來。

到馬神廟口剃頭。

與介泉夫婦到後門散步。談話。

緝熙夫人昨夜嘔瀉兼作，今日延克利診治，云是痢疾。她的身體太壞了，經此一病，又將前兩月醫力消失了。

予近日又傷風，鼻涕頗多。飯量甚減，勉強兩碗耳。

七月十二號星期六（六月十一）

讀《希臘之衰》，畢。雨極大，未到校。翻《東方》十號。

與介泉作深談。補記日記及賬目六天。寫履安信千餘言。核算三和公賬。

談話。寫履安片。

接家信，廣叔祖母于九號下午八點去世。

一旬來多雨，濃陰薄寒之中，使人倦于作事而多情懷。向時只須讀書便不感岑寂者，今不能矣。使予不爲金錢所迫，便當歸去，對履安一吐別情。昨星期五，履安竟無書來，更增不歡。

七月十三號星期日（六月十二）

温世界史三十頁。張鵬（友松）萬里來談。

與介泉夫婦同到先農壇散步啜茗。

到姨丈處，十點歸。

雨多，聞永定河將決口，北京頗有危險。湖南省城水已至七八丈。廣西江西等處亦患水。

七月十四號星期一（六月十三）

覆看《洙泗錄》畢。發出《學術年表》四十餘處。晤兼士先生。到演存處，未晤。

三和公人來。與介泉談話，竟未到校。

談話。看《紅樓夢》尤三姐一段。

商務亞東均來信催稿，不得已，只得趕了。

七月十五號星期二（六月十四）

作《洙泗考信錄》標題，訖。草孔子年譜。彥堂，文玉來談。寫《讀書紀數略》書面。寫昌之信。

讀《天籟軒詞譜》。

自本日起，每日到校帶肉丁醬一瓶，饅頭四五個，在校午餐。如此，可以多作兩三點鐘工作。

今日整整作了一天工，學問之樂漸多，情懷之悲微減。予在事勢上亦只能如此，還是如此做下去罷！

七月十六號星期三（六月十五）

鈔出《洙泗錄》標題，續看第一卷畢。點讀《春秋》半部。玉堂先生來談。

記筆記五頁。遇彥堂。到建功處，未遇。

與介泉談話。建功來話別。

一天作十點鐘工作，着實有些心蕩了。因到西齋訪建功，循景山後歸。夜眠幸無妨礙。

七月十七號星期四（六月十六）

續看《洙泗錄》第二卷畢，三卷未畢。記筆記三條。萬里來。金源來。

王姨丈來，同至沈兼士先生處，爲投標事，晤幼漁，士遠，尹默諸先生。寫壽林，予同信。

談話。歐本鵬來。

七月十八號星期五（六月十七）

到演存處，未晤。續看《洙泗録》畢，即發出。

與彥堂談民俗。寫劉尊一女士信，爲沈氏家庭教師事。寫孟鄒片。記孟姜女筆記五頁。

剃頭，洗浴。談話。

韓權華女士今日來我們寓中，請求介泉爲之補習英文。她在這驚風駭浪之中，而肯如此，介泉教書之信用可見。前次韓楊事件發生，我們説："女生對我們要遠一點罷。"結果，不但一班人沒有遠，而局内人亦竟來。這真是可喜的事。

七月十九號星期六（六月十八）

寫履安，父大人信。補登一星期來賬目及四日來日記。結算樸社賬，演存來談。

寫萬里，壽林，孔平，金源，秋白，拜言，芝生，焕壎，平伯，紹虞，聖陶，伯祥，雁冰，援庵先生信。致聖陶信録稿。到幼漁先生處及革癡處，均未晤。

談話。

星期六一天做交際方面的事，還是一個不够，人事何其多耶？

七月二十號星期日（六月十九）

到幼漁先生處，借《月齋集》。到太玄先生處，未晤。到尹默先生處，并晤敬五。到玉堂先生處，略談。即歸。

無聊，小眠。整理屋中什物。江翼青來，長談。至十點許始去。大雨。

七月廿一號星期一（六月二十）

校《甲骨文字之發見及其考釋》畢，即發出。敬五來談。

作《崔述》注二十條。注自今日起。

振玉來談。譚劉二女士來。譚女士問《詩經》義，至十一點。

譚女士讀《詩經原始》及《漢書・藝文志》等，質疑若干條，眼光甚銳，膽量甚大，能提出問題，看出異同。這種人在男友中猶少，乃竟于女友中得之，此心之安慰不可言矣。北大女生中，恐只有譚女士是真能自己讀書的。

七月廿二號星期二（六月廿一）

作注廿餘條。寫《古謠諺》書根書面畢，即借與劉女士，并《樂府詩集》及《詩經通論》送去。寫譚劉二女士信。

援庵，邊先，尹默，幼漁諸先生來談。記筆記數則。考古學會開會，爲内務部擅定古物保存法事，推予起草反對意見書。

談話。

考古學會予以怕事不入，今日乃見招，并挽作文，逃名避世之難如此。

七月廿三號星期三（六月廿二）

作《保存古物案意見書》一千二百言。即謄清。

作萬里《大風集》序一千六百言。即謄清。到敬五處，未晤。到孔平處，晤應鸞，即歸。

陳通伯來談話。十點，進晚餐。

今日一天而作兩文，肩上一輕。予之古文久不作，今日作之，覺氣勢極暢。予說話如此短弱薄劣，而作文乃波涌瀾翻如此，洵不可解。

七月廿四號星期四（六月廿三）

讀《鄒衍傳》，記筆記。考古學會開會，加入討論。將意見書修改。寫毛贊乾書。與旭生，玄伯先生談話。

作注廿餘條。寫兼士先生信，送改稿去。仲川到寓，未晤。

談話。溫《堯典》。適之先生來書，謂今晚到大連。

今日又以考古學會，費去我半日光陰，悲乎！緝熙今日遷至太平倉，寓中太寂寞，如入深山矣。

前日幼漁先生面邀閱卷。此次報名至二千五百人，恐須閱三天。暑假中能有多少光陰，乃如此消去耶！

七月廿五號星期五（六月廿四）

讀《堯典》《皋陶》及《論語》前十篇，記其相同處入筆記。到所，平伯來。房東找緝熙，欲我們另立租摺，電話來喚，即歸。

叔平先生來談。作注十條。看《呂氏春秋》，翻一過。記入筆記。到馬神廟剃頭。到韓馨處。

談話。

自作注以來，滿意竟日爲之，乃迄無一日得完全者。此亦命耶？

房東備人來，要我們另立租摺，重繳茶儀。一寒至此，又須付出四十元，奈何！

七月廿六號星期六（六月廿五）

大雨。在家，候房東，未至。讀《論語》，記與《堯典》《皋陶謨》比較表畢。記《呂氏春秋》中筆記。緝熙來。與介泉談話。

到所，寫芝生，夷庚，履安，紹原，紹虞，岷原信。履安信二千言。逮曾來。補記七日來日記及賬目，未畢。平伯紹原來所，參觀考古學室。同歸，吃夜飯。緝熙來同座。

七月廿七號星期日（六月廿六）

韓馨來。與逯曾同到尹默先生處，接洽孔德事。十一點，歸。

到市場森隆飯莊，應兼士先生之約。補記七日來賬目，并算本年用途。

談話。

今日同座：丁惟汾（鼎辰，山東日照）　　常維鈞　　潘□□馬巽伯

到京後用途總計：

（甲）收入：

（1）北大薪六百元

（2）孔德薪三百元

（3）借人一百卅元

共一千〇三十元。

（乙）支出：

（1）房金　七十元

（2）伙食　七十四元

（3）寓中雜用三十六元

（4）三和公一百卅三元

（5）樸社　五十元

（6）家用　一百元

（7）買書　一百元

（8）轉運公司六十元

（9）布置房屋六十元

（10）火神廟及韓馨五十元

（11）還學校（？）八十元

（12）零用　一百七十元

共九百八十三元。

尚存四十七元。

七月廿八號星期一（六月廿七）

注《讀書當考信》篇畢。寫予同，夷庚，芝生，仲川，德芳，仲華，注册部信。到考場查了十分鐘，總算監考。在考試休憩室晤龔女士，略談。

與逮曾到孔德，訪隅卿。到二院大學會議室閱國文試卷一百餘册。夜飯後歸。同閱卷者，幼漁，兼士，士遠，叔平，子庚，怡蓀，玄同，遐先，啓明諸先生。

談話。

投考生今日試國文，明日試英文，後日試數學。共二千五百人，分三院考試。佳卷甚少。

七月廿九號星期二（六月廿八）

房東家人來，付房租。到二院閱卷，終日凡二百册。夜飯後歸。閱卷者除昨日諸人外，有尹默，世薰，革癡諸先生。

今日予所看卷之分數：（共二百十六册）

零分	一人
十分以下	二人
廿分以下	五人
卅分以下	三十人
四十分以下	四十九人
五十分以下	五十三人
五十八分以下	三十三人
六十分	二十三人
七十分以下	十九人
八十分	一人

共及格四十三人，不及格一百七十三人。以百分法算之：及格一、九九一，不及格八、〇〇九。

七月三十號星期三（六月廿九）

到二院閱卷百餘册。閱畢。

寫平伯信，約吃飯。到三院，寫昌之，履安信，履安信未寫畢。談話。

今日看完試卷後，與邊先先生談了數句話。我和他的品格是很不相同的，所以又弄得頭痛起來。我在性情上，在身體上，在志願上，是一致的不能入社會的。

昨日忽有所感，今晨在床思之，泪簌簌下，枕間袂上都濕矣。

七月卅一號星期四（六月三十）

整理《商考信録》畢。覆看卷一未畢。孔平來談。記筆記五頁。寫履安信畢。

平伯來談。到市場買物。

與介泉談話。

予標點時，總好作筆記。明知費時甚多，工作必少，然不爲此更將不歡。人生適性耳，惟有不顧工作，任性所至矣。

一九二四年八月

八月一號星期五（七月初一）

覆校希白甲骨一文。記筆記八頁。贊乾來談。審《商考信録》五頁半。

寫滌陳信。與文玉仲良蔭元同到歷史博物館參觀距鹿信陽古物。遇膺中。緝熙夫婦來談。

譚劉二女士來談。與介泉談。

今日到午門，滿心的不高興。心也宕了，脚也軟了，似乎餓得很利害的樣子。過御河，只覺水緑得可愛，想跳下。嗟乎，何爲而使我如此？

這三星期來，工作太劇烈，而人事又多，掣肘不得如願。心中又急又恨，遂發舊疾。

八月二號星期六（七月初二）

三點半即醒，竟未能睡。記筆記一則。始立《循軌室筆記》第三冊。與介泉到莊王府，看緝熙萬里新屋，參觀美術院。到校，加入方言調查會，討論調查表。補記六天來日記。平伯來電話，寫緝熙萬里信。滌陳來。

小眠。韓馨喚腳行人來講運書箱，未成。平伯來談。寫履安，父大人信。

談話。

今日一天未做甚事，無聊甚矣。

八月三號星期日（七月初三）

補記六天來日記及賬目。萬里來談。將手冊中材料錄入筆記，得二十頁。

到馬神廟剃頭。

與介泉到公園，應紹原約。冒雨歸，衣履濕透矣。今夜同席上，平伯，張志讓（號季龍，常州人），紹原，介泉，我，五人。

本年有希望之收入：

（1）孔德薪　　　二百五十元
（2）北大薪　　　四百元
（3）崔述選本　　四百元
（4）賣文　　　　一百元

共一千一百五十元。

自八月至十二月間應付以下款項：

（1）三和公　　　　二百元
（2）房錢　　　　　一百元
（3）盤費　　　　　一百五十元
（4）履安到京後雜用　一百元
（5）飯，僕，雜用　　二百元
（6）韓馨　　　　　五十元
（7）頡剛零用　　　一百元
（8）康艮學費　　　五十元
（9）臨時用費　　　五十元

共一千元。又樸社七十元。

　　兩抵共餘洋八十元，仍不能回債。

八月四號星期一（七月初四）

　　録《吕氏春秋》材料入筆記，凡八頁。三和公人來。鈔《群强報》戲劇節目。

　　温世界史。到校，寫壽林，心如，希白，雁冰，愈之，敬軒，王慕陽信。繆金源來談。

　　到仲川處，加入草橋中學同人聚餐。

　　《群强報》尚是四月中向介泉所取，至今日乃得將戲目鈔訖。

　　三星期不讀英文，今日一讀，頓覺生疏。這暑假中是不容讀書了，秋後當每天讀才好。

八月五號星期二（七月初五）

　　在家審查《商考信録》。

　　到所，標點《盤庚》三篇，鈔出。

　　平伯來，同到緝熙處夜飯，并晤萬里振玉。九點歸。

　　火神廟場子囑韓馨即行拆去，韓馨與金城住入吾寓。從此，我的書物均一統了。

八月六號星期三（七月初六）

到二院，爲北京書局選舉會事。兼士尹默兩先生要予加股，遂被選得候補董事。一點半歸飯。在二院爲苔所滑，跌了一交。

倦甚，天又熱，無心作事，看《紅樓夢》。

六點，與介泉夫婦到什刹海勝友軒品茗。看《紅樓夢》，眠甚遲。

北京書局事本非願爲，以兼士先生所邀，未便辭絕。初入一股，今日乃被强加九股。此五百元尚不知在那裏也。予當衆宣布，予無錢，股款惟有以稿子作抵耳。董事一職，深以不補得爲幸。但列在首名，恐二年中不會不補耳。

八月七號星期四（七月初七）

到校，喚車將書箱三十七隻及零星木器搬歸。贊乾來談。未歸飯。

寫兼士，援庵兩先生，仲華信。讀《華國月刊》，記筆記六頁。介泉來同到市場。與平伯介泉談情愛。

譚劉二女士來，未晤。北京樸社同人宴平伯于大陸飯店，茗于東安樓。

予置在研究所之書，今日運三大車，尚未盡，明日又須一大車。連寓中火神廟計之，不止五車矣。

八月八號星期五（七月初八）

搬西屋什物到東耳房。

搬書。文玉仲良來。倦甚，小息。到仲川處，與之同到谷寶書處，未晤。到安定門車站，無車。

到西車站食堂，應金源之約。九點許歸。同席有玄同，伯軒，子餘，叔雅，漱溟諸先生。

近日雜務多，應酬忙，精神鬆散，體力勞倦，竟不能讀書矣，悲甚。

近日飯量却好，可三碗。介泉說這是不讀書的功效。確乎？夜中得一次大便，甚奇。予數月來皆于早間得便。

八月九號星期六 （七月初九）

張志純來。補記五天來日記及賬本。寫雜務課信。寫父大人，悟梅，壽林，北京書局信，鈔出英文信二通。

天熱甚，不能作他事。寫履安信五千言。

到榮春園剃頭洗浴。

今日寫履安信，將數月來對于譚女士愛好之情儘量寫出。予自問此心甚坦白，且亦無所謂得失，履安爲我最親之人，不應不直言，故索性暢快一吐，使胸中一爽。如履安覽信後不感痛苦，則更大慰矣。

八月十號星期日 （七月初十）

理書。寫乃乾片。倦甚，小眠。算賬。

到姨丈處，并晤盛霞飛先生。談話至六點，到外舅家，吃夜飯。

外祖母于今日到津，我南旋前回京，與我同行。外舅今年還是第一次見面，甚恐其有女死婿疏之猜疑。我如此畏交際的人，即極敦篤之師友亦復疏于問候耳。七姨母又于上月十五得一女，凡二子三女矣。

八月十一號星期一 （七月十一）

理書。莊更生，緝熙來談，留飯。緝熙爲照所居屋四紙。

理書。

談話。

前旬介泉教打牙牌數，予占得一籤（上上，中下，中平）云："身到高山欲上天，忽逢艱阻費周旋。積勞始信閑爲福，多病方知健是仙。"雖偶然，亦巧合也。予自知尚是會享樂，肯知足的人，而立志過高，恒生悲憤，上天之念竟不能捨，奈何？

八月十二號星期二（七月十二）

理書。搬書箱書架。

覆看《商考信録》。到校，加入考古學會，商量静安先生爲大宫保存宣言辭職事。

談話。

八月十三號星期三（七月十三）

終日理書，并監木匠作工。

談話。

與介泉言，我今年大大改變：在學問上，由博趨約，雜書不觀；在生活上，感到學問以外尚有別的該做的事情。介泉云，這兩種趨勢都是極好的。予又覺得生活上大可使我知足，而學問上則太不能使我知足。學問的環境，何時可打出乎？

八月十四號星期四（七月十四）

終日理書。

電燈匠來接綫開火。寫尹默先生信，告錢女士不來。

與介泉到前門買物，到西車站游覽。開電燈，與介泉談話。

開了電燈，覺得房屋中頓一陽氣，使人高興。裝費兩家共百元，我名下五十七元。薪水久罄，又不得不借了。

八月十五號星期五（七月十五）

到校，寫伯祥，雲五，愈之，雁冰，秋白，昌之，士楨，兼士先生，孔平，汝璵，仲華信。作樸社北京同人報告。

略理書。冰如來談。到仲川處借錢。

到會賢堂，應平伯約，十點歸。

履安來信，説了一段才淺學低的話，使我懷疑。我與履安，至少在樸實誠摯上相類，我決不願與她輕傷感情。我總寧可減少自己的樂趣來增加她的樂趣。

八月十六號星期六（七月十六）

終日理書。漆匠來漆物。張志純來。

寫履安信二千言。算電燈賬。木匠來搬置東耳房物件。

到榮春園剃頭洗浴。

夜接履安明片，悉又曾及定甫伯母已允住入我家，甚慰。從此，我們出門的阻礙又少一重了。但江浙風雲日緊，不知能于我們動身之後再發作否。

八月十七號星期日（七月十七）

終日理書。兼士先生來談。劉女士來。

寫履安信。與介泉夫婦到市場買物。

車過孔德學校門口，見艮男名字已在榜上，甚慰。此兒不慧，未知仍入一年級可較出色否。

今日始眠入北房。

八月十八號星期一（七月十八）

終日理書。三和公送五斗櫃來。

鋪地席人來講價。

與介泉到平伯處，未遇。到市場買物。

理書之苦，至于口中苦，脚底痛，精神倦。事務正多，乃一切擱置未理，煩人催迫。這些書真是我的累墜了。轉一念，這是我二十餘年中精神所寄，能够把它整理好就是把我二十餘年的精神興致作一整理，又爲神王。

八月十九號星期二（七月十九）

終日理書。寫父大人，王姨丈信。

緝熙來談（送房屋照片）。平伯來談。翼青亦來看介泉。均留飯。木匠來修大櫃。

天雨，人倦，八點才起，十點才作事，尚且是勉强的，我真不像人了！

歸前應作事：

① 研究所一覽目録。

② 寄出《商考信録》。

③ 起草師範學校中國史課程標準。

④《季刊》事作一結束。

⑤ 讀書雜記數則鈔寄。

八月二十號星期三（七月二十）

終日理書。編地席人來編房中地席。

與介泉到十刹海，茗于勝友軒。

挂客廳字畫。理物。不易入眠。

檢點書籍，失去前年所札記的目録書目兩册，清學叙録兩册，頗不快。不知是否爲人借去抑偷去。失去一稿本，比失去宋元版書還可惜，以有自己生命在内也。

八月廿一號星期四（七月廿一）

理物。兼士先生，金源來談。到校，寫更生，仲良，雁冰，予同，伯祥，聖陶，孔平，昌之，芝生信。

理物及書。

金源來。

今日金源到校，謂楊子餘先生任京師一中校長，欲聘予教國文，予以平伯薦。晚間金源又來，謂楊先生意不屬平伯，仍欲予去。因寫一名片交之，而去。予不能教書，而大家要予教書。今日繆君述楊先生言，并謂聞予在研究所中辦事極好云云，更可笑。予自問最不能的是辦事，猶在教書之下也。

八月廿二號星期五（七月廿二）

監裱糊匠及電燈匠工作。略作《商考信録》標題。

看《紅樓夢》。

與介泉到前門買電燈罩。

裱糊匠工作時，予竟不能作事。因取《紅樓夢》覽之。此忙中作樂也。

八月廿三號星期六（七月廿三）

與韓馨挂字畫。理物。

理物。緝熙夫婦來。緝熙夜飯後歸。大雨。

自研究所中書籍遷歸，至今十七日，方始理畢，亦大苦矣。

予累年遷徙，物件四散，不能安心作工，痛苦甚矣。今幸統一，深祝自此以後不再分散。回思往事，時復泫然。因記出之，自民國元年起。

元：在家布置老書房，予始有一正式書房，但甚小。

二

三

四：予病歸，京中書籍存仲川處。在家布置新書房。

五：書籍自蘇遷京較多，合仲川處物，移東高房寓所。

六：暑間東高房拆散場子，書籍仍寄仲川處。秋後入京，住西齋，要什麼書就到仲川處取，甚不便。

七：妻沒休學，京中書籍仍置仲川處；家中書籍移置新屋各間內。

八：因叔父須修繕新屋，將書籍統搬入新屋東廂。到京，寓仲川處。家中新屋內書籍由叔父搬入女廳東廂。

九：移寓春臺公寓，書籍仍置仲川處，惟移至客廳內。夏後到京就職，書籍移帶稍多。賃大石作寓所，統遷入。

十：南北往返數次，帶書到京甚多。

十一：因祖母病，停職歸家，帶回書箱籠十四件。餘書仍置大石作。到家後，布置老新二書房。夏間，祖母病沒。秋間，將老新二書房書統移入方廳。冬間，改就商務館職，將家中大部分書籍運至上海寶興路寓中。

十二：春間，因病回蘇，由滬運歸箱籠八件。餘書仍置寶興路。秋間回滬，逐漸將家中書帶去。冬間，因伯祥遷家，與之同遷入寶通路，書籍又搬一過。因到京，由蘇運滬書籍廿餘件。上海裝板箱二十六隻運京。

十三：書籍運到後，分置寓屋及緝熙處，甚亂。先將整部書運至研究所。直至四月中，寓屋始得清理。又至火神廟賃屋，將雜書雜紙置入。八月，緝熙屋中出空，將研究所火神廟書物遷回，完全統一。

這幾年中，這些書搬得我真怕了。試舉一例。我在奧使館買的大櫃，非拆不可搬。予在大石作寓中，本住南屋。去年介泉挈眷入京，住入南屋，予遂住外院。今年，喚匠拆大櫃入外院。以外院間小，櫃太大，不好看，賃火神廟後，又喚匠拆裝到火神廟。到本月，又喚匠從火神廟拆回來，裝入西耳房。一櫃共有十二格，一格可裝四五百冊書，每拆一次，這些書就亂一次。裝入西耳房後，櫃子又作怪了：因支物過重，鷄嘴柱向外彎，木板殼不到平放，一齊跌下了。又喚匠修好，書籍重理一過。觀此一事，餘事之難可知。以予好書之人尚不免討厭，況他人乎！現在幸已粗粗的布置好，祝頌我在十年中再不要輕易遷徙了！

八月廿四號星期日（七月廿四）

理物。岳丈，兼士先生，孔平，張志純來。寫芝生，予同信。

寫平伯，振鐸，仲華，援庵先生，父大人信。振玉，更生來談。作《商考信録》標題畢。

到馬神廟剃頭。到車站寄芝生快信。到姨丈處談到十點許。

外祖母本與我同行，以到津後忽患痢疾，今初愈，恐不任勞頓，只得留京。予以青崙見她歸必來胡鬧，亦勸其不歸。

八月廿五號星期一（七月廿五）

電燈匠來。寫兼士先生信。審閲《商考信録》畢，即發出。

漆匠來作工。寫孟鄒，伯祥，緝熙信。

緝熙夫婦來談，并托帶物。看《大風集》。作《研究所捐款説明書》，至二點半。

研究所欲得庚子賠款，作一募款意見書，約三千言。予本意爲江蘇省教育會起師範本國史課程標準，今爲此文，再無暇晷。因囑伯祥捉刀。如他無暇，亦只得回絕了。

八月廿六號星期二（七月廿六）

早五點半即醒，僅眠三小時。到校，修改昨夜所作文，起《一覽目次》草。《季刊》事交邦華代理。到孔德領本月薪。維鈞來談。

　　將所作文鈔畢。與介泉同到歷史博物館買碑帖，到市場吃茶。到兼士先生處，未晤。

　　萬里來。兼士先生來談。理物。結束行李。至十二點半眠。

　　商館寄來《本國史教科》五部，分贈兼士先生，隅卿先生，金城，維鈞各一部，自留一部。此書全爲伯祥，而署余名于前，甚愧也。

八月廿七號星期三（七月廿七）

　　〔履安囑于此日歸。〕八點上車。韓馨兄弟介泉送行。兼士先生緝熙亦來。與叔平先生，周連熹，章昌煜，牛沛江同室。看《紅樓夢》。九點眠。

八月廿八號星期四（七月廿八）

　　上午六點，到徐州。叔平先生下車。二點半，到浦口。渡江。四點，滬寧車開。以候交車（兵車），到九點許始到蘇。計兩天在車看《紅樓夢》，自六十一回至七十二回。下車，到惠中旅館，托雇馬車。步歸，十二點眠。

　　歸資約計如下：

車	廿五元〇五分
行李	十三元〇五分
食	二元一角
雜	一元七角五分

共四十一元九角五分。

八月廿九號星期五（七月廿九）

　　〔竹庵叔祖在此數日內續弦。我或于本日動身。〕早起，寫履安信。到叔父處談話。到惠中取物。雇車兩輛運歸。理物。檢出送人物。與陳太太談話。午刻，又曾來，同飯。飯畢，又曾母子皆去。釘本年與履安書三冊。五點，到九勝巷。六點，歸。九點眠。

日來蘇州拉夫極烈，即婦女亦要拉去作縫紉生活，故相戒不敢出門。

八月三十號星期六（八月初一）

寫父大人，介泉，伯祥信。寫日記及賬目。王肇鼎來。檢出摺子，寫酉生信。

到姑母處及吳先生處。歸，寫履安信，囑緩歸。檢看書畫。魯弟陳伯母來談。吳姑丈來。

理《尚書》二冊。

公賬中今日居然能取到一筆晉福的利錢（九十元），大是幸事。否則祖母起座之資亦無所出矣。

八月卅一號星期日（八月初二）

〔父大人歸。履安囑我最好早一日歸。〕寫履安信，伯祥信（爲重九弟擬住入事），剃頭。與冬侄嬉。魯弟陳伯母來談。支配包封筒。與吳姑丈魯弟寫謝帖。遣華媽分頭買辦起座物件。

到吳岳母處接康媛。寫平伯信。又曾來談。記奉父大人之碑帖賬。《唐虞錄》斷句一卷許。

接履安寄叔父書，已遲三日矣。又接父大人書，謂以途中危險，決不歸。

與伯祥書云："弟在家雖寂寞，幸能自找事做。有事做，則只有靜謐之樂而無寂寞之苦矣。"近日喉頭炎又作，咳嗽，多痰。

倒便桶人今日始來，胸挂照會。米店師父亦然。

一九二四年九月

九月一號星期一（八月初三）

終日雨。《夏考信録》斷句一卷。子良太表叔來，豫叩祖母除座。

寫伏園信二千二百言，未畢。又曾來，擬租契稿。寫介泉信。與群兒嬉。踏風琴。

與康媛着五子棋卅次，予贏廿次。九點許眠。

齊盧原定今日開火，乃又未。甬直仍不通。

此次歸來，履安在鄉，交通多阻，予頗欲藉此在家讀書，爲亞東標點書籍。此心甚爲安定，覺得這是一個極好的機會。而旁人代我發急，各方來信亦多爲憂慮，使我失笑。但因此而我遂不能安心讀書，只得籌畫早行之計矣。

九月二號星期二（八月初四）

［菊畦叔祖子結婚。］五點起。《唐虞録》斷句畢。爲魯弟婦，九嬸寫信三封。

寫伏園信三千六百言。姑母來，幫同料理起座事，夜與康媛同榻。姑丈來。叔父來。踏風琴。

寧滬車斷，報紙不來。這是一件沈悶之事。

九月三號星期三（八月初五）

［祖母起靈。］早起，布置陳場。來客有杏林叔祖，卜和甫，甸丞表叔，相伯殿臣兩姨丈，子綸姑丈，全喜表弟，吉甫表伯，溢如表兄，更生表弟，耀曾表兄，毛漱六，子祥先生等。予主拜，陪拜，作賬房，陪客，支配雜事，一天未得暇。大便亦至夜始解。

二點許，作大周食法事。五點，除座，齋太平。

《夏考信録》斷句一卷。與康媛下棋三十局。

傷風未愈，痰涕甚多。事忙，雜食（點心等）頻繁，飯量遂減，華媽又説我以履安不在家致心憂矣。

今日本定道士九衆，回真觀住持謂近日拆不到，只有七衆。他又説香伙也拉去了。遲來而早散，價錢比平常大。

九月四號星期四（八月初六）

理出應挂字畫。點讀《禹貢蔡傳》。寫履安，父大人，介泉，伯祥信。

到國任處，知已于卅一號動身。到毛姨母處長談。到觀前買紙筆。途遇蔣仲遠，略談。

與康媛着五子棋三十局。温《尚書》第一册四遍。

父大人來信，繼母已遷至午姑母處。午姑母一家只有四間屋，住了三十餘人，如何得了。

康媛頗敏慧，着棋往往勝余。此兒如不聾，當可有成也。

九月五號星期五（八月初七）

終日讀《禹貢》，立《讀禹貢雜記》一册。吳姑丈來。遣門工往詢航船，仍無有。到葑門詢，知尚有車坊航船，可轉用直。因定于明日去。

温《尚書》第一、二册三遍。

二號的報從鎮江轉來。

今日總算讀了一天的書，心中非常暢快。夜中温書，待人盡眠而後爲之，防傳出之後，反爲笑柄也。

九月六號星期六（八月初八）

［買暈船藥。］理物。剃頭。喚陳大來，挂字畫。寫父大人信。
請陳倬齋太太看家。

吃午飯，與陳大同出葑門。一點許，航船開。四點，到車坊。
五點，上船。九點半，到甪直。

與殷宅人談至十一點眠。不入眠，與履安談話至三點。

今日到車坊後雇船不得，客棧又不肯留，無法，往警局，由
巡長任九成（住蘇州通關坊）喚人代雇烏船。夜中過吳淞江，頗
饒風味。到甪後叩殷宅門，其家中頗驚惶。謂已聽三日炮聲矣。

九月七號星期日（八月初九）

［本生祖母八十陰壽。］六點起，得睡三小時耳。品逸邀往大椿
樓吃點。同到幼稚園，保聖寺，五高游覽。遇康伯，同到交誼會品
茗。回宅，與艮男到朱姨丈處略談，到品逸薇生處小坐。

與品逸同到伯安處，未遇。即歸，與品逸薇生岳母談話。四
點，獨往伯安處，仍未遇。到君宜處，略談。歸飯。

步月。九點半眠，一點許醒，與履安談至天明。

今日未下便，食又多，遂至腹脹。殷宅睡甚早，予獨在院中
步月。九點半就眠，人聲久絕矣。

甪直前數日聽了好多的炮，今日予到了竟不聽見了。予有生
以來尚未聽見過炮聲，亦一可怪事。

九月八號星期一（八月初十）

六點起。品逸偕往吃麵。朱姨丈來談。與履安艮男到西大橋船
埠上船，十點開船。順風，十二點鐘即到。泊黃石橋，步至城，在
興泉園啜茗小憩。進城，雇車歸。

洗浴。臥床小憩，看《婦女雜志》。叔父來，謂不妨早行，不
必待張宅遷來。

早眠，甚得睡。

薇生瘦甚，近日又在發熱。今日就床作別，未知尚能相見否？外姑思履安與之或遂永別，泫然淚下。

今日甪直航船第二天開。舟到黃石橋，知昨日車坊航船捉去兩艘（予前日所乘者當然被捉），斜塘航船捉去一艘。遂不敢進，步行入城，亦甚勞矣。

九月九號星期二（八月十一）

終日理物。吳姑丈，玉曾，王肇鼎來。補記日記賬目，作到京豫算。

畫出《唐虞夏考信錄》字號數，空行。

早眠。

因時局不靖，會金未能收，借出之錢亦不得取還，川資尚少七十元之譜。公賬中尚有一百餘元，予欲暫假，履安堅不願，堅謂我們出門時須算清而行。予性已介，婦性更介于吾，喜甚慰甚。

九月十號星期三（八月十二）

終日理物，出空祖母室及新書房。看《婦女雜志》。結算父大人存款。

洗浴。寫父大人信，介泉片。

讀《尚書》第一冊。

父大人存款摺據在履安處者，計一萬三千七百餘元。因列一表，移交與叔父。

九月十一號星期四（八月十三）

到耀曾處。拜定甫伯靈座。與耀曾同到定甫伯母處，又回店。在大康莊留飯。

到九勝巷，與姨丈母道別。到北街，與岳母道別。到吳苑，赴瑄生之約，并晤遠香。遠香邀至丹鳳吃飯。在觀前街買物，歸。

與履安點算禮票數目。

角直一行，又使我大便不通。予之生活不能脫出軌道如此。因服加斯加拉。

到九勝巷，聞汪氏有人到北京，在蘇州站待了一天，無車，退回。因此，予思少帶幾件行李，書報均取出矣。

九月十二號星期五（八月十四）

到車站，問北京通車票可買否，知可買。鈔清存款總單及地契總單。凡三份，一份寄父大人，一份交叔父，一份自留。

欣伯來久談。

交摺子，地契，禮票與叔父。寫繼母信。

欣伯已來七次，予亦去二次，均未見。今日下午始見。老友相對，縱思想不同，品質有殊，自有契合之致。

九月十三號星期六（八月十五　中秋）

理物完畢，一切結束。剃頭。

各室中箱櫃加封條。喚人捆箱籠。遠香來。耀曾玉曾來。

到叔父處，交出賬簿，鑰匙，銀錢等物。寫父大人信，附入清單三紙，挂號寄杭。

玉曾所合會，履安本可于八月初十日收取百元。茲以時局擾亂，收取未齊。因囑耀曾出一借據，憑此紙向公賬中押取百元。予等盤費遂有着矣。

九月十四號星期日（八月十六）

五點半起身。七點出門。履安及二女坐車，予押船。船行緩，又跨塘橋正在重築，繞道桃花塢，行更遠。至車站，早車已過半小時矣。在酒排間候車，直至下午六點半方得上車，悶甚。六點五十五分開車，稍得眠。

在車站上等了十一小時，非常沈悶。在酒排間中把報紙看了一遍再是一遍，看雖多而不入眼。予寧可忙而不願閑者以此。予等以三等車人多，改乘二等。二等中人極清。三等至不點燈火。

青崙到站相找，堅欲借錢，告以自身之難，給以一元而去。此等人真不知如何得了也。裁縫師父三寶搖船，是值得記的。舟人雲生不知到何處去矣。

九月十五號星期一（八月十七）

上午三點一刻到寧，下站到天興旅館待旦。六點三刻出館，上輪渡。到浦口站，遇紹虞夫婦，同上車。八點五十分車開。與紹虞夫婦談話。有常州全純真女士（紹虞夫人之弟子）獨行，要求與履安同室，許之。下午五點到徐州，紹虞夫婦別去。

履安舟車易暈，此行甚爲憂慮。今早到寧站，果大吐。津浦道中，服了幾次暈船藥，幸未發。艮男竟未嘔。

九月十六號星期二（八月十八）

早醒已過德州。本可不脫車，乃在良王莊楊柳青等處待兵車停了好久，到二點始抵天津，抵京遂五點三刻矣。介泉金城在站迎接。全女士由金城送去，予等歸。夜，譚劉二女士來談。介泉夫人請吃蟹。

過泊頭後起風，天驟寒。本下午二點可到京，介泉等皆以兩點出，竟等了四小時。

厨役張五以偷小鳳衣服歇去，送入檢廳。聞此人係積竊，可畏也。

九月十七號星期三（八月十九）

到兼士先生處，未遇。兼士先生來談。寫父大人，繼母，叔父，姑母，吳岳母，殷岳母，平伯，伯祥，乃乾，紹虞片。到西安門洗浴。

萬里來談。與艮男到孔德學校，又到市場購物。緝熙夫婦及李進化女士來談。補記日記。

到車站看行李，到勸業場購物。

謝女士奉母來京，而克蘭夫人女生獎金將以英文不及格而截止。昨譚劉二女士來，即為她向介泉說情。今日介泉往看補考卷，實甚劣。以其境遇可憐，過而存之。

九月十八號星期四（八月二十）

與介泉同到適之先生處。張志純來，付十元。與履安韓馨到車站領物。

理物。補記日記畢。算賬。與履安二女及介泉夫婦到西四牌樓買物。

算賬清訖。

取出行李，網籃中頗少了物件。已想出者為火腿兩包，筆一包，約三四元之譜。以後出門，東西還是放在箱子裏的好。網籃中失東西本不算什麼也。

適之先生近日身體甚好，夜中已不發熱，甚慰。聞清華擬邀去計畫國文系，住入清華園，為長期之休養。

九月十九號星期五（八月廿一）

到研究所。寫淑蘭女士，孔平信。審《夏考信錄》。歸家，與電燈店算清賬目。

緝熙，更生，孟槐來談。審核《夏考信錄》甚少。與介泉夫婦及履安到金店兌金鐲。

審核《夏考信録》。

到京時尚有五十餘元，日來各處付款，所剩只十餘元矣。康媛在家既無事做，又招人厭，非送至聾啞學校不可。而聾啞校價昂甚，勢無所出。房金之期又迫，不得已，取履安金鐲到前門金店兌去，得一百六十四元，可度一月。予生平未嘗賣物，又未嘗入質肆，初次爲之，心殊窘也。

九月二十號星期六（八月廿二）

審核《夏考信録》。寫李進化女士信。

剃頭。到所，寫予同，汝璸，天挺信。文玉，仲良，維鈞，建功，燕堂，邦華來談。歌謠研究會開會，至七點始散。

上賬，登日記。

歌謠會開會，決定以予所集《吳歌》爲專集第一種，予又多一忙事矣。

數月前，緝熙囑爲李女士覓事，予托天挺轉覓。今日得天挺書，知爲介紹入礦群學院任數學課，因函知之。

九月廿一號星期日（八月廿三）

太玄先生來談。外舅，姨丈母來談。送康媛艮男到外舅家。

到緝熙處吃飯。同座爲丹若夫婦，介泉夫婦，萬里夫人，孟槐，李薛兩女士，緝熙夫婦及履安。四點，往游萬生園。

到外舅處接兩兒歸。談話。

與履安游萬生園，使我走在往昔屢經之路上，平添了很多的活氣。

九月廿二號星期一（八月廿四）

審核《夏考信錄》。履安韓馨送康媛入聾啞校。

到所，寫父大人，又曾，誠安，希白，兼士先生，仲華信。太玄先生來談。檢理《季刊》稿件。

到姨丈處，吃夜飯。到市場購物。歸，與介泉夫婦談話。

希白前有書來，謂不應爲標點之事以趨時。責善之言，甚所感刻。但我爲此事，決不與自己願做之學問分馳，無論如何爲人，總有一半爲己。在生計未獨立時，這一點犧牲是免不了的。因以此意答之。

九月廿三號星期二（八月廿五）

審核《夏考信錄》畢，尚有數處應查者。天挺來談，借《東方雜志》。

到所，注釋尹默先生爲孔德高中所選文。到王汝璵處談話。

看介泉所贈書。

尹默先生囑太玄先生送孔德國文來作注，説不出拒絶，只得把時間爲生計而犧牲了。

履安到京後，言語既不能聽，復不會説，以此甚悶。近日略覺好些。

九月廿四號星期三（八月廿六）

寫樸社公信，雁冰信。作《夏考信錄》標題，作最後之審核。仲川來談。孔平來談。

到所，注釋國文。寫德芳，進化女士，張志純，逮曾，仲華信。與康媛信，囑其當心冷熱。審核《季刊》中研究所報告。

吃蟹。談話。

上海樸社同人（振鐸，伯祥，聖陶，愈之，雁冰，乃乾）以戰事及予同佩弦請出社爲理，議決解散。予以理由既不成爲理由，而解散亦非六人所能決定，去信不承認。寫信後頗氣，胸中悶甚。上海一班人之無出息如此，辦事之荒謬如此！

九月廿五號星期四（八月廿七）

《夏考信録》審核完畢，即寄出。寫孟鄒，紹虞，平伯，緝熙片。

整理書籍。鈔《唐虞録》序，并記頁數。補記日記。寫叔父信。

《豐鎬録》斷句廿頁。談話。

《夏考信録》二卷，審核了六個半天。

與平伯紹虞緝熙萬里書，謂樸社本部當移至北京，由我經理。

七姨母請履安及介泉夫人君維夫人等吃飯，艮男同去。介泉亦出。下午寓中極靜。

九月廿六號星期五（八月廿八）

注釋國文。寫濟之片，伯祥聖陶片。

到所。校《季刊》稿。覆看《唐虞録》八頁。寫仲華信。殷凱逮曾來談。到市場購物。

《豐鎬録》斷句廿頁。寫雁冰片。

寫伯祥聖陶片，痛斥之。寫雁冰片，囑勿分款。明知已無及，但不得不説。上海一班人，越看越看不起了！

九月廿七號星期六（八月廿九）

校《秦婦吟》畢。介泉來談。寫紹虞，平伯，頌皋信。

到所，標點《巴黎圖書館敦煌書目》半卷，即發出。寫仲華信。到市場剃頭購物。

介泉邀宴，同座有緝熙夫婦，君璧夫婦，廖家珊女士。一點眠。

亞東寄豫支版稅二百元來，使我心一定。本年年內不愁過不去矣。

履安來此，自覺精神惚恍，以用人及言語之扞格，而不高興。她身體太弱，宜其如此。然與我太差矣。

九月廿八號星期日（八月三十）

與康媛艮男同游中央公園，茗于四宜軒，又至圖書閱覽所看畫報。歸飯。

鈔樸社交費賬。緝熙萬里來，討論樸社事。

與緝熙履安及二女應萬里招，到便宜坊吃鴨。

昨夜介泉履安小鳳均患腹瀉。今日介泉發熱，下午就眠。履安自便宜坊歸，又嘔吐大作。

九月廿九號星期一（九月初一）

昨夜忽患腹瀉。今早遂發熱。九時，臥床讀《莊子》。寫萬里片。緝熙來。更生來談。

介泉來談。

久未病，今日小病，履安作伴，精神上甚得安慰。如此患病，實是享受生活中的樂趣。予不會嘔，今日欲嘔數次而嘔不出。腹中經瀉後倒舒服了，而喉間卻作梗。

九月三十號星期二（九月初二）

熱退，腰痛。未起，在床看《莊子》訖。萬里麟伯來談。

起身，與履安、艮、媛、介泉夫婦游公園及市場。在市場吃點當飯。

予在床讀《莊子》甚樂，介泉履安迫予起身。予本想再賴一天學，如此竟不成了。一笑。予無論處何境地，皆能安心，實以有書之故。

　　履安胃弱，在市場吃了三個湯圓，歸後又腹痛大作了，一時嘔瀉并興。以後當嚴戒其吃粉食。

一九二四年十月

十月一號星期三（九月初三）

　　注釋尹默先生所選國文。

　　到校，校《季刊》王容二文，又伊文之一部。仲華來談《季刊》事。定《季刊》一卷四期日錄。寫尹默，適之二先生信。到孔平處談話。

　　緝熙來。建功來，教注音字母。

　　仲華來，知《季刊》每期印三千份，印費約一千餘元。每期只售出千餘份，加以贈送，總積存一千份左右。京華印書局代印三期，尚未付過一次款，故第四期他們印得慢了。以後怕要不肯印。

十月二號星期四（九月初四）

　　作樸社緊急通告，未畢。

　　到校，校《季刊》伊羅二文，即發出。又點看研究所紀事畢。寫仲華，天挺，援庵先生信。鈔樸社通告。

　　《豐鎬録》斷句。

十月三號星期五（九月初五）

　　張志純來。作樸社緊急通告畢，凡五千言。寫萬里條。

　　到校。紹原來談。與澄清，維鈞等談話。審核《唐虞録》。爲《一覽》事開豫備會。到市場剃頭。

到擷英西餐館，孟槐邀也。飯畢，與介泉到楊梅竹斜街買電燈泡。

今夜同席：緝熙　介泉　漢威　張豫生　張湘生　程千雲　秦景陽　莊□□　陳孟槐

十月四號星期六（九月初六）

注釋國文。記筆記一則。

與履安艮男游三殿及歷史博物館。到校，加入《一覽》編輯會。七點散。萬里，援庵先生，郁周先生來談。

彭陶二女士來談。《豐鎬録》斷句。

十月五號星期日（九月初七）

《豐鎬録》斷句一卷許。與履安艮男到北海游覽。九點進，一點出。

飯後，又與她們游雍和宮。五點出，到康媛校中，與杜師母略談。

到仲川處，仲川國任夫婦宴我們夫婦也。十點歸。

今日與履安至北海，在連理柏下吃長生果，可謂好口彩。

十月六號星期一（九月初八）

注釋國文訖。記筆記一則。

寫適之先生，太玄，逮曾，尊一女士，尚嚴，萬里，玄同先生信。審核《唐虞録》一卷。記筆記二則。

記筆記五則。

爲孔德國文十二篇，費去六個半天，其難如此。

十月七號星期二（九月初九）

審核《唐虞録》一卷。寫乃乾片。

與履安艮男同游天壇，先農壇，陶然亭。到前門買物。

到仲川處，爲草橋中學同人聚餐。

十月八號星期三（九月初十）

到校，寫乃乾，伯祥，聖陶，緝熙，萬里，錫五，儲蓄會京部，康媛，秋白，李雁晴（笠）信。譚劉二女士來還書，略談。算賬。

到所，紹原來談。逮曾來談孔德歷史教科事。寫德芳信。審核《唐虞録》。燕堂邀看所作《看見她》之研究。

審核《唐虞録》。

韓馨兄弟今晚接到家信，其父病勢甚重，請假歸省。此間由韓馨之妻弟王吉泉住入，艮男到學堂亦歸其接送。

十月九號星期四（九月十一）

審核《唐虞録》。胡默青來借書。

太玄先生，兼士先生來談。履安領康媛歸。昂若來，未遇。

與履安康艮到後門散步。《豐鎬録》斷句。

林琴南于今日死。年七十三。生平譯書凡一百五十三種。

崔懷瑾先生亦于今年八月中逝世，年與林同。

十月十號星期五（九月十二）

審核《唐虞録》。作標題，鈔出。

到緝熙處，與緝熙及萬里商社事。《豐鎬録》斷句。

今日國慶，予苦無暇，不能與履安二女出游。夜中爲社事獨至緝熙處，月色極佳，循北海夾道行，迷離躑躅，如在夢中，心境極爲甜蜜。惜予不能詩畫，無從寫出耳。

十月十一號星期六（九月十三）

審核（末次）《唐虞録》終日，僅得二卷耳。寫錫五信。
逮曾維鈞來談。略翻《開卷一笑》。到廣澄園洗浴剃頭。
《豐鎬録》斷句。彭陶錢三女士來。

今夜忽失眠，是爲此次到京後之第一回。起臥沙發中，至上午兩時始得眠。推其原由有三。夜中洗浴，一也。遲眠（就眠時已十一點半），二也。感物懷人，沁悲入骨，三也。此後洗浴，當在日中行之。

十月十二號星期日（九月十四）

審核《唐虞録》完工。送艮男到外舅處。到孔平處送鈔寫書。
孔平來借錢。維鈞夫婦來，坐談片刻。與維鈞同至魯迅先生處。到吉祥園看韓世昌《游園驚夢》。
到外舅處接艮男。鈔《堯典》。

今日星期，竟不能停止工作矣。事務壓迫過重，甚覺痛苦。

十月十三號星期一（九月十五）

寫定《堯典》《禹貢》句讀。《唐虞》審核完畢，即付寄。王汝璵來談。
集吳歌歷史材料。
與履安艮男同至公園看月，十點歸。

四卷《唐虞考信録》，僅僅校核一過，又費了十一個半天。

十月十四號星期二（九月十六）

到校。集吳歌歷史材料。
外祖母七姨午刻來，飯畢後同至十刹海。夜飯後回。談半日。
集吳歌歷史材料。

近日忽患牙痛，痛在右腭上層之盤牙，勢甚劇。

十月十五號星期三（九月十七）

作《吳歌》序五千言，急遽不能完，因鈔《吳歌》付印。金甫回國來談。

今早驟起大風，天驟寒。

十月十六號星期四（九月十八）

鈔録《吳歌》，并作注。摘出《吳歌》韻。萬里來談。

到校，乞彦堂爲作《吳歌》注音。寫父大人，平伯，秋白，敬軒，乃乾信。又擬與市村瓚次郎信稿。鈔出《山人詞》一篇。

與介泉談話。《豐鎬録》斷句，畢。

艮男來此後屢欲爲之剪去辮子，至今日才實行。蘇州女孩子尚無剪髮者，此間則已成風氣矣。

《豐鎬録》八卷，極草率的斷句，得間即做，亦復延及二十二天。

十月十七號星期五（九月十九）

竟日點讀《宋史紀事本末》。王姨丈來談。與履安到佩書處。

寫伏園信，爲宴金甫事。訪金甫未遇。

寫康媛信。

孔德送乾薪半年，受之有愧。自本星期起，每隔兩星期即作演講稿一篇。

父大人來信，運使已易王姓，未知是誰。如父大人地位能不搖動，則我收入尚可過活。否則愈苦忙矣。

十月十八號星期六（九月二十）

作《宋代的統一》，三千言。下午謄清。

寫仲華，太玄先生，萬里信。到馬神廟剃頭。

劉陶彭黃四女士來，略談。

　　彭陶二女士來介泉處補習英文，每星期二次。譚劉二女士請加入，彭陶謂劉尚可，譚必不可。譚遂不來。今日她檢出暑中借我各書，托劉送還。自此以後，恐不復來矣。孤高之性，舉世同嫌，思之悲憤。

十月十九號星期日 （九月廿一）

　　與介泉談話。與介泉到適之先生處，并晤玄同先生。談至十二點，適之先生邀吃飯于市場森隆。歸與夫人同往。同席有適之先生表弟曹先生。

　　與適之先生及履安，介泉夫婦到吉祥園看侯益隆《火判》，韓世昌《佳期》《拷紅》及《昭君出塞》，陶顯庭《別母亂箭》。在劇場遇江氏一家。

　　與履安共讀適之先生所選《詞選》。

　　履安見適之先生，謂其絕無架子，甚為欽敬。莎菲病已較好。適之先生明日即往清華休居矣。

　　我們四人的生年月日：

頡剛（光19）癸巳三月廿三日　一八九三，五，八。

履安（光26）庚子十一月廿七日　一九〇一，一，十七。

自明（民2）癸丑正月十七日　一九一三，二，廿四。

自珍（民6）丁巳正月廿五日　一九一七，二，十六。

又徵蘭光緒十五年己丑九月二十日　一八八九，十，十四。

十月二十號星期一 （九月廿二）

　　補上日記賬目。寫援庵先生答片。鈔《儀禮・喪服篇》及

《五服異同彙考》目錄。

　　尹默叔平兩先生來談。寫援庵先生，仲華，逮曾，振玉，慕愚，孔平信。訪金甫，未遇。到建功，希白，元胎處小談。

　　與履安共讀英文。

　　牙痛尚未愈，食物大難，只得專吃麵與粥，飯菜則鷄子湯，醬乳腐。

十月廿一號星期二（九月廿三）

　　整理《五服異同彙考》。孔平來送書。

　　寫金甫，慕愚，愈之信。莊更生來。

　　與履安共讀《詞選》。

　　昨函謝慕愚女士還書，今日得其答簡，問《學術年表》填法，因具答之。她好讀《三國志》，又以校課正讀《宋元學案》，請其先就此二書輯錄。

十月廿二號星期三（九月二十四）

　　查核《五服考》。鈔《文公家禮服制篇》。緝熙來談。

　　到所，鈔《吳歌》上卷畢。尚待審正。逮曾來。劉陶彭三女士來，略談。

　　與履安共讀《詞選》。

　　祖母道光二十四年甲辰三月初一日　一八四四，四，十八。

　　本生祖父道光甲辰六月十一日　一八四四，七，廿五。

　　父同治九年庚午六月初六日　一八七〇，七，四。

　　母同治庚午九月初五日　一八七〇，九，廿九。

十月廿三號星期四（九月廿五）

　　審核《五服考》。王汝璵來談。到巷口看兵。

與履安及介泉夫婦到西安門，總統府，天安門看兵。到所，與建功彥堂補注《吳歌》，將一部分發出。

到華美，與新潮社宴金甫。繞道歸。已九點許，即睡。

今晨厨子永祥來言，大石作口已不讓走路，滿布着兵，景山上安置大炮，直軍已大敗了，奉軍到密雲了。出門一看，原來是馮玉祥班師，主和，派兵看住總統府衛隊。大石作適當衝要，驟馬雜沓，沙袋堆積，竟成巷戰的局面。

自華美北號歸，本只須走南北兩長街。今以道路堵塞，由西交民巷出西面前門，進東面前門，走南北池子到景山。車從景山後過，又被兵擋住，于是進吉安所，出黃化門，進米糧庫，出内宫監。適景山西門無兵，乃得歸家。

十月廿四號星期五（九月廿六）

以昨夜精神興奮，四點即醒。點讀《現代初中本國史》。與履安到巷口看兵。

到所。伏園來談。鈔出與愈之信，寫康嫒信。與兼士先生，幼漁先生談話。與介泉到市場買小説及食物。

看《徐文長故事》。與履安共讀《詞選》。

十月廿五號星期六（九月廿七）

點讀《宋史紀事本末》中之契丹事實。

到所，寫金城，尹默先生信。孟槐緝熙來談。略審《五服考》。履安康嫒來，導游一周，即到市場買物。剃頭。

審核《五服考》。

履安昨與介泉夫人到女生宿舍，約她們明日來吃蟹，因往市場購物。介泉夫人謂女生宿舍中，以譚女士室爲最潔净，無絲毫塵垢，其置物莫不有次序，花草葱蘢，無有能及者。

十月廿六號星期日（九月廿八）

點讀《本國史》一章。到兼士先生處，爲伏園事。到後門買物。還，理書。

點讀《儀禮・喪服篇》。陶劉錢三女士來，旋往介泉處讀書。黃謝譚三女士來，與之論學。

請六女士吃蟹。九點許，膳畢，與介泉送之到三眼井口。

今日猶得集頤和園游侶于一堂，此樂幾疑非真矣。自四月中與諸女士相識，至于六月，往還頻繁，若一家人。自六月至今，四個月許，踪迹漸疏，譚黃謝諸女士均有不來之兆。每追思良會，輒憮然不樂。予嘗謂介泉及履安曰："天下無不散的筵席，這是事實。天下的好筵席不要散，這是我的願望。事實與願望必相違，我生其終陷于悲恨中矣。"

十月廿七號星期一（九月廿九）

點讀《通鑑紀事本末》中五代時契丹與中國關係各段。

到校。與彥堂，建功，希白，維鈞談話。萬里，伏園，殷凱來談。寫慕愚女士信，送《疑年錄》去。寫仲川，太玄先生信。補注歌謠稿，備下期材料。校印稿。

校《歌謠周刊》印稿。

聞廊房張福來軍與馮軍開戰。永祥謂已聞炮聲。

十月廿八號星期二（十月初一）

點讀五代時契丹事實。

到校，寫兼士先生，伏園，錫五信。發《季刊》四號目錄預告，又發下期《歌謠》稿。作《契丹的興亡》一千字。鄧高鏡先生來談。介泉打電話來，約同到適之先生處，談半小時。

談話。與履安共讀《詞選》，畢。

近日牙痛略好，牙仁脹甚，尚不可嚼肉類。大便不甚通利。夜眠至早四五點必醒。不知何故。意者其太忙耶？

大家説時局緊急，京中恐不免一搶。廊房戰後，郵信亦不通矣。此等事予不願關心。惟讀《詞選》後激起很深的悲哀，覺得這是我自己的事情耳。

十月廿九號星期三（十月初二）

續作《契丹勢力的南漸》二千言，并改畢。與履安到姨丈處，寄存首飾。

校《吳歌》，發出《學術年表》二份。援庵先生，萬里來談。

聽履安吹笛，和之唱歌。

姨丈住東單羊肉胡同，左右前後皆外國人，爲保衛界。因將重要物件寄與。

十月三十號星期四（十月初三）

謄清《契丹勢力的南漸》一篇，約四千言。

到校，寫父大人，叔父，萬里，太玄，仲華信。鈔歌謠六紙。《三代正朔通考》斷句畢。仲華爲《季刊》事來商。到建功處，未遇。

校履安所鈔《契丹》一文存稿。

爲了一篇歷史講稿，又費了七個半天多。準此而論，一個月須爲孔德費去一星期。

今日下午極倦，倘以霜降節令耶？

十月卅一號星期五（十月初四）

釘雜文及筆記二冊。整理《五服異同彙考》。

到校，寫緝熙，逮曾信。建功來注《吳歌》之音。校《季刊》

稿。鈔《明史·禮志·服紀》。到小峰處略談。

鈔《唐書·禮樂志》中《服制》。

一九二四年十一月

十一月一號星期六（十月初五）

整理《五服異同彙考》。

逮曾，張志純來談。到馬神廟剃頭。

聽彭女士等談話。看《六合内外瑣言》。

《五服》一考，弄得頭痛了。

陶女士謂譚女士最會哭，聞之悲念。今日褚保權女士亦到介泉處，余在校未見。

夢父大人囑向叔父處取物，到叔父處言之，叔盛氣曰："就在桌上，你不見嗎！"我道："你的東西，我怎么知道！"叔怒不已，予亦怒，取墨塗其面，且毆之。我會毆人，大奇大奇。

十一月二號星期二（十月初六）

與履安到維鈞處，與其夫婦談話，進茶點。出，同至市場買物。履安到蘇州胡同，予到仲良處，未晤，遇文玉。又到三和公。

校《冐齋文集》序目。寫康媛信。到市場開成食堂，爲伏園辦周刊事。夜飯而歸。

伏園以晨報館侵奪副刊文字之權，辭出。擬辦一周刊，今日開會。到者有啓明先生，玄同先生，紹原，小峰，廷謙，伏園，及予。命名久不决，予看平伯詩中有"語絲"二字，頗寫意，不落褒貶，提出之，通過。定十一月十六日發行首期，每人派出八元。

十一月三號星期一（十月初七）

鈔《詩經世本古義》及《禹貢錐指》中論金屬之文字，預備作五金行用次第考。

到校，逮曾來談。鈔歌謠三十紙。到市場買物。

鈔《禹貢錐指》。

我心中有無數的古史論題，擬于《語絲》周刊中逐期提出，使胸中積悶一吐。

十一月四號星期二（十月初八）

鈔《禹貢錐指》言金屬文畢。鈔《化學史·古代金屬章》，畢。萬里來談。爲秋白寫喜聯。

到校，維鈞，更生，仲華來談。寫兼士先生，昌之信。作《五服考》標題，未畢。

校《吳歌》排稿。與介泉夫婦談話。

自上月廿四號起，予每早四五點時必醒，甚至三時許亦醒。長夜漫漫，頗感痛苦。介泉勸我夜間不要作事。自今日起，夜間十點當就眠矣。

秋白來信，以喜期在邇，囑寄喜聯。予實不能書聯，下筆恐怖，筆力既弱，又大小不均。勉作十字，曰："喬木縈蘿蔦，蒹葭倚玉枝。"

十一月五號星期三（十月初九）

作《五服考》標題訖。作《吳歌》注，請建功，彥堂注音。

到第一院，爲邊先電話之誤。晤柯鳳蓀先生。伏園來談。

柯鳳蓀先生近到校爲研究元史導師。仲良文玉以其長于《穀梁》及天文，欲約我同往問業。予甚欲發見《穀梁》真相，許之。但沒有時間，奈何！

十一月六號星期四（十月初十）

整理筆記中可爲《語絲》周刊作《古史雜論》之題目，得百餘。二年中不憂無稿矣。集紂惡材料。作《古史雜論小叙》。

到所，兼士先生邀加入整理清宮物件會。鈔《五服考》小題入書眉，畢。

讀《淮南子》，集紂惡材料。

清室宣統帝于昨日被迫出宮，去帝號，此事係石曾先生向政府建議者。所遺下之物件，擬組織委員會清理保存之。此事手段太辣，予心甚不忍。開會之際，衆人稱快，予獨凄然。但我亦知作事非如此不可，我非作事之材于此益可證明。

十一月七號星期五（十月十一）

讀《淮南子》畢。作《紂惡六十事的發生次第》五千餘言。

介泉到所，同歸。

謄清所作文。與介泉夫婦履安談話。

本意爲《語絲》作《商王受與宋王偃》一文，以紂惡的加增爲文的前段。乃即此前段竟寫了五千餘字，只得分成二篇矣。在《淮南子・氾論訓》中得"禹勞天下而死爲社"句，大快！我去年的推測竟不錯。

十一月八號星期六（十月十二）

鈔昨作文畢。讀《淮南子・氾論訓》。到新潮社交卷。

到研究所，寫《季刊》題目入書目片，備編索引。

校《吳歌》。與彭陶劉三女士略談。記筆記數則。十一時眠，不易入睡。

予每逢星期六輒不易入眠，自覺可笑，然此情總看得太真，既生此性便不應恨此病矣。

十一月九號星期日 （十月十三）

到兼士先生處，未遇。與介泉緝熙同進神武門，游乾清門以外一周，至寧壽宮。還至辦公處，看檢查太監。午飯吃麵包，文玉購入也。三點許，進內封屋，凡封乾清宮，養心殿兩處。并游南書房。夜歸。

休息。

自昨日起，研究所加入清室善後委員會，幫同檢查。予雖願往一觀，但事務太忙，不欲又以此分功，因此願避之心更比願見之心爲切。今日以緝熙介泉要求同往，只得陪之。但看情勢，此後又逃不脱矣。奈何！予才既不能辦事，志又不欲辦事，何人之猶不捨我也？

十一月十號星期一 （十月十四）

到清宮。以人尚未齊，在辦公處編《季刊》目録索引。十一點，入內，封乾清宮東南屋。分五組，予與叔平先生，歷史博物館徐館長等同組。

午飯吃燒餅醬肉，清室代辦。在軍機處吃飯後，到景仁，承乾，鍾粹等宮貼封。又至御花園，翊坤宮儲秀宮等處游覽。三點半出，到研究所，鈔《季刊》人名索引，畢。

與介泉夫婦履安等談話。

到清宮兩天，心也散漫了，到研究所寫字，再也聚不起心思來。以此知辦事與爲學實不能兼，而予之才亦不足兼也。

皇后所居儲秀宮，皇妃所住春華宮，均甚美麗。隆裕所居鍾粹宮，不見美。

十一月十一號星期二 （十月十五）

到清宮，查封壽安宮。并在外西路游行一過，吃飯後出。

還家，鈔集孟姜女故事材料。并點出《呂氏春秋》中人名，至第五冊。

十一月十二號星期三（十月十六）

到清宮，查前數日所封處。并到延禧宮看金魚。在軍機處吃飯畢，即出。

歸家寫上午報告，即作函送去。到研究所，發《歌謠》稿。編寫《季刊》索引，畢，即發出。維鈞彥堂來談。

校點《畿輔傳》中《崔述篇》。與劉女士談。

十一月十三號星期四（十月十七）

寫《職方典》冊數。

到清宮，候作總報告，而他們未出。在辦公處候之，看《千百年眼》。至四點，他們出來，即移鈔報告數紙。

整理孟姜女材料。

十一月十四號星期五（十月十八）

點《呂覽》第五冊畢。寫伏園片。到清宮作總報告，未畢。

與旭生，玄伯，文玉到內閣大庫及皇史宬檢封。

與介泉談話。檢《職方典》中孟姜女材料。

十一月十五號星期六（十月十九）

寫自明信。寫小峰逮曾片。補記四日來日記賬目。到清宮作總報告。

與張溥泉先生，膺中，仲良等查封文淵閣。四點半出，到研究所。又至廣澄園剃頭洗浴。

作報告，改古史論，到二點許眠，三點許入眠。

十一月十六號星期日（十月二十）

到清宫送報告。歸，寫聖陶伯祥信。修改《古史雜論》。點《史通·疑古篇》。

與履安及介泉夫婦到慶樂園看秦鳳雲高媚蘭等《綠窗殘淚》劇。出，至勸業場買物，到全聚德吃燒鴨。

牙痛到近日才好，甚久矣。看《綠窗殘淚》劇，爲之泣不可仰。

十一月十七號星期一（十月廿一）

理孟姜女材料。

到所，作《孟姜故事》千餘言。寫兼士先生及仲華信。仲華來詢《季刊》事。

作《孟姜女》文。

十一月十八號星期二（十月廿二）

作《孟姜女》文。仲川來談。

到校，于北上門遇譚謝二女士，略談。萬里，援庵先生來談。寫譚女士信，送年表去。校中以清宫籌備員事開會。予爲書記。

作《孟姜女》文畢。

十一月十九號星期三（十月廿三）

終日改《孟姜女》文，四點畢。即鈔清，竟廿紙。

今日下雪，未到校。得終日作文，甚以爲樂。

十一月二十號星期四（十月廿四）

六點半起，開燈作字。謄清《孟姜女》文，畢（約萬字）。悟梅自江山來，略談。

到校，覆看所作文，略改。寫紹虞信。理校中桌雁中物，一清。到更生建功處，均未遇。

看《玉臺新詠》。

十一月廿一號星期五（十月廿五）

看《玉臺新詠》。作《查封清宮報告》。緝熙孔平來談。與履安步至東安門。

履安到校，看清宮圖。逮曾來談。

看《玉臺新詠》，集《孟姜女》文材料，備改作。至十一點半。

十一月廿二號星期六（十月廿六）

到校，改作《孟姜女》文（約二千餘字），直到下午二點才畢。張志純，孔平兄弟，太玄先生來談。

寫父大人信。大風起，驟寒。三點半，到市場吃飯，剃頭。回家取報告稿。到校晤膺中，以仲良等在宮未出，未開會，即歸。

校《吳歌》稿。補記一周來日記賬目。

作《孟姜女》文一萬二千言，費了五天。使去雜事，四天可了。作文真不容易，過一日即發見前一日之破綻。此文甚是愜心，然總覺改之不盡，奈何！

十一月廿三號星期日（十月廿七）

鈔孟姜女材料。與康艮到市場吃飯。游覽市場一周，買物。歸家，稍息，又同之到中天電影看《路柳墻花》一劇。劇畢，到外舅家吃飯而歸。

打書籍印記。

十一月廿四號星期一（十月廿八）

作《契丹勢力的南漸》中篇，未畢。請履安送《三國志》與譚女士。

到校，校《季刊》稿。伏園小峰來談。鈔《吳歌》。寫適之先生，援庵先生，麟伯，太玄信。與文玉等審查清宮圖。

鈔商王紂與宋王偃材料。

近日起身必在八點，晨間料理諸事畢已九點矣。

十一月廿五號星期二（十月廿九）

作《契丹勢力的南漸》中篇畢，未改。

到校，鈔《國學季刊英文索引》畢，未謄。寫仲川，國任，湘蓀，笙亞，徐紹棨信，為中校同學聚餐事。寫三和公，萬里信。

夜飯後到所，與清宮善後事之會。

十一月廿六號星期三（十月三十）

作《契丹勢力的南漸》下篇千餘言。

伏園來，商量風俗會購物事。鈔《英文索引》，未畢。發出年表六份。寫慕愚女士信。履安到校，為鈔孟姜材料。

發《吳歌》稿。鈔宋康王史料。鈔孟姜材料。

十一月廿七號星期四（十一月初一）

作《契丹》下篇畢。謄《英文索引》畢。交介泉校正。

到校，發出《英文索引》。伏園來，與同討論風俗調查會事。鄭君來。到尚嚴處，略談。

鈔孟姜材料。與介泉談話。

十一月廿八號星期五（十一月初二）

鈔《契丹》兩篇，未畢。兼士先生，徐森玉先生，裘子元先生來談。

伏園維鈞等來，爲風俗會購物事。介泉來看所買玩偶。

十一月廿九號星期六（十一月初三）

六點，起身，鈔《契丹》文畢，交艮媛帶與逮曾。改作《研究所經費説明書》，謄清。校張穆説昆侖文。

伏園萬里來。大風揚塵，天地晦冥，早息。

校張穆文及徐作《崔述傳》。

早夢中，見一個人寫一信來，云："顧先生爲娼妓，一點一刻没有空，都是爲别人。"這是我夢魂中的牢騷！

十一月三十號星期日（十一月初四）

與尚嚴介泉至兼士先生處。又獨至幼漁先生處。歸，留尚嚴飯，與介泉夫婦同膳。尚嚴爲理碑帖。

與尚嚴看我所藏書。子俊來談政治。四時許，他們先後去。到馬神廟剃頭。

校自作文稿四篇。

自接眷以來，家用大而薪水欠，極力撙節，總須百元一月。予之零用，幾于不用。今日結賬，一星期中零用錢僅三百六十文耳。實不能再省矣。

一九二四年十二月

十二月一號星期一（十一月初五）

鈔《歷代詩餘》詞人姓氏，未畢。

以風俗會事談話。孔平來。到市場購物。

草橋中學同人在予處聚餐。

十二月二號星期二（十一月初六）

到校，將《清宮報告》鈔畢。在校吃飯。寫誠安，秋白信。

校讀《詞選》第一編訖。

樸社事開會，擬通告。鈔《吳歌》。

十二月三號星期三（十一月初七）

校讀《詞選》第二編。碩甫姨丈來談。

寫鄭賓于信。到校，查《詞選》中典故。所中以清宮事開會，予將宣言改竄。并改報告。

《詞選》第二編讀訖。鈔《吳歌》。

數旬來太忙了，夜中心宕，即眠。而反覆不能成睡。幸有履安相伴，否則又終夜不眠矣。食量近日亦減。大便又有些乾結。

十二月四號星期四（十一月初八）

寫適之先生信，薦靜安先生入清華。校讀《詞選》第三編。寫愈之信。

與介泉談話。到校，注《吳歌》，發稿。作《寒山寺鐘》附記一則。

校讀第三編訖。到孔平處，未遇，留條。

介泉云，在趣味上，希望我過上半年的生活。在事業上，希望我過今日的生活。但我自問心情實未變，只因我與介泉下半年都忙，無暇從談話中抒心情耳。

十二月五號星期五（十一月初九）

校讀《詞選》第四編畢。萬里孔平來談。

到校，寫萬里，緝熙，介石，平伯，乃乾，紹虞信。擬致浙教廳長索雷峰經卷公函。發樸社通告。與伏園談話。

鈔《詞選》小傳。

自十月十三號買了一元郵票，到今日才用完，用了五十二天，可見寫信之少。實在太忙了。本月用度極省，但仍須百元，奈何！

得適之先生書，知近日身體仍不很好，甚以爲憂。

十二月六號星期六（十一月初十）

校讀《詞選》第五編畢。

到校，李志雲弟兄來，與志雲談社會黨舊事，并導觀檔案風俗二室。校讀《詞選》第六編。

彭陶劉三女士來，介泉夫婦邀其吃飯，予與履安亦被邀。談至十一點。

志雲係中國社會黨北京部中舊友，十二年未見矣。談翼龍被殺事，頗爲黯然。

予近日飯量極劣，今夜似乎發了一個寒熱。或是喝了酒把内熱推了出來，亦未可知。

十二月七號星期日（十一月十一）

萬里來，因其書稿事，爲寫岫廬，愈之，聖陶三函。剪貼《古史雜論》。

鈔寫歌謠十餘紙。到市場，爲語絲社開會。晤啓明，玄同兩先生，及伏園父子，小峰夫婦，洪熙，品青（淑蘭戀人），川島，紹原等。在中興隆夜飯歸。

鈔孟姜故事材料。

結賬，本月用度：

房金	十九元
伙食	十八元
儲蓄會	六元

艮媛車　　　　三元

電燈　　　　　三元

雜用　　　三十八元

共八十七元。韓馨工不在内。

十二月八號星期一（十一月十二）

校讀《詞選》第六編。

到校，續校讀。伏園，維鈞，彦堂，希白，仲良，建功來談。寫兼士先生，紹原，尚嚴信。

校讀《詞選》畢，明日着手加注。鈔孟姜材料。

十二月九號星期二（十一月十三）

集洪水材料，無結果。

到校。萬里，援庵先生來談。爲清宫物件點查事件開會。作新聞一通（陳寶琛等謀恢復優待條件）。到志雲處，略談。

到適之先生處吃夜飯，以東大三先生來調查清宫事邀宴也。

夜餐同座：陳去病　顧實　柳翼謀　蔣夢麟　陳垣　李宗侗沈兼士　馬裕藻

原意爲下期《語絲》作洪水一文，今日略集材料，始知這問題太大，非數日之功所可爲也。擬作“説社”，亦不成。

十二月十號星期三（十一月十四）

寫潘哲信。標出《淮南子》人名地名，并鈔出古史材料。

翻《集成閨媛典》。到校，伴東大陳佩忍，顧惕生，柳翼謀三先生參觀研究所，直至夜。到尚嚴處，未遇。

標《淮南子》畢。

東大三先生，柳多聞而狡獪，顧顢頇，陳則狂生也。柳可與把臂，陳顧則氣味終不投。

柳年四十六。顧年四十八。陳年五十一。援庵先生年四十五。兼士先生年三十八。

十二月十一號星期四（十一月十五）

標出《荀子》人名地名，未畢。

到校，注釋《詞選》。寫萬里信，錫五信。尚嚴來談。發《歌謠》稿。到郵局買票，由南長街歸。

與介泉同飯，談話。標《荀子》訖。

近口凍瘃作癢，因走南池子，長安街，南長街，北長街而歸。夜間居然較好。

與履安談，予之性格，努力如適之先生，喜享樂如介泉，孤僻如譚女士，故予與此三人自有神契。

十二月十二號星期五（十一月十六）

作《宋王偓的紹述先德》畢，約二千餘言。萬里來。

到校，鈔《五服異同彙考》細目訖，即付寄。尚嚴，伏園，逮曾來談。

看冰心小説《別後》。修改上午所作文，未畢。

十二月十三號星期六（十一月十七）

寫康媛信，到萬里處，與萬里及拓碑人劉君同到圓明園，訪文源閣碑。又至清華門口照相。四點，到海淀大興隆吃飯，甚餓矣。進城，到馬神廟剃頭。圓明園中之雕刻，爲王懷慶盜去，贈與張懷芝曹錕者甚多，海淀之霸武官鮑某亦取去不少，較前數年大異矣。

履安爲彭女士等邀去看燕京戲。到援庵先生處，爲清宮點查事件開會，十二點歸。

援庵先生自民國六七年起，即研究《四庫全書》之歷史，并考卷數提要之同異，所以材料甚多。最可寶貴者，爲乾隆武英殿之收書底簿。陳先生自作之《四庫編纂始末》，亦極詳備。

十二月十四號星期日 （十一月十八）

九點起。與介泉談話。看報。三和公人來。補記日記一星期。外舅來，略談。

與介泉夫婦及履安先後到吉祥新明兩戲院，吉祥無戲，新明已滿座，遂至天橋看舊貨。晚歸。

看《別後》畢。談話。算賬。

今日甚想做事，而氣力終不屬，亦無奈何也。

十二月十五號星期一 （十一月十九）

寫志雲信。作樸社股數計，及通告。到萬里處，未遇。標點《孟姜女鼓詞》。

到校，注《詞選》。彥堂，維鈞，伏園來談。

看孟姜女材料。仲川來，住客廳。

仲川以部中有查辦消息，來此暫避。

十二月十六號星期二 （十一月二十）

與仲川談話。國任來。整理《鄮鎬錄》。

到校，注《詞選》。到市場購物。作《孟姜女》第二號小序。

曹祥之，李志雲，小峰夫婦，伏園父子來吃飯。談至十點許。介泉同座。

十二月十七號星期三 （十一月廿一）

萬里來。到校，鈔孟姜女歌詞，發《歌謠》稿，以下期周刊爲

《孟姜女》第二號。彥堂澄清請吃飯于東安門。

作編輯《季刊》及年表報告，又文源閣調查報告。歸，孟槐來談。

鈔《詞選》注。

今日得睹崔東壁所賞識之霧樹，甚快。萬里照得數片，將乞其一登《東壁遺書》焉。

《舊唐書·五行志》載開元二十九年十一月二十二日雨木冰，止後今日一日耳。

十二月十八號星期四（十一月廿二）

鈔《詞選》注。萬里來談。

到校，鈔《詞選》注。與適之先生談話。研究所委員會開會。爲速記。

鈔《詞選》注畢。

十二月十九號星期五（十一月廿三）

集西夏材料。補記前數日日記賬目。

到儲蓄會，爲押款事。到校，王殷凱伏園來談。寫適之先生，楊德芳，芝生，康嫒，小隱，李雁晴，愈之信。

標點《孟姜仙女卷》。

北京印書局來函，聘我爲編審會編審員，從此又多一事矣。

我的事務14：

《國學季刊》，《歌謠周刊》，《學術年表》，清宮整理事務，亞東圖書館，商務印書館，北京印書局，孔德學校，樸社，《語絲》周刊，研究所雜事，師友間雜事，家庭雜事，自己讀書。（北大紀念冊）　　（古物報告）

十二月二十號星期六（十一月廿四）

作《西夏的始末》，未畢。寫希白信，托刻自明圖章。

到市場剃頭。到儲蓄會，送請求單。到校，志純，尚嚴，伏園，援庵先生來談。看《戲考·萬里尋夫》。看《語絲》。謄研究所委員會筆記。

標點《孟姜仙女卷》畢。鈔宛南唱本。

清室善後委員會聘我爲顧問，我的頭銜更多而事亦更忙矣。

十二月廿一號星期日（十一月廿五）

到校，爲清室善後委員會事開會。

到適之先生處，未晤。與履安到絨綫胡同，小市，琉璃廠，青雲閣等處。

吃火鍋。與介泉談話。鈔唱本。

此次點查清宮物件，我擔任星期一三五上午。私定此三日不到校矣。

黃女士母没，于今日回籍，恐不得再來。

十二月廿二號星期一（十一月廿六　冬至）

作《西夏的始末》。維鈞來談。

仲川來談。到清宮，開會，討論對付執政府函止點查事。

作《西夏的始末》草稿畢。與介泉講話。鈔孟姜女唱本。

十二月廿三號星期二（十一月廿七）

謄改《西夏》一文。

道遇子俊。到校。到儲蓄會，到適之先生處，爲送研究所報告。

謄改《西夏》一文，尚未畢。十一點眠，失眠，至一點許始得睡。

與適之先生相商，即日編《崔述》一書，俾爲卒歲之資。先生許我開價五百元。果爾，年底不愁過不去矣。

十二月廿四號星期三（十一月廿八）

寫平伯，兼士先生，潚哲，愈之，乃乾信。改《西夏》一篇畢。

注《崔述》七篇。健卿來談，留飯。

洪熙來談。

自今日起，向研究所請假十天，作《崔述》注。

平伯于前日到京。健卿係高小時同學，近年留學哥侖比大學，八月中歸國。

十二月廿五號星期四（十一月廿九）

介泉來談。注《崔述》三篇。

通伯來談。

介泉邀至東華飯店，同座有平伯，健卿，紹原，光一。十點許歸。

夢中見一人，昏夜中可近而卒不近，予謂之曰："我沒有法子和你好，你也不值得和我好，我們還是永遠留着這一點悵惘之情罷。"醒來思之，不覺泪下。時天未曉也。

十二月廿六號星期五（十二月初一）

寫逮曾信。校《歌謠》稿。注《崔述》五篇。寫潚哲信。

鈔孟姜女材料。算賬。

聞緝熙夫人病益深，甚爲之悲。

十二月廿七號星期六（十二月初二）

注《崔述》三篇。到馬神廟剃頭。

温《孟子》。

予已向研究所乞假，而今日開委員會，兩次來招作記録之事，因却去之。

十二月廿八號星期日（十二月初三）

緝熙來，留飯。健卿來談。

萬里來談。校《崔述》注。平伯來談，留飯。談至九點半。振玉來談。

自手頭拮据後，久不買花草矣。今日譚女士送緑萼梅一盆來，屋中又添生意。特追思舊事，又不免悒悒耳。

平伯來，寫其所作詩曰："秋水伊人托渺茫，蒹葭清絶遍離霜。西風時警温麈夢，情劫飄零百億場。"此若爲我作也。

十二月廿九號星期一（十二月初四）

注《崔述》三篇。

寫平伯信二通，雁冰，萬里信。

十二月三十號星期二（十二月初五）

注一篇。寫譚女士，紹虞，韓馨信。

到所，爲季刊委員會。開至六點半。寫啓明先生，王殷凱信。

到東興樓，爲通伯奕林邀宴。

今日同座：紹原　志摩　平伯　金甫　玉堂　達夫　介泉　通伯　奕林

兼士先生述玄同先生語，謂"你用顧剛不可這樣用"，盛意甚可感。下雪而不寒，庭中猶五十度。

十二月卅一號星期三（十二月初六）

介泉來談。注一篇。希白弟兄來談。寫三和公信。

寫錚子，韓馨信，又孝徵女士信稿。注一篇，未竟。

到市場，金甫邀宴也。平伯，通伯同席。出，買賀年片及日曆而歸。

“東家食而西家宿”一個典故，畢力求之，不能得，可見注書之難。

金甫頗注意生活，與之同座，使予自覺枯燥。

一年中所作文：

（一月）　　。。答李石岑書（三千餘言）

（三月）　　我的研究古史的計畫（三千餘言）

（四月）　　東嶽廟的七十二司（三千言）

　　　　　　兩個出殯的導子賬（五千五百言）

　　　　　　整理國史非空言所能爲（二千餘言）

（五月）　　一個全金六禮的總禮單（三千言）

（六月）　　一個光緒十五年的奩目（五千餘言）

　　　　　　中國學術年表說明（三千言）

　　　　　　東嶽廟游記（四千餘言）

（七月）　。。對于內務部古物保存法草案意見書（一千二百言）

　　　　　　大風集序（一千六百言）

（八月）　　研究所募集基金說明書

（十月）　。宋代的統一（三千言）

　　　　　。契丹勢力的南漸上（四千言）

（十一月）　紂惡七十事的發生次第（五千餘言）

　　　　　　查封清宮報告

　　　　。。。孟姜女故事的轉變上（一萬二千言）

　　　　　　契丹勢力的南漸中下

（十二月）　。　宋王偁的紹述先德（二千餘言）

　　　　　。　西夏的始末

　　　　　（約九萬言）

北京隆福寺街大同公寓　　繆金源

新開路新一春飯莊　　張綺山

北大出版部　　魯仲華（名麟光，京兆人）

王府井大街九十八號萬國儲蓄會北京經理　　瓦臘達

嵩祝寺夾道五號　　常維鈞

騎河樓十一號　　陳式湘

上海橫浜橋天壽里九十號修人轉　　戚煥壎

西齋黃字七號　　王復生（雲南祥雲）

西城鬧才胡同內南千章胡同五號　　鄭天挺

後門慈慧殿月牙胡同　　張怡蓀

東城慧照寺三十七號　　羅膺中

大羊宜賓胡同廿七號　　袁詩亭

上海克能海路存厚里　　褚禮堂（名德儀）

天津日界太和里二號　　商錫永

地質調查所　　周贊衡，葉良輔（號佐之）

溫泉中學　　劉炳炅（號覲文，直隸人）

Herrn John Cheng Mei

Albrecht str. 174 II　　　　　Herrn Mau Tschun

Berlin-Stoglitz　　　　　　　Leibniz Str. 44 II. R.

Geutschland　　　　　　　　Berlin-Charlotten

（Germany）　梅心如　　　（Germany）　毛子水

Herrn Itzen Kuo

Hei Dr. Kalenscher　　　　　M. Difoutine

Kantrtr. 47　　　　　　　　Institut F. -C.

Charlottenbŭrg　　　　　　　Fort st. Irénée

Berlin　柯一岑　　　　　　Lyon, France　狄君武

孔德中教員：牟謨，號贊禹。楊晦，號慧修。馬太玄。李革癡。

禄米倉東夾道，武學胡同四號　馬太玄

天津英租界松壽里五十號　陳孟槐

保定高陽莘橋瑞興和轉崔家莊從善堂　韓金蘭、城

廣州惠愛東路容豐新街三號樓上　陳伯雋

河南南陽中長春街長生齋轉　董彦堂

前外西河沿佘家胡同八號浙江學會　王悟梅（電話三九四五）
　　　梁滌庵

石駙馬大街十號　唐軼林

浙江甬姑綫驛亭站白馬湖春暉中學　朱佩弦

甘肅蘭州郵務局 ｝候交　陳萬里
敦煌縣郵務局

日本東京小石川區音羽町五丁日十七番毅廬 ｝楊昭恕（心如）
日本東京慶應大學院美學專攻

　三和公賬：

正月十三收十元

二月初二收廿元

三月初六收十元

四月初三收卅元

　　十二收五元

五月初四收卅五元

六月初六收廿元

四月十七收一元（定躺椅布）

五月廿二收二元　　　/133

六月十三收十五元

八月十五收三十元

八月二十收十元

九月初五收三十元　　　/218

十月廿七收三十元

十一月十八收十元　　　/258

	書箱三隻(闊二尺半,高十尺,深一尺三)洋十七元	
	板門一扇	七元
	修理書箱三十四隻	十二元
	木匠兩工	一元
	玻璃門三扇	九元
	風門上添玻璃扉一扇	一元八角
二月初四	泮荷扇五十塊	三元
	裝荷扇木匠兩工	一元
三月初八	銅胳打卜浪子卅三個	三元九角一分
	木匠一工	五角
	書箱九隻三朵廿一元	六十三元
四月初六	木匠一工	五角
初八	又	五角
十八	配書箱鑰匙三把	三角
十七	大躺椅一套三件	四十五元
十八	窗簾杆四分全套	十元
廿四	腰圓茶几一個	四元五角

五月初四　梳妝臺一個　　　　　　　　　　四十二元
　　　　　五屜櫃一個
　　　　　椅子六把
　　　　　圓桌一個
　　　　　轉椅一個
　　　　　書桌一隻

　　借貸：
十二，十二，六號借北京大學百五十元
十二，十一，卄五號結欠履安百九十元
十三，一，三十號借北京大學八十元
十三，七，廿一號借緝熙　　三十元
又　　　　　　借孟槐　　五十元
十三，八，廿六號借北京大學五十元
十三，八，卅一號借履安　　　十元
十三，九，十三號借履安　一百五十元
　　　　　　　　　　　小洋廿八角
　　　　　　　　　　　錢二千八百四十文
十三，九，十九號借履安一百六十四元五角
十三，十，八號借履安　　　八十元
十三，十，八號結欠適之先生二百廿三元○二分六
又　　　　　　借履安　　五元
　　還借：
十三，六，六號還北大　　五十元
十三，七，十六號還北大　　三十元
十三，八，二十號還北大　　五十元
十三，十一，二十號還孟槐　　五十元（清）

十四，一，廿一號還緝熙　　　三十元（清）

十四，一，廿一號還三和公一百五十二元（清）

十四，一，廿一號還乃乾　　　六十五元（清）

十三，十，八日結：

　欠北大　　　　　　　　一百五十元

°欠緝熙　　　　　　　　　三十元

°欠孟槐　　　　　　　　　五十元

　欠適之先生　　　　　　二百二十三元

　欠履安　　　　　　　　六百〇三元

°欠三和公　　　　　　　　二百元

°欠乃乾　　　　　　　　　五十元

共 1276 元。

　　現在狀況（十四，一，廿一號）

欠北大　　　　　　　　一百五十元

欠適之先生　　　　　　二百二十三元

欠履安　　　　　　　　六百〇三元

欠樸社　　　　　　　　一百七十六元

欠仲川　　　　　　　　一百五十元

共 1302 元。尚存一百五十元，實負一千一百五十元。

　又欠儲蓄會百四十元

　　家用：

一月二十元┐
　　　　　│（二月八號寄）
二月二十元┘

三月二十元┐
　　　　　│（四月十二號寄）
四月二十元┘

五月二十元（六月七號寄）

六月至九月八十元（十月八號付）

以後截止

　　樸社：

一月十元（二月八號付）

二月十元（二月八號付）

三月十元（三月廿一號付）

四月十元（四月十一號付）

五月十元（七月十六號付）

　　韓馨：

四月十八號至五月十七號　　工十元

五月十八號至六月十七號　　工十元

六月十八號至七月十七號　　工十元

七月十八號至八月十七號　　工十元

八月十八號至九月十七號　　工十元（九月十八號付）

九月十八號至十月十七號　　工十元（十月八號付）

十月十八號至十一月十七號　　工十元

十一月十八號至十二月十七號　　工十元 ｝十四年一月廿號付

　　艮男到校車

　　　（卅天六十千，每星期多出六千，共二十四千，共八十四千）：

九月十九至十月十八　　　　三元五角

十月十九至十一月十八　　　洋三元　銅子七十二枚

十一月十九至十二月十八　　洋三元　銅子三枚

十二月十九至一月十八　　　洋三元

　　房金：

陰十一月十元（七月十四號付）

陰十二月五元（二月廿三號付）

　　　　五元（七月十九號付）

陰正月五元（四月十一號付）

　　　　五元（七月十九號付）

陰二月十元（四月十一號付）

陰三月十元（五月十七號付）

陰四月十元（七月廿一號付）

陰五月十元（七月十四號付）

房茶二分洋卅八元（陰六月廿八日起，先付後住）

陰八月十九元（陰七月廿八號付）

陰九月十九元（陰八月廿八號付）

　　伙食：

陰十一月　九元七角零六厘（一月卅號付）

陰十二月十五元四角三分$\left(\begin{matrix}二月十三號\\又廿三號\end{matrix}付\right)$

陰正月　十二元一角八分八厘$\left(\begin{matrix}三月十九號\\四月十一號\end{matrix}付\right)$

陰二月　九元九角六分五厘$\left(\begin{matrix}四月十一號\\五月一號\end{matrix}付\right)$

陰三月　十一元四角四分八厘（五月十四號付）

陰四月　十一元二角五分四厘（七月廿一號付）

陰五月　四元二角五分一厘（七月廿一號付）

陰六月　四元四角七分七厘（八月九號付）

陰七月　三元二角四分（九月十八號付）

陰八月　十元五角六分八厘（十月八號付）

　　雜類（工，水，煤）：

陰十一月　四元九角六分（一月卅號付）

陰十二月　　五元五角四分五厘$\left(\begin{array}{l}二月十三號\\又廿三號\end{array}付\right)$

陰正月　　　五元二角八分$\left(\begin{array}{l}三月十九號\\四月十一號\end{array}付\right)$

陰二月　　　三元八角五分$\left(\begin{array}{l}四月十一號\\五月一號\end{array}付\right)$

陰三月　　　三元八角五分（五月十四號付）

陰四月　　　八元三角一分三厘（七月廿一號付）

陰五月　　　四元六角八分$\left(\begin{array}{l}七月廿一號\\七月十一號\end{array}付\right)$

陰六月　　　十六元八角九分四厘（八月九號付）

陰七月　　　八元三角　　（九月十八號付）

陰八月　　　九元一角一分（十月八號付）

　　孔德薪：

一月　　　五十元（一月廿四號取）

二月　　　五十元（三月五號取）

三月　　　五十元（四月十一號取）

四月　　　五十元（五月五號取）

五月　　　五十元（六月四號取）

六月　　　五十元（七月七號取）

七月　　　五十元（七月廿八號取）

八月　　　五十元（八月廿五號取）

九月　　　五十元（十月八號取）

十月　　　廿五元（十一月三號取）

　　　　　廿五元（十一月廿六號取）

十一月　　五十元（十四年一月五號取）

十二月　五十元
十四年一月　五十元　}（十四年一月廿三號取）

二月　　五十元（三月六號取）

三月　　五十元（三月卅一號取）

四月　　五十元（五月四號取）

五月　　五十元（五月廿八號取）

六月　　五十元（六月　號取）

　　北大薪：

十二月　一百元（二月四號取）

一月　　五十元（三月三號取）

　　　　五十元（四月七號取）

二月　　一百元（四月十號取）

三月　　五十元（五月八號取）

　　　　五十元（五月十七號取）

四月　　一百元（六月六號取）

五月　　一百元（七月十六號取）

六月　　一百元（八月廿號取）

七月　　三十元（九月十三號取）

　　　　五十元（十月九號取）

　　　　二十元（十一月十七號取）

八月　　三十元（十一月十七號取）

　　　　三十元（十一月廿號取）

　　　　四十元（十二月十一號取）

九月　　十元（十二月十一號取）

　　　　四十元（一月三號取）

　　　　五十元（一月十二號取）

十月　　一百元（一月廿三號取）

十一月　三十二元（二月十號取）
　　　　五十元（三月十七號取）
　　　　十八元（三月廿六號取）
十二月　七十二元（四月十八號取）
　　　　二十元（六月二號取）
　　　　八元（六月十七號取）

　　最粗略之豫算：
房金　　　　　　廿元
伙食（連公賬）　卅五元
女僕工　　　　　三元
韓馨　　　　　　十元
電燈　　　　　　三元
雜用　　　　　　十五元
康媛　　　　　　十元
艮男　　　　　　五元
共一百〇一元。
　　十三，十，七，頡剛記。

　　研究所國學門同事：
王悟梅　劉澄清　常維鈞　容元胎　容希白　歐陽邦華　胡文玉
黃仲良　董燕堂　魏建功

一九二五年

（民國十四年）

一九二五年一月

一月一號星期四（十二月初七）

譚謝二女士來。緝熙萬里來。臨《聖教序》三頁。寫孝徵女士信。

偕履安及二女與孟槐，緝熙夫婦，彭陶褚三女士，介泉夫婦同游公園。途遇嚴士弘，加入。在園遇小峰夫婦，紹原，光一。在冰上攝二影。

平伯來，留飯。與平伯及諸女士看照片。

譚女士允作名人生卒年表。因擬刊一版，分六格：（一）公元，（二）年號，（三）甲子，（四）生年，（五）卒年，（六）備考。

今日極願作事，無如明知爲元旦，再也做不動了。無可如何，只得臨帖。臨帖之事，一年沒有一二回，今天居然能寫得三紙。

一月二號星期五（十二月初八）

寫慕愚女士信，告以編年表方法。爲建功題其祖慰農先生家書卷，作一短文。即寫上。

算樸社賬目。寫建功信。

寫答賀廿五紙，即發出。頭暈脹，似發熱，因早睡。

算樸社賬，弄得頭痛。予實無作社事之餘閑。將來選舉新職員時，當先行聲明，一概職員均拒選，以免多一事務，重爲牽掣。

一月三號星期六（十二月初九）

鈔樸社賬畢，擬通告，寫雁冰聖陶信，寫慕愚信。作注三條。到馬神廟剃頭。到介石處唁問。

到校，謄《歌謠》啓事，鈔孟姜十二月及四月歌二首。寫秋白書，囑寄《孟姜五更》。寫父大人書，問杭地情狀。

覆看《歌謠》稿（孟姜三號）三十紙。彭陶劉三女士來談。

履安爲予檢得白髮十餘根，益見吾衰矣，其爲悵然。

一月四號星期日（十二月初十）

與介泉同至介石處吊孝，與兼士先生等談話。出，到市場買物。即歸。

飯後，與履安及二女到瑞蚨祥購衣料。到中天看電影，爲《愛之犧牲》。六點歸。

休息。

一月五號星期一（十二月十一）

注《崔述》約五條。寫慕愚女士信。健卿來。

到校，注《崔述》二條。翻《集成閨媛典》，集孟姜材料。到笙亞處。

在笙亞處聚餐，同座有仲川，頌平，國任，明遠。

昨得譚女士來信，對于出版事致謙抑，因爲解釋。予自欲在版税上維持生計，遂亦推之于人。

一月六號星期二（十二月十二）

理孟姜材料。孟槐來。注《崔述》約十條。

寫楊德芳，怡蓀信。到校，注《崔述》約十條。希白，維鈞來談。發《孟姜女》第三號稿。

理日記及賬目。

一月七號星期三（十二月十三）

注《崔述》。發請客片。

到校，點讀金的歷史數種。

看《元曲選》。

一月八號星期四（十二月十四）

注《崔述》。寫萬里信。

到校，寫鍾敬文，慕愚女士，師大附中，雁冰乃乾，韓馨，魯仲華，考古學會信。點讀《金史》十餘頁。仲良來談。

健卿邀宴于東華飯店，同座有志摩紹原平伯介泉在鎔。與介泉步歸。

一月九號星期五（十二月十五）

集孟姜材料。注《崔述》。

到校，寫仲華，楊德芳信。作《女真的勃興》一千八百言。

看《元曲選》。

一月十號星期六（十二月十六）

集孟姜材料。孟槐來道別。注《崔述》數條。寫兼士先生信。寫適之先生賀年信。

到校，旋出，到沙灘剃頭，到希白處略談，到後門洗浴。歸，與萬里緝熙等談。

　　寫祚萇女士信。設宴，爲平伯夫婦洗塵及答萬里緝熙介泉夫婦爲我們洗塵也。

一月十一號星期日（十二月十七）

　　寫雁冰信。到仲川處，尚未起，留條而出。到姨丈處，略談。到健卿處，未遇。到介石處，略談。到建功尚嚴處，皆未遇，歸。維鈞來談。

　　與平伯，丹若夫婦，北大女生，紹原夫婦，介泉夫婦，姨母，外祖母，膺東弟，履安等游大内。三點許出。外祖母及膺東到我家進點而歸。

　　爲《京報》開青年必讀書十種。早眠，竟不成眠。至十二點後飲玫瑰燒而眠。

　　韓金城于今日遷往火神廟。今日我第一次坐北京電車，自東四至東單。

一月十二號星期一（十二月十八）

　　注釋《崔述》十數條。三和公來修理木器。健卿來談，留飯。三點許去。

　　寫文玉片。

　　翻《國策》。

一月十三號星期二（十二月十九）

　　注《崔述》二十餘條。

　　到校處理雜務，發函七件。寧恕人來談。到平伯處。

　　與平伯同至涌泉居，同座有金甫紹原，平伯邀談社事也。十點歸，注《吳歌》數首。

一月十四號星期三（十二月二十）

補記日記及上賬。注《崔述》四條。校《孟姜女》附錄。

到校，與維鈞談話。校《孟姜女》附錄。作《女真的勃興》五百言。與介泉到市場吃點買鞋。

與履安談話。

今日覽報，悉蘇州有兩團兵變，城門關閉。蘇州人不知嚇得怎樣了。

一月十五號星期四（十二月廿一）

作《盤庚中篇的今譯》，未畢。平伯來談，留飯。

楊德芳來。

《語絲》來索稿，因作此文。

一月十六號星期五（十二月廿二）

作《盤庚中篇的今譯》畢，凡五千言。

伏園來談。到校，作《女真的勃興》一千二百言，上篇畢。尚未修改。寫伍家宥，仲川，王殷凱，萬里，王子乾信。寫譚女士信。作《巴黎大學交換書目》批注。

寫蘇杭賀年片。

今日爲啓明先生生日，予因道遠未往。

一月十七號星期六（十二月廿三）

作《巴黎大學交換書籍》批注。萬里來談。

到校，寫彥堂信。維鈞，恕人來談。鈔《女真的勃興》千餘字。仲華來。到馬神廟，剃頭。

與彭女士等談話。鈔去年一年所作文的目錄。

得慕愚書，知患感冒已一星期。彭劉兩女士又說她既有心臟

病，又有胃病。今日到一院後又不舒服。聞之甚念。介泉聞彭劉
兩女士言，近日慕愚因病常哭。聞之更悲。她身子既不好，加之
以悲感，如何能支持呢！

一月十八號星期日（十二月廿四）

讀《論語》《孟子》。王姨丈偕表弟來，留飯。

與介泉夫婦及履安到吳縣會館及商務印書館。出至韓家潭杏花
春吃夜飯，到賓宴樓及蔣家胡同買物。

寫譚女士信及彭陶劉三女士信，贈物也。

前月譚女士送綠梅花一盆，本年元旦彭女士等又送紅梅一盆。
今日因購紙鎮三枚贈彭女士等三人，又購筆架一枚贈譚女士。

一月十九號星期一（十二月廿五）

作《交換書籍》批注。仲川來，未晤，承惠借洋一百五十元，
年關不難過矣。

到演存處略談。到校，萬里銜書來談。寫彥堂，敬軒，伯祥，
愈之，聖陶，雁冰信。研究所開事務會，至七點歸。

介泉夫婦來談話。

今日厨子送物到女生宿舍去，譚女士已外出，想來她的病總
是好一點了。介泉說："福氣是平庸人享的，她既不平庸，便不
應有福氣。"這話是理智的話，我的感情上總不願此言之實現也。

一月二十號星期二（十二月廿六）

金城來辭別。作《崔述》注十餘條。

彥堂來，謂允到福州。

理書。

一月廿一號星期三（十二月廿七）

看《歌謠周刊》，搜集吳歌考及《寫歌雜記》材料。緝熙來。

三和公來算賬。到校，寫乃乾，紹虞，芝生，式湘信。到南池子寄信。

圍椅套。看杭州寄來書籍。

三和公來算賬，爭論銀錢，使予生氣，久久不懌。予之不能入世，于此可見。

一月廿二號星期四（十二月廿八）

理書及書室中什物。

到西安門剃頭。彭譚劉陶四女士來，談話半天，同吃年飯。至介泉處談話而別。

在西安門跌了一交。一年來跌了三交了。

一月廿三號星期五（十二月廿九）

與介泉談話。鈔古史材料。

作《古史辨》序一千五百言。維鈞，緝熙來談。寫邀研究所同人吃飯請帖十份。

與履安及介泉夫婦到前門買物。看《語絲》。

一月廿四號星期六（乙丑正月初一 元旦）

介泉來談。粘貼《古史雜論》。作自序六百言。

寫父大人信。與康艮同到岳丈家拜年。出，至中天看電影《誘婚》。

看《餘師錄》，集自序材料。

介泉批評我，謂我無小相卑相，但亦無雍容華貴的氣度。此評甚對。予每對客，即覺空氣緊張。惟作文讀書之時則甚能放開懷抱。可見予只有作文讀書是本行也。

一月廿五號星期日（正月初二）

譚謝二女士及吳立卿女士來賀年。彥堂來談。看《餘師錄》。

與履安及二女到王姨處賀年，吃飯。張君維，盛霞飛，毛先生來，略談。五點許歸。

看《餘師錄》畢。

譚謝吳三女士一來即去，幾未出一言，未免拜年意味太重。介泉云，此次印象甚不好。予亦謂然。

一月廿六號星期一（正月初三）

辛揆先生來談。碧澂來賀年。寫叔父，魯弟，品逸內兄信。

鈔《春秋》中社祭及他種祭事。

希白，濬哲，彥堂，邦華，建功，文玉，仲良，元胎，維鈞來吃夜飯。九點許散。寫慕愚女士信。補記日記。

一月廿七號星期二（正月初四）

與介泉到辛揆先生處賀年。到仲川處，未遇，到平伯處略談。即歸，外祖母及姨丈母已來。

宴外祖母及姨丈姨母及兩表弟。仲川來，同座。通伯，紹原，尚嚴，建功來談。

鈔《現代評論》中李玄伯評古史一文。寫陶女士信。

近日又患重傷風，便亦秘。西醫名傷風爲腸靈扶斯，與便秘故有關係耶？

一月廿八號星期三（正月初五）

作《答李玄伯論古史書》初稿畢。

彭陶劉三女士來賀年。

一月廿九號星期四（正月初六）

鈔《籀膏述林》目錄。記筆記二則。

緝熙夫人來，同往開明觀琴雪芳《癡心女子》。觀畢，又同往西車站進西餐。同座爲緝熙夫婦及二女，介泉夫婦，伯平夫婦，李進化女士及予夫婦也。是爲新年之共樂。

彥堂來談。記筆記二則。

昨夜接路頭家太多，爆竹聲竟夜未絕。予自四點即驚覺，迄未成眠。

上午大雪，下午大風，躁寒甚。今日之戲，爲自看戲以來最蹩脚者。

一月三十號星期五（正月初七）

鈔《六經天文編》及《通鑑地理通釋》目錄。鈔《經籍纂詁》中之"社"。

記日記，登賬。到研究所，與維鈞同到尚嚴處吃夜飯。同座爲建功，維鈞，文玉，仲良，陳援庵先生次子，潘君，尚嚴外舅張弓亭。看尚嚴所藏書畫。十一點半歸。

予只喜做自己學問上的事，奈何！

一月卅一號星期六（正月初八）

與介泉到通伯西林處，久談。到光一處，未遇。到士弘處，略談。到市場吃飯。

到紹原處，未遇。到金甫處，略談。到健卿處，未遇。介泉往讀法文，予至市場買物，遇健卿，與同往歐美同學會，遇元善振玉。在健卿室中讀其近作。傍晚別歸。

鈔《我的研究古史的計畫》，未畢。

一九二五年二月

二月一號星期日（正月初九）

與介泉到冰如處，略談。到丹若處，未遇。到君璧處，略談。到錦什坊街湘園吃飯。

到邦華處，略談。到緝熙處，聽留聲片。到萬里處，未遇。步歸。

鈔《我的研究古史的計畫》完。

二月二號星期一（正月初十）

萬里麟伯來談。算賬。

改作《古史研究》一文。平伯來。子俊來。

到仲川處，赴中學同人聚餐，十點許歸。

這一個月中共用四百六十元。肩負之重如此。

二月三號星期二（正月十一）

終日改作《古史研究》一文，畢，共三千餘言。

紹原偕陳彬龢君來。

以過用心，未易成眠。

三千餘言實作了兩天，可見予作文至多每天一千五百言。

陳彬龢君爲平民中學主任，謂欲以《盤庚篇今譯》作國文教科。

二月四號星期三（正月十二）

終日點讀《山海經》，粗粗完畢。

冰如來。

以怒失眠，起飲酒，至三點許始得睡。

今日午刻，予到介泉書室，揭幕時，介泉正與夫人摟抱，見予至驚起。予自悔揭幕前未揚聲，累介泉夫婦不安。經此次教訓，將來當不如此。乃介泉向他人出氣，午後送米人揭幕授發票時斥其無禮，晚間僕人揭幕取物又斥其不懂規矩，過揚其聲，若唯恐予之不聞者。此次之事，在介泉爲恒情，在予爲無意，各不相嘲可已，何至悻悻如此。予于介泉，素愛其鎮静舒逸，不意一事之微，便爾傖俗。觀人之難如此，修養之難亦如此。自今以後，我真不敢愛人矣。

二月五號星期四（正月十三）

寫通伯信。到子俊處。平伯來，留飯。

偕平伯及履安到武英殿看古物，又與履安到廠甸游覽。

與康嬡着五子棋。

今日爲溥儀二十一歲誕辰。古物陳列所減價而游人仍少，不過五六人耳。

介泉夫人打電話到女生宿舍，全舍無他人，惟譚女士獨留，想見其幽獨之況。

二月六號星期五（正月十四）

到研究所，考古學會開會，爲明年到敦煌發掘事。到小峰處。

鈔"黃帝紀元的來歷"的材料。又立《虞初小説回目釋》一册。

介泉來談。

二月七號星期六（正月十五）

與康嬡到梁宅，與逖盦先生談話。到先農壇，品茗。到香廠吃飯。

與康媛又至梁宅及醫學校，訪梁警寰。即歸。釋《虞初小説回目》。

與康艮到中央公園看放花盒，今夕元宵也。

梁警寰，名鐸，醫學專門畢業，在校專研究 X 光。予以外舅介紹，挈康媛往治耳聾。約星期一前往。

二月八號星期日（正月十六）

釋《虞初小説回目》。

與履安到仲川處吃飯，蔣程二家宴蘇州中校同學夫婦也。同座有笙亞崇年湘蓀夫婦。飯後看他們攤牌九。與履安同至市場買物，即歸。

釋《虞初小説回目》。

二月九號星期一（正月十七）

鈔《女真的勃興》未畢。萬里來。

在床看《國語》。看劉揆藜文，預備答覆。

維鈞來。

左足上凍瘡已穿，奇痛，上午勉强起身，下午只得就眠矣。

今日履安伴康媛往診，謂非腦膜炎，鼓膜均不壞。尚未悉其確症，約星期三再去。

二月十號星期二（正月十八）

頭痛若劈，服藥片漸愈，又起牙痛。足上腫爛依然，踏地奇痛。終日臥床。口授履安，寫兼士先生，平伯，萬里信。看《竹柏山房叢書》。

試譯《大誥》，畢。讀《大誥》二三十遍，尚不熟。

二月十一號星期三（正月十九）

竟日臥床，覆勘《豐鎬録》句讀五十餘紙。

拂曉得一夢，與去年十二月廿五日所感略同。履安外出，其人適來，遂與共候門。迄深夜而履安不至，二人相對，極温存，又極無奈。她道："你感到興味嗎？"答之曰："妹，我不敢以自己的快樂而把你犧牲了。"覺後思之，情意無盡。不期臥病之中，乃有如許閑情。

昨夜醒了三次，似每次都有盜汗，體弱如此。

二月十二號星期四（正月二十）

竟日臥床，覆勘《豐鎬録》五十紙。

平伯，尚嚴來談。

二月十三號星期五（正月廿一）

竟日臥床，覆勘《豐鎬録》百餘紙。維鈞來談。逮曾來談。

緝熙夫婦來，緝熙由我家留飯。

維鈞送果餌來問疾。

二月十四號星期六（正月廿二）

竟日倚沙發，以客多，僅勘《豐鎬録》十餘紙。悟梅來。緝熙夫人來，伴康媛往德國醫院，以蓋大夫病，未診。健卿來談，介泉留飯。

平伯來。紹原來。理書室物件。

晚間起，與客周旋。仲川國任湘蓀崇年笙亞夫婦來聚餐，至十時許散。彭女士等來。

予家并不十分講究，亦不十分乾净，而諸位嫂夫人來均稱道不置，朱嫂竟自鄙其家爲狗窠，足見人家家具雜亂者多也。

二月十五號星期日（正月廿三）

上午就書桌寫，下午倚沙發寫。補草《與巴黎大學交換書目》中之史學文學兩項之解題，畢。寫兼士先生信，即送去。

覆勘《豐鎬録》句讀六十紙，全録畢。履安與介泉夫婦往新明觀劇。

覆勘《豐鎬録》句讀，費四日。大約尚須十日，此書始得完工也。

二月十六號星期一（正月廿四）

本日坐中間鈔寫。竟日鈔《孟姜女》通信，略作答詞，校正《孟姜女寶卷》句讀，即發《孟姜女專號》第四號稿。履安伴康媛往醫校打針。寫悟梅片。孔平來談。

介泉來談。整理孟姜女材料入紙夾。

覆閲《巴黎大學交換書目》。寫維鈞悟梅信。

夜中大風震屋。

萬里以今日偕美國 Warner 等五人到敦煌探險，甚佩其勇，以道中土匪多也。

二月十七號星期二（正月廿五）

理信札。補記日記六天。

畫《豐鎬別録》句。彬龢來談。大學中花匠取花去，由其代爲保管，年底再送來。

鈔道教概説一節。

譚女士所贈梅，花雖萎而枝上放青，見之甚喜。以天寒，未敢沃水而曝之日中也。孟鄒來書，謂久未寄稿爲盼，因趕點《豐鎬別録》，備寄去。

今日足上又痛，洗時揭之，則兩處都有血迹，諒膿盡矣。恐多動不易愈，仍倚沙發治事。

二月十八號星期三（正月廿六）

整理《豐鎬別録》。

彬龢贈花兩盆。

鈔道教概説。粘古史論文。

夜中失眠，不知何故。無法，起讀英文。至一點許始眠。

二月十九號星期四（正月廿七）

寫君義，伯祥，愈之，悟梅，元胎，尚嚴信。整理《豐鎬別録》。

以彬龢所贈花轉贈維鈞。

以頭暈胸前作噁早眠。

終日倚沙發中，無復廢時。介泉謂女子生産尚不致如此久坐，虧我有此耐性。

囑履安鈔集八仙材料，備《孟姜女》成書後作文發表，爲《歌謠周刊》上繼續討論之問題。

二月二十號星期五（正月廿八）

校《吳歌》。作《豐鎬別録》標題。

審核《別録》點句。

緝熙來。看《太平廣記》二卷。不舒服，早眠。

今日履安偕康媛到德國醫院，就蓋大夫診察，謂無復原之望。康媛其終于殘廢矣。

喉中又覺嗌緊，傷風又作矣。早起依然多痰。

二月廿一號星期六（正月廿九）

審核《豐鎬別録》一卷許。鈔標題目録。緝熙來，囑薦鄧女士。

　　健卿來談。通伯來談。

　　略審《別録》。與康媛接龍。

　　今日瀉薄兩次，夜間仍頭暈噁心。聞介泉夫人近日亦不舒服，謂是肝陽，然則予亦以當春故發肝陽舊疾乎？足上凍瘡，在脚跟者已愈，在脚踝者依然。

二月廿二號星期日（正月三十）

　　本日起身，在書桌上寫。審核《豐鎬別録》畢，即發出。寫孟鄒信。麥第榮君來。

　　理物。補記日記五天。

　　寫兼士先生，適之先生，既澄，尚嚴信。

　　終日大風揚塵。

　　一册《豐鎬考信別録》，一百〇六頁耳，而整理之功，竟費四日有半（首尾六天）。是知一日至多標點二十五頁，約七千五百字。兩星期來，以足疾得專意崔氏書，極快。

二月廿三號星期一（二月初一）

　　寫尹默先生，兼士先生，叔平先生，維鈞，誠安，秋白，瀚澄，紹虞，芝生，振鐸，予同信。

　　逮曾來談。看《京報副刊》。

　　看《水滸傳考證》。

　　今日康媛到校。

二月廿四號星期二（二月初二）

　　鈔改《女真的勃興》畢。寫逮曾信，即送去。

　　注《吳歌》四首。記《寫歌雜記》二條。作《不寐》，未畢。

　　鈔孟姜材料。緝熙來談。與履安着棋廿局。

應平伯的《我們》約，作《不寐》，動了感情作文，心也宕了。只得停住。

二月廿五號星期三（二月初三）

寫維鈞，潘哲信。作《有志研究中國史的青年可備閑覽書十四種》應伏園約，并作伏園書。約三千言。孫席珍來，却去之。

謄平伯所起樸社草案。

與履安讀古文。彭陶劉三女士來問疾。

今日函授學社寄英文講義來，履安讀英文矣。

二月廿六號星期四（二月初四）

寫潘哲，悟梅，平伯，尹默先生，兼士先生，仲川信。作《不寐》一文，叙及吳夫人之死，不爲履安所喜，遂輟作。

顧君義介紹其學生劉君來詢書義。

二月廿七號星期五（二月初五）

重作《不寐》一文，又棄去，重作。

常維鈞來。尚嚴來。健卿來。江翼青來。談至晚。

作《不寐》文略畢。

尚嚴贈《廣雅疏證》及《釋拜》。

維鈞轉來劉半農先生書，從巴黎國家圖書館鈔得唐末宋初之孟姜女小曲，是我搜集孟姜女故事中最重要的材料，極快。

二月廿八號星期六（二月初六）

鈔改《不寐》一文，訖。計三千餘言。

平伯來，尹默先生來，談至晚而別。與介泉下棋十局，輸九局。譚謝二女來，適以有客，遂未晤。

與履安下棋。彭陶二女士來談，且送藥。

近日傷風甚劇。

承平伯贈芝田留夢詩，小楷工絕，足寶也。

一九二五年三月

三月一號星期日（二月初七）

無聊，困頓甚。彬穌來。鈔《孟姜女》通信。

鈔《萬里尋夫》劇本，未畢。彦堂自南陽來。

今日百無聊賴，不能作他事，因以鈔書白遣。

三月二號星期一（二月初八）

修改《不寐》。緝熙來。祝叔平來。

寫幼漁先生及小峰信。健卿來，同至研究所參觀。彦堂來談。畫斷《三大典考》句。到市場剃頭。

到仲川處，爲中學聚餐會。晤皞唐及陳可權。十點歸。

不出門者廿一天矣，今日出去，覺精神一振。

皞唐謂李大玉在濟南趵突泉，謝大玉在新市場。謝年已老，故不爲人所喜。

三月三號星期二（二月初九）

彦堂來。爲之開書單及作介紹。理物。補記五天日記。注《崔述》。

公羊石年王耀宗來。健卿來。到校，寫半農，啓明先生，平伯，伏園，聖陶，乃乾信。歸，注歌三首。

到德國飯店，應平伯約，膳紹原南行。

石年不相問訊者十二年矣。

三月四號星期三（二月初十）

與艮男到錢糧胡同官醫院診治。即到校，寫父大人及陳式湘信。修改研究所去年報告付印。

健卿來，照相。到校，整理《王政三大典考》。以約石年吃飯，早歸。彼已來函辭謝。審覽《與巴黎大學交換書目》。鈔注歌謠。

以昨夜失眠，今晚飲酒早眠。

近日傷風咳嗽人極多，艮男亦劇嗆。昨夜二點許，爲其咳醒，遂不成眠，至天明始稍朦朧，以是今日倦甚。

三月五號星期四（二月十一）

鈔《不寐》，未畢。

到所，整理《王政三大典考》。伏園維鈞來談。寫兼士先生信。

鈔《不寐》畢，本文凡五千字。

爲《不寐》一文，費了四個半天。予不耐作文學文，此文議論太多也。

維鈞談及孔德學校中學班男女生之嬉鬧有不堪言者，艮男將來或以不去爲是。

三月六號星期五（二月十二）

修改《不寐》。到車站送彥堂。注《崔述》。仲川來，同游團城。平伯來，留飯。

逮曾來。到所，分配《一覽》材料，整理《三大典考》。仲良來談。寫仲華，尚嚴信。覆看《交換書目》。孝觀來談。

寫平伯信。鈔孟姜女戲劇一篇畢。

今晚忽牙痛，兼之傷風，覺病苦太多矣。

三月七號星期六（二月十三）

補記三天日記。作《女真的勃興》下篇四千餘言，未修改。

整理《三大典考》，初次畢。

到市場飯，到平伯處取文稿。到尚嚴處，送《藏經》。與彭女士等計畫春游。

夜中以至介泉處，爐暖，血又上升，遂至失眠。飲酒一杯而眠，已在上午二時矣。

擬與諸女士春游三次：

（1）三家店——陰山，十八盤。

（2）黑龍潭——温泉——暘臺山。

（3）門頭溝——潭柘寺。

三月八號星期日（二月十四）

叔屏來。到緝熙處。到彬龢處，未遇。回至緝熙處飯。到祥之處，他到江西去了。到王麟伯處，談半小時許。到介石仲良處，亦談半小時。歸。爲介泉改其所譯小説《安穩了》。

至介泉處談話。

三月九號星期一（二月十五）

改作《女真的勃興》下篇。

寫兼士先生，文玉，振鐸，伯祥，既澄，康節信。擬致陶子縝佺孫信，索其遺稿。到文玉處。

與履安下棋十局，平手。注《吳歌》。

與伯祥書曰：春天到了，我們又要游山了。手頭雖窘，事務雖忙，這一點興致却不可不保持。

艮男服藥後咳仍不減，今日下午發熱。聞近日患咳者甚多，姨丈全家皆患，非一時所能愈。予牙痛仍不痊，牙仁腫甚。自有此疾，大苦。

三月十號星期二（二月十六）

謄正《女真的勃興》下篇，凡六千言。

濬哲金城來談。寫介石信，言游事。到建功處，未遇。

與艮男下棋十局。注《吳歌》粗畢。

予至多每天作二千言（平均數），至少一千言。

三月十一號星期三（二月十七）

作《交換書目》中之美術工藝類。注《崔述》一篇。到逯曾處交稿，未晤。

鈔出美術工藝書目。寫兼士先生，萬里，聖陶信。兼士先生來談。作《虞初回目考》千餘言。仲良來談。到尚嚴處，未晤。

與履安共看《金瓶梅》。

艮男又發熱。

下午袁同禮君（號守和）來寓，未晤。予近日常有不相識人來訪，世網之縛更緊矣，奈何！

三月十二號星期四（二月十八）

注《崔述》一篇，第一次注畢。擬文學類各時代代表專集目。

介泉來談，同至維鈞處問疾。又至適之先生處，未遇。又至三院，晤伏園及建功。又至市場，聽清唱《烏龍院》，《捉放曹》，《轅門斬子》，歸。

到擷英爲中學同學公宴盧剛五君。出，買物歸。理書物。

今日上午九點十五分，孫中山逝世。校中放假一天。報載孫生于丙寅年十月初六日寅時，恰六十歲。但説其六十一歲者多。

仲川云：頡剛雖是好人，但有魄力。此評甚合我心。我的爲人，有時極弱，有時極剛，不知何故。

三月十三號星期五（二月十九）

審核《三代正朔通考》句讀畢。

到校，寫伏園，兼士先生，仲遉信。看唱本數種。麟伯來，久談，校孫中山上李傅相書，到考古室看埃及石刻及山東墓刻。介石來談。

標點孫中山書。寫子俊，仲川，陳君璧三書，爲游清宮。

三月十四號星期六（二月二十）

寫悟梅信。作《孫中山先生最早的政治主張》的序言，凡千餘言。即謄出。補注《崔述》數條。

寫啓明先生等四人信。王茗史君來。料理行裝。理書物。寫"苗族傳來的古史"。介石仲良來，即同至西直門站搭車。

八點許到南口，入井兒飯店。到外面吃飯。十點許眠，頗不成睡。

井兒飯店近略布置，增價至一元五角（不連飯）。驢價至居庸關八角，至八達嶺一元。

三月十五號星期日（二月廿一）

五點許即醒，六點許起。進點後，七點半出客棧門。半年多不騎驢，膽又小矣。九點半到居庸關，游覽一周，復行。十二點三刻到八達嶺。上城，吃飯。二點下城，適逢大雪，驢行谷中，寒雪撲面，衣帽俱滿，頗極荒寒之致。到站待半小時許，車來。六點到西直門。即歸。

夜江氏兄弟，譚仲遉來談。

仲遉來言，南開大學欲聘我爲國文主任，月薪二百元。予辭之，又謂張伯苓先生本星期要來，囑我前往商議課事，并往天津參觀。予擬介紹伯祥前往，未知能成事否。

三月十六號星期一（二月廿二）

昨游頗勞，休息。到校，寫伏園信。濬哲來談。開歷代代表作家書目。

作《孟姜女專號》啓事二千言，即謄清。作鍾敬文通信跋。

與履安下棋十局，對手。集顧愷之畫跋材料。

三月十七號星期二（二月廿三）

審核《交換書目》。作顧愷之《杞梁妻圖》跋千言。

到校，途中遇健卿，同到校。恕人，希白來談。改作直彥，陶緝民兩函。改作劉半農通信跋。審核孟姜女卷畢。發《孟姜女專號》稿第五次。寫兼士先生信。

鈔陶方琦書目。與履安看《金瓶》。

三月十八號星期三（二月廿四）

審核《經傳禘祀通考》廿一頁。審核書目。

到所，寫適之先生，温之英，攝影部，伯祥，振鐸，伏園，講義課信。建功，希白，德遠來談。審核書目。改作《不寐》。到尚嚴，介石處，均未遇。到市場購物。

改作《不寐》畢。

離星期日漸近，此心甚不自安。不見既傷離，見又惜別，奈何奈何！

與伯祥書云，俟孟姜女研究完畢後，當繼續研究“八仙”及“社”。八仙起雖較後，但其故事甚大，其演變甚多。社則較孟姜更古而較八仙更大，因各地都有土地神，又莫不有其發生之歷史也。然我原想多讀書，原不想多做這種研究。只因社會上逼我出貨過甚，與其專出無聊之貨，不如借此爲一二種之專門研究耳。書此，一嘆！

按，予近來越覺得自己學問根柢打得不足，如能打好，不知于研究上便利多少。乃社會上急功過甚，不能再讓我打根柢矣。思之恨之。

三月十九號星期四（二月廿五）

審核《經傳禘祀通考》及《三代經制通考》畢。寫平伯信，送《不寐》去。與履安及介泉夫婦到天安門及公園看孫中山出殯。二點歸。

點讀《左傳》一、二冊畢。

三月二十號星期五（二月廿六）

點《左傳》三、四兩冊。祝叔平來。

寫建功，慕愚，尚嚴，適之先生信。發工具書目録。校崔述詩。

與介泉至健卿處吃夜飯。飯畢到三院看辯論會。十點許歸。

同座爲陳世璋，趙叔愚，雷國能，介泉，吳□，予不能譚話，終覺拘束。予之不能社交，是無法想的了。

三月廿一號星期六（二月廿七）

寫仲川，湘生，笙亞，平伯，玄同先生信。點《左傳》第五冊畢。緝熙來。

到校，校《孟姜專號》。恕人，建功來談。因雨，早歸。

點《左傳》第六冊畢。

今日爲本年北京第一次下雨，夜中漸大。明日游事遂作罷矣。譚女士來答書，比我尤爲避嫌疑，寥寥數行耳。

女高師學生演劇，邀介泉往指導，從此介泉又得一新殖民地矣。

三月廿二號星期日 （二月廿八）

點《左傳》第七册畢。介泉來談。

點《左傳》第八、九、十册畢。

竟日陰，間作微雨，夜大風。報載雲南大理大地震，大理城全陷。

竟日工作，甚快。《左傳》，極粗略的看一遍，竟亦費了三天功夫。

三月廿三號星期一 （二月廿九）

看駢文，代清室善後會作孫中山祭文，兼集孟姜女材料。作祭文訖，寫兼士先生信送去。

點讀《元秘史》，爲集孔德講演稿材料。文玉邀至清宮，爲編說明書。逮曾來談。到彬龢處，未遇。

鈔《樂府詩集》中孟姜材料。至十一點。

孔德出周刊，清宮作説明書，從此又多了二件事！

三月廿四號星期二 （三月初一）

在厠看《湘山野錄》。用嘉慶二年本《東壁遺書》校《三大典考》，未畢。兼士先生來。改作祭文。寫彬龢覆片。

寫文玉信。到校，發哲學書目。作文，未就。平伯來電話，邀往看所改《不寐》。即去。到市場購物。鈔撰筆記四則入《我們》。

看《全唐詩》至十二點。爲待履安自青年會觀劇歸也。

近日又復便秘，血升，心宕。想來是春天發病，亦太忙所致。

《我們》中筆記四則：相和歌，胡笳十八拍，采蓮子，時新旦角戲。

三月廿五號星期三 （三月初二）

作《居庸關與妙峰山》千餘言，入《孔德周刊》。到平民中學，彬龢邀飯也。談至二時半。

到校，修改所作文，寫逮曾，兼士先生，紹虞，劉澤民，廈大周刊社信。文玉，仲良，建功來談。

與建功同至維鈞處問疾。讀《哀江南賦》。鈔"社"數條。

平民中學爲援庵先生所辦，極有精神。彬龢即住在內。其夫人名湯彬華，任第一女中功課。今日同座爲援庵先生，徐巽（季龍之兄），陳仲益等。

維鈞之疾，謂是肺病，甚爲危之。

三月廿六號星期四（三月初三）

改作《交換書目》，畢經學，史學，考古學三部分。文學未畢。

到會計課領薪，第一次也。希白來談，翻看《流沙墜簡》。翻看《太平御覽》。

粘貼登在報紙上之雜文。

三月廿七號星期五（三月初四）

改作《書目》叢書專集類。

與履安及介泉夫婦到中央公園看孫中山尸，擠甚。出門，他們到華樂看戲，予到所。伏園健卿來談。寫兼士先生，彥堂，國文教授會，乃乾，平伯信。

夜大雨。校《夜送寒衣》唱本（韓湘子）。與介泉等布置客廳。

國文學系教授會來函，邀加入讀書會，予近來事忙如此，那還分得出功夫。即作函辭之。聞援庵先生言，袁守和來爲是發起圖書館協會，予幸未見耳。猛進社寄周報來，亦邀入社，未答。予極不好事，而社會牽掣已如此，可怕。

三月廿八號星期六（三月初五）

校勘《經傳禘祀通考》，并作札記。平伯來，留飯。

到校，寫成文學類書目，即發出。讀《元秘史》半册。到市場，語絲社夜飯也。剃頭。

翻看新購之《曹子建集》。晤詩亭。

在下唇發見白鬚一莖。

三月廿九號星期日（三月初六）

介泉來談《三國》戲，集出七十餘齣。文玉介石來談。點讀《曹集詮評》二册，畢。即鈔孟姜女研究可用之材料。

失眠，飲酒，翻《夢溪筆談》，得眠已一點半矣。

今日本擬與履安康艮等共游萬生園，以有風頗冷，兼以新購曹集，亟欲一讀，遂不行。上午，她們游公園，下午，她們到中天看電影。

三月三十號星期一（三月初七）

作《三大典考》小題，即鈔出。健卿來談。

寫兼士先生，聖陶，建功，逮曾，西灣，平伯信。

到緝熙處，仲川處。晤慰萱，數年不見矣。

爲鄭女士薦事，得孔德來函，已成。

三月卅一號星期二（三月初八）

到校，寫維鈞信。伴天水周子揚先生（名希武）參觀。同伴者有兼士，遏先，旭生，玄伯，不厂諸先生。

到校，作《寫歌雜記》一則，與伏園談話。鄭雲鶴女士來，參觀陳列室。緝熙來後，同至孔德。與隅卿談話。并晤舍青逮曾。回所，鈔歌謠數則。

理孟姜女材料，粘貼去年《歌謠周刊》所作論文。

一九二五年四月

四月一號星期三（三月初九）

今日以北京學校公祭孫中山而放假，在家作《蒙古的創業》四千餘言。

緝齋來，四年餘不見矣。緝熙來，同至市場宴伏園小峰并緝齋，主人爲平伯介泉緝熙及予。飯畢到東安樓吃茶，議第二次社約。

緝齋專研究心理學，回國任中州大學教授，一切不順手，擬復回美國研究。要在中國研究學問，如此其難也！

四月二號星期四（三月初十）

作《書畫憶記》序三百餘言。介泉夫婦與履安邀予同觀孫中山出殯，先至西四牌樓天成居吃飯，後至交道口立待，至二點始來。隨至西直門，遂游玉泉山。七點許到城。

到市場中興樓吃飯，爲新潮社宴緝齋。

今日歌舞臺中崔靈芝與一千紅演《哭長城》，惜未能觀。

四月三號星期五（三月十一）

作《古物陳列所書畫憶記》序千餘言。圈出《吳歌》韻脚。健卿來談，留飯。

到所，寫振鐸信。仲良來，建功來，注《吳歌》韻，直至晚七點。幼漁先生來。

鈔《敏求記》中之孟姜女集條。

四月四號星期六（三月十二）

草《古物陳列所書畫憶録》畢。

鈔清《憶録》，凡五千許字。文玉來談。寫小峰逮曾信。

看伯祥代購之善書。校《太平御覽·社稷類》。

四月五號星期日（三月十三）

修飾《憶録》序畢，寫通伯信，即送去。平伯來談。理書桌。

到蘇君處，與緝齋談一小時許。到緝熙處，送六記書價。到彦長處，未晤。到商務書館買書。到青雲閣，晤雨蘇及唐九如。待一小時許，國任笙亞湘蕘期軒等來。晚，同至全聚德吃燒鴨，爲公中同學公宴慰萱也。到蔣家胡同買糖而歸。爲譚女士寫三家店游覽説明三紙。

青雲閣茶館生涯，無謂之至，而南人多就之，使我不願自認爲南人矣。歸家，悉譚黄二女士于下午四時許來，斯正在我在茶館無聊時也。不見譚女士已兩月許，兩至而皆不見，緣之慳可知矣。她于下星期日要游三家店，囑爲説明書，因即寫與之。

四月六號星期一（三月十四）

送康艮至外舅處。譚女士來借《宋元學案》，作書答之。改清宮參觀説明書畢，即送去。覆看一號所草講演稿。

續草《成吉思汗》上篇。

到湘蕘處，爲中學同人聚餐。接康艮而歸。

外舅近日又發病，今日又作嘔發熱。體弱而家計益重，如何！

健卿今日南歸。

四月七號星期二（三月十五）

作《成吉思汗》上篇畢，凡六千餘言，即鈔清，未畢。

到所，校《吳歌》及《孟姜女》附錄畢，即歸。

與履安艮男游十剎海而後歸飯。鈔文華殿書畫人名入片。

四月八號星期三（三月十六）

鈔改《成吉思汗》上篇畢。

恕人來。作《孟姜女專號》徵求闌及志謝，又圖畫説明。

到歐美同學會，郁周先生邀宴也。至十一點許而歸。

　今夜同座：尹默先生　叔平先生　介泉　隅卿先生　振玉

未知名者三人

　今日維鈞來書，謂本期《歌謠》可出《孟姜專號》，然明日

即須發稿，只得一趕矣。

四月九號星期四（三月十七）

作《杞梁妻的哭崩梁山》畢，凡四千五百言。

到校，鈔《梁山》文畢，即發稿。平伯，建功來談。寫文玉，

湘蓀信。看《三俠五義》序。

與履安下棋廿局，予多勝六局。

　一星期來，作文三篇，連起草凡書四五萬字，臂甚酸痛了。

夜間休息，明日亦擬休息。

　今日天氣驟燠，柳枝放青，所中紅杏兩枝亦發苞矣。

四月十號星期五（三月十八）

理書物。彦長來談。

到所，寫援庵先生，兼士先生，維鈞，李儼，紹原，仲華，小

峰信。彦長來，導觀各處，談至晚。

寫裘志元信，與緝熙談話。記日記五天。

　今日休息而適客來，大幸。

今日稍閑，便覺悲悗之情鬱塞于中。愁果因閑而至乎？履安謂余癡，余誠癡矣。彦長謂余北方化。

四月十一號星期六（三月十九）

寫孟鄒片。作《豐鎬考信録》小題一卷。查姜女羌女故典。剃頭。

寫錢南揚，伯祥，聖陶，愈之，誠安，秋白，孟韜，石年信。翻看《新疆圖志》。仲良郁周來談。

到笙亞處，爲中校同人賀壽也。

四月十二號星期日（三月二十）

到彦長處，同往援庵先生處談話。到聚賢堂，賀江軼青喜事。到華美，李期軒請客也。

歸家，作《豐鎬録》小題三卷。到香滿園，爲笙亞餞別，至則無人，豈以晏乎。遂歸飯。

校《越縵堂書目》畢。

春朝倦甚，八點許始醒，九點而起，近來未有此晏也。

予近日愈覺不能事酬應，中學校同學爲極熟人尚覺在筵席上不能自由，何况其他。

四月十三號星期一（三月廿一）

作《豐鎬録》小題兩卷。

到校，鈔印樸社第二次社約，畢。寫紹虞，兼士先生，小峰信。維鈞來。

彦長來留飯。談至十一點。

彦長健于談，以今日文壇無豪雄之氣爲悲，與予有同感。

四月十四號星期二（三月廿二）

作《豐鎬錄》小題兩卷，本書畢。平伯來，留飯。

到所，整理《一覽》材料。寫緝熙，聖陶信。到郵局寄信，到市場買物，即歸。彬龢來。鈔《豐鎬錄》小題畢，釘《東壁遺書》章節目錄一冊。

校《國粹學報》中之崔述材料。寫酈女士信。

今晨履安腹痛作嘔多次，臥了半天，幸下午即愈。彬龢來，囑爲平中新出之半周刊作文，從此又多一處文債矣。

《豐鎬錄》小題，費了兩天半，世固無易事也。

四月十五號星期三（三月廿三）

作《寫歌雜記》一則。寫書畫人名片畢。

看《元秘史》第三、四冊。與履安及介泉夫婦到先農壇，茗于長美玉。六點，到瑞蚨祥購物。即與履安到市場。

志雲小峰兄弟夫婦在市場宴我夫婦。十點歸。排書畫人名片。

四月十六號星期四（三月廿四）

鈔著《古物陳列所書畫憶錄》十六頁，付《現代評論》第二次稿。

到校，寫尚鉞，乃乾，彬龢，逮曾，謝肇基，通伯信。鈔十二月思夫歌。修改《書畫憶錄》，即發出。

校孟姜女唱本。

釋皮袍不及十日，熱度遂至七十許，北京但有冬夏而無春乎？

四月十七號星期五（三月廿五）

集《盤庚上篇》材料。

到所，作《盤庚上篇的今譯》上篇。到馬神廟剃頭。

與介泉等談話。鈔釋社一條。

星期日游暘臺山，譚女士不去，心爲一冷。大約此後同游之機會很難得矣。

四月十八號星期六（三月廿六）

修改昨作。彥長來道別，并贈書。寫悟梅，仲華信。

到所，鈔出《盤庚上篇今譯》，凡四千餘言。彬龢來。寫通伯信。

彭陶劉三女士來談。理明人書畫片次序。

下午風大，灰塵飛揚，加以炎熱，殊無心作事。情既倦怠，悲懷遂來，思念往迹，凄愴欲哭。嗟乎，人但知有形之悲，而不知無形之悲爲尤可悲也。"多情自古空餘恨"，有生之日亦拚以抱恨終矣！

四月十九號星期日（三月廿七）

五點半起身，七點出門，到緝熙處，則同游諸人已盡在矣。譚女士亦在，尤出望外。七點三刻上電車，到西直門。雇車，十二點到黑龍潭。在池邊進食，看西洋人洗浴。一點一刻出，二點一刻到溫泉。洗浴。四點上車歸，至八點抵西直門，乘電車歸。進夜餐後即眠。今日午前驕陽如焚，午後輕陰細雨，大有秋意，頗足蓋景色之平庸。歸途屢逢大雨，黑暗中在海淀道中走，尤別饒趣味。

不見譚女士已近三月，今日相見，喜出望外。予負水壺，承其好意，爲予代負。乃歸途于青龍橋畔因皮帶鬆脱而撲碎。彼必欲賠償，使予心甚爲不安。

今日同游人：介泉夫婦　伯平夫婦　緝熙夫婦　褚女士　彭女士　譚女士　黃女士　陶女士　履安

四月二十號星期一（三月廿八）

休息。讀《小雅》。譚女士送賠償之水瓶來，即作答書謝之。

到校，寫適之先生，希白，彬龢，余昌之，康媛信。改《盤庚》文畢，即發出。與介泉到市場吃牛奶。

到東四寄信。到仲川處，為中學同人聚餐。十點歸。

在仲川處看他們搖攤，是為我見搖攤之第一次。

四月廿一號星期二（三月廿九）

標點《豐鎬錄》中所引《詩》《書》句。

到校，寫父大人，伯祥，聖陶，振鐸，愈之信。點《元史新編》之《太祖紀》。楊心如來。介泉來，同至隆福寺買花。

翻《金瓶梅》一冊。

四月廿二號星期三（三月三十）

標點《豐鎬錄》中所引《詩》《書》。

到校，校《季刊》二卷一號稿三頁。寫仲華，兼士先生信。點《元史新編·太祖紀》畢。尚嚴來。與希白，仲良同談游妙峰事。逯曾來，未遇。

翻《金瓶梅》一冊。

譚女士昨偕同學游三家店，今晚囑彭女士送李花三枝來。

四月廿三號星期四（四月初一）

標點《豐鎬錄》中所引《詩》《書》句。

到校，校《季刊》稿。鈔《桃花扇》中聽稗。兼士先生來談。建功來談，同歸。

翻《金瓶梅》一冊。譚彭陶三女士來談。

四月廿四號星期五 （四月初二）

標點《豐鎬録》中所引《詩》《書》句，畢。

因雨，未到校，作《孟姜十二月歌與放羊調》一篇，約二千五百言，未改。鈔錢南揚通信，備入《孟姜女專號》。

到順城街英華番菜館，國任仲川宴笙亞也。歸，看《金瓶梅》一册。

四月廿五號星期六 （四月初三）

審核《豐鎬録》一卷許。緝熙來。平伯來，留飯。

剃面。到校，寫伯祥，聖陶，敬軒，李儼信。校《季刊》稿。鈔錢南揚通信入《歌謠周刊》。

到公園，語絲社吃飯也。九點許歸，與川島品青同行。

譚女士送青年會頤和園免價游券二紙來。原擬用緝熙處半價票，今更省矣。

四月廿六號星期日 （四月初四）

六點起，七點半與履安及兩女出門，九點半到頤和園。先至龍王廟，繼至樂善堂及戲臺，繼至諧趣園，吃飯。從後山到石船，到排雲殿。復上山。至五點半出門，七點許歸家。在園遇錢女士，彭女士全家，及馬隅卿先生。

與介泉談話。

四月廿七號星期一 （四月初五）

作《我們應當歡迎蒙古人》一文，述昨日感想，得二千五百字，即謄清，送《猛進》。不署真名，謂談政治問題也。寫慕愚信，附十三陵圖說。

伏園來談。寫兼士先生，旭生，建功信。寫尚嚴信。鈔孟姜女材料。

與介泉夫婦談話。

以班禪到京，蒙古人來朝拜者甚多，由西直門入城者踵相接。此固迷信，然民族團結即可以此爲基，故作文投入《猛進》。是爲予注意邊疆問題之始，惜未存稿，刊物恐亦無存矣。

一九七三年七月三日補記。

四月廿八號星期二（四月初六）

尚嚴來。鈔改《孟姜女十二月歌與放羊調》一文畢。姨丈來談。

到所，鈔《書畫憶録》十七頁。寫兼士先生，建功，仲華，玉堂信。維鈞，伏園來談。

開樸社會，平伯緝熙均來。談至十一點。

玉堂來信，囑我發起專談學術之月刊，告以事忙，却之。

與維鈞約，下期《孟姜女》周刊多出一張，以材料太多也。

四月廿九號星期三（四月初七）

編《歌謠周刊》一期完畢。此次編輯專號十六版，費時約二日半。玄伯來，邀往森隆吃飯。

平伯通伯同到所參觀陳列室。伏園來談。履安來，同往市場購物。

理物。

玄伯今日邀説《三俠五義》之劉傑，在森隆午飯，同坐有適之先生，通伯，平伯，旭生，及予。因得略聞説書典故。他們想組織一個説書會，筆録其言，爲平話本小説。

李花漸謝，恐歸來時零落且盡，摘而藏之。

四月三十號星期四（四月初八）

六點起身，寫維鈞信。至八點一刻希白，元胎，伏園，尚嚴都來，即出門。在海淀吃飯。換車至北安河。車上看《馬可博羅游記》。到長明客棧小憩。步行上暘臺山，山高甚，凡二十四里始到頂。越嶺後，見杏花滿山，間以白楊。玫瑰未發，仿佛荆棘，甚愛之。時已暮，到澗溝天黑矣。小憩茶棚，燃火把上山。宿于客房，到廟燒香，并鈔會帖。十一點許眠。

到妙峰山看燒香，想了好幾年，今日乃得實現。北安河，中道也。予等以中道上山，以南道下山。

一九二五年五月

五月一號星期五（四月初九）

四點半即起身。鈔録墻壁上會帖。走北道，至果子港，在流泉間稍憩。回至澗溝，吃飯。至松棚，看如意老會比武酬神。松棚主者竭誠款待予等，備點備茶。出至玉皇頂照相。回妙峰，在半山亭鈔録，忽左足曲筋，痛甚。至頂，看燒香。晚回客房，進夜飯，十點眠。用燒酒擦足甚久，終不愈。

予素甚害羞，而今日鈔會帖，敢冒衆人之疑詫，則由于數年中渴望之逼迫也。一日之間，鈔得七十條，亦快意矣。

五月二號星期六（四月初十）

六點起身，進點後即下山。予以足痛，步履極艱難。至玉皇頂，即喚肩輿趨三家店。伏園亦乘轎。至櫻桃溝進點。十二點許到三家店。進飯。乘人力車到香山，四點半至静宜園門。到八校辦事處休息。得研究所書，知懇親會已改在萬生園舉行，即下山，雇人力車回城。六時上車，九點半到家。

自三家店至香山，途路甚遥，車中無事，又起愁懷，心酸下泪。予之生活，非忙則悲，曾無平静恬息之時，于此可見。

五月三號星期日（四月十一）

休息，看報。寫彬龢，仲川，慰萱信，及社中公信。

到萬生園，爲研究所懇親會。二點許開，四點許散。晤黎劭西。在園遇外祖母及姨母，共游至晚而出。

到彬龢處談話，九點歸。

五月四號星期一（四月十二）

審核《豐鎬録》一卷許。

到校，維鈞，恕人，逮曾來談。看萬里所寄山西陝西唱本一百餘册。

與介泉談話。

孔德要出紀念刊，又邀予作文，真苦死！

昨用栀子燒酒在足底吊了，今日稍愈，惟走扶梯仍酸痛。

五月五號星期二（四月十三）

作《妙峰山進香專號》引言，凡三千餘言，即鈔清，重修改。平伯來談，在介泉處吃飯。剃頭。

下午以作文故，未到校。

到平安看歌劇，遇平伯，奚若，鯁生，光一，及適之先生等。

所看歌劇之名爲 Rigolette，本事未詳，所歌爲意大利語，想解人亦自難索也。是爲予第一次看西洋歌劇。

今日爲心培外祖卅周年，外祖母設祭，履安與艮男往叩。予以作文無暇，竟未去，當爲長者所不快矣。

五月六號星期三（四月十四）

粘貼《書畫憶錄》。改昨日所作文。作《國史談話編纂計畫》。介泉夫婦來談。校《吳歌》排樣七頁。

到校，希白，維鈞，伏園，恕人，建功來談。寫仲良，元胎，楊德芳，愈之，伯祥，振鐸，玉諾，小峰，萬里，彥堂，慰萱，沈銜書，演存，仲華，旭生，通伯，紹原信。

粘《居庸關》文。心如來談。補記日記。

一到校即苦來人之多，勢不能作文，只得寫信，凡十七封，信債稍清，亦一快事。

心如來，謂高承元囑其招予幫忙。按承元現在交部主職工教育會，又在教部籌備編譯局。予現已甚忙，何堪再加他事耶！

五月七號星期四（四月十五）

重作《國史談話編纂計畫》訖，并鈔清。此文凡三千餘字。繆廷梁君來談。

彬龢來索稿。寫式湘信。寫介石，希白，元胎信。

到西長安街寄信。夜飯後休息，與履安唱歌。

近日予每天必寫七八千字。（如作文，則三千稿，一千改，三四千謄）所以能如此勉力，則全由于睡眠之充足與大便的順利。身體如此，不可不喜也。大約十年以來的春天，沒有像今年那樣好的。

五月八號星期五（四月十六）

校《盤庚上篇的今譯》上半，并續作下半。印樸社選舉票。寫雁冰信。

到所，作劉大杰清宮書畫文跋。希白，維鈞，伏園來談。修改《盤庚上篇今譯》。寫通伯，孟鄒信。

到尚嚴處，未遇。與介泉談話。編排清代書畫次序。

夜中履安又腹痛作吐，幸得眠。介泉評我夫婦，謂除樸素一點外其餘無相同之點。又謂履安天真有餘而爽快不足。又謂我有時極寡斷，有時極剛愎，與譚女士同，所以我能欣賞她。

劉女士失竊，譚女士不爲出力，因此彭陶諸女士皆非薄之。她的人緣太不好了。

五月九號星期六 （四月十七）

修改《盤庚上篇今譯》，并謄清。緝熙來談。寫溫之英片。介泉爲照帶福回家照片三紙。

到校時道遇譚謝二女士。寫平伯，文玉，慰萱信。校《孟姜女》七號稿。維鈞，恕人，伏園來談。

劉彭陶三女來看妙峰山物品。看《語絲》。與介泉談話看月。

《盤庚上篇》的譯文，僅千餘言耳。改了兩天，猶不愜心，誠哉翻譯之難也！

五七紀念，警察打死了兩學生，今日學生罷課開會，未知其結果。此等事現已不能引起人家同情，何也？

五月十號星期日 （四月十八）

看《現代評論》。修改《盤庚》文迄，即發出，寫彬龢信。剃面。到會賢堂，爲繆鎮藩兄邀宴。

與履安艮男到琉璃廠勸業場諸處購物。

看雁蕩山照片册。與介泉談話。

今日同座：邵純熙（昇齋　餘姚）　程鋐（克猷　永康）　陳仲瑜　金公亮（少英　紹縣）　張璟人（名矩準　平湖）　王綽（佩劍　遂昌）　建功

一篇《盤庚中》，僅兩日即譯畢，固以其較《周誥》爲易讀，實亦少年氣盛，視天下無難事也。自此以後，人皆以我爲能譯《尚書》者，而予竟已無此膽氣，有負學人之望矣。

一九七三年七月三日記。

五月十一號星期一（四月十九）

尚嚴來。爲履安作致慕愚信稿。審核《豐鎬録》，將第一卷至第三卷先發出。寫孟鄒，伯祥片。

寫平伯，緝熙，小峰，仲川，南揚信。楊心如來所參觀。研究所開周刊編輯討論會。予任記録。

與介泉夫婦談話。

雁宕照片册四册贈與譚女士，藉答其購還水瓶之意，亦以其性好游覽，鼓其游興也。

五月十二號星期二（四月二十）

鈔妙峰山香會入片子。平伯來談，留飯。

鈔惜字會之招。到所，草《蒙古的建國》下篇。伏園來談。攝妙峰物品及帶福合影。寫楊德芳信。

與介泉談話。

五月十三號星期三（四月廿一）

草《蒙古的建國》下篇。看《京報副刊》之《妙峰山專號》。天雨。

作《寫歌雜記》二則（《詩經》與歌謡）。鈔玉諾來信入通訊，并加按語。看玉諾寄來唱本。作周刊編輯會報告。維鈞恕人來談。到市場購物。

整理孟姜女材料。看《綉枕》。

履安爲予數白髮，得二十餘莖。近日又有一牙摇動欲落。老景何如是其遽也？惟精神甚好，只此可以自慰。

五月十四號星期四（四月廿二）

寫彥長信，伯祥信。草《蒙古的建國》下篇畢。緝熙來談。

校《歌謠周刊・孟姜女專號》第七期下半排樣。伏園來談。略改所草文。與履安及介泉夫婦游後門。

與介泉夫婦談話。補記日記三天。

聞伏園言，章行嚴在教育部開會時罵我，謂爲商務館所編之中學國語教科書選入許多白話文，害人子弟。此書予久厭屍視之，今聞此言，當注意其銷路矣。

五月十五號星期五（四月廿三）

修改昨作文。到市場理髮。到王宅，祝外祖母壽。

到所，寫介泉信，打彬龢，緝熙電話。伏園來談。俄國人可士羅夫來所參觀，聽其演講蒙古考古所得。到王宅。

在王宅看灤州影戲。大雨，十點許雇車歸，履安等則乘汽車。

灤州影戲，今日第一次看見。所見凡三齣，（1）八仙上壽，（2）二姐逛廟，（3）水漫金山。問其有無孟姜女，答以無。

今日北大學生到執政府請願免章，女生中推譚女士爲代表。

五月十六號星期六（四月廿四）

竟日鈔《蒙古的立國》下篇畢。

仲良來談。

介泉彭女士來談。

爲這一篇文字，費了我六七天光陰。

五月十七號星期日（四月廿五）

理書。寫父大人信。彬龢來談。

與履安及介泉夫婦到孔德，看七周紀念會。六點許出，到市場及中央公園。于公園遇陸守默。

介泉夫婦來談話。粘貼文稿。

孔德中可愛的小女兒甚多。

近來夜中極易倦，到十點即沈沈欲睡。體之健耶？抑衰耶？抑日間過忙所致耶？

五月十八號星期一（四月廿六）

鈔《書畫憶錄》畢。到同和居，彬龢邀宴。

到所，維鈞伏園來談。爲要求經費事開會，予索買書費三千元。與介泉夫婦談話。

今午同座：張伯苓　林宰平　援庵先生　寶廣林　譚仲逵　羅莘田　陳□　莘田見我，謂我氣色極好。

爲《書畫憶錄》，約費去八個半天。以四點鐘爲一個半天計，即費去卅二小時也。

五月十九號星期二（四月廿七）

鈔妙峰香會片畢。

風狂，天暗，落沙。修改《蒙古的立國》下篇畢。仲良，文玉，邦華來，以圖書館協會開會事商出品。

予告仲良，謂每天睡七小時即足，一天到晚工作不要休息，他嘆我精神好。他説須睡八點半至九點，午後又須打盹。

五月二十號星期三（四月廿八）

作《妙峰山的香會》上篇畢，約五千言。編排香會片。傅有德來。

伏園維鈞來談。研究所爲美國人參觀事開會。到逮曾處，未遇，交稿也。

劉女士來還書，略談。

劉女士夜中來談，又使我不得佳眠。予見客時精神必緊張，而夜飯後必不可緊張也。

研究所常以小事開會，使我不耐。案頭有寫柳耆卿曉風殘月一詞者，讀之低迴不止，不復聞開會之作何謂矣。予每事學問，即厭苦雜務，而每動閑愁，即學問亦不覺可戀。信乎感情之偉大也。

五月廿一號星期四（四月廿九）

鈔惜字會會啓。修改《妙峰山香會》一文畢。

到校，作《寫歌雜記》二則（跳槽與玉美針），約二千五百言。維鈞伏園來談。

到介石處，步後門歸。與介泉夫婦談話。

《國史講話編纂計畫》一文，彬龢既要登入《平民半月刊》，伏園又要登入《京報副刊》。

五月廿二號星期五（閏四月初一）

審核《豐鎬録》一卷。温讀《論語》《尚書》《孟子》。爲檢《豐鎬録》語出處也。

到所，作圖書館協會展覽會送出書解題稿，未畢。伏園，兼士先生來談。

履安及介泉夫婦到三院相訪，同到市場購物。晚飯後談話。

五月廿三號星期六（閏四月初二）

審核《豐鎬録》廿餘頁。紹裘來談。平伯來，留飯。

到校，作展覽會出書解題，寫慰萱，彬龢，乃乾，伯祥，愈之，敬軒，文玉信。伏園來談。

與介泉陶彭二女士談話。剪貼《妙峰山》文。

介泉謂利關最易打破，名關已難，色關更無法。此語予甚表同情。予常覺男女之情最真，最偉大；名便糅雜些做作；至利則蠹人所求耳。予在此欠薪局面中，屢受家人交謫，然絕不動心。至于毀譽，固不能改變我的宗旨，而終不能無介介矣。若情懷之衝動，乃覺蹈湯火而彌甘也。爲學之樂固極清醇，但究不免雜些名心。我尚如此，他人可知矣。

五月廿四號星期日（閏四月初三）

看報。審核《豐鎬録》。

與介泉夫婦，履安，伯平夫婦，彭陶二女士，彭守漪，艮男游萬生園，在豳風堂啜茗。予與守漪艮男同游西部甚久。晚而歸。

休息。

五月廿五號星期一（閏四月初四）

作《妙峰山的香會》中篇畢，凡八千言。未改。

寫孟鄒片，發《豐鎬録》四五兩卷。維鈞伏園來談。

通伯來談。

今日一天草八千言，可驚也。

當時予實有一天寫七八千字的力量，惜下年一出教書，遂不易靜心工作，而又間之以傾軋排擠，使我不克再享此寫作之生活，寫書志願遂不克實現。今老矣，其尚能以秉燭之明寫出幾部書，使不虛此一生耶？　　　一九七三年七月記。

五月廿六號星期二（閏四月初五）

集《孟姜女專號》第八期稿。

適之先生來談。寫幼漁先生及適之先生信。修改尚嚴游記。續寫圖書協會出品書目。伏園來談。幼漁先生來電兩次。彬龢來談。

修改尚嚴游記畢。與介泉夫婦談話。

五月廿七號星期三（閏四月初六）

修改《妙峰山的香會》中篇畢。

到校，寫隅卿信，支薪，歸付搭凉棚價卅元。希白來談。續作出品説明。作《杞梁妻哭崩的城》千餘言。

與履安及介泉夫婦游十刹海，天黑而歸。早眠。

五月廿八號星期四（閏四月初七）

上午三點醒後，不能睡，即起作文。作《杞梁妻哭崩的城》畢，即鈔清。又作《曹娥碑説明》及通訊按語，三通。至下午四點才完畢。計工作十二小時，足抵通常一天餘矣。

到校，幼漁先生，仲良，文玉來談。寫譚希賢信，發展覽會出品書籍。

工作過多，頗倦，早眠。

在四天中發兩專號稿，確是費力。履安謂予不要性命。

五月廿九號星期五（閏四月初八）

審核《豐鎬録》（卷六）一卷。

到所，改作出品説明，寫兼士先生信。伏園來談，看《妙峰專號》第三期。寫建功，湘荃，仲川，紹裘，平伯，乃乾信。到市場購喜聯。

與介泉夫婦談話。

讀《疑雨集》，最不能忘者二句："韓憑死遂相思願，羞學偷生説斷腸。"

五月三十號星期六（閏四月初九）

審核《豐鎬録》一卷（卷七）。寫賀徐瀚澄喜聯。湘荃來談。

到所，寫彥堂，式湘，伯祥，雁冰，乃乾，馥泉，春臺，玄伯，楊德福，萬里，瀚澄，Kelly 公司信。伏園來談。校《歌謠》稿四版。

到會賢堂，語絲社會餐也。十點歸。

春臺來信，謂在《妙峰山專號》引言中，見予學問容量之大。因答之曰："我自己知道是一個好奇心極發達之人，又是一個感情極豐富的人，又是沒有才幹可以在旁的事上發舒我的感情，所以一往傾注于學問。"前介泉見周鯁生先生，他問介泉，謂頡剛精神當是完全集中于學問者。

五月卅一號星期日（閏四月初十）

寫維鈞，紹裘信。與介泉到適之先生處，未遇，到公園看圖書展覽會，又到圖書閱覽處看書報。歸飯。

與介泉夫婦到前門買物，到先農壇散步。維鈞來。到忠信堂吃夜飯，君璧生子湯餅會也。十點歸。

今日倦甚，骨骼既痛，心亦宕，想以日來太勞，天又多雨潮濕，遂發春病歟？到外散步，精神較爽。

予所作文，常有人說"是我們要說而說不出的"。予文有此力量，殊自憙也。（通伯謂予《書畫憶錄序》，彥長謂予《妙峰山香會》。）

一九二五年六月

六月一號星期一（閏四月十一）

審核《豐鎬録》卷八畢，全録告竣，即寫昌之信發出。

到所，作《妙峰山的香會》下篇三千餘字。伏園來談。寫適之先生，鎮藩，萬里，緝熙，富有德信。

與介泉談話。

《東壁遺書》廿六冊，至今日乃發完。

　　昨日即爲上海英日兩帝國主義者慘殺華工顧正紅等之日，是爲五卅慘案，全國震動。　　　　一九七三年七月四日記。

六月二號星期二（閏四月十二）

　　補記四天日記。續寫《妙峰山香會》下之一，約三千字。

　　理書半天。彬龢來。

　　仲川，國任，慰萱，湘孫，崇年，紹裘來聚餐。

　　仲川云："你們教育界中不要想退還賠款作教育經費。沒有德發債票，直奉之戰也不會發生。沒有金佛郎案，張作霖也不會入關。"這話甚確。

　　半年不理書，無閑也。今日爲有客來，竭半日力爲之，眼中一清。

六月三號星期三（閏四月十三）

　　改作徵書啓，寫富有德片。作《妙峰山香會》下之一畢，修改俞宗杰《妙峰山漫游》一文畢，即發專號第四期稿。

　　到所，維鈞，兼士先生，伏園，建功來談。寫適之先生，平伯，南揚信。履安及介泉夫人到三院看游行隊出發，因導觀陳列室。

　　與介泉夫婦及履安談話。鈔孟姜女材料。

　　今日爲上海英捕殺中國學生，北京各學校結隊游行，并演講，在第三院會集。介泉隨隊行，見譚女士在東四北演講，面色緋紅。

　　適之先生近日咯血多次，據醫診斷，謂是喉發炎。又發熱，醫謂是 influenza，聞之念甚。

六月四號星期四（閏四月十四）

　　作《寫歌雜記》二則（《野有死麕》之二，起興）。

　　修改《寫歌雜記》畢。標點東壁集外文。至八點許歸。維鈞趙少侯來談。

談話。

近日多雨潮濕，不減江南霉雨中也。近年北京冬不寒，夏多雨，人皆訝氣候之變。

六月五號星期五（閏四月十五）

作《虞初小説回目考釋》六千言。

與介泉到適之先生處探病。伏園維鈞來談。寫王鑑信。研究所開内部會議，爲《一覽》等事。

加入哲學書庫討論會。到鎮藩處。冒雨歸。

今日爲哲學系本屆畢業同學討論建設哲學書庫事開會招去，因在馬神廟中興隆夜餐。麵皮三碗，炸醬一小碗，計大洋一角二分五厘，合銅子三十五枚。是爲我們上小飯館最低之價。

六月六號星期六（閏四月十六）

作《虞初小説回目考釋》六千言。

伏園，健卿，仲良來談。寫紹裴信。

談話。記三天日記。理三日來所得書。

予作文每苦寫不完，舜的一文恐須兩萬字矣。

介泉告我，今日彭女士來，言譚女士爲上海事，感情甚激烈，日出演講。以前介泉常言她性冷，今日可證其誣。

六月七號星期日（閏四月十七）

看木皮子鼓詞。爲上海事，作傳單二通。粘貼《妙峰香會》文。

健卿來談，留飯。五點同游十刹海，茗于消閑别墅，并看戲。伯平夫婦，介泉夫婦同游。

介泉修改傳單，即付鈔。録妙峰香客日期，未畢。

《晨報》載三日游行隊至東交民巷時，前隊（北大）遲滯不進，有女生二人徑前奪旗，曰："時已至此，還怕死嗎！"大隊遂隨之而進。至栅門，門緊閉，乃高呼而返。彭女士言譚女士當游行至東交民巷時極激昂，《晨報》所言，或即是她。

十一日，譚女士來，詢之，謂即彼一人。

六月八號星期一（閏四月十八）

作《虞初小說回目考釋》一千二百言。

道遇適之先生，略談。郁周來談。維鈞來談。鈔輯《妙峰山香會》下篇材料。道遇仲川國任。平伯來電話。與介泉緝熙同至一院印刷課接洽印傳單。又同至小峰處。又至市場吃冰淇淋。

我們印的傳單二種，均二萬張，用中國最次毛邊印，一種四十元，一種五十六元。每人出五元，很容易的集滿了。

六月九號星期二（閏四月十九）

鈔改《虞初小說回目考釋》約八千言。逮曾來談，囑爲孔德作傳單。爲孔德作傳單一千二百言。

彭女士來，邀我們入救國團，介泉爲我代允。到校，作《寫歌雜記》二則（跳槽之二，兒歌比較一斑），約三千六百字。寫南揚，父大人信。伏園來談。

外祖母來，留宿。譚女士來囑輔助救國團提議。不眠，作《回目考釋》。

今晚譚女士來，面容憔悴，嗓音乾啞，聞自滬案起後，每夜至二三時始得睡，早五六時即起，在救國團日夜操勞。她身體本弱，向不能遲眠，今因國事如此，令人淚下。我爲文字所迫，無時間作救國運動，明日教職員會本擬不去，今日她來，使我不忍不去。但去後明日便須空半日工，故于今夜補之，至上午三點許始眠。

六月十號星期三（閏四月二十）

五點許醒，翻看《淮南子》畢，起身，又看《山海經》。與介泉到二院，入救國團總部，晤譚女士。教職員會開會。未及會畢，即歸。

寫慕愚信，爲編公民常識之傳單事。作《虞初小説回目考釋》約二千四百言，連前共八千言。未及覆看，小峰來索稿，即送去。

與介泉到士弘處，已睡。到通伯處，并晤鯉生西林。歸，十一點眠。

昨夜只得睡二小時許，今日身子頗軟。但我興致仍好，夜中與介泉訪嚴陳二君，在黑胡同中扶墻摸壁而走（午後大雨，路泥濘甚）。

擬傳單目錄，一份寄與慕愚，請其救國團中討論。一份交鯉生先生，請其供給材料。

六月十一號星期四（閏四月廿一）

寫伏園，適之先生信。記三天日記。劉澤民來。修改《寫歌雜記》二則。譚女士來，留飯。道遇國任。

到校，校《虞初小説》一文未畢。維鈞，伏園，介泉來談。寫幼漁先生信。楊廉來，并邀仲良，同修改哲學書庫大綱，即謄清。

王姨丈偕脣東來談。

今日下午至夜，頭痛甚，痛在頂。姨丈謂此是腦病，不關風寒。服 Aspirin 兩丸，略愈。本定明日作文，今改計以派傳單爲休息矣。

昨日大雨中游行，譚女士本有胃病。以見游行隊在大雨中淋漓而行，快甚，病遂霍然。她穿的兩重襦衣都濕透了。

六月十二號星期五（閏四月廿二）

校《虞初小説回目考釋》初稿畢。到小峰處。寫伏園信，爲救國團擬出周刊事。與介泉到二院救國團，與譚彭諸女士談話。在中興隆吃飯。

與介泉及平民夜校五人到安定門一帶發派傳單，由鼓樓大街歸。彭女士來談。

看《醒獅周報》，譚女士所贈也。

派傳單爲予生平第一次，并未受何刺激。

譚女士爲適之先生不以救國團加入募捐團體，甚憤激，使我兩難。

伏園在《京報》上將我們傳單登出，并寫予名，因之來索者極多。予本不欲人知，今乃不能掩矣。

六月十三號星期六（閏四月廿三）

草《蒙古領土的擴張》一千言。寫玄同先生，救國團信。

維鈞來談，郁周來談。譚陶彭三女士來，爲出周刊事，寫伏園信。寫援庵先生，尹默先生，紹原，伏園，彦長信。芝生自開封來。

到小峰處。到馬神廟剃頭，十一點許歸。

譚彭二女士到京報館晤伏園，陳述擬出周刊之意，伏園允在副刊中騰出一天。今夜，二女士又到吾家，適出外未遇。本日救國團開會，舉予爲出版股主任，介泉及王施曾君爲副主任。

六月十四號星期日（閏四月廿四）

緝熙來。到孔德校，爲開會論罷課捐款事也。到小峰處。寫譚彭二女士書。

到伏園處，略談。到芝生處，未遇。到平伯處，長談。又同到紹原處，長談。歸，道遇謝女士。

讀《萬古愁》。爲外祖母寫雍西信。

昨夜，譚女士來，謂必以我等名字在報上發表，始可使看者注意。予與介泉皆不願，因作書告之，謂應入而不入之團體多，不欲以此多致責難；又不欲使人知我們辦報，知我們肯作政治文字，又添出了新的責望，使我們無力擔負也。

艮男近日依然咳嗽，甚爲憂之。

六月十五號星期一（閏四月廿五）

點《説緯》，找《東壁遺書》附錄材料。點《大名水道考》。校《語絲》文，寫小峰信。

玄伯來。到校，作《救國發刊詞》。寫孔麟甫，梁鐸，紹虞，正甫，伯祥，振鐸，葵如，文玉，乃乾，幼漁先生，兼士先生信。緝熙伏園來。作商標小引。

康壽康來辭行。與介泉談話。

六月十六號星期二（閏四月廿六）

寫兼士先生回條。編《孟姜女專號》第九期稿。與外祖母談話。

到百年先生處，爲北京書局編國文教科書事。蟄仙，伏園來談。寫芝生，紹原信。

與介泉等談話。

外祖母以今晚歸姨丈家，來住一星期。艮男今日由履安伴往醫大診治，謂無肺病，一慰。

六月十七號星期三（閏四月廿七）

寫逮曾信。改作《救國周刊發刊詞》，畢。作《上海的租界》，未畢。

到校，領三成薪。與介泉到救國團。改作《吳歌甲集》序畢，三千餘字。維鈞來談。

譚女士來談。王施真來送稿。與介泉談話。

　　與逮曾書曰："北大兩月以來，只發兩成薪水，竭蹶萬分。直到今日，羅掘俱窮。明日須付房租，計無所出，只得懇兄到會計課（孔德）爲弟豫支本月薪水（扣去捐款五元），以濟急需。"

六月十八號星期四 （閏四月廿八）

修改《吳歌甲集》序及《孟姜女專號》第九期稿，畢。緝熙來。維鈞來長談。

到校，草《上海的租界》，畢。未改。寫通伯，元召，芝生信。伏園，仲良來談。

與履安到市場購物，吃冰淇淋。與介泉談話。

六月十九號星期五 （閏四月廿九）

改作并鈔清《上海的租界》，畢。凡二千一百字。

寫叔父信。到校，編《救國》第一號稿。伏園來，即發與。研究所以于星期日，一兩天開展覽會助滬款事開會。伏園，維鈞，蟄仙來談。寫葵如，毛以亨，譚女士信。

粘貼《虞初回目》一文入《古史雜論》冊。

昨元召送《五續疑年錄》兩部來囑代售，因以一部贈譚女士。

六月二十號星期六 （閏四月三十）

點《大名縣水道考》。履安領康媛歸，聾校已放暑假矣。

到所，看乃乾寄來書（所中及沈先生所購）。維鈞，郁周，恕人，仲良來談。校《孟姜女專號》第九期稿。五點三刻，與維鈞伏園至市場森隆，爲宴芝生也。

飯畢，十一點歸。

今晚同座：芝生　建功　平伯　以上三人客。文玉　仲良
維鈞　伏園　予　以上五人主。

六月廿一號星期日（五月初一）

與平伯到清宮看懋勤永和兩宮書畫二三十幀。與伏園遇。平伯
到我家午飯。

與介泉健卿平伯同至三院，予往檔案室照料，介泉往演説。健
卿與予同游美術會場，他先歸。五時許，介泉平伯來所，同至公
園，應健卿招也，飯于來今雨軒。十一點許歸。

今日所見書畫，以宋徽宗《聽琴圖》及顏真卿《祭侄文》
爲最。

六月廿二號星期一（五月初二）

雜作。釘《醒獅》，慕愚所贈也。

到校，照料檔案室。看汪精衛《國際問題決議草案理由書》。
趙從濱，趙振青來談。上樓，伏園維鈞來談。彬龢來。寫適之先
生信。

到仲川處，爲公宴慰萱，他于廿六日到濟南。十點許歸。

在檔案室中，看《國際問題》一書甚有味，從濱來談，刺刺
不休，予厭苦之，托辭上樓，則維鈞伏園在焉，仍不能讓我讀
書。不懂爲什麼沒有自己的事情，以閑談遣日的這般多！

慰萱謂余所作字熟而不俗，爲難。

六月廿三號星期二（五月初三）

從《和約彙鈔》中鈔出《江寧條約》，即謄清。點《英人強賣
鴉片記》二冊。

作《鴉片戰爭》演講稿二千言。

談話。

六月廿四號星期三（五月初四）

到二院，爲哲學書庫事開會，被舉爲委員。到會計課領薪。遇譚女士，略談。歸，點《清史要略》及《東華録》。

到三院，點《清朝全史》中關于鴉片戰争事數章。維鈞，恕人，伏園來談。寫慕愚書。

到公園長美軒，爲啓明先生等宴玉堂紹原也。

今晚同座：玉堂　玉堂夫人　紹原　平伯　申府　鳳舉　以上客。伏園　小峰　啓明　川島　以上主。

譚女士近日心臟病復作，氣逆不舒，因囑其自大會過後好好休息數天。予性有兩個傾向，一愛好天趣，二勇猛精進。好天趣者，友人中如平伯，聖陶，介泉皆是，故甚契合。惟勇猛精進者乃絶少，而不期于譚女士得之。情思綢繆，非偶然也。

六月廿五號星期四（五月初五）

修改《鴉片戰爭》一文略畢。

與履安二女及介泉夫婦到天安門，參與滬漢被殺烈士追悼會。鈔《鴉片戰爭》文一半。

九點許即眠。

今日商店未罷市。天安門到者極多，不止十餘萬人。

六月廿六號星期五（五月初六）

鈔改《鴉片戰爭》一文畢。正甫，贊乾來談。

到校，發《救國周刊》第二期稿。校《吳歌甲集》序。寫玄同，兼士二先生信。伏園，維鈞，恕人來談。爲維鈞書扇。到馬神廟剃頭。

到會賢堂與伯平介泉二家叙餐也。九點許，同步歸。

前星期爲恕人寫扇，恕人謂見者均以爲五六十歲人所書，并謂耐細看。今日維鈞又買扇囑書，予自問于美術無一擅長，惟書法尚近情。予過于無才，常若拘攣，惟作字時頗能表現感情，常覺胸中一暢。有暇當練習草書也。

六月廿七號星期六（五月初七）

作《蒙古疆域的擴張》一文，未畢。

到校，爲研究所照相，半日未作事。正甫，介泉，郁周，緝熙，健卿，伏園，維鈞來談。與適之先生談。

介泉在森隆宴郁周，予與緝熙同席。到電燈行買物。

介泉照相甚有興致，常向郁周先生請益。予每同座，覺得聽來的話没有用，甚爲可惜。適介泉買一新箱，將售其舊者，因由我售下，不知能提起興趣否也。後以介泉勸我不要學習，此事遂中止。

六月廿八號星期日（五月初八）

到建功處。送康昆到外舅處。寫李玄伯信，爲清宮書畫整理事。寫適之先生信。理樸社選舉票，揭曉。

伏園來談。劉尊一，徐闓瑞二女士來談。粘《鴉片戰争》文。畫寢。

平伯來談，留飯。

樸社選舉票今日揭曉，予得一百權，平伯得二十三權，予當選爲總幹事。事務更忙矣！

劉女士來，詢悉譚女士病已愈，甚慰。

六月廿九號星期一（五月初九）

寫乃乾，譚女士信。將《東壁遺書》序録分類編目，并斷句。
寫文玉信。逮曾來，囑作文入《孔德旬刊》。

作《外國人的放肆與中國人的不争氣》一文，約二千餘言，
未畢。

彦堂來，留飯。

六月三十號星期二（五月初十）

續作昨文畢，約四千言。即送去。

到校，觀乃乾寄來之孔德學校所購書，鈔《升庵詩話》等，忽
忽半日。緝熙，仲良，維鈞來談。

粘《吳歌甲集》序。

予近以事忙，久不作雜覽之事。今日翻乃乾寄來書，不覺故
態復萌，提筆鈔寫，遂未作預計之事。信乎積習之不易改也。

［原件］

上海的亂子是怎麼鬧起來的

諸位知道。這次上海的亂子是怎麼鬧起來的。是因爲日本
人開的紗廠裏頭。開槍打死了中國工人。中國人看見了氣不
過。起來打抱不平。印了傳單在街上分發。發到英租界的時
候。給英國巡警看見了。把發傳單的人抓進巡捕房去。中國人
瞧見了越發生氣起來。聚了好些人到巡捕房去。要他們把發傳
單的人放出來。誰知道巡捕房不由分説。就開起槍來。當時打
死了十一個人。受重傷的有好幾十。槍子兒都是從脊梁上打進
去的。可見是中國人一邊兒跑。外國人一邊兒追着打的。自從
那天以後。英國人跟日本人天天在上海隨便殺人。打人。到人
家家裏去搶東西。調戲婦女。

　　諸位。我們中國還没有亡國。怎麼英國人跟日本人已經敢在我們國裏這樣放肆。看我們中國人的性命跟鷄狗畜生一樣的不值錢。他們外國人是人。我們中國人也是人啊。他們外國人有國家。我們中國人也有國家啊。這一口氣教我們怎麼咽得下。要是這口氣都咽得下。我們也不用做人了。要是咽不下的話。我們應該想出一個方法來出了這口氣。

　　外國人所以敢在中國放肆。是因爲中國窮。只要外國人肯出工錢。就不怕没有中國人去給他們做活。他們一向對于這班給他們做活的中國人。脚踢手打得慣了。以爲中國人都是可以這樣隨便欺侮的。所以我們現在應當立定第一個主意。不替外國人做活。教他們在中國發不出威風。

　　外國人所以敢在中國放肆。是因爲中國人都喜歡買他們的東西。中國人既經喜歡買外國貨。他們就不愁没有買賣。所以我們現在應當立定第二個主意。不買他們一切的東西。即使他們的價錢便宜。手工精巧。我們也不稀罕他。我們中國自己也會造東西。美國德國法國也有東西運進來。什麼地方不能買。何必一定要去買這群蠻不講理。殺人不怕血腥氣的英國跟日本人的東西呢。

　　外國人所以敢在中國放肆。是因爲他們有錢。他們開了銀行。中國人相信他。把自己的銀錢存進去。把他們的票子用出來。他們用了我們的錢。做他們的買賣。再來賺我們的錢。所以我們現在應當立定第三個主意。不用他們開的銀行發出來的鈔票。有錢存在他們銀行的。趕快取出來。英國人在北京開的銀行。是匯豐銀行。麥加利銀行。查達銀行。有利銀行。日本人在北京開的銀行。是正金銀行。橫濱銀行。大東銀行。三井洋行。朝鮮銀行。中華匯業銀行。大家記著。

　　可是外國人不是個個都是這樣壞的。好的外國人。我們仍
舊要待他們和和氣氣。我們的主意。并不是凡是外國人都恨。
我們恨的是不把我們中國人當人看待的英國人跟日本人。這個
意思。我們一定要明白記住才好。

歡迎翻印　　看完送人

[原件]

傷　心　歌

咱們中國太可憐	打死百姓不值錢
可恨英國和日本	放槍殺人如瘋癲
上海成了慘世界	大馬路上無人烟
切盼咱們北京人	三件事情立志堅
一是不買仇國貨	二要收回租界權
第三不做他們事	無論他給多少錢
大家出力來救國	同心不怕不回天
待到兵强國又富	方可同享太平年

歡迎翻印　　看完送人

　　此傳單發出後即生效，孩子們口中唱了，刷黑的墻上用粉筆寫
了，以是知通俗文學之易于入人。九一八事變後，予之辦三戶書社
即因此故。然如非北大收集歌謠，予從而響應之，亦不能爲此。

一九七三年七月記。

一九二五年七月

七月一號星期三（五月十一）

作《不平等條約小叙》一千餘言。劉女士，張經（定華），李璞來談。

到校，檢孔德所購書，鈔入筆記。伏園來談。寫隅卿信，發樸社通告。彥堂來談，囑書條幅數紙。

到會賢堂，建功等邀宴也。飯畢，與譚女士談話。十點歸。

今日在唐（？）寫本《文選集注》中發見孟姜女赤體爲杞梁見之傳說，極快。

今晚建功，范用餘，陳仲益，潘傳霖，史明五人請吃飯。爲其發起黎明中學，將請余爲董事。可畏哉！

今日下午，印度人 Pratap 在三院演說，晚間介泉及譚女士等宴之于會賢堂，因相遇。譚女士心臟病依然未愈，睡眠不佳，面目更瘦。復以到軍隊演講，須作河南之行。意甚憐之。

七月二號星期四（五月十二）

到校，爲開研究所内部會議，計畫所中進行事。修改《不平等條約小叙》。

作《江寧條約跋尾》千餘言。郁周先生來。冰如來。

到森隆，彥堂邀宴也。飯後與伏園同往同樂園聽大鼓，十二點半歸。

不聽大鼓，一年半矣。今日伏園邀往同樂，聽常樹田《挑簾》，劉寶全《寧武關》，甚滿意。

近日飯量不好，早起大便尤艱，非飲凉水二碗不下。

七月三號星期五（五月十三）

夏葵如來借書。張鵬來交演講稿。寫紹虞信，仲瑜芝生片。

外舅來。健卿來。編《救國》第三期稿。寫緝熙信。補記日記四天，上月收入書目。與介泉到救國團，與譚女士等談話。

到會賢堂，公迎彥堂，餞濬哲也。九點許歸。

今日雜務紛繁，竟未做一事。

七月四號星期六（五月十四）

寫慕愚信，送京漢隴海指南。作《妙峰山專號與救國運動》，未畢。

到正甫處，略談。到校，鈔《妙峰山》下之二，未畢。維鈞，正甫，彥堂，蟄仙來談。陶女士來。

樸社開會，平伯緝熙來。

七月五號星期日（五月十五）

看《現代評論》。健卿來。正甫來，留飯，談至四點。

理物。寫陶女士信。與履安及二女到十刹海，看西洋鏡及撮戲法。又至後海，由鼓樓西街雇車歸。伏園，小峰，品青來，未晤。

七月六號星期一（五月十六）

寫伯祥，乃乾，聖陶，雁冰，雲五，維鈞信。將懷中筆記簿所寫者錄入筆記册，得十二頁。《泣籲循軌錄》第五册畢。另立《蘄閑室雜記》。

寫敬軒，式湘，改進社，圖書協會，緝熙，玄同先生，魯弟，鍾敬文信。

與二女到二院小坐。

這半年間，連一本札記也未記滿，可見其忙了。

七月七號星期二（五月十七）

作《妙峰山》下之二，畢。閔元召來談。彬龢來，豫約下半年爲南開月刊周刊作文。

緝齋來談。

鄭盡言，周倫超來談。

艮男近日咳嗽加劇，幾無停時，今日由履安伴往醫校，謂尚不是肺病。

得學校來信，聘予爲哲學書庫募捐委員會委員。從此，又多了一事。

七月八號星期三（五月十八）

作《北海游藝大會之會目》，亦《妙峰山專號》中材料也。

整理《東壁遺書》附錄稿。

夜中爲艮男咳嗽驚醒，時正十二點半，竟不得睡。偶一朦朧，又爲咳嗽驚覺。一點一點的聽它敲，這一夜的睡眠是寸磔了！

七月九號星期四（五月十九）

伴艮男到沈衙書處看病。即歸。作《我們應當救濟失業的工人》，約八百字。緝熙來。編《救國》稿。與介泉同至緝熙處吃飯，宴範文也。飯後詢範文抵貨事。同席有李女士。飯後彭女士來。

到所，寫適之先生，彥堂，維鈞，孔德信。到正甫處談話。到小峰處，未晤。到緝齋處，亦未晤。到興華公司，已閉門。

到市場，購杏仁露。歸，與吳郁周先生談話。

以昨日不眠，今日精神極困頓。晨間伴艮男到衙書處看病，據云是氣管炎。深恐引起肺病。艮男如不致成肺病，今冬必多進補品，使之強健。

贈正甫《五續疑年錄》一部。

七月十號星期五（五月二十）

整理《東壁遺書》附録稿。

到小峰處，送《救國》稿。到仲良處送書。到市場及利亞藥房爲艮男購物。還家，鈔《東壁遺書》附録稿。

平伯邀宴于東四九條口涌泉閩菜館，同座有緝齋，紹原。十點歸。

七月十一號星期六（五月廿一）

整理《國史講話》，未畢。逮曾來談。袁守和來談。紹原邀宴於東興樓。

健卿來談。彭陶二女士來談。

今午同座：啓明先生，光一，鯁生，西林，孟和，平伯，鳳舉，旭生，玄伯，緝齋。

七月十二號星期日（五月廿二）

寫啓明先生信，說鳥的故事，約六百言。看《現代評論》。與介泉夫婦及二女到公園。與元召遇。周倫超及正甫來。

整理《國史講話》，畢。校《吳歌》稿。標點崔維雅書目。介泉來談。到公園，逮曾邀宴。

到通商，正甫邀宴。飯畢至妓院二處。十二點歸。

今日一晚而有兩處邀宴，各食其半：

逮曾（中央公園來今雨軒）　　同席爲張會青，楊展雲（鵬飛）。

正甫（騾馬市通商號）　　同席爲毛贊乾，王悟梅，汪子恕，胡綉雲，姜東白。

到妓院二處：

百順胡同瀟湘館蘭軒女史(姓毛，揚州人，年十七，能書)——贊乾。

韓家潭雙鳳院綠妃（無錫人，年十七）——正甫。

七月十三號星期一（五月廿三）

在《樂山集》及《說緯》中覓《東壁遺書》附錄材料。

寫父大人，簡香表弟，維鈞，恕人，衣萍，隅卿，平伯，玄同先生，乃乾，石年，振鐸信。正甫來，同至市場購書，訪緝齋于大純公寓，并遇吳之椿。

洗浴。

艮男神情疲憊，服藥後屢作吐，以素有胃病也。此兒太弱，此次即愈，亦終是不壽者。

緝齋在美國，有戀人，日本人也。然彼此皆已定婚。緝齋此來，擬將聘妻離去，以是日來心緒甚不寧。

七月十四號星期二（五月廿四）

寫《現代評論》，研究所信。在《說緯》中檢覓《東壁遺書》附錄材料畢。

作《根本抵制之客談》，畢，約二千二百言。楊穎門任□□來談。

與介泉到勸業場剃頭，到袁守和家晚飯。十一點歸。

數日來，艮男日夜均有一度熱。

今晚同座：胡石青（汝麟）　緝齋　陳翰笙　錢乙藜　傅□□　吳之椿　袁復禮　尚有未通姓名數人。

七月十五號星期三（五月廿五）

終日鈔《說緯》中評崔氏語十餘頁，畢。

到小峰處，略談。到正甫處，未遇。到市場購物。到緝齋處亦未遇，歸。

七月十六號星期四 （五月廿六）

粘貼《書畫憶録》畢。楊立誠來談，囑作募捐啓。分訂雜文爲三册：歷史，風俗，文藝。作《在中國之外國人與其勢力》之徵求啓千餘言，入《救國》。

維鈞來談。到校，伴緝齋，吳之椿參觀。寫敬軒，脣中，天挺，建功，適之先生，冠三，彬龢，兼士先生，緝熙，仲川，既澄，彥堂信。到市場購物。

翻看《現代評論》合訂本。

艮男近日咳較稀，嘔痰頗多，或一好現象。惟嘔痰時往往連飯嘔出耳。

得程郁庭先生書，謂《瑂玉集》中有孟姜女故事，檢《古逸叢書》一覽，乃是唐中葉寫本，謂孟姜女名仲姿，其事與今日唱本無殊，此大發見也。與本月一號之發見，同爲極快意事。研究學問之樂如此。

七月十七號星期五 （五月廿七）

摘鈔《山海經》中之神話（第一册）。校《書畫憶録》。恕人來談。

編《救國》第五期稿。劉女士，張景，李璞來談。平伯來談，留飯。

與平伯同到小峰處，發稿。到正甫處，未遇。洗浴。

《京報》登古物陳列所藏物目録廣告，謂已編就，售豫約，此不能不説我一文之效也。

七月十八號星期六 （五月廿八）

終日依《山海經》所叙道路數畫圖，并重算里數。正甫來談，留飯。

寫仲川信。

與履安，二女，及介泉夫婦游北海。

七月十九號星期日（五月廿九）

寫平伯，紹原信。爲《山海經》里數統計圖表。彬龢來談。粘貼《妙峰山》文。

鈔《經籍纂詁》中之聖字詁訓。

與履安及介泉夫婦到公園，昂若夫婦邀宴也。

艮男近日進物時易嘔，一日不能進多少食物。以此，面部愈腫，眼中時流泪，眼皮作痛。明日當再往診治。

今晚同座：緝齋　緝熙　平伯夫婦　介泉夫婦

七月二十號星期一（五月三十）

續鈔《山海經》的神話（第二冊）。與介泉到客廳挂照片。

平伯，緝齋來談。正甫來談。

昨夜以艮男咳嗽失眠，今日更甚，至四點天將曉時始得睡。在沙發中無法，取筆墨爲穎門作江西圖書館募捐啓，援筆立就，約千言。

近日予大便又不通暢，每隔二三日便須服カスカラ兩丸。

七月廿一號星期二（六月初一）

寫紹裘，銜書信。鈔清募捐啓。鈔《天津條約》五千餘言。穎門來。

緝齋來，贈《人類的故事》。到小峰處。

早眠。

今日履安伴艮男往紹裘處診治，紹裘謂是鷺鷥咳，近日甚流行。惟近日艮男每食必嘔，幾于絕粒，雖是流行病，終恐危險。

七月廿二號星期三（六月初二）

讀《人類的故事》。審核《崔述傳》，未畢。

平伯來，送《我們的六月》也。即將此書翻看到眠。

平伯以去年五月中所寄書在《我們》上發表，此甚非我意。萬一給慕愚知道了，豈不難堪。

夜中獨在書室中聽雨，不忍即眠。雨聲既繁，顯得一室中諸般物件的親密。迥異晴天之覺室中悶窄也。

七月廿三號星期四（六月初三）

讀《人類的故事》。伴艮男。

作《天津條約引言》。

審核彬龢《中國文學概論》。

昨夜艮男發熱甚高。今日退涼未盡，令勿起床。咳似較好，嘔亦較少。或可望轉機也。

今日雨大甚，一年來所未有。

七月廿四號星期五（六月初四）

讀《人類的故事》。吳山立來。編《救國》第六期稿，即發出。寫小峰，倫超信。

審核《崔述傳狀》畢。

自中學以來，志欲讀英文而終跌下者多次矣。但無論如何失敗，這個心終沒有死。這次彬龢贈我以沈性仁譯本《人類的故事》，緝齋又以房龍原本見惠，書既不深，且爲我最需要之智識，此後當于每日早起讀之，寧遲緩，勿間斷也。

七月廿五號星期六（六月初五）

讀《人類的故事》。王景堯來。以嘉慶二年本《上古考信錄》

校今本。

輯《崔東壁年譜》。

艮男服紹裘藥方後，雖咳嘔終未能止（夜間爲甚），但所進食物已不全嘔出。或有痊可之望。

七月廿六號星期日（六月初六）

讀故事。寫乃乾，昌之，文玉，紹原，伯祥信。仲良來談。

與履安及介泉夫婦出東便門，豫計游二閘，適天大雨，至大通橋畔酒家避雨。終乃冒雨而歸。至市場買物。

審核彬龢譯稿。粘照片。

今日在酒家避雨，短籬之外，時見支傘扶籬行者，大通橋下，出水如瀑布，柳蔭游船，寂無人影，真是一幅林泉雨景圖也。

與余昌之信，説《東壁遺書》：

一月内發出	佚文約一萬字
	傳狀　二萬五千字
	序目　二萬字
	評論　一萬五千
二月内發出	校勘記（江西太谷兩本）一萬
三月内發出	細目　一萬
	索引　三萬
四月内發出	序，版本考一萬
	胡序傳　三萬

共十六萬字。今日爲七月底，則至十一月底必可將稿件發完。清樣上之誤字，如在紙版上不易改，再列"勘誤表"一種。

七月廿七號星期一（六月初七）

讀故事。到校，在二院大講堂監試。至救國團。與鳳舉談話。

在試場遇幸愚女士。

看試卷至晚。（本年應試者約一千七百人，較去年少八百人。）

詩亭偕吳琴一來。

今日國文試卷，予所看者爲第一題："大家説，韓愈文起八代之衰，究竟他在文學上的貢獻，是復古呢，還是開新呢?"予看一百五十本。分數如下：

零分　　　　　　　一人

二十分以下　　三十五人

三十分以下　　三十七人

四十分以下　　四十七人

上不及格者一百二十人。

四十五分以下　　廿一人

五十分以下　　　　八人

六十五分　　　　　一人

上及格者三十人。占全數百分之二十。第一題以七十分爲滿格，故以四十二分爲及格。

七月廿八號星期二 （六月初八）

鎮日閱卷。寫悟梅信，送鈔件。本年同閱者：啓明先生，幼漁先生，兼士先生，士遠先生，玄同先生，鳳翬，天挺，君哲，張育海。

與介泉到健卿處，未遇。到崇文門購物，乘電車歸。

今日看卷二百十一本：

零分　　　　　　　一本

十分以下　　　　廿八本

二十分以下　　四十七本

三十分以下　　五十九本

　　四十分以下　　四十六本

以上百八十一本，不及格。

　　四十二分　　　十四本

　　四十五分　　　　十本

　　五十分　　　　　六本

以上三十本，及格。

　　百分數：

不及格八五．七九

及格　十四．二一

七月廿九號星期三（六月初九）

　　鎮日閱卷。與適之先生等談話。

　　覆看七十分以上卷。

　　與介泉等談話。

　　今日看卷一百五十五本，除五十七本因與人雜看未計分數外，所餘九十八本之分數如下：

　　零分　　　　　　一本

　　十分以下　　　　九本

　　二十分以下　　廿一本

　　三十分以下　　廿八本

　　四十分以下　　廿四本

以上八十四本，不及格。

　　四十二分　　　十一本

　　四十五分　　　　二本

　　五十分　　　　　一本

以上十四本，及格。計百分之十四強。

　　予此次共看卷五百十六本，除五十七本未計分數外，餘四百五十九本分數如下：

零分　　　　　　　　　三

十分以下　　　　三十七

二十分以下　　一百零三

三十分以下　一百二十四

四十分以下　　一百十七

以上三百八十四本，不及格。

四十五分以下　　五十八

五十分以下　　　　十五

六十五分　　　　　　一

以上七十四本，及格。

　　百分數：

　　及格　　一六·一九

　　不及格　八三·八一

七月三十號星期四（六月初十）

作《我們爲什麼不能戰鬥》，約四千言，即謄清。王汝璵來。寫倫超信。陳彬龢來。平伯來，留飯。

楊穎門來。汪緝齋來。緝熙來。

與介泉談話。寫劉女士信，爲工人。

七月卅一號星期五（六月十一）

修改昨作。編《救國》第七期稿。章衣萍來。

譚女士來。周倫超來。健卿來談。酆女士送物來。寫方夢超，乃乾，希白，彥長，父大人，敬軒信。

到小峰處送稿，遇金家鳳。到王聖康處，未遇。到救國團，與劉女士略談。

萬里于今日歸，與譚女士同車到京。

一九二五年八月

八月一號星期六（六月十二）

王汝璵來。張鵬來。校《吳歌甲集》，《孟姜女故事的歌曲甲集》排稿。作《寫歌雜記》第十一則，《孟姜女歌曲》的弁言，序錄，贈件題名等，共三千餘言。記筆記一則（珠）。

《吳歌》與《孟姜女歌曲》兩書，大約一個月內可出版。此我個人出書之首二種也。

今日起北海開放爲公園。

八月二號星期日（六月十三）

讀《人類的故事》。鈔《孟姜女》弁言序錄等，未畢。

到清宮，晤邦華文玉等，作《反對警廳管清室房產》一文，未畢。到公園，游集寶展覽會，遇維鈞，到歷史博物館看銅人。遇健卿，在來今雨軒茶叙。到緝齋處，未遇。到市場購物。到平伯處，略談。歸。

到萬里及緝熙處，均未遇，即歸。

集寶展覽會中玉器瓷器甚多，極飽眼福。藏者王斧，別號翩室逸客。又聚學齋主人集王製之神仙教厭勝器及神話動物甚多，未知爲誰。

聚學齋主人爲謝英伯，南洋華僑也。

八月三號星期一（六月十四）

讀《人類的故事》。鈔《孟姜女》序錄等畢。鄭賓于來。譚女士，葵如，林德懿來。

寫平伯，伯祥，振鐸信。到校，將《吳歌》《姜女》兩稿發出，與維鈞恕人談話。同到公園，重游集寶展覽會。

到湘蘅處，中學同人聚餐也。九點許歸。寫倫超信。

今日天驟寒，易夏衣而穿棉布衣矣。艮男近日進食略多，能不嘔出；惟咳痰終未除也。

恕人謂我所作《傷心歌》，兒童唱者極多，可喜也。

八月四號星期二（六月十五）

讀《人類的故事》。校嘉慶本《洙泗考信錄》二卷半。

寫仲川信，爲姨丈事。小眠一小時。

到王聖康處，略談。到緝齋處，未遇。到正甫處，略談。到市場購物。

今日身子甚不舒服，倦怠不堪，泄瀉兩次。豈以天氣驟寒受涼歟？夜飯後出外多走路，似精神較爽。

八月五號星期三（六月十六）

補記四天日記。偕介泉到救國團，爲辦公時間事。至演存處，遇緝齋，寫矛塵信。到校醫室，見萬里，并援庵先生。

演存邀至市場四有春吃飯，餞緝齋也。同座有平伯。飯畢即歸。李璞偕裝訂工人劉鳳林來。萬里來談。校《洙泗錄》一卷。

與履安到北海公園看月。

昨得矛塵（川島）來書，謂救國團中常至夜一二時始散，門禁一切不便，囑爲商訂辦公時間。今日到校，與之晤，知救國團中深夜不去者有一男一女，唱戲聲達戶外，校長有不借房子之意。到團詢之，謂他股散值均早，惟特別工作部以英使館罷工事必在夜間接洽，故特遲。此事得一結束，即無須夜間辦公也。即作函覆之。矛塵又謂《社會日報》中有"救國鴛鴦"之記載。

兩性愛慕，了無足奇，而社會上每好掀波作浪，借一二人以攻擊
團體，此其心真可鄙也。

八月六號星期四（六月十七）

讀《人類的故事》。與介泉往東站送緝齋，未遇。即乘車到京
師圖書館。在圖書館翻同治本《福建通志》一百八十冊，崔述材料
無所得，得鄭樵者數條。

到市場吃飯。到校，寫適之先生，玄同先生，紹虞，隅卿，紹
原，健卿，四穆，恕人，倫超，萬里信。到賓于，山立處談話。

休息。與介泉談話。

八月七號星期五（六月十八）

讀《人類的故事》。編輯《救國》第八期，作《科學救國大鼓
書》引言。

緝熙來。仲川來。理書。

到小峰處送稿。到王汝璵處談話。

讀沅君《我已在愛神前犯罪了》，甚為感動。她的膽子真大，
真敢做敢說。必如此，始可使人間有生氣也。

英使館華人于今日起罷工。劉女士與李璞張經二君累月之工
作成功矣。

八月八號星期六（六月十九）

讀《人類的故事》。理各種周刊日刊。譯《金縢》篇，并鈔原
文及《元秘史》拖雷代死文。彬龢來，適大雨，留飯。

健卿來，待予作文畢，同至中央公園，在長美軒吃飯，十點
許歸。

八月九號星期日（六月二十）

與介泉夫婦，伯屏，賀鳳岐（名樹桐）同游碧雲寺及香山。自西直門至頤和園乘公用汽車。十二點到碧雲寺，謁孫中山先生靈寢。在和尚墳上進飯。二點到香山，到雨香館（馮耿先別墅）吃茶。六點歸，九點到家。

今日之游，絕無興致，只是一種形式而已。碧雲寺及香山，以天久雨，到處流泉，爲前數次所未見。歸車中溫理舊夢，爲之心碎。予不耐閑，一閑必愁。故工作之忙可謂予之幸事。但因有學問工作之故，使我不能一意發展我之情愫，亦其不幸也。予終畏首畏尾而老乎？抑半途而爲烈烈轟轟之死乎？

八月十號星期一（六月廿一）

作《金縢篇今譯》的首尾和説明。緝熙來談。

與介泉到通伯處談話。

八月十一號星期二（六月廿二）

溫讀《人類的故事》。修改《金縢篇今譯》畢，計七千五百言。寫平伯信。

到京師圖書館，查崔東壁材料，看《寄庵集》，《滇南文録》，《詩人徵略》等數種。遇賓于。到東四購物。到小峰處。

建功來談。

八月十二號星期三（六月廿三）

讀《人類的故事》。校《洙泗考信録》畢。

緝熙夫人來。紹原來談。紹裘來診。俞塵潤來訪。

到市場，宴萬里也，并談樸社事。出遇春臺等。

艮男昨發寒熱，竟夜煩躁，使我們都不得安睡。今日予精神極倦，然不能不作。

八月十三號星期四（六月廿四）

讀《人類的故事》。作《在外國的中國人與其勢力》的徵求，約一千一百字。

倫超及譚君來。吳山立君來長談。校點王崧文之關于《東壁遺書》者。

正甫來談。鈔小寡婦做春夢二千餘字。

近日大便屢閉結，竟有非藥不下之勢，甚苦。今晨艮男退涼，咳較好。

八月十四號星期五（六月廿五）

讀《人類的故事》。編《救國》第九期。校點王崧文之關于崔述者。

到校，開樸社職員單付印。寫尚嚴，慕愚，守和，伏園，春臺，豫才先生，適之先生，紹原，伯祥，乃乾，元召，維鈞，平伯，彥長信。到小峰處。校《金縢篇今譯》。

伯祥之母于十一日逝世。

八月十五號星期六（六月廿六）

讀《人類的故事》。作《補上古考信錄》校勘記，未畢。

予之事務：

(1)《國學季刊》　　　　(2)《國學門周刊》

(3)年表　　　　　　　(4)研究所雜務

(5)清室善後會　　　　(6)孔德學校講義

(7)《語絲》　　　　　(8)《現代評論》

(9)《猛進》　　　　　(10)《文學周報》

（11）鑑賞　　　　　　　（12）《救國特刊》
（13）《京報副刊》　　　（14）《南開周刊》
（15）《孔德旬刊》　　　（16）《崔東壁遺書》
（17）《崔述》　　　　　（18）樸社
（19）《國語周刊》　　　（20）讀世界史
（21）讀古書

此外尚有校務，家務，友人接洽諸事。

風俗調查　歌謠研究會　北大國文系　《我們》　《小説月報》　　《東方》　　《民鐸》　　北新書局　北京印書局　故宮文獻　中華圖書館協會　哲學書庫委員會　中華教育改進社敦煌寫經保存會　救國團

八月十六號星期日（六月廿七）

彭陶二女士來。金家鳳來。讀《人類的故事》。

王聖康來，與同游清宮，觀復辟文件。與履安及二女游京兆公園，遇杜先生（魯校）。九時歸。

建功來談。

八月十七號星期一（六月廿八）

讀《人類的故事》。點《歷代史略》中之元代一册。

小峰，品青，惠迪來。

看《語絲》合訂本。

八月十八號星期二（六月廿九）

讀《人類的故事》。發樸社職員名單。鈔《東洋史要》中蒙古事實。彬龢來。

寫乃乾信。

到紹原處略談。又到正甫處，爲南開事。

八月十九號星期三（七月初一）

讀《人類的故事》。汝璸來。鈔《東洋史要》中蒙古事實。緝熙來。

粘《金縢篇今譯》一文。正甫來。彬龢來。萬里來。

介泉生日，宴于司法部街華美。同座十餘人。與平伯，冰如談話。席散，至開明看徐碧雲《無愁天子》，正甫邀也。十二點許，冒雨歸。

八月二十號星期四（七月初二）

讀《人類的故事》。彬龢來。補記日記五天。傅張二君來。

小眠。作《天津條約跋語》，二千餘言。編《救國》稿。倫超來。

彭陶二女士來談，爲修改其所作文。

倫超言，慕愚本期本定作文，乃近日又病，遂輟筆。她身子如此，使人愁殺。

八月廿一號星期五（七月初三）

倫超來。編《救國特刊》第十期訖。緝熙來。

作《游妙峰山雜記》三千言。剃頭。到小峰處送稿。與平伯討論清宮書畫整理事。正甫來。

樸社開會，討論進行事宜。

八月廿二號星期六（七月初四）

讀《人類的故事》。緝熙來談，爲樸社事。寫伯祥信。

健卿，緝熙來談。作《如何搜集活材料》一文送故宮文獻。寫乃乾，彬龢，昌之，石年，父大人，商館發行所，仲周，援庵先生，悟梅，尚嚴，紹虞，山立信。

到維鈞處。看前數年通信，備入《古史辨》。

八月廿三號星期日（七月初五）

讀《人類的故事》。鈔梁任公評論崔東壁語二條。

午眠。偕介泉及君璧游北海，茗于漪瀾堂，十時歸。失眠。

八月廿四號星期一（七月初六）

到正甫處，爲武昌大學事。到校，寫淑蘭女士，維鈞，平伯信。即歸。金甫，之椿來談。

作《游妙峰山雜記》三千言。彬龢來。正甫來。寫玄同先生信。

寫伏園信，支稿費。到小峰處送《妙峰》第六號稿。讀《人類的故事》。

八月廿五號星期二（七月初七）

讀《人類的故事》。到宮，爲整理書畫事開會。與會者十人。道遇慕愚，略談。緝熙來談。

讀《馬哥波羅游記》。建功，尚嚴，伏園來談。寫傅張二君信。

到西安飯店訪君疇，略談。到大純公寓訪金甫，未遇。

八月廿六號星期三（七月初八）

讀《人類的故事》。讀《馬哥波羅游記》。

到宮，游西路，到靜憩齋布置。到校，寫維鈞，小峰，玄同先生，適之先生，慕愚，尹默先生信。

到仲川處，公宴君疇也。

君疇去年爲童子軍會赴歐，經七國，歷半年，所費僅一千四百元。將來有錢，必遂環游之願。

國任夫人見告，其女久咳，服唐拾義久咳丸而愈。因擬購與艮男服之。她近日服中醫之藥又疲了。明知久咳丸中必有鴉片，然是無法的。

八月廿七號星期四（七月初九）

讀《人類的故事》。外祖母來。平伯佩弦來談。作《蒙古領土的擴張》。寫聖陶，伯祥，振鐸信。

到清宮，移鍾粹宮書畫五箱至靜憩齋。歸，作《我們的目標》千餘字，入《救國》。伏園來談。

逯曾來談。

八月廿八號星期五（七月初十）

讀《人類的故事》。編《救國》周刊第十一期。周倫超來。緝熙來，商量社事。

緝熙，平伯，佩弦，萬里來，商樸社事。書記傅玉符君今日開始辦事。

到春臺處談話，并送《救國》稿。

今日《京報》載救國團傅啟學等二十五人攻擊譚女士之廣告。此事係由譚女士草對于女師大事件之宣言，語侵李石曾易培基等，李易責團中國民黨員，故反目。而彭女士等又以與譚女士積怨，爲之推波助瀾也。

八月廿九號星期六（七月十一）

寫譚女士信。讀《人類的故事》。與介泉到救國團，擬啟事稿。彭陶二女士來談團事。寫團中信，勸和。

倦甚，讀《山海經》。吳山立來。陸藥雨來談，爲石年事。
伏園來談。

今日報并載譚女士及夏葵如兩啓事，辨傅啓學等之言。予及
介泉因到團中，爲之解勸。晚得彭女士書，謂開會結果，已允將
我等所擬啓事付刊，爲之一定心。

八月三十號星期日（七月十二）

草樸社文件二。與介泉到救國團兩次，與彭譚陶諸女士及周倫
超君等談。到適之先生處，未晤。

校《孟姜女》及《吳歌》。吳山立來。鍾少梅來談。

爲調和事到校兩次，十點歸。

中華圖書館協會來函，派予爲分類委員會委員。

今日傅等啓事仍與團中啓事并登，予與介泉到團，乃知實未
融洽。因作書激烈分子，請其容許調和。

八月卅一號星期一（七月十三）

讀《人類的故事》。元胎來談。李璜（幼椿）來談。平伯，佩弦，
緝熙來。徐闓瑞，張德峻，黃福墀三人來，爲救國團事。正甫來談。

與平伯到清宮，到懋勤殿提書。與尚嚴齊念衡同歸，略談。錢
琢如先生來，未遇。寫建功信。補記日記四天。

爲調和事到校，與慕愚詳談。十二點歸。

北大自端節後尚未發過一文政費，孔德學校本月猶未發薪，
至今日囊中乾竭矣。履安復作盡面孔對我，使人不歡。貧者士之
常，何不能安貧如是！

團中以予與慕愚感情較好，囑予任疏通之事。因至招待室對
談兩小時，強爲之和緩答覆。并擬一啓事。慕愚以出之于予，勉
強應允。

李石曾、易培基本是國民黨中壞分子，專搞盜竊攘奪工作，西山一帶之廟産及此後故宮盜寶案可知也。慕愚反對其人，本是合理行爲，而李、易嗾其黨羽傅啓學等攻擊之，此屈原所以行吟于澤畔也。觀女高師案，楊蔭榆雖改職入教部，而繼其任者乃易培基，魯迅先生詆楊不遺餘力，顧于易之繼任乃默無一言，能謂之認識是非乎！　　　　　　　　一九七三年七月記。

一九二五年九月

九月一號星期二（七月十四）

讀《人類的故事》。傅啓學，蘇炎坤，李鴻舉來談。編録《古史辨》。

葵如來。訪琢如先生，未得。到平伯處借錢。到市場買物。寫救國團信。

君璧來談。元胎來談。陶桓連女士與張經（定華）來談。

九月二號星期三（七月十五）

讀《人類的故事》。編録《古史辨》。維鈞來，送孔德薪。

伏園，春臺來談。

與履安及二女游北海，看放水燈。遇健卿，平伯，逮曾，彭陶二女士等。出北門，到十刹海。即歸。

今晚北海人極多，摩肩接踵，各處都滿，恐有三萬人。

九月三號星期四（七月十六）

編録《古史辨》。平伯來，留飯。

與介泉到德國醫院吊叔和，送至崇文門外法華寺。到大柵欄吃冰淇淋。歸，編《古史辨》。上編略畢。

正甫來。覆看《古史辨》上編。

叔和（劉光一）以傷寒没于德國醫院，病僅二句，孤身作客，可悲也。謝女士與之頗有情，今日見其眼睛紅腫，極憐之。

予上月六號晨到車站送緝齋，遇叔和，不及一月，不料竟爾長别。

九月四號星期五（七月十七）

編《古史辨》第一册上編目録，即膳清。建功來。審查《救國特刊》稿件。緝熙來，留飯。

與緝熙到志成書局，商量印件，又到市場爲樸社買物。歸，平伯，子元，念衡來談。慕愚來，談半小時許。編《救國》周刊第十二號稿。

到香滿園，《語絲》筵宴也。十點許步歸。與品青小峰夫婦同行。

救國團中民黨方面肯讓步，但須慕愚退出文書股。劉女士來囑我向慕愚調解，請其允可。予試詢之，慕愚謂此係個人之事，非彼輩所能干涉。予雖不得請，然甚愛其意志之堅也。

救國團以愛國始，而以鬧黨派意見終，此予之所以不願參加政黨也。熱腸如慕愚，終遭罷斥，推之其他事亦可知矣。

一九七三年七月記。

九月五號星期六（七月十八）

讀《人類的故事》。覆看《古史辨》第一册中編，斷句，略畢。萬里來談。

點柳翼謀文。

午後下雨驟涼，身子甚覺困倦。寒燠不時，真是釀病天氣也。

艮男服久咳丸，約四天一瓶（一元），現一日約嘔一次，痰頗濃。

九月六號星期日（七月十九）

讀《人類的故事》。訪琢如先生，仍不得。到守和處，未遇。到適之先生處，未遇。到幼漁先生處略談。寫琢如先生信。

與履安到清宮，參觀內中路。

與履安及二女游城南游藝園，在小有天吃飯。到坤書場看電影。十點歸，遇伏園。

九月七號星期一（七月二十）

到守和處，仍未遇。到研究所，元胎來談。寫汪芳林信。爲《一覽》及《周刊》事開會。

鈔埃及碑譯文及其本事。到尹默先生處，爲國文系課程事開會。

到公園，啓明先生及伏園宴濟之式之弟兄，招陪也。十點歸。

九月八號星期二（七月廿一）

讀《人類的故事》。寫樸社兩年來經理部賬，畢。又算會計部賬，未畢。陶彭劉三女士來。緝熙來，留飯。寫伯祥信。

校《古史辨》。正甫，品青來談。寫金甫，倫超信。

寫雁冰信。爲樸社作立案呈文。讀故事。

九月九號星期三（七月廿二）

讀《人類的故事》。寫適之先生，守和信。作《蒙古領土的擴張》四千餘言。

緝熙夫人來。萬里來。倫超，鴻舉爲《特刊》事來挽留。

翻看《河海崑崙錄》。

九月十號星期四（七月廿三）

讀《人類的故事》。作《蒙古領土的擴張》千餘言。履安送康媛到校。

緝熙來商樸社社務。編《救國特刊》第十三期。倫超來。

翻王氏《書畫苑》，得楊惠之事數條。

九月十一號星期五（七月廿四）

讀《人類的故事》。作《永久的救國事業的真實基礎》二千八百言，入《救國特刊》。寫濟之，佩弦等信。

辦樸社文書事務。到西安門寄《京報》快信。伏園來。

讀故事。校《吳歌》及《孟姜女歌曲》。

伏園來云，邵飄萍以救國團攻擊蘇俄，不允將《特刊》繼續出版。說話之難如此。因囑其轉達，《特刊》準出至十六期爲止，因予實在無功夫，而救國團勢已瓦解也。本次爲十三期，尚有三期，當將胸中蓄積一吐。

九月十二號星期六（七月廿五）

集蒙古史材料，作講話一千五百言。緝熙來，共辦社務。汝璵來。郁周先生來。

道遇正甫及守和。

寫適之先生信。擬國學季刊社啓事。到市場購物。編《古史辨》第一册下編目録。

九月十三號星期日（七月廿六）

讀《人類的故事》。點劉揆蔡質疑一文。平伯來，留飯。

小峰來談。樸社開談話會，到者平伯，佩弦，萬里，緝熙，介泉，及予六人。談至六點許散。

與介泉談話。失眠，一點半即醒。

九月十四號星期一（七月廿七）

點劉掞藜質疑一文畢。作《蒙古領土的擴張》第一篇畢。計五千餘言。

到清宮，略坐即歸。緝熙夫婦，伯屏來。

到逮曾處送稿，遇品青。

萬里來借《元曲選》一部。文玉來借《叢書舉要》一部。文玉又借《北大日刊》三册。

九月十五號星期二（七月廿八）

讀《人類的故事》。彬龢來談。點建功論《詩經》重章一文。

到校，寫倫超，伏園，景陶，玄同先生，鳳舉，啓明先生，平伯信。維鈞來談。半農先生，春臺，正甫來談，導之參觀各室。

到正甫處晚飯。校《古史辨》。

九月十六號星期三（七月廿九）

寫聖陶信。緝熙來，同至中國大學，勸業場，賓燕樓，青雲閣，琉璃廠，晨報社接洽代售事。到小市買椅子，到京華算印價，到電話局詢問。午刻在青雲閣吃飯。歸後，與緝熙看賬。

校《古史辨》稿，寫茹丹廷信。

九月十七號星期四（七月三十）

裘子元來。理正甫寄存書。讀《人類的故事》。鈔《中法條約》。作《救國》文稿。寫佩弦信。倫超來談。緝熙來談。

到清宮送書。到研究所，加入歡迎劉半農先生會。子震來談。寫張述祖萬里信。到希白處小坐。

彭陶二女士來談。看《民族主義》第一講。

曹國瑞女士于昨夜病没首善醫院，傷寒兼痢疾也。本月三號，同送劉叔和殯，豈期在兩星期中即死乎！

九月十八號星期五（八月初一）

與緝熙到兼士先生處，爲代銷清宮出版品。重作《上海商務書館五卅增刊事件》三千言。寫援庵先生信。寫汝璵信。

修改上午所作文，編《救國》第十四號稿。理書。點萬里游記。毛以亨來談。

寫玄同先生信。與介泉夫婦談話。鈔《孟姜女》通信。

九月十九號星期六（八月初二）

讀《人類的故事》。鈔孟姜女材料約六七千言。

健卿來，同至北海，茗于濠濮間。同歸，與介泉談。至十一點別去。

介泉評予，謂予于時間好似守財奴之于金錢，平時是一毛不拔，只有强盗來綁票時才無法想。謂客至則只得暫停工作也。介泉又謂予能用人。介泉夫人云：“我不解顧先生之精神何以這般好，如此早起遲眠，終日不息，竟不困倦。”

九月二十號星期日（八月初三）

緝熙來。與介泉到冰如處，以亨處，濟之處。介泉歸，予至市場四時春吃飯。

到國任處，到平伯處，歸。到市場購物。理樸社事，寫乃乾信。

理社中文件。

九月廿一號星期一（八月初四）

作《孟姜女研究的第二次開頭》三千言。

到校，寫慕愚，適之先生，佩弦，平伯，萬里，紹虞信。潛哲，伏園，維鈞來談。張述祖第一天到校。

與介泉算賬。寫乃乾信。

近日大便又不通暢，必飲茶水兩大碗始下。

九月廿二號星期二（八月初五）

草《救國與工作》一文，成四千五百字。

紹原，邦華來談。

讀《人類的故事》。

九月廿三號星期三（八月初六）

修改《孟姜女研究第二次開頭》一文。裴子元，陳其可，平伯來談。

寫念衡信，送書到清宮也。到校，編《周刊》第一期稿。援庵先生，紹原，萬里，緝熙，幼漁先生，伏園，維鈞來談。

到東興樓，宴日人小林胖生，原田淑人等也。飯畢，到市場購物。十二時得眠，四時許即醒。

予不能酬應，夜宴必致失眠。使予靜處修業，終日工作而不倦，似體力無更強于我者。而一經入世，既觸處多迕，體力復不濟如此，又似無有更弱于我者。才性與體力相應，固然活動的範圍太小，而在事業上亦是一樂也。

九月廿四號星期四（八月初七）

校《古史辨》。理書桌。陸侃如來談。

寫山立，慕愚，紹虞，伯祥，雁冰信。續作《救國與工作》千餘言。到建功處。

與履安艮男及介泉夫婦游北海。

九月廿五號星期五（八月初八）

讀《人類的故事》。作完《救國與工作》一文，并修改二過。編《救國》十五期稿。倫超來談。緝熙來談社務，留飯。

到校，晤伏園，維鈞，春臺。寫文玉信，即晤文玉。寫兼士先生，子震，仲川國任信。到介石處談話。

緝熙來談。看《東方雜志》。

今夕又不易入眠，倘以夜中在介泉處飲茶過多耶？

九月廿六號星期六（八月初九）

寫尚嚴信。讀《人類的故事》。點讀《拔都傳》。緝熙來。萬里來。

王聖康來。作《蒙古領土的擴張》一千言。北京圖書公社送書來。幼漁先生來。茹丹廷來。

寫父大人，叔父，又曾，小峰，平伯信。

幼漁先生謂明年擬邀予任國文系三年級之"校勘學實習"一課。

九月廿七號星期日（八月初十）

讀《人類的故事》。齊念衡來。林玉堂先生來。

寫彥堂，琢如先生信。校改《古史辨》。緝熙來。與履安艮男到隆福寺看廟會。到東安市場購物剃頭。

作《樸社書目》第一號。

九月廿八號星期一（八月十一）

讀《人類的故事》。寫伯祥片。作《蒙古領土的擴張》一千六百言。陳其可來。

到校訪仲瑜，演存，川島，皆不值。到清宮，接洽一切。并到文淵閣前看築墻。到研究所，寫演存信。緝熙，小峰，伏園來談《周刊》發刊事務。品青維鈞來談。茹丹庭來講價。

到仲川處，中學同人會餐也。

得叔父書，悉九生叔于陰曆八月初二逝世，甚爲傷嘆。此後孤兒寡婦如何辦法，大是難題。

九月廿九號星期二（八月十二）

讀《人類的故事》。作《蒙古領土的擴張》一千六百言，第二講草畢。介石來。緝熙來。辛旨來。

到校，寫張述祖，演存信。改上午所草文。伏園維鈞來。

到擷英，與緝熙宴子震也。讀《人類的故事》。

子震謂我近來較前肥胖，精神亦好，迥異出國前在上海見面時樣子。

九月三十號星期三（八月十三）

讀《人類的故事》。鎮日鈔改《蒙古領土的擴張》第二篇，畢，共五千餘字。此文共作三天半。一日平均不過一千四五百字。今日幸鎮日天雨，無人來。

一九二五年十月

十月一號星期四（八月十四）

讀《人類的故事》。作《救國特刊》末期之《止刊詞》，八百餘言，作《讀吶喊後的悲哀書後》千餘言，未畢。

到校，與伏園同編《國學周刊》第一期稿。

到太和春，語絲社宴會也。談至十點始散。出，遇葵如，李璞。

十月二號星期五（八月十五）

作《罪言》二千言。作《續論救國與工作》千餘言。

與履安及二女游公園，看光社照片展覽會，甚滿意。到水榭看書畫展覽會，無甚意味。遇佩弦。又到衛生陳列所參觀。歸，續草《再論救國與工作》一文，成千言。

與履安及二女游北海，看放烟火。到紹原處，送書價。

康媛告我，渠上星期游京兆公園，遇譚女士偕一男友亦在共游。此男友未知爲誰，甚願其在傷感之中得此自慰也。

十月三號星期六（八月十六）

續作《再論救國與工作》一文畢，共約五千言。茹丹廷來。

到校，修改所作文未盡。寫遍先先生信。與伏園春臺同訪瞽者聚會之皂君廟，未得，至方家胡同白衣庵。乘電車到中央公園，看光社照片。

到擷英，平伯宴春臺佩弦，邀作陪也。歸，與彭劉諸女士略談。

近日來事務過忙，作文過多，以致食量減少，後腦涔涔作痛。俟《救國特刊》停止後，決當多多游息。

十月四號星期日（八月十七）

修改《再論救國與工作》，畢。遇兼士先生。到校，爲《歌謠叢書》編輯事，與品青逮曾等商酌。劉半農先生來，囑看編輯字書計畫。與平伯同歸。

與平伯談話。理書物。伏園春臺來，同游清宮西路。五點許出，遇彬龢，同歸，談片刻。

休息。

十月五號星期一（八月十八）

補記前四日日記。算樸社賬目。

到清宮，揀選書畫，豫備陳列。

算樸社賬。

十月六號星期二（八月十九）

讀《人類的故事》。作《光復的印象》二千五百言。緝熙來。寫劉澄清信。

到清宮，挂字畫四十軸。寫齊念衡信。偕介泉夫婦散步陟山門。

校《吳歌》。寫救國團信，聲明脱團。

救國團中傅啓學，梁渡，李鳳舉，鍾書衡四人來信，責我在《救國特刊》中登譚女士《呐喊後的悲哀》一文，以爲我放馬後炮，破壞團中名譽。此事久已料到，故此文置在末期也。

十月七號星期三（八月二十）

讀《人類的故事》。校《吳歌》。頭痛，未多作事。與緝熙平伯到二院對門看新屋，到北池子瑞增源付定洋。

到鍾粹宮提取書畫，到九間房布置。到仲川處，未晤。

伏園來談。譚女士來談。

自六月十一日以起作文致頭痛，自是屢發，今日又作，只得不多作文矣。此一新病，如不趕速杜絶，將來受患無窮矣。留心！

譚女士來，爲送《國魂旬刊》廣告，囑與伏園交涉也。出救國團來函示之，相與嘆息。她肯繼續編名人生卒年表，因檢書付與之。

十月八號星期四（八月廿一）

讀《人類的故事》。修改前日所作文。到仲川處，未晤，與國任談話。仲川來談社務。

到九間房布置書畫，到齋宮提取書畫。修改前日所作文，改題《十四年前的印象》。

伏園建功來談。緝熙，介泉，萬里來談開店事。

　北大二院對門有一新市房，擬由樸社租下開設書店。馬神廟一帶尚無書肆，開此一家必可獲利也。

十月九號星期五（八月廿二）

讀《人類的故事》。到上書房布置書畫，又到九間房審查書畫。與緝熙介泉萬里到瑞增源訂房屋。

到學校，寫平伯仲川兩信，校《國學周刊》。

到東興樓，日人濱田耕作，原田淑人邀宴也。

十月十號星期六（八月廿三）

到寧壽宮，審查養性殿陳列物件。布置樂性齋溥儀家庭生活文件。二點在宮進飯。

與建功到內中路，外西路等處游玩。以人多，匆匆一走而已。與建功歸，見尊元，略談。

爲樸社在馬神廟開店事開會，到十一點始散。

　今日清宮之擠無以復加，恐有二三萬人之譜。一星期來，爲清宮事忙極矣，未知此後可得一休息否。

十月十一號星期日（八月廿四）

剃頭，割碎嘴唇。寫頌平先生，良才，秋白，誠安，山立，伏園信。記五日來日記。

到公園，未晤劍三等。出，到尊元處，未晤。到小峰處取《文學報》價，到幼椿處送《歌謠周刊》，到其可處閑談，到校中寫侃如信。到侃如處，未找得。

寫父大人信。

今晚介泉設宴邀彭，陶，謝，劉，褚，金，黃諸女士，獨無譚，譚之不容于眾如此，其高標可見。

介泉述彭女士等評譚女士語，謂她佩服一個人，要佩服得五體投地，但只有幾個月。又謂她最肯改變宗旨而最不肯犧牲意見。

十月十二號星期一（八月廿五）

校賓于《元曲選中的孟姜女傳説》一文，并作按語，編集第十一次稿。寫玄同先生，伯祥信。外祖母偕膺東弟歸。

到校，校《周刊》第一號。建功，伏園，維鈞來談。寫逖先先生信，送《西廂》去。

粘報上文字入雜文册。

十月十三號星期二（八月廿六）

到校，爲研究所事開會。半農先生來。萬里來。仲川來。

修改《孟姜女研究》十一次稿。希白，元胎，盧君來。校《洙泗考信録》一卷。健卿來，本日南下，辭別。

讀《人類的故事》。粘報紙文字入雜文册。

仲良腦筋糊塗，偏愛管事。《周刊》稿件，考古學會既無送來，而他偏要爲考古學會爭地盤，愚妄至此。予幾與衝突。因告兼士先生，非他不管《周刊》事，定是我辭職。

十月十四號星期三（八月廿七）

校《洙泗考信録》。到東興樓，兼士先生邀宴也。

到所，發《周刊》第二期稿。支分第一期報。

與建功到劉半農先生處，爲吳音注音事，十一點許歸。

十月十五號星期四（八月廿八）

到馬神廟，看書店房屋。遇譚女士。校《洙泗録》。與平伯到清宮，與宴。

到所，支分第一期報。到孔德，看戲本唱本。

粘《救國特刊》文稿。

今日午後落一牙（左下腭），活動數年矣。

十月十六號星期五（八月廿九）

校《洙泗録》一卷。譚劉二女士來。尚嚴念衡來。

到所，校《周刊》第二期稿。援庵先生來。

剪《救國特刊》文稿。

尚嚴借《觀堂集林》及薛氏《鐘鼎款識》。又借《輟耕録》。

譚女士欲入政治系，復恐受政治生活之牽累而欲入史學系，不能自決，屬我決之。因慫恿入史學系。

十月十七號星期六（八月三十）

校《洙泗録》半卷。編校《古史辨》。剃面。到東華飯店，宴美國人也。

到所，校《吳歌》，校《周刊》第二期稿（二校）。

與緝熙談。編《孟姜女研究》第十二次稿。圈點《詩辨妄》。

《孟姜女歌曲甲集》出版，此爲予個人編輯之書之第一册出版者。

十月十八號星期日（九月初一）

讀《人類的故事》。緝熙，萬里，仲川，崇年來，商社事。尚嚴來，借書。臨湯佩琳女士尺牘。

到北海濠濮間，研究所懇親會也。寫兼士先生信，辭職。

記日記五天，記賬。

予近來愈弄愈不喜爲人作事，研究所中，無論如何沈先生容忍我，總不能不做些事，而做事則便致怨艾。所以遲遲未絕者，以在出版方面略有趣味耳。今日沈先生在懇親會中對于我所編之《周刊》有不滿意之言，因此決心辭職，庶可專心爲學。

十月十九號星期一（九月初二）

校《洙泗考信錄》畢。到報子街同和堂，賀佩書子豹君喜事，吃飯。

到所，理物。品青來談。伏園來談。

粘《救國特刊》所作文畢。

《申報》今日未來，知滬寧車以軍事斷矣。近日冷暖不均，艮男咳疾又作矣。奈何？

《孟姜女故事的歌曲》贈人數：建功　介泉　緝熙　仲川　崇年　萬里　彬龢　仲澐　琢如　慕愚　湘蘐　紹裘　國任

十月二十號星期二（九月初三）

讀《人類的故事》。兼士先生來，挽留。

集蒙古史材料。彬龢來。

維鈞，建功，伏園來，挽留。校《古史辨》。

沈兼士先生之所以不滿我編輯《周刊》，爲我登載胡適《吳歌甲集序》耳。胡任研究所委員，而謂不能登其文，理由何在。總之，在北大中，浙派與皖派處處鬧對立，而我在夾縫中度生活，所謂兩姑之間難爲婦者，生涯亦可憐矣。

又案，自蔡校長在校中設立聘任委員會後，每英美派（與皖派合）提出一人，法德日派（日派爲主，法德人數少，與日派合爲一體）亦必提出一人，與之勢均力敵，而新教員遂不易受聘。予未嘗留學，說不上某派，徒以與胡適、陳源接近，遂亦被編入英美派，冤哉！一九七三年七月記。

十月廿一號星期三（九月初四）

萬里來。集蒙古史材料。緝熙來。彬龢來。圈出中華商務書籍。

到所，發《周刊》第三期稿。寫段井心，平伯信。道晤龔女士。半農先生來。寫念衡信。

校《古史辨》。作《方言標字的討論》弁言七百字。

十月廿二號星期四（九月初五）

讀《人類的故事》。作《蒙古領土的擴張》第三篇初稿四千餘言（伊兒汗國）。寫慕愚信，贈書。

校《古史辨》。

鈔孟姜女材料。

十月廿三號星期五（九月初六）

讀《人類的故事》。翻覽諸書，增加蒙古史材料。寫紹原信，詢木剌夷事。緝熙來，留飯。

校《古史辨》。

鈔《廈門御前清曲之孟姜女》。理稿件。

得慕愚書，謂近日正讀歷史研究法。并贈《國魂》一份，內有她的《不哭》一詩，自寫其性情甚似。

十月廿四號星期六（九月初七）

讀《人類的故事》。草蒙古史一文千餘字。緝熙來。

到所，校第三期稿。寫演存，紹原信。

鈔孟姜女材料。

十月廿五號星期日（九月初八）

讀《人類的故事》。緝熙，仲川，萬里，梁先生來，談社事。剃面。

鈔《花旛記》畢；以廈門本作校勘，未畢。希白，元胎，盧瑞三君來。

十月廿六號星期一（九月初九）

讀《人類的故事》。作《科學救國大鼓書》序。送康媛到校。

到校，寫段井心信。校《周刊》三期第二次樣。草徵稿信。作《孟姜女歌曲》廣告。

校《古史辨》。中學聚餐會在我家，到者仲川，國任，湘蕘，崇年，紹裘。

終日頭痛，想以過勞腦筋故。

十月廿七號星期二（九月初十）

讀《人類的故事》。萬里來。整理孟姜女材料，備入《周刊》第四期，未畢。

作《蒙古領土的擴張》第三篇畢，計六千餘字。校《古史辨》。

十月廿八號星期三（九月十一）

讀《人類的故事》。重作《大鼓書》序畢。

到校，發《周刊》第四期稿。寫玉堂先生信。寫郵務員信，爲《季刊》立案事。萬里，緝熙來。修改蒙古史講稿。

校《古史辨》。早眠。

今日上午作文時，胸前悶脹特甚，幾于不能透氣，知是心臟病作矣。予如此忙法，如何得了！

寺門落照，古木翛然，鐘聲徐來，塵念頓息。善游不在擇地，善悟不在深求。但得色觀稍清，静根具足，隨緣止願，觸處安心。衰草盈階，暮禽相值，晚風在笛，夕陽墜譙，老樹霜紅，幽花露白，雲斂月净，枝定鳥閑，息慮空華，游心玄莫，便覺禪機不遠，靈賞無窮，城市山林無非妙境矣。

十四，十，廿八，《京報副刊》所見，未知誰作也。

十月廿九號星期四（九月十二）

到建功處送書，到適之先生處取《季刊》，未得。校《古史辨》。茹丹廷來。緝熙來。

與履安到華樂看程艷秋《汾河灣》，郝壽臣《審李七》，王瑶卿《悦來店》等。

介泉夫婦來談。校《古史辨》。

近日便秘失眠諸疾又作，一夜平均只睡六小時。昨夜九點半就寢，今早三點許即醒，耿耿到曉。因擬休息一天。

十月三十號星期五（九月十三）

改《蒙古史》稿畢。作《唐代的孟姜女故事》初稿五千言。緝熙，仲川來。

陳伯雋來。到馬神廟剃頭。到逮曾處送稿。

平伯來。理書。校《古史辨》。

十月卅一號星期六（九月十四）

理書。檢《隋，唐·藝文志》，爲孟姜女故事。

與履安同到校，看萬里西行照片展覽會，晤譚女士。佩弦，俞宗杰君來。校《周刊》第四期稿。寫賓于，侃如信。

與緝熙談話。校《古史辨》。

半年不理書矣，堆叠之亂可知。今日因病，勉抽兩小時爲之。眼前始一清。

慕愚謂《國史講話》編得甚有趣味，讀之不忍釋手。聞此言極慰。

一九二五年十一月

十一月一號星期日（九月十五）

到景山書社，豫備諸事，并開會討論。佩弦，仲川，萬里，緝熙，介泉同會。蔣頌年亦來。

景山書社考學徒。襄助一切。

寫慕愚信，述治史志願。

十一月二號星期一（九月十六）

讀《人類的故事》。作《唐代孟姜女傳説》五千言，未畢。

十一月三號星期二（九月十七）

讀《人類的故事》。鈔《孟姜女》通訊。

寫伯祥信，述社事。滬友來信十餘通矣，此總答之。山立來談。溫《尚書》兩册。

近日心宕胸悶愈甚，自明日起決計變換工作。好在景山書社正在開張，需人作事也。

今夜大風，寒甚。

吳山立君告我，謂吳稚暉先生説，近爲國學者惟胡適之顧頡剛，其次則梁任公。若章太炎則甚不行者。

十一月四號星期三（九月十八）

寫彬龢，慕愚信。到外西華門寄信。游西什庫。校《古史辨》。

到研究所，發《周刊》稿。到孔德，整理車王府曲本。品青，隅卿來談。

與履安到市場購物，途中發樸社廣告。

十一月五號星期四（九月十九）

到景山書社辦事。通伯來談。

到孔德，整理曲本。維鈞來談。看孔德所購書。

與履安及介泉夫婦到景山書社辦事。

十一月六號星期五（九月二十）

到景山書社辦事。彬龢來談。寫紹虞信。

寫譚女士信。到孔德，整理曲本。品青來談。到研究所，與伏園，建功談。

校《古史辨》。

彬龢來談，言京奉道中飛機甚多，奉軍正在掘濠溝備戰。因與介泉兩家合購米一包半，麵一袋，可支持一個半月矣。

十一月七號星期六（九月廿一）

齊樹平來。到研究所，看《周刊》第五期初校稿。趙萬里來談。剃頭。到景山書社。

理樸社存書。譚女士來，偕履安及予游北海，參觀松坡圖書館，出至什刹海，游後海及積水潭。夜歸，留飯，談至十點三刻而別。

健卿來。

今日與慕愚同游，心境得一開展。積水潭四五年未到，今日于暮色蒼黃時重游，荻花蕭瑟，微凉侵人，頗有悲意。

慕愚之父名賓夔，係日本留學生，清末從事革命，到四川廣東等運動起義。光復後，感黨人之不義，杜門不出，鮮有知之者。

十一月八號星期日（九月廿二）

到清宮，爲研究所人到宮周年紀念照相。參觀寧壽宮諸處。

到景山書社，籌備一切，與介泉到小峰處。寫父大人信，告兵亂時不致受驚，請勿念。

校《非詩辨妄》跋。補記日記。

十一月九號星期一（九月廿三）

校《瑯嬛文集》目錄。

景山書社招考夥友，到場照料。又到書社辦理雜務。彬龢來談。看《甲寅》。

今日招考夥友，到者有三四十人。薪俸只十元左右，剛够吃飯，而來人之多已如此，社會之不安寧可見。我等有此境遇，雖在欠薪局面之中，亦當自滿矣。

錄取之馮世五，此後爲予助理多年。一九七三年七月記。

十一月十號星期二（九月廿四）

翻《大名縣志》。校《大名水道記》畢。整理《東壁遺書》附錄。

與履安及介泉夫婦游清宮，遇叔永，衡哲，隅卿，援庵諸先生。

到景山書社。到建功處長談。校《非詩辨妄》跋。

十一月十一號星期三（九月廿五）

到啓明先生處還書，因病，未晤，由川島代見。獨游北海。

到書社。到研究所，發《周刊》第六期稿。寫平伯信。品青，伏園，建功談話。

校《古史辨》。

今日重霧蔽空，獨至闡福寺香林之後，看枯葉一片一片的落下，枝間霧凝成滴，墜地聲甚疏而寒。在破屋複院之中徘徊凝佇，不覺逾時。無人繼至，尤暢所懷。予不能文，胸中每有悲意，苦于不能寫出。今日得此境，若寫予心之悲者。每一回憶，固一絕妙之抒情文字也。

十一月十二號星期四（九月廿六）

校《吳歌》。翻《大名縣志》畢。緝熙，萬里來談。

到北新書局，與志雲小峰同到景山書社，久談。晤彬龢。到孔德，整理曲本。

粘《詩辨妄》輯本。看祝英臺唱本。

近日傷風甚盛行，予亦咳嗽矣。

十一月十三號星期五（九月廿七）

讀《人類的故事》。

到研究所，校六期初樣。與伏園，建功，維鈞商議《周刊》事。印刷課郝桂林君來。

點張蔭麟文。

十一月十四號星期六（九月廿八）

到沙灘洗浴，剃頭。到景山書社，與介泉同歸。

譚女士來。與履安及艮男游鼓樓，觀通俗教育館。到校，寫玄同，兼士先生信。校《古史辨》。

伯平，翼青來談。校《古史辨》。與履安到景山書社，寫黑牌。

本日原約慕愚同游清宮，乃早間見報，以時局關係暫行停止參觀。事之不巧有如是者。心中頗悵悵也。

十一月十五號星期日（九月廿九）

到景山書社，襄助開幕諸事。在廣州食堂午餐。

四穆來談。衣萍等來。志雲，小峰來談。

整理《古史辨》下冊，未畢。

今日書社開幕，予從事照料，見人頗覺不好意思。想不到我也會做商業的。

十一月十六號星期一（十月初一）

讀《人類的故事》。編《孟姜女研究》第十四，作案語三則，約二千餘言。

到書社。到校，校《周刊》稿，寫《現代評論》，小峰信。辦理周刊社務。

校《古史辨》。看《語絲》第五十三期。

譚女士贈菊花三盆，文竹兩盆，畫片架四個，甚慚無以爲報。她手頭亦不寬裕，受之甚爲不安。

十一月十七號星期二（十月初二）

讀《人類的故事》。審核《東壁遺書》校勘記。

到京師圖書館，鈔《詩人徵略》中崔述篇，畢。到後門買郵票。到景山書社辦公。

校《古史辨》。

履安又腹痛嘔吐，她的胃病一月必發一次，奈何！

　　洋價已至三千零廿，可駭。

十一月十八號星期三（十月初三）

　　讀《人類的故事》。作答建功論《詩經》爲樂章問題，二千餘言。

　　到書社，寫彬龢，群益信。到校，寫尹默，太玄信，校《吳歌》，衣萍等來談。發《周刊》第七期稿。寫山立信。

　　校《蒙古領土的擴張》第三篇。

十一月十九號星期四（十月初四）

　　讀《人類的故事》。作答建功論《詩經》爲樂章問題，約三千餘言，未畢。

　　到景山書社，寫信三封。又到小峰處。翻《左傳》集材料。

　　與介泉談話。

十一月二十號星期五（十月初五）

　　讀《人類的故事》。翻《左傳》《國語》集文材。

　　到景山書社，理中國書店書。到校，校《周刊》稿及《古史辨》稿。寫郝桂林信。與伏園建功到景山書社。

　　翻《國語》畢。校《古史辨》。

十一月廿一號星期六（十月初六）

　　讀《人類的故事》。裴子元來。檢《日知錄》及《毛詩稽古編》等書中論《詩》與樂各條。續作千餘言。

　　讀《詩經》一遍，尋材料。

　　到孔德分校，爲哲學書庫事，晤四穆，復聰，金源。

十一月廿二號星期日（十月初七）

到景山書社辦公一天。

寫父大人，康媛信。翻《彙刻書目》，爲陶孟和詢事也。

看《現代評論》。

十一月廿三號星期一（十月初八）

讀《人類的故事》。校《古史辨》。校《大名縣志》鈔件。

審核《洙泗録》校勘記，畢。緝熙，品青來。到校，編《周刊》第八期稿。校《季刊》稿。寫陶孟和信。

到湘蓀處，草橋中學同人聚餐也。

十一月廿四號星期二（十月初九）

讀《人類的故事》。整理《東壁遺書》附録。

彬龢，尚嚴，丹庭來。到書社，晤仲川。

翻章矛塵所贈唱本二十餘册。早眠。

昨夜半夜中，右臂疼痛而醒。終夜不寧。想以作字太多，今"發勞傷"耳。

十一月廿五號星期三（十月初十）

讀《人類的故事》。整理《東壁遺書》附録。

到三院，又到孔德。翻《雲南志》。寫平伯，佩弦，適之先生信。寫郵局《周刊》立案信。

粘《非詩辨妄》入册。翻錢南揚所贈寧波唱本。

夜間肛門奇癢且痛，恐將成痔矣，奈何！

十一月廿六號星期四（十月十一）

讀《人類的故事》。校《古史辨》十頁。

標點柳翼謀一文。翻看《説文》，畢。到景山書社。

十一月廿七號星期五（十月十二）

校《古史辨》十五頁。

作《答柳翼謀書》初稿二千餘言。到書社。到校，寫玉堂，尹默，子元，小峰信。品青來談。看《笠翁集》。

改作《答柳書》二千字。

十一月廿八號星期六（十月十三）

作《答柳翼謀書》四千餘言，即鈔清。

到校，品青來談。

與履安同到森隆，語絲社宴會也。九點許散。

今日國民黨之機關報《國民新報》大登新聞，謂今日下午二時，舉行國民革命，推翻段政府，在景山前街集合云云。私計今日應該有一番動作矣。乃至旁晚看報，知群衆集隊赴段宅請願解職，推代表入見。嘻，豈有革命而向執政請願者！近來所有群衆運動皆由國民黨主持，黨中好爭權利而不敢犧牲，故有此等笑柄。

十一月廿九號星期日（十月十四）

校《季刊》稿。校《古史辨》。李璞來。茹丹庭來。寫紹原信。到景山書社，爲社事開會。

校《古史辨》。鈔《大名縣志》目。鈔孟姜女材料。

十一月三十號星期一（十月十五）

讀《人類的故事》。集《詩經》與樂歌的材料。

到校，編第九期《周刊》。寫丹庭，仲華信。緝熙來。到景山書社。

校《古史辨》。寫萬里，伏園信。看《誠報》。

一九二五年十二月

十二月一號星期二（十月十六）

讀故事。作《論詩經全爲樂歌》六千餘言。寫佩弦信，寄《周刊》目至清華。

與履安談話，看畫片。

十二月二號星期三（十月十七）

讀故事。續作《詩經》論文千餘言。校《古史辨》。編《古史辨》下編。

到書社。到二院領薪。到出版部購書。到校，爲開會討論叢書事。玄同先生來談。寫紹原，小峰信。

鈔孟姜女材料。寫丹庭，佩弦信。

十二月三號星期四（十月十八）

讀《人類的故事》。續作《詩經》論文六千餘言。

粘孟姜女文入册。

十二月四號星期五（十月十九）

續作《詩經》論文三千餘字，畢。此文約共二萬言。萬里來談。

到校，編《周刊》。修改《答柳翼謀書》。玄同先生來談。

校《吳歌》。粘孟姜女文。

十二月五號星期六（十月二十）

讀《人類的故事》。鈔改《詩經》論文六千言。

粘孟姜女文。寫慕愚信。

　　譚女士爲提議改良史學系課程，爲同學所攻訐，因勸其專心爲學，弗問團體事務。

十二月六號星期日 （十月廿一）

　　到景山書社，鈔寫賬目竟日。

　　讀《人類的故事》。

十二月七號星期一 （十月廿二）

　　爲昨夜失眠，休息。鈔《詩經》論文千餘言。

　　到所，與玄同先生談話。到孔德學校，與尹默先生談話。

　　與介泉談話。

　　昨夜以飲咖啡致失眠，二點即醒，至六點許始略朦朧，今日精神甚不爽。

　　近以貧甚，欲將《歷代詩餘》出售，得款購冬衣。知孔德正在購書，因送去。今日尹默先生見招，將書退還，假以百元。可感也。

十二月八號星期二 （十月廿三）

　　讀《人類的故事》。竟日鈔改《詩經》論文第一部分訖，第二部分未畢。

　　到紹原處，未遇。萬里來談。

　　看曲本。

十二月九號星期三 （十月廿四）

　　讀《人類的故事》。修改《詩經》論文第一部分訖。茹丹庭來。

　　與介泉同到孔德，看曲本。到所，寫文玉，幼漁先生，南揚，乃乾，井心，張畏蒼，日刊課信。

看《語絲》。上日記四天。

得譚女士覆書，知其肯納我言，極慰。她極勇往，眼光又甚銳利，如得專心爲學，定可出人頭地。予交友多矣，如我之勇往而肫篤者絕少見，而不期于女友中得此同調。特其棱角太露，到處生荊棘，更使我傷悲耳。

十二月十號星期四（十月廿五）

讀《人類的故事》。鈔改《詩經》論文六千餘言，第二部分畢。

校《古史辨》。健卿來談。

十二月十一號星期五（十月廿六）

讀《人類的故事》。鈔改《詩經》論文三千字，第三部分未畢。

到校，寫《季刊》二卷一號西文目，寫叔平先生，仲華，丹庭信。玄同先生來談。校《詩經》論文第一部分。

粘孟姜女材料。

十二月十二號星期六（十月廿七）

讀《人類的故事》。鈔改《詩經》論文四千餘言，未畢。

剃面。

到歡迎飯店，健卿招宴也。

爲了這篇論文，心臟病又作了，頗不寧定。此文做完後當休息數天。

十二月十三號星期日（十月廿八）

讀《人類的故事》。鈔改《詩經》論文第三部分畢。

到景山書社，晤希白。到三慶園，看《孟姜女》，《南陽關》，

《三娘教子》,《大登殿》四劇。

寫所見《孟姜女》劇大概。看《西廂記》。

十二月十四號星期一（十月廿九）

讀《人類的故事》。校《古史辨》。修改《詩經》論文第二部分畢。

萬里來談。到校,發第十期《周刊》稿。春臺來。李璞來。緝熙來談。

校風俗文字數篇。

十二月十五號星期二（十月三十）

讀《人類的故事》。修改《詩經》論文第三部分畢。

粘孟姜女文。

十二月十六號星期三（十一月初一）

讀《人類的故事》。修改《詩經》論文畢。

到校,爲北大廿七周紀念會布置一切,寫《周刊》廣告多紙。玄同先生來。寫盧瑞支信。

粘《周刊》中《詩經》論文第一部分入册。

《詩經全爲樂歌》一文,自上月十八號始草,到今日始完全脱稿,凡二萬七八千言,幾及一個月,實作十五天。由此可知盡我之力,一天做不到二千字。(予之所以緩,由于易稿,此文凡再易稿。)

十二月十七號星期四（十一月初二）

讀《人類的故事》。寫父大人信。緝熙來。到研究所,布置《周刊》發賣事,照料風俗學會陳列室。

叔平先生來，俞宗杰來。伴履安至大會場。

休息。

一月來予已生凍瘃，自穿厚棉鞋，烘脚爐後已大愈，今日觀之，脱皮長新肉矣。

十二月十八號星期五（十一月初三）

讀《人類的故事》。到研究所，照料風俗學會陳列室。

爲所中作一新聞。到大禮堂一走。

校《古史辨》。讀詞。

予近日時覺憤懣之情涌溢，不能自持。每一得閑，潸然欲涕。嗟乎，將以如此生活而終我生乎？

校中紀念大會，至夜十一點止，予兩日皆傍晚即歸，以衆人所樂實不見樂也。予性之不能群，于此可見。

十二月十九號星期六（十一月初四）

讀《人類的故事》。濬哲邀飯。

到研究所，照料團體參觀。萬里來談。校《詩經》論文中篇。

粘孟姜女文。

近日天氣甚燥，又引起牙痛，食物甚不便。

今日恕人評我文字，謂依然是老文章格調，氣勢很盛。此語甚中我心。我與適之先生之文字，皆是從老文章脱胎，他人讀之口順在此，而文體不能活潑亦在此。

十二月二十號星期日（十一月初五）

讀《人類的故事》。健卿來談。

到通伯處，未遇。到景山書社，寫平伯及觀象臺信。

粘孟姜女文。

十二月廿一號星期一（十一月初六）

草《北京蘇州東嶽廟司官的比較》二千餘言。

到校，發第十二期《周刊》稿。劉紀澤君來參觀。到校，領薪。

與履安到姨丈處吃冬至夜飯。寫玄同先生信。

十二月廿二號星期二（十一月初七　冬至）

仲川來，同至景山書社，寫叔平，援庵，玄伯三先生信。到元胎處。

校《古史辨》。作《古史新證》跋語。補記日記。總結本年所作文章，事務，開一目錄。

讀《人類的故事》。

《人類的故事》從七月廿二日讀起，日讀一頁，到今適五月，讀得四分之一。可見讀完當在明年之冬或後年之春矣。只要得益，即慢一點也不妨。讀完了這一本，想來看他種歷史書總便利了。

十二月廿三號星期三（十一月初八）

讀《人類的故事》。作《東嶽廟》一文畢，共六千餘言。

到校，校《詩經》論文中篇稿二校。叔平先生來談。寫黃寶實，矛塵信。

修改《東嶽廟》文。

十二月廿四號星期四（十一月初九）

讀《人類的故事》。修改《東嶽廟》一文畢。

草《國學周刊一九二六年始刊詞》畢，約三千言。

健卿來談。

十二月廿五號星期五（十一月初十　雲南起義紀念日　耶穌誕日）

讀《人類的故事》。修改《始刊詞》。鈔一千字。

到書社。到校，寫聖陶，伯祥，調孚，紹虞，雁晴，芝生，玄伯，佩弦，兼士先生，援庵先生，緝熙，尚嚴，伏園，維鈞信。到市場吃飯。

到前門閑游。到中天，看《以色列之月》影戲。

十二月廿六號星期六（十一月十一）

萬里來談。點讀玄同先生論《說文》書。

到景山書社，寫袁守和，伯祥，彬龢，乃乾，小峰信。到小峰處接洽售書事。到校，改作《始刊詞》五百字。

粘《詩經》論文中篇。

十二月廿七號星期日（十一月十二）

讀《人類的故事》。崇年介泉來談。

理書半日，尚未竟。看《申報》，津門路通後，一天來十天的報，看了三點鐘。

翻《古物陳列所書畫目錄》，寫書根。

十二月廿八號星期一（十一月十三）

讀《人類的故事》。鈔改《周刊始刊詞》二千餘言。

到敬軒處，未遇。到所，校《詩經》論文下篇初校。寫玄同先生，辛旨信。

挂照片。久不事此矣。

敬軒于昨夜到京，將游學法國。

十二月廿九號星期二（十一月十四）

讀《人類的故事》。改作《始刊詞》四千餘言。寫慕愚信，約游清宮。

敬軒辛旨來，約宴也。八點半去。

得用直來書，悉薇生於冬至日逝世，甚爲悲嘆。殷氏一家以他爲最用功，竟不永其年。

十二月三十號星期三（十一月十五）

作《始刊詞》畢，統修改一過。全文凡八千餘言。

到所，發十三號稿。加入叢書事開會。校《詩經》論文下篇二校。

休息。

十二月卅一號星期四（十一月十六）

晨得報，外舅吳壽朋先生于今晨八時以胃病去世，即偕艮男往。偕湘菽到西單市場玉壺春吃飯，到騾馬市壽山桅廠看棺材。回家，復去，贊助諸務。八點半，殮。十點，與履安，康艮同歸。

寫慕愚信。

寫敬軒信。

外舅得胃病已三四年，每發一次身體即弱一回，至今遂不支。廿九號，他尚至衙門。僅昨日病臥一天，遂去世。身後蕭條已極，璧臣思念前途，哭不成聲。他有老母，有庶母，有弟三，有妻，有子女四，以一身負養活十人之責，而自身又無長技，奈何奈何！

本年所作文：

正月　爲建功題其祖父家書卷（三百字）

　　　女真的勃興（上篇）

　　　《盤庚》中篇的今譯（五千言）

　　　與巴黎大學交換書籍批注（至三月中畢）

二月　論古史研究答李玄伯先生（三千言）

　　　不寐（三千餘言）

　　　有志研究中國史的青年可備閑覽書十四種（三千言）

三月　女真的勃興（下篇，六千言）

　　　孫中山先生最早的政治主張序（千餘言）

　　　代清室善後委員會作祭孫中山先生文（三百言）

四月　蒙古的立國（上篇，六千餘言）

　　　古物陳列所書畫憶記序（五千餘言）

　　　杞梁妻的哭崩梁山（四千五百言）

　　　《盤庚》上篇的今譯（上，四千餘言）

　　　孟姜女十二月歌與放羊調（二千五百言）

　　　我們應當歡迎蒙古人（二千五百言）

五月　《妙峰山進香專號》引言（三千餘言）

　　　國史講話編纂計畫（三千餘言）

　　　《盤庚》上篇的今譯（下）

　　　蒙古的立國（下篇）

　　　妙峰山的香會（一，五千言；二，八千言）

　　　杞梁妻哭崩的城

六月　妙峰山的香會（三，六千言）

　　　虞初小說回目考釋（八千言，未畢）

　　　《救國特刊》發刊詞（七百言）

　　　《吳歌甲集》序（三千餘言）

　　　上海的租界（二千一百言）

　　　鴉片戰爭

　　　外國人的放肆和中國人的不爭氣（二千餘言）

七月　不平等條約序（千餘言）

　　　《江寧條約》跋尾（千餘言）

　　　妙峰山的香會（四）

　　　我們應當救濟失業的工人（八百言）

　　　北海游藝大會之會目

　　　伯勞的故事（六百言）

　　　根本抵制之客談（二千二百言）

　　　在中國之外國人與其勢力（徵求）（千餘言）

　　　《天津條約》引言

　　　我們爲什麼不能戰鬥（四千餘言）

八月　《孟姜女歌曲》弁言及序録（三千言）

　　　《科學救國大鼓書》引言

　　　《金縢》篇今譯（七千五百言）

　　　在外國的中國人與其勢力（徵求，一千一百言）

　　　《天津條約》跋（二千餘言）

　　　游妙峰山雜記（六千餘言）

　　　如何搜集活材料（四百言）

　　　我們的目標（千餘言）

九月　蒙古領土的擴張（第一篇，六千言）

　　　永久的救國事業的真實基礎（二千八百言）

　　　上海商務印書館五卅增刊事件（三千言）

　　　孟姜女研究的第二次開頭（三千言）

　　　救國與工作（八千言）

　　　蒙古領土的擴張（第二篇，六千言）

十月　《救國特刊》止刊詞（八百餘言）

　　　罪言（二千言）

　　　續論救國與工作（五千言）

　　　十四年前的印象（二千五百言）

　　　范杞良的死法

　　蒙古領土的擴張（第三篇，六千餘言）

　　《科學救國大鼓書》序（一千六百言）

十一月　論《説文》證史答柳翼謀先生（五千言）

十二月　論《詩經》全爲樂歌（二萬八千言）

　　　　北京東嶽廟與蘇州東嶽廟的司官的比較（六千餘言）

　　　　《國學周刊》一九二六年始刊詞（八千言）

　本年豫備而未作之稿件：

　　社

　　山海經

　　唐代孟姜女故事

　　黄帝紀元

　本年編輯書：

　　崔述（未畢）

　　吳歌甲集

　　東壁遺書（未畢）

　　古史辨第一册

　　孟姜女專號

　本年所辦事：

　　重組樸社

　　開辦景山書社

　　讀英文

　　調查妙峰山進香風俗

　　編輯《國學周刊》

　　編輯《救國特刊》

布置故宮博物院書畫部分

《京報副刊》每期八版，每版三格，每格少則廿五行，多則三十四行。以廿五行計，每期六百行。以三十四行計，每期八百十六行。有二百十六行之伸縮。每行二十字，無伸縮。

後局大院二號甲　馮芝生

開封北財神廟街三十三號　馮芝生

開封捲棚廟街廿七號　郭紹虞

北衛胡同二十九號　陸尹甫

廣東海豐公平什貨街三十二號　鍾敬文

馬圈胡同十七號　金家鳳（冠三）

景山東街慶星公寓王聖康（號景堯）浙江淳安

上海閘北香山路仁餘里廿八號　文學周報社（聖陶家）

上海狄思威路昆明里十六號　鄒範文或上海五馬路四號華通公司

銀閘井兒胡同華通公寓鄭賓于

真如鏡五號　王培書

西單報子街八十二號大德公寓　王聖康（景堯）貢院西大街七號公寓

後王公廠九號　閔孫奭（元曾）電西 1716

沙灘二十號　吳山立（辛旨）師大宿舍第七寢室

天津南開中學教務主任　喻鑑（廛澗）

香爐營四條二號　王悟梅

余家菊——號景陶，黃陂人，上海中華書局編譯所

茹恩楓（丹廷，山東蓬萊）甘雨胡同 28 號志成印書局，電東 351

上海江灣復旦大學　蔣國珍轉陳彬龢

齊念衡（樹平）寓　東四本司胡同十四號

東城趙堂子胡同東口萬寶蓋胡同八號　耿濟之

毛以亨　西城手帕胡同丙 25 號，電西 73 號

後京畿道五號　孫潤宇

徐紹裘　後細瓦廠一號，電南 4424

都城隍廟街八號　陳衡哲

順内糖房胡同五號李宅　吳敬軒

陶鑑（競歐）

北河沿四十二號　陳翰笙

外西華門城根路西五號　黃離明

打磨廠内長巷上二條十一號　通源轉運公司

京兆通縣東關發電廠　施子京

成都少城窄巷子黃楊厦夏斧厶先生轉鄭賓于

南池子内西銀絲溝十二號　潘健卿

日本東京小石川區音羽町五丁目十七番地毅廬　楊昭恕

東四八條東首路北二十三號　張西曼（百禄）

燕大四院　劉經庵

馮式權（立仲）

兵部窪中街卅九號　徐志摩

唐泉澄（秀川）大石作口巡長

瑞明電燈行　打磨廠路北，電話南 1737

J. H. Wang

Psychological Laboratory

Phipps Clinic

Johns Hopkins Hospital

Baltimore，Md，

U．S．A．　　緝齋

新街口六條胡同内羊圈胡同六號　陸尹甫

上海戈登路九十號國民大學　顧廷龍（起潛）

西裱褙胡同四十六號　伍蠡甫

温州瑞安楊衙街三號集古齋書社　陳繩夫（準）

東四十二條辛寺胡同卅七號　曹赤霞（雲）

蘇州馬濟良巷十號　徐瀚澄

護國寺街北花枝胡同三號　顧君義，電西 927

宣外賈家胡同達智營三號　許昂若

什錦坊街六埔坑十八號　楊遇夫

海門捲邊橋陸氏燕翼小築　陸侃如

谷鳳田（心濃，山東濟寧）

清華大學　劉紀澤

無錫光復門内盛巷里五十八號徐宅同居　嚴伯明

曹恢先（立齋，湖南耒陽）

蘇州護龍街裝駕橋南 535 號　王翼之（繩祖）

南京丹鳳街一百十一號　顧惕生

上海寶山路寶山里六十號　周喬峰

後門西三座橋西錢串胡同九號　羅莘田

Arthur W. Hummel

　　　恒慕義（貞文）

L. C. Porter

　　博晨光

南長街九號　袁同禮

南陽中長春街　董彥堂

嵩祝寺後身椅子胡同北大第四齋　李述禮

祝劍薔借：漢衛尉卿衙府君碑，晉振威將軍建寧太守爨君墓志

毛復和（毛子震妹）醫大本科卒業

來薰閣（琉璃廠路南）陳杭（濟川）

姚名達（達人，江西新建）

張友松（鵬）嵩祝寺夾道二號

河南魯山徐家營　徐玉諾

闢才胡同五十八號甲　許昂若

濟南東關青龍街 179 號　王祝晨

毛坤（體六，四川宜賓）

上海北江西路青雲里十六號　嚴既澄

內務部街內史家胡同十二號　張奚若

中京畿道十五號　金岳霖

天津法界紫陽里五號　江小鶼

西單達智營興平巷七號　李宗武

浙江臨浦鎮　金少英

上海大東書局發行部主任　王幼堂

上海北西藏路公益里大東書局總務處　陳乃乾

北京東四後拐棒胡同五十三號甲　金家鳳

東老胡同大同中學　李富善，號聖五，山東泰安人（電東三五四九）

朝陽門內南小街八大人胡同二十九號　張文濤（號潤齋）

濟南膠濟站工務第十分段　馬汝邴

石版坊二條五號　張畏蒼（又北京東華銀行）

上海西門林蔭路十九號　王濟遠轉江小鶼

湖南安化藍田柳家灣雙慶泰號轉　劉楚賢

西四北翠花街高義伯胡同九號　廉南湖（電西一二八）

南京北堂子巷八號　商錫永

上海橫浜橋天壽里九十號轉　上海通信圖書館

石駙馬大街四十二號　中美教育文化基金董事會

江西興國城西衡廬　姚名達

廣東東莞縣旨亭街八巷三號　容元胎

廣州市舊倉巷新五十七號林寓轉　容元胎

　　上海富滇銀行總理（上海河南路）袁丕明（峴公，雲南石屏）
丕佑（藹耕，東陸大學）

　　沈旭庵（京奉工務處）

　　姜梅塢（華北大學）

　　辛廣淵，字愷堂，江西人，北大化學系畢業

　　椅子胡同十號　蕭一山

　　三眼井八號　王祝晨

　　開封省立工業學校　董彥堂

　　北帥府胡同七號　劉半農

　　鎮江楊家門麒麟巷　柳翼謀先生

　　泰安南關官店街 52 號　盧逮曾

　　王企敏（燕棠，浙嵊縣）

　　趙薇元（平民大學總務員）德勝門石虎胡同平民大學

　　黃建中（離明，湖北隨縣）西安門內石板房 27 號

　　中央觀象臺磁力科　王碩輔，電東 1751

　　繆廷梁（鎮藩，常熟）

　　上海法界貝勒路禮和里六號　樂嗣炳

　　嘉興南門外槐樹頭　錢琢如

　　淳安縣孔廟後　王葆初先生轉王聖康

　　東四十一條卅四號　祝叔屏

　　Via Siberia

　　　　　Mr. Kant Woo

　　　　　19，Rue Cujas

　　　　　Paris（V^e）

　　　　　France　　　吳敬軒

　　Via Siberia

　　　　　Herrn S. Fu

Bei Gerhend

Unten den Eichen 93

Berlin-Dahlem

Deutschland　　孟真

李金髮，上海呂班路三十二號

孫貴定（蔚深，無錫）

龐京周，上海白克路 589 號，電話西 4850

南開電話 3401，范仲澐

徐天閔，安徽高中教員

毛簡（瑞章）

江山清湖花田埂　　張正甫

東裱褙胡同十七號　　今關天彭（壽麿）

天津河北仁壽里十四號　　周尊元（或京奉鐵路管理局）

蘇州慧珠弄十號　　陳其可（祖源）

武昌戈甲營卅七號　　陶桓連

上海哈同路四一七號　　吳頌皋

平遠東石畲腦　　吳山立

北京西四三道柵欄三十七號　　趙丹若（廷炳）

北京後門內北河沿椅子胡同九號　　鄧叔存（以蟄）

Dr. Hu Shih

　　C/O Chinese Legation

　　London

　　England 胡適之先生

Dr. Phil. Walter Fuchs

　　Mukden

　　福克司，滿洲醫科大學豫科講師，奉天

Arthus W. Hummel

Yenching School of Chinese Studies

No. 5 Tou Tiao Hutung

Tung Szu Pai-lou

Peking 恒慕義（貞文）

潘克福（號五全）北總布胡同十號

存希白處書：

《字學典》十二冊

《考工典》十三冊

中國書店欠樸社四十元一角七分五厘

青島雲南路慎德西里樓十八號　李聖三（名嘉善，在膠濟鐵路管理局材料處作事）

王世棟（祝晨，齊河）

王欽福（以康，天臺）

濟南普利門外濟南日報館　谷鳳田

廈門東門石路四十號　陳佩真

Miss Naney See Swann

朱鏡宙（澤民，浙江樂清）

嚴良才，倉米巷三十六號

鍾敬文，廣州嶺南大學楊成志轉

南京城内嚴家橋居安里十八號曹寓轉　程仰之

蔣希曾（孝豐，湘鄉）

天瑞（閩侯，義門，南普陀）

廖雲基（碧虛，長汀）

陳之夔（海澄人，廈門美豐銀行華經理）

李鴻（子馗）

李次九（吳興人）｝弟兄

宋文翰（伯韓，金華人）

蔡璣（斗垣，晋江人，集美國學專修科主任）

陳延庭（同安人，集美學校科學館主任）

北大薪：

十四年一月二十二元（六月十七號取）

　　　　七十元（六月廿五號取）

　　　　八元（七月十六號取）

　二月一百元（六月廿四號取）

　三月三十二元（七月十六號取）

　　　　四十元（八月十號取）

　　　　廿八元（九月九號取）

　四月三十七元（九月九號取）

　　　　六十三元（十月二號取）

　五月三十七元（十月二號取）

　　　　三十五元（十一月十二號取）

　　　　二十八元（十二月二號取）

　六月三十七元（十二月二號取）

　　　　十五元（十二月廿一號取）

　　　　十二元（一月八號取）

　　　　二十元（一月二十號取）

　　　　十六元（一月三十號取）

　七月五十八元（一月三十號取）

　　　　二十六元（二月二號取）

　　　　十六元（二月十二號取）

　八月六十四元（二月十二號取）

　　　　十五元（三月廿九號取）

　　　　十三元（五月十二號取）

　　　八元（五月十七號取）

　九月十九元（五月十七號取）

　五十五元（六月十四號取）

孔德薪：

十四年七月五十元（七月廿八號取）

　八月五十元（九月二號取）

　九月五十元（九月廿九號取）

　十月五十元（十月廿九號取）

十一月五十元（十一月廿八號取）

十二月五十元（十二月卅號取）

十五年一月五十元（一月卅號取）

　二月五十元（三月一號取）

　三月五十元（四月廿七號取）

　四月廿五元（五月十九號取）

　　廿五元（六月十二號取）

　五月廿五元（六月十二號取）

一九二六年

（民國十五年）

一九二六年一月

一月一號星期五（十一月十七）

敬軒來，同游清宮，携康媛偕。二時出，歸飯。飯後出著述與敬軒觀之。

到維鈞處，未遇。到景山書社，開浙江書局書籍價。援庵先生來談。

作外舅挽聯，即書之。以發見訛點，將重書。

余最恨作挽聯，有人强我即生怨恨，而此次外舅逝世，京中更無親戚，其排場又一切老式，使我不能不送挽聯，苦甚。聯云：

"辛勞四十年，踪迹萬餘里，顧頷夕菊朝蘭。竟不堪蕭氣傷躬，一夜寒風失喬蔭。

魂斷燕京路，神歸齊女門，慘惻青楓黑塞。痛此後婿鄉涉足，滿天苦雨繫悲懷。"

一月二號星期六（十一月十八）

冰如來。陳其可來。重寫外舅挽聯。寫兼士先生信。

到外舅家，襄助接三諸禮，夜看和尚放焰口，十時歸。與朱厚夫先生談話。

外舅逝世後，予出款浩繁，而北大陽曆年關未得薪，孔德學校亦僅半薪，如何得了。履安因此肝火甚旺。

一月三號星期日（十一月十九）

理書。萬里、健卿來。彭、陶、謝、劉、譚諸女士來賀年。留慕愚飯。

與履安，慕愚，譚競之，謝女士游寧壽宮。四點出。

看《花陣綺言》上函。早眠。

史學系學生三十餘人，慕愚所發起之國史研究會居然有十七人簽名。今日將所擬會章交覽。如能有成，洵一可喜事也。

一月四號星期一（十一月二十）

理物，補記日記。讀《人類的故事》。

到校，寫平伯，乃乾，孟鄒，小峰，賓于，彥堂信。兼士先生來談。

到仲川處，中校同人聚餐也。

放假四日中，全消耗于應酬游覽。此心一放難收，覺坐不定矣。可見學問生活自當脫離其他人事，難于求全也。

外舅喪事，擬送奠儀二十元，薦七代儀十元，因向仲川借款五十元。

一月五號星期二（十一月廿一）

讀《人類的故事》。答覆賀年片五十分。

鈔《孟姜女研究》第十七次稿。到書社，寫亞東，北新兩信。

開振新書籍備取單。

一月六號星期三（十一月廿二）

讀《人類的故事》。整理孟姜女稿訖。

到景山書社。到校，寫父大人，小峰，正甫，平伯，兼士先生，新城，掞藜，敬文信。編第十四期《周刊》，即發稿。寄印刷課信。與伏園談。

鈔《人類的故事》入筆記中。

今日兼士先生爲向校中借得八十八元，可還許多小債。

欠債總數：

適之先生	二百廿三元零二分六厘
°仲川	一百元
°尚嚴	八元
°紹虞	卅四元
°乃乾	六十元零八角二分
履安（利在外）	六百零三元
°孔德	一百元
伯祥 } 聖陶 }	卅三元二角零九厘
°樸社	二十元
儲蓄會	三百十六元五角五分
北大	一百五十元

共一千六百五十二元六角零五厘。

康艮女兒	一百元

一月七號星期四（十一月廿三）

鈔《人類的故事》及《大誥》入筆記册。寫慕愚信。到外舅家。

在外舅家謝客，讀筆記册所録。夜伴宿，一點許和衣而眠，屢醒，五點許起。夜中進食兩次。

伴宿猶進香的守晚，亦猶蘇州喪儀中的鬧五更。

一月八號星期五（十一月廿四）

九點許出殯，走了四小時，到下斜街長壽寺停靈。坐馬車回喪宅，飯畢，即出。

到二院領薪，到書社交信。到三院，寫萬里，子水信。玄同先生來談。讀《人類的故事》。

以兩日酬應疲倦，早眠。

《周刊》以校中無錢買紙，排好校好而不能付印，悵甚。

一月九號星期六（十一月廿五）

讀《人類的故事》。

鈔英譯《離騷》及《離騷》原文入筆記冊。丹庭來。敬軒來。與介泉同到健卿處未遇。到伏園，春臺，郁周處，亦均未遇。到觀音寺街吃飯。

鈔《離騷》畢。

一月十號星期日（十一月廿六）

到景山書社，開社務會議。

健卿來，與之同到北海看滑冰。履安及介泉夫婦同去。健卿邀茶點于仿膳茶社。六點許，出後門，到地安大街購物。

修改《國學周刊始刊詞》。讀《要籍解題》畢。

一月十一號星期一（十一月廿七）

讀《人類的故事》。補記日記。修改《國學周刊一九二六年始刊詞》。

到校，茹丹庭來談印刷《周刊》事項。寫仲良信。

鈔英文。

一月十二號星期二（十一月廿八）

寫孟和擘黃兩先生信。草《古史辨》序四千言。丹庭來。

到敬軒處談一小時。

寫賓于，彬龢信。校《古史辨》。

一月十三號星期三（十一月廿九）

讀《人類的故事》。爲《周刊》擬募捐啓及章程。

到書社。到理髮鋪剃頭。到所，寫仲川，湘蓀，崇年，丹庭，矛塵信。半農，品青，小峰來談。到孔德，未遇誰。春臺來。

與介泉談話。鈔英文。

鹽務署過陽曆年時只餘五元，北大只二角七分五，政府之窮可想。京華印書局上年虧十三萬，志成印書館虧二千元，北新書局放賬六千元收不回，商人之艱亦可見。

一月十四號星期四（十二月初一）

讀《人類的故事》。續作《古史辨》自序六千言。

逮曾來談。

一月十五號星期五（十二月初二）

讀《人類的故事》。作《古史辨》序。

到校，作《求學與立志》一千言。爲《孔德旬刊》作也。所中以購唐壁畫事開會。品青來談。寫丹庭，仲川，湘蓀，崇年信。玄同先生來談。

翻看前數年筆記。

一月十六號星期六（十二月初三）

作《古史辨》序六千言。

到沙灘洗浴。

翻看前數年筆記。

一月十七號星期日（十二月初四）

作《求學與立志》一文訖，共二千言。點《果蠃與蜾蜂》筆記一則，入《語絲》。讀《人類的故事》。

與履安到天橋，買菊花鍋及洋熨斗。

健卿來談，至十一點別去。

《語絲》近來文甚少，屢邀予作，未之應。昨來函，謂將以無文停刊，想不忍見其夭折。因以舊日筆記一則鈔與之。予近日對于魯迅啓明二人甚生惡感，以其對人之挑剔詬誶，不啻村婦之罵也。今夜《語絲》宴會，予亦不去。

一月十八號星期一（十二月初五）

讀《人類的故事》。敬軒來。

作《古史辨》序三千言。希白元胎來談。

敬軒以護照未辦好，不即出國，將假予客廳編經學大綱，以予處書較多也。

一月十九號星期二（十二月初六）

讀《人類的故事》。萬里來。張聯潤來。敬軒來，留飯，飯後布置其書室。

到書社，寫廣東圖書館印行所及振新書社兩信。晤尚嚴。到校，到孔德，送萬里出售書。

作《古史辨》序二千言。補記日記。

一月二十號星期三（十二月初七）

作《古史辨》序二千言。

到校，寫援庵先生，仲華，元胎，崇年，平伯，春臺，愈之，聖陶，小峰，伯祥，紹虞，日刊課信。毛贊乾來談。作《季刊》廣告。

看筆記，集序文材料。

一月廿一號星期四（十二月初八）

以昨夜失眠，遲起。校《古史辨》廿頁。

緝熙夫婦，彭陶黃女士，伯平來談。寫丹庭，敬軒信。與履安到西四買物，游白塔寺。

與履安康媛弈棋。

日來作文較多，又失眠矣。上午三點醒，至七點許始得朦朧，長夜轉側，殊以爲苦。

一月廿二號星期五（十二月初九）

翻筆記集《古史辨》序材料。湘蓀來。陳其可來道別。

看澄惠學校雜志（智識）。甘蟄仙來。到所，寫敬軒，日刊課信。伏園維鈞來談。到小峰處，收《文學》款。

與履安康媛弈棋。

一月廿三號星期六（十二月初十）

讀《人類的故事》。翻筆記集材料。

剃頭。校《古史辨》。吳郁周先生來談。到校，爲向南洋僑商捐款事開會。即寫一信與溫源寧，囑其接洽。

檢《草字彙》。

一月廿四號星期日 （十二月十一）

讀《人類的故事》。到景山書社，查書。寫慕愚，春臺信。寫草書聯，爲敬軒寫橫披。

彬龢來。寫楊遇夫，乃乾，萬里信。

補記日記。與介泉談話。

近日依然心宕，夜中必醒，一醒必二三小時不寐。大便又秘。苦極。

一月廿五號星期一 （十二月十二）

讀《人類的故事》。翻筆記，尋序文材料。

到校，寫仲川信。維鈞來談。鈔《曲園日記》一則。

粘《詩經》論文。健卿來。

《周刊》十二期至今日始出。愆期三星期矣。

一月廿六號星期二 （十二月十三）

讀《人類的故事》。敬軒來，同到通伯處。

寫玉堂，慕愚，通伯信。爲書社馬君寫屏條四幅。看筆記，尋序文材料。

慕愚來書，示近作《黑夜里的小沙礫》一文，憤悱慘惻，如見其人。她將來的境遇，以現在情形推勘，爲恐怖黑暗壓迫以死，自甚近情。但如此奮發凌厲之人，若終受制于環境，鬱至于絕望，人生真太慘酷矣。

一月廿七號星期三 （十二月十四）

讀《人類的故事》。翻筆記，尋序文材料。

半農來。到校，寫芝生，慕愚，仲川，湘蘩，紹裘，崇年，紹虞，乃乾，孟鄒信。敬軒來。援庵先生來。校《吳歌》附錄。

鈔《莊子》論文（畢業試卷）入《古史辨》。

聖陶寄《蘇州評論》來，專評蘇州社會之報紙也。此事前本想爲，今欲作文而苦于無暇矣。

一月廿八號星期四（十二月十五）

讀《人類的故事》。校《古史辨》稿三十頁。作《莊子》論文跋尾，入《古史辨》。

緝熙來。寫孔德學校信。

翻筆記，尋序文材料。

一月廿九號星期五（十二月十六）

編《古史辨》附錄廣告。萬里來。

到會計課領薪。到校，看《敝帚集》，尋序文材料。維鈞，伏園，建功來談。希白來。

編廣告。健卿來。彭陶二女士來。

《古史辨》附錄廣告凡得十種：

（1）《古史辨》第二册。

（2）《國學周刊》。

（3）《崔東壁遺書》。

（4）《吳歌甲集》。

（5）《孟姜女研究》。

（6）《妙峰山》。

（7）《東嶽廟》。

（8）啓事。

（9）樸社出版部。

（10）景山書社。

一月三十號星期六（十二月十七）

編《古史辨》附錄廣告。讀《人類的故事》。

建功，賓于來。金甫來，丹庭來。編《古史辨》附錄廣告訖。到志成印書館送稿。

校《古史辨》稿。到東華飯店，仲良文玉宴敬軒，芝生，離明等也。

席間聞昨夜國家主義團體在二院宴會廳開會，討論反對俄人出兵北滿事，共產黨混入搗亂，挺擊國家主義中堅人物，致譚女士受傷。聞之駭絕。譚女士《黑夜里的小沙礫》一文竟應驗矣。

一月卅一號星期日（十二月十八）

校《古史辨》稿二校卅餘頁。到景山書社。剃頭。

與履安同到北海看溜冰會。看筆記。

補記日記一星期。健卿來。彭陶二女士來。

艮男發熱，已歷三天，今日差有愈意。此兒身體太弱，一傷風必咳嗽，一發熱必連日，奈何！

一九二六年二月

二月一號星期一（十二月十九）

寫慕愚長信，論國家主義進行事，鈔出。讀《人類的故事》。

到校，校《一九二六年始刊詞》。兼士先生，叔平先生來談。

中學聚餐會在我家舉行。

履安亦重傷風，兩鼻皆塞，夜中發熱，幸即出汗。她是到北海看滑冰着了凉了！

二月二號星期二（十二月二十）

粘貼所作報紙文字入册。以昨夜失眠，不敢多作事。作《研究所一覽·沿革》章三千言。

彬龢來談。與介泉談話。緝熙送樸社紙版來，久談，留飯。

昨夜宴後飲雨泉茶過多，又致失眠，二點許即醒，直至六點始得小眠。以後夜中當禁飲濃茶及咖啡。予之不自由至此。

得慕愚書，知頭部肋部受傷，并不重。

二月三號星期三（十二月廿一）

［《周刊》十七］萬里，緝熙來。到景山書社，爲社事開會，擬擴張新店。寫雪村，喬峰信。

到北海，通伯，金甫邀宴也。到校，校《始刊詞》二校。寫兼士先生，語堂，賓于，玄同先生信。川島來談。蟄仙來。

鈔筆記。

今日同席：敬軒　芝生　志摩　金岳霖　紹原　平伯　日本人　鄧以蟄　西林　通伯　金甫

今日爲岳丈五七，本擬往拜，而事務凌集，竟不成行。料想吳家一定說我傲慢了。

康嬡偕其同學良秀玉來，良弼第三女也。聞良家除其姊妹外已無他人，寄居外祖母家。

二月四號星期四（十二月廿二）

鈔録筆記。校《古史辨》稿廿餘頁。敬軒來，飯後同到大高殿看國務院書及檔案。

作"標點書籍"廣告。

看筆記。與履安同讀英文。

二月五號星期五（十二月廿三）

鈔筆記。景山書社來招，即往，商開分店事。分書籍門類。寫《蔡先生言行録》廉價招牌。

到新月社，紹原邀宴，爲《晨報副刊》撰文也。到所，與歌謡會算賬。編《周刊》一卷分類目録。寫玄同先生信。

看志成送來紙版。

今日同席：孟和先生　慰慈　平伯　紹原　志摩　通伯　陳博生　芝生　林宰平（後至）

第一院對面有成衣肆將閉歇，擬即就其原址設分店，一方抵制北新，一方亦自衛也。歡迎蔡先生回國，《言行録》特價五折。

二月六號星期六（十二月廿四）

寫父大人，李雁晴，紹虞，南揚，孟鞀，彦堂信。并寄托辦物件。緝熙來，留飯。

寫敬軒信，轉致廣東寄來書。到校，作《一覽・沿革》訖，寫兼士先生，守和，印刷課信。校《吳歌》。到孔德，晤隅卿。到登録室及考古學室算賬。

粘《周刊始刊詞》入册。

二月七號星期日（十二月廿五）

寫通伯書，送《周刊》。紹原來談。到社，寫范仲澐信，分書籍門類。志雲來，借徽章。

佩書丈來談。玉堂先生來，商《疑年録》統編事。粘貼《始刊詞》畢，讀一過。

讀英文。彭女士及其侄女守漪來。寫慕愚信，贈歷代名人年譜。

景山書社近日生意頗好，每天可得四十餘元。

佩書丈謂“有了私意才肯説公論”，此語極確。

玉堂先生擬將《疑年録》依新韻重編，另作索引二，一依筆畫，二依部首。如此辦法極好。因仍囑慕愚鈔完。

二月八號星期一（十二月廿六）

讀《人類的故事》。萬里來。看《花陣綺言》。鈔筆記，備文材。賓于來。仲華來。

馮式權（立仲）來。到校，理《周刊》。到孔德學校，晤隅卿，爲萬里書。紹原來，商競渡一文。

看《花陣綺言》二册（覓蓮記）。

二月九號星期二（十二月廿七）

作《上海的小戲》，備《晨報副刊》稿。讀《人類的故事》。

與介泉到子震處談話，并索藥塗鼻。到琉璃廠購物，晤胡品青先生。到新芳齋，付款。到敬軒處，未晤。到冰如處略談。即歸。

看《花陣綺言》畢。

二月十號星期三（十二月廿八）

〔《周刊》十八〕修改《上海的小戲》一文，畢，共四千字。敬軒來。

到金甫處，并晤巽甫。到紹原處送稿，未晤。到小峰處，索欠。寫伏園，春臺，印刷課，玉堂，慕愚，守和，金甫信。到孔德，爲萬里索款。校《周刊》十四期稿。半農先生來談。

讀《人類的故事》。

二月十一號星期四（十二月廿九）

讀《人類的故事》。緝熙來，同到書社。到售書課訪魯仲華算賬，未遇。回至書社，與緝熙萬里討論社務。到建功處，送《學衡》契約。

作樸社總部啓事，付印。緝熙夫人來。爲《現代評論》作《瞎子斷扁的一例——静女》一文。

到小峰處催《周刊》款。

二月十二號星期五（十二月三十）

修改《静女》訖，凡五千字。緝熙來算社賬，留飯。

到金甫處送稿，未遇。到小峰處索款兩次，才得五十元。到研究所。到市場剃頭。回家取錢，到印刷課付《周刊》印費一百元。理書。

夜飯後與履安介泉到景山書社，寫新到書籤條。紹原來談。介泉代領薪八成。

二月十三號星期六（丙寅正月初一　元旦）

介泉來談。寫兼士先生，守和，擘黄，經庵，佩弦，曹晋卿，施子京，平伯信。

伏園，春臺，學昭女士來，并偕履安同游東嶽廟。廟中出，游朝陽市場及東森里（在四景軒土阜上望四等寨子居室），即歸。

到伏園處，到賓宴春吃飯，到游藝園聽大鼓等，還紹興會館。兩點許，出彰儀門，看財神廟燒香。

　　財神廟燒香之盛，聞之久矣。今夕乃償此願。出彰儀門，路極難行，燒香者極多，遠遠望之，林中作白色。一夜不眠，頗倦，倚闌打盹矣。

二月十四號星期日（正月初二）

天明，游覽一周，即回伏園處，旋歸，九點餘也。與履安及二女到市場，到王姨丈處吃飯，三時許獨歸。訪健卿，未遇。

歸後，倦甚，伏案小眠。算樸社賬，發報告，夜飯後早眠。

二月十五號星期一（正月初三）

與介泉談話。小眠。粘《孟姜女》文。子震來。王姨母及膺東儼北兩表弟來，留飯。

到林玉堂先生處，晤慕愚，談編《疑年錄》事。王聖康來，緝熙來。彭陶二女士來。健卿來，久談。

粘《孟姜女》文畢。

以前夕未眠，今日早起不能張目，眼酸流淚。小眠片時，漸愈。午後已如常，猶稍昏眊耳。

二月十六號星期二（正月初四）

譚女士來，留飯。緝熙夫人來。

與履安，二女及譚女士游醫學校，看醫學展覽會。出，游廠甸。晤萬里，健卿。六點，譚女士至緝熙處。七點，我等歸。

溫書。

慕愚近讀《通鑑》，以《漢書·西域傳》"焉耆"二字可疑，見詢。檢丁謙書，乃知"耆"實衍文也。下午同游醫學校，有"半朓"，說明者未得其詳，轉輾詢問，必知其實乃已。此等"打碎烏盆問到底"的態度，使我見之悚然。

二月十七號星期三（正月初五）

[《國學門周刊》十九期。]到兼士先生處，并晤幼漁士遠兩先生。到金甫處，未遇。到譚女士處，送書目片。到紹原處，芝生處，介石處，均未遇。到仲良處長談。即歸飯。田培林來。

到碧澄處，外舅終七也。到佩書先生處。到厚夫先生處，到紹裒處，均未遇。到敬軒處，未遇，晤山立。到研究所，晤文玉。到北新及景山書社。

到通伯處，晤金甫，西林，敬軒。與介泉同歸。

去冬未下雪，今日曉起，乃見雪積半寸許。步行街衢，頗饒美感。

拜年至可厭，然有許多地方不能不去，又有他人既來不能不答。看一年只有一回面上，且犧牲數天罷。

二月十八號星期四（正月初六）

緝熙來。到幼漁先生處，久談。到西曼處，未遇。到崇年及辛揆先生處。到仲川處吃飯。

到平伯，麟伯處，均未遇。到彬龢處，參觀俄文法專。與彬龢同到東單東亞公司購書。歸。校《古史辨》。甘蟄仙來。

溫書。

二月十九號星期五（正月初七）

介石，琛如，賓于來。標點《蛾術編》中論社三則。寫魯弟，黃熙時信。

與履安同到緝熙，萬里處，小坐，晤鄞女士。到尹甫，頌平先生處，均未遇。訪王聖康，未得。到景山書社，志成印書館。到研究所，寫兼士先生信，校《吳歌》。

補記日記。

《周刊》所載《一九二六年始刊詞》，稱道之人極多，皆以爲愜心饜理，金甫謂其有西洋人之精神。士遠先生謂讀此正在熱病中，不覺精神頓爽。

二月二十號星期六（正月初八）

萬里來。平伯來，留飯。

君璧來，久談。

與履安及安貞到和平公園，又到健卿處，未遇，又到東交民巷散步。七點半，到華美聚餐。飯後到華樂看戲。一點，歸。二點眠。

久不觀劇，今日到華樂園看小蘭英及姚玉蘭玉英母女三人合演《四進士》，頗遒勁。

今晚聚餐，介泉緝熙兩家及我家新年公宴也。

二月廿一號星期日（正月初九）

校《靜女》一文。到景山書社，開會，商議社務。

録《窰子與堂子》筆記一則，入《語絲》。寫《群經平議》封面。編次雜文册及《古史辨》第二册稿。

連日游覽酬應，身體既倦，精神亦散，要作事頗勉强矣。因知生活不定，必難從事學問。近年國内學殖荒落，學者個人無志之罪小，社會不安寧之責大也。

今日風狂甚。

二月廿二號星期一（正月初十）

寫《諸子平議》封面。作《古史辨》自序三千餘言（第二次稿）。

到北新取款。到校，寫緝熙，金甫，小峰，印刷課，兼士先生，遇夫，維鈞，伏園，萬里信。到希白處。到澄清處。

校《國學週刊·〈説文〉證史專號》。

二月廿三號星期二（正月十一）

寫建功，書社，印刷課信。介泉夫婦來談。作自序七千餘言。

編書社書目。健卿來。

拂曉得一夢，夢中作詩，有句曰："誤我庚寅二十年。"醒來不解所謂，忽憶今年爲丙寅，過二十年適爲庚寅，甚奇。所謂"誤我"者何事耶？如在情愛方面，我甚願其誤，且二十年後亦不冀其醒也。如在學問方面，則無所謂誤，且安有二十年之期耶？記此，待庚寅年驗之。

　　此誤算，須過二十五年始得庚寅也。

二月廿四號星期三（正月十二）

　　〔《國學門周刊》二十期。〕作自序三千餘言。

　　到書社，晤通伯，爲之檢書數種。到校，寫萬里，平伯，丹庭，希白，山立，小峰信。

　　宴中學同學夫婦。飯後，攤牌九。十二時眠。

　　今日宴會到者：仲川　國任夫婦　崇年夫婦　湘蕪夫婦　紹裘

二月廿五號星期四（正月十三）

　　校《上海的小戲》一文。作自序三千餘言。

　　健卿來談。留飯，十點去。

　　看《四聲猿》。

二月廿六號星期五（正月十四）

　　魯仲華來，爲《新潮叢書》事。作自序三千餘言。

　　緝熙來。到校，寫兼士先生，小峰，丹庭，萬里，紹原，伏園，谷鳳田信。

　　翻看舊筆記。履安又以腹痛作嘔。

二月廿七號星期六（正月十五）

　　兼士先生來。萬里來。寫賓于信。

　　與履安同到廣和居，會駝群社諸先生，同游彰儀門外天寧寺，又至白雲觀。六點歸。

　　與艮男到中央公園看放花盒。

　　廣和居著名菜爲江豆腐，潘魚，粉皮燒魚等。此店自康熙中間設，至今二百餘年矣。

今日同游人：援庵　兼士　旭生　鳳舉　祖正　潤章　士遠
萬里　遏先

二月廿八號星期日（正月十六）

緝熙來。賓于來。碧澂來。建功來。擬樸社廣告，寫丹庭信。

爲賓于事，打電到福州。與介泉夫婦同游白雲觀，由上斜街出
西便門，由平則門歸。順道游白塔寺廟會。六時半歸。

鈔出白雲觀材料。與介泉同到景山書社。

一九二六年三月

三月一號星期一（正月十七）

緝熙來。作自序三千言。

謝，彭，陶三女士來。昂若來。到校，寫賓于，悟梅，維園，
維鈞，逮曾信。

到湘蓀處，中學同人聚餐也。九點散。補記日記。

三月二號星期二（正月十八）

賓于來。作自序四千言。

仲華來，萬里來，皆爲《言行録》廉價事。

看《古史辨》清樣。

艮男又咳嗽，今晚發熱。此病時發，終非佳兆。

三月三號星期三（正月十九）

辛旦來。緝熙來。逮曾來。張聯潤來。翻舊日記。

佩書丈來。與萬里同到研究所，又同到孔德。與玄同先生談

話。半農先生來談。寫馬祥符信。研究所以經費事開會。

到賓于處。到小峰處。到書社，寫地質調查所信。編《古史辨》目録。

三月四號星期四（正月二十）

賓于來。作自序三千餘言。

到所，爲經費事開會。與援庵先生談話。寫仲華，丹庭信。

讀《歷代詩餘》。緝熙來。

今日早起，喉間作噁，竟日不餓，僅早飲牛乳一杯，夜進餃子數隻而已。恐是交春發舊疾也。艮男咳嗽漸稀。

三月五號星期五（正月廿一）

作自序四千餘言。

譚女士來書，即答之。姨母來，留飯。飯後談至九時半去。緝熙來。

慕愚送近作小説《雲平》一篇來，與履安共讀之。覺其傳奇意味過重，當是受曼殊小説之影響。

三月六號星期六（正月廿二）

辛旨來。作自序二千餘言。翻讀《左傳》《國語》。寫謝女士信。

通伯來。

修改自序。理桌上書物。

《古史辨》自序，一月中起初稿，并集材料，約費一星期。近兩星期中作二稿，每星期可得五日，上星期作二萬字，本星期作一萬字。此爲予生平第一長文。

三月七號星期日（正月廿三）

萬里來。到馬神廟剃頭。到景山書社開會，并晤平伯佩弦。

與慕愚女士同校《疑年録》諸誤點。七點別。彬龢來談。

寫叔父，雪村，賓于信。與介泉談話。

《疑年録》除五續外均有誤。慕愚以年號，甲子，年歲細細對勘，查出誤處百餘條，與我同校之。

三月八號星期一（正月廿四）

看汪静之《耶穌的吩咐》。作自序三千言。緝熙來。

到校，寫萬里，彬龢，半農，章棟文信。

與介泉談話。

聞伏園言，建功前數日病流行性感冒，近日轉爲肺炎，熱度高至四十一度，住北京療養病院中。甚可憂慮。

三月九號星期二（正月廿五）

賓于來談。編集《孟姜女研究》結賬。

健卿來。

爲慕愚改小説五頁。

三月十號星期三（正月廿六）

編集《孟姜女研究》結賬。作《吳歌甲集》廣告。

到北京療養院視建功病，略愈。

與履安艮男接龍。爲慕愚改小説五頁。

三月十一號星期四（正月廿七）

編集《孟姜女研究》結賬。姨母來，偕履安同游清宮外東路。

寫小峰，仲華，丹庭信。

爲慕愚改小説五頁。

三月十二號星期五（正月廿八）

編集《孟姜女研究》結賬。

到校，寫賓于信。

爲慕愚改小説五頁。

結《孟姜女故事研究》賬，至今四天，尚未完畢，可見其多。

本日爲孫中山先生逝世紀念，左派在三殿開會，右派在中央公園開會，超然派在碧雲寺開會，予均未去。予真太不閑了。

三月十三號星期六（正月廿九）

編《校勘記》畢。魯仲華來，爲《言行録》事，由介泉對付之。此後想不來矣。

編崔東壁《佚文》畢。

到介泉處談話。爲慕愚改小説二頁。

前日接汪孟鄒來書，謂《東壁遺書》急須排完，適之先生之文將在上海做，囑趕將附録各件寄去。因于今日動手。此種材料久已備齊，只因無人逼迫，遂至一再遲延。要我在作文著書上賺錢，真是不近情理之事。

三月十四號星期日（二月初一）

編《傳狀》訖。

陸尹甫太表叔，元胎，陳頌平世丈，萬里來。編《評論》至夜一時，訖。

昨語絲社宴會，予仍未去。此後永不去矣。魯迅等在報上作村婦之罵，小峰又以《言行録》事屢慫恿魯仲華來找麻煩，均可厭。

本日原擬到藝專看林風眠畫展覽會。以大風未去。星期日不去，則別天更無望矣。

三月十五號星期一（二月初二）

陳翰笙來談歷史問題。編《序目》訖，編《附錄》未完。

剃面。到校，寫佩弦，平伯，萬里，半農，燦如信。

到瑞祥公寓詢建功病，知已大愈。到景山書社。寫黃文淵，傅公魯信。

三月十六號星期二（二月初三）

編《附錄》訖。看《訪瑤記》。

寫黃熙時信，令于陰曆三月初三日前作覆，遲則由法律解決。寫適之先生，汪孟鄒，余昌之信。寄《東壁遺書》。賓于來。將慕愚所作《雲平》小説改畢，即作函送去。萬里來借《唐書》。

補記日記四天。與介泉夫婦談話。

盡四日之力，將《東壁遺書》附錄理畢。此後尚欠它一序，又須編勘誤表及細目。大約尚有半個月功夫也。附錄六種，共八萬餘言。

三月十七號星期三（二月初四）

編集《孟姜女研究》結賬訖。緝熙來。

到所，看山西永濟壁畫，與兼士先生談話。伴陳翰笙先生等觀檔案室。寫丹庭信。賓于來。寫小峰，萬里，隅卿，襄哉信。

休息。

慕愚見贈影片一架，手攝于陶然亭者。雲凝樹暗，甚有悲意。

三月十八號星期四（二月初五）

麥第營來，爲售臨川李氏宋拓《淳化閣帖》字，因寫尹默叔平兩先生介紹片。作自序三千餘言。伏園來借條約。

陳其可來。慕愚女士來，將所草自序看畢。

訂自序，并翻改。

　　今午國民大會到執政府請願拒絕八國通牒（炮擊大沽日輪事），衛隊開機關槍，傷者百餘人，死者四十餘人。在國民軍之下而衛隊敢爾，謂非執政府與國民軍默契而然乎！年來，國民頗有依賴馮玉祥之意，得此教訓，宜也。

三月十九號星期五（二月初六）

作自序三千餘言。今日晨大雪，下午止。

賓于來。到校，寫兼士先生，子震，谷鳳田，四穆，悟梅，孔平，姚名達，小峰，萬里信。與伏園談。

改自序。

　　報載府中擬下令捕徐謙，李大釗，易培基，李煜瀛，顧孟餘等。段氏固非下令之人，但徐氏輩實在鬧得太利害了。我對于這種人，和段氏一樣地深惡痛絕。

三月二十號星期六（二月初七）

作自序三千餘言。

振新書到，到景山書店標價。

到廣澄園剃頭洗浴。改自序，至十二時。

三月廿一號星期日（二月初八）

看庾子山詩。與介泉到景山書社，商量印書等事。編書社書目。

與履安到緝熙處，聽留聲片。并晤酆女士，趙丹若。五時歸。健卿來。

鈔檢孟姜女材料。

三月廿二號星期一（二月初九）

彬龢來談。作自序二千餘言。

介泉來談。到校，寫父大人，仲周，兼士先生信。維鈞伏園來談。爲悟梅作劉和珍女士挽聯二則。

粘《窰子與堂子》文。寫萬里，悟梅，祚莅信。

三月廿三號星期二（二月初十）

作自序三千餘言。

賓于來。緝熙來。補父大人信。寫孟鄒信。爲樸社致亞東信。寫慕愚信。

到北海看黃昏。與介泉談話。

三月廿四號星期三（二月十一）

作自序三千餘言。仲川，萬里來。

填研究所大事表。到景山書社，標振新第二次來書價目。到校，校《吳歌甲集》。寫維鈞，矛塵信。

改自序。介泉夫人來談。

介泉夫人本定今日行，因國民軍退兵，京津車又擠抑不通，只得暫罷。

近日京中洋價，漲至三十三吊三百，油鹽店中無存鹽，米價亦日漲，小民之苦可見。

三月廿五號星期四（二月十二）

寫伏園，山立信。修改自序廿餘頁。

仲良來。

　　父大人來書，囑俟時局平定後即另謀生計。像我這樣的癖氣，如何可以另謀生計！

三月廿六號星期五（二月十三）

　　修改自序二十頁。看國瑞女士日記血書。

　　仲川，緝熙，紹裘來。到所，寫慘案委員會，仲華信。

　　介泉夫婦來談。逮曾來談。

　　北大八國通牒慘案委員會中，予被選爲委員。予自問不能辦事，且無暇閑，因去函辭之。

　　近日北京空氣陡然緊張，夜中路無行人。紹裘等已在東交民巷賃屋避難。府衛隊和國民軍有衝突之説。車價極廉，有人喚即就雇。

三月廿七號星期六（二月十四）

　　修改自序二十餘頁。

　　謝女士，緝熙來。

　　與履安到建功處及景山書社。校《吳歌》序。

三月廿八號星期日（二月十五）

　　答劉大白（静女），紹虞，徐信甫（蒼雅書）信。

　　理抽屜。修改自序十頁。

　　遇健卿。與履安及介泉夫婦到北海，蕩船。

三月廿九號星期一（二月十六）

　　修改自序三十一頁。

　　到二院領薪，到校醫室看介泉，到一院看烈士追悼會。到北新看小峰，到景山書社，到三院。即歸。遇志摩，稍談。

三月三十號星期二（二月十七）

寫小峰信。修改自序二十六頁。

到兼士先生處，未晤。到十刹海。

理樸社文件。校《吳歌》序。

兼士先生有被通緝之説，故近日避入東交民巷法國醫院，實過慮也。

三月卅一號星期三（二月十八）

作自序十一頁。萬里來。

到所，與伏園談，寫仰光周刊社，彬龢，元胎，印刷課信。點録鬼簿。

介泉來談。

作《古史辨》自序：陰曆年前七天　陰曆本年廿七天

一九二六年四月

四月一號星期四（二月十九）

介泉來談。修改自序廿五頁。

寫辛旨信。緝熙來。通伯來。

伏園來，同到北海赴改進社宴。寫書社，紹原信。

教育改進社以美國開百五十年紀念展覽會，籌備出品，邀予主持國故一部分。今晚在北海漪瀾堂設宴，主爲陶知行，凌冰，衣萍。客爲予，伏園，黎劭西。

近日人心甚恐慌，以畏三軍搶劫也。外國醫院教堂，遷往者極多。

四月二號星期五（二月二十）

編樸社報告及舊會計總報告。李璞（天福）來。

修改自序三十頁。到校，晤伏園建功。寫潘哲悟梅信。

介泉來談。

今日有奉軍投炸彈于西直門外國民軍糧站，死民婦一人。予家在景山北海之間，峰塔高聳，景山中住國民軍四千人，大可爲飛機標的。以他人處此，恐當遷移。惟予貧困至此，何來此搬家閑費，亦只有聽之而已。且二年以來，可已而不已之悲傷常侵襲于心，生死之情了無怖畏矣。

履安近日以貧故，不懌之色，萃面盎背，使我不歡。

四月三號星期六（二月廿一）

衣萍來。修改自序，草孟姜女故事演變表。

彬龢來。賓于來。

與履安及介泉夫婦至旃檀寺西什庫散步。

今日投下炸彈甚多，在予寓近旁者，有雪池一枚，北海三枚，西安門一枚。最近者距予寓不一百步。窗櫺振動，如地震。

四月四號星期日（二月廿二）

到馬神廟剃頭。到景山書社。保衡來談。在仲川處吃飯。

到仲川家開會，以避炸彈也。與緝熙到北新書局。看《唐人小說》，記筆記。芝生來談。

介泉來談。

今日投炸彈，四城俱有。清宮文淵閣亦墮兩枚。

四月五號星期一（二月廿三　清明）

修改自序。作孟姜女故事地域圖。

到所，寫潘哲，伏園，衣萍信。爲教育改進社草徵書信。與介泉夫婦，崇年，履安游陶然亭，龍樹庵。到山立處。遇健卿。

希白元胎來談。記日記。

今日投彈七個，都在南城。過王府井大街，見警衛司令部載奉軍偵探到天橋槍斃。待我們乘電車到天橋時，尸身已抬出永定門掩埋矣。人命倏忽，思之嘆息。

今日原擬到城隍廟看妓女上墳，乃去時已遲，僅見君宇情人設祭耳。明年，當于清明前一日或清明日上午往看。

四月六號星期二（二月廿四）

寫慕愚，賓于，悟梅信。畫孟姜女故事地域圖略畢。

草自序三千言。緝熙來談。

理物。看《莊子》。

今日奉方飛機來而未投炸彈，想以景山上有防禦，恐發炮射擊耶？

四月七號星期三（二月廿五）

看《山海經》。草自序三千言。

萬里來。到校，寫兼士先生，賓于，仲華，濬哲，佩弦信。

看《戲曲考原》。

四月八號星期四（二月廿六）

草自序三千餘言。張聯潤來取瑞安集古齋書籍。寫慕愚片。

寫祚茝，崇年信。

看《古籀拾遺》。

慕愚來書，謂擬畢業後到湘西設立學校，從事宣傳，擬改入教育系。余意，教育學基于心理學，其實施則在于經驗，費三四年之日力于教育課上，甚不值得。擬勸以多選政治，經濟，社會，心理諸課，不必改系。

四月九號星期五（二月廿七）

到金甫處。到書社。到玉堂先生處，合慕愚三人共商量名人生卒年表事。十二時歸。

校書社漢文書目。草自序二千言。介泉來談。到校，晤伏園，建功。

到志摩處，邀宴也。

今日同座：（主人）志摩　金甫　趙太侔　鄧叔存　（客）林風眠夫婦　通伯　平伯　余上沅　聞一多　張歆海　陶孟和　馮芝生　凌叔華　陸小蠻　張奚若　丁巽甫　小畑　王代之

四月十號星期六（二月廿八）

慕愚來。草自序三千餘言（初稿畢）。彬龢來。

寫志摩信。介泉來談。萬里來。

與履安到後門西首散步。

今日鹿鍾麟驅逐段祺瑞，釋曹錕，迎吳佩孚入京。一年半間事，變幻至此。

慕愚來，允不改系，甚慰。昨日艮男又染時症傷風咳嗽發熱，今日仍未褪凉。此兒身體薄劣至此。

四月十一號星期日（二月廿九）

到仲川處，為樸社出半月刊事開會，推平伯為總編輯，予及佩弦萬里為編輯，崇年司雜務。

鈔祝英臺故事，釘一冊。鈔《十三經注疏》目，釘一冊。

看《杜文瀾瑣記》。

昨夜炮聲不絕，予以酣眠未聞。今晨奉軍又來投炸彈十餘枚，以西直門爲多，蓋志在毀京綏路也。夜中炮聲又作，寓中不眠者甚多，予與履安依然酣睡。

四月十二號星期一（三月初一）

鈔《十三經注疏》目。改自序十一頁。萬里來。

張聯潤來。紹原來。到校，寫澄清信。到書社，到建功處，到金甫處，晤唐有壬先生。

介泉夫婦來談。看《廿史朔閏表》。

今日奉軍飛機在西直門廣安門一帶投炸彈三十餘枚，死數人，傷數十人。是爲投炸彈以來最劇烈之一天。上午炮聲與昨晨一樣緊，夜中未聞。

晨報館派取稿費通知單來，以需用甚急，由履安往領。《上海的小戲》，三千餘言耳，酬至八元，出于望外。

四月十三號星期二（三月初二）

修改自序約二十頁。

賓于來談。

看《語絲》。理書桌。

今日奉軍飛機未來。昨夜中似無炮聲，今晚又大作矣。

曹錕向國務院索總統印，可笑。

四月十四號星期三（三月初三）

修改自序十餘頁。

悟梅來。到校，寫兼士先生，平伯，玄同先生，周友蓮，印刷課信。校《吳歌》。到書社，寫謝女士信。

寫慕愚信，送書價。爲健卿寫橫披二。

夜八時許，炮聲又作，視前益密，徹夜未停。

今日天氣晴和，春暖困人，頗有風懷，夜遂得夢。

四月十五號星期四（三月初四）

彬龢來。修改自序二十頁。

與介泉到朝陽門，王姨丈宅，燈市口等處。

談話。修改自序。

炮聲至午刻尚未停。通州人來，謂奉軍已衝破戰綫，到大馬莊，離朝陽門僅廿餘里耳。城中大恐慌。與介泉出觀，携箱篋避入保衛界者甚多，挂洋旗者亦甚多。街市慘澹，若大亂之將至。

四月十六號星期五（三月初五）

修改增作自序三千餘言。寫小詞二首。

看《莊嶽委談》。

微風入户，細雨盈庭，悲意襲人，此心欲碎。自念年歲漸長，而性的煩悶轉逾往日，甚所不解。天氣寒燠不時，身體頗不舒服。飯量較減。

國民軍于昨日完全退出西直門，奉軍未進城。王士珍等推吳炳湘爲警察總監。唐之道兵進城，自爲京師警衛總司令。段有復職之説。

四月十七號星期六（三月初六）

修改自序。

到校，研究所開内部會議。到書社。萬里來談。

介泉來談。看《現代評論》。

聞奉軍入城，又于夜間聞炮聲，景山左右吹哨甚急，履安頗驚惶，因勸之歸。夜中予即合眼，她至二點許始成眠。

四月十八號星期日（三月初七）

略改自序。健卿介泉來談。理筆記。

葵如來談。與履安艮男及介泉夫婦游中央公園，看丁香，遇緝熙，丹若，士弘，漢威，伯平等夫婦及崇年等。七點歸。

與介泉談話。改作自序兩頁。

閱報，知昨日炮聲乃係安定門外火車上地雷墜落所致，非攻擊也。奉軍有不入城之說，人心頗定。

四月十九號星期一（三月初八）

修改增作自序廿餘頁。竟日大風，天色發黃。

校景山書社書目。

洋價最高時，至三十三吊四百，今日跌至二十四吊餘。數日之間，相距至此。聞錢鋪子有許多皆閉業，蓋懼奉票也。

四月二十號星期二（三月初九）

修改增作自序十餘頁，畢。

標點自序二十頁。到金甫處，未遇。到建功處，談半小時。

東安市場大火，燒去丹桂商場九十二間。

段祺瑞于今日逃天津，復位僅三日耳。

四月廿一號星期三（三月初十）

校書社書目。標點自序五十一頁。

到校，寫萬里信。到書社。

寫芝生，琯生，龍叔信。與介泉談話。

奉軍遷往景山。旬日之間，景山三易其主矣。以奉軍使用不兌現之奉票購物，商店閉門者甚多。

《子愷漫畫》寄來，最好者爲燕歸人未歸，燈前，花生米不

滿足，買粽子，阿寶赤膊，欄杆私倚處遥見月華生，人散後一鈎
新月天如水等幀。詩趣非常豐富。

四月廿二號星期四 （三月十一）

緝熙來。標點自序四十九頁。萬里來。

景山書社送新出版書來藏匿，防搜檢致累也。聞北大有搜檢
信息。

近日城中駐軍有八種之多，臂章複雜難認。回想炮聲殷殷時，
猶覺那時恐怖氣象甚輕淡也。

近日城中除油鹽店外，幾乎完全罷市。奉軍購物，以軍用票
付找，不但物要白送，且要貼錢。有不應者，甚至槍殺。雖有軍
律之告示，但郊外有女子被奸，其父往司令部控告，乃斥其壞本
軍名譽，即將其父槍殺。郊外村鎮，兵入居之，驅男而留女。城
中旃檀寺附近，有兵士叩户而問有無女人。因此，履安甚怕，懟
怨我無錢不能搬家。奉軍以攻擊國民軍宣傳赤化，主張共產公妻
爲名，乃先縱令部下與人共產公妻。國民軍未退時，張作霖與王
士珍電報，謂敵方退却之日，如奉軍有一兵一卒進城，作霖甘負
失言之咎。今奉軍進城萬餘人矣。

四月廿三號星期五 （三月十二）

標點自序二十頁。

送介泉夫人上站，晤翼青，同往前門一帶看閉門的鋪子。又到
站送行。以車不知何時開，先歸。在站遇汝璵。緝熙來。

寫建功信。

前門一帶商鋪，除瑞蚨祥，同仁堂等數家外，完全關門。市
場惟電影場未停。

四月廿四號星期六（三月十三）

寫父大人信。標點自序十六頁。建功來。剃頭。

與建功，履安同到緝熙處，與建功同到萬里處，又同至奧國公使館看照片展覽會。出至市場。五點歸。看《史闕》。

標點自序十四頁。

欲爲建功與鄷女士撮合，故今日約其同觀照相，未知如願否？奧使館照片展覽會約二百幀，惟光社出品爲佳，餘均匠耳。老焱若先生得獎二，吳郁周先生得獎一，錢景華先生得名譽獎一，萬里得名譽獎一。又一名譽獎，爲外國人某君所得。此次照片什八爲外國人，而其藝如此，可見光社成績之優。

四月廿五號星期日（三月十四）

標點自序三十八頁，畢。

健卿來。仲川伴頌皋來。常燕生，林德懿來。自序斷句六十頁。與介泉談話。

頌皋于昨日來京，不久即將赴法，自費留學，同輩中有志士也。

燕生囑到燕京演講。此在以前惟有爽快辭去，近以希望脫離北大，乃不得遲疑矣。

京城中到今日連油鹽店也關門了。履安頗恐慌，又思歸去。

四月廿六號星期一（三月十五）

自序斷句畢。

寫康媛信。彭謝二女士來談。到仲川處，與頌皋同到中央公園，仲川國任宴頌皋于長美軒。陪者有介泉，陳三立，及我。九點出。在園遇伯平，翼青，麟伯，萬里。

失眠。

彭女士來，謂準備通緝之二百零八人，内北大有一百六十人。仲川囑予暫避，但予所發表文字未嘗及政治，想不致牽入耳。聞彭女士言，軍用票已發出九千萬（連山東等處在内）。可怕！

《京報》社長邵飄萍于前晨被捕，今晨槍斃。伏園已于前日南旋矣。

四月廿七號星期二（三月十六）

到北大，到建功處。萬里來。頌臯來，與介泉同宴之于漪瀾堂。仲川來，同在北海中搖船，五時出。

作《曹女士墓碣》文。寫祚茝信。

與介泉談。校《孟姜故事》文（入《現代評論》）。

晨間挑水夫來，私告女僕，謂昨夜北大大燒，彼等一夜未眠。余詢之，彼支吾其辭。乃到校看了一轉，無甚異樣。想燒去者乃與黨務有關之文件耳。

四月廿八號星期三（三月十七）

校《孟姜故事之歷史的系統》一文畢。重作《曹女士墓碣》。剃面。

到北海漪瀾堂，金甫等招宴也。凡兩桌。三點歸。黃孝徵女士來借《宋元學案》。到通伯處，送自序稿。到書社，看近數日賬。到研究所，寫致售出課信，《季刊》歸登録室贈閱。與兼士先生及建功談話。寫小峰，品青，維鈞，元善信。開《周刊》印期單。

晚飯後休息。

今日同席：上村清敏　小田　墨龍　陳博生　徐志摩　王世杰　周鯁生　丁巽甫　高一涵　陳通伯　唐有壬　陶孟和　楊金甫　馮芝生　張奚若　燕樹棠　皮皓白　任叔永　石蘅青

上村，日本《改造雜志》總編輯也。聞《改造》可銷至十萬份。將出一中國號，由上村調查歸爲之。

四月廿九號星期四（三月十八）

培書來。逮曾來。擬草標點《十三經注疏》計畫書，點讀皮鹿門《經學史講義》。

寫振鐸，元胎，玉堂信。與介泉到頌皋處，未遇。到陳公望，平伯，崇年處，亦未遇。到紹原處，久談。到芝生處，又未遇。歸。

通伯來談，評騭《古史辨》序。

《古史辨》序中孟姜女故事一部分，通伯謂離之兩美，合之兩傷，因擬獨立。

四月三十號星期五（三月十九）

寫啓明先生信。修改自序十八頁，即發印。崇年來。衣萍來。

寫丹庭信，送自序稿。看家譜。頌皋來談。到三院，寫援庵先生，谷鳳田，劉經庵信。校《吳歌》稿。到夏葵如處。到書社，途遇士弘。

與介泉談話。寫振鐸信，爲售孟姜女文稿事。

今日天氣甚熱，下午極倦，幾不自禁其瞌睡矣。

一九二六年五月

五月一號星期六（三月二十）

接讀皮氏《經學史講義》畢。

良秀玉來，看《地老天荒録》。鈔《彙刻書目》中之注疏，阮本《注疏》序。

與介泉及二女到西安門大街散步。

五月二號星期日（三月廿一）

張聯潤來，校景山書社書目。鈔《語石》中石經章。頌皋明日歸，因共游北海。同游者仲川，國任，菊初，介泉。在園遇鯁生，西林，伯平等。平伯，佩弦來，未晤。

翻看一年來日記，爲之悵然。鈔《語石》石經畢，接鈔《書林清話》中阮刻《十三經注疏》一章。彬龢來談。

伯平來，留飯。

今日伴頌皋游北海，蕩舟二小時許，論理應多樂趣。但不召自來之悲感中于余心，頓覺良辰美景皆爲慘霧所籠罩。此無他，閑故耳。余之方寸真不能閑，偶離學海，即隕愁淵，奈何奈何！

五月三號星期一（三月廿二）

六點起。到東站送頌皋出京。鈔集《十三經注疏》材料。王聖康來。看凌叔華女士《説有這么一回事》。

爲彬龢開書目單。緝熙來，未晤。到所，到藏書室檢借參考書。寫衣萍，玉堂，建功，芝生信。歸，健卿來，邀游中央公園，茗于來今雨軒。

健卿邀往歐美同學會吃飯，剃頭。

健卿爲人，過于兀傲，務喜與人持反對之議論而實無堅强之理由，以是人皆遠之。予以幼時同學，略與寒暄，遂至引爲知己。至可憐也。

在站遇伍蠡甫（范），在來今雨軒遇張志讓，皆欲來訪。

今日爲輯集注疏材料，特意早歸，那知爲健卿所邀，夜十時始歸。有願未酬，心中頗不快。公園牡丹雖好，終覺非真樂。以此知游散不能强爲。

五月四號星期二（三月廿三）

寫剛五片。鈔五四時通信訖。到王聖康處送托帶父大人物，未遇。到西車站，剛五招宴也。

作《十三經注疏》說明書一千五百言。與介泉艮男到後門散步。

改說明書。記日記。

今午同席：仲川　國任　湘生　甘先生　剛五（主）

剛五在奉軍，任團部軍需官，原隸郭松齡，郭倒戈失敗，隸張學良。自通州戰勝，駐北苑。今日飯後他們到後門逛私娼。此是軍人本色，乃恐我笑，謂是逢場作戲。這種卑屈的態度我倒不贊成了。

三月初買的金魚，兩家十數尾，至今日死完。

五月五號星期三 （三月廿四）

修改《五四時的三封信》訖。約三千言。張友松來，詢歷史博物館古物意義備譯。

作《注疏》說明。為友松檢書。葵如來。到書社，檢書，寫萬里信。到校，寫售書課，金甫，衣萍，悟梅信。彬龢來談。

道遇維鈞及玄同先生。看《新女性》。與介泉談。鈔古物意義單。

自校中歸，至沙灘，有一騎自行車之女子長在予車之前，至大石作口始分道。她穿白紗衫，青紗坎肩，御車姿勢之好，真所謂翩若驚鴻，婉若游龍。如此美感，如何不使人生戀，惟有暗暗為其祝福耳。人生到此，學問尚為土苴，更何論朝市齷齪鬼之所為哉！

五月六號星期四 （三月廿五）

寫友松信。作《注疏》說明及計畫四千言。

寫仲周，緝熙，芝生信。到佩書丈處。

看《學衡》，《華國》。夜失眠。

五月七號星期五（三月廿六）

碧澂來。與履安艮男介泉到崇效寺看牡丹，到廣和居吃飯。

飯後到中央公園，遇彭，謝，蔣，陶，吳五女士，及彭女士之妹及侄女，茗于春明館。到花神廟照相。

校《古史辨》自序前十三頁初校。

崇效寺牡丹有名，然亦只歷史上之名望耳。論其實際，未必能勝公園。所謂黑牡丹，實紫色者，公園中甚多。以昨夜失眠，故今日游覽竟日。在公園中遇諸女士，所不料也。彭女士之侄女守漪，與艮男甚好。她一家于明日南歸。未知此後尚能相見否。

五月八號星期六（三月廿七）

傅彥長先生來，留飯。飯後同到景山書社，又同至校醫室。

遇郁周先生。修改《古史辨》自序二十頁。到三院。

到中央公園長美軒，語絲社爲語堂先生餞行也。在園遇維鈞。歸，紹原夫婦同行，到我寓借書。

語堂先生以北京站不住，將往就廈門大學文科學長，邀我同去辦研究所。我在京窮困至此，實亦不能不去。惟此間基礎剛布置好，捨去殊戀戀耳。

彥長前日來京，縱談一日，殊快。他説話甚勇，要推翻中國聖賢文化之根株，惜不多寫出也。

五月九號星期日（三月廿八）

伍蠡甫來。到景山書社，爲社事開會。

到彥長處，與同至啓明先生處，談至六時許，冒雨歸。

晚飯後倦甚，九點即眠。

蠡甫爲伍光建先生之子，極好書畫。與頌皋同學。在《現代評論》中讀我《古物陳列所書畫記》一文，久知余，此次因頌皋來京，遂相識。

五月十號星期一（三月廿九）

修改自序三十頁。

寫陳繩夫信，購《籀膏遺文》。彬龢來，道別。緝熙來。

與介泉到北海散步，遇通伯及凌女士。校自序前十頁再校。寫彬龢信，送行也。

彬龢將到日東京，就高級中學漢文教師職。

五月十一號星期二（三月三十）

校自序再校。修改自序二十頁。馮世五來取書。

芝生來。寫紹原片。到語堂處，到研究所，即歸。寫慕愚，蠡甫信。寫潘哲條。

與介泉，履安，艮男到西安門散步。與介泉談話。記日記。

芝生來，謂華語學校（美國人立）中人都讀我所作文，甚思一見。又燕京中 Swann 女士近草《班昭》一文，亦欲與我商榷。因約下星期四同去。

五月十二號星期三（四月初一）

修改自序二十頁。仲川與曹赤霞先生來。到校領薪。

到校，爲加入東洋考古學會事開會。寫印刷課，潘哲，悟梅信。到書社，寫徐信甫，中國書店信。

曹赤霞先生，我父皖中同事也。近以修其故鄉青陽縣志，邀仲川介紹來問義法，我何曾懂得志書義法，因向余越園借《龍湖志》稿。

夜三點半，爲艮男哭覺，遂不成眠。

今日發出薪一成，距取一成五時已一個半月矣。

五月十三號星期四（四月初二）

修改自序三十餘頁，改畢。看《性史》。

到書社，看郭沫若著《卓文君》劇。與介泉到適之先生處。回家，遇彭陶謝女士。

友松來。校《古史辨》序排稿。

適之先生于今日下午三時歸京，已出京七八月矣。本年七月中，即須到英國開會。他説將來可在退還賠款內弄一筆留學費，我們可一同留學。這使我狂喜。我在國內牽掣太多，簡直無法進修。誠能出外數年，專事擴張見聞與吸收知識，當可把我的學問基礎打好。

五月十四號星期五（四月初三）

寫慕愚信。建功，語堂先生來，爲名人生卒片事。留飯。

王祝晨先生（山東一師校長）來，同到研究所參觀。伍蠡甫來，又參觀。希白元胎來。

校《古史辨》序。友松來。寫衣萍信。

王祝晨先生，名世棟，山東齊河縣人，在山東學校始創白話文。自張宗昌督魯，遂被免職。現在山東各校均讀經矣。

生卒片由建功注音。

五月十五號星期六（四月初四）

編集樸社報告訖。寫仲川信。

彥長來談。與彥長介泉同到適之先生處略談，到通伯處，未晤。到競生處，未晤。到緝熙處，小坐。到魯迅處，談半小時。到章衣萍處，未遇。

與彥長介泉在西四四如春夜餐，到牛奶處飲酪。寫慕愚書。

五月十六號星期日（四月初五）

到伍蠡甫處談話看畫。

寫紹虞，彥堂，伯祥，悟梅，父大人，辛旨，侃如，瀚澄，靜聞，賓于，孟劬，佩弦信。

寫丹庭信。寫適之先生信，詳述生計狀況。

擬將《東壁遺書》版權售與亞東，函詢適之先生。（予負債幾及二千元，此爲六年中服務社會之結果！）

五月十七號星期一（四月初六）

整理孟姜材料。鈔集《東壁遺書》序材料。爲《語絲》寫《鴉片之戰與甲午之戰》筆記一則。

到二院，領薪。到書社，看賬。到印刷課，付款。到小峰處，討賬。到校，寫兼士先生信。到新明劇場，到王祝晨處，未遇，歸。

校《古史辨》自序。

午間，慕愚送廣東學生游藝會券兩紙與履安，即今日下午在新明劇場演奏。履安畏天熱，不去。予又有事，不能即去。待事畢往，車到劇場之門，觀衆已在散出矣。悵然，繞墻一周而歸，途中思之，不覺失笑。

五月十八號星期二（四月初七）

鈔集《東壁遺書》序材料。王祝晨來。看《情書一束》。

校《古史辨》自序。到希白處去，爲元胎將行也。

看《情書一束》。

慕愚來書，過于敷衍，使我不快。案頭文竹，漸漸枯矣，交游之緣其將盡耶？三月十八日相對默坐兩小時許，其最後之溫存耶？思之惘然。

五月十九號星期三 （四月初八）

寫柳翼謀，林宰平信。碧澂來道別。鈔集《東壁遺書》序材料。緝熙來，留飯。

到馬神廟剃頭。到校，寫建功，印刷課信。兼士先生來談。與彥長，祝晨同到北海，適之先生，通伯亦來，與介泉同宴之也。遇衣萍曙天。

十點歸。校《古史辨》序，至十二點眠。

適之先生評予議論文嫌平。予問有何方法改變，他説要使人在全篇中忘不了一段，在全段中忘不了一兩句；造格言式之句子實甚重要。

適之先生謂予貌若平和而內甚激烈，此與振鐸評予之言同。

五月二十號星期四 （四月初九）

到芝生處，并晤沅君。與芝生到華語學校，史匯女士來商班昭史料。與恒慕義，博晨光談話。參觀圖書館。出，到赤霞先生處。到景山書社買《測海集》。晤仲川，歸。

鈔集《東壁遺書》序材料。寫適之先生信。到碧澂處，至則行矣。

與履安介泉談話。記日記。

華語學校中，以《古史討論集》作歷史課本。博晨光先生要予于六月一日講演。

介泉述彥長評我之話，謂學者態度之人，只能得女子之尊敬而不能得女子之愛。女子所愛者爲各方面平均發展之人，如適之先生。

五月廿一號星期五（四月初十）

寫謝女士信。鈔集《東壁遺書》序材料。整理報告，發出。寫紹虞片。

到書社，到建功處，到校。

到長春亭，日本小畑薰良邀宴也。同坐十人，十二點歸。

今日之會，可以淳于髡話記之：“日暮酒闌，合尊促坐，男女同席，杯盤狼藉，堂上燭滅，微聞薌澤。”

同座：船津辰一郎（總領事）　掘内干城（外務事務官）日高信六郎　小畑薰良　適之先生　通伯　巽甫　金甫

五月廿二號星期六（四月十一）

校《古史辨》序。寫丹庭信。

鈔《東壁遺書》序材料。彥長來，晚同至張帽胡同蒙文書社，訪汪睿章（印侯），蒙人也。

彥長請予與介泉在鼓樓大街吃飯。又到地安門吃牛奶。

昨夜席間所見日本藝妓，其中有一人，予頗念之。因想我愛好女子，自有一種格局，大抵須英挺而沈鬱者。

五月廿三號星期日（四月十二）

佩弦來。校《古史辨》序。平伯來，留飯。寫丹庭信。

太玄先生來。祝晨先生來，同出，到曹先生處送書。到國子監，出安定門，擬赴地壇，不果。

夜，介泉宴之于華美，予作陪。歸，理書。

政變後，今日第一次出城，城門内外各站衛戍司令部（王懷慶）兵十餘人，進城之兵須驗徽章。安定門内外人力車極少。

五月廿四號星期一 （四月十三）

作《中國的統一》三千言。備華語學校講演稿。

寫慕愚信。到校，北新書社。寫印刷課，毛坤信。

到兼士先生處。寫太玄，援庵先生信。

晚與介泉散步北海橋上，在昏黃中看綠樹碧波，頗有悲凉之意。予謂悲凉覺得可怕，又覺得可愛。假使沒有悲凉之感，這世界便何等乏味。假使世界只有悲凉，人生也太可憐了。介泉然之。

五月廿五號星期二 （四月十四）

寫伏園信。在筆記册中找《中國的統一》的材料。校《古史辨》序。

校《古史辨》序。

五月廿六號星期三 （四月十五）

謄改《中國的統一》。

到所，擬《周刊》與新女性社訂約條例。修改所作文。到中興，希白邀宴也。同座爲文玉，仲良，悟梅，濬哲。

逮曾來。校《古史辨》序。

五月廿七號星期四 （四月十六）

邢瑞來，付款。謄改《秦漢的統一的由來和戰國人對于世界的想像》畢。凡五千言。

緝熙來。

到芝生處送稿。步歸。校《古史辨》序。

爲了這一文，費了四天功夫。這篇文字做得很高興。

文債：

《東壁遺書》序　　　　孟姜女故事研究

《西行日記》序　　　《黃黎洲年譜》序
曹國瑞女士傳　　　　生卒年表
《崔述》及序　　　　《吳歌甲集》之修改

五月廿八號星期五（四月十七）

校《古史辨》序。寫蠡甫，駝群社，芝生信。作《編輯〈尚書〉〈左傳〉讀本計畫書》八百言。

校《古史辨》序。寫日記四天。訂《我的生活》冊。到校。到北新及景山書社。

健卿來。爲校讀其所譯教育法。聽其與伯平介泉談話。接慕愚書。

五月廿九號星期六（四月十八）

爲慕愚寫"有意無意之作僞"之例十八條。寫慕愚信。寫仲川，國任信。彥長來。

彥長來，作別。同行至西四別去。與介泉上電車，到西直門，雇車到清華園，晚飯。吃冰淇淋，佩弦招待也。

到清華禮堂，看戲。十點許眠，失眠。

　到西直門時無車，有一人私下打合，乃知車悉放在小胡同中。就而坐之，始得拉出，其畏軍人也如此。一路市井蕭條，行人稀少，兵丁滿目。海淀除小茶館外幾全關門。有一家寫"傢具借完，暫停營業"，當是搶完矣。許多大些的人家，則爲司令部或馬號。

五月三十號星期日（四月十九）

到林中散步。錢子泉先生來。公之先生來。趙萬里先生來，同到靜安先生處，談片刻，到研究院參觀。到萬里處小坐。到宴會廳。佩弦邀宴。莊澤宣先生來。

　　與佩弦，萬里，謝君同游圓明園。四時許出，別歸。到海淀雇車歸。

　　校《古史辨》序。晚飯後倦甚，即眠。

　　靜安先生今年五十歲，陰曆十月十八日生。

　　今日同席：趙萬里　莊澤宣　徐中舒　程憬（仰之）　謝星朗（明雪）　吳公之　陳文波　朱佩弦

　　在清華中談劫後鄉村間狀況，知奉軍直似蝗蟲，到一村必吃完始去。有一家有七八女子，乃有軍人百餘人居之。花圃中值十四元之蘭草，乃以喂馬。到清華園試探，問裏面有無女學生。有一家告發其淫凶之狀，夜間一家盡被殺斃。斂謂：自有北京以來，未有若斯之浩劫者也。

五月卅一號星期一（四月二十）

　　校《古史辨》序。曹赤霞先生來。校《古史辨》中卷誤字。仲川來。

　　寫慕愚，佩弦信。又俞圭如片。萬里來。王祝晨先生來。晤維鈞。到校，寫鄧叔存，蘇演存，林宰平，陳翰笙，吳緝熙，馬叔平，劉半農，陳援庵，曹赤霞信。

　　遇李璞及慕愚。到廣澄園洗澡剃頭。

　　維鈞謂李石曾說，國民軍三天內即可回北京。歸與介泉言之，介泉亦從他人處聞有此言，并謂國民軍已到沙河。因城中奉軍太多，恐退出有不靖，履安擬避至王姨丈處數天。

　　昨天國家主義團體紀念五卅國恥，結隊演講，捕去廿餘人，幸陸續釋放（夏葵如，林德懿諸君皆在内）。至今日尚被禁三人。

一九二六年六月

六月一號星期二（四月廿一）

與介泉到芝生處，同到華文學校。予演講（讀）論文，由博晨光翻譯。十一時出，到王姨丈處。即歸。

寫紹虞快信。校《古史辨》自序。緝熙夫婦來。定《古史辨》價。

紹虞招往中州大學，去函辭之。佩弦來書，謂吳公之先生擬聘予爲清華大學國文教授，月薪二百元。清華中空氣甚舊，取其用度較省，可以積錢還債，擬允之。

六月二號星期三（四月廿二）

毛體六來談。與祝晨介泉同至適之先生處，未遇。邀與同歸，留飯。

寫佩弦快信。與履安同到國任處，慰其喪女，并見頌皋之母。到校，寫天福，郝桂林，淑蘭女士，維鈞，緝熙，現代社，萬里信。半農先生來談。

校《古史辨》自序。

六月三號星期四（四月廿三）

祝晨來，同到適之先生處，又至通伯處。校《古史辨》自序畢。到兼士先生處，未遇。

校《古史辨》清樣，中篇畢，下篇未畢。兼士先生來。

到紹原處，爲研究所懇親會事也。

六月四號星期五（四月廿四）

校《古史辨》下編清樣畢，作勘誤表。

到華文學校，茶點會也。茶點畢到禮堂聽演講，并參觀内部。到三院，書社。

到公園，祝晨邀宴也。飯畢，到平安看日本戲，十二點歸。

　　今日同席：宋□□　楊□□　適之先生　熊□□　介泉　通伯　金甫　西林

六月五號星期六（四月廿五）

校《古史辨》自序清樣畢，作勘誤表。緝熙來。

彭陶二女士來談。佩弦來談。

與履安介泉到江西會館看樂群社串崑戲。上午兩點許方畢，就枕時雞已鳴矣。

　　樂群社爲萬里等所組織。今日之戲，以萬里之《千忠戮》（搜山，打車）爲最佳，龐敦敏之《劉唐》次之，潘東甫韓世昌之《鳳儀亭》又次之，侗厚齋陸麟仲之《跪池》又次之。

　　佩弦來，謂吳公之在評議會中將我提出後，未得通過，清華事遂作罷矣。

六月六號星期日（四月廿六）

伍蠡甫來，看書畫書籍。校《古史辨》勘誤表。到景山書社。與萬里談。寫赤霞先生，仲川，國任信。

到濤貝勒府公教大學，加入國學門懇親會。遇適之先生。寫志成信。

歸後，倦甚，休息，九點即眠。

　　近日手頭乾涸已極，後日須付房金。没有法子，只得向適之先生開口借錢，承借六十元。予感極。自想予家非無錢，父大人亦非不肯寄錢，但我竟以種種牽阻，終不能向家中取錢，翻有賴于師友之濟助，思之悲憤。回家後哭了一場。

六月七號星期一（四月廿七）

記日記五天。作《蘇州的歌謠》，為日本《改造雜志》作。未畢。

校《古史辨》勘誤表。緝熙來談。到金甫處，到書社。

翻看《古史辨》。

六月八號星期二（四月廿八）

作《蘇州的歌謠》畢（約四千言），寫小畑信。改《古史辨》樣本誤字畢，寫適之先生信，送去。

紹原來談。寫既澄信。理書桌。校《古史辨》校勘記。校履安所鈔書。與介泉到後門散步。

健卿來談。寫慕愚信。

起潛叔來書，謂國民大學胡樸安先生希望我去。

六月九號星期三（四月廿九）

鈔集《東壁遺書》序材料。

到建功處。到馬神廟剃頭。到三院，與建功同編《周刊》稿數期。寫玄同先生，半農先生信。

粘貼《孟姜女故事之歷史的系統》入冊。

六月十號星期四（五月初一）

鈔集《東壁遺書》序材料。

寫樸社，志成信。伯平來。曹赤霞先生來。擬《古史辨》廣告。與介泉伯平談話。

六月十一號星期五（五月初二）

鈔集《東壁遺書》序材料。到北京飯店，小畑邀宴也。

到研究所，開委員會，予代表玄同先生出席。金公亮來。到小峰處。

寫贈書籤條。

今日同席：長谷川萬次郎（主賓）　伊藤武雄　嘉治隆一　友仁所豐　適之先生　霍儷白　陶孟和夫婦　陳通伯　徐志摩　燕樹棠　馮芝生　馬寅初　張奚若　陳博生　鄧以蟄　楊金甫　丁西林　王世杰　皮皓白　周鯁生　金岳霖

《古史辨》第一册于此日出版。

六月十二號星期六（五月初三）

寫贈書籤條，寫尹默先生，曹赤霞丈，半農先生等信。

到適之先生處。遇金家鳳。到三院，遇太玄，芝生兄妹，叔存。聽苐書演講。到小峰處及書社。

慕愚來。陳其可來。

慕愚來，謂不久將到四川重慶任女子師範課，即在那邊整理黨務，須作一年別。

六月十三號星期日（五月初四）

以早醒，倦甚，休息。到漪瀾堂，逮曾邀宴也。

寫贈書籤條。緝熙萬里爲王廣勛事來談。丹庭來。寫志摩信。守和來。茹丹庭來。

今日同席：張含清　李聖五　劉敬之(寅)　游□□　逮曾(主)

六月十四號星期一（五月初五　端午）

包扎贈送外埠之《古史辨》。介泉來談。緝熙來談。

寫適之先生，玄同先生，志摩，彬龢，乃乾信。穎年來，同到中央公園。

到仲良及文玉處，爲伴穎年游清宮事也。記日記。

六月十五號星期二（五月初六）

偕小鶼苕伯到萬里處談話。偕小鶼仲川到團城看玉佛。

偕小鶼苕伯到故宮博物院，參觀外東路。偕小鶼介泉游北海。

與小鶼介泉談話。

六月十六號星期三（五月初七）

偕小鶼苕伯到景山書社，北新書局。偕小鶼到半農先生處。予獨歸。介泉來談。

赤霞丈偕其表弟蘇君來談。到校，編《周刊》。小鶼來，參觀各陳列室。偕小鶼到市場啜茗。

與小鶼介泉談話。

蘇君名宗仁，號厚如，皖南太平人，住張旺胡同七號。赤霞丈之表弟也。

半農先生見予汗多，兩腋間俱濕透，謂予身體虛弱。并謂彼前數年亦然，自到法後身體因勞動而增健，汗水遂減。勸予多運動，然此豈易言耶！予今年汗比前數年益多，恐非佳兆。

六月十七號星期四（五月初八）

編輯《國學門周刊》第十九期，畢。包發贈書。寫金甫，小峰，小畑，慕愚信。

寫尚嚴信。緝熙來。小鶼自清華歸。粘建功《靜女》文入册。

到叔永處，其夫婦邀宴也。十一時歸（乘適之先生馬車）。

今晚同席：適之先生及師母　孟和先生及師母　叔永先生及衡哲夫人　志摩　徐振飛（新六）　小畑薫良　加藤直士　布施勝治（此二人大阪《每日新聞》）

六月十八號星期五（五月初九）

與小鶼介泉到適之先生處，到通伯處，到藝術專門學校。歸。仲川來，留飯。

到書社，到校，即歸。到希白處，未遇。萬里來。半農來。寫慕愚信。寫玄同，叔平，啓明，赤霞先生信。寫父大人信，未畢。彭女士來。

謝女士來。紹原來。到兼士先生處，爲《週刊》事。

慕愚來書，謂此別不知何時相見，此語甚使我悵惘。因作函勉慰之。然自心之傷悲亦已甚矣。

六月十九號星期六（五月初十）

廉南湖先生來。看自序。緝熙來。到龐敦敏處，與小鶼同出。

到志摩處，宴小鶼，作陪，三時出。到研究所，與適之先生談話。四時許，開季刊委員會。議決，由適之先生募款。

到森隆，兼士先生宴適之先生也。到馬神廟剃頭。到書社。歸，與健卿介泉談。十二點眠。

今日適之先生在北大學術研究會演說，謂《古史辨》出版爲彼有生以來未有之快樂。聞通伯言，先生將爲一書評，登《現代評論》。

六月二十號星期日（五月十一）

姚名達君來，同到適之先生處，遇仁山，劍翛諸人。寫芝生，旭生，希白信。

到志摩處，邀宴也。四時，冒雨歸。以連日酬應，常在車中，勞倦甚，小眠。

彭陶二女士來談，話別。

同席：徐新六　馬君武　小畑薰良　任叔永夫婦　陶孟和夫婦　陸小曼　凌瑞棠　金岳霖　張奚若　丁西林　楊金甫　張慰慈　霍儷白　江小鶼　陳博生　適之先生　徐志摩　陳通伯　胡競武

主人：胡徐　陳博生　陶霍

六月廿一號星期一（五月十二）

作研究《説苑》商榷，爲研究生董渼。續寫父大人信，畢。緝熙來。

寫玉堂信。通伯來。葵如來。穎年來。到校，晤董渼。寫援庵先生，元善，維鈞，伏園，予同，伯祥，兼士先生信。健卿來。寫曹赤霞丈信。到書社，晤崇年。

與介泉履安到北海，與彭女士等同蕩船。一點寢。

同蕩船者：履安，謝女士，陶女士，李蘭英女士，我，以上一船，介泉，彭女士，吳逸女士，吳家明女士，以上一船。八點下船，十點半起岸，十二點出園，送她們回宿舍。

今夕之游，微風明月，歌聲輕婉，本可甚樂，惟一念學校瀕危，秋間不知能否再相聚，此游或竟爲我等最後之一幕。又念舊日游侶已不能復合，人生聚散如此無常，終不免悒悒耳。

六月廿二號星期二（五月十三）

以昨晚遲眠，八點始起。包發贈書。寫魯弟，秋白表弟信。

赤霞先生來談。寫適之先生，半農先生，汪孟鄒信。倦極，小眠。寫伯祥信，未畢。寫金甫信。

與介泉談話。到書社，收賬。

與伯祥書曰：“這篇自序，想是你們都想不到的。我所以要這樣做，一來固是要使人知道這一個主張的根源，二來也是要使人知道我的爲人除了研究歷史之外竟一無所長，從此不要隨便來拉攏我，使得我可以用畢生的精力走在一條道上。我要打出一個學問的環境，用盡數年之力竟未成功；但是我不怕，我深信終可用我的意志創造出一個環境來。艱苦的境遇正是磨煉我的意志的工具呢。”

六月廿三號星期三（五月十四）

寫伯祥，太玄，南揚，龍叔信。爲圖書館科出題四則，寫守和信。緝熙來，留飯。

小鶼偕王一之先生來。通伯來。與小鶼通伯同到凌叔華女士處，看其書畫，并爲小鶼題畫。金甫來。到市場定名片。到研究所，即歸。

到漪瀾堂，赤霞先生話別也。歸，與介泉履安談話。

今晚同席：陶孟和先生　　劉半農先生　　汪檠（新予，旌德）　呂吉甫（伯威，旌德）　　汪□□

以前印了一盒名片，總要用一年多。近三月來，兩盒名片都完了，可見予之漸入世也。

六月廿四號星期四（五月十五）

名達來，留飯。編《國學門周刊》第二十期。修改《周刊》契約。

寫伏園，兼士先生，山立，元胎信。寫少英，彥堂信。介泉來談。適之先生來談。

看《古史辨》序。上賬。寫緝熙信。

六月廿五號星期五（五月十六）

到建功處。到書社收款。悟梅來。金冠三來。

爲麥第榮君寫橫披五個，扇二把。寫彥長，宰平信。鈔《堯典》《皋陶謨》入扇。鈔《禹貢》入冊。

伯屏來。緝熙來。寫平伯，孟鄒信。

前日聞介泉言，慕愚近好戲劇。今日拂曉，乃夢她演劇，與予同歸。

六月廿六號星期六（五月十七）

摘鈔《龍游縣志》"社"類。寫慕愚信。小鵜來，留飯。

到校，晤萬里，維鈞，建功等。編《周刊》第廿一期，畢。到市場購物。到書社，收款。到馬神廟，剃頭。

與介泉談話。寫慕愚信。

今日通伯與叔華訂婚。定于七月十四號結婚。

慕愚來還書，謂後日即行，明晚來話別。聞此頗黯然。

予近日頗懶，不願作事。兩星期來，幾于未工作。悲哀之網，嬰于吾身，奈何！

六月廿七號星期日（五月十八）

離明來。健卿來。記日記。翻《歷代詩餘》。

到漪瀾堂，訪健卿。同渡至五龍亭，品茗。四時許別。君義來，未晤。寫金甫信。寫半農先生信。

慕愚來，與履安，兩女，貝玉蘭同到北海划船，漪瀾堂飲汽水，十二點別。

慕愚此行，先至天津，再至滬，杭，再至安慶，至漢口，還長沙，到重慶。赴滬與李天福同行。

六月廿八號星期一（五月十九）

仲澐來。小鸞來道別。君義來。

寫半農先生信，論《變物的情歌》，畢，約二千五百言。祝晨先生來。緝熙來。

與介泉同到祝晨處。

　君義欲爲我謀江蘇通志局事，以現任教廳長江恒源君爲北大同學，易謀也。

六月廿九號星期二（五月二十）

草《東壁遺書》序一千八百言。趙薇元來，爲平民大學，鈔我書目。莊澤宣來，同到研究所參觀，遇半農。寫君義信。

萬里來。《現代》來索文，即作《楊惠之塑像續記》一文，三千三百言。

到金甫處送稿。到書社收款。

六月三十號星期三（五月廿一）

看《西行日記》，備作序，未畢。緝熙來，留飯。

到校，遇適之先生，看《海上花列傳》序。東亞考古學會開成立會，出席。到書社。到校，編《周刊》。寫平伯，王一之信。

到兼士先生處，未遇，即歸。

　平伯與妻妹嫻小姐戀愛事，早由詩文中看出。今日晤紹原，乃知嫻小姐不願嫁，逃至紹原處，今又逃至啓明先生處。

一九二六年七月

七月一號星期四（五月廿二）

兼士先生來。萬里來。緝熙來，留飯。趙薇元來。

逯曾來。王祝晨來。介石來。看《西行日記》，畢。寫啓明先生，叔永先生信。

與介泉談話。

兼士先生送來廈門大學聘書二紙，一研究所導師，一百六十元；一大學教授，八十元。以北方尚無相當職事，只得允之。擬於八月中行。康媛留京，履安艮男到角直。叔永先生來書，謂成都大學擬聘予任歷史教授。因已允廈大，即去函却之。

七月二號星期五（五月廿三）

理樸社及書社賬目。寫小林胖生，仲周信。寫日記三天。寫適之先生信。寫丁在君先生信。

草《西行日記》序二千餘言。到校，晤太玄。寫兼士先生信，草研究所致王周函件及商務函。

到北海仿膳，《現代評論》招宴也。

今日同席：高一涵　適之先生　丁西林　陳通伯　楊金甫　陳翰笙　陶孟和夫婦　沈君宜（？）　鄧以蟄　王世杰　周鯁生　適之師母　燕樹棠　皮宗石　唐有壬　郁達夫　周炳琳　吳□□　李四光

七月三號星期六（五月廿四）

整理《諸子辨》，未畢。緝熙來，留飯。

與緝熙介泉同到華北大學，看甘肅出土古物。到書社，晤萬里，到建功處。希白來。

到北京飯店，東亞考古學會招宴也。

今日同席：兼士先生　尹默先生　張鳳翠　徐旭生　援庵先生　萬里　羅庸　裘子元　翁文灝　李四光　幼漁先生　朱希祖　仲良　小林　濱田　島村孝三郎　尚有日人五六人。

在北京飯店看跳舞，尚是第一次也。

七月四號星期日（五月廿五）

整理《諸子辨》訖。崇年來。萬里來。趙薇元來。

與介泉到兼士先生處，到緝熙處，送《諸子辨》稿。到通伯處，未遇。歸。寫沅君女士信。寫恒慕義信。尹甫丈來。

與介泉及王祝晨先生到北海五龍亭品茗，晤酆女士及健卿。健卿同歸，談至十二時半始去。得眠已二時許矣。

到廈門後，北大《國學門周刊》事擬請馮女士代理。今日與兼士先生言之，他贊成。因即書一詳函與她。此事諒建功所樂聞也。

健卿太不知趣，今夜與介泉極力勸之，他的行爲給我們說盡了。使得他承認自己沒有才能，沒有志氣。

七月五號星期一（五月廿六）

建功來。修改《西行日記》序，未畢。

到校，編《周刊》第廿三期。理所中什物，辦移交與建功。萬里來。希白來。兼士先生來。

伯平來，健卿來。

建功來，謂經濟困難，亦欲到廈門。因告以馮女士代理事，且允代爲設法。

沅君來書，極不客氣，洵出意外。

七月六號星期二（五月廿七）

江澤涵來。修改《西行日記》序，訖。約四千言。緝熙來。

介泉回蘇。萬里來。到校，研究所開內部會議。草研究所叢書契約（與開明書店）。編《周刊》第二十四期。

寫適之先生片。到金甫處，未遇。到建功處，略談。到書社收賬。

書社上月竟贏餘九十餘元。可見營業之有起色，將來可有發展之望也。

七月七號星期三（五月廿八）

寫沅君，逮曾信。到適之先生處，未遇。頭痛，看自序自遣。

看予同所著《經今古文學》，訖。寫適之先生，通伯，金甫，紹原，祚茝信。洗浴。登日記，寫賬。寫慕愚信。

到馬神廟剃頭。納涼。

七月八號星期四（五月廿九）

寫仲澐信。到適之先生處，未晤。到第一院圖書館，爲蘇錫爾教授詢問阜昌《禹迹》，《華夷》兩圖也。到第二院，開會挽留蔡校長也。到書社，與萬里商廈門事。到適之先生處，晤。

整理《崔述》。兼士先生來。萬里來。緝熙來。芝生來。

到東興樓，翰笙約宴也。又士遠，玄同，旭生，潤章，隅卿五先生約宴。

今日同席：

（一）翰笙　丁緒賢夫婦　　高仁山夫婦　　薛□□夫婦（婦即李鴻銘）　楊□□夫婦

（二）尹默　適之　兼士　半農　援庵　玄伯　紹原諸先生及五主人
Prof. Soothill
4 Bradmose Road
Oxford
（蘇慧廉，英國庚款委員）

七月九號星期五（五月三十）

寫父大人，伏園，南揚，平伯，山立，雲五，博生，旭生，丹庭信。開辦事單與沅君。萬里來。

寫適之先生信。理雜紙及信札。碧澂來。建功來。

與建功同到沅君處接洽，并晤芝生。歸，看自序。

與平伯書曰：“從各處聽到的消息拚湊起來，兄近日的惆悵我也知道了。我對于你，不但是寬恕，而且是欽敬。要做一個活人，當然有許多困難。在太暮氣的人生裏，這種興奮真是可以驕傲一切的呢。希望兄儘隨着情緒而前進。飛蛾撲火，在旁觀者固然憫其犧牲的無謂，而在飛蛾自身則何等的感到自己的意志的偉大呵！”

七月十號星期六（六月初一）

寫介泉逮曾兩快信。寫適之先生片。到戀業銀行取款，到郵局寄信，到中央公園來今雨軒赴芝生宴會。

到第三院。歸，寫尚嚴，夷庚，竹莊，步青，元胎，戴聞達，郵務局信。

到景山書社收款。看《新女性》。

今日同席：博晨光　恒慕義　馬智爾　戴聞達　胡石青　適之先生　金甫　上沅　一多　敬五　通伯　之椿　炳琳　濟東　以蟄　紹原　芝生　余澤蘭　周作仁（濯生）

適之先生見借二百元，秋衣有着矣。先生待我如此摯厚，將何以爲報耶？

今晨小雨，午間到公園，闃其無人，獨步到壇後林中，倚闌看荷葉上圓珠，經風擺落，細雨灑葉面，聲細而清。佇立半小時許，悲意橫集，不自禁涕泪之下也。

七月十一號星期日（六月初二）

看適之先生論東西文化一文。劍翛來。袁峴公先生來。崇年來。平伯來。

到什剎海會賢堂，援庵先生招宴也。三時歸。緝熙來。健卿來，許欽文來。

寫慕愚書。

今日同席：適之先生　尹默先生　兼士先生　叔平先生　亮丞先生　劉廷芳　簡又文　黃晦聞　援庵先生　仲益

袁峴公先生招我到東陸大學，允于明年考慮。劉廷芳先生謂早知我肯離北大，燕京方面已早請矣。凌濟東先生謂中州大學極望我去，亦允明年再商。

七月十二號星期一（六月初三）

到華文學校，備演講質詢。Swann 女士來談。寫芝生信。

寫元胎信。寫適之先生信。寫孟真，敬軒信。到三院，將《周刊》事交代與馮女士。到孔德，晤隅卿。到兼士先生處。

國任來。看《古史辨》。

父大人來諭，稱譽我《古史辨》之善，此喜真出予意外。

余前作《秦漢統一的由來及戰國人對于世界的想像》一文，承恒慕義先生完全譯出，代予誦之。予往，備聽者質詢耳。

七月十三號星期二（六月初四）

寫鄭賓于信。緝熙來，與同到景山書社。算樸社及書社賬目。

搜集戲劇一文材料。萬里來。碧澂來。建功來。

祝晨先生來，與同到金甫處，晤仲揆，之椿。看日本《改造雜志》。

《改造雜志》出版。予文被譯爲日本文者，這是第一篇。

恒慕義先生欲以英文爲余譯《古史辨》序，日來又爲余譯《秦漢統一》一文，西洋人方面亦漸知予矣。

七月十四號星期三（六月初五）

寫金甫片。搜集戲劇一文材料。建功偕夏卓如來。

寫丹庭信。寫兼士先生片。〔通伯結婚（四時）〕到協和醫院禮堂，賀通伯婚。到歐美同學會，進茶點。到三院。晚歸。

校《西行日記》序。看予同所作《古史辨》批評。

今日雨極大，京津電報電話均不通。

逮曾來書，謂來京至早在八月十號，奉母與否尚未定，此殊使予等不能早行，未知再有相當之人住入余家否。

七月十五號星期四（六月初六）

冠三來。寫丹庭信。寫君義信。到適之先生處，取《崔述年譜》稿。

寫逮曾快信。維鈞來。達夫來。上沅來。理雜志周刊。平伯來。謝女士來。

謝女士謂北大女生宿舍中，國民黨員最多，劉，彭，陶皆是也。國家主義者最少，只慕愚一人。不入黨者不過數人，彼亦其一。

予近日夜飯後即疲倦欲眠，幾于不能讀書作字。比了前數年之不知倦者迥不相同了。

七月十六號星期五（六月初七）

校《西行日記》序。蠡甫來。尚嚴來。到孔德學校，整理蒙古車王府唱本戲本。

隅卿先生等在校餞行。到書社。

校《諸子辨》。寫日記五天。

今日同席：沈尹默先生　玄同先生　隅卿　鳳舉　品青　張西海

七月十七號星期六（六月初八）

寫兼士先生，幼漁先生，平伯，緝熙，謝女士，山立信。到華文學校，備演講質詢，并晤孟真介紹之福克司（德人）。

作《九十年前的北京戲劇》，未畢。

到中央公園，崇年，國任，湘蓀邀宴也。到車站送適之先生出國。到勸業場等處購物。

七月十八號星期日（六月初九）

寫玉堂先生信。田寶鎮來。友松，挹蘭兄妹來。江澤涵來。金甫來。緝熙，崇年來，留飯。

萬里來。國任，仲川，湘蓀夫人來，與履安同到中央公園吃飯。陶，謝二女士來。

到德國飯店，翰笙及二俄人邀宴也。十一點許歸。

Pankratov（元史）

Qrienevitck（清史）

七月十九號星期一（六月初十）

作《九十年前的北京戲劇》訖，共五千字。

校《諸子辨》。晤沆君。寫邦華，仁山，矛塵，山立，紹原，玄同先生信。吳鶴九來，同到三院參觀，又至北海游覽。七點，去。

到書社收款。到建功處，未遇。校車王府孟姜女曲本。

父大人來書，要康媛到杭州，謂獨住京中不便也。

鶴九（光第）為北大哲學系同班，民國七年後未相見。今日由津來（執教北洋大學），作半日聚，即于晚間回河南矣。

七月二十號星期二（六月十一）

晨大雨。建功來。校車王府孟姜女曲本。緝熙來。蕭一山來。

到孔德整理車王府曲本。汪芳杜送孔德薪來。張亮塵先生來，未遇。陶謝二女士來，同到北海。

尚嚴，樹平，仲益在漪瀾堂爲我餞行。十一點歸。

今日爲兼士先生四十壽辰，我們都未知道。晚晤叔平先生始知之。

今晚同席：王福厂（禔）　唐醉石　吳景周　馬叔平　魏建功　容希白　莊尚嚴　齊樹平　陳仲益

七月廿一號星期三（六月十二）

尚嚴來。到孔德，整理車王府曲本，吃飯。萬里來。

看孔德近購書。辛旨來，同到北海照相。

到緝熙處，餞別也。十一點歸。

今晚同席：黃振玉夫婦　萬里夫婦　我們夫婦　鄴女士　謝女士　丹若夫人　緝熙夫婦

七月廿二號星期四（六月十三）

理書。

寫慕愚，逮曾信。到校，寫父大人，介泉，沅君女士，旭生，玄同先生信。到孔德。到翰笙先生處，談中國歷史分期法。

祝晨先生來。今日下午即不舒服，胸悶欲嘔，夜飯後即眠，發燒。

久未病矣，今日乃一泄，亦算是還北京之債也。

七月廿三號星期五（六月十四）

寒熱進一度，臥床未起。緝熙來。兼士先生來。口授履安，寫信十通。

萬里來。仲川來。校《諸子辨》。

今日本邦華，仲良，維鈞，文玉，瀋哲邀宴。

七月廿四號星期六（六月十五）

今日寒熱退而腰痛欲折，仍未能起，在床校《諸子辨》。

萬里來。崇年來。

履安爲崇年夫婦邀觀梅蘭芳《廉錦楓》劇。

今晚本語絲社餞行，在會賢堂。

七月廿五號星期日（六月十六）

今日腰痛漸痊而泄瀉忽作，一日八九次，身體軟甚，仍未能起。口授履安，寫信六通。

看《孔子改制考》。

本日午刻，本蕭一山君在西車站餞別。

七月廿六號星期一（六月十七）

今日起床。與履安算樸社，景山書社賬目。又研究所《周刊》賬目。看《新學僞經考》。孔德汪芳杜君來。

亮塵先生來談。酆女士來話別，偕李淑慧姊妹來。緝熙來。看《清代學術概論》。萬里來。丹庭來。

作《諸子辨》序七百言，未畢。

今日本幼漁，叔平，半農三先生邀宴。

七月廿七號星期二（六月十八）

辛旨來談，留飯。建功來。

作《諸子辨》序訖，共二千餘言。兼士先生來。萬里來。芝生來。

寫《諸子辨》版權頁及後幅廣告。補記日記。

今日泄兩次，差愈矣。

七月廿八號星期三 （六月十九）

到五龍亭，仲川，平伯，萬里，緝熙，崇年同來，商量社務。

寫仲澐信，囑代購船票。到紹原處，到兼士先生處，商量廈大國文系課程及研究院進行計畫。同來者有魯迅，張亮塵，萬里，丁增熙諸先生。

到來今雨軒，故宮博物文獻部同人餞別也。

今晚主人：尹國輔　王師曾　史明（淦生）　萬秀嶽　周同煌（俊甫）　劉儒林（雅齋）　潘傳霖（薪初）客：兼士先生　萬里　振玉　予

七月廿九號星期四 （六月二十）

理書。劉儒林來。陳子文來。

到景山書社，晤仲川緝熙。理書。芝生來。

校《諸子辨》序。

芝生加入樸社。

七月三十號星期五 （六月廿一）

到平伯處，同到孔德學校看書。旋別去。予爲孔德整理蒙古車王府曲本終日，尚未畢。途遇翰笙先生。晤鳳舉先生。玄同，半農兩先生來談。

到會賢堂，平伯餞別也。聽曲友唱昆曲。

鳳舉先生見告，謂日人某君持我之《古史辨》往質于諸耆宿，皆謂看不得，惟王靜安先生謂其中固有過分處，亦有中肯處。

七月卅一號星期六（六月廿二）

整天理書物。嚴士珍，所溫來。崇年來。

緝熙夫婦來。洗浴。

到來今雨軒，研究所同人餞行也。十一點，冒雨歸。遇張季龍及健卿。

崇年告我，《古史辨》社中僅存四百餘冊矣（原印二千冊），大約三四個月內須再版。

景山書社十五年三月至七月經售研究所書籍：

（1）考古學會：

考古影片	一	二角七分	九角一分
泉男廬志	一	六角四分	

（2）歌謠研究會：

救國大鼓書別本	二	一角四分	二元九角四分
看見她	四	四角二分	
孟姜女歌曲	六	一元零五分	
歌謠增刊	七	四角九分	
歌謠合訂本第三冊	一	二角一分	
又　　　　第四冊	三	六角三分	

（3）登録室：

毛詩正韻	二	二元

（4）魏建功先生：

南通方言疏證	四	一元五角二分	三元捌角
通俗常言疏證	三	二元二角八分	

共洋九元六角五分。

(Miss) Nancy Lee Swann

Temporary：

North China Language School

Peking

Permanent：

622 W. Hopkins Street

San Mareos，Texas

U. S. A.

Please Let me know of new articles and new publications.

一九二六年八月

八月一號星期日（六月廿三）

到書社，商議社務。剃頭。裘子元先生來，未晤。與履安到華美，王姨丈餞別也。

寫扇面及條幅若干幀，還債也。到姨母處。到伍蠡甫處。

到公園，張季龍邀宴也，茗于來今雨軒，飯于長美軒，又茗于行健會。

今晚同席：徐子明（外交部條約司）　張平子（經濟討論處）　張季龍（大理院）

姨母産後十餘日，忽患泄瀉兼傷寒，熱甚危殆。現幸愈，惟胃納不進，憊不能興。

八月二號星期一（六月廿四）

寫慕愚信。到書社，晤芝生，商社務。在社晤平伯。到北新，晤小峰。

莘田來。寫父大人，介泉，彭女士，叔存，仲良，玉堂，元胎，曹赤霞丈信。姨丈來，留飯。

辛旨，緝熙來，同到社，商社務。

　莘田謂予治學精神不可及，態度甚好。此言仲澐亦言之，一山亦言之，予以爲知言。較之言予學問好者迥不侔矣。

八月三號星期二（六月廿五）

寫仲澐快信。算賬。孔平悟梅來。到書社，與仲川，萬里，緝熙商社務。到敦敏處注射疫苗。理書入藤篋。

寫今閏，伯祥，聖陶，伏園，健卿信。登日記。發《古史辨》。寫叔父，維鈞，起潛，賓于信。崇年夫人來。

到守和處，餞別也。十一點歸。

　今晚同席：援庵先生　兼士先生　叔平先生　逖先先生　玄伯先生　希淵　俄人吳老德，阿理克二先生

　今日注射後，臂頗痛。

八月四號星期三（六月廿六）

蠡甫來。結算《周刊》賬目，景山書社與研究所往來賬目。理物。寫冠三，一山信。緝熙來，留飯。

到玄同先生處，未遇。到祝晨先生處，未遇。到校，晤澄清等。即出，到書社，取《諸子辨》，回家，取《車王府曲本目録》，到孔德，以編目法告隅卿先生及張孟苹。到研究所，與沅君女士辦移交。丹若，祝晨，叔存來，均未晤。印刷課送《吳歌甲集》來。研究所爲《季刊》事開會，晤玄同，半農諸先生。

到福全館，玄伯先生邀宴，草橋中學同人餞別也。歸後理物，

十二點眠。

今夜同席：

玄伯先生處：援庵先生　兼士先生　叔平先生　旭生先生　邦華　文玉　守和

中學同學：仲川　國任　湘蓀　紹裘　菊初

"事必躬親，纖悉必理"，此余之所以忙。

八月五號星期四（六月廿七）

玄同先生來，改正《吳歌集》注音之訛。裘子元先生來，逮曾來，辦理寓中一切移交事務。到適之師母處，并晤江澤涵君。適之師母來送行。良吳二女士來。逮曾來，留飯。崇年來。孟君來。寫振玉片，平伯信。

理行篋。袁中道來。仲良來。陶謝二女士來，送到車站。乘四點廿五分車，到津八點許。仲澐到站相迎，同到長發棧。仲澐邀至天祥市場共和春吃飯。十一點許歸。

今日到站相送者：仲川　國任　湘蓀　紹裘　仲川夫人　國任夫人　孔平　悟梅　文玉　希白　丹若　緝熙　辛旨　謝女士　陶女士　逮曾

前數年到津時，最熱鬧者爲日界，今則轉至法界矣。今夕本可于七點到津，以途中屢候兵車，遂脫一小時許。在車遇葉良輔先生。

八月六號星期五（六月廿八）

登日記。登賬。寫謝陶二女士，崇年，芝生，翰笙，振玉信。仲澐來，同到長春棧買票，同到南開中學參觀，留飯。在中學晤喻廛潤兄。飯後雇船游八里臺南開大學，又望海寺。歸舟遇雨，愈下愈大。在南開中學進晚餐。

仲澐送到新豐輪上，大雨傾盆，衣履盡濕。

望海寺中有佛像一尊，抱膝而坐，極有優游自得之趣。與其旁呆板之塑像不類。不知是何名手所塑。

南開中學分高級，初級，女子三部，共有二千人。南開大學秀山堂及思源堂兩處建築甚偉。地方甚幽靜。

譚女士去年所贈之水瓶，今晚上船爲侍役打碎。

八月七號星期六（六月廿九）

天明開船。八點到塘沽，待潮，至十一點許開。

飯後小眠。履安吐一次。

早眠。

上等艙船票，在船上買，每票十五元，在天津客棧買十七元，在北京買十五元。可見旅館賺錢之多。

八月八號星期日（七月初一）

六點半到烟臺。一點開行。讀《離騷》及《大誥》。熱甚。

飯後小眠。舟過成山衛，略有風浪，履安遂大吐。草四高二十周年碑文。

新豐舟中所感：

（1）無小便所，隨便亂溺。

（2）鴉片烟與賭博滿目皆是。

（3）不打時刻鐘。

（4）甲板住人而不備火，有篷帳而不張，使人日曬風吹。

八月九號星期一（七月初二）

履安終日吐，憊臥。實乃無風浪。予及二女均未吐，惟以天氣悶熱，又三日未便，腹中悶脹，終日未進飯，僅食蘋果數枚。終日讀《離騷》，略熟矣。

飯後小眠。

此次到廈門，攜北大派性以俱往，代表德法日派者，沈兼士、魯迅、孫伏園、章廷謙（川島）也。代表英美派者，我也。我本非留學生，且一人亦不能成一派，徒以接近現代評論社之故，遂自成一對立面。及開課，魯迅公開向學生斥我爲"研究系"，以其時正值國民革命，國共合作北伐，以研究系梁啓超等爲打倒之對象也。學生以詢予，予曰：北京研究系報紙爲《晨報》，我固曾寫稿，但魯迅先生登載《晨報》之文字不較我多得多嗎？其實，只緣我接近胡適，爲彼考證《紅樓夢》搜集資料，《阿Q正傳》已對我作諷刺矣。一九七三年七月記。

八月十號星期二（七月初三）

早起看日出。看過佘山。理物。讀《離騷》。

十二點到吳淞口，候船。五點到碼頭，進法界二洋涇橋平安旅社。剃頭。

到五芳齋吃麵及綠豆湯。到聖陶處，并晤伯祥，談至十時。歸，乘公共電車。

未到佘山時略有風浪，履安又大吐，嘔出綠水不少。她真不能到廈門了。夜中她又發熱，高一度半。幸即退涼。

慕愚于昨夜上江輪赴渝，在聖陶處見留條，爲之憮然。

上海熱甚，終日流汗不停。

八月十一號星期三（七月初四）

寫父大人，仲澐，崇年，逮曾，仲川等，兼士先生，彬龢信。偕履安及二女到魯弟處。予出至彥長處，略談。到五芳齋，吃飯。訪京周，未遇。訪志希，亦未遇。訪建功，久始得其居處，則已遷

矣。訪伯祥，未遇，見其夫人，留條出。到重九弟處。到哈同路訪
頌皋，未遇。到魯弟處，與履安們到京周處打針。送其重至魯弟
處。予即到斜橋南國電影劇社。

在南國晤田漢（壽昌）、金髮諸人。與志希長談。出至魯弟處
接履安們歸旅館。

《社會日報》主筆林白水爲張宗昌槍斃。上海創造社被封。
《光明》，租界亦禁售。

張姑丈窮甚，午姑母抑鬱不歡，時發肝氣，今日相見亦無甚
話，可悲也。姑母老了不少，近以重九弟染時疫來滬。

八月十二號星期四（七月初五）

彥長偕徐蔚南來。若谷來。乃乾來。志希來。建功來。同到一
枝香吃飯。

到徐園（康腦脱路）品茗，談樸社事。彬龢來訪三次，均未晤。

到美麗川菜館吃飯。

今午同席：石岑　雪村　伯祥　聖陶　愈之　予同　若谷
彥長　蔚南　應鵬　志希　乃乾　建功

晚飯同席：乃乾　雪村　伯祥　聖陶　愈之　予同

愈之謂看我自序，甚受感動。此語在北京已屢聞之，今愈之
復作此語，可見人有同情。

八月十三號星期五（七月初六）

寫頌皋，紹虞，佩弦，介泉，平伯信。戈公振君來談中國報紙
史事。志希來談。同送行李到寶山路，予又送至伯祥處，在寶華樓
吃飯，志希所請也。

乘一點半快車到杭。彬龢到站相送。在車，與乃乾談話。到杭
站，又曾來接。

送乃乾到清華旅館。與父大人談話。洗浴。

滬杭車中，十二歲以上即須買全票，予爲康艮二女合買一全票，遂被罰。

仁和場署現移興武路，門外綠樹成蔭，遙望湖山，頗有園林風味。此八天中，不知流了多少汗。今夜洗浴，得一暢快。父大人四年不見，頗覺老態逼人，此甚足使游子傷懷。

八月十四號星期六（七月初七）

寫伯祥，萬里兩快信。到乃乾處，同到俞樓，訪夷初先生。承邀到樓外樓吃飯。晤包蝶伯先生。

與乃乾到大佛寺訪孫氏兄弟。到寶石山麓看造像。六點歸。

又曾邀我及履安兩女游湖，到平湖秋月品茗。到陳列所買物。

聞又曾言，友佩近犯瘵疾，面色黃瘦，恐不久人世。追懷髫齔嬉游之事，不勝悲感。

八月十五號星期日（七月初八）

六點許，到乃乾處，同到伏園處，擬游東嶽，不果。到岳墳及杏花村，在村中聽雨，吃飯。

雨久不晴，雇汽車回場，與乃乾等看書畫。六時，陳孫等冒雨歸。

看書畫，聽留聲片。

杭州不雨已五十日矣，今日乃下大雨，夜中勢更驟，涼快甚。

八月十六號星期一（七月初九）

看碑帖。倦極小眠。

與康媛到惠愛聾啞學校報名。到商務書館購書。與履安到大佛寺，訪孫氏兄弟及學昭女士，至西泠橋雇船歸。

母親邀游大世界，十二點歸。

此一個月中，沒有休息過多少時候，真是倦極了。上午看碑帖，不自禁其睡去。

惠愛聾啞學校在城隍山南太廟巷，周光達所開。晤其教員周信栽（號天孚）。學校規模甚小，房屋破舊，學生僅十八人。康媛舍此外更無良校，不得不去耳。

八月十七號星期二（七月初十）

六時許，到伏園處，同至松木場，乘人力車到東嶽廟，鈔錄材料。兩次到群賢茶館進點，剃頭。寫振玉片。

回大佛寺，即歸。寫伏園片，送去。洗浴。看金石拓本。到月溪，照合家歡。到西園品茗。

到協順興吃西餐，父大人命也。游陳列所，歸。十二點，兼士先生來。

法華山老東嶽廟，七月上半月香會最盛，今日得觀，甚快，惟夜間審堂未得見為可惜耳。

吾家七人，甚不易聚。合撮一影，予獻議也。

八月十八號星期三（七月十一）

六時許，到清華旅館，訪兼士先生，同到西園進點。中元祀先。登日記。寫賬。到新市場寄信換錢。兼士先生來，留飯。

與兼士先生同到平海路李家，又到俞樓看夷初先生，未遇。到西泠印社，品茗。到圖書館，參觀。到平湖秋月，吃鯉魚。五點許歸。

與履安，艮男，兼士先生同乘六點車，十點三刻到上海，即上新寧輪。寫伏園，志希，父大人信。

康媛知予等將行，大哭，意頗憐之，亦為墮泪。

予原意明日到滬，昨夜兼士先生來，囑今晚同行，仍擬于明日登輪也。乃今晚到滬，至大東旅社，悉振玉等已上船，而船即于今夜十二點後開。急赴平安旅社，安頓履安等，取出行李，到船已十二點矣。事之迫促，無有過于是者。

八月十九號星期四（七月十二）

六點半開船。看《封神榜》二十餘回。

小眠。

船上每日五餐，七點進咖啡茶，九點吃飯（有粥），十二點進甜點心一道，連粥一碗，五點又吃飯，八點進點一道（或鹹或甜）。此廣東式也。

適之先生囑爲亞東新標點之《封神榜》作序，因擬看一遍。此序材料甚多，但不易做得好也。

八月二十號星期五（七月十三）

看《封神榜》二十餘回。

小眠。與介泉等立船舷談話數小時，看海上月光。

聽萬里唱戲。

此次廈大聘我，本未嘗聘介泉（潘家洵），乃介泉恃我交情，看我上船，彼亦踵至。我不得已爲言于林玉堂，校長以其本爲北大講師，仍給以講師職位。彼見我升級太高，遂大肆播弄，生出風波，魯迅遂斥我爲結黨矣。此余之所以與之絶交也。一九七五年三月廿六日，頡剛記。

八月廿一號星期六（七月十四）

看《封神榜》十餘回。

讀《離騷》約十遍。兩點半到廈門。玉堂先生來接。候搬行李上船。到美豐銀行。同到鼓浪嶼林文慶先生處茶點。

到玉堂先生處夜膳。記日記，寫賬。寫父大人，履安信。

舟行二日半，無甚風浪，惟今日暗浪較劇。聞此路頗不安行，我等此行，適值平靜時也。

驗病殆成形式，而甚使旅客感受痛苦。

廈門大學地極閎爽，左山右海，襟懷豈甚。

八月廿二號星期日（七月十五）

看《封神榜》。

與玉堂先生等到林文慶先生處吃午飯，午後進茶點閑談。至六時出，到鼓浪嶼市街買物。

夜歸。談話。

今日同席：孫蔚深　劉楚青　邵□□　朱志滌夫婦　兼士先生　增熙　介泉　振玉　萬里　忭民　我　林文慶夫婦

林校長居鼓浪嶼筆架山頂，天風時來，雖暑無汗。房屋亦頗整潔，可惜布置無法，專事堆砌，失去美術意味。林夫人講英語極好。鼓浪嶼多富人居，紅墻紅屋頂照耀碧波綠樹間，太鮮艷了，變成了俗氣。

八月廿三號星期一（七月十六）

理物。看《封神榜》。

理物。將物件從大間搬至辦公室內。

與玉堂先生等游篤行樓等處。談話。

到廈門後最苦的事是吃飯。此間之菜既腥且淡，時時欲嘔，然不吃更無辦法，只得忍之。萬里等不能熬，乃擬將兩日來包飯之厨子辭去，明日自辦飯吃。然罐頭食物其可久耶？次苦的事是大小便，三層樓梯凡七十級，來回便一百四十級。大便廁所又須自冲。又次，是洗衣。一件衣服須洗三天，使人不能替換。洗價又奇昂，一雙襪子要五分。這種苦痛，接了家眷出來都沒有了。

八月廿四號星期二（七月十七）

開領物單領物。看《封神榜》二十餘回。

與兼士先生等游南普陀寺。即在寺中吃夜飯。

聽濤，早眠。二點醒，又起看月。

在南普陀寺中，始見文旦樹和桂圓樹。桂圓多極，種了一株，一家吃不盡。

八月廿五號星期三（七月十八）

看畢《封神榜》。登日記。寫葉采真信。開會商量院務。

寫援庵，慕愚，芝生，沅君，仲川等，雪村，澤涵，逮曾，隅卿太玄，伯祥聖陶，孟鄒，潛哲等信。

談話。王欽福（以康）來談。

我在國文系中本須授課，今乃改爲"研究教授"，不必上課，甚快。

我于（今）年七月一日接廈大聘書，本是研究所導師與大學教授，今日玉堂來囑換聘書，乃是研究教授，予駭問其故，則謂自《古史辨》出版後，學術地位突高，故稱謂亦須改變。然自此以後，北大同學側目而視，稱我爲"天才"，爲"超人"，而魯迅以本身位望之高，不屑與予平起平坐，風波自兹而興矣。可嘆哉！

一九七五年三月，頡剛記。

八月廿六號星期四（七月十九）

寫伏園，品青，玄同，沅君，川島，紹原，鳳田，祝晨，仲澐，誠安，賓于，式湘信。談話。

周汴民先生邀茶點。視玉堂先生疾。

談話。

八月廿七號星期五（七月二十）

寫叔父，緝熙，履安，乃乾，王姨丈，瑁生，元胎，聖陶，聖三，玉堂先生信。孫貴定，繆子才來，林校長來談。

子才又來。

登賬。寫祚茞桓連信，寫春臺學昭信。

林校長云，廈門人苦于官吏之橫征暴斂，每星期乘船到南洋者有萬餘人。廈門人走後，溫州人來補缺。學校中建築工人九百，皆溫州人也。又云，田每畝征十五元，故囂粟遍野。

鬱熱者久矣。昨夜得雨，今日較涼，夜間可施被褥矣。

八月廿八號星期六（七月廿一）

寫平伯，小鶼，志希，應鵬若谷彥長蔚南，樂嗣炳，仰之，少英，錫侯，孟韜，彬龢，公振，紹虞信。修改四高廿周紀念碑訖。

爲萬里作小傳，應《上海畫報》發表也。貴定，澤宣來談。

看《閩雜記》。

振玉病泄瀉。

八月廿九號星期日（七月廿二）

與丁山往太古埠頭接伏園，同歸校。洗浴。到貴定，澤宣處，略談。到子才，楚青處，未晤。

子才邀宴于本院。林玉苑來談。倦臥。玉堂夫人來。

與兼士先生到玉堂先生處商量國學院與國學系組織事。十二點歸。

今日同席：林校長　貴定　朱鏡宙　玉堂　玉苑　兼士先生　萬里　介泉　丁山　伏園　許校醫　徐聲金

八月三十號星期一（七月廿三）

草廈大國學研究院組織大綱并系統表。下午開會討論。改正《古史辨》誤字，備再版。

剃頭。看《新女性》。

澤宣先生來談。

八月卅一號星期二（七月廿四）

以《古史辨》洋裝本寄慕愚，《古史辨》改正本寄崇年。草《曹國瑞女士傳》文，未畢。

看《城中》。談話。

我于本月廿一日到校，魯迅于下月四日到校，相距半月。此後即同坐一長凳上吃飯。

此次我到廈大，對我最感嫉妒者爲潘家洵（介泉），此萬想不到之事也。渠與我同住十年，且談話最多，我之所作所言，無不知之。廈大本只請我，而他亦懾于張作霖之淫威，不敢住北京，以其未得延聘也，瞰我何日上海上船，即束裝以俱登。我性不絕人，到廈門後即爲向文學院長林玉堂介紹，林氏以其爲素識，仍照北大例給以講師頭銜。對于我，則因《古史辨》一出，名譽驟增，本約爲講師 *，至此易爲研究教授，薪金當然提高。這一來就使得他火高三千丈，與我爭名奪利起來。稱我曰"天才"，又曰"超人"，逢人就揭我的短（我一生未做過良心上過不去的事，但仗着他的能言善道，好事也就變成壞事）。值魯迅來，渠本不

---

* 此説與日記 1926 年 7 月 1 日所記有異。

樂我，聞潘言，以爲彼與我同爲蘇州人，尚且對我如此不滿，則我必爲一陰謀家，慣于翻雲覆雨者，又有伏園，川島等人從旁挑別，于是厭我益深，罵我益甚矣。更可恨者，一宵校長林文慶在鼓浪嶼家中請客，乘小艇浮海以往，及歸，天黑甚，我將上岸，一脚已跨上另一船，而後脚尚在原船，風浪急，兩船浮開，我勢將陷入海中，急呼曰："介泉，拉我一把！"彼乃假作不聞。予幸未溺，突跳以上。事後，雖與之同反我之羅常培也説："介泉太自私了！"以此知彼不但罵我，且欲我死，其心狠毒，有如虺蜴。此我之所以與之絶交也。　　　　　　　　一九七三年七月記。

一九二六年九月

九月一號星期三（七月廿五）

鈔上海賽神新聞。作《曹女士傳》，約五千言。

與伏園到玉堂先生處。談話。

九月二號星期四（七月廿六）

作《曹女士傳》，尚未畢。

鈔《丹鉛總録》四條。

今日領得八月份薪二百四十元。

見此條，知我在厦大之名義雖改而工資固未加也。七五年三月，頡剛記。

九月三號星期五（七月廿七）

寫乃乾，逮曾，履安信。寫元胎信。作《曹女士傳》訖，即鈔清，未畢。

看《老學庵筆記》及《焚椒録》。

余作文有一壞癖氣，好將材料盡數排入，雖因此不致挂漏，然亦終以此不能有剪裁矣。

九月四號星期六（七月廿八）

鈔《曹女士傳》畢。此文共八千言。

與萬里丁山到海邊拾貝殼，看鄉民送神。

談話。魯迅先生到校。澤涵來，送至其宿舍。

兩夜睡眠不佳，遲眠早醒，止得四五小時耳。當是作文之故。今晚拾貝殼，藉以操勞，但仍不能得佳睡也。余之病根深固如此，非履安同來竟不能作文，奈何！

吃龍眼稍多，遂致便秘。

九月五號星期日（七月廿九）

看《福建通志》。澤宣來。剃面。與兼士先生，振玉，萬里，介泉，丁山同到鼓浪嶼。在洞天福地吃西餐。

到林家花園游覽半日。到日本館中吃冰牛乳。七點許歸。

澤涵來。算賬。

今日到鼓浪嶼時，舟中遇暴雨，歸時復值大浪。兩次衣履皆濕。介泉歸坐船頭，濕尤甚。

藏海園，係林菽莊（名爾嘉）所構，沿海築橋，極暢，與西湖劉莊頗相近，蓋富人之聰敏者也。有聯云："長橋支海三千丈，明月浮空十二欄。"未知中秋之夜能到此看月否？在園中，見看門人劉某，年約六十，鎮江人。光緒十餘年，投軍，任臺灣提督衙門之軍官。自臺灣割與日本，遂流落廈門，爲人僕役。談話中不勝身世之悲。

九月六號星期一（七月三十）

鈔《鑄鼎餘聞》目録，并鈔出其引用書，得一册。

看《申報》。

到澤涵處。與介泉談話。

下午徒覺困頓，夜飯僅進一碗，想係天氣悶熱之故。懷念前塵，心酸下泪。予此來在名位上，在金錢上，都可説是得意。但人生本質之悲傷因寂寥而益顯，三年來之華筵散于今日，既已有情，將何以自遣耶？

九月七號星期二（八月初一）

爲《鑄鼎餘聞》引用書分類。到圖書館，工廠，禮堂等處參觀。

鈔《申報》賽會兩則。寫父大人，康媛，履安，慕愚信。寄信，散步。晤澤涵及徐聲金先生。

談話。看《小説舊聞鈔》。

來此後起身頗早，大約六點必醒，六點半可起床。惟大便閉塞，恐係少吃蔬菜及油質之故。此間飯菜淡而無味，我是極隨便的人，尚覺得不適。

九月八號星期三（八月初二）

修改《曹女士傳》，畢，即寄入新女性社。爲此間職務事，開會議，勸兼士先生就職。俄國人類學者 S. M. Shirokogoroff（史禄國）來談。玉苑來談。

寫雪村，祚萱，伯祥，聖陶，乃乾，叔存，山立，仲澐，紹虞，沅君，林仙亭信。讀《楚辭》。晤陳定謨先生。

鈔蚌埠盂蘭會文。談話。

同來諸人，聘書至今未發，大家覺得不安，僉意是兼士先生不就職之故，因共勸之。午刻林校長來，謂聘書日内即發。

"自由研究"一事，此間不但没有做到，且未想到。在這一點上，不得不懷念北京，但北京人事太多，不能使人安心讀書，則亦甚可畏也。

九月九號星期四（八月初三）

寫翼之，隅卿，太玄，玄同，旭生，半農，赤霞，南揚，祚莒信。

理物。粘報紙中所作文字。寫采真，建功信。

與介泉談話。揭曉樸社選舉。

到此兩旬，今日始將物件理清，此後可上軌道辦事矣。

樸社現有社員廿一人，二百四十一股。此次改選總幹事，有五人五十一股未投票，尚有十六人一百九十股，予得十三人一百四十一股，仍當選爲總幹事。北京方面之事，予有兩件無法解脱者，一爲樸社，一爲《北大研究所週刊》。

九月十號星期五（八月初四）

鈔《真靈位業圖》。玉苑來。與介泉萬里到周忭民先生處要屋子。又到陳定謨先生處問南普陀房屋。到澤涵處。

看《一般》，《新女性》等。寫元胎，乃乾兩快信。寫注册課信。擬樸社職員單及通告。定謨來。

談話。以風雨過巨失眠。

校中仍要我教書，因擬任三年級之“經學專書研究”，教《尚書》，每星期二小時，尚不累。此間始以我輩爲拉客之具，故買書購物都不爽快。予此次任課，以買書爲要挾，必有書然後開始授課。

今夜颶風忽發，加以雷雨，房屋震動，窗櫺欲碎。其聲音之悲慘，惟有“虎嘯龍吟，神號鬼哭”可以形容。予生平第一次遇此，遂不成眠。至上午四時許始朦朧得睡。風雨中拔了許多樹木，坍壞了許多屋子，壓死本校石工一人。校門口之碼頭，亦倒塌，上下船遂甚困難矣。

九月十一號星期六（八月初五）

以昨夜失眠，九時始起。與介泉，萬里，振玉，伏園等步行到廈門市大史巷豫豐銀號，又至新馬路郵局匯履安，紹虞兩款。乘舟到鼓浪嶼，在大新旅社吃飯。飯後遇林和清先生，同看房屋。四點半雇船歸。到商務書館售書。

談話。看《小説考證》。夜又失眠。

來此兩旬，便秘，失眠，胃納減少諸病漸作漸劇矣。予身體不耐南行，奈何！兩夜失眠，生人之樂頓減。

九月十二號星期日（八月初六）

看《小説考證》。點讀皮錫瑞《尚書通論》。寫慕愚信，不成。與介泉，萬里，俄人史祿國游南普陀。

夜餐未進，吃柚子一枚。

今日困頓之甚，時時煩懑欲哭，頗欲將衷懷書告慕愚，而下筆輒復心亂，竟不能成。“懷朕情而不發兮，余焉能忍而與此終古！”思之泣下。

欠債數：

適之先生五百元（實四百八十三元零二分）

履安六百零三元（利在外）

伯祥
聖陶 ｝卅三元二角零九厘

儲蓄會三百十六元五角五分

康艮二女一百元（利在外）

共約一千五百五十元。

九月十三號星期一（八月初七）

點讀《尚書通論》畢。

寫元胎，仰之，孟鄒信。許校醫來看病。史禄國來談。

看《愙齋集古録》。

昨夜得眠，今晨下便，體氣稍佳，但終無心治事，因以點書自遣，亦豫備功課也。

履安來書，甚願來，但校中尚無空屋。到鼓浪嶼及南普陀覓之，又不得。恐至早須年底來矣。

九月十四號星期二（八月初八）

采真邀游集美，以集美艦行，同游者爲兼士先生，萬里，介泉，丁山，伏園及我六人。九點許啓行，十一點到。采真邀午膳後，由陳延庭先生及剛森導游各處。四點半出，乘原輪歸。抵校已夜。今日同席：我們六人，宋文翰，蔣本豐，陳延庭，葉采真。

澤涵來。

點讀《周人經説·尚書》卷。寫亦寧信，勸其共同治學，且詢萬縣英艦案。

采真辦事幹練，集美學校凡分九部（中學，師範，女師範，農林，工業，商業，水産，國學，小學），學生二千餘人，教員二百餘人，井井有條，無散漫及玩忽之弊，洵可佩服。而同游諸君好爲挑剔，拾其一言，加以深求，如金聖嘆評《水滸》中之宋江然，指摘其惡意，實爲不恕。推此而言，天下將無辦事之人。

參觀女師範時，一室中忽發笑聲，聲至天真，不禁亦爲之一笑。自到厦門後，中心發出之笑此爲第一次。

九月十五號星期三（八月初九）

記日記，上賬，録書目。寫適之先生信。許雨階醫士來診。

寫起潛叔，北京樸社同人，林仙亭，陳佩真，顧惕生，崇年信。草樸社通告。

聽留聲片。

前數日以病，人事擱置未理，今幸痊可，又辦了一天的事，終日未讀書。

九月十六號星期四（八月初十）

寫仲川，緝熙，平伯，芝生信。寫介紹范仲澐等通告，送樸社。

點讀《周人經說·尚書》部分畢。瑞章來。

重派樸社職員如下：

（1）總部

編輯——芝生　　　　　會計——仲川

書記——平伯，崇年　庶務——緝熙

審查員——碩輔，佩弦，介泉

（2）滬分部

會計——愈之　　　　　庶務——振鐸

書記——聖陶，予同

（3）出版經理部

總經理——緝熙　　副經理——崇年

上海經理——伯祥　廈門經理——萬里

（4）景山書社

總經理——仲川　　副經理——碩輔

貨物檢查員——芝生，崇年，佩弦

九月十七號星期五（八月十一）

點《經傳釋詞》。史禄國先生來談，由介泉翻譯。

史禄國先生來談，勉強用英語直接談話，此予生平第一次也。

寫履安信未畢。

　　看《古史辨》自序。

　　俄人史祿國（Shirokogoroff）先生研究中國人種學若干年，對于我有所質問，教我如何回答。介泉以其問太專門，不願爲我作翻譯，只得以不成句之英語胡亂應付之。

九月十八號星期六（八月十二）

　　寫履安信畢。點《經傳釋詞》。昆衡來談。楚青來。

　　鈔《書序》全文。夷庚來談。爲編輯事開會議（季刊及書目）。

九月十九號星期日（八月十三）

　　到澤涵，定謨，其鹿，瑞章，夷庚，澤宣，蔚深，子才，玉苑，楚青，昆衡處談話。與子才，蔚深，聲金，夷庚，立夫同到鼓浪嶼朱鏡宙先生處吃飯。在朱宅看商務所印名人書畫集。

　　到黃仲訓瞰青別墅游覽。在嶼上市街買物，六時許歸。

　　記日記，登賬。

　　在楚青處遇巴東李英標，詢其家書須幾日來回，謂須一個半月。若然，則須下月十號方可得亦寧覆書也。但夷庚言，宜昌郵件以武漢戰事不通，則屆期亦未必有書來。海上明月，望之悵然。

　　朱鐸民先生（鏡宙）爲太炎先生之次婿，任廈門中國銀行副行長。今日又有戴錫樟，莊奎章，宋文翰三位在南普陀請吃飯。他們都是北京師大畢業生，在集美任教者。以朱約在先，辭之。

九月二十號星期一（八月十四）

　　點讀《皇朝五經彙解》中之《尚書》。鈔出參考材料兩篇。開學，到禮堂，與同學相見。

　　擬《講授計畫書》。

看月。與萬里振玉談兩性問題。

九月廿一號星期二（八月十五　中秋）

草《講授尚書學計畫書》畢。寫朱鐸民信，贈書也。以文言寫慕愚書，又不成。

倦眠。

玉堂先生送月餅來，擲骰食之。看月。失眠，起看《尚書》。

余屢欲作慕愚書，而輒心亂不成。文字工具至劣，豈足以狀予之情乎！

數年來渴望之讀書境界，于今獲得，宜如何欣慰，乃目屬于書而心神不在，百不安謐，意者予終不能有一適當之讀書境界耶？

九月廿二號星期三（八月十六）

點讀《大禹謨》。看《正、續皇清經解》內之《尚書》類，鈔《尚書古文疏證》目錄。

剃頭。

與伏園到海岸散步，看神廟中之巫作法。與萬里等談話。

崇年來書，謂《古史辨》已售畢，即須再版，擬印三千册。

九月廿三號星期四（八月十七）

鈔《尚書古文疏證》目錄畢。與澤宣到校門外看屋。

鈔閻若璩傳。看新到報紙。晤忭民及玉霖。寫履安信。

到夷庚處談話。

振玉有友來書，謂《孔教大綱》與《古史辨》放在一起，煞是好看，謂林文慶與予也。

九月廿四號星期五（八月十八）

寫敬文，沅君，一多，伯祥，聖陶，予同，乃乾，仲澐，父大人，康媛，繩夫，彬龢，式湘，誠安，翼之，孟劬，仲周信。澤涵來。蔚深來。

與介泉伏園等談話。失眠。

今夜自覺心神亢進，因獨至樓下散步，久久而歸，然終至失眠。

九月廿五號星期六（八月十九）

早起擬致慕愚電，以到此後未得其音信也。鈔《大禹謨》文。

看《京本通俗小說》中海陵王淫亂一篇。林景良先生來。與介泉到伏園魯迅處，又到南普陀。

仍失眠。半夜起寫慕愚信，雖寫成，不愜意，擬不發。

三載以來，從未如近數日之悲愁者。到此後我確得到一個讀書環境，但感情已不容我讀書矣，它只要我死。

九月廿六號星期日（八月二十）

與兼士先生及萬里，介泉，振玉到鼓浪嶼，訪和清先生看房屋三所，訪朱鐸民，略談。到白室吃飯，到日本館吃加里古斯汁。風狂甚，冒險到廈門，再雇船歸。

飲酒而眠。

兩夜失眠，今日憊甚矣。面紅如火，足冷如冰，站立無力，若大病之將至。幸爲星期日，出游一天，夜又飲酒，得一佳眠。

九月廿七號星期一（八月廿一）

寫文科主任信，催印講義。蔣希曾及歐陽君來。介泉萬里來譯電稿，發蘇。看朱湘《王嬌》一詩。寫履安信，催其啓行。

寫慕愚書，得十紙，雖寫成，然仍不愜意。

到伏園及魯迅處談話。看《經今古文學》。

九月廿八號星期二（八月廿二）

讀《王制》，記筆記二條。看新到報紙。

看教室。晤瑞章。寄慕愚《吳歌集》及《諸子辨》。到十一教室上"經學專書研究"課。爲組織旅廈北大同人會及歡迎蔡先生事開會。

與介泉等談話。看《三教搜神大全》。

到此後日益憮憮無聊，恨不即死。今日上課二小時，説話較多，心中的悶倒減少了一點。因此知多事活動，亦足以減去閑愁。

九月廿九號星期三（八月廿三）

到博學樓看住屋。寫文科主任信，催印講義。順道至昺衡，莘子處。補記日記四天。與景良説話。

鈔緯書中關于孔子各條。看逯曾轉來之《現代評論》等報紙。

九月三十號星期四（八月廿四）

鈔《詩經》，《論語》中關于聖人及孔子各條。與景良談話。到禮堂，聽兼士先生演説。

到伏園處。聽萬里唱戲。

陳萬里，原在衆議院任速記員，以事閑，入北京醫科專門學校。畢業後，任北大西醫師，工作一切敷衍，獨好攝影，在醫務室中夾一暗室洗照片，又常在校中開照片展覽會。予以彼既有是長，故江蘇教育廳長蔣維喬以新鄭古墓出土大量銅器，畀予二百元，囑往調查，予約彼同往照相，且同游各地石窟寺。不幸予卧病晋祠，渠不爲醫療，捨我竟去。及予回京，渠竟不將照片送我，使我無法向蘇教廳交代。其天性涼薄可知也，然居不在一地，利害關係不甚。及林玉堂任廈大文學院長，以多涉覽其照片，聘之爲考古學講師，此林與陳之關係，與我無與也。彼既來，多聞介泉毀我之言，遂與之爲同調。又介紹其戚屬王孟恕來，任研究所助理。于是蘇州人之在彼者有我、潘、陳、王四人。魯迅不察我與彼等同牀異夢，漫謂我有意結成蘇黨，與彼暨孫、章之紹興幫相對，于是北京大學之皖、浙之爭，移而爲廈門大學之浙、蘇之爭。以我不欲參加黨爭之習性，儼然成爲蘇派之首領矣。然此皆魯迅在京多年參加黨派鬥爭之習性有以蔽其視聽也。

潘介泉謂予："只是我不喜歡寫字。要是同你一樣，天天把我說的話寫下來，也成了一本《古史辨》了！"試問：他天天說的是什麼話？（他最喜講的，是調情與性交，是第二個張競生。）我天天寫的是什麼字？

有一學生來訪我，適我如廁，他問介泉："顧先生到哪裏去了？"介泉答道："顧先生寫《古史辨》去了！"以"古"諧"顧"，以"史"諧"屎"，以"辨"諧"便"，謂《古史辨》只是一堆大糞耳，其中心之痛恨爲何如也？

五四運動前夕，北大學生分新舊兩派，新派出雜志名《新潮》，舊派出雜志曰《國故》，互相詆諆，見面不理。羅常培，國故派也，向與予無往來。及予將赴廈門，便來訪，請介紹。予知其擅長古音韻學，告諸玉堂，亦聘爲講師。至則加入介泉一伙，謂"顧某專喜歡介紹人，有如吳佩孚之坐鎮洛陽，某省出一督軍缺，便從夾袋中選一人補缺然。"按此語別人可說而羅則不可說，以彼本非我夾袋中人物也。

一九七三年七月記。

張媽工付至九月初七日止
逮曾代付儲蓄會利十三元九角七分
聖陶
伯祥　版稅三十三元二角零九厘
汪仲周　十六元零九分

領到厦大八月薪應還之款：

乃乾三十一元

介泉四十元

逮曾代付息金十餘元

陰曆七月大石作房金十九元

九月厦門用度四十元

樸社四十元

仲周十餘元

紹虞八元

錢南揚二元零五分

建功三元八角。

《古史辨》應贈送之人

吴山立　伍蠡甫　潘介泉　陳萬里　陳海澄　吴旭初　朱佩弦　鍾敬文　胡適之　唐有壬　吴緝熙　蔣仲川　朱孔平　錢南揚　錢玄同　傅彦長　蔣崇年　毛夷庚　魏建功　容希白　葉聖陶　傅緯平　毛子震　柳翼謀　容元胎　王伯祥　朱經農　王悟梅　楊金甫　丁巽甫　郭紹虞　王雲五　張正甫　陳通伯　周鲠生　朱逖先　鄭振鐸　陳援庵　吴頌皋　沈兼士　周豫才　胡愈之　沈尹默　吴致覺　馬幼漁　陳伯年　周啓明　周予同　沈士遠　丁在君　常維鈞　譚慕愚　李石岑　馬隅卿　胡堇人　馮芝生　彭道真　閔元召　毛子水　王品青　馮淑蘭　陶桓連　常燕生　傅孟真　李小峰　陳彬龢　謝祚茝　黄孝徵　嚴既澄　羅志希　孫伏園　胡文玉　黄仲良　劉掞藜　俞平伯　林玉堂　劉半農　李雁晴　戚焕壎　章雪村　章衣萍　章矛塵　馬叔平　吴敬軒　鄧叔存　高夢旦　蘇甲榮　李玄伯　黄晦聞　沈雁冰　程國任　歐陽邦華　王静安　商錫永　徐玉諾　酆雲鶴　蔡孑民　曹聚仁陳式湘　狄君武　王翼之　莊尚嚴　范仲

澐　鄭鶴聲　盧逮曾　楊立誠（以明）　　鄭賓于　董彥堂　張蔭麟
宋士宜　博晨光　北大圖書館　京師圖書館　裘子元　徐志摩　楊
遇夫　唐擘黃　恆慕義（貞文）　　北京圖書館　松坡圖書館　汪緝
齋　谷鳳田　姚從吾　馬太玄　孫春臺　王祝晨　江紹原　蘇州公
立圖書館　通信圖書館　李璜（幼椿）　　徐旭生　劉策奇　曹赤霞
陳乃乾　陳衡哲　孔德圖書館　圖書館協會　潘健卿　齊樹平　劉
瀋哲　王燦如　陳翰笙　何植三　趙萬里　中華教育改進社　美國
費城博覽會　林宰平　陸尹甫　陳頌平　金岳霖　袁守和　吳郁周
小畑薰良　浙江公立圖書館　鄭介石　張季龍（志讓）　　蔣竹莊
研究所藏書室　張鳳舉　河南第一學生圖書館　徐祖正　程郁庭
Swann　錢琢如　陸步青　何日章

　　六月十二日發出之《古史辨》：
楊金甫(乙一)　沈兼士(乙一)　陳通伯(乙一)　謝祚茝(乙一)　丁
巽甫(乙一)　錢玄同(乙二)　徐志摩(乙一)　黃孝徵(乙一)　周鯁
生(乙一)　譚慕愚(乙一)　江紹原(乙一)　彭道真(乙一)　馬幼漁
(乙一)　陳百年(乙一)　常維鈞(乙一)　陶桓連(乙一)　馮芝生
(乙一)　馮沅君(乙一)　博晨光(乙一)　恆慕義(乙一)　裴德士
(乙一)　馬爾智(乙一)　華文學校圖書館(乙一)
　　上共二十四册
朱佩弦(乙一)　吳公之(乙一)　謝明霄(乙一)　趙萬里(乙一)　梁
任公(乙一)　錢子泉(乙一)　莊澤宣(乙一)　王靜安(乙一)　張蔭
麟(乙一)　魏建功(乙一)
　　上共十册
曹赤霞　李小峰　常燕生　馬隅卿　俞平伯　伍蠡甫　馬太玄　王
品青　盧逮曾　張含青　沈尹默　劉半農　徐旭生　張奚若　陳翰
笙　蔣崇年　李玄伯　馬叔平　鄭介石　黃仲良　張鳳舉　徐祖正

京師圖書館　陸尹甫　朱逖先　陶孟和　李潤章　高一涵　毛體六
容希白　潘健卿　陳祖源　林宰平　鄧叔存　蘇演存　陳博生　吳
郁周　莊尚嚴　袁希淵　袁守和　吳山立　毛子震　王悟梅　朱孔
平　陳君璧　陳頌平　閔元召　許昂若　陳援庵　裘子元　金岳霖
周啓明　王燦如　任叔永　陳衡哲　周豫才　歐陽邦華　章衣萍
陶知行　凌濟東　中華教育改進社　胡文玉　劉潛哲　章矛塵

　　上共六十三冊
師大圖書館(丙一)　女師大圖書館(同)　松坡圖書館(同)　地質調查
所圖書館(同)　北京圖書館(丙一)　金公亮(同)　北大圖書館(同)
孔德學校圖書館(丙一)　北大研究所(同)　中華圖書館協會(同)

　　上共十冊
胡適之（囑送鋼和泰，程仰之，章演群，李濟之等）（乙八）
錢玄同(囑送楊遇夫,黎劭西,趙元任等)(乙八)潘介泉(乙一)

　　上共九冊
徐森玉（乙一）　錢稻孫（同）　王祝晨　陳式湘　范仲澐　傅
彥長　谷鳳田　鄭賓于　陳彬龢　傅緯平　錢南揚　鄭振鐸　郭紹
虞　張若谷　林玉堂　高夢旦　容元胎　鍾敬文　李石岑　唐擘黃
葉聖陶　胡愈之　周予同　李雁晴　王伯祥　鄭鶴聲　錢經宇　宋
士宜　嚴既澄　孫伏園　蔡子民　吳旭初　毛夷庚　孫春臺　吳致
覺　吳頌臯　陳乃乾　江小鶼　滑調伯　姚名達

　　上共四十冊
劉楚賢(乙四,丙四)　劉大白(乙一)　曹聚仁(乙一)　沈雁冰(乙
一)　周喬峰(乙一)　章雪村(乙一)　王雲五(乙一)　朱經農(乙
一)　胡堇人(乙一,丙一)　何日章(乙一)　河南圖書館(丙一)　楊
以明(乙一)　江西省立圖書館(丙一)　董彥堂(乙一)　李雁晴(乙
一)　丁在君(乙一)　李聖五(乙一)　齊樹平(乙一)　潘薪初(乙一)
李幼椿(乙一)　夏葵如(乙一)　林德懿(乙一)　李天福(乙一)　周倫

超(乙一)　楊四穆(乙一)　小畑薰良(乙一)　王碩輔(乙一)

上共廿七册

張季龍　陳劍翛　林白水　張仲述　霍儷白　黃晦聞　小鶼之友(丙一)　汪緝齋　毛子水　姚從吾　商錫永　父大人　魯弟　秋白表弟　戚煥壎　上海通信圖書館　胡石青　汪孟鄒　余昌之　金少英(丙一)　唐有壬　金冠三(丙一)　黃離明　柳翼謀(乙一,丙一)　蔣竹莊　陸步青　蘇錫爾　陳聘之(丙一)　沈士遠　曾慕韓　余景陶　傅孟真　吳敬軒　何仙槎　錢琢如　適之先生(甲一)　郁達夫　吳緝熙(甲一)　吳光第(乙一)　田培林(丙一)　顧起潛(乙一)　今關天彭(壽麿)(乙一)　玄同先生(甲一)　東南大學圖書館(乙一)　李玄伯(甲一)　容希白(甲一)　魏建功(甲一)　劉掞藜(甲一)　蕭一山(甲一)　羅志希　阿理克(乙)　陳嘉庚(丙)　林文慶(丙)　繆子才(丙)　周忭民(丙)　黃振玉(丙)　丁山(丙)　林玉苑(乙)　劉楚青(丙)　孫貴定(蔚深)(丙)　江澤涵(乙)　陳苹子(乙)　陳定謨(乙)

以上共六十三册，合共二百四十六册。

可薦至厦大者：

容元胎　鍾敬文　錢南揚　傅仲德

金公亮(少英)(在南開中係任心理,論理,國文,最好能有同樣功課)

一九二六年十月

十月一號星期五 (八月廿五)

鈔《左傳》中關于孔子各條。到圖書館提書。玉苑來。

鈔《孟子》中關于孔子各條。到會計課領薪。與丁山到山東館吃飯。

看夏曾佑《歷史教科》。澤涵來。與介泉及兼士先生談話。

十月二號星期六（八月廿六）

作《春秋時的孔子和漢代的孔子》三千餘言。采真來，留飯。

茗之，夷庚來。莘田來。丁山來談。

夷庚來。理書。飲酒而眠。

我真不能作文，一作文便要失眠。可憐！

十月三號星期日（八月廿七）

剃面。記日記。到禮堂慶孔誕，演說一小時。

與伏園步行到厦門游覽，在鎮南關品茗。又步歸。

讀原文《清宮二年記》。

我會在三四百人前演說一小時，這是想不到的事情。林校長演說題爲"孔子之道是否有益于今日"，我則爲"孔子何以成爲聖人"，這兩個題目把我們兩人歧異之點清楚地顯示出來了。

十月四號星期一（八月廿八）

讀《清宮二年記》。讀《周易》。玉苑來談。

與丁山到厦門，適美豐銀行以補慶聖誕停業，未得領薪，遂到市街散步。到商務書館，遇丁山及介泉，售書多種，到安樂園吃飯。丁山先歸，予與介泉到新南旅社住宿。

與介泉游寮仔街及新馬路，看妓女。歸，看白薇女士所作《琳麗》劇，畢。以旅社中歌聲不絕，徹夜未眠。

白薇所作《琳麗》一劇本，知之已久，今日始讀到，刺我的心的話很多，非常歡喜它。數年中，我所看見的文學書要以這部爲最好了。文學周報社一班人太輕描淡寫，微諷輕刺，一比了這書，簡直不是文學。

十月五號星期二（八月廿九）

重看《琳麗》。到市街盤桓地走，到電報局發慕愚電。回旅社，與介泉同出，到寮仔後吃點心。遇兼士先生。到美豐銀行取款，到郵局寄款。與介泉雇船歸校。

洗身，剃面。林仙亭來。豫備教科。上“經學專修”課，講《尚書》篇目。

倦極，晚飯後即眠。亮丞先生到廈。

十天前擬的電報，到今天打去了。或者在這個電報上要使“天下從此多事”，破壞了我的事業。但我的感情的奔放，那裏是理知遮闌得住呢。

十月六號星期三（八月三十）

到張亮丞先生處，同到院，談話。澤涵來。

與亮丞先生同到圖書館及課堂參觀。許鴻賓來。

澤涵來。看白薇女士所編《訪雯》劇。與介泉談話。看報。

今日一天未做甚事，亦無氣力無精神做事。唉，我竟會頹廢了嗎？

十月七號星期四（九月初一）

讀《左傳》隱公數遍，又讀《左傳事緯》。

爲樸社發行半月刊事，在萬里處開會。

十月八號星期五（九月初二）

寫仰之，上海樸社社員信。讀《左傳》桓公數遍。

與介泉伏園同游自來水公司，下山迷路，極狼狽，刺破了兩手。

曉夢與慕愚同坐聽課，婉變之情，匪言可喻。課畢，彼以“四子湯”送飲，四子者，果子也，只記其中之一爲松子。芬芳香烈存于口齒間，瞿然而醒。

十月九號星期六（九月初三）

寫仲川，逮曾，錢子泉信。到萬里及伏園處。寫茗之片。到郵局寄信匯款。與亮丞先生走到廈門，在鎮南關避雨品茗。到市街散步。到新馬路安樂園吃飯。到商務書館等太古船，不至。遇馮君及施君等。到中華書局買書。

今日爲接子民先生，乃乾，履安等而到廈門，那知等待了一天，"蘇州"船還不來。

今日潮水的高爲我到廈後第一次，直衝到碼頭上。學校中的溝也留着潮水的痕迹。

十月十號星期日（九月初四）

到廈門市，爲接履安，那知只有孟恕偕萬里夫人來，失望而返。爲尋乃乾，走遍了廈門旅館。

爲國學院成立會作招待，聽林校長，語堂先生，亮丞先生等演説。

到萬里振玉處。到禮堂看電影，遇劉楚青及澤涵。

澤涵見語，蔣圭貞女士擬到廈轉學，可與履安同行。

十月十一號星期一（九月初五）

到孟恕處，未遇。寫履安信。林校長，孫貴定，語堂先生來談。

孟恕來。與介泉往訪陳定謨先生新居。開教職員聯歡會在禮堂上層。

與亮丞先生談話。

十月十二號星期二（九月初六）

看《尚書》學參考書，豫備本日功課。高興□來談。

上經學課，講閻若璩《尚書古文疏證》。到陳苕之先生處談話。

看《琳麗》第二幕。

十月十三號星期三（九月初七）

寫履安，孟鄒，原放信。到山東館吃飯。

爲編輯事開會，商季刊及中國圖書志。澤宣來談。

到山東館吃飯，徐君所請。到元胎處，見其夫人。看《琳麗》第三幕。

我已是一個失去靈魂的人了，做什麽事都怕。打起了全副精神，只寫得幾封信。我不知爲了什麽，丟了我的作事興致和氣力。

包飯厨役以有肺病，各人皆退包，新厨未來，今日暫在校外小館中吃飯。

十月十四號星期四（九月初八）

寫父大人，康媛信。聽魯迅演説。到圖書館看報。

記八天來日記。摘録《漢書·郊祀志》材料。寫《周禮正義》《墨子間詁》書端。

看《琳麗》第一幕。苹子，晷衡等來。

介泉評我長處爲：（1）知識欲發達，（2）愛才。短處爲：（1）感情用事，（2）成見。

十月十五號星期五（九月初九）

與兼士，亮丞先生，伏園，振玉，介泉，丁山，晷衡，及學生四人同游白鹿洞，虎溪。遇夷庚。游宜宜山莊及頤園（園主人馬厥猷）。到島美街陶園吃飯。飯後買物。雇舟歸。到海邊拾貝殼。夜歸。

記《祖與社》筆記一則。與介泉談話。

白鹿洞和虞溪風景，平平耳。即使好，這種不含人性美的自然美，我現在也不能欣賞了。對此清秋，除悲感之外更有何說。

十月十六號星期六（九月初十）

澤涵來。鈔《僞古文尚書》十二篇，隨手標點。到總務處，晤周忭明索物。

到伏園及魯迅先生處。

與介泉談話。亮丞先生來談。

澤涵得蔣女士信，謂劉女士爲軍警所捕，謝女士往保之，乃并謝女士扣留。後二人同釋放，遂逃避宿舍外。并聞梁鼎等十人（共進社員）擬槍斃。北京學生界之不安寧可知。

十月十七號星期日（九月十一）

到廈門市南軒，爲兼士先生餞別。同席：亮丞先生，萬里，介泉，孟恕，振玉，莘田。飯後到市買物，五點許歸。

與亮丞先生及介泉談話。

今日席中，除魚翅燕窩外，貴重之菜有燒猪。以小猪仿燒鴨例烤之，味甚美。價須四五元。

十月十八號星期一（九月十二）

鈔適之先生兩信，入《景山》半月刊。

開學術會議，審查研究生及提出研究題目。草《景山》發刊詞。

看《漢書·陳項傳》。

夏超在杭獨立，滬杭車斷。履安等能來否，殊未可必。

十月十九號星期二（九月十三）

寫趙樾信。豫備功課。伏園元胎來談。鈔清發刊詞。寫子震信。

到伏園處。到亮丞先生處，讀其所著《中西交通徵信錄》。

看《容齋隨筆》。

亮丞先生窮十餘年之力，成書二種，一《馬哥孛羅游記》譯本，一《古代中西交通徵信錄》。又輯集交通史料書數十種。積稿百餘冊。今日竭半日之力，僅讀其《徵信錄》七冊耳。他不好名，所以不爲人所知。

十月二十號星期三 （九月十四）

到碼頭迎接馬寅初先生，同到會客室茶叙。拾貝殻。

遷居博學樓一號，書室則仍在生物學院。理書。

與元胎夫婦同至海邊散步。寫《尚書》學書籍書籤。元胎招吃粥。

元胎夫婦都像小兒女，天真，强健而快樂。見之甚羨，愧不能及也。

寅初先生一到即病，玉堂先生病亦不愈。兼士先生亦患感冒。此間蚊蠅過多，終年有病，不適久居也。

十月廿一號星期四 （九月十五）

寫書籤。重作《孔子何以爲聖人和何以不爲神人》一文，得四千言，未畢。

到南普陀，陪宴太虛和尚也。

澤涵來。

太虛由新嘉坡來，住南普陀數日。寺中于今日開歡迎會，因見招同飯。太虛今年卅八歲。南普陀寺中之閩南佛學院院長常惺，係江蘇如皋人，年只二十八歲。頗知余，孔誕日來聽我演講。

十月廿二號星期五（九月十六）

續作孔子一文。視寅初先生疾。鈔集《論語》中材料。

到元胎處吃粉團。到大禮堂聽太虛和尚演講。

林校長邀陪宴太虛。魯迅先生來談。鈔集《論語》中材料。

我們來，頗招人忌，這是早知道的。今日乃知理科方面已對我們下攻擊，由秉農山領銜，要求收回國學院房屋，以我們借生物學院三樓辦公也。此等小人伎倆，一何可哂。秉先生前頗敬之，以其切實研究生物，今乃知其亦一掀風作浪之徒耳。

此為廈大理科與文科衝突之起點。文科主任為林玉堂，與校長同鄉，理科主任為劉楚青，為校長秘書，各有力量。自魯迅來，惟恐天下無事，此問題乃轉複雜。 一九七三年七月記。

十月廿三號星期六（九月十七）

續作孔子一文。玉苑來談。

到元胎處吃湯團。與其夫婦及兼士先生及介泉同到海濱拾貝殼，頗得佳者。到寅初先生及玉堂先生處問疾。

整理貝殼。夷庚來談。

晚得履安來電，悉于陰曆廿二日乘新寧船來。

十月廿四號星期日（九月十八）

與林景良，玉苑，澤涵，孟恕，元胎夫婦，游白鹿洞，虎溪，仙岩，獅子洞，中岩，太平岩，鴻山寺。途遇槍斃犯人。在仙岩野餐，玉苑所豫備也。在獅子洞及鴻山寺進茶。

寫尤伯熙信。登賬。

今日走路頗多，歸後倦甚。

夜得慕愚自渝來電，悉因途阻，至本月十一日始到重慶。她于八月九號上船，凡行六十三日，其痛苦可想。三月渴思，至今始解。重慶十二日發出之電報，到今夜始到，其緩可知。

十月廿五號星期一（九月十九）

游南普陀，看燒香。遇熟人甚多。

看《孟子》，籀繹其聖人的意義。

元胎夫婦招吃鷄子。瑞章及楊君來談。

今日爲圓通教主觀音菩薩誕辰，到南普陀燒香者極衆，聞有自南洋來者。妓女亦多。觀音誕辰一年三次：二月十九，六月十九，九月十九。一生誕，二出家日，三成佛日。

十月廿六號星期二（九月二十）

上經學課。寫江再傳條。與萬里元胎到南普陀，欲看其上供，後知已于昨日爲之矣。

寫慕愚信，勸其內介而外和，約二千言。寫彬龢信。

寫敬文，聖陶，予同信。與介泉談話。

采真來書，囑到集美演講，擬在一月後去，專爲國學專修科講"十三經的真相"一題。

十月廿七號星期三（九月廿一）

寫采真信。與介泉，元胎等送兼士先生及振玉上蘇州船，與介泉元胎夫婦到鼓浪嶼白室吃飯。剃頭，到中國銀行取款。到廈門買物。五點歸。

看《杏花天》。元胎夫婦邀吃蟹，與張毛二先生同食。

廈門市攤上，淫書當衆賣。予買得《杏花天》，介泉買得《肉蒲團》。《杏花天》予尚未見過，《肉蒲團》則于十七歲時曾覽一過。買了此種書，不肯不看。今夜遂看至上午二時始眠。

十月廿八號星期四（九月廿二）

上經學課。采真來談。

看《肉蒲團》，畢。寫玉堂先生信，爲仰之事。

與亮丞先生訪秉志，夷庚先生介紹也。

十月廿九號星期五（九月廿三）

修改孔子一文。翻《史記》，記筆記一則。

鈔東洋天文學史，未畢。澤涵來。

與亮丞先生到萬里，介泉，丁山，夷庚處。

十月三十號星期六（九月廿四）

到澤涵處。鈔東洋天文學史，未畢。理講義。

與介泉澤涵到廈門，到太古公司問船期，到新馬路吃茶，吃飯，到島美街買物，到南華旅社歇宿。洗浴。寫兼士先生及孟真信。

散步海濱，忽見新寧船早到，即趨歸。

今日下午三時到太古公司問新寧船到廈時刻，他們回答說明早九點。我們信以爲真，便到各處游玩去了。及洗浴畢，介泉已睡，我與澤涵到海濱散步，乃知下午五點已到，時吊橋掛起，雇小船上船，始知履安等業上岸。急急趨回，在黑夜中狼狽而行，始知由校醫章茂林先生送回。

十月卅一號星期日（九月廿五）

與阿倚及介泉夫婦到新寧船上取行李，十一點歸。理物。

與仰之，澤涵，蔣女士及艮男到海濱拾貝殼。萬里夫人來。

與仰之等同到南普陀吃飯。飯畢到研究院游覽。元胎夫婦來。

仰之此間事，以學校經費竭蹶，不能成。但他已送蔣女士到廈門來了。頗擬爲之設法南普陀國文課事。他明年到法國留學去了。

履安兩月未見，身上瘦甚，肋骨觸手。半夜體熱度較高。此來風浪平靖至極，仍嘔三四次。在滬五日，發肝胃氣兩次。頗爲憂之。

一九二六年十一月

十一月一號星期一（九月廿六）

與履安到太平橋買菜及用具。到院，鈔天文學史。

偕仰之到研究院及圖書館參觀。領薪。看京滬粵各報。整理《續經解》。

與仰之等談話。食梨過大，致腹痛，早眠。

今天第一次上市買菜，捧肉，卵，酒，蔬而歸。自喜一洗貴族氣。

十一月二號星期二（九月廿七）

豫備功課，上經學課。剃面。鈔《僞古文尚書》六篇。到蔣女士處。

定謨先生來。偕仰之到南普陀，訪常惺。記日記七天。

林校長邀宴，陪寅初先生也。

常惺和尚，江蘇如皋人，與建功同學。今任南普陀閩南佛學院院長，研究唯識因明之學。

夜中履安肝胃氣又作，嘔吐泄瀉，終夜不安。

我的學生：

劉大業（教育科四年級）

蔡恩智（文科二年）

吳經文（文科二年）

藍耀文（二年）

許訓勛（文科四年）

陳延進（教育科二年）

陳劍鏘（教育科二年）

易諒坤（教育科三年）

邵爾章（教育科四年）

吳景禧（特別生）

龔達清（文科補習生）

余新華（理科四年）

尚有旁聽生若干人：

薛一瓚　莫傍桂　許鴻賓

十一月三號星期三（九月廿八）

鈔完東洋天文學史，校對一過。

與履安及介泉元胎夫婦到玉堂，忭民兩先生處小叙，兼贈物。

履安病甚，延醫，一夜未安眠。到亮丞先生處。

履安今夜之發病（起于前夜之吃梨），為以前數年所未有者，吐數十次，瀉亦十餘次，腹痛至不能貼席。把身體中的水分都嘔空了，口中也沒有津液了。

十一月四號星期四（九月廿九）

豫備功課，上經學課。到寅初先生處。

看孟真自香港寄來長信四十頁。寫孟真，聖陶快信。

亮丞先生來談。

履安今日上午仍嘔瀉數次，下午漸平復。

孟真回國，甚願到廈大來，而此間經費竭蹶，無從説起，乃寫一快信與他，囑其且就上海或廣東謀事。三年前，他看了我在

《讀書雜志》論古史之文，即寫信與我，寫到現在，尚未完。先寄四十頁來。

十一月五號星期五（十月初一）

寫兼士先生，陳繩夫，沅君，芝生，夏卓如，父大人，盧逮曾，乃乾，聖三信。廷謨先生來。

與履安到廈門，到銀行領薪，到郵局寄款。到市街購物，五點歸。

到苔之處，公宴馬寅初先生也。交賬目與履安。

今日到廈，無甚風浪，而履安已作噁欲吐，只得在海員公會碼頭上岸矣。她如此不能坐船，如何可住廈門！

十一月六號星期六（十月初二）

寫陳佩真，馬太玄信。到院，爲研究生事接洽。寅初先生來談。伏園自粵歸，談話。爲萬里點雲岡一文。看元胎一文。

到廷謨，澤宣兩先生處談話。爲元胎書扇。到苔之處，爲應馬先生約開茶話會話別。

元胎夫婦邀宴于南普陀。

午刻得慕愚來書，快甚。南普陀于今日起作水陸道場兩星期，觀其追薦亡靈牌位，宛然魏晉造像之風。

伏園謂志希回南昌後杳無信息，未知是否給鄭俊彦害了。聞之驚疑交集。

十一月七號星期日（十月初三）

寫《續經解》書面。到伏園處。與履安，介泉夫婦，澤涵夫婦，仰之，徐女士游鼓浪嶼。訪章茂林君未晤，到白室吃飯。游日光岩，瞰青別墅，藏海園，五時許歸。到莘田處，商社務。

寫慕愚書，囑其編中國外交史講話，約二千言。

履安數日來較好，今日游覽稍勞，腹痛又作。當未到林家花園時，已將不能舉步。到園後偃臥小榻，憊不能興矣。只得先與早歸。歸後幸未劇發。

十一月八號星期一 （十月初四）

廷謨先生來。與仰之訪伏園。鈔《生霸死霸考》及《世俘解》入《尚書參考材料》。看《清華周刊》。到章茂林先生處。

寫尤伯熙信。看丁山一文。

夷庚來談，訪其新居。豫備經學課。

履安今日下午吃了三囊柚子，腹痛又作。一夜未安眠。

十一月九號星期二 （十月初五）

豫備經學課，上課。寫紹虞，靜聞，聖陶，伯祥，雪村，玉堂信。與介泉到章茂林君處。

鈔程延祚文及《克殷解》入《尚書參考材料》。元胎夫婦來，蔣女士來。

登七天來日記。

履安今日上午又嘔兩次。午後服章醫士藥漸好。終日未進飯。身上愈瘦了，使我心緒不寧之甚，奈何！

十一月十號星期三 （十月初六）

鈔《偽古文尚書》六篇，畢。送履安到定謨處。

寫《續經解》書面。

明日爲歐洲息戰紀念日，學校不放假，學生全體請假。周會無人到，乃拉教員去。

十一月十一號星期四（十月初七）

看《一般》雜志。昺衡來。到院借書。開周會，往聽。

校《諸子辨》，備付再版。得孟真電，寫快信。繼又得孟真快信，又寫快信。伴履安疾。

到元胎處。讀《山海經廣注》，并鈔錄。

今日履安腹痛又作。上午常眠，下午頗不安。然未吐。用炒鹽熨後，漸愈。她這等情形，真使人急煞。

周會中，林校長演説，謂陳嘉庚先生有橡皮田六千英畝，每畝種橡樹一百枝，每枝每年平均可得一百元之樹膠。世界上再無種橡樹多于他者。

十一月十二號星期五（十月初八）

寫孟真快信，勸其不必到北京。作《諸子辨》再版弁言。到南普陀，訪仰之及常惺。

寫崇年信。研究院開學術會議。寫采真信。

與履安到玉苑處。讀《山海經》。

今日履安頗愈，使我心一定。

十一月十三號星期六（十月初九）

到定謨先生處。作《研究院季刊發刊詞》。鄭江濤來。

到院，聽張亮丞先生講"中世紀之泉州"。會畢，與履安及介泉元胎夫婦到海濱拾貝。

寫兼士先生，敬文，希白，平伯，乃乾信。汪劍餘來談。

十一月十四號星期日（十月初十）

寫自明，淡藜，紹虞，佩弦，南揚，金甫，仲澐，敬軒，少英，正甫，壽林，彬龢，北京樸社，上海樸社信。

定謨先生來談，邀介泉，萬里，莘田談社事。

樸社半月刊，擬由社員中推十二人，每人每年負編輯兩期之責。如此，較可永久，因爲我們都是極忙之人也。因作函詢京滬諸同人。

十一月十五號星期一（十月十一）

元胎夫婦邀往海邊拾貝。到院，鈔萬斯同《古文尚書辨》三篇。

寫起潛，予同，山立，雪村，緝熙，琯生，芝生，沅君，孟輯，欣伯信。來郵件頗多，看了不少時候。

仰之來談，留飯。

十一月十六號星期二（十月十二）

與元胎夫婦到海邊拾貝，冒大雨歸。上經學課。寫援庵先生，金甫，逯曾，張媽，玉山信。

與悟梅到夷庚處。與悟梅到研究院。與亮丞先生換房間，整理書籍什物。和清先生來談。史祿國來談。

與悟梅伏園到南普陀聽戲，遇仰之。寫孟真，孑民先生，叔存，子震信。

悟梅自潮州汕頭來，明日即到漳州。

十一月十七號星期三（十月十三）

與悟梅到玉堂先生處，又到景良先生處。澤涵來。寫日記四天。豫備明日課。仰之來，到圖書部借書。看《尚書義考》。

與伏園，定謨，萬里，孟恕游南普陀，調查道場風俗。校《生霸死霸考》。學校開交際會，攝影及茶點。林玉霖與繆子才哄。

介泉元胎夫婦來。孟恕來。讀《山海經》十頁。

履安近日頗旺飯，可喜也。

十一月十八號星期四（十月十四）

爲學生補講義。上經學課。到禮堂，與周會，以得其邀柬也。

讀《曶鼎銘》，爲之鈔寫標點。未完。與履安艮男到南普陀游覽。

元胎夫婦來談。寫賓于，式湘信。丁山來。

　　兩星期來，予之學生又多：

邱立塙（文科一年）　　盧菁苑

謝俊（文科二年女）　　何適（二年）

鄭贊華（二年）　　　　杜煌

陳攀英（本科）　　　　吳耀南（本科一年）

陳大汾（二年）

　　旁聽

潘和文（永春人）

十一月十九號星期五（十月十五）

看萬里雲岡石窟文及丁山《中國文字怎樣來的》一文。萬里來談。

與伏園，萬里，介泉，履安等游南普陀，看送聖。讀《曶鼎》文。

寫子水，孟真，高世華信。

十一月二十號星期六（十月十六）

鈔《曶鼎》文三通，一爲原文，二寫以今隷，三加以標點。寫玄同先生片。

與伏園玉苑商風俗會事。與履安到玉堂先生處，研究院同人茶會也。

到禮堂，看《四月里薔薇處處開》電影。

玉堂先生以辦事不順手，經費節減一半，理科中人橫見排擠，憤而辭職。予亦頗有行志。

十一月廿一號星期日（十月十七）

寫父大人，叔父，康媛，潛哲，守和信。

與元胎，仰之，艮男及元胎之戚李君到外炮臺拾貝殼。又到曾厝按等鄉村三處。歸理貝殼。

萬里，元胎，介泉來談。留仰之飯。

十一月廿二號星期一（十月十八）

鈔子民先生《中國古代之交通》，畢。校長來談，爲玉堂先生事。

鈔《逸周書序》。寫崇年信。與亮丞先生及萬里到玉堂先生處。

元胎夫婦來談。豫備經學課。修改萬里爲亮丞先生草致校長書。

今日學生以歡迎國民軍到廈，全體請假，到廈門市開會。

十一月廿三號星期二（十月十九）

豫備經學課。上經學課。看新寄到雜志多種。

到介泉，萬里處談話。仰之來。伏園，莘田來。記日記五天。鈔《逸周書序》畢。

點讀《山海經廣注》八頁。

十一月廿四號星期三（十月二十）

覆看所鈔子民先生一文。點《古史新證》。爲亮丞先生草致校長書。鈔市村瓚次郎《中國歷代史觀》一文。

爲語堂先生辭職事開會。

寫《續經解》書端。到元胎夫婦處談話。

得亦寧書，殊落寞。函中言"我輩來此"，或彼偕友人共去也。函中謂明年將游滇黔，覓根據地。

康媛來書，謂在杭苦極，時落泪。想到廈門來，又想回北京去。

十一月廿五號星期四（十月廿一）

預備經學課，上課。寫毛瑞章信。覆看所鈔《舀鼎》文。

校長邀宴，至三點半方畢。鈔《中國歷代史觀》。

寫《續經解》書端畢。元胎來談。

今日同席：秉農山　亮丞先生　魯迅先生　語堂先生　蕭恩承　許雨階　黃奕佳之子　周子□（琴師）　姜立夫　校長　予不相識者二人

研究院預算，今日校長允加六百，凡四千，語堂先生遂打消辭意。

十一月廿六號星期五（十月廿二）

到元胎處。定謨先生來談。鈔《中國歷代史觀》畢，讀一過。

到南普陀訪仰之。點讀《古史新證》畢（粗讀）。審查研究生二人。和清來談。昺衡來談。題黃儷琴隸書册。

寫康媛信。到南普陀，門已閉，退回。蔣孝豐自集美來，留宿。苹子來談。

十一月廿七號星期六（十月廿三）

伴孝豐到玉堂先生處。與履安，艮男及元胎夫婦到廈門購物寄款。請元胎夫婦在南軒吃飯。到元胎之戚李君家。來回均步行，歸時携物頗多，累甚。

元胎夫婦介泉夫婦來談。

十一月廿八號星期日 （十月廿四）

寫父大人信，爲康媛事。與介泉夫婦元胎夫婦到海邊拾貝。

整理《續清經解》，畢。萬里夫人來談。

介泉夫婦來談。理貝殼。

十一月廿九號星期一 （十月廿五）

看外埠來信。寫畢父大人信。鈔《易經》《易傳》中聖人君子等材料，畢。

仰之來談。

到夷庚處。包扎印刷物寄出。讀《易經》。

魯弟來信，謂近年叔父營公債，着着失敗，幾罄歷年所蓄。此等刻薄之人，得此結果，良快人心。惟吾父積蓄，三之一存徐姨丈處，三之二存叔父處。徐姨丈既因貧圖賴，叔父又將破産，恐遂無存，使我將來肩負加重，毀滅學業。故作父大人稟，謂如非歸不可清理款項者，明年夏後當由我籌措家用。我家問題太多，將來正不知如何可以應付也。

十一月三十號星期二 （十月廿六）

包扎印刷物。豫備功課及上課。鈔《莊子》材料入册，未畢。

立筆記第三册。

寫祚茝，芝生，沅君，經農，彬龢信。到萬里處談。

近日肛門癢甚，恐將成痔。我們三人飯量均旺，履安面亦漸肥。我們都吃 Palatol。

鴻興銀號之錢二百元如拿不到，因簽字過期，故願在我借款下扣去。決不食言，立此爲憑。

三月廿四日

殷履安

此據何以要寫？何以如此寫？其故我已想不起。但既夾在我的日記裏，則必與我有關。履安逝世已三十年，不忍棄去，故仍夾冊中。　　　　　　　　　一九七三年七月，頡剛記。

一九二六年十二月

十二月一號星期三（十月廿七）

讀《莊子》第二冊，鈔出材料，畢。徐起行來談。

履安同到院，看報。

介泉元胎夫婦來談。豫備功課。

十二月二號星期四（十月廿八）

豫備功課，上課。讀《莊子·達生》篇。丁山伏園來談。

到仰之處，未晤，晤常惺。鈔《古文尚書疏證》及《古文尚書》辨偽文備印。

學生會來捐夜校款。到莘田處，與介泉萬里共商社務。伏園來談。

十二月三號星期五（十月廿九）

寫崇年，仲川，緝熙，伯祥，予同，孟真，樸社，上海樸社信。讀《莊子·知北游》篇。徐起行來。

讀《莊子》第三冊，鈔出材料，畢。仰之來。

到群賢樓看《新人之家庭》電影，十一時歸。

徐起行又來借錢，予厭其無饜，却之，為此費一小時。我之時間乃如此費去耶！一嘆。

十二月四號星期六（十月三十）

到圖書館借書，鈔《孔子家語孔安國序》。寫忭民，山立，沅君，兼士先生，張春暉，乃乾，紹虞，名達，佩真，魯弟，志希信。

到元胎處，招介泉夫婦來，同談話。

十二月五號星期日（十一月初一）

與元胎夫婦及履安艮男沿海行，拾貝殼甚多。在外炮臺 picnic。經外炮臺，到前埔，過雲梯中學，度金鷄亭，到新馬路。天已夜，雇車到廈門。在廣德吃飯，遇伏園等。買物，雇船歸。到家已十點。理貝殼。

今日來回殆步行七八十里。履安艮男不致困劇，大幸。予等本擬繞廈門島一周，孰知島太大，此計不能遂。若不從雲梯中學向西行，今夜當住在禾山矣。

十二月六號星期一（十一月初二）

鈔《莊子》中古史材料，畢。

青年會白君來。

澤涵來。理貝殼，早眠。

十二月七號星期二（十一月初三）

寫澤涵信。豫備功課。講畢《僞古文尚書》。鈔《古文尚書》辨僞。到會計處取所借薪。

鈔丁晏《尚書餘論》文。

元胎夫婦來。

本意借薪一月，買《四部叢刊》豫約，今以適之先生處借款過久，擬即寄還，不克買書矣。

十二月八號星期三（十一月初四）

玉苑來，偕伏園商調查風俗事。鈔《周易卦爻辭》，畢。訂成
冊。仰之，澤涵來。

伏園，澤宣來。

元胎，萬里來。

余懷鈔寫經文之志十餘年，今因擬作《周易中的古史》一
文，將《易經》文鈔出，大輅椎輪，將來當有成功之望也。

此文即後來在《燕京學報》上發表之《周易卦爻辭中的故
事》，而在閩粵三年中竟不能撰成，可見此三年中生活混亂極矣。
而沈兼士聞予讀《易》，即告魯迅曰："顧頡剛在讀《易經》
了！"他把這些事都用小道消息方式報告魯迅，故後來他因我到
粵而離職時，便説"那個反對民黨使兼士憤憤的顧頡剛"。

一九七三年七月記。

十二月九號星期四（十一月初五）

豫備功課。講萬斯同《古文尚書辨》。黃覺民來。

寫若之，周君信。記日記六天。寫兼士先生，適之師母，乃
乾，志希，叔存，亦寧，赤霞丈，仲澐，友松，逮曾，謝雲聲信。

十二月十號星期五（十一月初六）

審查三個報名研究生之成績。與履安，艮男，女僕阿小同到廈
門購物，予到銀行取款，郵政局寄款。五時許歸。

看伏園所鈔孟真長信。

十二月十一號星期六（十一月初七）

院中予室重新布置，換一寫字桌。理書。

讀《周易》，摘出其中應注意之句。寫擬作文節目。履安到院，
與之同歸。

元胎夫婦來談。萬里來談。

十二月十二號星期日（十一月初八）

校《三十年來中國交通狀況》一文。與元胎夫婦及妻女到海濱拾貝。到定謨先生處看貝。

到廈門市，買物理髮。到澤宣先生處。到萬里處。

到元胎處，吃糖蓮子。寫沅君，君武，芝生，爾章，選課同學，文科主任信。

萬里定于星期二到泉州訪古拓碑，予擬同往。恐文債迫逼甚緊，只得帶去做了。

今日到廈門剃髮，獨步往，又獨步歸。只要孤獨，便起悲懷，度山時心酸不止。

十二月十三號星期一（十一月初九）

寫鍾敬文，荊有麟信。介泉等來談。爲風俗調查會事開會。到振玉處，觀其接眷初至狀。校姚名達君許真君故事等二文，訖。

到莘田處。陳石遺先生來，談話。爲研究院季刊事開會。寫吳岳母信，寄丈人周年禮。

包扎送人之《古史辨》及《吳歌甲集》付郵。整理行裝。

近日蚊蟲特多，時已至仲冬而猶若是。因此，夜中頗不得安眠。

十二月十四號星期二（十一月初十）

寫羅振英女士，翟覺寀信。豫備功課，上課，講閻李二家辨僞古文之作。鈔《大禹謨》根據（惠棟）入講義。

看寄來雜志，寫日記五天。

理物。

今日本豫備到泉州，曉忽雨，以途中難行，遂止。下午雖見日光，而天氣仍熱，遠山模糊，恐明日仍不得走。

十二月十五號星期三（十一月十一）

四點半起。五點許出門，登小船，上後海船。六點半開船，在船看《易林》。十一點半到安海。乘小船到鎮，上汽車。

一點半，到泉州。進城，到開元寺，晤方丈轉物，覓下榻地。劉谷葦君來。飯後同到私立中學及泉苑茶莊，文廟諸處，歸。晤吳席珍，張葦鄰，靄人，曾振仲等。

看萬里游記（泉州第一次）。早眠。

十二月十六號星期四（十一月十二）

翻本地志書。寫父大人，履安，語堂先生，孟真信。八時半，谷葦來，同到文廟，泉苑，鹽魁宮。出塗門，到張宅吃飯。

往銅佛寺，吳桂生宅，溥泉宮，清原書院，承天寺等處游覽。

記本日日記六頁，未畢。

昨夜夜半即醒，以和尚們早課，鐘鼓聲雜作，遂不成眠。

十二月十七號星期五（十一月十三）

到本寺甘露戒壇。到新府訪谷葦，同游元妙觀，黃子銓宅，黃孫戴宅，李伯爵家，文昌廟，潘斯吉宅看書畫瓷器。

到玉蘭亭吃飯。到清真寺，三義殿，關岳廟，南校場，天后宮，港仔墘陳宅，新橋，歸。

記本日日記十三頁。

早起天雨，予本擬作文，萬里不欲，乃又出。

十二月十八號星期六（十一月十四）

寫仙亭信。到谷葦處，同訪洪承畯故宅，萬娘娘廟，出東門，乘汽車到洛陽橋。到洛陽，憩于太和春藥鋪。

回橋南，在蔡襄祠吃飯。乘汽車到靈山，訪回教四賢墓，東嶽廟，東禪寺。回城，到崇福寺，到四海春吃飯。

以昨夜失眠，今日不敢寫字，早眠。

昨夜睡得壞極了，幾乎張了一夜的眼。大約是昨日晚飯後記日記太多之故。

郊外風狂甚。

十二月十九號星期日（十一月十五）

寫元胎，履安信。到大街修面。谷葦來，同出西門，沿汽車路步行到南安。游西坡鄉，南安縣學，進南門，至縣立小學，買物果腹。

由黃和丸引導，游九日山，萬里病不能登，即下。乘汽車到西門，回寺。

記本日日記十頁。

昨夜得一酣睡，今日精神已回復。九日山下有延福寺，祀觀音，予抽了一籤，又說了一數翻書，竟得同樣的一籤，故事爲"姜太公釣魚妻送飯"，詩句爲"欲去長江水茫茫……常恐魚水不相逢"，爲之泫然。

十二月二十號星期一（十一月十六）

到晋江縣署訪林仙亭，不遇。出北門，歸迷路，問道數次而歸。到元妙觀，鈔材料。

寫亦寧信。記前日日記五頁。谷葦來，同到大街買風俗物品。入夜歸。游寺中東塔。

看《晋江縣志》八冊。

連宵失寐，悲懷浸劇。今晨獨行，更增悵惘。歸後不能自禁，因以行踪告譚君。雖仍作淺語，亦稍舒憤悱之情矣。如蠶自縛，誠不能自解。

十二月廿一號星期二（十一月十七）

游寺中西塔。仙亭來，谷葦來，同游西隅學校，日本教堂，蓮心庵，北門刺桐，府城隍廟，小山叢竹，一峰書，生韓宮。

到玉蘭亭吃飯。飯後往訪蒲壽庚後裔。到潘家買字畫。到泉苑借款，晤王志超先生。買物，歸。

看《太玄經》一過。

予在潘家購得王阮亭《柳洲詩話》卷子一個，有其自書秋柳詩，亦文學史一段掌故也。價二十元。

十二月廿二號星期三（十一月十八）

谷葦來，導往李卓吾家，未得見其畫像。到天主堂所辦之學校，看留府郡王柩七口，還至開元寺，谷葦別去，予等飯後即行。鄭士美作書介紹住安海養正學校。

十二點許乘汽車南行，抵安海，至養正學校，晤張君。出至汽車站，以人過多，步行至靈水，凡十里。到後鄉訪吳普倉，宿焉。

吳君之戚蔡志遠及子吳仰甫來談。

劉谷葦君人極好，此次到泉，承其導引，乃得遍游名勝，甚感之。

十二月廿三號星期四（十一月十九）

由吳裕舉君引導，游華表山。狂風吹人欲倒，過山時尤栗栗。摩尼教遺迹，遍覓不能得。歸飯。

以汽車過靈水不停，只得走到安海。回養正學校，晤謝獻章及李永洞。到平民男女醫院訪鄭時雨，歸飯。

看一星期來新聞紙，與萬里談話。

十二月廿四號星期五（十一月二十）

到安海寺街游覽，登五里橋，風大折歸。到龍山寺，回校吃飯，即至船埠。看焦氏《易林》畢。

登同安輪，一點半啓碇，五點過大學船埠，六時到廈門，受海軍檢查，直至九點始到校。

洗足。理物。談話。

今日之風，爲予平生所未經。船頂無篷，儘着吹，吹得兩頰痛極了。用絨毯裹了，還没用。前數日風雖大，身子在行動，還不妨事，今日坐在船上儘吹半天，真不耐。偏又交通不便，過大學之門而須四點鐘後才能到。

十二月廿五號星期六（十一月廿一）

亮丞先生，楚青，元胎，介泉夫婦來，同看所購物，同到鼓浪林校長家吃飯。

在林校長家閑談。四時出，購物，上船歸。與履安同到川島處，晤其夫人。

萬里，莘田來談。又至莘田處久談。

今日同席：劉楚青　劉李葆瑜　介泉夫婦　元胎　Nerjasa（菲律賓人）　亮丞先生　履安　黃振玉　盧筠子　林校長夫婦

兼士先生甚不可信，我反對川島的話，他全都告與魯迅兄弟了。

十二月廿六號星期日（十一月廿二）

作《泉州的土地神》一文入《周刊》，未畢。

到群賢樓，新教員公宴校長及各科主任也。玉堂先生來。

川島來。元胎夫婦來。

前天吹了半天風，歸後臉上發熱，擦雪花膏亦痛，今日乃瘥。

伏園已去廣州（一說是武昌），魯迅亦將于一月後到廣東中山大學。

此事甚重要，詳見下頁。　　　　　　一九七三年七月記。

十二月廿七號星期一（十一月廿三）

作《泉州的土地神》訖，凡五千五百字。江濤，川島，萬里來。爾章來。

仰之來。記日記十三天。爲《周刊》事開會。

豫備明日功課。温讀《尚書》。

院中同人擬辦一《周刊》，而校長反對，欲使併入《厦大周刊》，故今日開會討論。此間做事真不痛快。

十二月廿八號星期二（十一月廿四）

豫備功課，上課（講集前人論《尚書》真僞）。商《周刊》事。

與丁山曷衡到育嬰堂訪石遺先生，又到厦門圖書館參觀，予獨先歸。作《研究院周刊緣起》略畢。

點《新學僞經考》中之《秦焚六經未嘗亡缺考》一卷。

元胎所作《周刊緣起》無刺激性，因爲易之。

近日杭州孫傳芳軍與黨軍爭奪甚劇，吾父未知安否，思之甚爲不寧。

十二月廿九號星期三（十一月廿五）

修改重鈔《周刊緣起》，畢，計一千二百字。玉苑來談。介泉來談。

開學術，事務聯席會議，議院中事。予提出添設采訪員，通過。鈔《尚書講義》。校《古文尚書考》。

點《史記經説足證僞經考》半卷。元胎夫婦來談。

石遺先生明日還福州，昨天我們去，予以《柳洲詩話圖》囑題，今日送來，書三絶句，甚温婉。

十二月三十號星期四（十一月廿六）

豫備功課，上課（講《古文尚書考》）。聽莘田講閩南與朱熹。

看萬里漳州游記。開泉州旅行賬三紙，寫繆子才，廖立峨，晨報館信。記日記三天。鈔寫《尚書學參考材料》。

點《僞經考》第一册畢。

此次到泉州，用費如下：

舟車　　　　　　十四元三角
飯食　　　　　　五元八角五分
住宿（飯）　　　七元八角
雜用　　　　　　一元三角六分

合計二十九元三角一分。

爲學校買風俗物品廿三元五角九分
爲學校豫定風俗物品價廿七元

以上歸校中出。

柳洲詩話圖廿元
洛陽橋碑二元五角
鄭成功相片二元

以上自出。

十二月卅一號星期五（十一月廿七）

編《尚書講義》，鎮日鈔録得三十紙，爲皮錫瑞文三篇，《尚書》隸古定文三篇。偽古文講義編畢矣，因即擬一目，未畢。

元胎夫婦來談。看《山海經》及《奇觚室吉金文》。

孫伏園去廣州，此廈大風潮之導火綫也。先是魯迅在北洋軍閥政府教育部中任僉事，自民元蔡元培任部長時所委任，教育爲當時閑散部門，儘有閑暇，遂參加北大教授所編之《新青年》，作《狂人日記》等短篇小說，頗負時譽。自後遂兼北大及女高師課。許廣平是時肄業女高師，常至魯迅家，兩人發生戀愛，此本常事。魯迅所娶徐氏，向無感情，是時益厭倦，留以侍母，而別建新屋于阜成門內，居之。許畢業後回粵，任中學教師。及張作霖入關，通緝新文化名人，魯迅在黑名單內，不得不走。會廈大設國學研究院，文科主任林玉堂延沈兼士主其事，沈因介魯迅、張星烺爲研究教授，而林以予出《古史辨》突負盛名，亦厠予于中，我乃與沈、魯、張同室辦公，同桌進食，惟臥室不在一處耳。予以魯迅長我十二歲，尊爲前輩，而彼以予爲《現代評論》派，今乃同坐一條凳，跋踏不安。閩、粵路近，遂遣其舊徒孫伏園到廣州，是時中山大學組校務委員會，委員爲顧孟餘、郭沫若、李漢俊、周佛海等。孫到校訪各委員，具道魯迅願至粵意，彼等示歡迎，且言："我校既欲請魯迅先生，亦欲請顧頡剛先生。"以聘書兩份交之。渠返廈門，與魯迅商，毀我聘書，不令我與他人知有此事。廈大校長林文慶者，校董陳嘉庚之好友，然其人嫺英語而不識漢文，往來文牘皆秘書劉楚青（樹杞）讀與彼聽，決定可否，請其簽名。渠居然練得"林文慶"三字草書，不知者固不識其不嫺漢文，然其書年月日字，便歪斜如小學生所寫者矣。魯迅既得粵校聘書，便急切欲離廈校，而苦于無名，乃專罵林文慶與顧頡剛，謂廈大中胡適派攻擊魯迅派，使魯迅不安于位，又謂校長剋扣經費，使沈兼士無法負研究院責任，逼使回京云云，于是我與林遂爲魯派（舊徒孫伏園、章廷謙，新生謝玉生等）攻擊之對象，不徒流言蜚語時時傳播，又貼出大字報，爲全校及廈門人士所周知，我與林遂均成反革命分子矣。是時林欲拉攏予合作，抵抗風潮，一日宴全校教員，予既至，便邀入一小室談話，予與彼本無共同語言，渠乃拉雜説瑣細事以拖延時間，約一刻鐘乃開門同出，使其他座客疑爲會談機密，而魯派之攻擊予乃益甚，謂是勾結校長以排擯魯迅也。某夕，文科教職員開會歡送魯迅，予未出席，而陳萬里在會上云："魯迅先生此行，不但爲了中山大學規模大，可以發展長才，亦以有愛情對象在彼，可得情感上之滿足也。"于是魯迅以陳萬里揭穿渠與許廣平之關係出于我之授意，恨予益深。是年陳嘉庚在新加坡經營之橡皮歉收，校中經費不足，而國學研究院之設立消費孔多，廈門富商不少擁巨資者，林校長宴之，期其有所捐贈，席間起立，謂"諸公如願廈門高等教育發展，不論捐多少，即一角一仙（分），亦所感謝"。富商尚未答，魯迅即從懷中取出兩角，云："我捐二十仙。"席中人相顧駭愕，林亦無法下場，曰："先生，請你收起了罷!"于是衆客盡散，捐款之事不復談矣。林到新加坡，與陳嘉庚議決停辦國學院，以研究教授改任文科教授，而魯迅之離校爲對林文慶與顧頡剛之革命行爲，更振振有辭矣。

　　然中山大學之當局對魯迅固有關係，而對予則關係更深，顧孟餘，予肄業北大時之教務主任也，傅斯年，予十餘年之密友也，校中既同時聘魯迅與予，乃魯迅至而予不至，遂函電交馳，促予赴粵。予視時間至重，知每易一地即有半年左右之不安定生活，不克從事讀書寫作，故廈門環境雖不合理想，亦不願未及一年而即去，且魯迅已到粵，彼既視我爲大敵，我亦不欲重投此矛盾重重之漩渦，故去函辭謝。魯迅在彼，聞彼等議論，即謂"顧某與林文慶交情好，他是不肯來的"，一面又使章廷謙在廈大內宣傳："魯迅是主張黨同伐異的，看顧頡剛去得成去不成。"如此，我當然更不想去。

可是傅斯年常來信督促，且説："兄如果不來，分明是站在林文慶一邊了，將何以答對千秋萬世人的譴責？"兩面夾攻，實使我走投無路，不得已去厦就廣。魯迅知我將去，又説："他没有聘書，怎麼來？"朱家驊（是時任副校長）、傅斯年（文學院長）都對他説："我們是發給他聘書的，有檔案可查。"及我到粵，校中照舊樣發給我一張。偏偏我不曉事，把孫伏園扣發及現今補發的事對魯迅請去的江紹原（新潮社員、語絲社員）説了，於是魯迅偕許壽裳（亦彼所邀）、江紹原一塊辭職了。學生挽留，貼出大字報，傅斯年亦貼大字報，云："如不讓顧某入校，我亦辭職。"兩方均爲校中重要負責人，魯爲教務主任兼中文系主任，傅爲文學院長，學生汹汹，停課數天。朱家驊出作調人，一方面許魯迅等請假離校，一方面派我到江浙一帶爲校中圖書館購書。以此我與魯迅竟未在中大見面。自魯迅到粵，即聘許廣平爲中文系助教，離校後正式同居矣。

　　是時北伐軍東破滬、寧，西破武漢，國民黨内部分裂，蔣介石在寧組織"國民政府"，即殺共産黨員及左傾分子，號爲"清黨"。汪精衛在武漢亦組織"國民政府"，標榜"容共"。孫伏園任武漢《中央日報》副刊編輯。魯迅離校後寄與一函，云："我真想不到，那個反對民黨使兼士憤憤的顧頡剛也到這裏作教授了。天下老鴉一般黑，我只得走開了！"其徒謝玉生亦與函，同是對我破口大罵，而伏園加以按語，增其力量。此信于四月某日刊出，如我在武漢者（武漢中山大學亦曾聘我），憑此一紙副刊，已足制我死命。

　　我誠不知我如何"反對民黨"？亦不知我如何使沈兼士爲我憤憤？血口噴人，至此而極，覽此大憤，適于杭州道遇江紹原，詢得魯迅粵市居址，即去一函，欲與彼在法庭相見，質此曲直。秋間予到廣州，聞人言，魯迅接信後頗爲恐慌，遷居别地，其後挈眷遷滬，亦甚秘其踪迹。自此之後，即無大學請其任教，蓋懼其以學校爲鬧風潮之憑藉也。惟蔡元培篤于舊誼，畀以中央研究院特別編輯員之名義，月薪三百元。

　　魯迅居滬，十年而卒。予每聞人言，魯迅所最恨之人，非胡適與陳源，亦非楊蔭榆與章士釗，乃是顧頡剛一人耳。予每自詫訝，我有何罪而使彼痛恨至于此極？年來讀《魯迅全集》，乃知彼之所以恨我，其故有在彼者，亦有在我者。彼與徐氏結婚，出于父母之命，遠在清末，尚無反抗之覺悟，僅爲無感情之同居而已。然性欲者，人類與一切生物所同，感情者，人類之所以異于其它生物。既兩不相協，名爲同居而實無衾裯之好，其痛苦何如？聞孫伏園言，魯迅晨起未理床，徐氏爲之疊被，彼乃取而投諸地，其感情惡化如此，故絶未生育。魯迅作文詆楊蔭榆，謂其獨身生活使之陷于猜疑、暴躁之心理狀態，故以殘酷手段施諸學生，雖非寡婦而有寡婦之實，故名之曰“準寡婦”。以此語觀魯迅，則雖非鰥夫而有鰥夫之實，名之曰“準鰥夫”可也。何以明之？魯迅雖任教北大，且爲《新青年》作文，而與北大諸教授不相往來，不赴宴會，雖曰高傲，而心理之沈鬱可知。當孫伏園發起《語絲》，徵文于魯迅，乃首寫一《假楊樹達的襲來》，載于第二期。當時予頗疑之，以爲如此私人間小事，安有大張旗鼓以聳動讀者之理。其後知此人爲北師大學生，神經不正常，欲見魯迅而慮其拒絶，乃托于楊樹達之名以入其家，説話離奇，魯迅遂疑其爲偵探，爲刺客，而暴露之于報刊，當作一回政治迫害事件，此正其“準鰥夫”心理之表現也。及其與許廣平同居，生子海嬰，有正常之家庭生活，乃能安心研究馬克思列寧主義，以辯證法觀察社會現象，得到毛主席之高度評價，而《假楊樹達》一文遂爲編全集者所删去。猜其在閩、粵時對我之百般挑剔，亦猶此類，故其致伏園詈我之函亦不收于全集。此其故在彼者也。至在我之故，首發見于一九二一年冬之《阿 Q 正傳》，渠謂"阿 Q"之名爲"桂"爲"貴"，只有待于"胡適之先生之門人們"的考定，按是年春胡適始作《紅樓夢考證》，而我爲之搜羅曹雪芹家庭事實及高鶚之登第歲月，此等事亦彼在《中國小說史略》中所不廢，足證此類考據亦適合于彼之需要，而彼所以致此譏諷者，只因五四運動後，胡適以提倡白話文得名過驟，爲北大浙江派所深忌，而我爲之輔佐，覓得許多文字資料，助長其氣焰，故于小說中下一刺筆，自後數年，我發表之古史、故事、歌謠、風俗論文日多，渠雖未加貶斥，亦暗地眼中出火，故于初到粵時便說"顧頡剛是胡適的書記"，當時傅斯年駁之，謂"外國大學者中儘多是由作人書記起家，何況頡剛只做北大助教，并非胡適私人書記"，彼于此駁不能答也。總之，我助胡適作文，只此搜集《紅樓夢》資料一事，而彼之妒我忌我則即由此一事而來。加上他反對楊蔭榆而陳源駁之，陳源與我爲友而孫伏園又加以挑撥，于是彼之恨我乃益深。我雖純搞學術，不參加政治活動，而彼竟誣我爲參加反動政治之一員，用心險惡，良可慨嘆。

今日魯迅已爲文化界之聖人，其著作普及全世界，研究之者日益多，對于彼我之糾紛必將成爲研究者之一問題。倘我不在此册空頁上揭露，後人必將無從探索，故勉强于垂盡之年略作系統之叙述，知我罪我，聽之于人，予惟自誓不說一謊話而已。

一九七三年七月十一日，頡剛記。

M. Woo Zongkao,
　29 Rose des Ecoles,
　Paris Ve,
　France
映雲樓三層二〇八號　鄭江濤

囊螢樓一〇九　藍耀文

平江路廟堂橋北塊聯蕚坊内　郭紹虞

北四川路永安里一〇九二號　陳彬龢

容肇祖，廣州舊倉巷新五十七號

　　　　廣州東莞旨亭街八巷三號

孫貴定（蔚深），蘇州山塘張祥豐號轉交

丁山，安徽和縣小南門外趙萬源號

林毓德（洪堯），福州

郝昺衡，南京程閣老巷

上海哈同路民厚南里七百廿四號小門牌九十六號

杭州小粉墻十四號　陳炳生轉毛夷庚